복 있는 사람

오직 여호와의 율법을 즐거워하여 그 율법을 주야로 묵상하는 자로다.
저는 시냇가에 심은 나무가 시절을 좇아 과실을 맺으며 그 잎사귀가 마르지 아니함 같으니
그 행사가 다 형통하리로다. (시편 1:2-3)

이 책 『브루스 월키 잠언 주석』은 방대하고 전문적인 기존 잠언 주석서(2004년판)의 축약본이다. 단순히 내용만 간추린 것이 아니라 일반 독자들도 잠언의 핵심을 쉽게 파악할 수 있도록 새롭게 정리하고 최근 연구 성과까지 반영했다. 이 책의 특징은 다음과 같다. 첫째, 이 책은 현재 잠언의 모습이 유기적이고 응집성 있는 편집 원칙을 따른 결과임을 보여준다. 각 장과 그 전후 장들 사이의 연관성, 단락과 단락의 병렬 배치 또는 연속 배치, 그리고 단락을 모아 놓은 단원의 배치 및 그 상호 관계를 해명하여 잠언의 큰 그림을 볼 수 있게 한다. 즉, 이 책은 단순한 경구 모음집으로 여겨지는 잠언의 일관성과 통일성을 설득력 있게 옹호하고 있다. 둘째, 이 책은 잠언에 대한 역사적, 문법적 읽기의 탁월한 사례를 제시할 뿐만 아니라 신학적, 목회적 관점을 반영하고 있다. 때로는 저자의 개인적 성찰이나 일화를 해석에 덧붙여 독자들이 잠언을 구체적인 삶의 맥락에서 이해할 수 있게 돕기도 한다. 셋째, 이 책은 잠언이 오늘날 그리스도인의 삶과 신앙에 여전히 적실성 있고 유효한 통찰을 제공하고 있음을 보여준다. 다시 말해, 잠언은 오늘날 세속 사회 한복판에서 전방위로 세상 지혜와 기회주의적 처세훈에 노출된 그리스도인을 위한 살아 있는 말씀이라는 것이다. 따라서 이 책은 우리 시대에 가장 유용한 잠언 주석서라고 해도 과언이 아니다. 이 책의 안내를 따라 독자들 각자의 세상살이에서 잠언의 가르침에 순종하는 실험을 해본다면, 그리스도인으로서 한층 더 성숙해져 가는 자신의 모습을 발견하게 될 것이다.

김회권 숭실대학교 기독교학과 교수

『브루스 월키 잠언 주석』은 현존하는 최고의 잠언 주석서다. 이 책은 어드만스 출판사의 NICOT 시리즈로 발간된 기존 주석서를 축약하고 보완한 것이다. 전작은 학술적으로 훌륭하고 내용이 매우 세밀하며 본문 해설에 충실하다. 신학적으로 건강하고 목회적으로도 적절하며 복음적이다. 이러한 장점들 대부분은 이번 축약본에도 그대로 반영되어 있다. 기존 주석서의 너무 세밀하고 난해한 학술적 내용은 과감하게 줄이고, 목회자와 신학생은 물론 일반 신자들도 쉽게 이해할 수 있도록 본문 해설을 중심으로 서술해 나간다.

나는 잠언 전공자로서 저자 브루스 월키의 학문적 진정성과 깊이를 매우 높게 평가한다. 그는 웨스트민스터 신학교의 구약학 교수를 역임하며 보수적 구약신학의 산맥을 이룬 학자이며, 고대 근동학 박사 학위 소지자이자 고급 히브리어 문법책(Introduction to Biblical Hebrew Syntax)을 저술한 언어학의 권위자이기도 하다. 이처럼 뛰어난 저자가 잠언을 평생 연구한 결과를 충분히, 깊고 넓게 담아낸 것이 NICOT 잠언 주석서이고 이를 독자들이 최대한 쉽게 접근할 수 있도록 풀어낸 것이 이 책이다.

이 책을 읽는 독자들은 보수신학의 거장이며 성경 원어 및 고대 문화의 대가인 저자로부터 잠언의 지혜가 무엇인지 배우고, 그 지혜의 큰 틀 아래 잠언 본문을 해석해 나가는 여정에 함께하는 유익을 누릴 것이다. 이 책은 잠언의 깊고 넓은 세계로 우리를 이끄는 안내자 역할을 충실히 해낼 것이며, 성경적 지혜의 렌즈를 통해 인생을 살아가는 데 견실한 길잡이가 되어 줄 것이다. 이 책이 성경을 사랑하는 많은 이들에게 귀한 도구로 쓰임받기를 기대하며 적극 추천한다.

김희석 총신대학교 구약학 교수

브루스 월키의 기존 잠언 주석서는 잠언 연구의 기초이자 정점으로 인정받아 왔다. 하지만 방대한 분량과 극히 세밀하고 전문적인 내용으로 인해 진입 장벽이 높아 일반 독자들에게는 큰 도움이 되지 못한 것이 사실이다. 이 책은 이러한 아쉬움을 해소하기 위해 저자가 그의 제자와 함께 새롭게 쓴 노작이다. 축약본이라는 말이 무색하게 이 책의 분량도 만만치 않다. 하지만 잠언 본문을 해설하고 그 배경 및 구조를 설명하는 데 이 정도는 최소한일 것이다. 이 책은 전작보다 훨씬 접근하기 쉬우면서도 잠언 이해에 필요한 거의 모든 정보를 담고 있으며, 아울러 빛나는 신학적 해석과 통찰로 가득하다. 잠언에 대한 모든 논의는 여기서 시작하고, 여기서 최종 승인을 받아야 한다.
김영봉 와싱톤사귐의교회 담임목사

나는 몇 년 전 잠언 연속 설교를 할 때 이 책에서 많은 도움을 얻었다. 이 책은 특별한 배열 원칙이나 질서가 없어 보이는 잠언을 주제별로 묶어 그 일관성과 유기성을 입증하고 전체적인 신학을 조망한다. 그 덕분에 나는 큰 노력을 들이지 않고도 잠언의 다양한 주제와 신학적 의미를 분명히 파악하며 설교할 수 있었다. 이 책의 특징은 무엇보다 그리스도 중심의 주석서라는 것이다. 저자는 잠언이 그리스도의 인격과 가르침을 향하고 있음을 항상 의식하며 잠언의 각 본문을 통해 복음을 이해할 수 있게 한다. 기존 주석서를 간결하게 다듬어 접근성을 높이면서도 탁월한 학문성과 통찰을 한층 업그레이드해 잘 담아냈다는 점도 이 책의 미덕이다. 진지한 잠언 연구를 원한다면 이 책을 꼭 곁에 두기를 권한다.
이정규 시광교회 담임목사

이 책은 성경적 지혜에 바탕을 둔 경건한 삶의 길을 탁월하게 제시하는 작품이다. 엄밀한 학문성과 명쾌한 가르침이 결합된 이 책은 간결하면서도 깊고, 유쾌하면서도 날카로운 잠언 해석을 제공한다. 목회자와 신학생은 물론 진정한 성경적 지혜를 구하고 따르기 원하는 모든 그리스도인이 곁에 두어야 할 책이다.
피터 A. 릴백 웨스트민스터 신학교 총장

브루스 월키는 그의 제자 아이번 드 실바의 도움으로 그의 방대한 전작을 간결하게 다듬어 잠언을 연구하는 이들을 위한 귀중하고 통찰력 있는 그리스도 중심의 주석서를 만들어 냈다. 최신 연구 결과까지 반영해 새롭게 정리한 이 책은 고대 이스라엘의 지혜가 오늘날 그리스도인의 삶에 전적으로 유효함을 능숙하게 보여준다.
앨런 밀라드 리버풀 대학교 명예교수

이 책의 독자들은 더없이 기독교적이면서 깊이 있는 잠언 해석을 맛볼 수 있다. 이 책은 학문적으로 탁월하면서 누구나 부담 없이 읽을 수 있게 쓰여져 신학교나 성경 공부 모임은 물론 각 가정에서도 참고하기에 최적의 잠언 안내서가 될 것이다.
샌드라 리히터 웨스트몬트 신학교 성서학 교수

브루스 월키 **잠언 주석**

Proverbs: A Shorter Commentary

Bruce K. Waltke and Ivan D. V. De Silva

브루스 월키 **잠언 주석**

브루스 K. 월키·아이번 드 실바 지음
김기철·박세혁 옮김

복 있는 사람

브루스 월키 잠언 주석

2024년 7월 23일 초판 1쇄 인쇄
2024년 8월 6일 초판 1쇄 발행

지은이 브루스 월키, 아이번 드 실바
옮긴이 김기철, 박세혁
펴낸이 박종현

(주) 복 있는 사람
주소 서울특별시 마포구 연남동 246-21(성미산로23길 26-6)
전화 02-723-7183, 7734(영업·마케팅) 팩스 02-723-7184
이메일 hismessage@naver.com
등록 1998년 1월 19일 제1-2280호

ISBN 979-11-7083-143-3 03230

Proverbs, A Shorter Commentary
by Bruce K. Waltke and Ivan D. V. De Silva

머리말   012
약어표   017

서론

I. 책의 제목   021
II. 본문과 역본   021
III. 구조   023
1:1-9:18   모음집 I   023
10:1-22:16   모음집 II   024
22:17-24:22   모음집 III   025
24:23-34   모음집 IV   026
25:1-29:27   모음집 V   026
30:1-33   모음집 VI   027
31:1-31   모음집 VII   027
IV. 저자   027
          A. 솔로몬   028
          B. 히스기야의 신하들   031
          C. 아굴과 르무엘   032
          D. 최종 편집자   032
V. 고대 근동의 지혜문학   033
VI. 시   034
          A. 성경 시의 특징   034
          B. 운율학   038
VII. 지혜 장르   042
          A. 지혜문학이란 무엇인가?   042
          B. 「잠언」의 장르들   043
          C. 배경   046
VIII. 신학   049
          A. 서론   049
          B. 하나님   054
          C. 계시, 영감, 지혜 여인, 전승   058
          D. 인간론   064
          E. 그리스도론   101

본문과 주석

모음집 I: 전문과 서언

1:1-7	**표제와 전문**	111
1:1	표제	111
1:2-7	전문	112
1:8-9:18	**서언**	116
1:8-19	강화 1: 악한 무리의 유혹을 물리쳐라	117
1:20-33	지혜의 첫 번째 연설: 어리석은 자를 책망함	123
2:1-22	강화 2: 악한 자를 막으라	132
3:1-12	강화 3: 여호와의 약속과 아들의 의무	145
3:13-35	강화 4: 지혜의 가치	153
4:1-9	강화 5: 가문의 유산을 받으라	167
4:10-19	강화 6: 악한 길을 멀리하라	172
4:20-27	강화 7: 바른 길에서 벗어나지 말라	178
5:1-23	강화 8: 간음의 어리석음, 결혼의 지혜	182
6:1-19	부록: 세 종류의 열등한 사람	196
6:20-35	강화 9: 음녀에게 치르는 비싼 대가	207
7:1-27	강화 10: 음녀의 유혹 방법	216
8:1-36	지혜의 두 번째 연설: 어리석은 자 앞에서 지혜의 자기 찬양	230
9:1-18	결언: 지혜 여인과 우매 여인이 경쟁적으로 베푸는 연회	251

모음집 II: 반의적 잠언과 종합적 잠언

10:1-15:28	**제1단원: 반의적 잠언들**	263
10:1a	표제	263
10:1b-16	재물과 말에서 지혜로운 자와 미련한 자	263
10:17-11:31	의인과 악인의 상반된 행위와 운명	274
12:1-28	말과 행위를 다루는 두 개의 하위 단락	303
13:1-25	선한 가르침과 윤리, 삶	321
14:1-32	지혜로운 삶	336
14:33-15:4	유순한 혀로 세우는 의	355
15:5-19	훈계의 중요성	359
15:20-29	의인과 악인의 결과	368

15:30-22:16	**제2단원: 대체로 종합적인 잠언들**	374
15:30-33	서언	374
16:1-15	여호와와 인간, 왕이 함께 추는 춤	376
16:16-30	지혜로운 말과 어리석은 말	384
16:31-17:6	공의를 통해 노년에 얻는 빛나는 면류관	392
17:7-28	어리석은 자에 관한 잠언 모음	396
18:1-21	미련한 자의 말과 지혜로운 자의 말	408
18:22-19:22	궁정과 집안에서의 부와 지혜	419
19:23-20:11	어리석은 자에 대한 교육과 처벌	432
20:12-19	말과 상거래	442
20:20-28	여호와께서 지혜로운 왕을 통해 악행에 복수하실 것임을 믿으라	446
20:29-21:31	공의와 정의를 행함	451
22:1-16	재물과 도덕 교육	468

모음집 III: 지혜자의 서른 가지 금언

22:17-21	**금언 1: 서언**	479
22:22-23:11	**금언 2-11: 재물에 관한 열 가지 금언**	482
22:22-23	금언 2	483
22:24-25	금언 3	485
22:26-27	금언 4	485
22:28	금언 5	486
22:29	금언 6	486
23:1-3	금언 7	487
23:4-5	금언 8	488
23:6-8	금언 9	489
23:9	금언 10	490
23:10-11	금언 11	491
23:12-24:2	**금언 12-20: 순종하는 아들**	492
23:12	금언 12	493
23:13-14	금언 13	494
23:15-16	금언 14	495
23:17-18	금언 15	496
23:19-21	금언 16	497
23:22-25	금언 17	498
23:26-28	금언 18	499
23:29-24:2	부록: 금언 19와 20	501

24:3-12	**금언 21-25: 고난 중의 강함**	505
24:3-4	금언 21	506
24:5-6	금언 22	506
24:7	금언 23	507
24:8-9	금언 24	508
24:10-12	금언 25	509
24:13-22	금언 26–30: 악인과 사귀지 말라	511
24:13-14	금언 26	512
24:15-16	금언 27	513
24:17-18	금언 28	514
24:19-20	금언 29	515
24:21-22	금언 30	516

모음집 IV: 지혜자의 추가적인 금언

24:23a	**표제**	519
24:23b-25	**법정에서의 판결**	519
24:26	**올바른 말**	521
24:27	**일할 때의 긍정적인 태도**	522
24:28-29	**잘못된 말**	522
24:30-34	**일할 때의 나쁜 행동**	523

모음집 V: 히스기야의 신하들이 편집한 솔로몬의 잠언

25:1	**표제**	527
25:2-27	**궁정의 위계질서와 의인과 악인 간의 충돌**	528
25:2-5	서론	529
25:6-15	관원을 위한 열 가지 잠언	531
25:16-27	일반적인 인간 갈등	535
25:28-26:28	**일곱 유형의 타락한 인간**	541
25:28	자제하지 못하는 자	543
26:1-12	미련한 자	543
26:13-16	게으른 자	551
26:17-28	문제를 일으키는 네 유형의 사람들	552
27:1-22	**친구와 이웃**	558
27:1-10	친구와 이웃에 관해 가르치는 첫 단락	560

27:11-22	친구와 우정에 관한 추가적 가르침	565
27:23-27	**"양 떼와 소 떼" 돌보기**	570
28:1-29:27	**자녀 양육, 통치, 하나님과의 관계에 관하여**	572
28:1-12	통치와 재물 획득 수단으로서 율법과의 관계	576
28:13-27	통치와 재물 획득에 있어서 하나님과의 관계의 중요성	581
28:28	결론으로서 틀을 이루는 잠언	588
29:1	가운데 행: 냉담한 자의 갑작스러운 죽음	589
29:2-15	가난한 이들을 대함에 있어서 가치 있다고 입증된 자녀 양육과 통치	589
29:16-27	자녀 양육과 하나님과의 관계	596

모음집 VI: 야게의 아들 아굴의 금언

30:1-9	**서론**	605
30:1a	표제	607
30:1b	정통적 인식론에 대한 요약적 진술	607
30:2-6	정통적 인식론: 다섯 고백	607
30:7-9	진실됨과 적당한 재산을 간구함	612
30:10-31	**본론: 숫자를 언급하는 일곱 금언**	613
30:10-16	첫째 묶음: 탐욕을 버림	616
30:17-31	둘째 묶음: 경계 안에서 살아가는 지혜	618
30:32-33	**결론: 자기를 높이는 태도에 대한 경고**	624

모음집 VII: 르무엘의 금언

31:1	**표제**	627
31:2-9	**고귀한 왕**	628
31:10-31	**현숙한 아내**	631
31:10-12	서론: 그의 가치	635
31:13-27	본론: 그의 활동	636
31:28-31	결론: 그에 대한 칭찬	643

참고문헌	646
인명·주제·성구 색인	653

머리말

이 책은 브루스 월키 교수가 2004년에 두 권으로 펴낸 주석서(*The Book of Proverbs*, NICOT)를 신학생 및 목회자들과 일반 독자들이 보다 쉽게 읽을 수 있도록 새롭게 정리한 것이다.

본래의 주석서는 「잠언」의 저자와 편집자들이 자신들의 자료를 쉽게 구별할 수 있는 단위나 묶음으로 구성했다는 주장을 제시하여 새로운 학문 연구의 장을 열었다. 이 책은 동료 학자들 사이에서 높은 평가를 받았으나 일반 독자들은 접근하기가 어려운 것이 사실이다. 방대한 분량과 복잡한 분석, 주요 주장을 입증하고자 사용한 히브리어 본문이 어떤 이들에게는 너무 난해하고 자신의 목적에 비추어 볼 때 지나치게 자세했다. 따라서 많은 독자들이 쉽게 읽을 수 있도록 줄이고 다듬은 축약본의 필요성이 분명해졌다. 축약본의 과제는, 원래의 주석을 압축하고 전문적 요소들을 간략하게 정리하면서도 어떻게 학문성과 주해상의 정밀성, 시적 통찰들을 그대로 지켜 내느냐에 집중되었다. 월키 교수는 이 작업을 위해 자신의 친구이자 제자인 아이번 드 실바를 파트너로 삼았다. 아이번은 트리니티 웨스턴 대학교의 종교학부와 브리티시 컬럼비아의 퍼시픽 라이프 성경 대학에서 강의하는 동시에 밴쿠버 경찰서에서 수사관으로 일하고 있다.

어드만스 출판사는 2016년에 축약본을 저술하는 계획을 승인했으며, 우리 두 사람은 최선을 다해 이 작업을 수행했다. 작업이 진행되면서 우리는 단순히 축약하는 것으로는 충분하지 못하다는 사실을 깨달았다. 본래의 주석서는 당시 출간된 지 10년이 넘었으며, 「잠언」을 다룬 많은 2차 문헌들이 새로 등장했기 때문이다. 더욱이 월키는 새로운 연구를 토대로 자신이 처음에 했던 잠언 본문 해석 가운데 일부를 개정하여 축약본에 담아내야 한다고 생각했다. 그래서 우리는 이 책에 이 두 가지 사항을 모두 반영하기로 결정했다. 특히 중요한 연구서로 잠언 10-31장을 다룬 마이클 폭스Michael Fox의 주석서가 2009년에 출간되었다. 하지만 이 책이 추구하는 간결성을 유지하기 위해 우리는 그의 새로운 연구에서 이방 여인의 특성, 고대 이스라엘에서 잠언이 유포된 삶의 자리,Sitz im Leben 중복 기사의 존재, 몇몇 단어와 구절예를 들어, 1:5; 8:30을 새롭게 주석한 내용 등 일부 주제만을 제한적으로 수용했다. 하지만 전반적으로 축약본은 본래의 책과 내용 면에서 크게 바뀌지 않았다.

이 책은 서론의 쟁점은 간략하게, 그러나 본문 내용은 충실하게 다루는 잠언 주석서를 찾는 성경 애호가를 위한 것이다. 본래의 책처럼 이 축약본도 서론과 본문 주석의 두 부분으로 구성된다. 서론에서는 저자와 연대, 구조, 히브리 시의 특성 등의 쟁점을 본래보다 훨씬 간략하게 다룬다. 또한 하나님, 인간, 말, 재물과 같은 주제를 신학적으로 성찰하며, 「잠언」에 자주 등장하는 여러 지혜 용어("지혜", "악인", "의", "여호와 경외" 등)의 개념도 다룬다. 서론에서 먼저 개념을 설명함으로써 주석 부분에서 그 개념이 등장할 때마다 다시 정의해야 할 필요성을 제거했다. 그 대신 서론에서 언급한 단어가 주석에 등장할 때 독자들이 참고하도록 해당 단어의 서론 페이지 번호를 밝혔다.

무엇보다도 이 책은 기독교 주석서라는 점이 중요하다. 서론은 전체적으로 솔로몬의 잠언과 지혜자의 금언을 주 예수 그리스도의 인격 및 가르침과 비교하는 데 집중한다.

이 책은 「잠언」의 주제와 시 형식을 고려하여, 시1-9, 30-31장와 모음집, 단원, 단락으로 구분한다. 각 단락마다 본문 번역을 제시하고, 이어서 각 구절에 대한 주석을 제시하며, 그 구절의 의미가 단락 내의 위치에 의해 강화되는지 여부를 평가한다. 필요에 따라 신학적 설명과 개인적 견해anecdote를 덧붙이기도 했다.

기존 주석서에 익숙한 독자들은 이 축약본에서 몇 가지 차이점을 발견할 것이다. 첫째, 책의 서식을 "시카고 서식 지침"Chicago Manual of Style에 맞춰 달라는 어드만스 출판사의 요청에 따라, 월키가 히브리어 원문의 번역을 성gender 중립적인 방향으로 다듬었으며, 원문의 남성 단수대명사를 복수대명사로 번역했다. 이와 마찬가지로 이 책 자체에서도 우리 두 저자는 가능한 성 중립성을 지키고자 애쓰면서 남성 단수대명사를 좀 더 포괄적인 여러 다른 용어들로 옮겼다. 그러나 서언1:8-9:18에 나오는 여러 시와 일부 경구들은 아들에게 한 말이며, 따라서 여기서는 남성 형태를 그대로 유지했다.

둘째, 히브리어 자음 YHWH신명사문자, Tetragrammaton으로 표기되고 흔히 "주"主라는 호칭으로 옮기는 신명divine name을 이 책에서는 하나님이 계시한 그 말의 의미를 따라 I AM 나는 이다으로(개역개정에는 "여호와"로 번역되었다—옮긴이) 옮겼다.참조 출 3:13-15 아쉽게도 서기관들은 이 신명의 발음을 보존하지 못했으며, 추측해서 '예호바' 또는 '야웨' 등으로 읽는다. 우리는 하나님의 이름이 하나의 문장으로 이루어져 있고 하나님 자신에 의해 발화되었으며(곧 1인칭 형태로), "나는 이다"[1]를 의미한다는 것을 알 뿐이다.

셋째, 기존 주석서의 주요한 기여 가운데 하나는, 잠언의 경구들은 의미별 묶음으로 배열되었으며 따라서 그것들을 개별적으로만 아니라 폭넓은 맥락을 배경 삼아 해석할 필요가 있다는 사실을 입증한 것이었다.

1 　이렇게 하나님의 이름을 I AM으로 옮기는 결정을 적극적으로 지지하는 예로는 브루스 월키가 찰스 유Charles Yu와 공저한 책, *An Old Testament Theology: An Exegetical, Thematic and Canonical Approach* (Grand Rapids: Zondervan, 2007), 11-12을 보라.

이러한 잠언의 의미별 묶음을 입증하려면 히브리어 본문을 세밀하게 분석하는 작업이 필요하다. 축약본에서는 그런 작업이 불가능하므로, 이 책은 번역문에서 의미별 묶음이 분명하게 확인되는 경우에만 기존 주석서의 그와 같은 특성을 밝힌다.

넷째, 설교자와 교사들에게 도움이 되도록 주제 색인을 실었으며, 그것을 통해 한 주제와 관련해 잠언 전체를 조망할 수 있게 했다. 색인이 모든 주제를 담아내지는 못하겠으나 여기에 실은 주제들이 「잠언」을 공부하고 설교하는 데 도움이 되기를 희망한다. 이에 더해, 우리는 몇 가지 기억할 만한 인용문과 통찰력 있는 일화들을 추가했다.

마지막으로, 이 축약본과 기존 주석서의 관계에 대해 한마디 덧붙일 필요가 있다. 이 축약본은 특성상 모든 결론을 뒷받침하는 상세한 분석과 논증을 제시할 수 없다. 따라서 이 책은 결론의 많은 요소들을 입증하는 세부적인 연구를 상당 부분 생략한 채 「잠언」의 의미와 해석을 제시할 뿐이다. 여기서 제공하는 해석의 주석적 배경을 알고 싶은 독자들은 기존 주석서를 참고하기 바란다. 그것은 이 책의 방대한 각주 역할을 담당할 것이다.

의미 있는 연구라면 늘 그렇듯이 원저자의 배후에는 돕는 손길이 많이 있으며, 그 도움이 없으면 어떤 일도 성취할 수가 없다. 월키는 그의 첫 저작을 부인 일레인에게 헌정했는데, 부인은 더 이상 그의 작업에 동참할 수 없게 되었다. 월키는 이 자리를 빌어 노스웨스트 대학교 도서관에서 도서와 정기간행물을 이용하도록 지원해 준 데 대해 감사의 마음을 전한다. 아이번의 아내 캐롤은 끝없는 격려와 지지로 남편이 지치지 않고 이 작업을 완수하도록 힘을 보탰으며, 따라서 그는 자기 공로의 많은 부분을 캐롤에게 돌린다. 또한 아이번은 친구인 루벤 조르게가 이 책을 진지하게 읽고 건설적으로 비판한 데서 큰 도움을 받았다. 그의 제안으로 이 책의 내용이 더 향상되었다. 우리는 어드만스 출판사의 원고 기획자인 앤드루 냅에게도 감사드린다. 그는 한없이 길어진 작업 과정에도 지치지 않고 우리를 이끌어 주었다. 마감일을 지키지 못하는 형편에서 그가 인내하지 않았다면 이 책은 세상의 빛을 볼 수 없었을 것이다. 원고 편집자인 샘 켈리는 원고를 능숙하게 다루어 폭넓은 독자층에 쉽게 다가가는 책을 만든다는 우리 목표를 확실히 성취하게 해주었다. 아이번의 옛 제자이자 실력 있는 소프트웨어 전문가인 롤랑 메시에는 색인 제작에 도움을 주었다. 그는 이 책의 작업에 gracelife.org에서 개발한 성경 색인 도구를 사용했다. 그래도 부족한 점이 있다면 우리 두 저자의 책임이다. 끝으로 모든 찬양과 영광은 크고 위대하시며 사랑 많으신 삼위일체 하나님께 돌려야 마땅하다. 하나님께서 섭리로 「잠언」을 정경으로 보존하시지 않았다면 우리가 주석할 텍스트는 존재하지 않았을 것이다. 아울러 그분이 섭리로 그 책의 주석자들을 지켜 주시지 않았다면, 어떤 주석도 존재할 수 없었을 것이다.

브루스 월키, 아이번 드 실바

약어표

ABD	*Anchor Bible Dictionary*. Edited by David Noel Freedman. 6 vols. New York: Doubleday, 1992
AEL	*Ancient Egyptian Literature*. Miriam Lichtheim. 3 vols. Berkeley: University of California Press, 1971-1980
ANEP	*The Ancient Near East in Pictures Relating to the Old Testament*. 2nd ed. Edited by James B. Pritchard. Princeton: Princeton University Press, 1994
ANET	*Ancient Near Eastern Texts Relating to the Old Testament*. Edited by James B. Pritchard. 3rd ed. Princeton: Princeton University Press, 1969
BAGD	Bauer, Walter, William F. Arndt, F. Wilbur Gingrich, and Frederick W. Danker. *Greek-English Lexicon of the New Testament and Other Early Christian Literature*. 2nd ed. Chicago: University of Chicago Press, 1979
BBRSup	Bulletin for Biblical Research, Supplements
BDB	Brown, Francis, S. R. Driver, and Charles A. Briggs. *A Hebrew and English Lexicon of the Old Testament*
Bib	*Biblica*
BiBh	*Bible Bhashyam*
BibOr	Biblica et Orientalia
BKAT	Biblischer Kommentar: Altes Testament
BR	*Biblical Research*
BSac	*Bibliotheca Sacra*
BT	*The Bible Translator*
CAT	Commentaire de l'Ancien Testament
CBQ	*Catholic Biblical Quarterly*
ConBOT	Coniectanea Biblica, Old Testament Series
DOTWPW	*Dictionary of the Old Testament: Wisdom, Poetry and Writings*. Edited by Scott C. Jones, Tremper Longman III, and Peter Enns. Downers Grove, IL: InterVarsity Press, 2008
EBC	Expositor's Bible Commentary. Edited by Frank E. Gaebelein. 12 vols. Grand Rapids: Zondervan, 1979-1988
EvQ	*Evangelical Quarterly*
GKC	*Gesenius' Hebrew Grammar*. Ed. E. Kautzsch. Tr. A. E. Cowley. 2nd ed. Oxford: Clarendon, 1910

GUOST	Glasgow University Oriental Society Transactions
HALOT	The Hebrew and Aramaic Lexicon of the Old Testament. Ludwig Koehler, Walter Baumgartner, and Johann J. Stamm. Translated and edited under the supervision of Mervyn E. J. Richardson. 4 vols. Leiden: Brill, 1994-1999
HAT	Handbuch zum Alten Testament
HeyJ	Heythrop Journal
HTR	Harvard Theological Review
HUCA	Hebrew Union College Annual
IBHS	An Introduction to Biblical Hebrew Syntax. Bruce K. Waltke and Michael O'Connor. Winona Lake, IN: Eisenbrauns, 1990
ICC	International Critical Commentary
ISBE	International Standard Bible Encyclopedia. Edited by Geoffrey W. Bromiley. 4 vols. Grand Rapids: Eerdmans, 1979-1988
JAOS	Journal of the American Oriental Society
JBL	Journal of Biblical Literature
JETS	Journal of the Evangelical Theological Society
JM	P. Joüon and T. Muraoka, A Grammar of Biblical Hebrew. Editrice Pontificio Istituto Biblico. Rom, 1991
JNSL	Journal of Northwest Semitic Languages
JSOTSup	Journal of the Society of Old Testament Supplement Series
JSS	Journal of Semitic Studies
LUÅ	Lunds universitets årsskrift
LXX	Septuagint
MT	Masoretic Text
NAC	New American Commentary
NBD	New Bible Dictionary. Edited by D. R. W. Wood, Howard Marshall, J. D. Douglas, and N. Hillyer. 3rd ed. Downers Grove, IL: InterVarsity Press, 1996
NCBC	New Century Bible Commentary
NIB	The New Interpreter's Bible. Edited by Leander E. Keck. 12 vols. Nashville: Abingdon, 1994-2004
NICOT	New International Commentary on the Old Testament
NIDOTTE	New International Dictionary of Old Testament Theology and Exegesis. Edited by Willem A. VanGemeren. 5 vols. Grand Rapids: Zondervan, 1997
OTL	Old Testament Library
OTS	Old Testament Studies
OtSt	Oudtestamentische Studiën
RB	Revue biblique
SBL	Society of Biblical Literature
SJT	Scottish Journal of Theology
Syr.	Syriac
Targ.	Targum
TDOT	Theological Dictionary of the Old Testament. Edited by G. Johannes Botterweck

and Helmer Ringgren. Translated by John T. Willis et al. 8 vols. Grand Rapids: Eerdmans, 1974-2006

TLOT   *Theological Lexicon of the Old Testament.* Edited by Ernst Jenni, with assistance from Claus Westermann. Translated by Mark E. Biddle. 3 vols. Peabody, MA: Hendrickson, 1997

TLZ   *Theologische Literaturzeitung*

TOTC   Tyndale Old Testament Commentaries

TWOT   *Theological Wordbook of the Old Testament.* Edited by R. Laird Harris, Gleason L. Archer Jr., and Bruce K. Waltke. 2 vols. Chicago: Moody Press, 1980

TynBul   *Tyndale Bulletin*

VT   *Vetus Testamentum*

VTSup   Supplement to Vetus Testamentum

Vulg.   Vulgate

WBC   Word Biblical Commentary

WIANE   *Wisdom in Israel and in the Ancient Near East.* Edited by M. Noth and D. Winton Thomas. Leiden: Brill, 1969

WMANT   Wissenschaftliche Monographien zum Alten und Neuen Testament

WTJ   *Westminster Theological Journal*

WWis   *Way of Wisdom: Essays in Honor of Bruce K. Waltke.* Edited by J. I. Packer and Sven K. Soderlund. Grand Rapids: Zondervan, 2000

ZAH   *Zeitschrift für Althebräistik*

ZAW   *Zeitschrift für die alttestamentliche Wissenschaft*

ZBK   *Zürcher Bibelkommentare*

ZTK   *Zeitschrift fur Theologie und Kirche*

일러두기

1 이 책에 인용된 성경은 개역개정판 제4판을 따랐다.

2 이해를 돕기 위해 저자가 잠언 본문을 사역(私譯)한 구절이나, 히브리어 원문과 개역개정판 사이에
   차이가 있는 구절은 괄호( ) 안에 별도 표시했다.

서론

I. 책의 제목

「잠언」 Book of Proverbs 이라는 제목은 히에로니무스 주후 400년 무렵 가 라틴어로 옮긴 불가타 Vulgate 성경의 제목인 *Liber Proverbiorum*에서 왔다. 히브리어 성경에서 이 책의 제목은 책의 첫 단어에 따라 '미쉴레' mišlê, 잠언들라고 불린다.[1] 히브리 정경에서 「잠언」은 셋째 부분인 성문서에 속한다. 하지만 우리가 사용하는 성경에서 「잠언」은 칠십인역 LXX의 순서를 따라 시가서인 시편과 전도서 사이에 위치한다.

II. 본문과 역본

우리말로 번역된 「잠언」은 대부분 마소라 본문 Masoretic Text을 기초로 삼는다. 원문을 확정하는 데 적용되는 일반적인 규칙에 따르면, 현존하는 마소라 본문 중 가장 오래된 필사본의 생성 연대가 현존하는 가장 오래된 그리스어 본문보다 500년 이상 늦은 주후 1000년경이라고 해도 마소라 본문이 다른 역본들보다 훨씬 믿을 만하다. 잠언 24:22까지는 마소라 본문과 칠십인역에서 같은 내용이 동일한 순서로 배열되어 있다. 그다음부

---

1   이 주석서에서는 전체 잠언은 「잠언」 Proverbs 으로, 개별 잠언은 "잠언(들)" proverbs 으로 표기한다.

터는 아래 표와 같이 두 본문의 배열 순서가 크게 다르다.

마소라 본문	칠십인역
1:1-24:22	1:1-24:22
24:23-34 지혜자의 또 다른 금언	30:1-33 아굴의 모든 금언
25:1-29:27 히스기야의 신하들이 모은 금언	30:15-33 아굴의 숫자 금언
30:1-14 아굴의 금언	24:23-34 지혜자의 또 다른 금언
31:1-31 고결한 왕과 현숙한 아내	31:1-9 고결한 왕
	25:1-29:27 히스기야의 신하들이 모은 금언
	31:10-31 현숙한 아내

워싱턴[H. C. Washington]은 「잠언」 전체가 솔로몬의 저술이라는 인상을 심어 줄 목적으로 칠십인역의 구조가 짜였다고 설득력 있게 주장한다.[2] 칠십 인역은 그런 목적에 따라 아굴[30:1]과 르무엘[31:1]이 저자임을 감추고자 "아굴의 잠언"은 "아들아, 내 말에 주의하라"로 옮기고, "르무엘 왕이 말씀한 바"는 "내 말은 하나님께서 말씀하신 것이다"라고 옮겼으며, 그들이 한 말을 솔로몬이 지은 "지혜자의 금언" 속에 끼워 넣었다.

칠십인역과 마소라 본문 사이에는 첨가와 생략, 자리 변경을 비롯해 많은 차이점이 있다. 그중에는 우연히 생겨난 차이점도 있고 의도적인 차이점도 있다. 스코틀랜드의 자유주의 구약성서학자인 제임스 바[James Barr]의 확고한 주장에 따르면, 칠십인역 번역자들은 때때로 잠언을 매우 창의적으로 번역한 까닭에 "번역이 아니라 창작"[3]이 되어 버렸다. 그러나

---

2   H. C. Washington, "Wealth and Poverty in the Instruction of Amenemope and the Hebrew Proverbs: A Comparative Case Study in the Social Location and Function of Ancient Near Eastern Wisdom Literature" (PhD diss., Princeton Theological Seminary, 1992), 194-197.

3   J. Barr, "Prov. XI.31, Pet IV.18," JSS 20 (1975): 158-159.

칠십인역도 가끔은 원문의 내용을 보존하기도 한다. 더욱이 현존하는 가장 오래된 히브리어 필사본 및 고대 역본들과 솔로몬^{주전 950년경} 사이에는 수 세기에 이르는 시간 간격이 있기에, 원문을 확정하기 위해서는 공인된 본문비평 원리들을 따라 현존하는 본문을 수정해야 한다.[4]

III. 구조

「잠언」에 실린 독특한 모음집들은 장르와 저자를 밝히는 여섯 개의 표제로 시작된다.^{1:1; 10:1; 24:23; 25:1; 30:1; 31:1} "지혜자의 서른 가지 금언"이라고 불리는 22:17-24:22의 경우 22:17에 표제가 언급되지 않으나 본문 전체의 독특한 형태 및 그 전문을 볼 때, 당연히 하나의 모음집으로 인정해야 한다. 따라서 「잠언」은 일곱 개의 모음집으로 이루어져 있다.

모음집 | 1:1-9:18

이 모음집은 세 개의 하위 단원, 곧 표제와 전문,^{1:1-7} 서언,^{1:8-8:36} 결언^{9:1-18}으로 구성된다. 표제^{1:1}에서는 저자^{솔로몬}와 장르^{잠언}를 밝히며, 전문에서는 이 책의 목적^{1:2-6}과 대상 독자(어리석은 젊은이와 지혜로운 젊은이들), 신학적 토대^{"여호와 경외", 1:7}를 밝힌다. 서언은 가상의 부모가 아들에게 말하는 열 개의 강화와 지혜 여인^{Woman Wisdom}이 어리석은 젊은이에게 하는 두 편의 설교로 이루어진다. 결언에는 지혜 여인과 우매 여인^{Woman Folly}(개역개정에는 "미련한 여인"으로 번역되었으며, "지혜 여인"과의 뚜렷한 대비를 위해 이 책에는 "우매 여인"으로 표기했다―옮긴이)이 어리석은 젊은이들에게 서

---

4   사해 사본^{Dead Sea Scrolls}의 일부 단편들에서 희미하게나마 「잠언」을 확인할 수 있다.

로 자기네 생명의 집과 죽음의 집으로 들어와 생명을 주는 음식이나 죽음에 이르는 음식을 먹으라고 초대하는 은유가 나온다.

모음집 I은 나머지 모음집들과 크게 다르다. 다른 모음집들이 주로 경구(또는 풍자, 곧 간결하고 재치 있는 진리 진술들)로 이루어진 데 반해 첫 번째 모음집의 강화와 설교들은 뒤이어 나오는 모음집들의 잠언과 금언들[5]을 아들이 잘 받아들이도록 동기를 부여하는, 지혜에 대한 폭넓은 찬사로 이루어진다. 더욱이 브레바드 차일즈Brevard Childs가 밝혔듯이, 1-9장은 "이 책의 나머지 부분을 이해하는 '해석학적 지표'" 역할을 한다.[6]

모음집 II 10:1-22:16

10:1a에 나오는 "솔로몬의 잠언"이라는 표제, 그리고 길고 통일된 강화들에서 경구들로의 전환, 이 두 가지가 모음집 I과 II를 분명하게 가른다. 모음집 II의 한 절 단위 경구들은 주로 이중 콜론bicolon, 반절 단위 두 개로 구성된 한 절으로 이루어진다.[7] 학자들 사이에서는 이 경구들이 임의로 모아 놓은 모음집인지 아니면 의미상 좀 더 큰 묶음 안에 배치된 것인지 관해 토론이 이루어지고 있다.[8] 최소한 그 경구들은 소리와 의미별로 결합된 한 쌍으

5　이 주석서에서는 솔로몬의 경구는 "잠언"proverbs으로, 다른 지혜자들의 경구는 "금언"sayings으로 표기한다.

6　B. S. Childs, *Introduction to the Old Testament as Scripture* (Philadelphia: Fortress, 1979), 553, citing W. Zimmerli.

7　이것들은 흔히 "문장 잠언"이라고 불린다. 루카스E. C. Lucas의 *Proverbs*, The Two Horizons Old Testament Commentary (Grand Rapids: Eerdmans, 2015), 3을 보라.

8　마이클 폭스Micheal Fox에 따르면 이 주제를 다룬 학문의 역사는 12세기까지 거슬러 올라가는데, 여기서 그 역사를 개괄하는 것은 무리가 있다. 폭스(Fox, *Proverbs 10-31: A New Translation with Introduction and Commentary*, AB 18B [New Haven: Yale University Press, 2009])는 연상적 사고에 따른 잠언 묶음은 인정하지만 폭넓은 의미 집단으로서의 잠언 묶음은 인정하지 않는다. 그러나 폭스의 견해는 내가월키 *Review of Biblical Literature* (February, 2010)에서 그의 *Proverbs*

로 등장한다. 우리는 우선 잠언들을 개별적으로 해석하고, 경우에 따라
좀 더 큰 의미 묶음 안에서 해석하려고 한다.

이 모음집은 보통 A 단원[10:1-15:33]과 B 단원[16:1-22:17]으로 나뉜다. 하지
만 15:30-33은 B 단원의 서언으로 분류하는 게 더 낫다. A 단원의 잠언
들은 주로 반의적인 데 반해, B 단원의 잠언들은 대부분 종합적이며 왕
과 미래의 궁정 관리들에게 큰 관심을 기울인다.

모음집 III 22:17-24:22

모음집 III은 흔히 "지혜자의 서른 가지 금언"이라고 불린다(개역개정에는
"서른 가지"라는 표현이 빠져 있다—옮긴이). 이 모음집의 전문[22:17-21]에서
이 서른 가지 금언[22:20]을 언급하고 있다. 전문과 특히 앞에 나오는 열 가
지 금언은 이집트의 「아메네모페의 교훈」의 서른 가지 금언과 놀라울 정
도로 유사하다. 몇 가지 예를 아래 표에서 살펴볼 수 있다.

아메네모페의 교훈	잠언
"이 서른 장이 훈계하고 가르치는 것을 살펴보라."[30:7]	"내가 너를 위해 서른 가지 모략과 지식을 기록하지 않았느냐."[22:20, 저자 사역]
"가난한 사람을 착취하지 말고 약한 사람을 억압하지 않도록 조심하라."[4:4-5]	"약한 자를 그가 약하다고 탈취하지 말며 곤고한 자를 성문에서 압제하지 말라."[22:22]
"자기 직무에 능숙한 서기관이라면 궁정의 신하로 일하기에 족하다."[22:16-17]	"네가 자기의 일에 능숙한 사람을 보았느냐. 이러한 사람은 왕 앞에 설 것이요 천한 자 앞에 서지 아니하리라."[22:29]
"그것[재물]은 거위처럼 날개를 달고 하늘로 날아가 버린다."[10:4-5]	"네가 어찌 허무한 것에 주목하겠느냐. 정녕히 재물은 스스로 날개를 내어 하늘을 나는 독수리처럼 날아가리라."[23:5]

*10-31*를 논평하며 지적한 몇 가지 가정을 근거로 삼은 것이다.

솔로몬은 이교 문화로부터 일반 은총에 속하는 금언들을 **받아들여** 이스라엘의 여호와 신앙에 **적용했다.**

모음집 III의 양식은 모음집 II의 양식과 다르다. 모음집 II의 짧고 함축적인 경구들이 제외되었다. 그 대신 좀 더 유려하고 짧은 금언들이 나오는데, 이것들은 흔히 짝을 이루고 있고 훈계와 동기부여로 구성된다.

모음집 IV 24:23-34

이 짧은 모음집의 표제는 "이것도 지혜로운 자들의 말씀이라"는 문구로 이 모음집의 장르와 저자를 밝힌다. 이 모음집의 교류 구조에 대해서는 40쪽을 보라.

마지막 두 구절[24:33-34]과 6:10-11의 유사성은 동일한 자료가 다른 맥락에서 어떻게 사용될 수 있는지를 보여준다.

모음집 V 25:1-29:27

이 모음집의 표제("이것도 솔로몬의 잠언이요 유다 왕 히스기야의 신하들이 편집한 것이니라.")[주전 약700년]는 모음집 II의 짧은 경구들과 유사하다. 이 표제는 솔로몬 이후 200년이 지나서도 솔로몬의 잠언들이 여전히 추가되고 있었다는 점을 보여준다. 이 모음집은 5a[25-27장]와 5b[28-29장]의 두 개 묶음으로 구성된다. 5a는 사실상 여호와를 언급하는 잠언들을 담고 있지 않으며 대체로 직유와 은유를 사용하고, 이에 반해 5b는 여호와와 교육과 통치에 초점을 맞춘다. 레이몬드 반 레이우엔[Raymond Van Leeuwen]은 5a가 25:2-27; 26:1-12; 26:13-16; 26:17-28의 의미 덩어리들로 구성된다고 주장한다.[9] 브루스 말초우[Bruce Malchow]는 5b가 그 주제인 젊은 통치자의 교육에 관해 논하는 독특한 구조를 지닌다고 주장한다.[10] 여기서 긴

시[27:23-27]가 두 개의 묶음을 연결하는 '야누스'[janus, 참조. 39-40쪽] 역할을 한다.

모음집 VI [30:1-33]

편집자의 산문체 표제("이 말씀은 야게의 아들 아굴의 잠언이니")를 통해 이 단락이 여섯 번째 모음집이라는 것을 알 수 있다. 많은 학자들이 이 모음집의 통일성을 부정하지만, 우리 두 저자는 이 모음집의 금언들이 구조 및 주제에서 통일된 것이라고 주장한다(605-606쪽을 보라).

모음집 VII [31:1-31]

"르무엘 왕이 말씀한 바 곧 그의 어머니가 그를 훈계한 잠언"에는 독특한 시 두 편이 실려 있다. 첫째는 고귀한 왕에 관한 시[2-9절]이며, 둘째는 현숙한 아내에 관한 이합체[acrostic] 시다.[10-31절] 많은 학자들이 첫째 시만 르무엘 왕에게 돌리지만, 우리는 이집트학 연구자인 케네스 키친[K. Kitchen]의 견해를 따라 첫째와 둘째 시 모두 이 표제와 관련된다고 주장한다(627-628쪽을 보라).

IV. 저자

「잠언」의 표제들은 네 명의 저자를 밝힌다. 즉, 솔로몬,[모음집 I, II] 솔로몬의 잠언들을 수집하고 편집한 "히스기야의 신하들",[모음집 V] 아굴,[모음집 VI] 르무

---

9   R. C. Van Leeuwen, "Context and Meaning in Proverbs 25-27" (PhD diss., University of St. Michael's College, 1984), 57-85.

10   Bruce V. Malchow, "A Manual for Future Monarchs," *CBQ* 47 (1985): 238-245.

엘 왕^{모음집} VII이다. "지혜자의 금언들"로 불리는 모음집 III과 IV는 솔로
몬이 선택하여 각색하고 첨가한 것으로 보인다. 그렇게 보면, 솔로몬은
모음집 I부터 IV까지^{1-24장}의 저자이며, 모음집 V^{25-29장}는 다른 편집자들
이 솔로몬의 잠언을 수집한 것이다. 달리 말해 마지막 두 모음집을 제외
한 모든 모음집에서 솔로몬의 손길을 발견할 수 있다.

A. 솔로몬

대다수의 학자들이 다섯 번째와 여섯 번째, 일곱 번째 모음집을 각각 히
스기야와 아굴, 르무엘의 저술로 보는 데는 의견이 일치하나 모순되게도
첫 번째와 두 번째 모음집의 저자가 솔로몬이라는 견해는 거부한다. 어
떤 학자들은 솔로몬의 잠언 중 소규모의 핵심 내용이 이들 모음집에 보
존되어 있다는 점을 인정한다. 하지만 이 책에서 우리 두 저자는, 몇몇
영어 시인들의 작품들이 그랬던 것처럼[11] 잠언의 일부가 후기 편집자들
에 의해 개작되었을지는 몰라도, 솔로몬을 저자로 내세우는 잠언 자체의
주장을 액면 그대로 받아들여야 한다고 본다.

구약성경은 솔로몬이 매우 지혜로웠으며 많은 잠언을 지었다고 주장
하고,^{왕상 3:5-12[=대하 1:7-12]; 4:29-34; 5:7, 12; 10:1-12[=대하 9:1-9]; 11:41} 신약성경은 이러한
이야기의 역사성을 인정한다.^{마 6:29[=눅 12:27]; 12:42[=눅 11:31], 행 7:47} 주전 3천 년대
부터 그리스-로마 시대까지 이집트와 메소포타미아, 레반트 지역에서
나온 지혜문학과 「잠언」 사이에서 발견되는 구조와 내용의 유사점들은

---

11   T. S. 엘리엇은 "최고의 장인"^{Il miglior fabbro} 에즈라 파운드에게 자신의 시 "황무지"를 헌정했
다. 파운드가 수정한 내용은 매우 중요해서 어떤 비평가들은 그가 공동 저자의 자격을 인정받
을 만하다고 본다. 메이블 루미스 토드는 에밀리 디킨슨의 시를 19세기의 출판물 수준으로 편
집한 일로 악명 높다. 워싱턴 커클랜드 소재 노스웨스트 대학교의 제러마이어 웹스터 교수가
이 두 사례를 내게 알려 주었으며, 그에게 감사한다.

잠언에 나오는 표제들의 의미가 확실하다는 것을 확증해 준다.

케네스 키친K. Kitchen에 따르면 이집트 지혜문학은 두 가지 구조로 이루어지는데, 그는 이를 A 유형과 B 유형으로 표기한다. A 유형에서는 저자와 관련된 공식 표제가 나오고 곧바로 본문이 이어진다. B 유형에서는 저자와 관련된 공식 표제가 나온 후 서언과 본문이 이어지는데, 이 본문에도 간략한 부제들이 포함될 수 있다. 주전 2세기 초에 A 유형이 확인되지 않는다는 사실만 제외하면, 주전 3천 년대에서 그리스-로마 시대에 이르기까지 이 두 가지 유형은 동시에 그리고 거의 같은 비율로 등장한다.[12]

잠언의 모음집들은 이 두 유형 가운데 하나에 해당한다. 모음집 IV에서 모음집 VII까지는 A 유형과 같으며, 이에 반해 저자[1:1]와 서언,[1:8-9:18] 본론[10:1-22:16]으로 구성되고 간략한 부제가 덧붙여진 모음집 I과 II, 서언[22:17-21]과 본론[22:22-24:22]으로 이루어진 모음집 III은 본질상 B 유형과 같다. 이와 같이 비교를 통해 얻은 실증적 근거는 성경의 주장을, 증명까지는 아니더라도 든든히 뒷받침해 준다.

솔로몬과 이집트 문헌의 또 다른 상호 관련성이 솔로몬이 저자라는 주장을 뒷받침한다. 1922년에 월리스 버지E. A. Wallis Budge는 「아메네모페의 교훈」으로 알려진 문헌을 출간했다. 이 문헌은 솔로몬 시대에 나온 것이다.[13] 앞서 언급했듯이 이 교훈집은 모음집 III의 가르침과 유사하며, 나아가 솔로몬이 잠언 22:17-24:22의 저자나 편집자였음을 입증한다. 1966년 크리스타 카야츠Christa Kayatz는 잠언 1-9장과 이집트의 교훈적 지혜 문헌 사이에는 양식과 주제 면에서 많은 유사성이 있다고 밝히고, 그를 근거로 모음집 I의 연대가 바벨론 포로기 이전이라고 주장했다.[14]

12 K. Kitchen, "Proverbs 2: Ancient Near Eastern Background," in *DOTWPW*, 552-553.
13 E. A. Wallis Budge, *Second Series of Facsimiles of Egyptian Hieratic Papyri in the British Museum* (London: British Museum, 1923), plates 1-14.
14 C. B. Kayatz, *Studien zu Proverbien 1-9: Eine form-und motivgeschichtliche*

솔로몬의 잠언과 이집트 지혜 문헌 사이의 유사성은, 솔로몬이 이집트 공주와 결혼하고^{왕상 3:1} 이집트의 통치 방식을 본떠 나라를 다스렸던 것을 고려하면 놀라운 일이 아니다. 이스라엘 궁정의 서기관들은 이집트어를 비롯해 여러 언어에 능숙했음이 분명하다. 더욱이 우리는 명석한 솔로몬이 이스라엘 통치자가 될 준비를 하면서 교훈 문헌으로 구성된 학습용 교재를 사용해 이집트어를 배웠으리라고 쉽게 상상할 수 있다.

언어적 증거도 솔로몬이 저자임을 뒷받침한다. 「잠언」은 가나안적 요소로 가득하며,[15] 우가릿어^{주전 약 1400년}를 활용하기도 한다. 이런 특성은 솔로몬 시대의 특성과 일치한다.[16]

「잠언」에서 왕족에 속한 "다윗의 아들 이스라엘 왕 솔로몬"^{1:1, 참조. 10:1}과 "왕 히스기야",^{25:1} "르무엘 왕"^{31:1}을 저자로 지명하는 것은 고대 근동의 많은 지혜 문헌들이 왕족을 저자로 밝히는 것과 일치한다. 이집트의 경우 케티 1세,^{주전 약 2100년} 메리카레,^{주전 약 2000년} 아메넴헤트 1세^{주전 약 1900년}를 그 예로 들 수 있다 메소포타미아에서 나온 얼마 안 되는 증거도 역시 지혜의 출처를 수메르의 전설적인 왕 슈루팍에게 돌린다. 아람어로 된 금언 모음집은 앗수르 왕인 산헤립과 에살핫돈의 수석 고문이었던 아히카르에게 돌려진다. 요컨대 고대 근동 지역에서 나온 증거에 따르면 지혜 문헌은 주로 궁정 환경에서 형성되었으며, 「잠언」 전체에 걸쳐 이러한 궁정 분위기를 희미하게나마 확인할 수 있다.

데이비드 카^{David M. Carr}는 「잠언」의 일부에서 "다윗과 솔로몬의 시대로……연대를 추정할 수 있게 해주는 최상의 근거를 확인할 수 있다"고

Untersuchung unter Einbeziehung ägyptischen Vergleichsmaterials, WMANT 11 (Neukirchen-Vluyn: Neukirchener, 1966).

15 W. F. Albright, "Some Canaanite-Phoenician Sources of Hebrew Wisdom," in *WIANE*, 9.

16 M. J. Dahood, *Proverbs and Northwest Semitic Philology* (Rome: Biblical Institute, 1963); W. A. van der Weiden, *Le Livre des Proverbs: Notes philolgiques*, BibOr 23 (Rome: Biblical Institute, 1970).

조심스럽게 주장한다.[17] 그가 나중에 저술한 연구서에서 주장하는 바에
따르면, 「잠언」에서 주요 모음집들을 솔로몬의 저술로 돌리는 명시적이
거나 암시적인 역사적 언급들은 일단 사실로 받아들여야 한다. "우리는
「잠언」 중 많은 부분이 포로기 이전 초기 시대의 것이라고 가정해야 할
것이다."[18]

간단히 말해, 솔로몬이 「잠언」 대부분을 지었다는 성경의 주장을 뒷
받침하는 반박 불가능한 증거가 있으며, 그 사실을 논박할 증거는 전혀
없다.[19]

솔로몬은 아마도 모음집 I과 II가 실린 두루마리에 '지혜자의 서른 가
지 금언'모음집 III을 부록으로 덧붙였을 것이다. 이 글의 저자는 자신을 일
인칭으로 불러 이렇게 말한다. "내가……네게 알게 하였노니."22:19 "내
가……너를 위해 기록하여."22:20 "나"가 가리키는 사람으로 앞에서 이름
이 언급된 것은 솔로몬뿐이다. 그는 이 모음집에 모음집 IV를 덧붙이면
서 "이것도 지혜로운 자들의 말씀이라"24:23는 문구로 시작하는데, 이는
모음집 III의 존재를 가정한 것이다. 만약 모음집 III과 IV가 익명의 저
술이라면 특이한 사례라고 볼 수 있다.

B. 히스기야의 신하들

솔로몬의 잠언들모음집 I, II과 거기에 솔로몬이 덧붙인 지혜자의 금언들모음

---

17 D. M. Carr, *An Introduction to the Old Testament: Sacred Texts and Imperial Contexts
of the Hebrew Bible* (Malden, MA: Wiley-Blackwell, 2010), 76.

18 D. M. Carr, *Formation of the Hebrew Bible* (New York: Oxford University Press, 2011), 408.

19 솔로몬의 저자 자격에 대한 반론은 주로 고대 근동의 위서들과 성경(특히 전도서), 언어학
적 자료들을 근거로 제기된다. 전도서가 위서라는 주장에 대한 반론은 B. K. Waltke, *Proverbs:
Chapters 1-15*, NICOT (Grand Rapids: Eerdmans, 2004), 34-36과 Waltke, *An Old Testament
Theology* (Grand Rapids: Zondervan, 2007), 948을 보라.

집 III, IV로 이루어진 두루마리에 유다 왕 히스기야의 신하들이 "솔로몬의 추가 잠언들"^{모음집 V}을 첨가했다. 모음집 V가 언제 「잠언」에 추가되었는지는 알 수 없다. 솔로몬이 모음집 V의 잠언들을 지었다고 해도 그것을 편집한 일도 저작 행위가 된다.

C. 아굴과 르무엘

정체를 알 수 없고 연대도 확인되지 않는 인물인 야게의 아들 아굴은 왕이 아니다. 그가 왕조의 계승과 강력한 왕권을 옹호하고^{30:22, 31} 그의 아들 이디엘이 신참 궁정 관리였던 것으로 보아^{30:32-33} 그가 궁정 관리였을 것이라고 추정할 수 있다. 마찬가지로 정체를 알 수 없는 르무엘도 왕이라고 불리는데,^{31:1} 이는 지혜 문헌의 왕실풍 배경과 일치한다.

D. 최종 편집자

익명의 최종 편집자가 확장되던 두루마리 끝에 아굴의 금언과 르무엘 왕의 금언을 추가한 것이 분명하다. 전문^{1:1-7}에서 이 책의 내용을 (솔로몬의) "잠언과 지혜 있는 자의 말"^{1:6}이라고 밝히는 것으로 보아 이 전문도 최종 편집자가 덧붙였을 것이다. 그는 원래의 표제인 "솔로몬의 잠언"^{1:1}을 책 전체의 제목으로 사용하도록 허용했을 것이다. 이것은 성경의 다른 책들의 관례를 따른 것이다. 욥기의 편집자는 그 책에 욥의 친구들이 한 말이 담겼어도 책의 저자로 욥의 이름을 사용한다.^{참고. 욥 31:40b} 이와 비슷하게 시편의 편집자는 고라 자손과 아삽의 시를 포함하는 모음집 전체의 저자로 다윗의 이름을 내세운다.^{시 72:20}

최종 편집자—잠언의 실질적 저자이지만, 개별 모음집들의 저자는 아니다—는 페르시아 시대^{주전 약 540년-322년}나 헬레니즘 시대에 살았으며,

이 책을 확대하고 개정하여 현재의 형태로 다듬었을 것이다. 원래는 이 디엘 같은 역사적 인물들에게 말했던 잠언이나 금언들을 이 영감 받은 편집자가 모든 세대에 걸친 보편적 언약 공동체에게 전수했다. 좀 더 구체적으로 이 책의 전문에 따르면, 그 목적은 이스라엘의 젊은이[1:4]와 지혜 있는 자들[1:5, 8]을 가르쳐서 그들이 지혜를 얻고 어느 시대에든 이교의 세계관에 맞서 자신을 지킬 수 있게 하려는 것이다. 성령께서는 교회를 통해 일하시면서 이 저술이 정경으로 인정되도록 이끄셨다.

V. 고대 근동의 지혜문학

본문을 건전하게 해석하려면, 본문에 사용된 단어들을 역사적인 맥락에 비추어서 해석해야 한다. 고대 근동의 지혜문학과 비교하는 일은 「잠언」의 저자, 문학 양식, 각색, 본문 전달, 언어학, 비유적 표현들에 빛을 비추어 주며 그 신학을 드러낸다. 예를 들어, 이집트에서 숫자 30은 거룩하게 여겨지며, 완전하고 완벽한 가르침을 상징한다. 잠언 22:20에서 솔로몬이 숫자 30을 동일한 의미로 사용한 것으로 보인다. 잠언 24:12에서 여호와는 "마음을 저울질하시는 이"로 그려진다. 이 이미지는 이집트의 신 토트[Thoth]에게로 거슬러 올라간다. 토트는 죽은 자를 심판하는 자리에서 인간의 심장을 담은 저울 곁에 서 있는 모습으로 그려진다.[20]

---

20 N. Shupak, "The Instruction of Amenemope and Proverbs 22:17-24:22 from the Perspective of Contemporary Research," in *Seeking Out the Wisdom of the Ancients: Essays Offered to Honor Michael V. Fox on the Occasion of His 65th Birthday*, ed. Ronald L. Troxel, Kelvin G. Friebel, and Dennis R. Magary (Winona Lake, IN: Eisenbrauns, 2005), 216. 슈파크에 따르면, 이집트의 이미지를 차용한 것은 "심사숙고하여 이루어졌는데, 히브리 저자나 편집자는 이집트 현자의 교훈을 유일신 신앙의 세계에 적합하도록 바꾸어 적용했다."

VI. 시

A. 성경 시의 특징

「잠언」은 산문체 표제[1:1; 10:1a; 24:23a; 25:1; 30:1; 31:1] 외에는 시로 쓰였다. 성경 시의 특징으로는 간결성과 이미지, 평행법 등 세 가지 요소를 들 수 있다.

1. 간결성 terseness

시인은 가능한 적은 단어를 사용하여 현실을 진술한다.[21] 시행詩行의 내적 간결성은 흔히 정관사와 접속사, 관계대명사를 생략하거나 가끔은 전체 단어나 구절을 생략하는 방식으로 이루어진다. 각 시행간의 간결성은 "그리고"나 "그러므로"와 같은 접속사나 논리적 불변화사들을 생략하는 방식으로 이루어진다.

　「잠언」에서 행들의 가장 중요한 특성이 간결성이다. 지혜자는 짧은 풍자시인 경구들을 사용해 진리를 가르친다. 따라서 하나의 잠언이 어떤 주제에 관한 진리 전체를 담아낼 수는 없으며, 의미 전체를 완성하기 위해서는 다른 잠언들이 필요하다.[22] 예를 들어, "마땅히 행할 길을 아이에

21　벌린(Adele Berlin, "Introduction to Hebrew Poetry," in *The New Interpreter's Bible: Old Testament Survey*, ed. Leander E. Keck [Nashville: Abingdon, 2005], 169)은 사사기 4:19의 산문체 본문을 그에 상응하는 5:24의 시적 본문과 비교하여 간결성의 좋은 예로 제시한다.

> 시스라가 그에게 말하되 청하노니 내게 물을 조금 마시게 하라. 내가 목이 마르다 하매 우유 부대를 열어 그에게 마시게 하고 그를 덮으니.삿4:19
> 시스라가 물을 구하매 우유를 주되
> 곧 엉긴 우유를 귀한 그릇에 담아 주었고.삿5:25

산문체 본문은 야엘이 시스라의 요구를 들어주는 이야기 순서대로 차근차근 독자들을 이끌어가지만, 간략한 시적 본문은 그를 편하게 죽도록 하는 관대함을 강조한다. 산문은 영화와 같고 시는 슬라이드 쇼와 같다. 슬라이드 쇼에서는 버튼을 누르면 각 행이 끝난다.

22　이것이 현자들이 자기 제자들에게 잠언 전체를 암송하라고 요구하는 이유다.22:18

게 가르치라. 그리하면 늙어도 그것을 떠나지 아니하리라"[22:6]는 잠언은
부모의 교육이 젊은이에게 평생 이어지는 영향을 미친다는 진리(또는 가
능성)를 말하지만, 자녀 양육에 관한 성경의 진리를 모두 밝혀 주는 것은
아니다. 오히려 그것은 포괄적이고 복잡한 실제 삶을 이해하기 위해 다
른 요소들과 함께 고려해야 할 여러가지 요소들 가운데 하나다. **간결성**
및 그것이 어떻게 진리를 명료하게 주장하는지 인식하지 못했기 때문에
「잠언」을 해석하는 데 많은 오류가 발생했던 것이다.

2. 이미지 또는 비유

「잠언」에는 비유적 표현들(직유와 은유, 환유 등)이 가득하며, 특히 서언에
는 확장된 비유들이 많이 나온다. 이미지는 사고를 자극하는 기능에 더
해, 저자가 적은 표현으로 많은 내용을 전달할 수 있게 해주어 간결성에
도움이 된다. 어떠한 시를 해석하든 비유적 표현들에 익숙해지는 것이
기초적이고 본질적인 토대다.

3. 평행법 parallelism

영어의 시는 확장된 운율과 압운이 특징인 데 반해 히브리 시는 평행법
이 특징이다. 평행법은 시의 한 행이 절반의 행들—이것을 반절 verset 이
라고 부른다—로 나뉘고, 각 행이 다른 행과 특정한 방식으로 대응할 때
성립한다.[23] 반절 두 개가 결합되어 이중 콜론 bicolon 하나를 구성한다. 잠
언 15:4은 전형적인 이중 콜론이다.

  전반절: 온순한 혀는 곧 생명 나무이지만

  후반절: 패역한 혀는 마음을 상하게 하느니라.

[23] 윌슨(L. Wilson, *Proverbs*, TOTC [Downers Grove, IL: InterVarsity, 2017], 7)은 평행법을 "일종의
'생각의 운율'"이라고 부른다.

이 예에서 이중 콜론은 두 개의 반절로 이루어지며, 그것들을 각각 전반절 verset A, 15:4a과 후반절 verset B, 15:4b이라고 부른다.

의미론적 측면에서 후반절은 전반절과 동일한 사상을 담고 있는 동시에 어떤 면에서는 전반절의 사상을 발전시키거나 확대시키기도 하는데, 대개 전반절의 내용을 구체화하거나 심화시킨다. 반절들은 대체로 보편적인 것에서 특정한 것으로, 또는 추상적인 것에서 구체적인 것으로, 덜 강한 것에서 더 강한 것으로 움직인다.[24] 전통적으로 반절들 사이의 평행법은 다음과 같이 세 가지 주요 유형으로 분류되어 왔다.

동의적 평행법 synonymous parallelism —후반절은 전반절과 동일한 사상을 다른 말로 반복하여 표현한다.

전반절: 타인이 너를 칭찬하게 하고 네 입으로는 하지 말며
후반절: 외인이 너를 칭찬하게 하고 네 입술로는 하지 말지니라.[27:2]

반의적 평행법 antithetical parallelism —후반절의 사상이 전반절의 사상과 대립한다. 이 대조는 흔히 "그러나"로 표현된다.

전반절: 손을 게으르게 놀리는 자는 가난하게 되고
후반절: 손이 부지런한 자는 부하게 되느니라.[10:4]

종합적 평행법 synthetic parallelism —후반절은 전반절의 사상을 확장한다.

전반절: 너의 행사를 여호와께 맡기라.
후반절: 그리하면 네가 경영하는 것이 이루어지리라.[16:3]

---

24 쿠걸(James Kugel, *The Idea of Biblical Poetry: Parallelism and Its History* [Baltimore: The Johns Hopkins University Press, 1981])의 주장에 의하면, 평행법에서 두 번째 행은 첫 번째 행을 여러 가지 방식으로 확장한다. 그는 이를 다음과 같은 말로 설명한다. "A는 이렇고 **더 나아가** B는 이렇다"(굵은 글자는 쿠걸의 강조).

이와 더불어 두 가지 하위 유형도 살펴볼 가치가 있다.

| 비교급 잠언 better-than proverbs — 반의적 평행법의 하위 형태에 속하는 이 유형은 반절들에다 두 가지 부정적인 상황을 제시하고, 독자에게 그 둘 가운데 더 나은 것을 선택하라고 요구한다. 이때 더 나은 것은 대체로 전반절에서 언급된다.

　전반절: 가산이 적어도 여호와를 경외하는 것이

　후반절: 크게 부하고 번뇌하는 것보다 나으니라. 15:16

| 비교 잠언 comparative Proverbs — 종합적 평행법의 하위 형태인 이 유형에서 독자는 두 가지 상황을 비교하며 그들의 유사성이 무엇인지 살펴보게 된다.

　전반절: 아름다운 여인이 삼가지 아니하는 것은

　후반절: 마치 돼지 코에 금고리 같으니라. 11:22

위에서 분류한 평행법 유형들은 엄격하게 분류된 것은 아니며, 변형들이 너무 많은 까닭에 평행법의 분류 체계를 완벽하게 수립하는 것은 불가능하다.

　때로는 이중 콜론 두 개 bicola 가 평행을 이루어 하나의 4행시를 형성하기도 한다. 잠언 23:4-5를 보라.

　부자 되기에 애쓰지 말고

　　네 사사로운 지혜를 버릴지어다.

　네가 어찌 허무한 것에 주목하겠느냐.

　　정녕히 재물은 스스로 날개를 내어 하늘을 나는 독수리처럼 날아가리라.

형식적 측면이 아닌 의미론적 측면에서 볼 때, 5절에서는 4절의 경고에

주의해야 하는 이유를 제시한다. 물론 각 구절은 그 자체로 하나의 금언
이기도 하다.

B. 운율학

운율학poetics 연구를 통해 절들의 연결 관계를 확인할 수 있다. 성경의 지
혜자들은 자신의 저작에 일관성과 통일성을 부여하고 느슨한 격언이 그
릇 이해되는 일을 막기 위해 여러 가지 문학적 기법을 사용했다. 아델 벌
린Adele Berlin에 따르면, 운율학은 "문학의 실제 본문들에 다양하게 표현된
문학 원리들의 형태로부터 일반적인 문학 원리를 추출하는 귀납적 학
문"이다. 운율학의 기본 목표는 "특정 본문의 의미를 끌어내는 것"이 아
니라 "문학을 구성하는 단위들과 그 단위들을 조합하는 규칙들을 찾는
것"이다. 따라서 "운율학과 문학의 관계는 언어학과 언어의 관계와 같
다."[25] 언어학이 언어에 관한 학문(단어의 의미 및 단어들의 상호관계를 지배
하는 규칙들에 관한 연구)이라면, 운율학은 문학에 관한 학문(글쓰기의 기본
구성 요소들이 어떻게 상호 연관되어 의미를 창조하는가에 관한 연구)이다. 달
리 말해, 운율학은 문학의 문법이다. 언어를 조리 있게 다루기 위해 문법
이 필요하듯이 문학 본문을 조리 있게 다루기 위해서 운율학이 필요하
다. 본문이 무엇을 뜻하는지 알기 위해서는 먼저 그것이 어떻게 의미를
표현하는지 알아야 한다.

시에서 각 구절들은 대개 서로 연결되어 있다. 잠언 2장을 예로 살펴
보면, 1-4절에서 "만일"이라는 말로 시작되는 조건절들이 5절과 9절에
서 "그러면"이라는 말로 시작되는 결과절들을 거느린다. 밀접하게 연결
된 두 절(곧 이중 콜론들)은 **4행시**quatrain라고 부르고, 구절들의 소규모 묶

---

25   A. Berlin, *Poetics and Interpretation of Biblical Narrative*, JSOTSup 9 (Sheffield: Almond
Press, 1983), 15.

음은 **소절** strophe 로, 커다란 묶음은 **연** stanza 이라고 부른다. 서언에 나오는 열두 개 강화와 설교들은 모두 시에 해당된다.

시와는 대조적으로, 솔로몬의 잠언들과 지혜자의 금언들은 대부분 개별적인 잠언과 금언들을 모은 것으로, 그 자체로 완전한 사상을 표현하고, 이차적으로만 다른 잠언이나 금언과 연관 지어 해석된다. 단락들 사이의 연계성은 뚜렷하지 않으며, 따라서 각 단락이 독립적이고 일관성이 없다는 인상을 준다. 하지만 운율학 연구는 그런 단락들 사이에 드러나지 않은 연관성을 볼 수 있는 렌즈를 제공한다. 이 사실은, 해석자는 각 잠언과 금언을 그 자체로 해석해야 할 뿐만 아니라 그것이 연계된 묶음에 비추어서 해석해야 한다는 것을 의미한다.

각 구절들은 단어와 구문론, 의미, 반복적 음운체계에 의해 연결된다. 연결고리를 만들어 내기 위해 다른 문학적 장치들 또한 활용된다. 그런 장치의 예로는 다음과 같은 것들이 있다.

| 인클루지오 수미상관 구조—시작과 끝부분을 일치시킴으로써 문학의 단락을 구분 짓는 방법이다. 이 책의 전문 1:2-7 은 "지혜와 훈계"로 시작하고 끝난다. 2a, 7b절

| 주제어 독일어 Leitwort —단락의 화제話題를 눈에 띄게 드러내는 낱말이다. 잠언 30:18-20에서 주제어 "자취" way 는 아굴이 칭찬하는 네 가지 자취와 음녀의 비열한 자취를 대비하는 데 사용된다.

| 표제어—금언들을 하나로 묶는 말이다. 잠언 16:1-9은 끝에서부터 두 번째 절인 8절을 제외하고 모든 절에 나오는 표제어 "여호와" I AM 에 의해 연결된다. 잠언 16:10-15은 앞에서 두 번째 절인 11절을 제외하고 모든 절에 나오는 "왕"이라는 표제어에 의해 하나로 결합된다. 그래서 이 두 단락 16:1-9, 10-15 은 각각 하나님의 지고한 통치와 왕이 중재하는 통치라는 주제를 분명하게 드러냄으로써 서로 보완한다.

| 야누스^{janus} — 앞선 본문을 되돌아보면서 이어지는 본문을 내다보는 전환 방식을 가리킨다. 예를 들어 잠언 31:19가 야누스인데, 그 본문은 현숙한 아내의 소득원^{13-18절}에서 그녀가 자기 집안을 비롯해 넓게는 공동체에 기여하는 일^{20-27절}로 전환하는 이음매 역할을 한다.

위에서 언급한 기법들 외에, 양식 구조^{structures of patterning}들을 활용하여 특정 화제나 주제를 중심으로 잠언이나 금언을 모으는 경우가 있다. 이때 이 화제나 주제를 파악하려면 그 양식^{pattern}이 무엇인지 식별해야 한다. 양식들은 한 단락의 경계를 정하도록 돕는다. 학자들은 「잠언」에서 그러한 양식들을 다수 확인했다.

| 교류 구조^{alternating pattern, A-B::A′-B′}는 한 물결이 다른 물결을 뒤따르는 모양으로 설명할 수 있다.²⁶ 이 양식에서는 독자가 평행하는 요소들을 비교하여 진전 과정을 발견하도록 요구한다. 잠언 4:5-9을 예로 들어보면, 지혜를 얻으라는 충고^{A, A′}는 동기부여 측면에서 보호^B로부터 영예^{B′}로 진행한다.

  A 충고: 지혜를 얻으라.   4:5

    B 동기부여: 그가 그를 사랑하는 자를 보호할 것이다.   4:6

  A′ 충고: 지혜를 얻으라.   4:7

    B′ 동기부여: 그가 그를 사랑하는 자를 영화롭게 할 것이다.   4:8-9

| 동심원 구조^{concentric pattern, A-B-C::C′-B′-A′}는 밀물처럼 들어왔다가 다시 썰물처럼 빠져나가는 것으로 설명된다. 이 양식은 완전하다는 느낌을 주며, 독자가 비교와 대조에 집중할 수 있게 해준다. 서언^{1:8-9:18}은 동심원 양식으로 짜인 것

이라고 볼 수 있다.

A 경쟁적으로 아들을 초청하는 부모와 악한 자들　1:8-19

　B 어리석은 자들을 책망하는 지혜　1:20-33

　　C 야누스: 가르침을 받아 악인과 음녀를 막으라는 아버지의 명령　2:1-22

　　　D 가르침을 받으라는 아버지의 명령　3:1-4:27

　　　D′ 음녀를 조심하라는 아버지의 경고　5:1-6:35

　　C′ 야누스: 지혜의 적을 조심하라는 아버지의 경고　7:1-27

　B′ 어리석은 자들을 초청하는 지혜　8:1-36

A′ 경쟁적으로 어리석은 자들을 초청하는 지혜와 우매　9:1-18

교차 대구 구조chiastic pattern, A-B-C-X-C′-B′-A′ 는 중심축X을 메시지의 초점으로 삼는다. 이 양식은 연못에 던진 돌이 만들어 내는 파문으로 설명된다.[27] 두에인 개럿Duane Garrett이 주장한 대로,[28] 잠언 26:6-10의 다섯 개 금언은 교차 대구 양식으로 배열되어 미련한 자에게 영예를 주는 것은 적절하지 않다는 점을 강조한다.

A 미련한 자에게 중요한 일을 맡김　26:6

　B 미련한 자의 입의 잠언　26:7

　　X 미련한 자에게 영예를 주는 것　26:8

　B′ 미련한 자의 입의 잠언　26:9

A′ 미련한 자에게 중요한 일을 맡김　26:10

27　Waltke, *Old Testament Theology*, 120.

28　D. Garrett, *Proverbs, Ecclesiastes, Song of Solomon*, NAC 14 (Nashville: Broadman, 1983), 212.

VII. 지혜 장르

A. 지혜문학이란 무엇인가?

어떤 본문을 바르게 해석하기 위해서는 그 본문의 문학 장르를 이해해야 한다. 각 장르는 고유한 특성을 지니며, 그에 따라 적절한 해석 방법이 필요하다.[29] 구약성경 속 지혜문학의 정확한 특성과 배경에 관해서는 여전히 논의가 이루어지고 있다. 지혜문학의 특성을 항목별로 구분해 보면, 성향에서 인본주의적이며, 범위 면에서 국제적이고, 강조점에서 비역사적이며, 실제에서는 복을 지향하고 질서를 추구하는 데 관심이 크며, 논조에서는 교육적이다. 하지만 성경에서 지혜문학과 다른 장르의 문헌을 확실하게 구분 짓는 것은 지혜문학의 독특한 영감 방식이다.[30] 환상과 꿈을 받았던 예언자들, 하나님과 얼굴을 대면했던 모세, 시적 상상력을 보여준 다윗과는 달리, 지혜자들은 자연과 인간을 날카롭게 관찰하고 숙고하며 여호와를 경외함으로 깨달아 계시에 이르게 되었다.[31]

이러한 심리적 영감의 방식을 잠언 24:30-34에서 확인할 수 있다. 게으른 자의 밭, 곧 한때는 잘 가꿔서 열매가 풍성했으나 게으른 사람이 경

---

29 예를 들어 '열린'이라는 뜻을 지닌 단어를 어원으로 하는 '프티'^{peti}는 「잠언」에서 다른 세계관에 쉽게 끌리는(곧 진리에는 '관심이 없는') 어리석은 자를 가리킨다. 하지만 시편에서 '프티'는 하나님께 열려 있다(곧 '경건하다')는 의미를 지닌다.

30 신약성경 히브리서의 저자는 하나님께서 "옛적에 선지자들을 통하여 여러 부분과 **여러 모양으로** 우리 조상들에게 말씀"하셨다$^{히 1:1}$고 밝힌다(굵은 글씨는 두 저자의 강조).

31 이와 비슷하게 전도서에서 '코헬렛'$^{Qoheleth, '교사' 또는 '모으는 사람'}$은 그가 보기에 "다 헛되어 바람을 잡으려는 것"처럼 보이는, 창조 세계의 순환 과정을 살피는 것으로 말을 시작한다. 그는 "해 아래에서" 경험한 일들을 성찰하며 자신의 지혜 탐구에 관해 이야기한다. 마찬가지로 욥도 자신의 고난 경험을 성찰하는 데서 시작한다. "여호와"께서 눈을 열어 주셔서 창조 세계 속의 혼돈과 죽음은 절대적인 것이 아니라 그분이 질서와 생명으로 경계를 정해 놓으셨다는 사실을 깨닫기까지$^{욥 38-41장}$ 그는 자신의 고난에 대하여 위로를 얻을 수 없었다.

작하면서 잡초밭이 되어 버린 포도밭을 지나치던 현자는 "내가 보고 생각이 깊었고 내가 보고 훈계를 받았노라"[32절]고 말하고는, 그것을 바탕으로 잠언을 짓기도 하고 인용하기도 한다.[33-34절]

> 네가 좀더 자자, 좀더 졸자,
>> 손을 모으고 좀더 누워 있자 하니
> 네 빈궁이 강도 같이 오며
>> 네 곤핍이 군사 같이 이르리라.

하지만 지혜자들의 지혜는 자연신학을 근거로 삼지 않는다. 그들은 언약을 지키시는 이스라엘의 하나님에 대한 믿음을 렌즈 삼아 창조 세계와 모든 인간을 이해한다. 이러한 기준 없이 자연을 관찰하면 의로운 길이 아니라 "적자생존의 법칙"을 배우게 되고, 그래서 결국 힘과 권력 사용을 떠받들게 될 수 있다. 솔로몬은 개미를 근면과 검약의 본보기로 제시하면서[6:6-11] 개미가 지니는 파괴적인 능력은 무시한다. 사실 아굴[30:1-6]과 욥[욥 8:31-41] 두 사람 다 특별 계시가 없이는 참 지혜를 얻을 수 없음을 창조 세계가 가르친다고 주장한다.

B. 「잠언」의 장르들

1. 잠언

「잠언」에서는 자체의 장르를 '미쉘레'[mišlê, "잠언"을 뜻하는 마샬(māšāl)의 복수형]로 분류한다. 영어 및 영어권 문화나 잠언서 모두에서 잠언이란 짧고 함축적인 금언을 뜻한다. 영어에서 잠언은 대중 사이에 널리 통용되며, 이에 반해 「잠언」에서 잠언은 여호와를 경외하는 사람들 사이에서만 통용된다. 예를 들어 첫 번째 잠언("불의의 재물은 무익하여도")[10:2]은 대중 사이에서 전혀 인기가 없는데, 그 이유는 많은 사람이 그런 재물을 구하는 게 현실이기 때문이다. 이와 유사하게, 지혜는 자기의 지혜를 받을 대상을 "총명있는 자"^{잠 8:9}로 한정한다. 지혜가 대중 사이에서 인기가 있다면, 지혜가성문 곁에 서서 자기의 주장을 외칠 필요는 없었을 것이다.^{1:20-21; 8:1-3}

명사 '마샬'^{māšāl}의 동사 어근은 "……와 같다"라는 뜻을 지니며, 그렇게볼 때 명사 '마샬'은 "모델이나 모범, 패러다임을 보일 목적으로 제시된비유나 유비가 된다."³² 따라서 잠언의 목적은 독자나 청중이 자기네 삶을 잠언의 진리에 비추어 보도록 권고하는 데 있다.³³ 잠언과 금언들은독자에게 잠언과 자기 자신 간의 연관성을 살펴보도록 요구하기 때문에"비유"나 "오묘한 말"^{잠 1:6}이라고 불리기도 한다. 그 결과는 흔히 독자들이 처한 특별한 삶의 정황에 좌우된다. 예를 들어, 시편 49편을 보면 깨닫지 못하는 사람을 가리켜 멸망하는 짐승 "같다"^{12, 20절}고 말하는 잠언^{4절}의 ^{마샬}(개역개정에는 "비유"로 번역되었다—옮긴이)이 나오는데, 이 말이 낮은 자는 위로하고 높은 자는 정신 차리게 하며, 부자에게는 경고가 되고가난한 자에게는 위안이 될 것이다.

잠언들이 진리를 가르치기는 하나 사람들이 자신의 상황을 고려하지않은 채 그 잠언들을 사용하면 대단히 나쁜 결과를 낳을 수 있다. "미련한 자의 입의 잠언은 술 취한 자가 손에 든 가시나무 같으니라"^{잠 26:9}는잠언을 실제로 보여주는 사례가 바로 욥의 친구가 잠언을 오용한 일이다.^{참조, 욥 18:5} 레이우엔은 이렇게 말한다. "잠언을 사용하는 사람은 다양한 금언과 충고 가운데서 가장 '정확히 들어맞는 말'을 선택해야 한

---

32 G. M. Landers, "Johan: A māšāl?," in *Israelite Wisdom*, ed. J. G. Gammie et al. (Missoula, MT: Scholars, 1978), 140, following W. McKane, *Proverbs: A New Approach*, OTL (Philadelphia: Westminster, 1970), 23-33.

33 A. S. Herbert, "The 'Parable' (MĀŠĀL) in the Old Testament," *SJT* 7 (1954): 180-196.

45

다.⋯⋯잠언 사용은 언제나 상황에 맞아야 한다."[34] 어떠한 잠언이 모든 상황에 참인 것처럼 보여도, 특정 상황에서는 적용되지 않을 수도 있다는 것이다.

2. 짧은 금언과 긴 충고

「잠언」에는 두 가지 기본적인 문학 양식이 있다. 충고 형식으로 이루어진 긴 단락들[모음집 I, III-IV]과 삼인칭으로 된 짧은 경구나 풍자들[모음집 II와 V]이다. 물론 몇 가지 예외[6:12-19; 31:10-31]도 있다. 길게 충고하는 유형은 이집트의 교훈들과 유사하며, 짧은 문장의 잠언들은 메소포타미아의 교훈들과 비슷하다. 앞에서 언급했듯이 풍자적 잠언들은 다른 잠언들에 비추어 의미가 한정될 필요가 있다.[참조. 14:20-21] 풍자적 잠언들은 해석할 때 좀 더 기지가 필요하다. 그래서 서언[1:8-9:18]에 실린 길고 명료한 충고 시들은 독자들이 짧고 난해한 금언들을 해석하도록 돕는 기초가 된다.

그런데 이렇게 구분하는 것이 오해를 일으킬 수도 있다. 짤막한 금언들에 비해 충고[admonition]가 훨씬 더 교육적이고 권위가 있는 것으로 보이기 쉬울 수 있지만, 「잠언」의 전문에서는 모든 잠언과 금언이 젊은 자에게 근신함을 주고 지혜로운 자는 더욱 현명하게 해준다는 사실을 분명히 밝힌다.[1:4-5] 서언에서는 두 양식을 가리켜 훈계와 법이라고 말한다.[1:8] 더욱이 두 가지 양식 모두 권위가 있다. 두 양식은 모두 하나님에 의해 감동된 것이며,[잠 2:6] 여러 세대에 걸쳐서 신실한 부모들에 의해 전해진 것[잠 4:3-4]이기 때문이다. 그것들은 인간의 전통이나 상식을 토대로 삼지 않는다.

---

34 R. C. Van Leeuwen, "The Book of Proverbs," in *The New Interpreter's Bible: Old Testament Survey*, ed. Leander E. Keck (Nashville: Abingdon, 2005), 241.

C. 배경

여기서 우리는 두 가지 쟁점을 다룬다. 잠언들은 어떤 상황에서 작성되었으며, 어떤 상황에서 유포되었는가?

1. 작성 배경

잠언과 금언의 저자로 솔로몬[1:1; 10:1]과 히스기야의 신하들,[25:1] 르무엘왕[31:1]이 언급된다는 점에서 그것들이 궁정을 배경으로 작성되었다는 사실을 알 수 있다. 아굴[30:1]은 궁정의 관리였을 것이다(32쪽의 설명을 보라). 앞서 주장했듯이(27쪽을 보라) "지혜자의 서른 가지 금언"[22:17]은 솔로몬이 선택하고 개작했으며, "지혜자의 또 다른 금언"[잠 24:23-34]도 그가 덧붙인 것으로 보인다. 앞에서 밝혔듯이(30쪽을 보라) 이집트의 교훈 문학 모음집들은 궁정을 배경으로 작성되었다.

이 책을 솔로몬의 저작으로 인정하지 않는 학자들은 이 책의 금언들이 작성된 자리에 관하여 의견을 달리 한다. 작성 배경에 관한 여러 주장들 가운데서 두 가지, 곧 민간 배경과 학교 배경이 살펴볼 만하다.

민간 배경을 제기한 학자들은 이 책의 금언들 가운데 다수가 농업에 종사하는 평범한 사람들이 삶을 관찰한 것에서 비롯되었다고 주장한다. 그 학자들이 이 배경을 지지하는 한 가지 이유는, 상당수의 금언들에서 직접적으로 왕을 언급하지 않으며, 농촌 맥락에 더 적합하기 때문이다. 직접 왕에 관해 말하는 금언들(꽤 많이 나온다)의 경우, 와이브레이[R. N. Whybray]는 평범한 사람들이 왕정을 관찰하여 나온 것이라고 설명한다.[35] 그러나 폭스[M. V. Fox]의 주장에 따르면, 이런 결론은 "작은 시골 마을에는 존재하지 않는 금세공인과 전령(傳令)에 대한 언급"처럼 도시 환경을 가리

---

[35]   R. N. Whybray, *Wealth and Poverty in the Book of Proverbs*, JSOTSup 99 (Sheffield: Sheffield Academic, 1990), 47.

키는 실마리를 간과한다.[36] 더욱이 잠언의 내용은 자체의 배경을 밝히지 않는다. "뛰어들기 전에 살펴보라"는 말이 물웅덩이에서 기원하지 않았듯이 "쇠가 달았을 때 두드리라"는 말도 대장간에서 기원하지 않았다고 볼 수 있다.

학교 배경을 주장하는 학자들은 이집트에 그런 학교가 존재했다는 사실을 근거로 내세운다. 하지만 루카스[E. C. Lucas]가 다른 학자들에 이어 주장하는 바에 의하면, "주전 2세기 초에 시락의 아들 예수가 세운 '배움의 집'[집회서 51:23] 이전까지는 이스라엘에서 지혜 학교에 대한 확실한 언급을 찾아볼 수 없다."[37] 물론 "학교"를 어떻게 정의하는지에 따라 많은 것이 달라진다. 만일 학교를 독립된 건물과 전문적인 "교사들"을 갖춘 시설이라고 이해한다면, 고대 이스라엘에서 그런 학교에 대한 증거는 여전히 존재하지 않는다.[38]

내용을 근거로 배경을 정하는 것이 위험하기는 하나, 많은 금언들과 잠언들은 분명히 왕실 배경을 가리킨다. 예를 들어 "네가 관원과 함께 앉아 음식을 먹게 되거든 삼가 네 앞에 있는 자가 누구인지를 생각하며"[잠 23:1]라는 잠언은 일반인들과는 관계가 없다. 따라서 이 책의 작성 배경에 대한 합의가 이루어지지 않은 형편에서, 우리는 이름이 밝혀진 저자들, 초임 관리를 위한 교육 문헌 모음집들과의 유사성, 여러 금언들의 내용

---

36 M. V. Fox, "The Social Location of the Book of Proverbs," in *Texts, Temples, and Traditions: A Tribute to Menahem Haran*, ed. M. V. Fox et al. (Winona Lake, IN: Eisenbrauns, 1996), 233. 폭스는 「잠언」에서 농업적 배경이 언급될 경우, 해당 잠언은 통상적으로 소작농이 아니라 부유한 지주를 대상으로 하는 것이라고 주장한다.

37 E. C. Lucas, *Exploring the Old Testament: A Guide to the Psalms and Wisdom Literature* (Downers Grove, IL: InterVarsity, 2003), 82. 이와 비슷하게 폭스는 "Social Location", 231에서 이렇게 말한다. "이집트와의 유사성을 제외하고 「잠언」에서 지혜 학교의 배경을 가리키는 것은 아무것도 없다."

38 D. M. Carr, *Writing on the Tablet of the Heart: Origins of Scripture and Literature* (New York: Oxford University Press, 2005), 12.

등을 근거로 삼아, 「잠언」의 금언들이 궁정을 배경으로 생겨났다고 주장
한다.

2. 유포 배경

잠언이 유포된 자리는 어디인가? 부모와 아들[들]이 언급예를 들어 1:8; 6:20;
10:1되었다는 점에서 가정이 이 책의 지혜가 유포된 배경이었다는 사실
을 알 수 있다. 앞서 밝혔듯이 고대 이스라엘에는 학교가 없었다.[39] 더욱
이 이집트와 메소포타미아의 지혜문학에서는 가르치는 사람이 거의 언
제나 아들에게 말하는 아버지다. 더욱이 어머니도 아들에게 지혜를 가
르치는 것으로 언급된다는 사실에서 확실히 가정이 배경이었음을 알 수
있다.4:3; 6:20; 23:25; 31:1, 26-28, 참조. 10:1; 15:20 카.D. M. Carr는 다음과 같이 말한다. "학
생의 실제 '어머니'가 아닌 여성 교사를 '어머니'라는 별칭으로 불렀으리
라고는 생각할 수 없으며, 심지어 잠언 31:1에서는 르무엘 왕의 저작으
로 돌려지는 기존의 가르침이 어머니에게서 나온 것이라고 말하기도 한
다."[40] 이러한 가정 배경은 잠언 4:1-9에서 더 분명하게 밝혀진다. 그 본
문에서는 할아버지와 아버지, 어머니, 아들로 이루어진 신실한 가족이
가정의 영적 유산을 전수하는 것으로 그려진다. 폭스는 중세 유대인의
윤리적 유훈에서 고대의 지혜 가르침과 매우 유사한 내용을 발견한다.[41]
그러므로 모세가 가정을 통해 율법을 널리 퍼뜨렸듯이참조. 신 6:7-9 솔로몬

---

39 프리드먼(H. Freedman, "Kiddushin," in *The Babylonian Talmud*, ed. I. Epstein, vol. 4 [London:
Soncino, 1948], 140 n. 8)에 따르면, 유대교에 학교가 도입된 것은 랍비 시므온 벤 세타와 대제사
장 요슈아 벤 가말라의 개혁의 결과다.

40 Carr, *Writing*, 129-130.

41 Fox, "Social Location", 232. "윤리적 유훈은 나이 지긋한 아버지가 자기 아들(때로는 딸)을
종교적, 윤리적으로 지도하기 위해 남긴 가르침이다. 이 문헌들은 「잠언」을 모범으로 삼았기에
사실상 고대 지혜문학의 유산이다.……아버지는 아들(이나 딸)에게 말하고, 동시에 그 아들(이나
딸)을 통해 다수의 청중에게 말한다."

은 신실한 부모의 입에 잠언을 실어서 이스라엘의 젊은이들에게 전하고자 의도했던 것으로 보인다.[1:8-9] 지혜가 공공장소에서 대중을 대상으로 외친 것[1:20-33; 8:1-31]은, 잠언 8:32-36에 나오는 연설의 결론이 보여주듯이 가상적인 것으로 사실상 아들을 염두에 둔 것이다. 마지막으로, 「잠언」이 고대 근동의 다른 지혜 문헌과는 달리 특정 수신자의 이름을 밝히지 않았다는 사실은 최종 편집자가 이 책을 대중화하여 신실한 가정들에서 계속 가르치기를 원했다는 것을 말해 준다.

VIII. 신학

A. 서론

「잠언」을 좀 더 제대로 이해하기 위해 잠시 숨을 돌려 조직신학의 세 가지 범주인 신론과 인간론, 구원론을 활용하여 이 책의 신학적인 전제와 가르침을 살펴보고자 한다. 나아가 신론의 범주에서 하위 범주인 계시와 영감과 전승에 관해서도 살펴본다.

그런데 우선 다음과 같은 두 가지 신학적 문제를 다루는 것이 마땅하겠다. 잠언과 구약성경 나머지 책들과의 관계는 무엇인가? 그리고 주변 문화의 지혜문학과 「잠언」의 관계는 어떻게 설명할 수 있겠는가?

1. 「잠언」과 구약성경의 관계

두 가지 사실 때문에 「잠언」이 구약성경의 나머지 책들과 어떻게 연결시킬 수 있는가 하는 의문이 제기되었다. 이는 곧 이 책이 이스라엘 역사에 대해 전혀 언급하지 않는다는 점과 주변 문화, 그중에서도 특히 이집트의 지혜문학과 많은 유사성을 지닌다는 점이다. 이 두 가지 사실로 인해 학자들은 「잠언」을 구약성경의 나머지 책들보다는 국제적인 지혜 문헌의 환경에 더 가까운 것으로 생각한다. 그렇다면 「잠언」은 거룩한 책인가? 「잠언」은 성경인가, 아니면 고대의 다른 교훈 문서들처럼 단순히 인간의 지혜를 표현한 것인가?

사실 「잠언」은 구약성경의 나머지 책들과 꽤 많은 연결점을 지니고 있다.[42] 첫째, 솔로몬의 정체를 "다윗의 아들 이스라엘 왕"잠 1:1이라고 밝힌 것은 「잠언」을 이스라엘 역사의 흐름 속에 배치할 뿐만 아니라 잠언의 청중이 하나님 앞에 선 "제사장 나라"참조. 출 19:6가 된다는 것을 의미하기도 한다.

둘째, 「잠언」은 구약성경의 나머지 책들과 마찬가지로 청중을 향해 "여호와를 경외하라"이르앗 야웨(yir'at yhwh), 1:7, 참조. 신 6:5, 수 24:14, 사 29:13고 명령한다. 잠언 1:7에서 사용된 하나님의 이름 YHWH("여호와", "나는 이다"로 번역된다)는 하나님이 그의 아들 이스라엘과 맺은 독특한 언약 관계를 보여 준다. 그리고 여호와를 경외하라는 부름은 그분이 계시한 뜻—모세의 율법에 계시된 뜻이든 솔로몬의 잠언에 계시된 뜻이든—에 순종하는 일과 관계가 있다.

셋째, 「잠언」의 신학은 모세의 신학과 예언자들의 신학을 세련되게 다듬는다. 이 셋—모세와 예언자들과 지혜자들—의 최종 목표는, 신학에서는 하나님을 경외하고, 실천에서는 정의와 공의를 행하여 하나님의 성품을 드러내며, 목적에서는 참 이스라엘을 세상 끝까지 확장한 나라를 세우는 것이다. 율법은 계명과 규정을 통해, 예언자들은 신탁을 통해, 솔로몬은 잠언을 통해 그 일을 수행한다.[43] 데릭 키드너Derek Kidner는 「잠언」

---

42 다음의 글을 보라. B. K. Waltke, "The Book of Proverbs and Old Testament Theology," *BSac* 136 (1979): 302-317.

43 차일즈(Childs, *Introduction*, 558)는 이렇게 말한다. "「잠언」에서 가르치는 인간 행동의 패턴이 모세오경에서 언약 백성에게 규정한 윤리 규범과 많은 부분에서 겹친다는 점은 놀랍다.……

에 대해 이렇게 말한다. "「잠언」에서 성품에 관해 묘사하는 세부적인 내용들은 율법의 그물망과 예언자들의 십자포화에서 빠져나올 만큼 사소한 것들이지만, 개인 간의 상호작용에서는 결정적인 역할을 한다. 「잠언」은 이 영역으로 진입하여 다른 사람과 어울려 살아가는 것이나 누군가를 고용하는 것이 어떠한 일인지, 자신의 일과 시간과 스스로를 어떻게 관리할 수 있을지 묻는다."[44]

솔로몬의 잠언으로 모세의 율법을 다듬는 일은 자동차 운전을 배우는 일에 비교할 수 있다.[45] "안전 운전"이라는 포괄적 규칙은 "멈춤", "양보", "제한 속도 60km"와 같은 도로표지판에 의해 정교해진다. 이것은 길모퉁이에서 얼마나 떨어져 주차해야 하는가, 차선은 어떻게 변경하는가, 고속도로에는 어떻게 합류하는가와 같은 지식이 필요한 필기시험과 주행시험을 통과함으로써 한층 더 정교하게 다듬어진다. 이와 비슷하게 "하나님을 사랑하라"와 "네 이웃을 사랑하라"는 포괄적인 계명들신 6:5, 레 19:18은 모세의 율법 중 십계명에 나오는 "너는 나 외에는 다른 신들을 네게 두지 말라"출 20:3와 "살인하지 말라"출 20:13는 계명에 의해 구체적으로 다듬어진다. 이 계명들은 「잠언」에 나오는 다음과 같은 말씀으로 한층 더 다듬어진다. "네 원수가 배고파하거든 음식을 먹이고",25:21 "그의 남편은 칭찬하기를 덕행 있는 여자가 많으나 그대는 모든 여자보다 뛰어나다 하느니라."31:28-29 결론적으로, 아들이 「잠언」의 말씀에 복종한다면 **사실상 율법을 성취하는 것이 된다.**

넷째, 솔로몬은 모세와 예언자들이 하나님의 속성과 행위라고 고백했

잠언과 율법은 모두 하나님과 그분의 거룩한 명령에 헌신할 것을 요청한다."

44 D. Kidner, *The Proverbs*, TOTC (Downers Grove, IL: InterVarsity, 1964), 13. 골딩게이 John Goldingay의 다음 글을 참고하라. "The 'Salvation History' Perspective and the 'Wisdom' Perspective within the Context of Biblical Theology," *EvQ* 51 (1979): 194ff.

45 B. K. Waltke, "Righteousness in Proverbs," *WTJ* 70 (2008): 225-237.

던 것을 똑같이 인정한다. 세 사람 모두에게 하나님은 창조주^{신 10:14, 잠 1:7;}
^{3:19-20, 사 40:28}이시며, 의로운 복수자,^{신 32:35, 40-41, 잠 5:21-22, 나 1:2} 역사의 주관
자,^{신 4:19; 29:1, 잠 16:1-9; 19:21, 사 45:1} 징계하는 아버지,^{신 8:5, 잠 3:11-12, 사 1:4-6} 기도를
들으시는 자비로운 응답자^{신 4:29-31, 잠 15:8, 29, 사 56:7}이시다.[46]

다섯째, 아굴과 구약성경 나머지 책의 관계는 잠언 30:5-6에서 확인
된다. 거기서 아굴은 구약성경 가운데 두 책을 인용한다. 그는 신뢰할 만
한 지혜와 지식을 찾지 못했음을 인정하고 나서 하나님께서 성경에서
말씀하셨다는 사실을 깨닫고 답을 얻게 된다. 그래서 5절에서는 시편
18:30을 인용하고 6a절에서는 정경 공식^{canonical formula}인 신명기 4:2을 인
용한다. 따라서 우리는 그가 추구해 온 지식이 그때 깨달은 정경 속 말씀
을 통해 충족되었다고 추론할 수 있다.[47] 간단히 말해 솔로몬과 모세와
예언자들은 동일한 세계관을 말하지만, 그것을 잠언과 율법과 신탁이라
는 별개의 형태로 표현하는 것이다.

2. 「잠언」과 주변 문화의 지혜문학의 관계

영감으로 이루어진 책인 「잠언」과 이스라엘 주변 사회에서 영감과 상관
없이 형성된 지혜 사이에서 발견되는 표현 및 신학의 명백한 유사성은
어떻게 설명하고 이해할 수 있는가? 이집트 고왕국^{주전 약 2686-2181년}과 중왕
국,^{주전 약 1975-1640년} 그리고 에블라와 수메르의 모음집에서 나온 교훈문학
은 솔로몬의 잠언보다 먼저 생겨났으며 따라서 솔로몬의 잠언에 의존하
지 않는다. 지혜자의 서른 가지 금언과 「아메네모페의 교훈」은 거의 같
은 시기에 나왔으며, 초기의 공통된 원전에 뿌리를 둔 것일 수 있다.

첫 번째 설명은 문화의 관점에서 이해하는 것이다. 구약성경은 고대
근동 문화 속에서 성립되었다. 히브리어는 가나안의 언어이며, 구약성경

46 Waltke, "Proverbs and Old Testament Theology," 305.
47 Waltke, *Old Testament Theology*, 903.

의 문학 양식들(율법 규정, 찬송시, 예언과 같은 것들)은 이교도의 문화 속에서도 발견된다. 따라서 구약성경의 독특성은 그 문화를 뛰어넘는 데서 오는 것이 아니라 그 문화를 초월적이고 살아 계시는 하나님께 종속시키는 데서 발견된다. 구약성경은 주변 사회에서 개념과 언어, 금언, 법, 신화적 상징들을 빌려와 개작하면서 여호와의 목적에 부합하도록 이교 신학을 제거했다. 「잠언」에 대해서도 똑같이 말할 수 있다. 「잠언」의 지혜 가운데 일부는 빌려온 것이지만, 그렇게 빌려온 자료 전체를 여호와께서 지혜의 창조자와 계시자가 되신다는 선언 아래 종속시켰다. 잠언 22:17에서 솔로몬은 자신이 다른 지혜자들의 말을 차용해 각색했다고 말하는데, 뒤이어 곧바로 "네게 여호와를 의뢰하게 하려 하여"[19절]라고 덧붙인다.[48]

두 번째 설명은 신학적인 것으로 "여호와^{YHWH} 경외"와 "하나님 $^{'ĕlōhîm}$ 경외"라는 두 개념의 차이에 근거한다. 성경에서는 이 둘을 구분한다. 전자는 이스라엘에 고유한 것으로 여겨지고 특별 계시와 관련 있는 반면, 후자는 양심과 창조 질서를 통해 모든 인간에게 드러나는 하나님의 일반 계시로 여겨진다.[49] 와이브레이에 따르면, "하나님 경외"는 "인간 일반이 알고 따르는 도덕적 행위의 규범"을 말하는 것으로 "법 규정이 없는 형편에서도 사람들이 바른 행실을 하도록 동기를 부여한다."[50] 예일 대학교의 심리학 교수인 폴 블룸$^{Paul\ Bloom}$은 "아이들은 태어나면서부터 동정심과 공감, 초보적인 공평 의식을 지닌다"[51]는 사실을 밝혀 냈다. 그래서 "하나님에 대한 경외심"을 지닌 아메네모페 같은 이방 지혜자들이 여러

---

48   차일즈(*Introduction*, 548)는 이에 동의하여 다음과 같이 말한다. "이스라엘이 차용한 자료에 덧붙인 히브리 고유의 특성은 전혀 부정되지 않았다."

49   R. N. Whybray, *Wisdom in Proverbs: The Concept of Wisdom in Proverbs 1-9* (London: SCM, 1965), 96.

50   와이브레이의 다음 글을 보라. *Wisdom in Proverbs*, 96.

51   Gareth Cook, "The Moral Life of Babies," *Scientific American*, November 12, 2013.

가지 도덕적 문제에서 「잠언」의 지혜와 일치하는 지혜를 만드는 것이 가능했다. 다만 차이가 있다면, 아메네모페에게 하나님은 모호하고 포괄적인 존재ᵃ ᵍᵉⁿᵉʳⁱᶜ ᵇᵉⁱⁿᵍ인 데 반해, 「잠언」에서 하나님은 구체적으로 이스라엘의 하나님 여호와ʸᴴᵂᴴ라는 이름으로 불린다는 사실이다.

B. 하나님

1. 하나님의 이름들

「잠언」은 915절 가운데 100절에서 하나님을 언급하는데, 구체적으로 하나님이 이스라엘과 맺은 언약의 이름인 YHWH 여호와는 87회 언급된다. 이에 비해 "하나님"엘로힘('ĕlōhîm)이라는 이름은 단 5회 나오며, 모든 유한한 것을 다스리시는 하나님의 영원한 능력과 권세를 가리킨다.참조. 민 23:19

2. 창조주 하나님

「잠언」에서 창조 개념은 열 차례 언급된다. 첫 번째 모음집인 서언1:8-9:18에서는 하나님의 세상 창조에 대해 말하며, 솔로몬의 잠언들모음집 II, V에서는 하나님의 인간 창조에 대해 말한다.14:31; 16:11; 17:5; 20:12; 22:2; 29:13 이런 언급들은 성경의 나머지 책에서 가르치는 창조 신학(예를 들어, 이스라엘의 하나님은 유일하고 지고하신 창조자라고 말하는 신학)과 일치한다. 물론 성경에 나오는 시 가운데는 이교 신화에서 신학은 배제한 채 그 용어만을 받아들여 사용하는 경우도 있다.참조. 3:20; 8:29; 30:4

잠언 3:19-20에서 깊은 바다를 가르는 일을 묘사하는 데 사용된 히브리어 동사는 전쟁 신화의 이미지를 간직하고 있다. 시편 기자들은 여호와께 영광을 돌리거나참조. 시 104편 창조주의 법이 견고함을 주장하려 할 때참조. 시 93편 여호와의 창조 및 여호와께서 세상을 지탱하심을 노래하는 데 반해,52 솔로몬은 하나님의 지혜를 노래한다. 세상을 그처럼 아름답고 조화로운 방식으로 지속되게 하는 것이 하나님의 지혜다. 이를 적용해 보면, 창조 세계를 지속하도록 지켜 준 그 지혜가 삶을 계속 이어 가도록 지키는 데도 필요하고 효력이 있다고 말할 수 있다. 창조주는 인간이 지혜를 깨닫도록 눈과 귀를 지닌 자로 지으셨다.잠 20:12

3. 초월하시고 편재하시는 지고의 하나님

여호와는 지극히 높으신 분이다. 그분의 눈을 피해 숨을 수 있는 것은 아무것도 없으며,5:21; 15:3; 22:12 그분의 뜻 밖에서 움직일 수 있는 것도 전혀 없다. 아무도 헤아리지 못하는 왕의 마음25:3일지라도 여호와의 손안에서는 흐르는 물줄기 같아서 하나님이 원하시는 대로 이끄시며,21:1 그래서 그분에게는 왕 중 왕이라는 칭호가 적합하다.53 여호와는 운까지 지배하신다. 인간은 제비를 뽑으면서 그것을 운이라고 부르지만, 그 결과를 결정하시는 이는 여호와시다.16:33 여호와께서 지고의 주권으로 역사를 다스리신다는 말은 악인까지 포함해 만물이 자기들에게 적합한 목적을 향해 이끌린다는 것을 의미한다.16:4 여호와께서는 왕이 공평한 무게와 양을 관리하는 데 사용하는 저울을 만드셨으며, 여호와께서 세우신 왕이 다스리는 곳에서 속임수는 심판을 피하지 못한다.16:4, 14 지극히 높으신 주님은 부자와 가난한 사람 모두를 지으셨으며, 그들 모두에게 존엄성을 부여하시고, 부자에게는 가난한 사람을 돌보라고 명령하셨다.22:2; 29:13 여호와께서 가난한 사람을 자기 형상대로 지으셨기에 가난한 사람을 조롱하는 자는 여호와를 모욕하는 것이다.17:5 인간이 마음으로 계획할지라도 말의 응답은 여호와께로부터 오며, 여호와께서 그의 걸음도 인도하신다.16:1, 9 그러므로 인간이 할 수 있는 유일하고 합당한 응답은 자신의 행

---

52 B. K. Waltke and J. M. Houston, *The Psalms as Christian Praise* (Grand Rapids: Eerdmans, 2019), 131-142.

53 Kidner, *Proverbs*, 141.

사를 여호와께 맡기는 것[16:3]이며, 하나님은 그들을 헤아리시고[15:11; 20:27]
그들의 행실과 말에 따라 복을 주시거나 벌하신다.[3:13, 18; 8:34; 12:14; 19:3; 20:25;
21:16; 24:12; 28:14, 17; 29:23]

여호와의 주권에는 초월성이 따른다. 초월성은 여호와의 창조자 역할
에서 드러난다. 여호와는 창조 세계의 공간이나 시간적 제약에 매이지
않으신다. 시간을 앞서는 여호와의 존재로 인해 그분은 포괄적인 지식
과 그로 말미암는 무오한 지식―아굴에게 겸손과 희망을 가득 채워 주
고 정통주의 인식론의 토대를 놓은 사실―을 지닌다.[참조. 30:1-4] 「잠언」의
신학에서는 여호와와 겨룰만한 다른 신은 존재하지 않는다는 말 자체가
필요하지 않다.

초월하여 하늘에 계신 여호와께서는 역설적이게도 땅 위에 편재하신
다. 여호와의 편재성은 그분이 억압당하는 사람들의 고난을 아신다는 것
을 의미한다. 그분은 억압당하는 사람들 곁에 계셔서 그들의 불행을 아
시고, 그들에게 동정을 베푸는 사람에게 상을 주시듯[잠 19:17] 그들을 억압
하는 사람은 벌하신다. "법을 몰랐다는 변명은 통하지 않는다"라는 격언
이 「잠언」에서 참 의미를 얻게 되는데, 편재하시는 여호와께서는 무지한
자들에게 힘없고 억압당하는 사람들을 구조하지 않은 책임을 물으시기
때문이다.[24:11-12] 편재하셔서 세상의 생명에 깊이 관여하시는 하나님만이
사람들의 행실에 대해 그들의 책임을 물으실 수 있을 만큼 신경 쓰신다.
지혜를 선택하는 사람은 누구나 그들 곁에 계시는 하나님을 뵙고[3:26] 친
구처럼 그분의 신뢰를 얻게 된다.[3:32]

4. 심판자이신 하나님

「잠언」에서 하나님의 초월성은 심판자이신 하나님의 역할에 대한 신학
적 근거가 된다. 보스트룀[L. Boström]은 "초월적인 하나님만이 각 개인과 상
황에 정의를 시행하는 '불가능한' 과업을 감당하실 수 있다"[54]고 말한다.

그런데 정확히 말해 하나님은 어떻게 정의를 시행하시는가? 어떤 학자들은 「잠언」에서 제시하는 세상 질서라는 것이 정의를 시행하는 일을 그저 융통성 없는 "행위와 운명"의 문제(곧 뿌린 대로 거둔다)로 만들어 버릴 만큼 비인격적이고 이신론적 deistic인 것이라고 생각한다. 그런 관점에서 보면, 여호와는 정의에 대해 기껏해야 제1원인으로서 연관성을 지닐 뿐이다. 「잠언」에서는 악인의 숙명을 그의 행위에서 비롯되는 필연적인 운명이나 업보의 문제라고 가르치는가? 피상적으로 읽으면 그런 생각— "악의 씨앗을 뿌리는 자는 재앙을 거두게 된다"참조. 1:19; 10:2, 4; 11:5-6 —에 이르게 되지만, 깊이 읽으면 여호와는 올림포스의 신처럼 정의를 적극적으로 행하는 데 무관심하지 않다는 사실을 깨달을 수 있다.

첫째, 잠언들의 풍자적인 특성을 기억할 필요가 있다. 이러한 특성으로 인해 개별 금언들은 어떤 문제의 진리를 완벽하게 표현할 수 없다. 잠언들은 여럿을 함께 읽을 필요가 있다.[55] 예컨대 잠언 10:2은 비인격적인 세상 질서를 가르치는 것처럼 보이지만, 곧바로 10:3에서는 여호와께서 사람들의 삶에 개입하신다고 말하는 것이다.[56]

둘째, 앞서 언급했듯이 우리는 "여호와 경외"1:7라는 열쇠 없이는 「잠언」으로 들어갈 수 없다. 아래에서 살펴보겠지만, 이 표제 구절은 생명을 약속하거나 죽음을 경고하는 잠언들의 토대가 되시는 분인 여호와를 두

---

54 Lennart Boström, *The God of the Sages: The Portrayal of God in the Book of Proverbs*, ConBOT 29 (Stockholm: Almqvist Wiksell, 1990), 145.

55 레이우엔(Van Leeuwen, "Proverbs," in *NIB: Old Testament Survey*, 244)은 다음과 같이 말한다. "하나의 금언은 다른 금언을 통해 적합성을 인정받거나 성경 이야기를 통해 구체화될 필요가 있다.……각 잠언처럼 간략한 하나의 금언은 진리 전체를 담아낼 수 없다. 현실은 매우 다양하고 복잡하기 때문이다." 맥케인(McKane, *Proverbs*)은 인간학적 금언과 신학적 금언을 구분하여 그의 주석서를 저술했다. 이 두 가지 유형이 의도 면에서 일치한다는 점을 수사 비평이 입증함으로써 그의 새로운 이론은 힘을 잃었다.

56 다음을 참조하라. J. Goldingay, "The Arrangement of Sayings in Proverbs 1-15," *JSOT* 61 (1994): 75-83.

려워하고 존중하는 마음으로 신뢰하는 것이 잠언을 이해하는 렌즈가 된다는 사실을 강조하며, 숙명이나 업보라는 비인격적인 힘에 의해 정의가 이루어진다는 개념을 배척한다.

셋째, 솔로몬의 잠언들 가운데 일부에서는 여호와께서 심판에 개입하심을 분명하게 밝히며,[10:3; 12:2; 15:3; 16:7; 19:17; 25:21-22; 28:25; 29:25, 26] 지혜자의 스물다섯 번째 금언[24:12]은 "그가 각 사람의 행위대로 보응하시지 않겠느냐"라고 되묻는다.

하지만 「잠언」은 시계가 작동하는 방식처럼 징벌이 이루어지지 않는다는 점을 분명하게 밝힌다. 의로움은 즉시 보상받고 악도 즉시 벌을 받는다고 말하는 금언들[예를 들어, 11:5-6]은, 하나님의 많은 행위처럼 징벌도 불가해하며 믿음으로만 이해할 수 있다고 가르치는 다른 잠언들에 비추어 이해할 필요가 있다. 「잠언」은 우리가 살아가는 세상이 의로운 사람은 선을 행하면서 고난을 겪는 데 반해 악한 사람은 벌받지도 않고 활개 치는 뒤죽박죽인 곳임을 너무도 잘 안다. 하지만 「잠언」은 현실의 이런 모습이 궁극적인 상태는 아니라는 점을 독자들에게 확언한다. 우리는 나중에 "「잠언」은 너무 많은 것을 약속하는가?"[80-84쪽]라는 제목으로 이 쟁점을 다시 살펴볼 것이다.

C. 계시, 영감, 지혜 여인, 전승

하나님은 다양한 경로로 당신의 말씀을 계시하셨다. 어떤 때 하나님은 불타는 떨기나무에서 모세에게 그랬듯이 신적 현현 방식으로 나타나셨으며, 다른 때는 예언자들에게처럼 꿈과 환상으로 나타나셨다. 지혜자들의 경우 하나님은 그들의 예리한 관찰력과 신앙으로 다듬은 성찰 능력을 사용하셨다. 지혜자들의 인식론과 관련된 이 개념을 좀 더 구체적으로 살펴보자. 먼저 지혜에 대해 정의하고 이어서 지혜의 계시와 영감에 관한 본성을 살펴본다. 지혜 여인이 누구인지 그리고 지혜의 형성과 전달에서 전통의 역할에 관해서도 살펴본다.

1. "지혜"란 무엇인가?

"지혜"호크마(ḥokmā)는 정의하기 어려운 개념이다. 레이우엔과 여러 학자들이 지적하듯이, 지혜는 삶의 활동 전체를 하나님의 창조 질서와 조화시키려 애쓰는 총체적 개념이기 때문이다.[57] 하나님이 지혜 안에서, 지혜와 함께, 지혜를 사용해 세상을 지으셨다는 믿음3:19-20, 시 104:24이 지혜 개념의 핵심을 이룬다. 그래서 지혜자들은 자기들의 모든 존재와 행위를 이 지혜에 일치시키려고 노력한다. 성경에서 지혜라는 말은 "탁월한 이해력", "전문 지식", "기술"이라는 의미로 사용된다. 전문적이고 예술적인 기술이 있는 사람,출 28:3; 31:6 뛰어난 통치 능력을 지닌 사람,왕상 5:7 현명하게 판결하는 사람,왕상 3:28 해박한 지식을 지닌 사람삼하 14:20, 왕상 4:29-34들을 가리켜 지혜로운 사람이라고 부른다. 사람은 지혜를 소유함으로써 삶에 잘 대처하고,[58] 다른 방법으로는 이룰 수 없는 것—정확히 말해, 영원한 삶—을 얻게 된다.

「잠언」에서 "지혜"는 삶의 미로를 잘 헤쳐나가서 자기 자신과 공동체의 최고 유익에 기여하는 삶을 사는 기술을 의미한다. 지혜는 영원한 삶의 길이다. 지혜를 통해 사람은 환경을 파악하고 상황을 이해하며, 상황에 따라 바르게 행동하고 적절하게 말하고 적합하게 대응함으로써 자기 자신과 공동체에 유익이 되는 결과를 낳는다. 여기서 "지혜"에 대한 좀

---

57 R. C. Van Leeuwen, "Wisdom Literature," in *Dictionary for Theological Interpretation of the Bible*, ed. K. J. Vanhoozer et al. (Grand Rapids: Baker Academic, 2005), 847. Cf. C. G. Bartholomew and R. O'Dowd, *Old Testament Wisdom Literature: A Theological Introduction* (Downers Grove, IL: IVP Academic, 2011), 23-31.

58 E. W. Heaton, *The Hebrew Kingdoms* (Oxford: Oxford University Press, 1986), 165.

더 깊은 이해, 곧 행위-운명 연계성^{deed-destiny nexus}에 대한 통찰^{2:20-21; 22:8}에 이르게 된다. 잠언 30:24-28에서 지혜는—개미와 사반, 메뚜기, 도마뱀에게서 볼 수 있듯이—자신에게 불리한 상황에서도 살아남는 기술로 묘사된다. 이 생물들은 연약하며 자신을 지키는 방어체계를 전혀 갖추지 못했다. 하지만 그들은 본능적인 지혜로 살아남으며, 심지어 도마뱀은 왕궁에서 산다.

성경의 지혜에는 동료들이 여럿 있다. 「잠언」의 전문^{1:1-7}에서는 그런 동료들로 지식 ^{다아트(da'at)}과 훈계, ^{무사르(musār)} 명철, ^{비나(bina)} 분별력, ^{하스킬(haśkel)} 슬기로움, ^{오르마('orma)} 근신함 ^{메짐마(məzimma)}을 언급한다. 이 주석서에서 우리는 이 단어들과 그 맥락을 자세히 다룬다.

이 단어들 가운데 일부는 도덕적으로 중립적이어서 사탄^{참조. 창 3:1}과 악인에게도 사용할 수 있다. 그래서 이런 용어들은 그와 상관된(즉, 동의어는 아니나 동일한 대상을 가리키는) 윤리적, 도덕적 동료 용어들, 곧 공의^{체데크(ṣedeq)}와 정의, ^{미쉬파트(mišpāṭ)} 정직 ^{메샤림(mêšārim)}에 의해 보완된다. 달리 말해, 「잠언」에서 어떤 사람을 의롭다고 말하면, 그는 지혜롭기도 하다. 잠언 10:1-2에서 "공의"와 "지혜"가 짝을 이루고 있는 것에 주목하라. 상호 연관된 이 윤리적 용어들은 지혜 용어들을 도덕적으로 중립인 기술 영역에서 하나님의 성품과 행위 영역으로 끌어올린다.

2. 계시

「잠언」은 지혜가 하나님에게서 온다고 주장한다. "대저 여호와는 지혜를 주시며 지식과 명철을 그 입에서 내심이며."^{2:6} 하지만 지혜자는 이 지혜가 인간의 입을 통해 온다고 말하는데,^{1:1} 이는 하나님에게서 오는 계시가 영감을 받은 지혜자를 통해 전달되는 것을 가리킨다. 간단히 말해, 지혜자의 입은 곧 하나님의 입이다.

일반 은총에서 하나님은 창조 질서를 통해 그리고 그 안에서 인간에

게 지혜를 계시하셨다고 추론할 수 있는 데 반해,[6:6; 30:24-28] 참으로 지혜
롭기 위해서는 지혜의 특별 계시가 필요하다. 한편으로, 창조 질서는 악
에 의해 훼손되고 하나님에게서 소외되었으며 인간의 관심사가 되지 못
한다. 다른 한편, 인간은 악에 완전히 오염되었으며 그 결과 창조를 이해
하는 눈이 왜곡되었다. 더욱이 유한한 정신으로는 포괄적인 지식을 얻
지 못하며, 포괄적 지식 없이 인간은 확실성을 얻거나 명료하게 보는 것
이 불가능하다. 예를 들어, 사람들은 석면은 무해하고 산불은 나쁜 것이
라고 생각해 왔다. 지식이 늘면서 사람들은 석면은 유해하고 산불에는
순기능도 있다는 것을 알게 되었다. 「잠언」의 인식론에 관해서는 잠언
8:22-31, 30:1-6의 주석을 보라.

3. 영감

그렇다면 「잠언」의 지혜자들은 어떻게 계시를 받았는가? 여러 학자들
의 주장에 따르면, 지혜자들은 창조 질서를 탐구하고 그에 관해 이성으
로 성찰함으로써 계시를 얻었다. 이러한 생각에는 두 가지 문제가 있다.
먼저 이러한 개념은 「잠언」의 가르침과 다르다는 것이고, 또한 이러한
개념이 「잠언」의 권위를 단순히 인간의 조언 수준으로 격하시킨다는 것
이다.

　하지만 솔로몬은 현명한 아버지의 모습으로 아들에게 자기의 잠언들
을 따르라고 권고하면서, 그 이유로 "여호와는 지혜를 주시며 지식과 명
철을 그 입에서" 내시기 때문이라고 말한다.[2:6, 참조. 1-6절] 여기서 "지혜"와
그 동료인 "명철"은 「잠언」을 가리킨다. 간단히 말해, 「잠언」에서 지혜자
들이 말하는 것은 여호와께서 말씀하는 것이다(27쪽 "저자"를 보라). 「잠
언」이 지어진 때부터 하나님의 백성은 거기서 하나님의 음성을 들었으
며, 그 책을 정경에 속하는 것으로 인정했다.

4. 깨달음과 지혜 여인

서언에서는 "지혜 여인"이 중요한 역할을 한다. 그 여인은 누구인가? 지혜 여인은 부모가 아들에게 주는 첫째 강화^{잠 1:8-19}가 끝난 직후 처음 등장하여 어리석은 사람들을 향해 위협적으로 경고하면서 그에게로 나오라고 큰소리로 외친다.^{잠 1:20-33} 지혜 여인은 8장에서 다시 등장하여 자기의 덕을 높이 내세우고 자기를 받아들이는 사람들에게 큰 상을 약속한다. 서언의 여러 곳에서 그는 신실한 인도자^{6장}와 사랑하는 누이 ^{=신부, 7장}등 여러 모습으로 등장한다. 마지막이자 절정에 이르러 우리는 모음집 I의 결언^{9:1-18}에서 지혜 여인을 만나는데, 거기서 그는 젊은이들에게 와서함께 음식을 먹자고 힘주어 초청한다.^{9:1-6} 하지만 여기서 그는 홀로 등장하지 않는데, 잠언 9:13-18에서 우매 여인도 모습을 드러내 경쟁적으로초대한다.

학자들은 지혜 여인의 정체를 여러 가지로 설명한다.[59] 그 여인이 예언자처럼 보이기 때문에(예를 들어, 1:22의 "어느 때까지 하겠느냐"는 말을왕상 18:21, 렘 4:14, 호 8:5과 비교해 보라) 여성 예언자라고 말하기도 하고,그가 사용하는 고유 용어가 이 책의 전문^{1:1-7}에 나오는 말과 동일한 까닭에 지혜자라고 설명하기도 하며, 그가 생명을 준다고 약속하기 때문에하나님의 한 위격(하나님과 동일한 실체이나 독립적인)이라고 설명하기도한다. 더욱이 악한 자가 재앙을 만날 때 그녀가 비웃겠다는 주장^{1:26}은 다른 곳에서는 오직 하나님께만 돌릴 수 있는 행위^{시 2:4; 59:8}를 나타낸다.[60] 그렇지만 다른 학자들은 지혜 여인을 이상적인 여성이자 현명한 아내로

---

[59]   학자들이 설명하는 다양한 정체성에 관해서는 다음의 책을 보라. Lucas, *Proverbs*, 251-273.

[60]   롱맨(T. Longman III, "Woman Wisdom and Woman Folly," in *DOTWPW*, 913)은 지혜 여인의집이 도시에서 가장 높은 곳(고대 근동의 경우 오직 궁정이 들어설 수 있는 자리)에 위치했다는 점을근거로 그녀의 정체를 추정한다.

이해하기도 한다.[61]

실제로 지혜 여인은 예언자처럼 열정적으로 외치고 지혜자처럼 추론하며 하나님의 권위를 행사하고 지혜를 소중히 여기는 사람을 인정하는 특이한 여성이다. 이렇게 볼 때, 지혜 여인은 하나님의 지혜를 인간에게 소개하는 하늘의 중개자다. 이 책의 전문에 따르면 이것이 바로 「잠언」의 역할이다. 정확히 말해, 독자와 청자가 지혜와 훈계를 알게 하며 명철의 말씀을 깨닫게 하는 것이다.[1:1-2] 그러므로 전문에서는 "지혜"와 「잠언」을 동일하게 여기는데, 이렇게 동일하게 여기는 것과 지혜를 지혜 여인으로 인격화하는 것을 서로 다르다고 여길 이유가 없다. 더욱이 「잠언」과 지혜 여인은 모두 어리석은 자를 대상으로 말하고[1:4, 22, 32; 8:5] 여호와 경외를 가르친다[1:7, 29]는 두 가지 점에서 유사하다. 지혜 여인의 충고와 동기부여, 약속, 언어 양식은 부모의 강화에 나오는 것들과 거의 구분되지 않는다. 지혜 여인의 교훈과 부모의 강화를 유념하는 일은 삶과 죽음이 걸린 문제다.[예를 들어, 2:20-22; 8:32-36] 잠언 4:5-6에서 할아버지가 자기의 가르침("내 입의 말을 잊지 말며 어기지 말라")[5b절]을 의인화된 지혜("지혜를 버리지 말라. 그가 너를 보호하리라. 그를 사랑하라. 그가 너를 지키리라")[6절]와 동일시하는 것을 살펴보라.

아버지(솔로몬의 또 다른 자아)의 훈계와 지혜 여인의 설교 사이의 이 놀라운 유사성은 지혜 여인을 **잠언의 의인화**로 이해할 때 가장 잘 설명된다. 따라서 아들에게 지혜와 결혼하라고 명령한 것[7:4]은, 아들이 「잠언」을 가까이 사귀어야 하며, 이로써 그가 영생의 길을 걸을 때 「잠언」이 인도자가 되고[6:22] 양식[참 9:1-6]을 공급해 준다는 것을 은유로 표현한 것이다.

---

61 다음을 참조하라. Fox, *Proverbs 1-9: A New Translation with Introduction and Commentary*, AB 18A (New York: Doubleday, 2000); Wilson, *Proverbs*, 11, 319.

5. 전승

영감을 받은 솔로몬이라는 인물이 「잠언」의 대부분을 지었다(27쪽 "저자" 를 보라)는 점을 부인하는 학자들은 「잠언」의 저작자들이 인간의 전승으로부터 금언들을 끌어왔다고 주장한다. 하지만 이 책에서 다섯 번째 강화[4:1-9]를 제외하고는 "지혜 전승"을 이 책의 잠언과 금언의 원천 자료라고 말하는 증거를 찾아볼 수 없다. 이 다섯 번째 강화에서 가상의 아버지는 아들이 그의 가르침을, 자기가 아버지 곧 아들의 할아버지에게서 받아 전달한 것처럼 받아들이고 전달하기를 기대한다. 이 강화의 요점은 솔로몬의 지혜가 전승에서 왔다고 말하는 것이 아니라 솔로몬이 자기의 가르침이 전승으로 전해지기를 기대했다는 것이다.

그런데도 모음집 III[22:17-24:22]과 모음집 IV[24:23-34]는 영감 받은 솔로몬이 다른 지혜자들로부터 받아들이고 개작한 금언들로 이루어지고, 모음집 V[25:1-29:27]는 히스기야의 신하들이 베낀 솔로몬의 금언들을 담고 있다. 모음집 VII[31장]에서는 르무엘 왕이 자기 어머니에게서 배운 금언들을 전한다. 하지만 전승은 이 모음집들의 원천 자료가 아니다. 서언[3:1-5]에 따르면 오히려 여호와께서 그것들에 영감을 불어넣으셨으며, 거기에 실린 위협과 약속 배후에 여호와께서 계신다.

D. 인간론 Anthropology

여기서는 인간 일반에 관해 분석하고, 이어서 지혜로운 자와 미련한 자, 남자와 여자를 구분해서 살펴본다.

1. 인간 일반

a. 「잠언」에서 "인간"을 가리키는 말들

「잠언」에 44회 나오는 '아담' '*ādām*, "인간"이라는 말은 땅 위의 유한한 인간을 하늘에 계시면서 인간의 모든 잠재력과 한계를 주관하시는 하나님과 구분한다. 「잠언」에 90회 나오는 단어 '이쉬' *'îš*는 사회와 대비되는 개인을 가리킨다. 이 단어는 '잇샤' *'iššâ*, "여자"/"아내", 참조. 7:19에 대비해 남성 "남자"/"남편"을 가리키는 말로 다양하게 사용되는데, 사무엘하 6:19에서는 '이쉬'가 남자와 여자를 포함해 "모든 사람"을 가리키기도 한다. 또한 이 말은 인간과 하나님을 구분 지어서 인간으로 하여금 엄청난 차이를 깨닫게 한다. 5:21; 14:12; 21:2; 30:2~4

'게벨' *geber*은 힘을 발휘하는 남성을 가리키며, '에노쉬' *'ĕnôš*는 자신의 연약함 속에 있는 남성을 가리킨다.

구약성경은 전반적으로 인간을 심신 통일체라는 개념으로 설명하지만, 「잠언」에서는 인간 존재의 근본 구성 요소들로 몸 외에 '네페쉬' *nepeš*, 전통적으로 "영혼"으로 옮김와 '레브', *lēb*, "마음" '루아흐' *rûaḥ*, "영"를 제시한다.

b. 네페쉬(전통적으로 "영혼"으로 옮김)

'네페쉬'는 「잠언」에 56회 나오며, 구약성경의 나머지 부분과 동일한 의미를 지닌다. 영어 성경에서 이 단어는 전통적으로 "영혼"으로 번역되는데, 그 때문에 독자들은 "영혼"을 신약성경에서 '프쉬케' *psychē*의 의미로, 곧 "지상 생활을 초월하는, 생명의 자리와 중심"이라는 뜻으로 오해하게 되었다.[62] 그러나 구약성경에서 '네페쉬'는 식욕과 성욕을 포함해 모든 생명체의 본능적인 충동과 욕구를 가리킨다. 6:30; 10:3; 12:10; 16:26; 19:15; 25:25; 27:7, 참조. 신 23:24, 시 78:18, 사 5:14, 렘 2:24 음식을 탐하는 자는 '바알 네페쉬' *ba'al nepeš*, 식욕/식탐이 큰 자, 23:2라고 부른다. 욕구를 제어하지 못하고 탐욕스러운 자는 '레하브 네페쉬' *rəḥab-nepeš*, 목구멍이 넓은, 식욕이 많은, 28:25라고 부른다. 네페쉬는 흔히 열망을 뜻하는 말과 함께 사용된다. 13:19; 21:10 하나님을 향한 열망을 말할 때는 인

---

62   BAGD, 893, s.v. *psychē*.

간의 네페쉬와 동물의 네페쉬를 구별한다. 네페쉬는 "강한 열망"을 지닌 인간의 기본 본성을 가리키므로 문맥에 따라 "굶주림"이나 "자아", 참조. 1:18, 19 "생명"22:5이라고 옮기며, 욕구를 가리키는 것이 분명할 때는 "영혼"(개역개정에는 "마음"으로 번역되었다—옮긴이)으로 옮긴다. 참조. 13:19; 16:24

c. 마음

구약성경에 858회, 「잠언」에 46회 나오는 "마음"레브/레바브(lēb/lēbāb)은 구약성경의 인간론에서 가장 중요한 단어지만4:20-27, 특히 23절 영어에는 그에 상응하는 단어가 없다. 고대인들은 **신체의 기능**이 두뇌가 아니라 마음에서 생겨나는 것으로 보았다. 나발은 **마음**이 죽자 몸이 돌같이 되었다(마비되었다).삼상 25:37-38 마음은 얼굴 표정15:13과 혀12:23; 15:28와 다른 모든 부분4:23-27; 6:18을 통제한다.

   심리적 기능도 역시 마음에서 비롯된다고 본다. 마음은 사람의 기질이 자리 잡은 곳이다.23:7, 참조. 롬 1:21 지성과 감정, 의지, 기질의 복합적인 상호작용이 마음속에서 일어난다. 마음은 우리의 모든 행동을 촉발한다.4:23 그래서 계획을 세우고 결정을 내리는 일은 마음의 행위다.6:14, 18; 16:9 여호와는 마음이 가진 감정을 낱낱이 아시며17:3; 24:12 직접 경험하신다.참조. 12:25; 14:10, 30; 15:15 통찰력이나 판단력이 없는 경우를 가리켜 "마음이 없는"(개역개정에는 "지혜 없는"으로 번역되었다—옮긴이)이라고 부른다.10:13

   마음은 **영적인 기능**도 수행한다. 마음은 신앙적인 차원을 인정하고 신뢰한다.3:5 마음은 모든 유형의 열망을 느끼며, 윤리적 행위에 책임을 진다. 선생은 아들에게 음녀의 아름다움에 **그의 마음**을 빼앗기지 말고6:25 죄인의 형통함을 부러워하는 마음을 품지 말라23:17고 경고한다. 마음의 심리적이고 영적인 기능은 마음의 **영적 상태**와 밀접한 관계가 있다. 마음은 지혜로울 수 있으며14:33 깨끗할 수도 있고20:9 뒤틀리기도 한다.17:20; 26:23-25 마음의 성향은 사람의 행동을 결정짓기도 한다.출 14:5; 35:21, 민 32:9, 왕

^{상 12:27; 18:37} 그래서 솔로몬은 지혜를 받아들이라고 계속 권면해서 영적 상태를 바꾸려고 애쓴다. ^{2:10; 3:1; 22:17; 23:12; 24:32} 그런데도 마음은 변하기를 거부하고 ^{5:12} 굳어져서 새로운 영적 방향으로 나가지 못하기도 한다. ^{28:14, 참조, 사 6:10, 마 13:15} 마음은 사람의 정서적, 지적, 종교적, 도덕적 행위에서 중심인 까닭에 있는 힘을 다해 굳게 지켜야 한다. ^{4:23}

눈과 귀가 마음에 이르는 문이 되고 마음을 형성하지만, ^{참조, 2:2; 4:21-23} 역설적이게도 눈과 귀가 보고 듣는 것을 마음이 결정한다. ^{4:25-26} 이집트의 지혜에서는 하나님을 선의 궁극적 원인으로 이해함으로써 이 역설을 해결한다. "하나님께서 사랑하시는 사람은 들을 수 있으나, 하나님께서 미워하시는 사람은 들을 수 없다." ⁶³ 잠언 20:12은 들을 줄 아는 귀와 도덕적으로 명민한 눈이 하나님에게서 온다고 말한다. 왕의 마음은 여호와의 손안에 있다. ^{21:1} 하지만 「잠언」은 청중에게 가르침을 선택할 책임이 있다고 강조하면서 숙명론을 거부한다.

d. 영

「잠언」에서 '루아흐' ^{rûaḥ, "바람" 또는 "영", 21회 나옴}는 다른 것들을 움직이는 바람이라는 문자적 의미로 사용된다. ^{25:23; 27:16} 그러나 아굴이 하나님이 바람을 지배하신다고 말한 것 ^{30:4a}을 제외하면, 「잠언」은 다른 성경책들과는 달리 '루아흐'를 여호와와 연결하지 않는다.

'루아흐'는 또한 "호흡"을 의미하며, 호흡하는 방식은 사람의 심적 상태를 가리킨다. 즉, 호흡이 "짧으면" 조급한 것이며 ^{14:29} "길면" 인내하는 것이다. ^{17:27} 이러한 역동적 활력이 "심기"나 "기분"이라는 심리적 상태를 나타내는 것으로 약화되었다. 사람의 신체적 활력이 최고조인 맥락에서는 '루아흐'를 "호흡"이라고 번역하는 게 좋으며(예를 들어, 삿 15:19[="힘"

NIV], 삼상 30:12[="소생하다" NIV]), 심리적 활력이 최고인 맥락에서는 "기운"이라고 번역하는 게 가장 좋다.예를 들어, 창 45:27

'루아흐'는 제유법으로도 사용되어 의견이나 욕구,겔 13:3 생각,시 77:6 의 지,16:32 동기 16:2, 참고. 대하 36:22 등을 포함해 사람의 전체 기질전 7:8, 9, 겔 11:19; 18:31; 36:26이나 내적인 삶 전체욥 7:11, 시 78:8를 가리킬 수 있다.[64] 잠언 16:2에 서 "행위"와 평행하는 말로 사용된 '루아흐'의 복수형은 행위의 복잡한 양태가 다양한 동기들에 근거한다는 점을 보여준다.

2. 지혜로운 자와 미련한 자

a. 서론: 상호 연관된 용어들

「잠언」은 인간을 "지혜롭고 의로운 자"와 "미련하고 악한 자"로 나눈다. 크누트 하임Knut Heim은 이러한 단어 쌍들이 상호 연관된 용어들이라고 주장했다. 다시 말해 이 단어 쌍들이 의미 영역들("기술" 대 "윤리")에서는 서로 다르지만 동일한 사람을 가리키며 그렇기에 분리할 수 없다는 점을 분명히 밝혔고, 우리는 그의 견해를 따른다.[65] 예를 들어, "미국 부통령"과 "미국 상원의장"은 동일한 의미 영역에 속하지 않지만 같은 사람을 가리키기 때문에 상호 연관된 용어다.[66] 그래서 지혜로운 자는 의로우며, 미련한 자는 악하다. 동의어들은 같은 의미 영역에 속하며, 늘 그렇지는 않아도 대체로 동일한 사람이나 대상을 가리킨다.참조. 1:3-6; 8:12 그래서 의로운 사람은 "선하고" "정직하며", 그에 반해 악한 사람은 "나쁘고" "정직하지 않다." 이 동의어들은 흔히 평행하여 나타난다. 「잠언」에는 이 두

64 다음의 논문을 보라. R. G. Bratcher, "Biblical Words Describing Man: Breath, Life, Spirit," *BT* 34(1983): 204.

65 K. M. Heim, "Structure and Context in Proverbs 10:1-22:16" (PhD diss., University of Liverpool, 1996), 54-86.

66 Waltke, "Righteousness," 233.

가지 구분 외에 다른 범주는 없다. 지혜에 어리석은 사람은, 비록 미련한 자처럼 지혜를 경멸하지 않을지라도, 지혜로운 자와 미련한 자 사이의 중간 범주에 속하지 않고 미련한 자의 범주에 포함되며 그래서 미련한 자의 숙명을 지게 된다.[1:22-33] 아래에서 이렇게 상호 연관된 용어들로 흔히 등장하는 동의어들을 살펴본다.

b. 지혜로운 자와 의로운 자

i. 지혜로운 자와 의로운 자를 가리키는 지적 용어들

"지혜로운" 자 하캄(ḥākam)는 종교-사회-윤리적 의미에서 지혜의 특성들을 소유하고 발휘한다. 지혜로운 사람들은 스스로 지혜롭게 여기는 것이[26:5, 11, 12, 16] 아니라, 잘 배우고 지식을 구하며[18:15] 배운 것을 축적한다.[10:4] 그들은 훈계[13:1; 22:17]와 권고[12:15]에 귀를 기울이며, 계명을 따르고,[10:8] 책망받기를 사랑하며,[9:8] 지혜로운 자와 동행하고,[13:20] 지혜를 늘려간다.[1:5; 4:18; 15:31-32][67] 지혜로운 사람은 매우 지혜롭게 자라가며[참조. 30:24] 가르치는 자가 된다.[4:1-4] 그들은 지식을 얻어 전파하며[15:7] 공동체에게 생명의 샘이 된다.[13:14] 그들은 도덕 질서에 아주 익숙하여 자기감정을 통제하며[29:11] 어리석은 자를 다스린다.[11:29] 그들은 부모에게 기쁨이 되며[15:20; 23:24] 다른 사람을 치유하고[12:18] 자기 자신을 지킨다.[13:14]

지혜로운 사람은 **"신중함"** 마스킬(maśkîl)도 지녀서 "행실이 슬기롭고" "분별력"이 있다.[1:3, 참조. 10:5, 19; 14:35; 15:24; 17:2; 19:14; 21:16] 신중한 사람은 위험한 상황을 간파해 해결하는 통찰력을 지니며, 문제에 과감하게 대처해 실패와 죽음을 막아 내고 성공과 생명을 쟁취한다. 다윗이 블레셋 사람에 맞서

67　루카스(Lucas, *Proverbs*, 219)에 따르면, "잘 배우는 자세"는 「잠언」에서 가장 자주 언급되는 지혜로운 자의 특성이다. "지혜로운 자에 관해 말하는 금언 중 약 40퍼센트가 이런 특성을 가리킨다."

거둔 승리는 신중함을 보여주는 모범적인 사례다.참조. 삼상 18:5, 14, 15 **68**

폭스에 따르면, '오르마' *'ormâ*, "슬기로움" 혹은 "영리함"는 "자신의 목적이 무엇이
든, 그것을 이루기 위해 재빠르고 노련한 방책을 고안해 사용하는 재능
을 가리킨다.……지혜 여인은 오르마에 관해 외치면서 자기에게 '오르
마'가 있다고 말한다."8:12 **69** 슬기로운 사람은 소망을 이루기 위해 계획을
세우고, 14:8, 15 모욕을 참으며,12:16 자신의 위치를 살피고,14:15 위험을 간파
해 피한다.22:3; 27:12 영리한 사람은 "지식"으로 행동하면서도13:16 지식을
자랑하지 않는다.12:23

폭스는 **"근신함"**또는 "주의 깊음", 메짐마(*mazimma*)을 "사사롭고 드러나지 않는 생
각 및 그 생각대로 행할 능력"**70**이라고 규정하는데, 대체로 계획을 세우
는 일에서 발휘된다.**71** 만약 그 계획이 악하고 술책으로 가득할 경우24:8
하나님12:2과 공동체14:17에게 정죄를 당하게 된다. 하지만 근신함이 지혜
자의 지혜와 일치한다면1:4; 2:11; 3:21; 5:2 지혜로 견고하게 될 것이다.8:12

"명철한"자 나본(*nābôn*), 1:5는(저자는 이 단어를 "통찰력 있는"insightful으로 번역
했다─옮긴이) "날카롭고 예지적인 정신을 지니며15:21, 20:5, 28:11……사리에
맞게 말하고 행동한다."11:12; 17:28 **72** 명철한 자들에게는 지혜의 눈으로 볼
줄 알아 옳은 것과 그른 것, 선과 악을 구분하는 정신적, 지적 능력이 있
기 때문이다. 명철한 자들은 자기의 상대적인 관점을 고집하지 않고 하
나님의 시각에서 문제를 파악할 수 있다. 그들은 지식을 찾아 얻으며,14:6;

---

68 다음을 참조하라. W. McKane, *Prophets and Wise Men* (London: SCM, 1965), 67.

69 M. V. Fox, "Words for Wisdom," *ZAH* 6 (1993): 158-159.

70 폭스는 "Words for Wisdom," 160-161에서 다음과 같이 말한다. "이 능력은 악한 남녀의
유혹에서 당신을 지켜 준다.2:11, 5:2f 그들이 당신을 자기들 길로 유혹하려 할 때, 당신은 내면을
살피고 사고의 평정을 유지하며 그들의 농락을 견뎌 낼 수 있기 때문이다."

71 서언1:4; 2:11; 3:21; 5:2; 8:12과 모음집 VII31:16에서 '메짐마'는 긍정적인 의미를 지닌다. 나머지 모
음집에서는 부정적인 의미로 사용된다.10:23; 21:27; 24:8, 9; 30:32

72 Chou-Wee Pan, "A Study of the Vocabulary of Education in Proverbs" (PhD diss.,
University of Newcastle upon Tyne, 1987), 106.

15:14; 18:15 책망을 기꺼이 받아들이고,19:25 이 책의 지혜를 마음에 소중히 간직하며,14:33 지혜를 성품의 증표로 삼고,16:21 지혜롭게 말할 수 없을 때는10:13 침묵한다.17:28

명철한 자는 "지략"타흐불로트(taḥbulot), 1:5을 얻는다. 이 말은 선박과 관련한 용어로, 배의 조타줄steering rope을 가리키는 것으로 보인다. 칠십인역은 이 말을 그리스어로 '퀴베르네시스'kybernēsis, "조타" 또는 "항해"라고 옮겼다.

"명철"테부나(təbûnâ)은 19회 나오며, 그 가운데 13회는 그 말의 동의어 가운데 하나인 "지혜"와 나란히 등장한다.2:2, 6; 3:13, 19; 5:1; 8:1; 24:3, 참조. 21:30 이 말을 "역량"이나 "실제적 지식"으로 옮기는 폭스는 '테부나'와 '비나'를 다음과 같이 구분한다(개역개정에는 이 두 단어 모두 "명철"로 번역되었다—옮긴이). '테부나' təbûnâ는 "생각의 실용적이고 구체적인 측면이 행위의 자리에서 작동하는 것을 가리키며, 효율성과 성취를 목표로 삼는다. '비나'bînâ는 생각의 개념적이고 해석적인 행위가 의미의 자리에서 작동하는 것을 가리키며, 인식과 이해를 목표로 삼는다."[73]

'테부나'를 지닌 사람들은 자기 행동을 이끄는 도덕 규칙과 사회적 양심에 대한 통찰력이 있다. 그들은 자제하며,17:27 인내하고,14:29 자기 혀를 다스리며,11:9 다른 사람의 심정을 헤아릴 줄 알고,20:5 바른길로 간다.15:21 미련한 자는 '테부나'에 관심이 없으며,18:2 '테부나'가 없는 통치자는 폭군이 된다.28:16

---

[73] Fox, "Words for Wisdom," 154. 현대 신경과학의 용어로 말하면, '테부나'təbûnâ는 과제를 지향하고 문제를 해결하는 두뇌망, 곧 망신경 과학자들이 과제양성망task positive network이라고 부르는 것과 관계가 있다. '비나'bînâ는 감정상 자아를 의식하며 창조적이고 윤리적 결단을 내리는 두뇌망인 곧 불이행방식망default mode network과 주로 관련 있다. 현대 뇌생리학에서 발견하여 명명한 인간 사고의 이 두 측면을 고대인들이 인식했을 수 있다. 다음을 참조하라. R. Boyatzis, K. Rochford and A. I. Jack, "Review Article: Antagonistic Neural Networks Underlying Differentiated Leadership Roles," Frontiers in Human Neuroscience, March 4, 2014.

ii. 지혜로운 자와 의로운 자를 가리키는 윤리적 용어들

루카스에 따르면, 「잠언」에서 "의로운 자"와 "지혜로운 자"에 대해 언급하는 내용은 거의 동일하다.[74] "공의"는 "하나님께서 의로운 행실의 표준으로 정하신 대로, 사회적 관계 속에서 옳은 일을 행하는 것이다.……즉, 자신을 낮추고 다른 사람의 유익을 위해 일하는 것이다. 간단히 말해 의로운 사람은 자기의 이익을 포기하고 공동체를 유익하게 하며, 악한 사람은 자기 이익을 위해 공동체를 해롭게 한다."[75]

더욱이 사람은 공의를 반드시 "옷으로 삼아 입어야"[욥 29:14] 하는데, 이는 공의가 외적인 행실에 불과한 것이 아니라 사람의 참 본질이라는 사실을 보여준다. 공의는 지혜자의 가르침을 통해 얻는[2:1-11] 마음의 문제이며[10:20] 그래서 하나님과의 관계를 촉진한다.[15:9] 악한 자는 하나님을 버리지만 의로운 자는 하나님을 의지한다. 공의는 또한 자신을 이롭게도 하는데, 여호와께서 공의가 참된 이익과 안전을 가져오리라는 것을 보증하시기 때문이다.[2:11; 10:2, 3] 마지막으로, 의롭게 사는 것은 생명과 죽음의 문제다.[11:19; 15:9; 21:12]

공의가 바른 질서를 세우는 것이라면 "정의"[미쉬파트(mišpāṭ)]는 범법자를 벌하고 희생자를 풀어주어 평화를 이룸으로써 파괴된 질서를 회복하는 것이다. 하지만 정의는 법적 조치를 넘어서는 일로, 마음에서 나오는 도덕적 특성이다. 바르게 사는 것은 정의와 공의를 실천하는 것이다.[참조 창 18:19, 시 106:3, 잠 1:3; 2:3; 8:20; 16:8; 21:3, 사 5:7; 58:2] 의롭게 판단하는 것은 정의와 공의를 따라 판단하는 것이다.[참조 레 19:15, 신 1:16, 17, 시 9:4, 7-8] 의롭게 통치하는 것도 마찬가지다.[참조 삼하 8:15, 왕상 10:9, 시 72:1-12, 전 3:16, 사 9:7] 이는 마치 하나님이 온 세상을 정의와 공의로 통치하시는 것과 같은 이치다.[참조 욥 8:3, 시 33:5; 36:6; 89:14]

74 Lucas, *Proverbs*, 222.
75 Waltke, "Righteousness," 236.

"정직"메샤림(mêšārîm)(흔히 공평하거나 편향되지 않다는 의미에서 "공정"이라고 번역된다)은 어근 '야사르'yāšār에서 왔으며, 이 말은 수직으로나 수평으로 곧다는 기하학적 개념을 담고 있다. 기하학적 개념이라는 말은 어떤 것을 비교해 볼 수 있는 고정된 질서를 뜻한다. 「잠언」에서는 "정직"이라는 용어를 주로 윤리적이고 상징적인 의미로 사용한다. 이 용어는 어떤 행위들이 바르고 올곧고 공평한지 여부를 판단하는 기준으로서 역할을 담당한다.[8:6][76] 고정된 도덕 질서에서 어긋나거나 벗어나지 않는 행위를 "정직하다"고 부를 수 있다. 레이우엔이 공개 강의에서 한 말을 바꿔 말하면, 진정한 자유는 형식 안에서, 해방은 법 안에서, 사랑의 결실은 결혼 안에서 얻을 수 있다.

"온전한"[형용사] 탐(tām), [명사] 톰(tōm), 온전함은 사람이 이미 성취한 과정이라는 의미에서 완전함과 흠 없는 상태를 뜻한다(1:12을 보라. NIV는 이 말을 "whole"로 번역했다). 이 단어의 어근tmm은 "완벽한, 끝난, 완전한"이라는 의미다.[77] "걷다"라는 말과 함께 사용할 때 이 말은 변함없는 행동—두 마음을 품고 행하는 것과는 달리 온 마음으로 어떤 일을 하는 것—을 의미한다. 「잠언」에서 '톰'tōm은 여호와께 전적으로 헌신함을 가리키는 포괄적 용어다. 이 말은 언제나 "걷다"라든가 "길"이라는 말과 함께 등장한다.[2:7; 10:9, 29; 13:6; 19:1; 28:6]

"선한"토브(tôb)은 어떤 대상이나 사람이 미적으로 만족스럽고 윤리적으로 이롭기 때문에 바람직하다는 것을 의미한다. "선한" 사람은 하나님과 이웃의 유익을 최고로 여겨 이기심을 버리고 행한다.

"신뢰할 수 있는"에무나('ămûnâ), "정직한", "양심적인"은 사람의 말이 아닌 성품이나

---

76 잠 23:31은 이 말을 비윤리적이고 은유적인 의미로 사용해 "부드럽게" 넘어가는 포도주를 가리킨다.

77 다음을 참조하라. K. Koch, *TLOT*, 3:1427, s.v. *tmm*; B. K. Waltke with C. J. Fredricks, *Genesis: A Commentary* (Grand Rapids: Zondervan, 2001), 362.

행실을 가리킨다. 신뢰성은 추상적인 특성을 가리키지 않으며, 내면의 안정감—정직하고 양심적인 행실을 낳는 내면의 태도—에서 나온다.[78]

마지막으로, **"인자함"**헤세드(ḥesed)은 기본적으로 "가난한 사람을 돕다"라는 뜻을 지니며, 영어에는 그와 정확히 일치하는 말이 없다. 이 말은 어떤 사람이 도움이 필요한 형편에서 다른 사람이 강요에 의하지 않고 영적이고 내적인 본능에 따라 그에게 도움을 베푸는 일을 가리킨다. 구약 성경에서는 돕는 사람에게 도와야 할 의무가 없기에 '헤세드'에다 21차례나 **"신실함"**faithfulness 혹은 **"신뢰성"**에메트('əmet), reliability이라는 말을 덧붙여 사용한다. 그렇게 조합된 말헤세드 베에메트(ḥesed we'əmet)은 "한결같은 인자함"을 베푼다는 뜻이다.

iii. 여호와 경외

"여호와 경외"이르앗 야웨(yir'at yhwh)는 「잠언」을 이해하는 열쇠다.[79] 이 구절은 여러 단어를 조합해 독특한 의미를 지니게 된 연어連語다. 예를 들어, "버터플라이"butterfly라는 단어를 분석할 때 "버터"butter와 "플라이"fly를 따로 떼어 분석하면 단어의 의미를 알 수 없듯이, "여호와 경외"도 "여호와"와 "경외"를 갈라놓고 분석해서는 그 의미를 알 수 없다. 이 표현은 합성어다. "여호와 경외"는 이성적 측면과 비이성적 측면을 동시에 가지고 있다.

이성적 측면에서 볼 때, 여호와 경외는 배우거나시 34:11 이하 기억할 수 있는잠 2:1-5 객관적 계시를 수반한다. 시편 19:7-9에서 이 말은 여호와의 "율법"과 "교훈", "계명", "법도"에 대응하는 말로 사용된다. 앞에서 "하나님의 이름들"(56쪽을 보라)을 다룰 때 언급했듯이, "여호와 경외"는 "하나

---

78 Cf. A. Jepsen, *TDOT*, 1:317, s.v. 'āman.

79 바르톨로뮤와 오다우드(Bartholomew and O'Dowd, *Old Testament Wisdom*, 80-81)는 "여호와 경외"1:7: 9:10: 10:27: 31:30를 문학적 지표로 사용해 이 책을 세 개의 커다란 모음집1-9: 10-29: 30-31장으로 나누는데, 이러한 접근은 다소 문제가 있다.

님 경외"와 약간 다르다.

심리적인 면에서 볼 때, "여호와 경외"는 두려움과 사랑과 겸손한 마음으로 그 계시에 응답하는 일이 수반된다. 잠언 2:1-5에 따르면, "여호와 경외"는 진심으로 기도하고 지혜자의 가르침을 열심히 찾을 때 깨닫게 된다. 잠언 15:33에서 "겸손"은 "여호와 경외"와 대등한 용어이며, 22:4에서 "겸손"은 "여호와 경외의 한 종류"(the fear of *I AM* sort, 저자의 사역—옮긴이)라고 정의된다.

여호와를 경외하는 사람은 누구든 그분을 신뢰하는데, 순종하는 사람에게 생명을 약속하고 불순종하는 사람에게 죽음을 내린다는 여호와의 말씀에는 어김이 없다고 확신하기 때문이다. 역설적이게도, 여호와를 경외하는 사람이라면 누구나 여호와를 믿는 믿음 때문에 그분을 사랑한다. 참조. 신 5:29과 6:2; 신 6:5과 수 24:14, 참조. 잠 10:12, 20; 3:5 [80] 브릿지스 C. Bridges 에 따르면 "[여호와 경외는] 하나님의 자녀가 자기 아버지 하나님의 율법에 겸손하고 진중하게 몸을 숙여 표현하는 애정 어린 존경심이다."[81]

iv. 지혜로운 자와 말

「잠언」에서는 흔히 지혜로운 자/의인의 행위를 당연한 것으로 가정할 뿐 별도로 정의하지는 않는다. 하지만 지혜로운 자/의인과 어리석은 자/악인을 대조해 보면, 두 가지 영역 곧 그들이 말과 재물을 다루는 방식에서 분명한 차이가 나타난다.

지혜로운 말이라는 성경의 이상은 인문주의의 이상인 웅변, eloquentia 곧 말을 잘하는 기술과 유사하다. 가다머 Gadamer 는 웅변이 다음과 같이 두 가지 의미를 지닌다고 말한다. "수사학의 이상일 뿐만 아니라……옳은 것,

80 B. K. Waltke, "The Fear of the Lord," in *Alive to God: Essays in Honour of James D. Houston*, edited by J. I. Packer and L. Wilkinson (Downers Grove, IL: InterVarsity Press, 1992).

81 C. Bridges, *An Exposition of Proverbs* (Evansville: Sovereign Grace Book Club, 1959), 3-4.

곧 진리를 말하는 것이다."[82]

"지혜로운 말하기"의 중요성은 아무리 강조해도 지나치지 않다. 사회의 모든 관계는 소통을 토대로 이루어진다. "말과 의사소통은 밀접하게 얽혀 있다. 공동체는 의사소통으로 세워진다."참조. 11:30; 15:4 [83] 여기서 우리는 지혜로운 말의 가치와 특성과 원천에 대해 살펴본다.

가치와 관련해 첫째, 혀에는 사람을 살리고 죽이는 힘이 있다.8:21, 참조. 10:19; 17:27-28 혀에는 영원한 운명을 좌우하는 믿음과 신념을 형성하는 힘이 있기 때문이다. 부모는 혀(곧 말)의 긍정적인 힘을 활용하여 자녀가 지혜와 생명을 받아들이도록 영향을 끼친다. 그러나 미련한 자는 건전한 가르침에서 나오는 좋은 열매 먹기를 거절해 굶주려 죽는다.10:21 선한 말은 곧바로 얻을 수 있는 "생명 나무"11:30요 "생명의 샘"13:14이다. 둘째, 혀에는 치유하고 파괴하는 힘이 있다.6:12-15, 16-19; 10:14; 11:9; 12:18; 16:24 "몽둥이와 돌맹이로 내 뼈를 부러뜨릴 수 있어도, 말로는 내게 상처를 입힐 수 없다"는 아이들 속담은 참이 아니다. 키드너의 말대로, "당신에게 일어난 일은 당신 안에서 일어난 일을 제쳐두고는 설명할 방도가 없다."[84] 셋째, 혀는 자기 주인에게 보답하거나 해를 끼칠 수 있을 만큼 강력하다. 10:10; 12:14; 18:6-7 미련한 자의 혀는 자기 목을 벨 수 있을 만큼 길다.

지혜로운 말의 특성과 관련해, 월키의 한 제자가 지혜로운 말의 특징을 기억하기 쉽도록 Gentle B-R-E-A-T-H 온화한 숨결라는 두문자어 頭文字語

82   H.-G. Gadamer, *Truth and Method*, trans. J. Weinsheimer and D. Marshall, 2nd rev.ed. (New York: Continuum, 1989), 17.

83   D. A. Hubbard, *Proverbs* (Dallas: Word, 1989), 214. 영국의 인류학자이자 진화심리학자인 로빈 던바Robin Dunbar는 *Grooming, Gossip, and the Evolution of Language* (Cambridge, MA: Harvard University Press, 1996)에서, 인간의 언어는 사회 관계망의 균형과 조화를 유지하려는 목적—그렇지 않으면 폭력에 휘말릴 수밖에 없다—을 지닌 '가십'gossip으로부터 진화했다고 주장했다. 던바의 진화론적 명제는 논쟁의 여지가 있으나, 언어는 일차적으로 인간을 결합하고 협력하게 하는 데 사용된다고 본 그의 중심 논점은 「잠언」에서도 주장하는 바이다.

84   Kidner, *Proverbs*, 46.

를 만들었다. 지혜로운 말은 거칠거나 성내지 않고 온화하며,gentle, 15:1 자랑하지 않고,boasts not, 27:1-2 헤프지 않아 절제하며,restrained, 10:19; 17:14, 27, 28 엿듣지 아니하고,eavesdrops not, 곧 험담이나 헛소문에 휘둘리지 않고, 11:12-13 적절하게 행하며,apt, 적절한 시간에 옳은 방식으로 바른말을 하며, 15:2 경솔하지 않고 사려 깊으며,thoughtful, 15:28; 18:13 거짓되지 않고 정직하다.honest, 8:7; 12:17, 19, 22

원천source에 대해 말하자면, 지혜로운 말은 마음에서 나오는데,16:23 지혜로운 사람과 동행하고13:20 건전한 가르침을 간직하며22:17-19 기도함으로써15:29, 참조. 약 1:5 지혜롭게 말할 수 있게 된다.

v. 지혜로운 자와 재물

부모는 아들이 경솔하게 성2:16-19과 재물1:10-19의 위험에 빠지지 않도록 아들에게 훈계를 한다. 여기서는 재물이라는 주제를 그 위험성과 한계, 가치, 관리라는 측면에서 자세히 살펴본다.

돈이 위험한 까닭은 하나님에 대한 신뢰를 가로채기 때문이다. 「잠언」에서는 이 일이 "부자"아쉬르('āšîr)에게 일어난다. 영어와 「잠언」에서 "부자"의 의미는 크게 다르다. 영어에서 "부자"는 물질적인 의미만을 지닌다. "부자"는 돈을 차고 넘치도록 소유한 사람이다. 그러나 「잠언」에서 "부자"는 자기의 안전과 의미를 지키려고10:15; 18:10-11, 참조. 시 49:6 여호와 대신 돈을 신뢰한다는 영적인 의미도 포함한다. NIV는 잠언 28:11 번역을 "부자는 제 눈에 **지혜로울지 모르나**"1984년에서 교훈의 의미를 분명히 밝혀 "부자는 제 눈에 **지혜롭다**"2011년로 개정했다. 부자는 여호와를 의지하는 대신 자기 스스로 출세한 것이라고 여긴다. 그래서 그는 죽음의 권세에 매인 어리석은 자다. 아굴은 재물이 지닌 이런 위험을 알았기에 지나치게 부유하게 되는 일이 없기를 기도했다.30:7-9 한 신학교가 내건 홍보물에는 지폐 뭉치 그림 아래 "이것이 네로보다 더 심각하게 그리스도인을 파괴한다"라는 문구가 실리기도 했다.

「잠언」은 또한 돈의 한계를 인정한다. 3:13-18 돈으로는 집을 지을 수 있어도 가정을 세우지는 못한다. 돈으로 식탁에 음식을 차릴 수 있어도 화목함을 채울 수는 없다. 연인에게 다이아몬드와 모피는 줄지언정 그가 진정으로 원하는 사랑은 주지 못한다. 하지만 지혜는 물질적 행복과 영적 삶을 모두 준다.

그런데 「잠언」은 돈의 가치에 대해 현실적이다. 돈은 가난에서 비롯된 정신적 상실감에서 사람을 구해 준다. 돈이 너무 부족한 사람은 도둑질을 하게 되어 자기 양심을 더럽히고 하나님에게서 소외된다. 30:9 가난한 사람은 사회에서도 힘이 없다. 18:23; 22:7 더욱이 「잠언」은 가난이 우정을 방해한다는 점을 솔직히 인정한다. 다시 말해, 「잠언」은 가난한 사람에게 친절을 베풀라고 권하나 14:21 사람들은 그를 멀리한다. 14:20 그러므로 자신의 삶을 좀 더 온전하게 향유하고, 12:9 나아가 공동체를 섬기고 돕기 위해서는 11:23-28, 참조. 엡 4:28 어느 정도 재물이 필요하다.

오래가는 재물은 자신의 첫 열매로 하나님을 경외하고, 3:9-10 인색하지 않고 관용을 베풀며, 11:23-28; 28:22 때를 맞춰 열심히 일하고, 10:4-5 사치하기보다는 자족할 줄 알며, 21:17 조급해하기보다는 인내하고, 13:11; 21:5 열심히 일한 열매로 집을 세울 때 24:27 얻게 된다. 달리 말해, 방법이 아니라 성품이 열쇠다. 「잠언」은 "얻는 방법"이 아니라 "사는 방법"을 가르치는 책이다.

vi. 지혜로운 자가 받는 보상: 생명

지혜자의 행위-운명 연계성(59쪽 "'지혜'란 무엇인가?"를 보라)에는 악인의 벌(56쪽 "심판자이신 하나님"을 보라)과 의인의 상급 10:2; 11:5-6, 23, 27 —구체적으로 말해 "생명" 하임(ḥayyim) —이라는 교리들이 따른다.

「잠언」에는 명사 '하임'이 33회 나오며 동사 '하야' ḥāyâ가 4회 나온다. [85]

---

85 W. Cosser, "The Meaning of 'Life' (Ḥayyim) in Proverbs, Job, and Ecclesiastes," *GUOST* 15 (1955): 48-53.

'하임'은 가끔 육체적인 생명을 가리키지만[31:12] 많은 경우 아무런 수식도 없이 육체적인(즉, 임상적인) 생명에 덧붙여진 "삶"―건강과 번영과 사회적 영예로 가득한 삶[3:21-22; 4:13; 8:35; 16:15; 21:21; 22:4]―을 가리키기도 한다. 여기서 잠언 16:15을 제외한 구절들은 지혜의 보상으로 주어지는 "생명"―이른바 죽음에 의해 결코 손상되지 않는 보상[4:22; 6:23; 10:17; 11:19; 12:28; 13:14; 15:31; 19:23; 22:4]―을 말한다. 이 점은 동사 '하야'가 사용되는 네 구절에도 그대로 해당된다.[4:4; 7:2; 9:6; 15:27] 더욱이 "생명 나무"[3:18; 11:30; 13:12; 15:4, 참조 창 2:9; 3:24]라는 비유는 영원한 생명을 보장하는 영구적인 치유를 뜻하며, 생명의 샘[16:22]도 마찬가지다.

"의인의 수고는 생명에 이르고 악인의 소득은 죄와 죽음에 이르느니라"[10:16](개역개정에는 "죽음"이 생략되었다―옮긴이)는 잠언에서 "생명"과 "죽음"은 반의적 평행구조를 이루며, "생명"이 죽음에 매이지 않음을 의미한다. 성경신학에서 생명은 본질상 살아 계시며 영원하신 하나님과의 관계를 가리키며, 그 관계의 단절은 죽음을 뜻한다.[창 2:17] 지혜는 이 관계를 지탱하는 일,[2:5-8] 곧 하나님 은혜 안의 삶을 경험하는 일에 관심을 쏟는다. 요컨대 "생명"은 주로 하나님과의 교제로 누리는 풍성한 삶, 곧 악인의 영원한 "죽음"과 대조되는 생생하고 영원한 관계를 가리킨다. 이에 대해 예수는 "하나님은 죽은 자의 하나님이 아니요 살아 있는 자의 하나님이시니라"[마 22:32]고 말한다.

잠언 12:28은 의인이 불멸 알마웨트('almāwet)을 보상으로 받는다고 말한다. 잠언 14:32는 "의인은 그의 죽음에도 소망이 있느니라"고 말하며, 23:18은 그들의 소망이 끊어지지 않을 것이라고 말한다. 이와는 반대로 악인에게는 미래의 소망이 없다.[11:7a; 12:28; 24:19-20] 그런데 욥기 19:25-27과 시편 49:15,[참조, 8절] 73:23-24, 이사야 14:13-15, 다니엘 12:2[참조 창 5:24, 왕하 2:1]과는 다르게 「잠언」은 부활이 아니라 불멸을 가르친다. 하지만 잠언 15:24은 표현 자체만 보면 무덤에서 일어나는 일을 가리킨다. 아래

(즉, 무덤―스올)에서 "위쪽으로" 나가는 움직임은 경건한 자가 하나님 앞에서 삶의 여정을 마친다는 성경의 가르침과 일치한다.시 16:9-11; 73:23-26, 요 14:1-4, 딤후 4:18, 히 12:2 따라서 「잠언」에서 "생명"은 갑작스럽게 죽음을 당하지 않는 일 이상이어야 한다. 그렇지 않으면 "생명의 길"은 죽음에서 끝나기 때문이다. 그러나 죽음은 신이 아니며, 성경의 다른 책들과 마찬가지로 「잠언」에서도 죽음은 최종 결론이 아니다.

더욱이 「잠언」에서 가르치는 사후의 삶에 대한 희망은 우리가 잘 아는 이집트인의 사후 세계에 대한 믿음과 많이 유사하다. 이집트인의 찬송과 기도는 죽음을 넘어서는 복된 미래에 대한 그들의 희망을 증언한다. 「잠언」이 이집트의 교훈에 크게 의존하고 있는 게 분명하기에, 만일 살아 계신 하나님과 함께하는 "삶"이 이집트인들이 "신이 아닌 것"신 32:21과 함께하는 삶에 품었던 희망보다 더 의미가 없다면 당황스러울 수밖에 없다. 마지막으로, 정의에 관한 인간의 직관적 관념과 「잠언」에서 그에 대해 확증하는 내용16:15은 교리를 필요로 한다(71-73쪽 "지혜로운 자와 의로운 자를 가리키는 윤리적 용어들"을 보라).

그렇기는 해도 부활에 초점을 맞추는 그리스도인과는 달리 「잠언」과 이집트의 교훈은 이승에서 누리는 건강과 번영, 사회적 영예에 초점을 맞추는 것이 확실하다. 그 이유는 예수 그리스도의 부활 이전에는 부활의 희망이 확실하지 않았기 때문이라고 볼 수 있다.딤 1:2-3

vii. 「잠언」은 너무 많은 것을 약속하는가?

「잠언」에서 지혜로운/의로운 사람에게 주는 생명과 건강, 번영, 영예라는 천국의 약속들은 이 땅의 혹독한 현실에 비추어 보면 비현실적인 것으로 보인다. 욥욥 9:22-23과 코헬렛"설교자"/"수집자", 전 9:2-3이 탄식하듯이 인간의 경험은 그런 약속들과 상충할 때가 흔하다. 의로운 사람이 고난을 겪고 악한 사람이 번성할 때가 많다.참조. 히 11:35-38 「잠언」이 너무 많은 것을 약속하는가에 관해 고찰하면서, 먼저 이처럼 명백하게 상충하는 문제에 관한 만족스럽지 못하고 지지할 수 없는 해결책 세 가지를 살펴보고, 두 번째로 좀 더 나은 네 가지 해결책을 다룬다.

첫째, 지지할 수 없는 세 가지 해결책은 다음과 같다.

1. 인간의 타락이 문제다. 이것은 엘리바스가 내놓은 해결책이다. "생각하여 보라. 죄 없이 망한 자가 누구인가. 정직한 자의 끊어짐이 어디 있는가. 내가 보건대 악을 밭 갈고 독을 뿌리는 자는 그대로 거두나니." 욥 4:7-8 죄는 이승의 삶에서 그 열매를 거둔다는 엘리바스의 명제는 적잖은 진리를 담고 있다(56쪽 "심판자이신 하나님"을 보라). 하지만 이것은 온전한 답이 아니며, 먼저 욥기의 서술자에 의해, 욥 1:8 나중에는 여호와에 의해 욥 42:7 틀렸음이 밝혀진다. 다시 말해 욥은 의로운 사람이요 터무니없이 고난을 겪었다는 것이다.

2. 지혜자들은 바르게 보거나 생각할 줄 모르고[86] 장밋빛 렌즈를 통해 세상을 바라보는 얼치기들이다. 이 해결책은 예리한 관찰에다 설득력 있는 성찰을 보탠, 지혜자들의 영감이라는 원리와 모순된다(61쪽 "영감"을 보라). 더욱이 이 해결책은 「잠언」과 정경의 권위를 훼손하며, 나아가 모든 성경은 거짓이 없으시고 삼상 15:29 혼동되게 쓰지도 않으시는 고전 14:33, 딤후 3:16 하나님의 영감에 의해 이루어졌다고 말하는 그리스도와 사도들의 주장을 무너뜨린다.

3. 인기 있는 복음주의적 해결책은 사람에게 일어날 수 있는 좋은 일들을 약속이 아니라 개연성 probability으로 본다. 이 해결책은 진리의 한 면을 담고 있

---

86   에이트킨(K. T. Aitken, *Proverbs* [Philadelphia: Westminster John Knox Press, 1986], 43)은 지혜자들이 지나치게 낙관적이라고 주장하면서 "이스라엘의 지혜자들이 사실이기를 기대한 것과 실제로 일어난 사실을 혼동한 것이 아니겠느냐 하는 짙은 의혹이 제기된다"고 말했다. 폰 라트(G. Von Rad, *Wisdom in Israel* [London: SCM, 1972], 233)는 한 걸음 더 나아간다. 그는 코헬렛을 지혜자들과 대비하면서, 지혜자들이 "일률적인 거짓 교리에 휘말렸다"고 비난한다.

기는 해도 다른 한편에서는 신학적, 실제적, 심리적 문제를 유발한다. 이런 식으로 이해하면, 인간은 자신의 의무를 철저히 지켜야 하나[3:1, 3, 5, 7, 9] 하나님은 당신의 의무를 완전하게 지키시지 않아도 된다.[3:2, 4, 6, 8, 10] "우리는 미쁨이 없을지라도 주는 항상 미쁘시니"[딤후 2:13]라는 말씀은 진리여야 한다. 더욱이 모험을 좋아하는 사람들은 확률을 따지려 들 테고, 건전한 정신을 지닌 사람들은 자신의 약속을 "개연적"으로 지키시는 하나님을 좀처럼 신뢰할 수 없을 것이다.

이어서 더 나은 해결책으로 제시된 것들 가운데 네 가지를 살펴본다.

1. 그 약속들은 대부분 경험으로 확증된다. 술 취한 사람이 아니라 정신이 맑은 사람,[참조 23:29-35] 성급한 사람이 아니라 차분한 사람,[15:18; 19:19; 22:24; 29:22] 게으른 사람이 아니라 근면한 사람이 대체로 건강과 번영을 누린다. 더욱이 죽음보다 오래가는 미래(아래 언급하는 네 번째 해결책을 보라)는 제쳐두더라도, 사람들이 악에 대한 대가를 즉시 치르지 않을 수는 있어도 시간이 흐르면 해로 돌아오고야 만다는 사실을 역사가 보여준다.

2. 잠언들의 풍자적 성격이 뜻하는 바는, 잠언이 진리를 보여주기는 하나 완전한 진리를 보여주지는 못한다는 것이다. 건강과 부를 약속하는 잠언들은 그 약속을 한정하는 다른 잠언들로 균형을 잡아야 한다. 예를 들어, 첫 번째 잠언 쌍[10:2-3]이 하나의 통일된 단위인 것을 살펴보라. 잠언 10:2a에서는 악인이 불의로 얻은(죄 없는 사람을 약탈하여) 재물을 잠시 소유한다고 말하지만, 10:2b에서는 그 재물이 그를 죽음에서 건져주지 못한다고 주장한다. 이에 더해 잠언 10:3에서는 (나중에) 악인의 소욕은 무너지게 되지만, 현재 고통을 겪는 의인은 나중에 주리지 않게 된다고 덧붙인다. 더욱이 몇 개의 비교급 잠언은 현재 악인은 물질적 재산을 소유하나 의인은 그렇지 않고 가정하기도 한다. "적은 소득이 공의를 겸하면 많은 소득이 불의를 겸한

것보다 나으니라."16:8. 다음 구절들을 보라. 16:19; 17:1; 19:1, 19; 22:1; 25:24; 28:6, 참조. 시 37:16, 전 4:6

3. 「잠언」은 젊은이를 위한 도덕 입문서로서, 의로운 사람이 넘어지는 현재가 아니라 그들이 일어서는 미래에 초점을 맞춘다(78-79쪽 "지혜로운 자가 받는 보상: 생명"을 보라). "의인은 일곱 번 넘어질지라도 다시 일어나려니와 악인은 재앙으로 말미암아 엎드러지느니라."24:16 "일곱"은 완전을 뜻하는 수로, 쓰러진 권투선수에게 "열"이라는 숫자가 뜻하는 바와 같다. 여기서는 의인의 완전한 실패를 가정하지만, 불사조가 재에서 다시 살아나듯이 그들은 미래에 완전하게 일어서게 된다. 욥과 코헬렛은 의인의 실패를 양보절이 아닌 주절에서 다룬다. 「잠언」에서 이렇게 믿음으로 제시하는 종교적 훈계(정확히 말해, 여호와를 경외함)는 옳고 그름에 대한 청년들의 직관적 이해를 강화한다.

4. 마지막으로, "지혜로운 자가 받는 보상: 생명"78-79쪽이라는 제목으로 다루었듯이, 의인은 죽음을 능가하는 복된 미래에 일어서게 된다. 이 책의 정의 개념에서는 그런 희망을 중요하게 여긴다. 아버지가 아들에게 사악한 무리를 조심하라고 훈계하는 첫 번째 강화에서 아버지는 인간이 최초로 에덴동산 밖에 놓였던 상황과 매우 유사한 상황을 그려 낸다. 의로운 아벨이 악한 가인에 의해 요절했는데도 가인은 정상적인 수명을 누렸듯이, 아버지의 첫째 강화에서는 무고한 희생자가 악한 무리에게 일찍이 죽임을 당하는 것으로 묘사한다. 앞부분에 나오는 이 이야기는, 「잠언」에서 "생명"은 장수를 뜻하고 그에 반해 "죽음"은 제대로 살지 못하고 죽는 것을 가리킨다고 보는 대중적인 견해를 뒤집어엎는다. 정의가 이루어지기 위해서는, 「잠언」에서 주장하는 바와 같이예를 들어, 3:31-35; 16:4-5 아벨과 무고한 희생자들이 그들의 무덤을 넘어서는 미래에 죽음에서 해방되고 정당성이 인정되어야 한다. 만일 무고한 희생자들에게 육신의 죽음이 최종 결론이라면, 에덴동산 밖의 첫 번째 이야기와 이 첫 번째 강화는 성경에 나오는 순교자들에 관한 다른 이야기들과 더불어 하나님이 정의를 세우신다는 성경의 주장을 부정하게 된다. "우리는 정의 관념을 포기하거나 아니면 정의의 실천

을 인간 경험의 증거가 미치지 못하는 영역으로 던져버려야 할 것이다"라고 한 파머[Farmer]의 말이 옳다.[87] 잠언 23:18은 이에 대해 좀 더 명확하게 말한다. "정녕히 네[지혜로운 자] 장래가 있겠고 네 소망이 끊어지지 아니하리라." 그러니 "너는 행악자들로 말미암아 분을 품지 말며 악인의 형통함을 부러워하지 말라. 대저 행악자는 장래가 없겠고 악인의 등불은 꺼지리라."[24:19-20] 글래슨[Gladson]이 지적했듯이[88] 그 미래를 입증하는 일은 쉽지 않으나 그런 믿음이 없이 우리는 의롭게 될 수 없으며,[롬 4:5-25] 구원받을 수 없고,[롬 10:6-13] 하나님을 기쁘시게 할 수 없다.[히 11:6] 만일 이 약속들을 경험으로 확실하게 입증할 수 있다면, 아버지가 아들에게 여호와를 신뢰하라고 명령한 것[3:5]은 힘을 잃게 된다.

만일 하나님이 선행에 대해 즉시 보상해 주신다면, 인간은 쾌락과 신앙심을 혼동하고는 자기의 음흉한 욕심을 채우기 위해 신앙심을 이용할 것이다. 오히려 하나님은 성도들에게 영생의 소망을 품고 살면서 의를 위해 고난을 감당하라고[참조. 롬 8:18, 고후 4:17] 말씀하시며 그들의 성품을 단련하신다. 간단히 말해, 「잠언」은 지혜로운 사람을 가리켜 온전히,"[마음을 다하여", 3:5a] 전적으로, "[네 명철을 의지하지 말고", 3:5b] 철저하게 "[범사에", 3:6a] 믿음으로 사는 사람이라고 규정한다.

c. 악인과 미련한 자

i. 악인과 미련한 자를 가리키는 윤리적 용어들

리처즈[K. H. Richards]에 따르면, **"악인들"**[르사임(rašā'îm)]은 죄를 지은 사람들로서,

---

87 K. Farmer, *Who Knows What Is Good? A Commentary on the Books of Proverbs and Ecclesiastes* (Grand Rapids: Eerdmans, 1991), 206.

88 J. A. Gladson, "Retributive Paradoxes in Proverbs 10–29" (PhD diss., Vanderbilt University, 1978).

언제나 공동체와 관련해서 악하다고 여겨진다.[89] '르샤'reša', 악는 '체데크'ṣedeq, 의의 가장 중요한 반의어다. 레이우엔에 따르면 '라샤'rš'는 악한 생각과 말과 행동 등 부정적인 행실을 뜻하며 사람의 내적인 부조화와 불안을 동시에 드러내는사 57:20 반사회적인 태도를 가리킨다."[90] 의인이 손해를 감수하면서까지 공동체에 유익을 끼친다면, 악인은 공동체에 해를 끼쳐서 자신의 이익을 채운다. 「잠언」에서 "악인"이라는 말은 경건하지 못한 사람, 곧 탐욕스럽고,10:3; 21:10 난폭하며,10:6 무고한 생명을 위협하고,12:6; 24:15 속임수를 쓰며,12:5 잔인하고,12:10 패역을 말하는10:32; 11:11; 15:28; 19:28 사람들을 가리킨다. 여호와는 그들과 그들의 길을 미워하신다.15:9, 29

"**패역**"타호푸코트(tahpūkôt)은 동사 어근인 하파크hāpak, "뒤집다", "전복하다"의 동작을 가리키는 추상명사로서, 빵을 구우면서 뒤집을 때호 7:8나 그릇을 엎을 때왕하 21:13 사용되는 말이다. 「잠언」에서 이 단어는 기존 질서를 무너뜨리려는 패역한 마음참조. 6:14; 16:30에서 나오는 말을 책망하는 일반적 용어로 사용된다.8:13; 10:31, 참조. 17:20 그런 혀는 "베임을" 당하게 되는데,10:31 이는 공공의 안녕을 위협하는 데 대한 철저하지만 합당한 벌이다. 패역한 자는 자신의 이익을 위해 공동체에 어긋나게 행동한다.[91] 이 말은 사람들의 말과 행동의 도덕적 패역8:8; 19:1; 28:6과 그들의 생활 방식이 낳은 비극적 결과를 연결하는데, 그런 패역의 결과로 그들은 걸려 넘어져 곤두박질친다.4:12; 22:5

"**배신자**"보그딤(bôgǝdîm), 11:3, 6; 13:2, 15; 21:18; 22:12; 23:28; 25:19의 어근은 확립된 관계에 충실하지 못함을 말한다. 특히 이 말은 하나님 및 자기 스승들과 이룬 관계라는 유산을 "버린" 사람들을 가리킨다.2:13, 17, 참조. 시 25:3 잠언 2:21-

---

89 K. H. Richards, "A Form and Traditio-Historical Study of Rš"(PhD diss., Claremont, 1970).
90 R. C. Van Leeuwen, *TLOT*, 3:1262, s.v. rš'.
91 브루그만(W. Brueggemann, "A Neglected Sapiential Word Pair," *ZAW* 89 [1977]: 244)의 지적에 따르면, 패역한 자는 자신의 이익을 위해 공동체를 거부하거나 배반한다.참조. 10:9

22은 언약 공동체를 두 부류로 나눈다. 여호와께 온전히 헌신하는 사람들과 신앙의 부모가 물려준 언약을 존중하지 않는 배신자들이다.

"행악자"라고 불리는 사람들은 문자적으로 "불법아웬('āwen)을 행하는 자"를 말한다. 그들은 폭력과 속임수 같은 부정적 힘을 사용해 모든 사람을 공격한다. 그들은 죄 없는 사람들까지 괴롭힌다. 3:34; 6:12("악당" NIV), 10:29; 21:15b

죄인에 대해서는 1:10의 해설을 보라.

ii. 악인과 미련한 자를 가리키는 지적 용어들

위에서 살펴본 미련한 자를 가리키는 윤리적 용어들은 미련한 자의 지성 결핍이 아니라 도덕적 책임을 지적한 것이다.[92] 하지만 지적인 용어들은 미련한 자를 배우는 능력에 따라 어리석은 자, 미련한 자, 거만한 자 등 몇 가지 부류로 구분한다. "게으른 자"와 "무지한 자"(다음 항목인 90-91쪽을 보라)의 경우, 게으른 자는 미련한 자보다 더 나쁘지만참조. 28:12, 16 무지한 자만큼 문제가 심각하거나 나쁘지는 않다.

「잠언」에서 **"어리석은 자"**프티(pətî)/프타임(pətā'yîm)[복수형]라는 용어는 14회 나오며, 이와 관련된 추상명사 '페티'peti 와 '프타이유트'pətāyyût, 순진함는 각각 한 번씩 나온다. 이 말은 기본적으로 "열려 있다"는 뜻을 지니며, 그래서 「잠언」에서는 지혜자의 가르침에 무관심한 사람을 가리킨다. 그런 성품은 쉽게 속아 넘어갈 위험성을 지닌다. 나(월키)는 전에 "(남을) 잘 믿는"이라고 옮길 것을 제안했었는데, 더 깊이 생각해 보니 무관심하다는 관념이 '프티'/'프타임'의 의미로서 더 기본적임을 알게 되었다. 무관심한 자(개

---

92 미련한 자는 지능이 높을 수도 있으나 어떻게 살아야 하는지를 모른다. 골먼(D. Goleman, *Emotional Intelligence* [New York: Bantam Books, 1995])은 "감성 지능"EQ을 언급한다. 이 감성 지능은 사회적 기능skills으로 작동하며, 따라서 「잠언」에 말하는 "지혜"와 비슷하다. 골먼의 주장에 따르면, "대학에서 최고 성적을 받은 사람이 낮은 성적을 받은 동료들과 비교하여 활동 분야의 직위나 생산성, 급여 면에서 특별히 더 큰 성공을 이루지는 못했다. 또한 그들은 삶의 만족도가 그리 크지 않았으며, 우정이나 가족, 연애 관계에서 행복을 누리지도 못했다"(35쪽).

역개정에는 "어리석은 자"로 번역되었다—옮긴이)는 미련한 자 가운데서 가장 온건한 축에 속하며, 그들의 상태는 절망적이지만은 않다. 그들은 돌이키고 깨우칠 가능성이 있으며,¹:⁴, ²²⁻²³; ⁸:⁵; ²¹:¹¹ 그럴 때 지혜로운 자들 무리에 들 수가 있다.참조. 1:22; 9:4 지혜 여인과 우매 여인이 서로 그들의 충성심을 얻고자 경쟁하지만,⁹장 그들은 지혜를 따르기로 결심하기 전까지 제멋대로 행한다.참조. 1:32 '프티'ᵖᵃᵗⁱ와 함께 사용되는 술어들은 그들의 특성을 젊고,¹:⁴; ⁷:⁷ 분별력이 없으며,⁷:⁷; ⁹:⁴, ¹⁶ 슬기롭지 못하고,¹⁴:¹⁵, ¹⁸ "명철하지" 못하며,¹⁹:²⁵ "지혜"가 없고,²¹:¹¹ 의지가 약하며,²²:³, ²⁷:¹² 쉽게 유혹당한다⁷:⁷, ²¹⁻²²고 설명한다.⁹³

어리석은 자들은 자기 자신과 동료들에게 위험한 사람들이다. 그들은 돌이키기 전까지 위험한 비탈길에 서 있으며, 미련한 자와 거만한 자들과 어울린다.¹:²², ³²; ⁸:⁵ 그들에게 가장 필요한 것은 슬기로움이다.¹:⁴ 그들은 순진하게 아무 말이나 믿으며,¹⁴:¹⁵ 재앙 속으로 뛰어들고,²²:³; ²⁷:¹² 어리석음을 기업으로 삼는다.¹⁴:¹⁸ 그들의 "매사에 안일한" 태도가 죽음을 자초한다.¹:³² "순진함"프타이유트은 우매 여인의 특성이며, 그의 길은 죽음으로 이어진다.⁹:¹³ 어리석은 자들은 자기 패거리를 떠나 명철의 길을 걷고 지혜를 배움으로써만 살 수 있다.⁸:⁵; ⁹:⁴, ⁶, ¹⁶ 지혜 여인은 그들을 향해 쉬운 말로 "늦기 전에 돌아서라"고 외친다.¹:²⁵⁻³²

두 개의 히브리 단어 에윌('ĕwîl)과 케실(kəsîl)가 똑같이 **"미련한 자"**로 번역된다. 어리석은 자와는 달리 미련한 자는 자기 의견이 지혜자들이 가르친 기존 도덕 질서와 어긋날 때조차도 제 생각이 절대로 무오하다고 고집을 부린다. 프타호텝ᴾᵗᵃʰʰᵒᵗᵉᵖ은 이렇게 말한다. "미련한 자는 무지 속에서 지식을 찾으며 해악 속에서 유용성을 찾는다.……그는 죽음으로 이끄는 것

93　T. Donald, "The Semantic Field of 'Folly' in Proverbs, Job, Psalms, and Ecclesiastes," *VT* 13 (1963): 287.

을 의지해 살며, 왜곡된 말을 양식으로 삼는다."[94] 이 두 히브리어 단어
는 모두 경멸적인 의미를 지니며, 도덕적으로 결함 있는 성품을 따라 비
합리적으로 행동하는 사람들에게 적용된다. 그들은 지혜에 귀를 막은 자
요, 도덕적으로 비뚤어진 자기 생각을 확신하며 그래서 공동체의 유익한
가치를 흔들기 좋아하는 사람들이다.

'에윌'과 '케실'은 분명하게 구분하기가 어려운데, 두 말이 동일한 도
덕적 결함을 뜻하고 나쁜 결과를 초래하기 때문이다. '에윌'과 '케실'이
사용된 여러 본문을 살펴볼 때 두 단어로 묘사된 사람들은 똑같이 "어리
석으며"(16:22['에윌'이 사용된 본문]과 14:24; 17:12; 26:4, 5, 11['케실'이 사
용된 본문들]), 규율과 징계를 싫어하고,[15:5과 15:20] 지혜가 없으며,[10:14, 21과
14:33] 입이 미련하고,[10:8, 10; 17:28; 27:3과 10:18; 12:23; 15:2; 19:1] 절제하지 못하고 성
급하며,[12:16; 20:3과 19:11] 도덕적으로 무례하고 고집스럽고 완고하다[12:15;
24:7과 15:14; 17:10; 18:2; 26:5, 11; 28:26]는 특징을 지닌다. 또한 그들은 어리석은 생
각에 매여 있고,[27:22과 14:24; 17:10, 16; 23:9; 26:11] 가정과 살림을 보살피지 않
으며,[11:29과 21:20] 영예도 모르고,[20:23; 29:9과 3:35] 어리석어서 벌을 자초한
다.[10:14; 14:3과 19:29; 26:3]

'에윌'은 특히 잘못된 일을 고치는 데 무관심한 사람을 가리킨다.[14:9]
그런 사람의 분노는 모래와 돌보다 무거우며[27:3] 그들의 화는 다른 사람
을 근심하게 만든다.[12:16; 17:25; 26:4] (케실에 대해서도 똑같이 말할 수 있다.)
'에윌'은 자만심이 강하고 충고를 받아들이지 않으며,[12:15] 지혜를 경멸
한다.[1:7]

"미련함"과 대등한 명사가 "우매, 어리석음"이웰레트('iwwelet)인데, 폭스에 의
하면 이 말은 "판단력과 이성에 부정적 영향을 끼치는 도덕적 결함"을 뜻
한다.[95] 징계하는 회초리가 젊은이에게서 우매함을 제거할 수 있을지는

94   *AEL*, 1:74-75.

95   Fox, *Proverbs 1-9*, 40.

모르나,[22:15] 미련한 자를 절구에 넣고 찧는다고 해서 그의 우매함을 제거할 수는 없다.[27:22] 행위-운명의 연계성은 미련한 자의 우매함이 징계하는 벌이 된다[16:22]는 사실을 확증해 준다. 미련한 자의 입은 멸망을 재촉하며,[10:14] 그는 무지해서 죽음에 이른다.[10:21]

"미련한 자들" 케실림(kasilim, 복수형)은 자기 의견을 확신하며,[18:2; 26:12; 28:26; 30:32] 배울 마음이 없어 도덕적 진리를 무시하고 어리석음을 거침없이 쏟아낸다.[12:23; 15:2; 26:9] 그들은 자기 의견을 고집하여 다른 사람[14:7]과 자기 자신을 곤경에 빠뜨린다.[18:6, 7] 그들은 성급하고[29:11] 무모하며[14:16] 악한 행동을 즐겨한다.[10:23] 그들은 돈을 허비하며[17:16] 어리석은 오락을 탐닉한다.[19:10] 그들의 행실은 모든 사람의 눈에 띈다.[13:16] "차라리 새끼 빼앗긴 암곰을 만날지언정 미련한 일을 행하는 미련한 자를 만나지 말 것이니라."[17:12] 미련한 자들은 지식을 귀하게 여겨 구하질 않고, 오히려 지식을 혐오하여 벗어버리려고 애쓰며, "개가 그 토한 것을 도로 먹는 것 같이"[26:11] 어리석음에 매달린다.

"거만한 자" 레침(lēṣîm)는 「잠언」에 14회 나오며 가장 고집 센 변절자를 가리킨다. 명사 "거만" 라촌(lāṣôn)은 1:22과 29:8에 나온다. 지혜로운 자[9:12; 13:1; 20:1; 21:4]와 명철한 자[14:6; 19:25]와 정반대인 거만한 자는 자기를 훈계하려 드는 지혜로운 자들을 미워한다.[9:7-8; 15:12] 그들의 영적 문제는 지나친 교만에서 생겨나며,[21:24] 그들의 오만은 지혜에 이르지 못하게 막는다.[14:6] 거만한 자를 벌주거나 훈계하는 일은 헛될 뿐이나, 거만한 자가 징계당하는 일을 지켜보는 것으로 어리석은 자가 깨달음을 얻게 된다.[19:25; 21:11] 거만한 자는 입이 가벼워 공동체에 불화를 일으키며,[22:10; 29:8] 그러는 중에 공동체를 파괴한다.[21:24; 22:10; 29:8] 거의 모든 사람이 그들을 나쁘게 생각한다.[24:9] 맥케인McKane에 따르면 "늘 비아냥거리면서 진지한 충성심을 가지거나 남을 존중하는 것 따위는 할 줄 모르고, 개인과 사회적 삶의 가치를 좀먹는 것을 자기 인생의 사명이라고 여기는 사람만큼

널리 혐오감을 일으키고 욕을 받아 마땅한 사람도 없다."[96] 공동체를 지
키기 위해서는 거만한 자를 강압적으로라도 반드시 내쳐야 한다.[22:10] 결
국 하나님께서도 거만한 자들을 비웃으시며[3:34] 그들이 소멸되리라고 단
언하신다.[사 29:20]

iii. 게으른 자와 무지한 자

"게으른 자"아첼(ʿāṣēl)는 구약성경에서 13회 등장하는데,[97] 모두 「잠언」에
나온다.[6:6, 9; 10:26; 13:4; 15:19; 19:24; 20:4; 21:25; 22:13; 24:30; 26:13, 14, 16] 게으른 자를 가
리키는 다른 말이 '레미야' rəmiyyâ, 10:4; 12:24, 27; 19:15다. 게으른 자를 에둘러
표현하는 말로는 "자기의 일을 게을리하는 자"[18:9]와 "연락을 좋아하는
자"[21:17]가 있다. 게으른 자의 반대말은 "부지런한 자"하루츠(ḥārûṣ)이며, 이 말
도 「잠언」에만 나오고 언제나 게으른 자와 대비되는 말로 나란히 등장한
다. 단 한군데 21:5에서만 게으른 자가 명백하게 대비되는 말로 제시되
지 않으나, 여전히 배후에서는 게으른 자의 개념이 작동하고 있다. 두 개
의 주요 단락인 6:6-11과 24:30-34에서 게으른 자를 주제로 다룬다.

게으른 자들은 믿음이 안 가고 질질 끄는 까닭에 함께 일하는 사람을
화나게 만든다.[10:26, 참조. 26:15] 그들은 가문의 유산을 낭비하여[19:13-15; 24:31]
부모에게 수치가 된다.[10:5] 게으른 자는 열심히 일하는 사람을 미련하다
고 여기는데, 그렇지 않으면 스스로를 비난해야 할 처지로 내몰리기 때
문이다. 게으른 사람은 일하러 가지 않으면서 어처구니없이 이런 식으로
변명한다. "내가 오늘 일하러 가지 않는 것은 트럭에 치일지 모르기 때문
이야."[참조. 22:13]

「잠언」에서는 게으름을 성격상의 결함 이상의 문제로 본다. 게으름은

96   McKane, *Proverbs*, 399.
97   이 부분은 주로 월키의 제자인 D. Phillip Roberts의 논문, "The Sluggard in Proverbs"
(unpublished term paper, OT 813, Westminster Theological Seminary, 1994)를 따른다.

도덕적인 문제인데, 그 까닭은 게으름이 자유를 빼앗고,[12:24] 무기력감으로 좌절하게 하며,[24:34] 결국 죽음에 이르게 하기 때문이다.[6:6-11; 10:4; 18:9; 20:13; 21:25-26; 24:30-34, 참조. 28:24] 게으른 자는 사회에 아무런 유익을 주지 못하기에 잠언 15:19에서는 "정직한 자"와 대비되고 21:25-26에서는 "의인"과 대비된다. 게으른 자를 "가난한 사람"과 동일시해서는 안 되는데, 가난한 사람들은 자신이 어찌해 볼 수 없는 환경, 예를 들어 폭압적인 불의[13:23, 참조. 28:3]로 인해 가난하기 때문이다. 게으른 자는 도덕적으로 타락했기에 가난하다. 그들은 "가난하다"고 불릴 자격이 없으며, 그렇기에 「잠언」에서는 제자들에게 그들을 먹이라고 가르치지 않는다.[13:4; 16:26; 19:17] 게으른 자는 추수 기간에 구걸할 수밖에 없고, 모순어법[oxymoron]으로 말해 "궁핍이 넘치게" 된다.[20:4; 28:19]

"무지한 자"하사르 레브[(ḥasar-lēb)], "생각/의식이 없는"는 지혜 문헌에만 나온다(「잠언」에 13회, 참조. 전 10:3과 집회서). 여기서 "마음"레브[(lēb)]이라는 말은 심리적인 의미를 지닌다(66쪽 "마음"을 보라). 모음집 I에서는 이 도덕적 결함을 어리석은 사람[7:7; 9:4, 16]과 음녀[6:32]에게 적용한다. 어리석은 사람은 유혹에 약하고, 간음의 치명적 결과를 간파할 예지력이 없다.[6:32; 7:7] 모음집 II에서 무지한 자는 자기 이웃을 멸시하고,[11:12] 방탕한 것을 따르며,[12:11] 미련한 것을 즐겨하고,[15:21] 남의 빚보증을 잘 서는[17:18] 사람으로서, 의인[10:20, 21]과 지혜로운 자[10:13]와는 정반대다. 모음집 IV에서는 무지함을 게으른 자[24:30]에게 적용한다. 간단히 말해, 미련한 자는 이러한 도덕적 결함을 지닌다.

iv. 악인의 징계

악인은 살아 계신 하나님과 관계가 단절되었으며, 그런 까닭에 이미 죽은 자다. 악인의 죽음을 예언하는 본문들은 제대로 살지 못하고 갑자기 맞는 죽음을 말하는 것이 아니라, 현재 이와 같은 죽음의 처지에 놓이고

비극적이고 궁극적인 종말로 끝나게 되는 상태를 가리킨다. 지혜로운 자
는 지혜를 구하고 공의를 실천함으로써 죽음의 상태와 운명에서 구원받
는 데 반해 악인이 구원받을 길은 전혀 없다. 1:4, 19; 10:2; 13:14; 14:27; 15:24 그들
의 육체적 죽음은 돌아올 수 없는 땅이며, 두 번째 기회는 없다. 1:20-33; 2:19,
22, 참조. 시 49:8, 15; 사 26:19 죽음이 악인의 최종 운명이라면, 생명은 의인의 최종
운명이라고 보아야 마땅하다. 참조. 마 25:46

v. 무덤(전통적으로 "스올")

「잠언」에 9회 나오는 '스올'šᵊʾōl은 미련한 자/악인5:5; 7:27; 9:18과 잠깐이나
마 지혜로운 자/의인1:12, 참조. 시 49:9, 15, 지혜시까지 아우르는 인간 전체의 운
명을 가리킨다. 대부분의 영어 번역본에서는 šᵊʾōl을 "스올"Sheol로 음역하
지만 NIV1984에서는 "무덤"으로 바르게 번역했다. 스올과 결합된 전치사
들은 이 말이 물리적인 땅속 무덤을 뜻한다는 것을 보여준다. 성경의 시
인들이 스올을 묘사하기 위해 사용한 다양하고 풍성한 비유들은 스올을
죽은 자들의 물리적 영역에서 은유적이고 초월적인 영역—산 자들이 속
한 땅과 하나님이 계시는 천상의 영역 모두와 구분되는 자리98—으로
변화시킨다. 요단강이나 시온산처럼 이 무덤은 물리적 공간을 초월하는
영원한 실재를 상징하며 그래서 대문자로 표기한 "무덤"Grave이라고 번역
된다.99

---

98 예를 들어, 스올은 "입"이 있으며시 141:7 그 입을 "크게 벌린다."사 5:14 또한 "만족할 줄 모르
며",잠 27:20; 30:16 자기 "권세"에서 아무도 풀어 주지 않으려 한다.시 89:48, 아 8:6 물론 거기서 구원받은
이들이 있기는 하다.시 49:15, 잠 23:14, 호 13:14 스올은 "줄"을 가진 올무와 같고,삼하 22:6 "빗장"욥 17:16 걸린
"문"사 38:10이 있는 땅과 같다. 스올에서는 무덤이 "아버지"이며 "구더기"가 "내 어머니, 내 누이
들"이다.욥 17:13 이하 스올은 누구도 이생으로 되돌아 올 수 없는 "땅"이다.욥 7:9 스올은 모든 사람에
게 평등한 땅으로, 부자와 가난한 자,욥 3:18-19 의인과 악인3:17이 각자의 도덕적 선택과는 상관없
이 함께 거기에 눕는다. 스올은 침묵시 94:17과 어둠시 13:3과 약함과 망각시 88:11-19의 땅이다. 스올의
파괴적인 특성은 "아바돈"(파멸)이라는 말잠 15:11; 27:20이 덧붙여져 훨씬 강화된다.
99 NIV(2011)는 스올šᵊʾōl을 "죽은 자들의 영역"이라고 번역한다. 스올에 대한 비유에서 중간

3. 남성과 여성

마지막으로, 인간은 남성과 여성으로 나뉘어 성적으로는 남자와 여자, 사회적으로는 남편과 아내, 부모 자격으로는 아버지와 어머니로 구분된다.[100] 아버지의 강화에서는 다른 사람보다 음녀를 더 많이 그리고 비판적으로 다루며, 그래서 그 여자의 복잡한 성품에 관해서는 따로 떼어 살펴본다.

a. 남자와 여자

「잠언」은 남성 중심적인 책이다. 서언의 강화들에서 아버지는 거듭 언급되지만 어머니는 거의 언급되지 않는다(나중에 이와는 좀 다른 면모를 다룬다). 대상 독자는 언제나 아들이지 딸이 아니다. 아버지가 경고할 때도 아들에게 음녀를 조심하라고 말하지[5장과 7장] 딸에게 외도하는 남편을 조심하라고 경고하지는 않는다. 지혜 여인은 성문에서 남성들을 향해 외치지만, 장터에서 여성들에게 말하지는 않는다.[8:4] 음녀와 우매 여인이 나서서 어리석은 남자를 유혹하지만 음란한 남자가 어리석은 여자를 꾀는 경우는 볼 수 없다. 모음집 II에서 솔로몬은 계속해서 아들을 대상으로 말하되[10:1; 19:27] 딸에게 말하지는 않는다. 솔로몬은 음란하고[22:14] 다투기 좋아하는 여자[19:13; 21:9, 19; 25:24; 27:15]를 조심하라고 경고하면서 착한 여자에게 장가 들라고 권한다.[12:4; 18:22; 19:14] 그는 착한 남편이나 나쁜 남편에 대해서는 전혀 언급하지 않는다. 모음집 III, VI, VII에서는 아들을 대상으로 말하며,[23:15; 30:1; 31:1] 책의 끝에서는 이상적인 아내상을 제시하면서도

상태에 관한 사변을 도출하는 것은 문제가 있다.

100 여기서 우리는 생물학적 성과 성 정체성이 별개가 아니라고 보는 성경의 표준적인 가정을 따른다.[참조, 창 1:27] 오늘날 이 가정을 두고 많은 논쟁이 벌어지지만, 이 주석서는 그것에 관해 논하는 자리가 아니다.

이상적인 남편에 대해서는 아무런 말도 하지 않는다.[101]

하지만 여자라고 「잠언」의 지혜를 배우는 데서 배제되지는 않았다. "네 어미"[1:8; 4:3; 6:20; 10:1]라는 말에서 아버지와 어머니와 함께하는 가정이 지혜를 가르치는 자리로 지목되는 것을 알 수 있다. 서언의 여러 강화에서 어머니가 언급된 것[1:8; 4:3; 6:20]은 다른 강화들에서도 어머니가 아버지와 더불어 아들을 가르치는 일에 함께한다는 사실을 암시한다. 다만 잠언들의 경구적인 특성 때문에 시인은 다른 강화들에서는 어머니의 존재를 드러내지 않는다.[102] 이 책의 결론을 이루는 시에서는 현숙한 아내가 입[31:26]을 열어 지혜를 가르친다고 칭찬한다. 가정에서 어머니/현숙한 아내를 이처럼 선생이라고 부르는 것은 그녀도 딸이었을 때 역시 부모에게서 잠언을 배웠다는 것을 뜻한다. 지혜의 교사가 되기 위해서는 자신도 배워야 했기 때문이다.

아들만 가르침의 대상으로 언급하는 한 가지 이유는, 남자 후손이 가문의 정체성과 가치를 세우는 일에서 주도적 역할을 하게 된다는 기대감 때문이었다.[4:3-4, 참조. 민 30장] 폴리스[E. Follis]는 다른 이유를 제시한다. 일반적으로 말해 양성 중에서 남성들이 기질상 모험심이 더 강하며, 기존 울타리들을 벗어나고 물려받은 전통에서 빗나가려는 경향이 두드러진다는 것이다. 이와는 달리 딸들은 가정과 공동체를 보살피려는 성향이 강하다.[103] 정리하면, 잠언들은 딸들도 대상으로 삼아 가르쳤으며, 나아가

---

101 물론 「잠언」 전체는 아들을 대상으로 말하면서 지혜가 아들을 이상적인 남편이 되게 함을 암시하지만, 이 논점은 명확하게 드러나지 않는다.

102 모스[A. Moss]가 "Wisdom as Parental Teaching in Proverbs 1–9," HeyJ 38 (1997): 426–439에서 그렇게 주장한다. 이 책의 연결부들—서언의 시작 부분[1:8]과 잠언들의 시작 부분[10:1]—에 나오는 어머니에 대한 언급이 이런 해석을 뒷받침해 준다.

103 E. Follis, Directions in Biblical Hebrew Poetry, JSOTSup 40 (Sheffield: Sheffield Academic, 1987), 178. 폴리스가 언급한 성별 차이들은 많은 사회과학적 연구에 의해 지지된다. 이러한 연구에 따르면, 그 차이점들은 사회화의 결과가 아니라 생물학적 토대에 근거한 것이다. 다음을 참조하라. Y. Weisberg, C. DeYoung, and J. Hirsh, "Gender Differences in

여성의 눈을 통해 남성을 바라보는 방식으로 적절하게 적용될 필요가
있다.

b. 남편과 아내

지혜로운 남자는 열심히 기도하며[5:8, 29; 16:3] 하나님을 의지하여 슬기로운
아내를 구한다.[18:22] 그는 현숙하고 유능한 아내를 찾으며[31:10-31] 경건한
공동체에게 사랑받지 못하는 아내[30:23]는 거부한다. 그는 지혜롭고 잘 배
우는 까닭에 마치 친구에게 하듯이,[27:6, 9] 또한 다윗이 아비가일의 말에
따랐듯이,[삼상 25:32-35] 아내의 선하고 진지한 충고와 조언을 귀 기울여 듣
는다.[9:8, 9; 13:14, 20] 만약 그의 아내가 미련하다면 그는 욥이 자기 아내의 충
고를 거부하고[욥 2:9-10] 다윗이 미갈의 권고를 거절했듯이,[삼하 6:21-22] 아담과
아브라함이 아내의 말을 따라서는 안 되었듯이,[창 3:6, 12; 16:2] 당연히 자기
아내의 조언을 받아들이지 않으리라고 추정할 수 있다. 지혜로운 남편은
자기 아내의 사랑으로 크게 만족하며, 아버지는 아들이 하나님께서 부으
신 성적 욕구를 온전히 충족시켜 주는 아내 맞기를 기도한다.[5:18-19] 좋은
아내는 남편을 욕되게 하지 않으며,[12:4] 자기 집을 무너뜨리지 않고,[14:1]
남편은 아내가 보는 데서 일어나 아내를 칭찬하고 아내의 덕을 자랑한
다.[31:28-31]

지혜로운 아내는 여호와를 경외하고, 현명하고 의로우며,[참조. 31:31b] 남
편의 신실한 가르침과 권고를 따른다. 남편은 여호와를 신뢰하듯이 아내
를 신뢰한다.[31:11] 이방 여인과는 달리 지혜로운 아내는 결혼의 언약을 지

Personality across the Ten Aspects of the Big Five," *Frontiers in Psychology*, August 1, 2011; D. Schmitt et al., "Personality and gender differences in global perspective," *International Journal of Psychology* 52 (2016): 45-56; M. Del Giudice, T. Booth, and P. Irwing, "The Distance Between Mars and Venus: Measuring Global Sex Differences in Personality," *PLOS One*, January 4, 2012.

키며,[2:17; 15:4] 남편의 머리를 장식하는 면류관이 되기를 바란다.[12:4] 그녀는 가계를 유지하기 위해 부지런히 일하며, 남편이 마음 편히 공공의 선을 위해 봉사하도록 돕는다.[31:13-25, 특히 23절] 지혜로운 아내는 온 식구를 가르치고 보살피며[31:28] 다른 식구를 풍요롭게 함으로써 기쁨을 누린다.

요약하면, 남편과 아내는 겸손한 마음[15:33]과 하나님을 믿는 신앙[16:3]으로 함께 산다. 두 사람은 서로 품어 주며 열린 마음으로 서로 권고함으로써 사랑을 표현한다.[27:5, 참조, 레 19:17-18] 또한 그들은 어쩔 수 없이 지은 죄를 고백하고 그것을 끊어 내기로 결단하며, 나아가 서로 자비를 베푼다.[28:13]

c. 아버지와 어머니

지혜로운 부모는 함께 집을 세우며,[14:1; 24:27] 자녀를 귀하에 여기고,[4:3] 여호와 안에서 자녀를 양육한다. 그들은 인간의 타락한 본성을 알지만[14:12; 19:27; 20:9; 22:15; 29:18] 지혜로운 양육에 힘이 있음을 믿어[22:6] 자녀들을 도덕적으로 훈계한다.[1:2-6; 30:1; 31:1] 그들은 훈계하는 말로 자녀의 성품을 가꾸며[1-10장] 회초리로 어리석음이 반복되지 않도록 막는다.[13:24] 그들은 자신의 가치관이 하나님께서 주신 것[2:6]이기 때문에 세속 풍조에 따라 상대적인 것이 아니라 절대적인 것이라고 여긴다. 부모는 마음을 모아 자녀를 훈계하며,[1:8; 31:26] 자신들이 어린아이였을 때 순종한 일을 모범으로 제시하고,[4:3-4] 열 개의 강화에서 반복되는 양식에서 볼 수 있이 최선을 다해 자신들의 교수법을 실천한다. 그들은 현실 세상의 악에서 자녀를 지나칠 정도로 보호하고자 애쓰기 보다는 악인과 이방 여자의 말을 재현해 보여줌으로 자녀들이 악의 유혹적인 힘에 직면할 때 그들에 대한 혐오감을 확고히 다질 수 있도록 힘쓴다.[1:10-19; 7:1-27]

d. 음녀("이방 계집")

5-7장에서 아버지는 교묘한 술책을 쓰는 여자에게서 자기 아들을 보

호하고자 애쓰면서 계속해서 경고하는데, 그 여자는 누구인가?[104] 아버지는 2:16-19에서 그 여자를 소개하고, 세 개의 강화5:1-23; 6:20-35; 7:1-27, 참조. 22:14; 23:33를 통해 그 여자의 면모를 밝힌다.[105] 아버지는 그 여자를 "음녀"잇샤 자라('iššâ zārā')요 "이방 계집",노크리야(nokria) "젊은 시절의 짝을 버린 자", "하나님의 언약을 잊어버린 자"로 소개한다. 뒤쪽의 두 설명은 그 여자가 부정을 저지르고 변절한 아내라고 폭로한다. 그 여자를 다룬 강화들 전체를 분석해 초상을 그려 보면, 그 여자는 음란한 아내요 언약 공동체 밖의 사람으로 자기의 신실한 언약의 남편을 배신하고2:16; 5:20; 6:24; 7:5 언약 공동체 밖에서 재혼한 사람이다.[106] 그 여자가 재혼했다는 사실은 지금 그녀가 이방인 남편을 두고 있다는 데서 확인할 수 있다.6:29; 7:19 그 여자는 심정적 창녀[107]이며,6:26 거리를 배회하면서 음탕하게 젊은이를 유혹

---

104 폭스(Fox, *Proverbs 1-9*, 134-141)는 이 인물을 이해하는 여섯 가지 방법을 나열하면서, 결론으로 그 여자는 다른 남자의 아내이며 자기 남편 이외의 모든 남자에게 "낯선" 까닭에 "낯설다"자라(zārâ)라고 말한다.

105 카르멜 수도회의 머피(R. E. Murphy, "Wisdom and Eros in Proverbs 1-9," *CBQ* 50 [1998]: 600)에 따르면, 이 여자는 약 65개 구절에서 주제로 등장하며, "다른 어떤 인물보다, 심지어는……지혜 여인"보다 더 많이 다루어진다.

106 게일 이(G. Yee, "'I Have Perfumed My Bed with Myrrh': The Foreign Woman ['Iššâ Zārâ] in Proverbs 1-9," *JSOT* 43 [1989]: 54)의 주장에 따르면, 서언에 등장하는 음녀는 여러 가지 모습으로 묘사된 한 여자를 가리킨다.

107 여기서 "창녀"는 매춘부가 아니라 진정한 관계를 지속할 생각 없이 성적 관계를 맺는 여자를 뜻한다. 「아카드의 지혜 가르침」The Akkadian Counsel of Wisdom은 젊은이들에게 (신전) 창녀들과 결혼하지 말라고 경고하며, 「아히카르의 잠언」the Proverbs of Ahikar은 그런 여자들에게 욕정을 품지 말라고 경고한다. (다음을 보라. H. W. F. Saggs, *The Greatness That Was Babylon* [New York: New American Library; Times Mirror, 1962], 332; 또한 다음을 보라. F. C. Conybeare, J. R. Harris, A. S. Smith, "The Story of Ahikar," in *The Apocrypha and Pseudepigrapha of the Old Testament*, ed. R. H. Charles, vol. 2 [Oxford: Clarendon, 1976], 728-729). 고대 근동 지역에서는 매춘이 용인되고 법의 관리를 받았다(다음을 보라. J. Gasper, *Social Ideas in the Wisdom Literature of the Old Testament* [Washington, DC: The Catholic University of America, 1947], 11 n. 49). 그러나 모세 율법은 이스라엘 여성이 매춘을 하는 것을 엄격히 금지했고,레 19:29 제의적인 매춘도 금지하여 벌했으며,신 23:18 일부일처제를 이상적인 제도로 제시했다.창 2:18-25 하지만 어떤 율법도 외국인과의 매춘은 금지하지 않으며, 「잠언」에서

한다.[7:10-21] 아래에서 그 여자를 소개하는 데 사용된 네 가지 용어를 살펴본다.

i. "음녀"(잇샤 자래[ʾiššâ zārâ]) 2:16a

스니더스[L. A. Snijders]에 따르면, "분사 '자르'[zār, 낯선(여성형은 zārâ)]는 자신을 소외시키거나 부정하는 사람"이라는 뜻으로 해석해야 한다.[108] 이 정의는 잠언 2:17에 나오는 설명("[그녀는] 젊은 시절의 짝을 버리며")과 잘 어울리며, 타락한 남자를 바른길에서 변절한 자라고 말하는 평행구절의 설명[2:15-18]과도 일치한다. 그에 더해 '자라'[zārâ]는 언약 공동체에 적대적이며, 그의 행동은 공동체의 율법을 벗어나기에 공동체를 위태롭게 한다.[109]

ii. "이방 계집"(노크리야[nokriyya]) 2:16b

이 음란한 여자도 마찬가지로 문자적 의미에서 외국인인가?[110] 언약과 관련된 맥락에서 '노크리'[nokrî]는 이스라엘에 속하지 않은 "외국인"을 의미한다.[출 2:22, 신 14:21, 삿 19:12, 왕상 8:41, 사 2:6] 이것을 근거로 어떤 학자는 그 여자가 제의적 창녀라고 주장하기도 한다.[111] 하지만 아버지는 그렇게 보지

도 그렇다. 신약성경은 혼외 관계에서 이루어지는 모든 유형의 성적 부도덕에 대해 하나님께서 심판하신다고 경고하며,[고전 6:9-20] 성적인 부정을 막는 장치로 제시한다.[고전 7:2]

108 L. A. Snijders, *TDOT*, 4:53, s.v. *zûr/zār*.

109 마틴 아카드(R. Martin-Achard, *TLOT*, 1:391-92, s.v. *zār*)는 이렇게 말한다. "그 사람은 행실로 집단의 존재에 위협을 가하는 외부자다. 그 남자/여자는 공동체의 율법 밖에 있기 때문이다.……그래서 낯선[자르(zār)] '타자'는 훨씬 더 부정적인 의미[위협한, 적대적인]를 지니게 된다."

110 스니더스(Snijders, "The Meaning of Zār in the Old Testament," *OtSt* [1954]: 1-54)는 그렇지 않다고 말하며, 반면에 와일스(J. K. Wiles, "The 'Enemy' in Israelite Wisdom Literature" [PhD diss., Southern Baptist Theological Seminary, 1982], 50)는 그렇다고 말한다. "그 여자는 이스라엘 사람과 결혼한 부정한 외국인이다."

111 G. Boström, *Proverbiastudien: Die Weisheit und das fremde Weib in Spr. 1-9*, LUÅ (Lund: Gleerup, 1935).

않는데, 그 여자는 아들을 종교적인 면에서 유혹하는 것이 아니라 단지 감각적인 쾌락으로 유혹할 뿐이다. 아버지는 그 여자의 남편이 가해올 위험을 경고하는 것이지, 여호와에게서 어긋나는 변절의 위험성에 대해 경고하는 것이 아니다. 아버지의 경고는 여자의 민족적 배경을 문제 삼는 것이 아니라 간음이 사회 및 경제적으로 초래하는 부정적 결과를 지적한다. 요약하면, 「잠언」에서 그 여자는 이교도 외국인이 아니라 지혜로운 자의 공동체 밖에 있는 부정한 아내라고 말할 수 있다.

iii. 부정한 아내 2:17a

이 여자는 자신의 신실한 남편에 대한 약속을 의도적으로 깨뜨리는 것으로 묘사된다. "젊은 시절의 짝"알루프 네우레하('allûp nəʿûrêhā)은 자기의 선생인 남편을 가리키는 환유다. '알루프'ʿallûp는 "[개인적인] 친구, 막역한 벗, 참된 동무, 동료"를 뜻하며, 여기 외에도 여섯 번 나온다.참조. 16:28; 17:9, 시 55:14, 렘 3:4; 13:21, 미 7:5 [112] 이 말의 어근은 "가르치다"라는 의미를 지니며, 사람들이 서로 어울리고 알아감으로써 쌓아가는 친밀한 우정을 가리킨다. 이런 관계에서는 친구들의 신뢰가 악용될 수 있으며 그래서 서로에게 상처를 받을 수 있다. 실제로 '알루프'는 7회 나오는데, 그 모두가 친한 친구가 신뢰를 배신한 일을 가리킨다. 호세아가 고멜을 이끌었듯이호 3:2-3 이 여자의 남편도 아내를 바른길로 이끌고자 신실하게 훈계했으나 그녀는 남편의 진심을 물리치고 배신했다.

iv. 변절한 아내 2:17b

"그의 하나님의 언약을 잊어버린"이라는 구절에 나오는 "잊다"사케하(šākəḥā)라는 말은 그 여자가 결혼 언약을 지키지 않고 깨뜨렸다는 뜻이다. 이 말

112 Kühlewein, *TLOT*, 3:1243-1244, s.v. *rēaʿ*.

은 "포기하다"와 동의어다. 언약^{베리트(bərit)}은 "짐"이나 "의무"를 뜻하며, 여기서는 그 여자가 져야 할 결혼 의무를 가리킨다. "그의 하나님의"라고 덧붙인 말은 창조주가 그 여자에게 결혼 언약을 지우신 분이며 그 언약의 증인이자 보증인이 되신다는 것을 뜻한다.[113] 이 설명에 따르면, 이 여자는 젊어서 남편의 가르침을 따라 여호와와 그분의 지혜를 받아들였으나, 결국 자신의 의무를 저버리게 되었다. 남편을 배신한 이 여자는 여호와와 그의 언약 공동체도 배반했다. 서언에 나오는 부정한 여자는 사람들 사이에서는 간부이며, 하나님에게는 변절자다.

v. 결론

음녀는 단순히 "간부"^{姦婦}(즉, "다른 사람의 아내")만을 뜻하지 않는다.[114] 서언에 나오는 그 여자에 관한 다양한 설명에 따르면, 그 여자는 경건한 공동체를 벗어난 탐욕스러운 변절자이며, 고멜이 호세아에게 했듯이^{호 1:2-11} 젊은 시절의 신실한 남편을 배신한 방탕한 아내다.^{2:16-17; 5:20; 6:24; 7:5} 서언 전체에 걸쳐서 그 여자는 심정적 창녀요^{6:26} 젊은이를 유혹하고자 탐욕스럽게 거리를 배회하는^{7:10-21} 것으로 묘사된다. 이 설명은 성경 세계의 모습과 일치한다. 그 여자는 자기에게 빠져든 젊은이를 재앙에 빠뜨리는—다시 말해, 공동체에서 떨어져 나가고,^{5:17} 여자의 현 남편에게 가차 없는 복수를 당하며,^{6:32-35} 궁극적으로는 하나님에게 죽임을 당하게 만드는^{5:21-23; 7:23-27}—요부다.

음녀는 여호와 앞에서 영적 간음을 저지르는 전형적 인물이기도 하다. 이러한 해석은 서언의 끝부분에서 음녀가 우매 여인으로 의인화되는 데서 강화된다. 성적 신의와 영적 신의는 서로 겹친다. 성적으로 간음한

---

113 M. Weinfeld, *TDOT*, 2:255, 256, 261, s.v. *bərit*. 에스겔 16:8은 결혼을 가리킬 때 '베리트'^{bərit}, 계약라는 말을 사용한다.

114 폭스의 견해(Fox, *Proverbs 1-9*, 139-140)와 다른 견해를 조심스럽게 밝힌다.

사람은 하나님을 향해서도 신실하지 못하다는 것이 드러난다. 솔로몬이 저지른 성적 부정이 그에게서 하나님을 사랑하는 마음을 빼앗아 갔는데, 그의 성생활은 영적 생활과 결속되어 있었기 때문이다. 예언자들은 결혼을 이스라엘과 여호와의 관계를 나타내는 은유로 빈번하게 사용했다. 그러나 아버지가 음녀의 유혹에 대해 밝히는 세부적인 내용과 아버지가 종교적인 면이 아니라 경제적인 면에서 경고하는 내용에서 알 수 있듯이, 실제의 간부를 지적하는 이러한 경고를 가볍게 여겨서는 안 된다.

E. 그리스도론

「잠언」은 예수 그리스도의 삶과 가르침에서 동떨어진 것처럼 보여도 그리스도인과 밀접한 관계가 있다. 더욱이 지혜 여인은 예수 그리스도의 예표이며, 또한 예수가 말한 바와 같이[눅 24:44] 성경의 나머지 책들과 함께 예수의 죽음과 부활에 관해 말한다.

1. 그리스도인에게 언제나 적합한 잠언

「잠언」의 영속적인 중요성을 주장하는 이론으로 다음 네 가지가 있다.

1. 성격상 잠언들은 다양한 상황에 적용할 수 있는 영원하고 변하지 않는 진리를 제시한다. 하지만 잠언들이 그 진리를 표현하는 방식은 역사와 정치와 문화에 따라 변한다.

2. 성령은 「잠언」을 정경에 포함되게 하셨으며, 그로써 「잠언」의 적합성을 확증하셨다. 유대인과 그리스도인들은 일반적으로 「잠언」을 성경의 한 부분으로 인정해 왔다. 신약성경도 「잠언」을 언급한다. "모든 성경은 하나님의 감동으로 된 것으로 교훈과 책망과 바르게 함과 의로 교육하기에 유익하니 이는 하나님의 사람으로 온전하게 하며 모든 선한 일을 행할 능력을 갖

추게 하려 함이라."^{딤후 3:16-17}

3. 사도들은 이 책을 교회에 적용한다. 베드로는 거짓 교사의 문제를 다루면서 잠언 26:11을 인용하고, 유다는 잠언 25:14을 인용한다.^{벧후 2:22, 유 1:12} 사도들은 교회에게 경건한 삶을 가르치기 위해 잠언들을 자주 인용한다(참조. 잠 3:27은 고후 8:2에, 잠 3:34는 약 4:5과 벧전 5:5에, 잠 4:26은 히 12:13에, 잠 10:16은 롬 6:23에, 잠 24:21은 벧전 2:17에, 잠 25:21-22은 롬 12:20에, 잠 26:11은 벧후 2:2에, 잠 30:8은 마 6:11에 인용됨).

4. 히브리서 저자는 잠언 3:11-12에서 아버지가 아들에게 한 강화를, 교회를 대상으로 말하는 것으로 해석한다.^{히 12:5-6}

2. 솔로몬의 지혜보다 우월한 예수 그리스도

예수 그리스도는 자신이 솔로몬과 그의 지혜보다 우월하다고 말씀했다.^{마 12:42} 이 우월성은 여러 가지 모양으로 분명하게 드러난다.

스바의 여왕은 솔로몬의 지혜를 칭찬했으나, 심판 때에 그 여왕이 일어나 그리스도의 우월한 지혜를 따르지 않은 사람들을 정죄하게 된다(왕상 10:7을 마 12:42과 비교하라).

솔로몬은 여호와께서 행악자에게 보응하신다고 말했으나, 그리스도는 자신이 그들을 심판하신다고 말한다(잠 24:12을 마 25:41-46, 계 2:23; 22:12과 비교하라. 다음 본문도 보라. 롬 2:6-8, 살후 1:8, 딤후 4:14, 벧전 1:17, 계 20:12-13).

솔로몬은 하나님을 의지하여 자기가 사랑하는 이들을 징계했으나, 그리스도는 직접 자기가 사랑하는 이들을 징계했다(잠 3:11-12을 계 3:19과 비교하라).

솔로몬은 건강과 재물을 강조하면서 현실의 고난을 최소화했다. 그리스도는 의를 위하여 현재 당하는 고난을 강조하면서 미래의 영광을 최대화했다(잠 3:1-10, 34을 마 5:3-12; 25:1-13과 비교하라).

| 솔로몬은 영생에 관해 불확실하게 말했으나, 그리스도는 자신의 부활을 통해 영원을 현실 역사 속으로 끌어들였다(잠 8:35을 마 25:46, 딤후 1:10과 비교하라. 다음 본문도 보라. 요 11:25-26, 롬 6:1-4, 골 3:1-3).

| 솔로몬은 부모를 기쁘게 하는 일을 강조하나, 그리스도는 부모를 공경하라고 말하면서도 삼위일체 하나님을 사랑하고 섬기는 일에 더 높은 가치를 둔다(잠 10:1; 19:13; 23:22-25; 27:11; 29:3을 마 5:45; 7:21; 10:32, 33, 35, 37; 15:4; 23:9; 25:34, 막 3:31-35, 눅 9:60과 비교하라).

| 솔로몬의 지혜는 하나님으로 말미암아 존재하나, 그리스도는 하나님이시다.

| 솔로몬은 먹고 마시는 잔치를 베푸나, 그리스도는 친히 그리스도인의 양식과 음료가 되신다(잠 9:1-3을 요 6:53과 비교하라. 다음 본문도 보라. 마 26:26-28, 고전 11:23-27).

| 인간으로서 하늘로 올라가 큰 지식을 얻은 사람이 없으나, 그리스도는 하늘에서 내려오셨고 다시 하늘로 올라가셨다(잠 30:4을 요 6:33, 엡 4:9-10과 비교하라).

| 솔로몬은 자기의 지혜를 실천하는 데 실패했으나, 그리스도는 자기가 가르치는 것을 완전하게 모범으로 보이셨다(잠 3:2; 25:26을 왕상 11:9-10, 눅 2:52, 히 4:15과 비교하라).

| 솔로몬은 제자들에게 원수를 먹이라고 가르쳤으나, 그리스도는 원수들을 위해 죽으셨다(잠 25:21을 롬 5:8과 비교하라. 다음 본문도 보라. 엡 2:1-10, 딤전 1:12-17).

우리가 100달러 지폐를 가지고 있다고 해서 10달러 지폐를 버리지 않듯이, 그리스도의 지혜가 훨씬 탁월하다고 해서 솔로몬의 지혜를 버릴 이유는 없다. 예수는 「잠언」을 공부하고 암송하는 데 많은 시간을 들였음이 분명하다. 제자가 스승 위에 있지는 않다.

3. 예수 그리스도의 예표인 지혜 여인

a. 역사적 배경

순교자 유스티누스 시대주후 125년부터 대체로 그리스도인들은[115] 잠언 8장
에 나오는 지혜 여인(소피아, 히브리어 호크마hokmā에 해당하는 그리스어)을
예수 그리스도와 동일하게 여겼다. 이 결정적인 해석으로 말미암아 교회
는 하나님과 그리스도의 관계를 둘러싼 본질적인 논쟁에 휘말리게 되었
다.[116]

니케아 교부들은 지혜와 그리스도가 똑같이 선재했다는 사실과 창
조에서 맡은 역할을 근거로 삼아 그 둘을 동일하게 여겼다(잠 3:19-20;
8:22-31과 요 1:3, 고전 8:6, 골 1:15-16, 히 1:3을 비교해 보라). 그런데 이 책
에서 밝히겠지만, 잠언 8:22-31에 관한 주석은 지혜와 그리스도를 동일
시하는 것을 지지하지 않는다. 앞서 주장했듯이(61-62쪽을 보라) 솔로몬
은 지혜 여인을 하나님의 실체와 동일시하지 않고 자신의 가르침과 동
일시했다.

더욱이 사도들은 고기독론high Christology을 수립할 때 예수와 지혜를 동
일시하지 않는다. 유대교의 지혜 문헌은 요한복음 1:3과 빌립보서 2:6,
골로새서 1:15-16에서 볼 수 있는 신약성경의 고기독론을 위한 토대를
제공하지 않는다.[117] 이와는 달리, "솔로몬의 지혜"는 지혜를 하나님과 피
조물 사이의 중개자로 제시하며, 「예루살렘 타르굼」은 창세기 1:1을 잠
언 8:22과 연결하여 "여호와께서 지혜로 하늘과 땅을 창조하셨다"라고

---

115 이레나이우스Irenaeus는 지혜를 성령과 동일시했다. Against Heresies 4.20를 보라.

116 A. L. Clayton, "The Orthodox Recovery of a Heretical Proof-Text: Athanasius of
Alexandria's Interpretation of Proverbs 8:22-30 in Conflict with the Arians" (PhD diss.,
Southern Methodist University, 1988), 32-51.

117 헬라계 유대교의 지혜 문헌에서는 잠언 8장에 나오는 지혜를 창조에서 일하는 지혜와 연
결하는 직접적 증거를 볼 수 없다. 만약 그런 증거가 있었다면, 사도들이 창조자 예수를 지혜와
연결했을 것이다.

옮긴다. 이런 문헌들은, 비록 신약성경의 고기독론에 직접적 영향을 끼치지는 않았을지라도 예수 그리스도를 만물 창조의 매개자로 제시함으로써 삼위일체론을 다질 수 있는 패러다임을 사도들에게 제공했을 것이다. 하지만 사도들은 잠언 8:22-31을 인용하거나 토대로 삼아서 그들의 고기독론을 수립하지 않는다.[118]

요한은 그의 복음서에서 지혜에 관해 많이 말하지만, 그 어디서도 예수 그리스도를 잠언 8장에 나오는 지혜라는 인물과 동일시하지 않는다. 사실 요한은 그의 복음서(또는 서신들)에서 "소피아"는 말을 전혀 사용하지 않는다. 그런데 이 사실은 캐런 좁스 Karen Jobes가 지적했듯이 요한이 지혜 범주들을 사용해 예수를 설명하고자 애썼다면 "납득되지 않는" 일이다.[119] 좁스에 따르면, 요한복음의 서언에 나오는 로고스는 지혜 여인과 분명히 다른데, "사실 그 서언은 그리스 철학으로 왜곡된 유대교의 지혜라는 렌즈를 통해 예수 그리스도를 보는 것을 비판하는 글이다."[120]

---

118 보컴(R. Bauckham, *Jesus and the God of Israel: God Crucified and Other Studies on the New Testament's Christology of Divine Identity* [Grand Rapids: Eerdmans, 2008])이 주장하는 독특한 이론에 따르면, 제2성전 시대의 유대교에서는 지혜를 하나님의 신성에 본질적인 매개자로 보았으며, 그렇게 계시된 신성 내의 구분을 따라 사도들은 예수가 하나님의 신성을 공유한다고 보는 고기독론을 세울 수 있게 되었다.

119 K. Jobes, "Sophia Christology: The Way of Wisdom?," in *WWis*, 239. 그러나 바르톨로뮤와 오다우드(Bartholomew and O'Dowd, *Old Testament Wisdom Literature*, 245)는 이렇게 주장한다. "요한복음의 서언요 1:1-18, 참조 히 1:1-3은 신약성경에서 그리스 지혜와 히브리 지혜가 가장 강하게 혼합된 예를 제시한다.……창세기 1장은 요한의 서언에 분명하게 들어 있을 뿐만 아니라 잠언 8:22-31의 구절도 그렇다. 이 잠언 본문에서 우리는 지혜 여성이 태초에 하나님께 지음받았으며 하나님께서 처음 세상을 창조할 때 일했다는 사실을 본다." 그러나 뒤에서 살펴보겠지만, 잠언 8:22-31을 신중하게 주석하면 지혜가 "창조되었다"고 말할 수 없으며—지혜는 출생했다—지혜가 창조에서 매개자agent였던 것도 아니다.

120 Jobes, "Sophia Christology," 242. 좁스는 지혜와 로고스 사이에 다음과 같은 주요 차이점이 있다고 말한다. (1) 지혜는 하나님에 의해 존재하게 되었지만, 로고스는 하나님이다. (2) 지혜는 창조를 목격했지만, 로고스는 창조자다. (3) 솔로몬의 지혜서 7:26에 따르면 지혜소피아는 영원한 빛의 반영이지만, 로고스는 빛이다. 여기에 지혜는 심판의 때에 비웃지만1:26 로고스는 심

바울도 잠언 8장이나 기타 유대교 지혜 문헌을 기초로 자신의 고기독론을 세우지 않는다.[121] 고든 피Gordon Fee는 바울의 저작고전 8:6, 골 1:15-17에 나오는 주요 지혜 본문들을 조사하고, 그에 더해 유대교 전승에서 지혜를 인격화하고 하나님께서 창조하실 때 지혜가 함께했다고 말하는 주요 문헌들잠 8:22-31, 집회서 24:3-22, 솔로몬의 지혜서 6:1-10:21을 탐구한다. 피의 결론에 따르면 "선재하는 그리스도라는 바울의 견해를 이해하는 데서 지혜는 사실상 전혀—혹은 거의—도움이 되지 않는다."[122]

b. 예수 그리스도의 예표인 지혜 여인

그렇기는 해도 솔로몬이 문학적으로 의인화한 지혜와 요한이 예수 그리스도를 설명한 것 사이에는 아래와 같이 놀라운 유사성이 있으며, 그래서 지혜 여인을 예수 그리스도의 예표—신의 뜻을 미리 보여주는 모형—라고들 주장한다.

 둘 다 만물보다 먼저 하나님과 함께 존재했다.
 둘 다 창조에서 중요한 역할을 맡았다.
 둘 다 하늘에서 내려와 인간과 함께 거주했지만 그들에게 거절당했다.
 둘 다 하늘의 지혜를 가르친다.

판사시다요 5:23-24, 27라는 사실을 덧붙여야 할 것이다.

121 바르톨로뮤와 오다우드(Bartholomew and O'Dowd, *Old Testament Wisdom Literature*, 247)는 이와 다르게 주장한다. "복음서들은 예수를 이해하기 위해 지혜를 암묵적으로만 사용하는 데 반해, 바울의 서신들은 지혜 신학을 명확하게 사용한다." 아쉽게도 바르톨로뮤와 오다우드는 고든 피의 중요한 논문("Wisdom Christology in Paul," *WWis*, 251-279)을 다루지 않았다. 그 글에서 피는 바울이 그의 그리스도론을 정립하는 데 유대교의 지혜 전승을 의존했다는 견해를 반박한다.

122 Fee, "Wisdom Christology in Paul," 265. 피의 결론에 따르면, 바울에게서 그리스도와 관련해 명백하게 발견되는 것과 같은 지혜와 창조 사이의 언어적이거나 개념적 연계를 이 자료(지혜 문헌)에서는 전혀 찾아볼 수 없다.

| 둘 다 귀 기울여 듣는 사람을 "자녀"라고 부른다.

| 둘 다 귀 기울여 듣는 사람은 생명과 불멸로 인도하고 듣지 않는 사람에게
는 죽음을 선포한다.

| 둘 다 먹을 것과 마실 것의 상징을 통해 복을 베푼다.[123]

하지만 예표론은 동일성을 주장하지 않는다. 오히려 그 대형 antitype 은 예
표와 유사하면서도 훨씬 더 우월하다고 말해야 할 것이다.

c. 결론

바울은 "그[그리스도] 안에는 지혜와 지식의 모든 보화가 감추어져 있느
니라"골 2:3-4 고 말한다. 따라서 그리스도인들은 솔로몬의 지혜를 소중히
여기면서도 그 지혜로 그리스도의 인격과 사역을 대체하지 않는다. 그
대신 그리스도인들은 「잠언」을 읽으면서, 이제 그들이 "솔로몬보다 더
크신 이"—훨씬 더 위대한 언약의 중보자인 예수—와 함께, 그리고 "아
벨의 피보다 더 나은 것을 말하는 뿌린 피"를 힘입어 하늘의 예루살렘에
산다는 것을 깨닫는다.마 12:42, 히 12:22-24 그리스도인들은 사랑과 믿음으로
과거의 좋은 것을 굳게 붙잡으며, 지금 현존하는 그리스도의 나라에 참
여하고 확고한 소망으로 만물이 완성될 것을 바라본다.

---

123 다음을 참조하라. R. E. Brown, *The Gospel According to John: A New Translation
with Commentary*, AB 29 (Garden City, NY: Doubleday, 1966), cxxii-cxxvii.

잠언

—

본문과 주석

모음집 I.   전문과 서언   1:1-9:18

모음집 II.   반의적 잠언과 종합적 잠언   10:1-22:16

모음집 III. 지혜자의 서른 가지 금언   22:17-24:22

모음집 IV.   지혜자의 추가적인 금언   24:23-34

모음집 V.   히스기야의 신하들이 편집한 솔로몬의 잠언   25:1-29:27

모음집 VI.   야게의 아들 아굴의 금언   30:1-33

모음집 VII. 르무엘의 금언   31:1-31

전문과 서언

1:1-9:18

이 모음집의 구조에 관해서는 23-24쪽의 "구조"를 보라.

표제와 전문 1:1-7

¹다윗의 아들 이스라엘 왕 솔로몬의 잠언이라. ²이는 지혜와 훈계를 알게 하며 명철의 말씀을 깨닫게 하며 ³지혜롭게, 공의롭게, 정의롭게, 정직하게 행할 일에 대하여 훈계를 받게 하며 ⁴어리석은 자를 슬기롭게 하며 젊은 자에게 지식과 근신함을 주기 위한 것이니 ⁵지혜 있는 자는 듣고 학식이 더할 것이요 명철한 자는 지략을 얻을 것이라. ⁶잠언과 비유와 지혜 있는 자의 말과 그 오묘한 말을 깨달으리라. ⁷여호와를 경외하는 것이 지식의 근본이거늘 미련한 자는 지혜와 훈계를 멸시하느니라.

표제 1:1

"다윗의 아들……솔로몬의 잠언"은 이 책 전체를 아우르는 표제다. 솔로몬은 일곱 모음집으로 이루어진 이 책의 유일하거나 최종적 저자는 아닐지라도 주요한 저자이기 때문이다(28쪽 "솔로몬"을 보라). "이스라엘 왕"^{주전 966-926년}이라는 호칭은 「잠언」을 이스라엘 구원사의 흐름 안에 배치한다. 솔로몬은 이스라엘 왕위에 올랐을 때 그의 세계관과 가치를 형성해 준 모세의 율법서를 베꼈으며,^{참조. 신 17:18-20} 아버지 다윗 왕은 죽을

날이 임박하여 솔로몬에게 그러한 가치들을 든든히 다지고 율법서를 지키라고 권고했다. 왕상 2:1-4

전문 1:2-7

윌리엄 브라운William Brown에 따르면,[1] 전문preamble의 교차 대구 구조(38쪽 "운율학"을 보라)는 지혜를 가리키는 추상적 용어와 지혜가 윤리학에서 실제 적용된 것을 가리키는 용어를 상호 연관된 용어들(68쪽을 보라)로 결합하고 후자에("지혜롭게, 공의롭게, 정의롭게") 초점을 맞춘다.

A 포괄적이고 지적인 가치들: "지혜와 훈계를 알게 하며"(라다아트 호크마 우무사르)	2a
B 지혜의 문학적 형식: "명철의 말씀	2b
C 실천적 미덕: "정직하게 행할 일"	3a
X 도덕적이고 공동체적인 미덕: "공의롭게", "정의롭게", "정직하게"	3b
C′ 실천적 미덕들: "슬기", "근신함", "지략"	4-5
B′ 지혜의 문학적 형식들: "잠언", "비유", "오묘한 말"	6
A′ 포괄적이고 지적인 가치들: "지식……지혜와 훈계"(다아트 호크마 우무사르)	7

(개역개정에는 3a절과 3b절의 순서가 뒤바뀌어 있다—옮긴이)

A/A′는 "지혜"와 "훈계", "알게 하며/지식"[2]이라는 말로 전문을 에워싸는 인클루지오를 이룬다. B/B′는 "명철의 말씀을 깨닫게 하며"2b절와 6절에서 분명하게 다듬은 "잠언", "비유", "오묘한 말을 깨달으리라"에 의해 하나로 묶인다. 지혜를 가리키는 실천적 용어들—"정직"3a절과 분명하게 다

---

1   W. Brown, *Character in Crisis: A Fresh Approach to the Wisdom Literature* (Grand Rapids: Eerdmans, 1996), 25.

2   히브리어 '다아트'da'at는 부정사 '알다' 2절와 명사 '지식' 7절을 뜻하는 동음이의어다.

듬은 "슬기", "근신", "지략"[4-5절] — 은 C/C'를 묶는다. X는 중심축으로, 공의와 정의와 정직으로 이루어지는 공동체를 세우는 실제적 목적에 초점을 맞춘다.[3]

목적과 독자 대상 1:2-6

2-6절에서는 이 책의 목적을 제시하고 또 목적과 연관 지어 책의 독자 대상을 이스라엘의 젊은이라고 밝힌다. 2절은 이 책의 목적을 간략하게 언급하면서 지혜 획득의 두 측면, 곧 그 내용[-"지혜", 2a절]과 형식["명철의 말씀", 2b절]을 제시한다. 지혜의 내용은 3-5절에서 여러 동의어와 운율학을 통해 분석되고 지혜의 형식은 6절에서 분석되는데, 6절에서는 표제어 "깨달으리라"를 거듭 언급하면서 2b절에 나오는 "말씀"이 바로 "잠언"과 "금언"(지혜 있는 자의 말)이라고 밝힌다. 2a절과 3-5절은 도덕적 통찰력과 관련되며, 2b절과 6절은 정신적 통찰력과 관련된다.

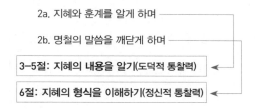

2절: 목적의 요약 진술

2a. 지혜와 훈계를 알게 하며 ──

2b. 명철의 말씀을 깨닫게 하며 ──

3-5절: 지혜의 내용을 알기(도덕적 통찰력)

6절: 지혜의 형식을 이해하기(정신적 통찰력)

3-5절의 시적 형태를 보면, 표제어인 "훈계"가 2절과 3절을 연결한다. 3-4절은 학습의 두 측면, 곧 학생들이 "받고"[3절] 교사가 "주는"[4절] 일에 의해 연결된다. 4-5절은 이 책의 두 독자 대상인 "어리석은 자"[4절]와 "지혜 있는 자"[5절]에 의해 연결된다. 마지막으로, 2a절과 5a절에 나오는 "지혜"

---

3   다음을 보라. Waltke, "Righteousness," 225-237.

및 "지혜 있는 자"와 2b절과 5b절에 나오는 "명철" 및 "명철한 자"로 이루어지는 인클루지오에 의해 이 단락은 지혜의 내용에서 지혜를 구현한 사람으로 전환한다.

목적의 요약: 지혜의 내용과 형식1:2

"안다"는 말은 인식 대상에 대해 개인적이고 경험적인 지식, 곧 "지혜"를 얻는다는 것을 뜻한다(59쪽 "'지혜'란 무엇인가?"를 보라). 훈계('무사르,'^{mûsar} 59쪽 "'지혜'란 무엇인가?"와 68쪽 "지혜로운 자와 미련한 자"를 보라) 참조. 15:33; 19:25는 어리석은 행동을 반복하지 않도록 말이나 회초리를 통해 행할 수 있다. 후자의 의미를 전하기 위해서는 '무사르'를 "징계"로 옮긴다. 참조. 13:24; 22:15; 23:13, 14; 29:15 "명철"(71쪽을 보라)은 2:1-4에서 설명하듯이 지각 능력을 사용해 어떤 것을 성찰하는 정신적 기술을 말한다. "말씀"이므레('$imrê$) 은 완전한 진술—개별적인 말보다는 전체 생각—을 뜻하며 이것이 명철이나 깨달음을 준다(68-71쪽 "지혜로운 자와 미련한 자"를 보라).

지혜의 내용과 대상 독자1:3-5

이 책의 대상 독자는 "젊은이"4b절다. 이 책의 가르침에 "무관심한"(어리석은)4절 자는 이 책의 훈계를 받아들여 "지혜 있는 자"가 된다.5절 (이 단원에 나오는 이러한 용어들 및 기타 용어들에 관해서는 68쪽의 "지혜로운 자와 미련한 자"를 보라.) 어른이 되어서도 여전히 어리석은 사람은 미련한 자로 취급된다. 참조. 1:20-33 솔로몬 때 세상의 지혜로운 왕이나 고관들이 자기 아들이나 신임 궁정 관리들—이들을 지혜의 수신자로 지명한다—을 위해 지혜 문서를 작성했던 것과는 달리, 이 전문은 특정 수신자(예를 들어, 르호보암)의 이름을 밝히지 않으며, 그렇게 해서 지혜자들이 수집한 금언들을 대중화하고 이스라엘—오늘날에는 교회—의 모든 사람에게 전수하여 그들의 성품을 형성하고자 한다.

1:3 지혜를 아는 출발점은 이 책의 "훈계"[2절]를 "받는 것"(문자적으로 "붙잡다")[참조. 2:1]으로, 이 훈계가 "정직하게 행할 일"을 실천하게 한다. 지혜 및 지혜의 몇몇 동의어는 도덕적으로 중립적인 까닭에, 3a절에서 "공의롭게, 정의롭게, 정직하게"라는 말로 그 용어들의 뜻을 분명히 규정한다.

1:4 「잠언」은 "어리석은 자를 슬기롭게" 하는 것을 목표로 삼는다. 어리석은 자와 평행하는 "젊은 자"나아르(na'ar)는 젊은 사람 전부를 포함한다. '나아르'는 아기 모세[출 2:6]와 어린이 사무엘,[삼상 1:22, 24, 참조. 4:21] 열일곱 살의 요셉,[창 37:2, 참조. 삼상 30:17] 갓 성인이 된 자[예를 들어, 대상 12:28의 사독, 삼하 18:5의 압살롬, 왕상 3:7의 솔로몬]까지 아우르는 단어다. 남자들은 스무 살부터 군 복무를 했으며,[민 1:3; 14:29] 서언에서 언급되는 아들은 사춘기에 이르렀을 것이다. "지식"은 이 책에 담긴 영감된 잠언과 금언들을 가리키는 환유metonymy다. 지식이 없는 지혜는 있을 수 없다. 항공기를 제작하려면 공기역학 법칙에 관한 지식이 필요하듯이, 지혜로운 삶을 사는 데는 「잠언」에서 가르치는 하나님이 계시한 도덕 질서—행위-운명 연계성—에 대한 지식이 반드시 필요하다. 지혜의 내용에는 "근신함"도 포함된다.

1:5 "지혜 있는 자는 듣고" 학식이 더한다는 말은 「잠언」이 읽을 뿐만 아니라 귀 기울여 듣도록 만들어졌다는 것을 뜻한다. "학식이 더할 것이요"는 평생 이어지는 과정이라는 것을 뜻한다.[참조. 4:18] "명철한 자는 지략을 얻을 것이라"에서 얻는다는 말은 열심히 노력하고 값을 치러 '구입'한다[참조. 2:4; 4:5]는 뜻이다.

지혜의 형식 1:6

여기서는 2b절의 "말씀"을 구체적으로 잠언과 비유와 오묘한 말이라고 설명한다(43쪽 「잠언」의 장르들"을 보라). 하박국 2:6의 단시single poem에서는 이 단어들을 사용해 서술하는 것을 볼 수 있는데, 이 단어들이 지혜의 독특한 장르를 가리키는 게 아니라 지혜와 동의어라는 사실을 밝혀 준다. "잠언"은 오직 솔로몬의 경구들aphorism만을 가리킨다. "비유"가 뜻하는 바는, 잠언이 청중addressees에게 그들의 처지를 경구에 비추어 보라고 요구한다는 것이다. "지혜 있는 자의 말"The sayings of the wise은 다른 지혜자들의 도덕적 금언을 가리킨다. 그들의 말을 "오묘한 말"이라고 부르는 까닭은 그들의 말 역시 해석이 필요하기 때문이다.

지혜의 근본: 여호와 경외 1:7

"여호와 경외"(74쪽 "여호와 경외"를 보라)는 「잠언」을 이해하기 위한 영적 문법spiritual grammar의 핵심quintessential 요소다. 표제어 "훈계"는 7b절과 8a절을 연결하며, 그래서 7절은 전문과 서언 사이에서 야누스 기능을 한다. "지식의 근본"은 「잠언」의 인식론적 토대foundation를 말한다.[4] 알파벳으로 읽기를 배우고 음표로 음악을 배우며 숫자로 수학을 배우듯이, 여호와 경외는 이 책의 "지혜와 훈계"를 배우는 길이 된다. "미련한 자"(68쪽 "지혜로운 자와 미련한 자"를 보라)에게는 이 필수적인 요소가 없다. 미련한 자는 하나님의 계시를 (무가치하고 혐오스러운 것으로) "멸시"한다.

서언 1:8-9:18

에릭 에릭슨에 따르면 청소년기는 정체성의 의미를 탐구하는 시기다.[5] 아들은 성인기로 들어가는 문턱에 서 있으며, 거기서 부모의 길이냐 죄인의 길이냐를 두고 선택해야 한다. 선택은 생명과 죽음이 걸린 문제다.

4　여기서 "근본"에 해당하는 단어는 '레쉬트'rē'šît이다. 9:10a에 나오는 이 말의 변형인 '테힐라트'tᵉḥillat는 시간적인 의미만을 지닌다. '레쉬트'에 이 개념이 포함된다고 볼 수 있다.

5　E. Erikson, *Childhood and Society* (London: Triad; Granada, 1977), 222ff.; cited by D. Atkinson, *The Message of Proverbs* (Downers Grove, IL: InterVarsity, 1997), 70.

젊은이의 유약함은 솟구치는 성욕과 본능적인 탐욕, 동료의 인정을 구하는 갈망으로 인해 악화된다.

강화 1: 악한 무리의 유혹을 물리쳐라 1:8-19

8 내 아들아, 네 아비의 훈계를 들으며 네 어미의 법을 떠나지 말라. 9 이는 네 머리의 아름다운 관이요 네 목의 금 사슬이니라. 10 내 아들아, 악한 자가 너를 꾈지라도 따르지 말라. 11 그들이 네게 말하기를 우리와 함께 가자. 우리가 가만히 엎드렸다가 사람의 피를 흘리자. 죄 없는 자를 까닭 없이 숨어 기다리다가 12 스올 같이 그들을 산 채로 삼키며 무덤에 내려가는 자들 같이 통으로 삼키자. 13 우리가 온갖 보화를 얻으며 빼앗은 것으로 우리 집을 채우리니 14 너는 우리와 함께 제비를 뽑고 우리가 함께 전대 하나만 두자 할지라도 15 내 아들아, 그들과 함께 길에 다니지 말라. 네 발을 금하여 그 길을 밟지 말라. 16 대저 그 발은 악으로 달려가며 피를 흘리는 데 빠름이니라. 17 새가 보는 데서 그물을 치면 헛일이겠거늘 18 그들이 가만히 엎드림은 자기의 피를 흘릴 뿐이요 숨어 기다림은 자기의 생명을 해할 뿐이니 19 이익을 탐하는 모든 자의 길은 다 이러하여 자기의 생명을 잃게 하느니라.

아버지의 강화들은 보통 서론과 중심 교훈, 결론으로 구성된다. 서론은 "부름"("내 아들아")과 그 뒤를 잇는 충고("들으라" 또는 "귀를 기울여라"), 동기부여로 이루어진다.

서론 1:8-9

서론에서는 전형적인 주제들, 곧 부름과 들으라는 충고8절와 더불어 동기부여9절가 제시된다. 그런데 이 서론에서는 독특하게도 아버지를 "네 아비"라고 객관화함으로써 솔로몬 자신이 이스라엘의 모든 젊은이를 "내 아들" 삼아 말하면서 그들에게 지혜로운 부모에게 귀를 기울이라고 충고하는 듯한 인상을 준다. 그렇게 본다면 이 서론은 첫 번째 강화만이 아니라 서언 전체를 이끄는 것이 된다.

1:8 표제어 "들으라"쉐마(šamaʿ)는 이 서론을 전문[1:1-7]과 연결하며, 신명기 6:4에 나오는 저 유명한 "이스라엘아, 들으라"의 "쉐마"를 떠올리게 한다. "내 아들아"라는 정다운 부름은 아들을 생물학적 자식으로뿐만 아니라 영적 후손으로 부르는 말이다.참조. 4:3 본문에 포함된 "네 어미"라는 말은 남자뿐 아니라 여자도 가르침을 받았다는 사실(93쪽 "남자와 여자"를 보라)과 부모가 자녀를 가르치는 일에 함께 참여했다는 사실참조. 신 21:18-21을 말해 준다. 부모가 지혜자의 영감받은 지혜를 가르칠 때, 부모는 하나님의 권위 아래 서고 자녀들은 부모의 권위에 순종하게 된다. 새 이스라엘 안에서 예수 그리스도는 아버지 하나님께 복종하며,고전 11:3 교회의 장로들은 그리스도와 그의 영감받은 사도들에게 복종하고, 교회 전체는 장로들에게 복종하며,히 13:17 아내는 자기 남편에게 복종하고,고전 11:3, 엡 5:22-24, 골 3:18, 딤전 2:11-12 자녀들은 부모에게 복종한다.엡 6:1, 골 3:20, 참조. 딤전 5:4 "훈계"는 1:2의 주석을 보라. "법토라(tôrâ)을 떠나지 말라"는 부모의 가르침을 무시하거나 가볍게 여기지 말라는 의미다.

1:9 "이는"이 가리키는 것은 부모가 훈계한 내용, 곧 「잠언」의 잠언과 금언이다. "네 머리의 아름다운 관(정확히 말해 화환)"은, 이집트를 배경 삼아 해석해 보면 명예와 고귀한 사회적 지위뿐만 아니라 적들에 맞서는 권력, 생명, 승리, 정당성을 뜻하는 것이라고 볼 수 있다.[6] "네 목의 금 사슬"이라는 구절도 역사적 맥락에 비추어 해석해야 할 것이다. 즉, 이집트의 고위 판관들과 고관들은 바른 질서의 여신 마아트Maʿat를 섬기면서 모범적인 삶을 산다는 것을 보이기 위해 그 여신의 상징물을 착용했다.[7]

---

6 다음을 보라. C. Kayatz, *Proverbien 1-9*, 111-117.

7 Kayatz, *Proverbien 1-9*, 107-111.

교훈 1:10-18

간단히 말해, 첫 번째 강화는 아들에게 쉽게 버는 돈을 조심하라고 경고한다. 이 강화의 배후에는 부모의 권위와 친구 패거리의 유혹이 서로 갈등하며 다투고 있다. 아버지는 우선 그 패거리의 거짓된 말을 폭로하고 이어서 그들의 정체를 밝혀 아들이 그들의 유혹에 저항하도록 격려한다. 악한 무리는 아들을 꾀어 자기들 무리에 끌어들이려는 목적으로 계속해서 "우리"라는 말을 사용한다. 율법에 따라 힘들고 어려운 일을 하면서 인격을 다듬어 점차 부를 쌓아 가는 것이 마땅하겠지만, 그들은 율법 밖에서 당장 부를 획득할 수 있다고 유혹한다. 또 그들은 훔친 물건을 모두 공평하게 나누는 거짓된 평등 공동체를 약속한다. 그들은 여호와를 경외하지 않는다. 10절에서는 다음과 같이 간략한 교훈을 제시한다. "너를 꾈지라도",[10a절] "따르지 말라."[10b절] 이 교훈의 자세한 내용은 이어지는 두 단락에서 제시된다. 즉, 악한 무리의 유혹[11-14절]과 그에 대한 경고 및 굴복해서는 안 될 이유다.[15-18절]

10절: 요약 진술

내 아들아,

악한 자가 너를 꾈지라도

따르지 말라.

11-18절: 자세한 설명

11-14절 악한 무리의 유혹

15-18절 저항해야 할 이유

19절: 결론

요약 진술 1:10

아버지가 부드럽게 부르는 "내 아들아"는 서론과 교훈을 연결한다. "…일지라도"라는 말로 이 교훈이 가상의 상황임을 나타내지만, 이런 일은 실제로 수없이 일어난다. "악한 자"는 공의롭게, 정의롭게, 정직하게 행하시는 하나님의 기준에서 벗어나고, 그 결과 공동체에 해를 끼치는 사람들을 가리킨다. 악인들은 무리를 짓고자 애쓰며 그래서 아들에게 자기들 편에 들라고 "꾄다." 아리스토텔레스가 말했듯 인간은 정치적 동물이다. 따라서 악인들 역시 그들이 가치 있게 여기는 것을 남들이 가치 있게 여겨 주고 그들의 세계관을 인정해 줌으로써 그들의 쾌락이 늘어나길 바란다.

자세히 살펴본 악인들의 유혹 1:11-14

악인의 유혹은 다음과 같이 두 개의 2행 연구(聯句)로 설명된다. 즉, 자기들에게 동참하라는 요청[11-12절]과 따라야 할 이유다.[13-14절]

1:11-12 아버지는 악인들의 동참 요구를 탁월한 방식으로 비틀어 말함으로써 악한 무리의 유혹을 폭로하는 동시에 그들을 혐오스럽게 만들어버린다. "가자"는 지혜의 길 외에 다른 "길"이 있다는 사실을 함축한다. "우리와 함께"는 그들의 패거리 정신을 가리킨다. "가만히 엎드렸다가"는 주로 동물이 먹이를 노리는 행동을 가리키는 표현이기에 그 패거리의 잔인성을 뜻한다고 볼 수 있다.[참조. 시 10:9, 애 3:10-11] "피"는 폭력적 죽음을 뜻하며 살육당한 희생자를 가리키는 제유(提喻)다. "숨어 기다리다가"는 그들의 범죄가 사전에 계획된 살인이라는 것을 말해 준다. 그들은 자기네 희생자가 "죄 없는 자" 곧 무고한 자라는 것을 인정함으로써 스스로 유죄임을 밝힌다. "까닭 없이"는 그들의 동기가 탐욕일 뿐이라는 사실을 보여준다.[참조. 14-15, 19절]

"스올 같이 그들을……삼키며"는 그들이 무덤(92쪽 "무덤"을 보라)과 연계되어 있음을 보여준다.[8] "산 채로"는 그들이 먹잇감을 불시에 공격하기로 냉혹하게 모의했기에 그 희생자가 도망하거나 저항할 기회를 전혀 얻지 못한다는 것을 뜻한다. "그들을"이라는 복수형으로 바뀐 것은 그 피해자가 그들의 첫 희생자가 아니라는 점을 말해 준다. "통으로"는 그들이 희생자들을 거침없이 강탈한다는 사실을 말한다. 간단히 말해, 악인들은 무고한 희생자를 서둘러서, 철저하게, 돌연히, 불의하게 처치한다. 12b절의 "무덤에 내려가는 자들같이"는 12a절을 강조한다. 아벨처럼 무고한 희생자들은 죽음 너머에 있는 정의를 기다려야 한다(80쪽 「잠언」은 너무 많은 것을 약속하는가?"를 보라).

1:13-14 탐욕스러운 무리는 집주인을 처치한 후 마음 놓고 희생자의 집을 약탈해 "온갖 보화"를 훔친다.참조. 마 12:29 "우리 집을 채우리니"는 그들이 집을 소유하고 있으며 따라서 이방인이 아니라 공동체의 일원이라는 사실을 보여준다. "빼앗은 것"은 통상적으로 정복한 적에게서 약탈한 물품을 묘사하는 데 사용하는 말로 이 악인들이 그들의 이웃을 어떻게 생각하는지를 보여준다. "우리와 함께 제비를 뽑고"는 "우리가 함께 전대 하나만 두자"는 말이 설명하듯이, 작은 돌을 던져서 운에 따라 약탈품을 공평하게 나누는 일을 가리킨다.참조. 시 2:18, 마 27:35

아버지가 아들에게 지조를 지키라고 격려함 1:15-18

교훈의 중간에 이르러 아버지는 논의의 초점을 악인들의 유혹에서 자신의 논리적인 반박으로 옮긴다. 아버지의 반박도 역시 두 개의 2행 연구로 이루어지며,15-16절과 17-18절 두 2행 연구는 각각 "왜냐하면"16절과 "그러나"18절로 연결된다(이 두 접속사가 개역개정에는 번역되지 않았다—옮긴이).

1:15-16 "그들과 함께……다니지 말라"는 11a절에서 "우리와 함께 가자"라고 유혹하는 악인들을 강하게 맞받아치는 말이다. "길"은 서언에서 제시한 바와 같이 다양한 은유 용법 가운데 첫 번째 용법으로 사용된다.

8   O. Plöger, *Sprüche Salomos (Proverbia)*, BKAT 17.2-4 (Neukirchen-Vluyn: Neukirchener, 1984), 16.

"길"이 비유로서 지니는 의미는 (1) 삶의 특성과 성향, (2) 사람이 일체감을 느끼는 사회 상황, (3) 행실(즉 특정한 선택과 행동), (4) 그러한 행실이 낳는 필연적 결과들이다. 간단히 말해 "길"은 하나님께서 정하신 '행위-운명 연계성'을 가리키는 은유다(59쪽 "'지혜'란 무엇인가?"를 보라). "네 발을 금하여 그 길을 밟지 말라"는 힘찬 은유는 유혹에 눈을 돌리지도 말라는 뜻이다. 유혹에 눈길이 닿기만 해도 악한 욕망이 솟구치게 되고 죄와 죽음으로 이끌리게 된다.약 1:14-15

"그 발은 악으로 달려가며"는 이 불량배들이 중독자들처럼 악한 일로 휩쓸린다는 것을 뜻한다.4:10-17, 특히 16절 "악"라아(ra')이란 하나님과 그의 백성의 눈에 추한 것을 말한다. 16절에서 '라아'는 행위의 도덕적 악과 거기서 파생되는 물리적인 악(재앙) 모두를 가리킨다. 하나님의 경륜에서 이 둘은 나뉘지 않는다. "피를 흘리는 데 빠름이니라"는 그 피가—불량배들과 희생자 가운데—누구의 것인지 명확하게 밝히지 않는 까닭에 의미가 모호하다. 이와 똑같은 본문인 이사야 59:7에서는 "피"에 "무죄한"이라는 말을 더하여 그 피가 희생자의 피라는 사실을 밝힘으로써 모호성을 제거한다. 중세의 유대교 주석가인 라쉬는, 여기서 이 말이 생략된 것은 18절에서 분명하게 밝히듯이 그 피가 범죄자의 피를 가리키는 것이 분명하기 때문이라고 주장한다. 이 교훈 전체에 비추어 볼 때, 이러한 모호성은 의도된 것이라고 보는 게 더 나을 듯싶다.

1:17-18 17-18절의 2행 연구는 악인들의 우매함18절을 새의 총명함17절과 대비시킨다. 새조차도 '행위-운명 연계성'을 안다. 그물을 본 새는 그것을 피할 만큼 지각이 있으나, 이 불량배들은 자신에게 그물을 놓으며 거기로 기어든다. "확실히"(17절을 이끄는 말, 개역개정에는 번역되지 않았다—옮긴이)라는 말은 새가 지닌 논리적 직감을 강조한다. "그물을 치면"은 뻔히 지켜보는 새들 위로 그물을 던지는 일을 뜻하는 것으로 보인다.9 "헛일"은 "새가 보는 데서" 그물을 던지면 소용이 없다는 것을 말한다. 새

들에게는 하나님께서 치명적인 그물을 피할 수 있는 분별력을 주셨으나, 인간의 경우는 아버지가 아들을 가르쳐 악인들이 놓은 치명적인 "말의 그물"을 보거나 분별해서 피할 수 있게 해야 한다.

　그런데 아버지는 11b절에 나오는 불량배들의 제안("우리가 가만히 엎드렸다가 사람의 피를 흘리자")을 취하여 교묘하게 비틀어서는 무고한 희생자들 대신 불량배들이 자기네가 놓은 덫에 걸려드는 것으로 바꾼다. "그들이 가만히 엎드림은 자기의 피를 흘릴 뿐이요 숨어 기다림은 자기의 생명을 해할 뿐이니."

결론: 이 교훈의 의의 1:19

이 교훈은 "모든 자"라는 말을 통해 보편화된다. "이러하여"는 특수한 시나리오와 보편적 진리 사이에서 직관적 유추를 끌어내는 기능을 한다. "길"(15절에 나온 '데레크'—옮긴이)은 복수형 "길[들]"(19절, '오라흐'—옮긴이)로 확장되어 탐욕으로 저지르는 모든 치명적 행위들을 포괄한다. "이익을 탐하는……자"의 문자적 의미는 "바가지를 씌우는 사람"이다. 참조. 15:27: 28:16 그것(바가지)은 "자기(씌우는 자)의 생명을 잃게 하느니라." 교훈의 의의는 분명하다. 불의한 이익은 그것을 취한 악인에게 달라붙어서 결국 그를 망하게 한다는 것이다. 참조. 마 26:52

지혜의 첫 번째 연설: 어리석은 자를 책망함 1:20-33

20 지혜가 길거리에서 부르며 광장에서 소리를 높이며 21 시끄러운 길목에서 소리를 지르며 성문 어귀와 성중에서 그 소리를 발하여 이르되 22 너희 어리석은 자들은 어리석음을 좋아하며 거만한 자들은 거만을 기뻐하며 미련한 자들은 지식을 미워하니 어느

9　이집트의 한 그림은 새들 위로 그물을 던지려고 뒤쪽에서 그물을 들고 다가가는 사냥꾼들을 묘사하고 있다. 메이덤에 있는 네페르마트 1세의 무덤을 장식한 그림을 보라.

때까지 하겠느냐. ²³나의 책망을 듣고 돌이키라. 내가 나의 영을 너희에게 부어 주며 내 말을 너희에게 보이리라. ²⁴내가 불렀으나 너희가 듣기 싫어하였고 내가 손을 폈으나 돌아보는 자가 없었고 ²⁵도리어 나의 모든 교훈을 멸시하며 나의 책망을 받지 아니하였은즉 ²⁶너희가 재앙을 만날 때에 내가 웃을 것이며 너희에게 두려움이 임할 때에 내가 비웃으리라. ²⁷너희의 두려움이 광풍 같이 임하겠고 너희의 재앙이 폭풍 같이 이르겠고 너희에게 근심과 슬픔이 임하리니 ²⁸그 때에 너희가 나를 부르리라. 그래도 내가 대답하지 아니하겠고 부지런히 나를 찾으리라. 그래도 나를 만나지 못하리니 ²⁹대저 너희가 지식을 미워하며 여호와 경외하기를 즐거워하지 아니하며 ³⁰나의 교훈을 받지 아니하고 나의 모든 책망을 업신여겼음이니라. ³¹그러므로 자기 행위의 열매를 먹으며 자기 꾀에 배부르리라. ³²어리석은 자의 퇴보는 자기를 죽이며 미련한 자의 안일은 자기를 멸망시키려니와 ³³오직 내 말을 듣는 자는 평안히 살며 재앙의 두려움이 없이 안전하리라.

의인화된 지혜(62쪽 "깨달음과 지혜 여인"을 보라)가 어리석고 미련한 자를 대상으로 하는 설교^{20-27절}는 모든 젊은이가 들어야 할 것으로 제시된다.^{1:28-33, 참조. 1:4-5} 지혜가 전하는 메시지는 간략하게 말해 "심판 때에는 다시 기회가 없으니 '지금' 돌이키라"는 것이다.

솔로몬(28쪽 "솔로몬"을 보라)은 20-21절에서 상황을 설정한 후, 이어서 격렬하게 비판하는 설교^{22-27절}와 성찰^{28-33절}을 다음과 같이 동심원적 구조로 전개한다. 그는 이러한 이중적 구조로 자신의 메시지를 강화하고 확장한다.

I 지혜의 설교	22-27절
A 지혜가 어리석고 미련한 자에게 돌이키라고 부른다.	22-23절
B 어리석은 자가 지혜의 책망을 거부한다.	24-25절
C 심판 때에 지혜가 어리석을 자를 거부한다.	26-27절

II **지혜의 성찰**   **28–33절**

   C′ 심판 때에 지혜가 어리석은 자를 거부한다.   28–29절

  B′ 어리석은 자가 지혜의 책망을 거부한다.   30–31절

A′ 어리석고 미련한 자의 죽음과 지혜로운 자의 안전   32–33절

배경 1:20-21

"지혜"는 청중이 자기에게 오기를 기다리지 않는다. 지혜가 그들을 찾아 공개적인 자리로 나가 "길거리"*"옥외", 참조, 5:16; 7:12; 22:13; 24:27*와 사람들이 모이는 "광장"과 모든 사람이 들을 수 있는 "길목"과 관리들이 모이는 "성문 어귀"에 선다. 지혜는 힘을 다해 급하게 "부르며" 격한 감정으로 "소리를 높여" 외친다. 에이트킨^{Aitken}에 따르면, "지혜 여인은 부드럽게 설득하는 이가 아니다. 그는 외치고 간청하고 꾸짖고 따지고 위협하고 경고하며 심지어 비웃기까지 한다.……폭발하는 설교단과 지옥 불 설교가 그런 것이 아니었을까! 숙녀다운 모습은 전혀 없으며, 오늘날의 기준으로 보면 인기도 얻지 못하고, 오히려 비난받기에 족한 면모다."[10]

설교 1:22-27

서론적 책망 1:22-23

1:22 지혜의 설교는 어리석은 자들을 향해 지혜를 거부하는 일을 멈추라고 엄하게 요구하는 것으로 시작된다. 지혜가 화를 내며 "어느 때까지 하겠느냐"라고 묻는 말과 뒤에 이어지는 비난²⁴⁻²⁷절은, 어리석은 자들이 가정에서 양육될 때부터 오랫동안 지혜를 거부해 왔다는 사실을 보여준다. "어리석은 자들"(86쪽 "악인과 미련한 자를 가리키는 지적 용어들"을 보라)은 지혜를 얻지도 못한 채 자신의 행동에 책임을 져야 하는 나이가 되었기에

10   Aitken, *Proverbs*, 22.

지혜는 그들에게 돌이켜 지혜자의 영감받은 지식을 배우라고 요구한다.

22b절에서 지혜는 미련한 자와 거만한 자들을 어리석은 자들과 하나로 묶는다. 그들은 어리석고 미련한 자들이며, 미련한 자가 받을 벌을 받게 된다. 사람은 지혜로운 사람이 되느냐 미련한 사람으로 남느냐를 결정해야 한다. 무관심은 불신앙을 억제하는 것이 아니라 오히려 강화한다. 어리석은 자들은 미련한 자와 하나가 되어 점점 더 우매해지고, 결국에는 지혜를 미워하고 조롱하게 된다. "거만한 자들(86쪽 "악인과 미련한 자를 가리키는 지적 용어들"을 보라)은 거만을 기뻐"한다. "기뻐하다"라는 말은 문자적으로 "갈망하다"를 의미한다. 여기서 이 말은 거만하게 우쭐대기를 좋아하는 것을 가리킨다. 잘난 체하는 "미련한 자들"은 하나님의 "지식을 미워"한다.

1:23 "돌이키라"(즉, "뉘우치라")는 말은 아직 희망이 있음을 뜻한다.^{참조} 잠 9장 지혜의 설교는 이 자유분방한 철부지들을 "책망"(즉, 교정과 견책)하고 그들에게 책임을 묻는다. 그리스도께서 그랬듯이 지혜 여인은 스스로 낮아져 미련한 자들로 혼란한 세상 속으로 들어와서는, 어리석은 자들에게 구원에 이르는 지혜의 말씀을 전한다. 그들이 겸손히 뉘우치면 그들에게 자기의 내적인 "영"과 외적인 "말"—이 책의 뒤쪽 단원들에 나오는 지혜의 금언들—을 부어 주겠다고, 곧 가득 채워 주겠다고 약속한다. 지혜가 전하는 영적인 말들은 지혜의 영을 공유한 사람만이 들을 수 있다. ^{참조, 잠 8:9, 요 8:37, 42, 47; 18:37, 고전 1:11-16} 내가 "너희에게 보이리라"는 말은 지혜가 영으로 교통한다는 것을 뜻하며, 그렇게 해서 그들은 이 책의 잠언과 금언들을 마음속에 받아들이게 된다.^{참조 1:6}

정죄 1:24-27

지혜의 정죄는 책망^{24-25절}과 법적인 선고^{26-27절}로 이루어진다. 안타깝게도 지혜의 태도가 초청에서 정죄로 바뀐 것은 어리석은 자들이 지혜의 초청에 전혀 흥미를 느끼지 못했다는 것을 뜻한다.

1:24 "…때문에"(24절을 이끄는 접속사, 개역개정에는 번역되지 않았다―옮 긴이)는 법적으로 혹독한 결과[26-27절]에 이르게 하는 책망의 네 가지 조건들[24a, 24b, 25a, 25b절]을 제시한다. "내가 불렀으나"는 21a절을 반복하는 말로, 하나님께서는 합당한 경고를 하신 후에야 벌을 내리신다는 진리를 담고 있다.[참조. 겔 33:7-8, 욘 3:4] 어리석은 자들이 "듣기[뉘우치기] 싫어하였고"는 그들의 고집이 완강함을 가리킨다. "내가 손을 폈으나"는 손을 내민 사람에게 보이는 적대감을 함축하며,[참조. 출 7:5; 9:22; 15:12, 사 5:25, 숙 8:18, 19] 지혜의 나머지 설교 및 성찰의 내용과 일치한다. 폭스의 주장에 따르면, "지혜는 미련한 자들에게 직접 해를 끼치겠다고 위협하는 것이 아니라, 그들이 신랄하고 혹독한 재앙을 당하게 될 것이라고 경고한다."[11] 그런데도 여전히 "돌아보는 자가 없"다.

1:25 "멸시하며"는 '가게 하다, 홀로 내버려두다, 무시하다'라는 뜻이며, 따라서 조직과 통제에 반기를 드는 것을 말한다.[12] "나의 모든 교훈"은 어리석은 자들이 지혜의 "책망"을 받아들여 구원을 얻게 하려는 지혜의 계획을 가리킨다. 하지만 그들은 "받지(1:10에는 "따르지"로 번역되었다) 아니하였"다.

1:26 지혜의 정죄는 "내가"라는 말에 의해 책망에서 징벌로 바뀐다. 지혜가 타인의 불행을 두고 "너희가 재앙을 만날 때에 내가 웃을 것이며"라고 기뻐하는 말은, 악에 대한 의의 승리를 축하한다는 점에서 정당하고 옳은 일이다.[참조. 시 2:4; 37:13; 59:8] "내가 비웃으리라"는 지혜가 미련한 자들을 경멸한다는 것을 뜻한다. 여기서 미련한 자란 무고한 사람들을 해치는 악한 자들과 상호 연관된 용어(68쪽 "상호 연관된 용어들"을 보라)다.[참

---

11   Fox, *Proverbs 1-9*, 100.

12   참조. J. G. Janzen, "The Root *pr'* in Judges v 2 and Deuteronomy xxxii 42," *VT* 39 (1989): 393-406.

조. 1:10-19 반역은 참으로 터무니없는 일이요 승리는 참으로 완벽하기에, 그 실상을 보고 웃을 수밖에 없다. "재앙"은 엄청난 상실과 폐해와 파괴를 낳는 갑작스럽고 비참한 사건을 말한다. 참조. 6:15; 17:5; 24:22; 27:10 "두려움이 임할 때에"는 어리석고 미련한 자들의 정신을 깨우려는 의도를 담고 있다. 히브리어 '파하드' paḥad 는 '공포'신 28:66, 사 33:14를 뜻한다. "너희"라는 말은 그 일이 '너희에게 임하는 두려움'이며 '너희가 겪어 마땅한 두려움'이라는 것을 가리킨다. 지혜 문헌에서 "임하다"라는 말은 흔히 행위와 운명 사이의 연계성을 함축한다. 참조. 6:10-11 26-27절에서 이 말이 세 번이나 반복되는 것은 확실성을 의미한다.

1:27 이 마지막 구절에서 지혜는 생생한 폭풍 이미지를 사용하여 무사태평한 청중을 깨워 임박한 심판 앞에 세운다. "광풍쇼아(šōʾâ) 같이"와 "폭풍수파(sûpa) 같이"라는 강렬한 직유 표현은 다가오는 심판을 확대하고 강화한다. "광풍"은 큰 피해를 낳는 바람이며, 그 평행구인 "폭풍"은 '끝장나다', '멈추다'를 뜻한다. 두 단어는 하나로 합쳐져 토네이도처럼 길목에서 마주치는 모든 것을 파괴하는 재앙급의 바람을 뜻한다. 그런데 지혜는 혼돈의 폭풍을 본떠 어색한 셋째 반절을 끌어들여 좌우 대칭적인 평행구조를 깨뜨린다. 이 셋째 반절에서 지혜는 발음이 비슷한 '쇼아'광풍와 '수파'폭풍에 '차라' sārâ, '근심'와 '추카' sûqâ, '슬픔'를 덧붙인다.[13] 요약하면, 최후의 심판이 임할 때 어리석은 자의 의기양양한 태도는 갑자기 극심한 공포로 변하게 된다. 하지만 이미 때는 늦었다. 이것이 지혜가 가르치고자 하는 요점이다.

지혜가 자신의 설교를 성찰함 1:28-33

이 가상의 대화에서 지혜는 "너"에게 직접 말하다가 "그들"에 관해 말하

---

13   "슬픔"은 "근심"과 결합한 형태로 등장하여 앞에 나온 강렬한 개념인 "두려움"을 강화한다.

는 것으로 전환함으로써 "네 번째 벽을 깨뜨린다." 이 벽은 배우를 청중 (여기서는 이스라엘의 젊은이들) 참조. 1:4에게서 분리시키는, 눈에 보이지 않는 벽이다. 지혜는 무대를 벗어나서 자기가 무대에서 행한 설교에 관해 성찰한다. 호혜성의 원칙 a quid pro quo이 설교와 성찰 사이를 미묘하게 연결하고 있다.

24절	내가 불렀으나	너희가 듣기 싫어하였고
28절	너희가 나를 부르리라.	내가 대답하지 아니하겠고

지혜의 성찰은 동심원적 구조로 이루어져 있으며, 결과(심판)에 관해 다루는 외부 테두리28절과 31절와 원인 책망을 다루는 내부의 중심 구절29-30절로 구성된다.

재앙이 덮쳐올 때,

A　어리석은 자가 지혜를 구하나 얻지 못한다.　　　　　　　　　　　28절

　B　어리석은 자는 지식을 미워하며 여호와 경외하기를 즐거워하지 않기 때문에 29절

　B′　어리석은 자는 지혜의 충고를 받아들이지 않기 때문에　　　　　30절

A′ 어리석은 자는 지혜를 거절한 결과로 어려움을 당하게 된다.　　　　31절

이 성찰에서는 책망에다 어리석은 자가 지혜를 미워한다는 사실을 보태고, 심판에다 궁극성28-29절과 확실성30-31절을 보탠다. 결론에서는 지혜로운 자의 영원한 안전33절과 대비되는 영원한 죽음의 심판을 모든 미련한 자에게까지 확장한다.32a절, 참조. 1:22

심판의 궁극성과 확실성 1:28-31

1:28 심판은 궁극적이다. "그때에"즉, 심판의 때에, 26-27절라는 말이 이 성찰을 설

교에 연결한다. "너희가 나를 부르리라"는 그들이 지혜의 관심을 끌고자 큰소리로 외치며, 그들이 심판을 당할 때야 비로소 그들이 무시했던 생명과 안전이 지혜에게 있다는 사실을 깨닫게 되리라는 것을 의미한다. 곧바로 지혜는 "그래도 내가 대답하지 아니하겠고"라고 말한다. 브릿지스는 "이전에 전능했던 기도가 그때는 무기력하게 될 것이다"라고 말한다.[14] 지혜는 이처럼 가혹하고 힘든 현실을 강조하면서 "너희가……부지런히 나를 찾으리라"고 덧붙이는데, 이 구절은 그들의 필사적인 마음을 보여준다. "그래도 나를 만나지 못하리니"는 구원을 전하는 지혜의 목소리는 인간이 마음대로 주무를 수 있는 것이 아니며, 얼마든지 취소될 수 있다는 사실을 놀라울 정도로 명확하게 밝힌다. 이와 비슷하게 예수는 자기가 재림할 때면 너무 늦을 것이라고 가르쳤다.[마 25:1-13] "버려둠을 당한" 사람은 아무도 두 번째 기회를 얻지 못한다.[15]

1:29 지혜가 그 이유를 설명한다. 어리석고 미련한 자들의 가장 심각한 문제는 그들이 돌이킬 기회가 있었는데도 "지식을 미워하며(87쪽을 보라) 여호와 경외하기(74쪽 "여호와 경외"를 보라)를 즐거워하지 아니"하였다는 것이다.

이러한 성찰로 인해, 최후의 심판 때 두 번째 기회는 허락되지 않는다는 혹독한 현실이 밝혀진다. 그 이유를 아래와 같은 신학적 설명으로 확인할 수 있다.

> 두 번째 기회를 허용하는 것은 그들이 우매하게 된 데 대해 하나님을 공범으로 만들 수 있다.

---

14 Bridges, *Proverbs*, 11.
15 예수께서 자신의 재림에 관해 가르친 비유[마 24:36 이하]의 논리에 따르면, 심판 때에 멸망하는 사람[마 24:39]은 "데려간" 자이며, 그에 반해 "버려둠을 당한" 사람은 홍수가 그친 후 노아가 "남겨진" 것처럼 구원받은 자이다.

| 두 번째 기회를 허용하는 것은 사후에 내려지는 결정만 진짜 중요하며, 그
이전의 결정들은 시험적인 것에 불과하다는 뜻으로 받아들여질 수 있다.
| 현재의 선택이 영원한 결과로 이어지지 않는다면, 그런 선택은 이렇다 할 위
엄과 가치를 지니지 못한다.
| 두 번째 기회를 허용하는 것은 미련한 자들이 이승에서 경솔한 삶을 살면서
도 그것이 옳다고 여기는 믿음을 정당화할 수 있다.
| 미련한 삶을 추구하는 것이 되돌릴 수 없는 부정적 결과들로 이어지지 않는
다면, 지혜로운 사람들이 바보가 되어 버린다.

사람들이 최후의 심판 교리를 부정하는 이유는 이승에서의 삶이 엄청
난 존엄성―그들이 현재 내리는 결정이 영원한 결과를 좌우할 정도의
존엄성―을 지닌다는 사실을 인정하고 싶지 않기 때문이다.

1:30-31 최후의 심판은 확실하다. 30절에서 25절을 반복하는 것―
30절에서 "멸시하다"라는 말 대신 "업신여기다"라는 말을 사용한 것만
제외하고―은 심판도 역시 의롭다는 사실을 강조한다. 어떤 것을 "업신
여긴다"는 말은 "가치를 인정하지 않다", "과소평가한다"는 의미이며 따
라서 그것을 "경멸한다"는 것이다.[16]

"그러므로"는 원인[30절]과 결과[31절]를 연결한다. 시인은 "열매를 먹으
며……배부르리라"는 선명한 은유를 사용해 결과를 제시한다. 이것은 미
련한 행위와 비극적인 운명이 견고하게 연계되어 있음을 가리킨다. 이
은유는 저주받은 자가 그의 벌을 온 존재로 겪게 됨을 뜻한다.[참조, 27절] "자
기 행위의"(123쪽을 보라)라는 구절은 평행구인 "자기 꾀에"에 의해 분명
하게 밝혀진다. 여기서 "자기 꾀"란 하나님과 그분의 지혜 없이 풍성한
삶을 이루려는 많은 계획을 뜻한다.

---

16   H. Wildberger, *TLOT*, 2:695, s.v. n's.

결론 1:32-33

지혜는 미련한 자들의 파멸적 최후^{32절, 참조. 22절}와 지혜로운 자의 선한 운명^{33절}을 명백하고도 직설적으로 요약하는 것으로 자신의 성찰을 마무리 짓는다.

1:32 "확실히"(개역개정에는 번역되지 않았다—옮긴이)라는 말이 지혜의 전체적인 결론을 이끈다. 어리석은 자는 지혜의 권고를 따라 생명을 얻는^{23절} 대신에 "퇴보"를 선택해 "자기를 죽이"게 된다. ^{참조. 출 32:27, 민 25:5, 신 13:9} "미련한 자의 안일"은 그들이 거짓 안도감에 빠져 있음을 가리키는데, 이 때문에 그들은 돌이키지 않는다. "자기를 멸망시키려니와"(문자적으로 "멸절시키다"라는 뜻)는 그들이 당할 죽음의 궁극성을 가리킨다.

1:33 죽음에 이르는 어리석은 자들이라는 복수형에서 단수형인 "오직 내 말을 듣는 자"^{쇼메아(šōmēá)}로 바뀐 것은 "남은 자"만이 마지막 때 존속한다고 보는 이스라엘 역사관과 비슷하다.^{참조. 마 7:14} 남은 자는 육체로는 "평안히 살며" 심리적으로는 "재앙의 두려움이 없이 안전"을 누리게 되고, 그런 점에서 영원히 살게 되는 것이다.

강화 2: 악한 자를 막으라 2:1-22

¹내 아들아, 네가 만일 나의 말을 받으며 나의 계명을 네게 간직하며 ²네 귀를 지혜에 기울이며 네 마음을 명철에 두며 ³지식을 불러 구하며 명철을 얻으려고 소리를 높이며 ⁴은을 구하는 것 같이 그것을 구하며 감추어진 보배를 찾는 것 같이 그것을 찾으면 ⁵여호와 경외하기를 깨달으며 하나님을 알게 되리니 ⁶대저 여호와는 지혜를 주시며 지식과 명철을 그 입에서 내심이며 ⁷그는 정직한 자를 위하여 완전한 지혜를 예비하시며 행실이 온전한 자에게 방패가 되시나니 ⁸대저 그는 정의의 길을 보호하시며 그의 성도들의 길을 보전하려 하심이니라. ⁹그런즉 네가 공의와 정의와 정직 곧 모든 선한 길을 깨달을 것이라. ¹⁰곧 지혜가 네 마음에 들어가며 지식이 네 영혼을 즐겁게 할 것이요

¹¹근신이 너를 지키며 명철이 너를 보호하여 ¹²악한 자의 길과 패역을 말하는 자에게서 건져 내리라. ¹³이 무리는 정직한 길을 떠나 어두운 길로 행하며 ¹⁴행악하기를 기뻐하며 악인의 패역을 즐거워하나니 ¹⁵그 길은 구부러지고 그 행위는 패역하니라. ¹⁶지혜가 또 너를 음녀에게서, 말로 호리는 이방 계집에게서 구원하리니 ¹⁷그는 젊은 시절의 짝을 버리며 그의 하나님의 언약을 잊어버린 자라. ¹⁸그의 집ᵃ은 사망으로, 그의 길은 스올로 기울어졌나니 ¹⁹누구든지 그에게로 가는 자는 돌아오지 못하며 또 생명 길을 얻지 못하느니라. ²⁰지혜가 너를 선한 자의 길로 행하게 하며 또 의인의 길을 지키게 하리니 ²¹대저 정직한 자는 땅에 거하며 완전한 자는 땅에 남아 있으리라. ²²그러나 악인은 땅에서 끊어지겠고 간사한 자는 땅에서 뽑히리라.

ᵃ "그의 집"(byth)을 "그의 길"(ntybth)로 수정했다. Waltke, *Proverbs 1-15*, 215-216 n. 24를 보라.

이 두 번째 강화에서는 아버지가 하나님을 아는 길⁵ᵇ절 —아굴 혼자서는 알 수 없는 길³⁰:⁴ —과 이 책에서 명철에 이르는 열쇠로 제시하는 여호와 경외⁵ᵃ, 참조. 1:7에 대해 아들에게 가르친다. 이에 더해 이 책 「잠언」의 목표, 곧 공의와 정의와 정직을 깨닫는⁹절, 참고. 1:3 힘을 아들에게 가르친다.

이 강화는 히브리어 알파벳의 글자 수인 22개의 구절로 이루어진 단일 복문複文이다. 이러한 형태는 비록 이합체 시와 다르긴 해도 수사학적으로 의도된 것이다. 이 강화는 놀라울 정도로 정교한 대칭 구조를 이루며, 이로써 질서정연한 도덕 세계를 반영한다. 이 강화는 논리와 의미 면에서 열한 개 구절로 이루어진 연stanza17 두 개로 구성된다. 1-11절에서는 경건한 성품의 계발을 다루며, 12-22절에서는 경건한 성품을 바탕으로 악한 남자12-15절와 악한 여자16-19절를 방어하는 일에 대해 다룬다. 더욱이 두 연은 각각 네 절로 짜인 두 개의 소절strophe과 세 절로 짜인 세 번째 소절로 구성되어 서로 대칭을 이룬다. 다음 표와 같다.

---

17 '연'과 '소절'의 정의에 관해서는 38쪽 "운율학"을 보라.

	1연(1-11절)	2연(12-22절)
	경건한 성품의 계발	경건한 성품에 기초한 방어
소절 1	조건들(1-4절) "만일……하며" "……하며" "……하면"	악한 남자에 대한 방어(12-15절) "너를……건져 내리라"
소절 2	결과 1: 신앙 교육(5-8절) "(그러면 네가)……를 깨달으며"	악한 여자에 대한 방어(16-19절) "너를……에게서 구원하리니"
소절 3	결과 2: 윤리 교육(9-11절) "(그런즉 네가)……을 깨달을 것이라"	결론: 영원한 삶(20-22절) "(네가)……행하게 되리라"

1연의 첫 소절^{1-4절}은 아들이 마음에 간직해야 하는 조건들을 설명한다
("내 아들아, 네가 만일……하면"). 둘째와 셋째 소절^{5-8, 9-11절}은 그렇게 해서
얻는 유익과 결과들을 설명한다. 두 가지의 커다란 유익과 두 가지의 결
과가 약속된다. 하나님의 보호하심을 깨닫게 하는 신앙 교육^{5-8절}과 아들
자신의 경건한 성품으로 자신을 보호하게 하는 윤리 교육^{9-11절}이 그것이
다. 이 유익들은 다음과 같이 교류 구조로 제시된다.

A 유익의 요약 : 신앙 교육("깨달으며")   5절

　B 입증 : "대저 여호와는 지혜를 주시며"   6절

　　C 결과 : 하나님의 보호하심("보호하시며……보전하려 하심이니라")   8절

A′ 유익의 요약 : 윤리 교육("깨달을 것이라")   9절

　B′ 입증 : "지혜가 네 마음에 들어가며"   10절

　　C′ 결과: 자신의 성품을 통한 보호("지키며……보호하여")   11절

A/A′에서 하나님에 관한 인격적 지식은 옳고 그름을 직관적으로 분별하
는 일의 토대가 된다. B/B′에서 지혜는 여호와에게서 나와 솔로몬의 영
감받은 말을 통해 전달되어 아들의 기꺼워하는 마음으로 들어온다. C/

C'에서는 교차 대구 구조가 여호와의 보호와 아들의 든든한 성품을 견고하게 연결한다.

여호와께서: 그를 보호하시며 또 보전하신다 (8a, b)

아들의 성품이: 그를 지키며 또 보호한다 (11a, b)

이러한 결과들로 인해 아들이 악인과 음녀에게서 구원받게 된다. 이 두 가지 구원이 다음과 같이 교류 구조로 제시된다.

A "악한 자의 길……에서 건져 내리라"   12절

  B "이 무리는 정직한 길을 떠나"   13절

    C "구부러진 길"에 관한 설명   14-15절

A′ "너를 음녀에게서……구원하리니"   16절

  B′ "그는 젊은 시절의 짝을 버리며   17절

    C′ 죽음으로 이어지는 그의 "길"에 관한 설명   18-19절

강화는 마지막 연^{20-22절}에서 절정에 이른다. 아들은 의인의 길을 걸어^{20절} 생명을 누리며,^{21절} 이에 반해 악인은 죽음에 이른다.^{22절} 젊은이는 생명의 길과 죽음의 길 가운데서 선택해야 한다.

조건들 2:1-4

이 강화는 다시 지혜문학의 논리인 행위^{1-4절}와 운명^{5-22절}의 연계성을 분명히 주장한다. 교훈의 구조를 다룰 때 살펴보았듯이, 운명이란 축적된 결과들이 전개되는 것이며, 각각의 결과는 그다음 결과의 원인이 된다.

2:1-2 첫째 조건은 아들에게 하나님 말씀을 성소 깊숙이 간직하고 있

는 솔로몬 성전과 같이 되라고 요구한다. "네가 만일……받으며"는 뒤에 나오는 모든 조건과 결과들을 위한 토대가 된다. 이 말은 아버지의 가르침을 진심으로 신뢰하고 순종하는 것을 뜻한다. 이러한 신뢰는 아버지의 사려 깊은 가르침과 하나님의 감화로 생겨난다.참조. 16:1, 고전 2:14 "나의 말"은 2절에서 "지혜"로 밝혀지며, 이 지혜는 하나님에게서 온다.6절 따라서 "나의 말"은 사실상 하나님의 말씀이다. 아버지의 권위는 흔히 주장하듯이 가장의 지위나 전통, 아니면 비인격적인 도덕 질서에 근거하는 것이 아니라 여호와께 근거한다.6절 결국 아들의 신앙은 아버지의 말을 통해 제시되는 하나님의 말씀에 대한 신앙인 셈이다. 아버지의 말은 형식 측면에서 보면 금언이지만, 기능으로 보면 윗사람이 아랫사람에게 주는 "계명"이며[18] 따라서 배반자가 되지 않기 위해서 반드시 따라야 하는 것이다. "간직하며"는 "귀중하게 여기다"라는 뜻으로, 사랑하는 마음으로 이 「잠언」을 암기하는 일을 가리키는 은유다. 이를 가리키는 솔로몬의 "구호"가 "네게 간직하며"—어디서든지 가까이 두라—이다. 참조. 6:22, 신 6:6-9

계명을 받는 데는 솔로몬이 가르치는 내용1:2인 "지혜"에 "네 귀를……기울"이는(다시 말해 관심을 쏟는) 일이 수반된다. "네 마음을……두며"(즉, "기울이며")는 어떤 사람이나 대상에 마음을 쏟거나 굴복하고 참조. 삿 9:3, 삼하 19:14, 왕상 11:3, 시 119:36 그 결과로 구체적인 행동을 하는 것을 의미한다.[19] "네 마음"은 66쪽의 "마음"을 보라. "명철"(69쪽 "지혜로운 자와 의로운 자를 가리키는 지적 용어들"을 보라)은 잠언과 금언들을 가리키는 환유다.

2:3-4 "참으로"(개역개정에는 번역되지 않았다―옮긴이)라는 말은 수동적으로 받아들이는 행위1-2절에서 적극적이고 주도적인 행위3-4절로 전환하는 것을 가리킨다. 의인화된 "지식을 불러 구하며"참조. 1:21는 지혜에게 어떻게 반응하는 것이 합당한지를 보여준다. 1:20-33을 보면 지혜가 소리

---

18 F. Stolz, *TLOT*, 2:1062, s.v. ṣwh.

19 참조. Fox, *Proverbs 1-9*, 109.

높여 미련한 자를 불렀으나 헛일이었다. "소리를 높이며"는 "불러 구하며"를 한층 더 강조한다. "명철"은 앞서 2절에서 다룬 내용을 보라.

"그것을 구하며"는 명철을 얻으려는 계획을 실현하고 원하는 일을 이루기 위해 열심히 찾는 것을 의미한다. "은^{다시 말해, 순은}을 구하는 것 같이"와 후반절에서 강조된 "감추어진 보배를 찾는 것 같이"라는 직유 표현들은 귀금속들이 매우 값지다는 점을 가정하고 그것들을 얻기 위해서는 큰 노력과 희생을 치러야 한다는 것을 뜻한다.^{참조. 4:7, 마 13:45-46} 간단히 말해, 고통이 없으면 얻는 것도 없다.

결과: 보호 2:5-11

신앙 교육과 하나님의 보호 2:5-8

2:5 논리어인 "그러면"(개역개정에는 번역되지 않았다—옮긴이)이 영적 조건들을 첫 번째 영적 결과로 이어 준다. 영적 결과란 "여호와 경외하기(이 책 「잠언」의 보물창고를 여는 열쇠)^{참조. 1:7}를 깨달으며"^{참조. 1:2, 6} 진지한 탐구의 결과로 인격적으로 "하나님을 알게"^{참조. 1:2, 7} 되는 것을 말한다(55쪽 "초월하시고 편재하시는 지고의 하나님"을 보라). 이 방법 외에 유한한 인간이 하나님을 인격적으로 알 수 있는 길은 없다. 이는 인간이 지닌 지식과 하나님을 아는 경험을 모두 가리키는 것으로 볼 수 있다.

2:6 이러한 관계적 지식은 "여호와"께서 탁월한 능력인 "지혜"와 "지식과 명철"을 주시기에 알 수 있는 것이며, 잠언 1:2에 따르면 이런 지식을 얻는 것이 이 책의 목적이다. 오직 하나님만이 지혜의 길을 아시는데,^{욥 28:12-28} 그 까닭은 하나님이 자기 존재로부터 지혜를 낳으셨기 때문이다.^{8:22-24} 여기서 말하는 것은, 동물의 본능적 지혜^{참조. 30:24-28}나 농부가 곡식을 가꾸는 실제적 지식,^{사 28:26, 29} 어린아이조차 어떤 일이 불공평하다고 외칠 수 있게 해주는 인간의 양심^{욥 22:22; 32장}처럼, 하나님께서 만물에게 일반 은총으로 주시는 지혜가 아니다. 오히려 본문에서 지혜란 하나

님께서 솔로몬과 지혜자들에게 계시하셔서 이 책을 채우게 하신 잠언과 금언을 가리킨다. 따라서 아버지의 말은 "그(여호와) 입에서" 나온 것이기에 하나님의 권위를 담고 있다. 이는 아버지의 입이 하나님의 입을 대신하는 것으로 제시한 의인화다. 이로써 「잠언」은 모든 성경과 마찬가지로 하나님의 숨결로 영감된 책이라는 사실이 분명해진다. 딤후 3:16

2:7 이러한 신앙 교육의 결실로는 여러 가지가 있으나 특히 하나님께서 악인의 치명적 배교와 음녀의 치명적 부도덕으로부터 보호해 주시는 것을 들 수 있다.¹²⁻¹⁹절 "그는 정직한 자를 위하여 완전한 지혜(즉 '건전한 판단력', 78쪽 "지혜로운 자가 받는 보상: 생명"을 보라)를 예비하시며"라는 은유는 아들이 지혜를 쌓는 일과 관련된다. 여호와께서 친히 "행실이 온전한 자"의 손에 들린 "방패"가 되신다(72쪽 "지혜로운 자와 의로운 자를 가리키는 윤리적 용어들"을 보라). 이에 대한 폭스의 설명은 유익하다. "하나님의 보호하심은 지식과 상관없는 보상이 아니라 지식에 따르는 결과다."²⁰

2:8 방패이신 여호와는 "정의의 길을 보호하시며"참조. 1:3 그 길을 걷는 사람들이 해를 당하지 않도록 지키셔서 그들에게 운명으로 정해진 영원한 삶에 이르게 하신다. 윤리적 용어인 "정직"과 "정의"는 자연스럽게 신앙 교육⁶⁻⁸절에서 윤리적인 실천⁹⁻¹¹절으로 이행하도록 이끈다. 7절에 나오는 "정직한 자"와 "행실이 온전한 자"들이 여기서 "그의 성도들"—하나님과 언약을 맺어 그분께 신실한 사랑을 보이고 다른 사람들에게 값진 친절을 베푸는 사람들참조. 17:17 —과 동일시된다. 하나님의 보호는 하나님께서 그들을 "보전"하시는(즉, 헤아리시고 조심스럽게 보호하시는) 일로 이루어진다. 단수형 "길"(고속도로)⁸ᵇ절과 복수형 "길[들]"(중심도로에서 갈려 나온 길들)⁸ᵃ절의 조합은 기본적인 헌신 위에 다수의 파생적인 선택들이 얽혀서 삶이 이루어진다는 것을 보여준다. 하지만 본질적으로는 오직

---

20   M. V. Fox, "Pedagogy of Proverbs 2," *JBL* 113 (1994): 239.

두 가지 길, 곧 지혜와 의로움의 길 또는 어리석음과 악의 길이 있을 뿐이다. 4:26

윤리 교육과 성품 보호 2:9-11

2:9 논리어인 "그런즉"은 윤리 교육을 1-4절의 기본 조건들 및 5-8절의 신학 교육과 연결한다. "네가 공의와 정의와 정직……을 깨달을(곧 '분별할') 참조. 1:5 것이라"는 1:3을 반복하는 구절로, 「잠언」의 목적을 밝혀 준다. 이 세 가지는 "인생길" 참조. 16:17을 가리키는 은유인 "모든 선한 길"로 확장된다. "선한"은 아름다움이나 유익을 뜻하며, 따라서 바람직한 것을 가리킨다. 이 말에 해당하는 라틴어가 *util* 유익과 *frui* 아름다움인데, 예를 들어 태양은 유익 *util*하고 석양은 아름답다. *frui*

　2:10 "곧"이라는 말로 설명을 시작한다. 여호와의 "지혜가" 아버지의 말을 통해 "네 마음에 들어가며" 그렇게 해서 하나님과 지혜로운 자의 인격적인 관계가 이루어진다. 이 영적인 "지식이 네 영혼(65쪽 "네페쉬"를 보라)을 즐겁게 할 것"인데, 그 이유는 신앙적 정서 religious affections가 변했기 때문이다. 이를 가리켜 예언자들은 언약을 지키는 "새 마음"이라고 불렀으며, 렘 24:7; 31:31-34; 32:37-41, 겔 36:26 예수는 "거듭남"이라고 불렀다. 요 3:7, 참조. 고후 3:3 거듭난 사람에게는 하나님의 말씀이 꿀보다 더 달고, 시 19:10 하나님의 계명이 더는 무거운 짐이나 불가능한 일이 아니다. 이에 반해 죄인들은 악한 일을 좋아하는데, 2:14; 9:17 그들에게 하나님의 법은 괴로운 굴레다. 시 2:1-3

　2:11 아들의 성품이 도덕적으로 다듬어진 결과로 "근신"(69쪽 "지혜로운 자와 의로운 자를 가리키는 지적 용어들"을 보라)이 그를 "지키며" 힘을 불어넣어서는 유혹에 맞서 이겨 낼 수 있게 해준다. 이제 그의 마음에 깃든 "명철" 1:2이 그를 "보호"한다. 하나님의 지혜를 교사의 말을 통해 들을 수 있듯이, 하나님의 보호하심은 아들의 다듬어진 성품을 통해 효력을 발휘한다.

보호하심의 목적 2:12-22

여기서 보호는 손쉬운 돈벌이와 성을 앞세우는 악한 남자와 여자의 유혹에서 벗어나는 일로 제시된다. 그렇게 구원받은 아들은 선하고 의로운 사람들이 가는 길, 곧 풍성한 삶으로 이어지는 길로 걸어간다.²⁰⁻²²절

악한 남자들을 막아 냄 2:12-15

2:12 이 평행구를 하나로 뭉뚱그리면, 하나님의 보호하심의 목적은 "패역을 말하는……악한 자의 길"에서, 예를 들어 처벌도 겁내지 않고 무고한 사람의 재산을 빼앗고자 유혹하는 악인에게서 ¹:¹⁰⁻¹⁴ 너를 "건져 내리라"는 것이다. 이 강화는 아들이 자기의 힘으로는 유혹에서 벗어날 수 없다는 점을 함축한다. 평화로운 에덴동산에서 순결한 아담과 하와가 사탄의 유혹을 이길 수 없었다면, 타락한 사회에 사는 타락한 아들은 얼마나 더 어려움을 겪겠는가?

  2:13 사악한 유혹자는 "정직한(올바른, 72쪽 "지혜로운 자와 의로운 자를 가리키는 윤리적 용어들"을 보라) 길⁸절을 떠나" 있는 자라고 규정된다. "떠나다"라는 말은 흔히 여호와를 배신하는 경우에 사용된다.신 28:20; 29:24; 31:16, 렘 1:16; 9:12 넓게 보아 변절자는 언약의 가정에서 자랐음에도 이스마엘과 에서처럼 아브라함의 믿음과 도덕성에 전혀 관심이 없었던 사람들을 말한다.참조. 창 18:19 ²¹ 지혜자의 도덕적 빛을 거부한 배교자들은 "어두운 길로 행"할 수밖에 없다.¹⁵절

  2:14 그들을 가리켜 "행악하기를 기뻐하며"라고 묘사한 것은 그들의 내면이 불신앙과 비도덕성으로 썩었다는 것을 가리키는데, 그들의 이런 면모는 "악인의 패역을 즐거워"하는 데서 겉으로 드러난다. 폭스에 따르

---

21   오늘날 서구 문화권에 속한 많은 젊은이들은 기독교 유산에 관해 알지 못한다. 이는 부분적으로 교회의 책임이다. 그렇다고 해서 젊은이들이 무죄가 되지는 않는다. 양심의 빛이 그들에게 옳고 그름을 가르치기 때문이다.롬 2:14-15

면 "악인들은 보상을 얻고자 악을 행할 뿐만 아니라 적극적으로 악을 즐긴다."[22] 에이트킨에 의하면, "밀턴이 묘사한 사탄처럼 그들은 '악이여, 당신이 나의 신이다'라는 좌우명을 따른다."[23]

2:15 "정직한 길"[13a절] 곧 "곧은 길"과는 대조적으로 그들의 "길은 구부러"졌다. 브루그만[Brueggemann]은 "구부러진" 행위를 가리켜, 자기 이익을 위해 공동체에서 어긋나 공동체에 반대하는 뒤틀린 행위라고 규정한다.[24] 이렇게 "패역한"(곧 바른길에서 벗어난) 악인의 말과 행위는 뒤틀려 있다.[8:8; 19:1; 28:6] 어둠 속에서 구부러진 길을 걸으며 패역한 행위를 따르는 자는 누구나 죽음으로 떨어진다.[4:12; 22:5] 여호와는 이처럼 패역한 자를 미워하신다.[3:32]

음녀를 막아 냄 2:16-19

이 단락에서 음녀가 처음 소개되며, 지혜가 음녀로부터 아들을 구원할 것을 약속한다. 음녀가 어느 정도 위험한지는 아버지의 마지막 세 강화[5-7장]에서 음녀를 주제로 다룬다는 사실에서 확인할 수 있다.

2:16 1-9절에서 제시한 조건들은 또한 아들을 부정한 성적 유혹에서, 곧 이스라엘의 언약적 가치들 밖에 있는 "이방 계집"인 "음녀에게서" "구원"하는 것을 목표로 한다(97쪽 "음녀"를 보라). 음녀는 올리브유처럼 부드럽게 "호리는" "말로" 유혹한다. 부모는 마지막 강화[7:13-21]에서 음녀의 부드럽고 기만적인 말을 폭로함으로써 아들을 경계시킨다. 음녀는 자기 애인에게 자신을 다 내어 줄 듯 약속하나, 사실은 그를 미워하며[26:28] 자기 목적을 위해 이용하려고 한다. 음녀는 하나님의 정의롭고 도덕적인 질서 안에서 무고한 사람을 고의로 죽음에 이르게 하고, 뜻하지 않게 자기 자

22　Fox, *Proverbs 1-9*, 117.

23　Aitken, *Proverbs*, 32.

24　W. Brueggemann, "A Neglected Sapiential Word Pair," *ZAW* 89 (1977): 244.

신까지 죽음으로 몰아간다.

2:17 "그는 젊은 시절의 짝을 버리며"는 음녀가 저지른 부정이라는 치명적인 죄를 여실히 폭로한다.[13절] 구두계약을 지키는 일을 하찮게 여기는 사회는 빠르게 무너진다.참조.미 7:1-7 "젊은 시절의 짝"은 자기의 인도자이자 선생이었던 남편을 가리키는 환유 표현이다(95쪽 "남편과 아내"를 보라). "잊어버린"은 정신적인 타락과 도덕적 타락 모두를 뜻한다. 이 말은 도덕적인 면에서 음녀가 예전의 충절을 버렸다—의미상 '기억하다'의 반대말—는 것을 뜻한다. "그의……언약"은 그가 결혼하면서 졌던 "짐"이나 "의무"를 가리킨다. 여기에 덧붙인 "하나님의"는 창조주께서 그 여자가 맺은 혼인 서약의 보증인이자 증인이요, 나아가 작성자가 되신다는 사실을 뜻한다(100쪽 "변절한 아내"를 보라).

2:18 음녀가 성적인 천국으로 이끌어 주리라는 생각으로 음녀와 어울린 철부지 청년은 그 여자의 길이 "사망으로" 이어진다는 것을 깨닫는다. 그 이유는 여호와께서 방탕한 자는 죽도록 정하셨기 때문이다.5:21-23, 참조. 삿 16:1-22 음녀의 "길"은 확실히 "스올"죽은 자의 거처, 레파임(rapā'im)로 기울어져 있다.[25]

2:19 "누구든지(예외는 없다) 그에게로 가는 자"바에하(bā'éhā), 참조. 창 16:2, 잠 16:19라는 말은 육체관계를 가리키는 강한 이미지다. 그들은 죽은 자의 거처에서 "돌아오지 못하며", 그래서 음녀는 돌아올 수 없는 땅의 입구가 된다. 분명코 그들은 "돌아오지 못하며 또 생명 길을 얻지 못"한다.

"잠언"의 어근은 비교나 유비analogy라는 의미를 지니기 때문에(43쪽

---

25   '레파임'rapā'im을 '유령'이나 '죽은 자의 혼'으로 번역하는 것은 구약성경에서 말하는 사후의 삶이라는 그릇된 이론으로 이어질 수 있다. 역사서에서 '레파임'은 가나안의 특정 지역에 정착한 인종 집단이나 무리를 가리킨다. 이 말은 히브리 시가서 26:5, 시 88:10, 잠 2:18, 9:18, 21:16, 사 14:9, 26:14, 19에서 여덟 차례에 걸쳐 비유로, 그리고 죽음/죽은 자에 대한 평행구로 사용된다. 또한 우가릿 문헌에서는 지하 세계의 신성한 존재나 죽은 왕을 가리키는 말로 등장한다.

"잠언"을 보라), 이 강화에서 진술된 구체적인 문자적 진리는 (유비를 통해) 한 사람의 삶을 좀 더 폭넓게 판단하는 데 활용될 수 있다. 역사적인 면에서 성적인 부정은 여호와께 대한 영적인 부정을 나타내는 패러다임으로 볼 수 있다. 솔로몬의 성적 타락은 그가 영적으로 타락하는 원인이 되었는데, 성적인 것과 영적인 것은 존재론적으로 서로 얽혀 있기 때문이다. 예언자들은 결혼을 이스라엘과 여호와의 관계를 나타내는 은유로 자주 사용했다. 이 여자가 혼인 서약을 깨뜨린 것은 오늘날 언약의 자녀들이 그리스도와 맺은 언약을 깨뜨리는 일에 상응한다. 그 결과 결국 죽음을 맞게 될 것이다. 하지만 뒤에 이어지는 강화들에서 아버지가 음녀의 유혹을 밝히고 경제에 관한—신앙 문제가 아니라—주장들을 펼치는 데서 확인할 수 있듯이, 이 구절은 우선 역사적 의미로 이해할 필요가 있다.

결론: 이 세상의 삶과 죽음 2:20-22

부모는 이 두 번째 강화를 끝내면서, 자신들의 첫 번째 강화[1:19]에서 가르치고 지혜도 자신의 설교[참조. 1:32-33]에서 주장한 것처럼, 지혜로운 사람은 미래에 영구히 살고 악인은 소망 없는 죽음으로 삶을 끝낸다는 포괄적인 약속을 제시한다.

2:20 "그러므로"('지금까지 말한 모든 것의 결과로.'[26] 개역개정에는 번역되지 않았다—옮긴이) 너는 "선한 자[참조. 2:9]의 길로 행하게"[1:15] 될 것이다. 그리고 악한 사람에게서 보호받아 "의인의 길을 지키게"('신중히 따르게')[참조. 2:8] 된다. 그리스도가 이 일의 모범이 되신다.[빌 2:5 이하]

2:21 "대저"(확실히)라는 말로 뒤에 이어지는 약속을 강조한다. "정직한 자(7절과 연결된다)는 땅에 거"하게 된다.[참조. 10:30, 시 37:9, 11, 22, 28, 29, 34] 여기

---

26   H. A. Brongers, *"Die Partikel lm'n in der biblisch-hebraischen Sprache," OtSt* 18 (1973): 89.

서 "땅"은 그 안에 사는 생명을 가리키는 환유다.[27] 이 땅은 시체로 가득한 무덤[18-19절]과 확연한 대조를 이룬다. "완전한 자(72쪽 "지혜로운 자와 의로운 자를 가리키는 윤리적 용어들"을 보라)는 땅에 남아 있"게 된다. 그린스톤[Greenstone]은 "여기서 제시하는 그림은 악한 사람은 완전히 제거하고 순결하고 의로운 사람만 살도록 허락된 땅이라는 그림이다"라고 말한다.[28] 의로운 자들이 듣는 최후의 말이 "생명"이다.

2:22 의로운 자의 밝은 운명과는 대조적으로 "악인(84쪽 "악인과 미련한 자를 가리키는 윤리적 용어들"을 보라)은" 그의 삶의 원천인 "땅에서 끊어"지게(즉 소멸하게) 된다.[10:30; 14:32; 15:25, 마 3:10] 이것이 여호와께서 그들에게 내리시는 법적 선고다. 여기서 "끊어지다"카라트(kārat)라는 말은 소멸[29]과 추방[30]을 뜻한다. 빌레미에[R. Vuilleumier]에 따르면, 이 말은 완전히 뿌리 뽑아 추방하는 것을 뜻한다.[31] 그렇다면 이 말은 악한 자들이 땅을 더럽히고 의로운 자와 하나님의 관계를 위협하기 때문에 땅에서 끊어지게 된다는 것을 의미한다. 이 수동태 문장은 하나님이 적극적으로 일하신다는 것을 의미한다. 다시 말해 하나님이 행위 주체시다.[참조, 5:21] 악인들은 "간사한 자"("기존의 확립된 관계에 충실하지 않다"라는 의미)라고 불리는데, 이 말은 변절자를 가리키기에 적합한 용어다.[13, 17절] 분명코 그들은 "땅에서 뽑히"게 되고 그래서 좋은 땅에서 그들의 생명을 이어갈 수 없게 된다.[참조, 신 28:63, 마 5:5, 계 21:7-8]

27 시 37:9, 11, 29, 34과 마 5:5을 비교하라. "땅"은 율법서와 예언서에서 주로 이스라엘에게 약속된 가나안 땅을 가리키지만, 「잠언」에서는 이스라엘의 역사적 언약과 관련되는 경우가 없다.

28 J. H. Greenstone, *Proverbs with Commentary* (Philadelphia: The Jewish Publication Society of America, 1950), 24.

29 '카라트'는 사람을 주어로 하는 니팔형 어간에서 이와 같은 의미를 지닐 수 있다.

30 J. L. Mayes, *Micah*, OTL (Philadelphia: Westminster, 1976), 125-126.

31 R. Vuilleumier, "Michée," in *Michée, Nahoum, Habacuc, Sophonie,* by R. Vuilleumier and C.-A. Keller, CAT 11b (Neuchâtel: Delachaux & Niestle, 1971), 66.

강화 3: 여호와의 약속과 아들의 의무 3:1-12

[1] 내 아들아, 나의 법을 잊어버리지 말고 네 마음으로 나의 명령을 지키라. [2] 그리하면 그것이 네가 장수하여 많은 해를 누리게 하며 평강을 더하게 하리라. [3] 인자와 진리가 네게서 떠나지 말게 하고 그것을 네 목에 매며 네 마음판에 새기라.[32] [4] 그리하면 네가 하나님과 사람 앞에서 은총과 귀중히 여김을 받으리라.[33] [5] 너는 마음을 다하여 여호와를 신뢰하고 네 명철을 의지하지 말라. [6] 너는 범사에 그를 인정하라. 그리하면 네 길을 지도하시리라. [7] 스스로 지혜롭게 여기지 말지어다. 여호와를 경외하며 악을 떠날지어다. [8] 이것이 네 몸에 양약이 되어 네 골수를 윤택하게 하리라. [9] 네 재물과 네 소산물의 처음 익은 열매로 여호와를 공경하라. [10] 그리하면 네 창고가 가득히 차고 네 포도즙 틀에 새 포도즙이 넘치리라. [11] 내 아들아, 여호와의 징계를 경히 여기지 말라. 그 꾸지람을 싫어하지 말라. [12] 대저 여호와께서 그 사랑하시는 자를 징계하시기를 마치 아비가 그 기뻐하는 아들을 징계함 같이 하시느니라.

세 번째 강화는 여섯 개의 4행 연구로 이루어진다(38쪽 "운율학"을 보라). 이 강화에서는 두 구절씩 묶어서 각각의 홀수 절은 명령을, 짝수 절은 동기를 부여하는 여호와의 약속을 제시한다. 이 강화의 구조는 서론(아버지의 법을 지키라, 1-4절)과 본론(여호와를 신뢰하라, 5-10절), 결론(여호

---

32 "네 마음판에 새기라"는 구절이 마소라 본문과 불가타 성경, 타르굼, 시리아 사본에는 나오지만 고대 그리스어 역본에는 빠져 있다. 이는 원문에서 동어 반복homoioteleuton 때문에 생겨난 중자 탈락grgrwtyk……lbk이 아니고, 오히려 그 구절을 7:3에서 온 초기의 주석으로 볼 수 있는 근거가 된다. K. 하임(K. Heim, *Poetic Imagination in Proverbs: Variant Repetitions and the Nature of Poetry*, BBRSup 4 [Winona Lake, IN: Eisenbrauns, 2013], 111)은 「잠언」에서 반복되는 구절은 모두 주석으로 볼 수 있기에 "여기서 부분적인 행들 가운데 하나를 제외하는 것은 독단적 판단이 될 수 있다"고 주장한다. 하지만 우리 두 저자는 반복되는 다른 구절을 주석으로 보지 않는다. 해당 본문의 구절은 고대 그리스어 역본에 나오지 않으며, 이 인용구에 나오는 삼중 콜론tricola은 예외에 해당한다.

33 문법적 명령형인 "은총……을 받으리라"는 목적이나 결과를 가리킨다.

와의 징계를 경히 여기지 말라, 11-12절)으로 이루어진다. 아래와 같이 구
조를 도식화할 수 있다.

명령(홀수 절)		동기를 부여하는 약속(짝수 절)	
서론			
1절	나의 명령을 지키라.	2절	장수와 평강
3절	변함없는 사랑을 놓치지 말라.	4절	하나님과 사람에게 은혜를 입음
본론			
5-6a절	여호와를 신뢰하라.	6b절	평탄한 길
7절	여호와를 경외하라.	8절	치유
9절	여호와를 공경하라.	10절	번영
결론			
11절	징계를 가볍게 여기지 말라.	12절	"아버지"의 사랑이 증거됨

아버지의 명령은 법(가르침)을 지키는 일[3:1]에서부터 윤리적 행동의 실
천[3절]과 적극적인 신앙심,[5절] 겸손,[7절] 예배,[9절] 순종[11절]으로 이어진다. 약
속은 오직 여호와만 이루실 수 있으며, 아들이 아버지의 가르침에 순종
할 때 그 일을 이루신다. 아버지의 가르침을 여호와를 신뢰함 및 그분의
약속들과 결합함으로써 아버지의 명령이 여호와의 권위에 근거하게 된
다. 이 강화는 인간 아버지의 가르침으로 시작해서 하늘 아버지의 징계
로 끝난다.[참조. 2:6][34] 결론에서는 아버지가 사랑의 마음으로 흠 있는 아들
을 훈계하여 아들이 확실하게 아버지의 약속을 물려받게 된다고 말한
다. 하지만 이 약속들은 성취를 논하기 전에 박탈을 언급하는 반대 잠언
들[counter-proverbs]에 비추어 그 의미를 밝힐 필요가 있다(80-84쪽 「'잠언'은
너무 많은 것을 약속하는가?」를 보라).

---

34 C. A. Newsom, "Woman and the Discourse of Patriarchal Wisdom: A Study of Proverbs
1-9," in *Gender and Difference in Ancient Israel*, ed. P. L. Day (Minneapolis: Fortress, 1989),
149-151.

서론: 아버지의 법을 지키라는 명령 3:1-4

3:1-2 "나의 법"과 "나의 명령"은 1:8의 반복이다. "잊어버리지 말고 참조. 2:17 네 마음으로(66쪽 "마음"을 보라)……지키라"는 훈계는 아들이 그 명령들을 기억함으로써 그 명령들이 아들을 보호하게 된다는 것을 뜻한다. "그리하면"은 "장수하여 많은 해를 누리게" 된다는 약속을 소개하는데, 이것은 장수와 풍요로운 삶(78쪽 "지혜로운 자가 받는 보상: 생명"을 보라)을 가리키며, 다른 곳에서는 지혜 3:16와 여호와 경외 10:27를 통해 이러한 삶을 얻게 된다고 말한다. 이 명령과 약속은 십계명의 제5계명을 반복한 것이다. 신 5:16, 참고. 출 20:12, 엡 6:2 "평강 살롬(šālôm)[과 번영]"은 "삶"이 혼돈과 궁핍에서 자유롭게 된 상태를 가리킨다. 평강 없이 오래 사는 것은 좋지 않다. "더하게 하리라"는 양("많은 해")과 질("평강[과 번영]")이 증대하는 것을 뜻한다.

3:3-4 여기서는 법(가르침)을 구체적으로 "인자와 진리"로 규정한다(74쪽을 보라).[35] 3:27-30에서는 이것을 약한 사람을 돕는 것이라고 밝힌다. 허버드 D. A. Hubbard에 따르면 이 미덕들은 "매 순간의 선택과 행동에 영향을 끼친다." 참조. 호 4:1-3 [36] 지혜자는 이 두 미덕을 의인화하여, 그것들이 "네게서 떠나지 말게"하라고(곧, 1절에서 말한 대로 그것들을 잊어버리지 말라고) 참조. 2:17의 평행구 다급하게 명령한다. "그것을 네 목에 매며"는 이 가르침들을 목걸이에 비유하는데, 이는 보호와 인도와 영생과 사회적 영예를 상징한다.1:9 "그리하면"은 보상으로 약속되는 것이 무엇인지 밝히는데,2:5 이 약속은 인간의 두 가지 기본 관계, 곧 "하나님"과 "사람"과 맺는 관계와 관련된다.64쪽을 보라. 참조. 눅 2:52, 롬 12:17 "은총"(어떤 사람이나 일에 대한

---

35 폭스는 다수의 주석가들과는 달리 "인자와 진리"가 제자들을 향한 하나님의 인자하심을 가리킨다고 주장한다. 이런 해석에 반대하여 월키가 *The Book of Proverbs: Chapters 1-15*, NICOT (Grand Rapids: Eerdmans, 2004), 241에서 제시하는 견해를 보라.

36 Hubbard, *Proverbs*, 70.

호의적인 태도)은 억지로 끌어낼 수 있는 것이 아니며, 소중한 관계를 유지하기 위해 일방적이고 자발적으로 베푸는 것이다. "(……하게) 여김"(평판)은 "사람들이 어떤 사람을 바라보는 방식"[37]을 말하며, 여기서는 "귀중히" 여김을 받는 것을 말한다. "앞에서"는 "……의 의견에 따르면"이라는 의미이지만, 문자 그대로의 의미일 수도 있다. 즉, 어떤 사람이 다른 이에게 웃음을 보일 때처럼 "어떤 사람의 눈에 비친 모습"을 말할 수 있다.[38]

본론: 여호와를 신뢰하고 경외하고 공경하라 3:5-10

3:5 여호와를 "신뢰"하라는 말은 위험 가득한 현실에서 그분을 의지하여 안정감을 누리라는 뜻이다. 하지만 「잠언」에서 영감된 부모를 통해 여호와께서 주시는 특별한 가르침이 없다면 이 명령은 진부한 말이 되어 버린다.[2:6] 「잠언」은 하나님이 그 뒷배가 되시기 때문에 아들이 「잠언」 자체가 아니라 철저히 하나님을 신뢰할 때에야 효과가 있다. 사실 「잠언」은 이스라엘 백성에게 언약을 지키시는 하나님을 믿는 삶을 가르치기 위해 기록되었다.[22:19] 지혜 있는 사람은, 악한 자가 번성하고 신실한 사람이 고난을 겪는 모순된 형편에서도 여호와께서는 도덕 질서를 (당신의 때를 따라 당신의 방식으로) 엄정하게 그리고 (인간의 행실에 따라) 합당하게 주관하시는 분이심을 믿는다. "마음을 다하여"는 '자기 존재와 행위 전체로'라는 의미인데, 모든 행위가 마음에서 나오기 때문이다.[4:23] "네 명철을 의지"한다는 것은 여호와를 신뢰하는 것과 정반대다. 여호와를 신뢰하는 온전한 헌신은 여호와를 향한 배타적인 헌신을 수반한다. 의지하지 "말라"는 말은 부러진 목발을 의지하듯 명철을 의지하지 말라는 뜻이다. 어리석은 자만이 자기의 초라한 지식을 의지하거나 불완전하고 신뢰할 수 없는 명철을 의지한다.[26:5, 12, 16; 28:26a; 특히 30:1-6, 욥 38:4-5]

---

37 Fox, *Proverbs 1-9*, 147.

38 J. Fabry, *TDOT*, 5:24, s.v. *ḥānan*.

3:6 여기서 아버지는 "범사에"라고 말함으로써 온전하고 전적인 헌신에 철저한 헌신이라는 뜻을 더한다. 참조. 1:15; 2:8 흔히 "그를 인정하라"로 번역되는(예를 들어, NIV, NASB, NKJV, NRSV에서) 구절은 원래 "그의 현존을 체험하라"('다에후,' *dāʿēhû* 어근 '야다' *ydʿ* 에서 온 말, 문자적 의미는 "그를 알라"이다)는 말로서, "그를 고백하다"는 의미다. 그러나 이 설명은 '다에후'의 의미를 다 담아내지 못하는데,[39] 이 말은 좀 더 인격적인 지식─어떤 인격 존재와의 친밀한 경험 참조. 1:2 ─을 가리킨다. 보터베크Botterweck에 따르면 "여호와를 안다는 것은 실제적이고 종교-윤리적인 관계를 가리킨다."[40] 에반스John F. Evans도 이에 동의하여 "야다 *ydʿ*는 하나님에 관한 교리 내용을 이해하는 것보다는 사람이 하나님을 경험하는 것과 더 밀접한 관계가 있다"고 말한다.[41] "그리하면 네 길을 지도하시리라"는 네가 여호와를 인정하면 그분께서 네 길을 "곧고 평탄하게" 하시리라는 뜻이다. 여기서 "곧다"는 의롭고 정직하고 올곧아서 언약에서 어긋나거나 떨어져 나가지 않는 태도 2:13; 9:15를 가리키는 비유적 표현이며, "평탄하다"는 '일이나 행동의 성공' 참조. 3:23; 4:12, 사 40:3을 의미한다.[42] "네 길"은 "범사"와 어울리는 평행구다. 이 약속이 얼마나 엄청난 일인지는 사람의 삶을 벌레의 눈이 아니라 새의 눈으로 바라볼 때야 비로소 깨달을 수 있다. 그럴 때 비로소 "하나님은 구부러진 선으로 곧게 글을 쓰신다"[43]는 것을 실감하게 된다.

3:7 이 구절에서 부정문과 긍정문으로 된 충고는 5-6절의 긍정문과

---

39   F. Delitzsch, *Biblical Commentary on the Proverbs of Solomon*, trans. M. G. Easton (Edinburgh: T & T Clark, 1874; repr., Grand Rapids: Eerdmans, 1983), 81.

40   Botterweck, *TDOT*, 5:469, s.v. *yāḏaʿ*; cf. Terence Fretheim, *NIDOTTE*, 2:413, s.v. *ydʿ*.

41   John F. Evans, *You Shall Know That I AM Yahweh: An Inner-Biblical Interpretation of Ezekiel's Recognition Formula*, BBRSup 25 (University Park, PA: Eisenbrauns: 2019), 228.

42   L. Alonso-Schökel, *TDOT*, 6:466, s.v. *yāšar*.

43   포르투갈 속담.

부정문으로 된 충고와 교차 대구 구조를 이룬다. "스스로 지혜롭게 여기지 말지어다"(곧 하나님의 말씀 대신 자기의 꾀를 의지해서는 안 된다)참조 사 5:21라는 충고는 "내 방식대로" 행동하는 교만한 개인주의자—이 상태는 미련한 자가 되는 것보다 더 나쁘다26:12, 참조. 롬 12:16 —가 되지 않도록 한다.[44] 이 구절은 다른 사람의 유익을 구하라는 하나님의 훈계를 담고 있다는 점에서 윤리적 차원도 지닌다. 하지만 인간은 이 훈계 대신에 자신을 기쁘게 하는 자기 지혜를 따랐다.약 3:14-16 아버지는 반의적 평행구를 통해 "여호와를 경외"(74쪽 "여호와 경외"를 보라)하라는 긍정문 충고를 제시하는데, 이로써 5a절에 나오는 "여호와를 신뢰"하라는 충고를 보완한다. 마지막 부정문 명령인 "악을 떠날지어다"는 하나님을 경외하라는 긍정문 명령과 분리할 수 없다. 이 두 명령은 동전의 양면과 같다. "떠나다"라는 말은 정해진 방향에서 벗어나는삼상 6:12 것으로, '피하다'라는 개념을 함축한다.

3:8 여호와를 경외하며 악을 멀리하는7절 사람에게 약속되는 보상은 영과 정신과 육체를 치유하는(이전의 복된 상태로 회복시키는) "양약" 경험이다. 죄는 인간을 병들게 하고 죽음의 길로 던져 넣는다. 하지만 여호와를 신뢰하고 뿌리 깊은 악에서 떠나면 총체적인 치유를 경험하게 되는데, "네 몸"과 "네 골수"라고 말하는 대조제유법 merism이 이러한 총

44　이 충고에서 아버지가 아들이 빠지지 않게 하려 한 어리석음은 프랭크 시나트라의 유명한 노래 "마이 웨이"My Way. 1969가 잘 설명해 준다. 오늘날에도 영국에서 가장 많은 사랑을 받으며 특히 장례식에서 많이 연주되는 이 노래는 "모든 인생 경로를 스스로 계획하고 굳세게 그 길을 걸어 왔으며, 무엇보다도……내 방식대로 살아온" 강인한 개인을 높이 찬미한다. 마지막 연에서 절정에 이르러 "남자란 무엇인가? 그가 가진 것이 무엇인가?"라고 묻고는 이렇게 답한다. "자기 자신 외에는 아무것도 없다. 비굴한 자의 말이 아니라 스스로 깨달은 바를 말하는 것이다." 훗날 시나트라의 딸은 아버지의 평판에 대해 이렇게 말했다. "아버지는 늘 그 노래가 이기적이고 독선적이라고 생각하셨습니다.……아버지는 그 노래를 좋아하시지 않았어요. 그 노래가 달라붙었고 아버지는 그 노래가 아버지에게 달라붙어 좀처럼 떼어 버릴 수 없었다고 하셨습니다."("Sinatra 'Loathed' My Way," BBC News, October 30, 2000).

체적인 치유를 가리킨다. "네 몸"(본래의 의미는 '배꼽'이다—옮긴이. 이 말
은 이곳 외에 겔 16:4, 아 7:2에만 나온다)은 신체 전부를 가리키는 제유
법synecdoche이며, "골수"는 정신을 가리키는 은유다.참조. 시 51:8 간단히 말해,
하나님과의 바른 관계는 그저 질병이 없는 상태로 인도하는 데서 끝나
는 것이 아니라 육체적, 정신적으로 완전히 복된 상태에 이르게 한다는
것이다.

3:9 다음 충고는 아들에게 외적인 예배를 통해 내적 경건5,7절을 증명
해 보이라고 한다. 어근에서 "무겁다"라는 뜻을 지니는 "공경하라"는 여
기서 "네 재물"로, 특히 곡식이나 짐승의 "소산물의 처음 익은 열매로"—
가장 좋은 것으로참조. 민 18:12-13, 겔 48:14 —예물을 드리는 구체적 행동을 가
리키며, 그 예물을 받는 사람이 가치 있음을 인정하는 것이다. 그러나 뜨
거운 정성이 담기지 않은 희생 제물은 받아들여지지 않는다. 아들이 자
기 제물에 사랑과 신뢰와 헌신의 기름을 붓지 않으면 가인의 경우처럼창
4:3-5 여호와께서 용납하지 않으신다.

3:10 인간 편에서 가장 좋은 것을 바칠 때 하나님도 똑같이 갚아 주신
다고 약속하신다. "그리하면……가득히 차고"는 9절의 충고를 따를 때
나타나는 논리적 결과를 말한다. "창고"는 곡식과 밭작물로 가득 채워진
다. "가득히"는 풍성함을 가리키며 곡물에 대한 환유로 볼 수 있다. 하나
님께서는 참되게 예배하는 자들에게 보상으로 그들의 생명을 지켜 주신
다.신 28:8, 대하 31:5-10, 말 3:10, 빌 4:10-19 "가득히"와 더불어 "새 포도즙"은 음식물
의 완전한 공급을 뜻하는 대조제유법이다. "새 포도즙"이란 "포도 짜는
틀로 짜기 전에 흐르는 즙으로 만든 매우 진한 포도주다."45 "네 포도즙
틀"은 짜낸 포도즙을 모아두는 돌로 된 용기를 말한다. 포도즙 틀을 복수
형으로 표기한 것은 포도의 수확이 엄청나서 통들이 "넘치"게 될 것이기

45　F. S. Fitzsimmonds, "Wine and Strong Drink," in *NBD*, 1254.

에 그런 통이 여러 개 필요하다는 것을 뜻한다.

결론: 여호와의 징계를 거부하지 말라 3:11-12

3:11 아버지가 인격 형성기를 맞은 아들을 가르치는 훈계로 시작된 이 강화는, 아들이 살아가는 동안 여호와께서 사랑으로 행하시는 징계에 주목하라는 것으로 결론을 내린다. 이 결론에서는 아들이 나쁜 길로 빠져서 하나님께서 복 대신에 벌을 내리셨다고 가정한다. "징계"또는 "훈계", 1:2 는 말로 이루어질 수도 있고 신체에 가해지는 벌일 수도 있다. 22:15; 23:13 여호와의 벌은 쓰러진 사람을 바른 행실로 돌이키는 것을 목표로 한다. "경히 여기지 말라"는 충고는 고대 이집트 지혜 문헌인 「파피루스 인싱거」Papyrus Insinger 에서 "듣는 사람이 싫어하면 어떤 훈계도 효과를 거둘 수 없다"8:24 46 라고 한 말에서 의미가 분명해진다. 평행구인 "싫어하지 말라"는 충고를 한층 더 강화한다. "그 꾸지람"은 말이나 신체적 고통참조 5:12 으로, 아니면 그 두 가지 모두로 이루어질 수 있다. 삼하 7:14, 시 141:5, 잠 19:25 만일 아들이 아버지의 충고를 어긴다면, 아버지는 아들의 도발이 습관화되는 것을 막기 위해 "매질"을 더하면서 하나님께서 그 일은 지지하신다고 생각한다.

3:12 논리어인 "대저"(…때문에)는 그 징계가 혹독해 보일지 모르나 사실 그것은 여호와의 "잔인한 자비"47를 가리키는 모순어법임을 아들에게 확신시켜 준다. 징계는 "여호와께서……사랑하시는 자"들에게 허락된다. 플라우트Plaut의 설명에 따르면 "12절은 '성경의 가장 심오한 말들 가운데서……특히 유명한 구절'Montefiore 이다."48 C. S. 루이스는 예술가가 사랑하는 예술 작품에 쏟는 정성을 예로 들어 설명한다. 예술 작품이 생명을 갖

---

46 *AEL*, 3:192, "싫어하다"는 '분개하다, 비난하다'라는 뜻이다(214 n. 28).

47 S. Vanauken의 *A Severe Mercy* (San Francisco: Harper and Row, 1977)를 보라.

48 G. W. Plaut, *Book of Proverbs: A Commentary* (New York: Union of American Hebrew Congregations, 1941), 58에서 인용.

고 있다면 "예술가가 거듭 문지르고 벗겨 내고 수정하는 작업 때문에" 고
통스럽게 울부짖을 것이다. 우리가 고난 때문에 불평하는 일은 사실 조
금만 사랑해 달라고 요청하는 것이라고 루이스는 결론짓는다.[49] 12b절에
서 묘사하는 여호와는 "아들"이 짝수 구절들에서 언급된 복을 누리게 되
길 바라는 사랑의 "아비"[1:22을 보라. 참조. 13:25, 신 8:5, 히 12:3-12]이다. 하지만 그렇게
되기 위해 아들은 홀수 구절들에 언급된 명령에 순종해야 한다. 그러므로
하나님은 아들이 빈틈없이 자기 의무를 수행하도록 징계하신다. "그 기뻐
하는"이라고 덧붙인 말은 "그가 기꺼이 받아들이는"으로 옮길 수도 있다.

강화 4: 지혜의 가치 3:13-35

[13]지혜를 얻은 자와 명철을 얻은 자는 복이 있나니 [14]이는 지혜를 얻는 것[50]이 은을 얻
는 것보다 낫고 그 이익이 정금보다 나음이니라. [15]지혜는 진주[51]보다 귀하니 네가 사
모하는 모든 것으로도 이에 비교할 수 없도다. [16]그의 오른손에는 장수가 있고 그의 왼
손에는 부귀가 있나니 [17]그 길은 즐거운 길이요 그의 지름길은 다 평강이니라. [18]지
혜는 그 얻은 자에게 생명 나무라. 지혜를 가진 자는 복되도다. [19]여호와께서는 지혜
로 땅에 터를 놓으셨으며 명철로 하늘을 견고히 세우셨고 [20]그의 지식으로 깊은 바다
를 갈라지게 하셨으며 공중에서 이슬이 내리게 하셨느니라. [21]내 아들아, 완전한 지혜
와 근신을 지키고 이것들이 네 눈 앞에서 떠나지 말게 하라. [22]그리하면 그것이 네 영

---

49 C. S. Lewis, *The Problem of Pain* (London: Geoffrey Bles and Centenary, 1940), 30-33.
50 문자적으로는 지혜의 이익을 뜻한다. 평행구인 "그 이익"은 "지혜를 얻는 것"과 "은을 얻는
것"이라는 구절은 "지혜/은을 얻는 이익"이 아니라 "지혜/은이 주는 이익"을 의미하는 것으로
이해해야 한다.
51 히브리어 '밉프니임'[mippĕniyim(K)]과 '밉프니님'[mippĕninim(Q)]의 의미는 확실하지 않다. 애 4:7에서
'프니님'[pnynym]은 '붉다'라는 뜻으로 루비나 산호를 가리키는데, 이 두 가지는 고대 사람들에게
귀한 것으로 여겨졌다. 루비는 주전 3세기에 테오프라스토스가 처음 언급하기 전에는 등장하
지 않았다. 오늘날 산호는 더 이상 귀하지 않기 때문에 많은 역본들이 의미상 동등한 말인 루비
로 대신 표기한다.

혼의 생명이 되며[52] 네 목에 장식[53]이 되리니 ²³네가 네 길을 평안히 행하겠고 네 발이 거치지 아니하겠으며 ²⁴네가 누울 때에 두려워하지 아니하겠고 네가 누운즉 네 잠이 달리로다. ²⁵너는 갑작스러운 두려움도 악인에게 닥치는 멸망도 두려워하지 말라. ²⁶대 저 여호와는 네가 의지할 이시니라. 네 발을 지켜 걸리지 않게 하시리라. ²⁷네 손이 선 을 베풀 힘이 있거든 마땅히 받을 자에게 베풀기를 아끼지 말며 ²⁸네게 있거든 이웃에 게 이르기를 갔다가 다시 오라. 내일 주겠노라 하지 말며 ²⁹네 이웃이 네 곁에서 평안 히 살거든 그를 해하려고 꾀하지 말며 ³⁰사람이 네게 악을 행하지 아니하였거든 까닭 없이 더불어 다투지 말며 ³¹포학한 자를 부러워하지 말며 그의 어떤 행위도 따르지 말 라. ³²대저 패역한 자는 여호와께서 미워하시나 정직한 자에게는 그의 교통하심이 있으 며 ³³악인의 집에는 여호와의 저주가 있거니와 의인의 집에는 복이 있느니라. ³⁴진실로 그는 거만한 자를 비웃으시며 겸손한 자에게 은혜를 베푸시나니 ³⁵지혜로운 자는 영광 을 기업으로 받거니와 미련한 자의 영달함은 수치가 되느니라.

외견상 원래 독립적이었던 네 개의 인용구[3:13-18, 19-20, 21-26, 27-35]가 하나로 묶여 네 번째 강화를 구성한다. 앞에서부터 세 개의 인용구는 지혜의 가 치를 다루는 첫째 연[13-26절]의 소절들로 사용되고, 네 번째 인용구는 좋은 이웃이 되는 일을 다루는 두 번째 연[27-35절]이 된다. 이런 편집 과정에 비 추어 왜 "내 아들아"라는 호칭이 셋째 소절[21절]에 이를 때까지 등장하지 않는지 그 이유를 설명할 수 있다. 이 강화의 수사법을 분석하는 데는 폴 오버랜드[Paul Overland]의 이론에 크게 의존했다.[54]

---

52   이 의지형[volitional form]은 목적이나 결과를 나타낸다. ="그 결과". 참조 3:4

53   문자적으로는 심미적 의미에서 '은총'이나 '호의'를 뜻하며,[참조 3:4] 장신구로 사용되는 물건 을 가리키는 환유적 표현이다.

54   P. B. Overland, "Literary Structure in Proverbs 1-9" (PhD diss., Brandeis University, 1988), 285-328. 오버랜드는 3:1-26과 3:27-35로 구분한다.

지혜의 가치 3:13-26

세 번째 강화에서 홀수 절에 충고를 배치하고 짝수 절에 약속을 배치한 것과는 달리, 이 연에서는 논리를 따져 13-20절에서는 약속의 실현을 다루고, 21절에서는 충고를 다루며, 22-26절에서는 약속의 실현을 추가로 밝힌다. 오버랜드는 이 시를 다음과 같이 세 부분으로 나눈다.

I 인간에 대한 지혜의 가치	13-18절
II 창조주 여호와에 대한 지혜의 가치	19-20절
III 아들에 대한 지혜의 가치	21-26절

오버랜드의 구조는 서두의 내용을 점점 강조해 절정으로 이끄는 방식으로 이루어진다. 그래서 인간과 창조주에게 커다란 가치가 있는 지혜가, 아들이 지혜를 지킬 경우 그의 몫이 될 수 있다고 말한다.

인간에 대한 지혜의 가치 3:13-18

이 인용구는 "얻은"[13절]에서 "가진"[18절]이라는 말로 강조되는 구조와 처음과 마지막에 나오는 "복"(복이 있나니/복되도다)이라는 말로 이루어지는 인클루지오 외에 다음과 같은 동심원적 구조에 의해서도 통일성을 이룬다.

A 지혜를 얻은 사람이 복이 있다고 선언된다.	13절
B 귀금속보다 더 귀한 지혜	14-15절
B′ 지혜의 구체적인 유익	16-18a절
A′ 지혜를 가진 모든 사람이 복되다고 선언된다.	18b절

3:13 "복이 있나니"[아쉬레('ašrê)]는 최고로 멋진 삶을 산 사람들에게 돌리는 찬

사다.[55] 이 선언은 어떤 사람이 현재 하나님과 이룬 관계로 인해 빠르면 지금 아니면 훗날에 맞게 될 복된 운명을 함축한다.[56] 엘리바스는 하나님께 징계받은 사람에게 "복이 있다"고 말하고,^{욥 5:17, 참조. 잠 3:11-12} 예수 그리스도는 그리스어에서 같은 뜻인 '마카리오스'^{makarios}를 사용해 박해를 받는 자와 애통하는 자들이 복이 있다고 선언하는데, 그들이 비록 지금은 고난을 겪는다고 해도 그들의 운명은 기쁨이기 때문이다. "지혜(59쪽 "'지혜'란 무엇인가?"를 보라)를 얻"고^{참조. 2:5} "명철을 얻"는(69쪽 "지혜로운 자와 의로운 자를 가리키는 지적 용어들"을 보라) 데는 영감된 가르침을 믿음으로 받아들이는 결단이 필요하다.^{참조. 2:1-4}

3:14-15 "이는"(또는 "왜냐하면")이라는 말이 인격화된 지혜가 주는 행복을 펼쳐 보인다. 지혜를 사는 자^{참조. 4:7}에게는 "지혜가 주는 유익"("지혜를 얻는 것", 개역개정—옮긴이)이 "은을 얻는 것보다 낫"다. 돈으로 식탁에 음식을 차릴 수는 있어도 식탁에 교제를 올릴 수 없으며, 집은 살 수 있어도 가정을 살 수는 없고, 여자에게 보석을 줄 수는 있어도 그녀가 간절히 원하는 사랑은 줄 수 없다. 지혜는 물질적인 유익과 영적인 유익을 모두 준다. 지혜를 은과 정금에 비유한 것은 물질적인 부가 사람들이 온전한 삶을 경험하도록 돕는다는 점을 전제로 한다.^{참조. 16:16} 하벨^{Habel}은 "재물이 선이라면 지혜는 최고선이다"^{참조. 8:10-11}라고 말한다.[57] "그 이익"은 16-18절에서 언급한 유익들을 가리키는 환유다. "지혜는……보다 귀하니"는 지혜의 고귀한 특성과 희귀성을 가리킨다.[58] "네가 사모하는 모든 것"이란, 사탄이 못된 마음으로 예수 그리스도에게 제안한 것^{눅 4:5-6}과 대조적

55 이를 잘 보여주는 표현이 "……한 삶이 얼마나 보람된가!"이다.

56 W. Janzen, "*ASRÊ* in the Old Testament," *HTR* 58 (1965): 223.

57 N. C. Habel, "Wisdom, Wealth and Poverty: Paradigms in the Book of Proverbs," *BiBh* 14 (1988): 30.

58 S. Wagner, *TDOT*, 6:280, s.v. *yqr*.

으로 지혜가 주는 정당한 물질적 유익을 가리킨다. 탈무드의 한 잠언은 "네게 지혜가 부족하다면 무엇을 얻을 수 있겠으며, 지혜를 얻었다면 부족한 게 무엇이겠는가?"라고 말한다.[59]

3:16-17 특히 지혜는 "오른손에는 장수"를 "왼손에는 부귀"를 쥐고 있는 것으로 의인화된다. 참조 3:9 카야츠 C. Kayatz에 따르면 이 이미지는 이집트의 '지혜와 정의'의 여신인 마아트 Ma'at에게서 온 것이다. 마아트는 왼손에는 생명의 상징인 앙크 ankh 십자가를, 오른손에는 질서와 통치의 상징인 홀 scepter을 들고 있는 모습으로 그려진다.[60] 이와는 반대로 지혜 여인은 오른손에 생명(장수)을 들고 있어 부귀보다 생명에 더 큰 가치를 부여한다. 참조 창 48:14, 전 10:2, 마 25:33 하지만 "평강[과 번영]"샬롬, 참조 3:2이 없이 누리는 장수는 온전한 것이 아니다. 재물은 지혜의 상급이지 삶의 목적이 아니다. 참조 왕상 3:9 이하 "그(지혜의) 길 참조 1:15은 즐거운 길" 곧 평안하고 유익한 길이다.[61] "그의 지름길"은 사람의 행실을 지혜의 길로 인도하는 많은 개별적 잠언들을 가리킨다. 참조 2:8

3:18 "생명 나무"는 고대 근동 지역에서 널리 사용된 이미지로서, 치유 13:12; 15:4, 계 2:7, 참조 겔 47:12와 영생 창 2:9; 3:22, 잠 11:30; 13:12; 15:4이라는 관념들을 가리킨다.[62] 인간의 대표인 아담과 하와는 교만으로 인해 생명 나무에 이르는 길을 박탈당한다. 인간은 겸손히 자신을 낮추고 영생의 말씀을 믿고 받아들임으로써 다시 생명 나무에 이를 수 있게 되는데, 이 영생의 말씀이 곧 말씀이신 주 예수 그리스도다. 지혜로운 자는 지혜를 추구함으로써 13절 "얻고" 또한 "가진"다. 이 불완전한 은유는 "그"(지혜)와 생명 나

---

59 A. Cohen, *Proverbs* (London: Soncino, 1967), 17에서 인용
60 Kayatz, *Proverbien 1-9*, 105; O. Keel, *The Symbolism of the Biblical World* (New York: Seabury, 1978), 96.
61 *HALOT*, 2:706, s.v. nōʻam.
62 이러한 해석은 고대 근동 지역의 종교 문헌(118쪽의 잠 1:9을 보라), 구약성경의 다른 지혜 문헌,예를 들어 시 49편, 욥 19:25-27 그리고 「잠언」 자체 12:28; 14:32의 지지를 받는다.

무를 동일하게 여긴다. 인간은 하나님의 말씀을 겸허히 받아들임으로써
잃어버린 "생명 나무"를 다시 얻을 수 있다. 「잠언」의 믿음과 예수 그리
스도에 대한 믿음이 같은 것이라고 해도 그리스도가 훨씬 더 우월하다
(102쪽 "솔로몬의 지혜보다 우월한 예수 그리스도"를 보라). 지혜를 얻은 자는
모두 "복되도다"^{참조. 3:13}라고 선언된다.

창조주 여호와에 대한 지혜의 가치 3:19-20

여호와께서 지혜로 세상을 지으시고^{3:19} 지탱하셨듯이^{8:22-31} 아들도 지혜
를 통해 자신의 삶을 세우고 지킬 수 있다.

3:19 앞부분에 나오는 "여호와"^{YHWH}는 13절 서두에 나오는 '아담' ^{'ādām,}
^{'인간'}(개역개정에는 "[얻은] 자"로 번역되었다―옮긴이)과 병치된다. 이 구절
의 나머지 부분은 동심원 구조로 이루어진다.

여호와께서는

지혜로

땅에 터를 놓으셨으며

하늘을 견고히 세우셨고

명철로

여호와께서는 "지혜"와 평행구인 "명철"로 우주를 창조하시고, 그 안에
서 무한하고 복잡한 부분들이 서로 어울려 작동함으로써 생명을 지탱하
도록 만드셨다. 여호와께서는 "지혜로" 물리 상수를 세우셨으며, 이 물리
상수들이 물질의 상호작용과 에너지가 작용하는 방식을 조절하여 복잡
한 생명이 번성할 수 있게 하셨다.⁶³ 여호와께서 지혜로 놀라운 창조 세

63   다음을 참조하라. Waltke and Yu, *Old Testament Theology*, 175; Francis Collins, "Religion
and Science: Conflict or Harmony," Pew Research Center, May 4, 2009, http://www.

계를 지으셨다면, 그분의 계시된 지혜가 지혜를 얻은 사람의 삶 속에서 어떤 일을 이룰지 상상해 보라.[64] "땅에 터를 놓으셨으며"와 "하늘을 견고히 세우셨고"라는 대조제유법 merism 은 우주 전체가 영구하고 견고한 토대 위에 굳건히 고정되었음을 말한다.[65]

3:20 여호와께서는 땅 아래서 생명 샘물이 솟게 하시고 공중에서 이슬이 내리게 하셔서 당신의 피조물을 지탱하신다. "그의 지식으로"참조 1:2, 7 이 일을 이루신다. "깊은 바다"는 창조 때 "갈라지게" 만든 원초적 바다를 뜻한다.시 104:8-13 이 동사는 적대적인 느낌을 주는데 그 까닭은 시인이 우주 기원을 다룬 고대 근동의 전쟁 신화에서 신학이 아니라 이미지를 채용했기 때문이다. 이 신화에 따르면 영웅적인 신이 "심연" 곧 억압하는 신을 가르고는 생명을 주는 물을 포함해 본질적인 생명의 힘들을 풀어 놓는다.[66] "공중에서 이슬이 내리게 하셨느니라"시 77:17, 욥 36:28 [67]는 해가 진 후 지중해에서 불어오는 바람의 습기를 말한다.

아들에 대한 지혜의 가치 3:21-26

'나차르' nāṣar, 21절와 '샤마르' šāmar, 26절라는 두 단어—신중하게 살피고 보호한다는 뜻(우리 두 저자의 번역에서는 두 말을 다 '지키다'로 옮겼다)—는 이 마지막 소절을 에워싸 인클루지오를 이룬다.참조 2:8, 11 아들이 여호와의 지혜를 "지키면"21절 여호와께서 그를 "걸리지 않게" "지키실" 것이다.26절 이 소절은 세 개의 4행 연구, 곧 가르침에 귀를 기울이라는 충고21-22절와 그럴 때 안전하게 된다는 주장,23-24절 여호와께서 안전하게 지키시니 두

pewforum.org/2009 /05/04/religion-and-science-conflict-or-harmony/.

64 Hubbard, *Proverbs*, 75.
65 R. Mosis, *TDOT*, 6:114, s.v. *ysd*; E. Gerstenberger, *TLOT*, 2:604, s.v. *kûn*.
66 다음을 참조하라. Mary K. Wakeman, *God's Battle with the Monster: A Study in Biblical Imagery* (Leiden: E. J. Brill, 1973).
67 *HALOT*, 4:1465, s.v. *šaḥaq*.

려워하지 말라는 결론적 충고^{25-26절}로 구성된다.

3:21-22 "내 아들아"라는 부름^{참조. 1:8}은 이 강화의 시작 부분이 아니라 특이하게도 이 세 번째 소절에 나온다. 뒤이어 "이것들이……떠나지 말게 하라"고 덧붙이는 말에서 "이것들"이 가리키는 것은 다른 소절들의 시작 부분^{13, 19절}에서처럼 "지혜와 명철"이다. "네 눈 앞에서"라는 말은 귀 기울여 듣도록^{22:17} 낭독하는 것에 더해 읽도록 기록한^{참조. 22:20} 금언들을 뜻할 수 있다. 어느 편이든 가르침에 지속적이고 열심히 관심을 기울일 것을 요구한다. "완전한 지혜^{참조. 2:7}와 근신(69쪽 "지혜로운 자와 의로운 자를 가리키는 지적 용어들"을 보라)을 지키고"^{참조. 2:8; 3:1} 그래서 "그것이 네 영혼의 생명이"(78-79쪽을 보라) 되게 하라. 내면의 "생명"이 겉으로 드러난 것이 "네 목에 장식"이다.^{참조. 1:9; 3:3 68}

3:23-24 논리어인 "그러면"(2:5, 9을 보라. 개역개정에는 번역되지 않았다―옮긴이)이 여기서 말하는 안전한 결과^{23-24절}와 앞서 언급한 지키심을 받기 위한 조건들^{21-22절}을 연결한다. "행하고"^{23a절}와 "눕고"^{24a절}로 이루어진 대조제유법이 이 4행 연구를 하나로 묶으며, 그래서 언제나 변함없이 안전하다는 것을 가리킨다. "네가 네 길^{참조. 1:15}을 평안히 행하겠고"^{참조. 1:33}라는 은유는 "네 발이 거치지 아니하겠으며"^{참조. 시 91:12}라는 구체적인 결과로 이어진다.⁶⁹ "…때에"(곧 "…하면")는 가장 취약한 시간, 곧 "네가 누울 때"를 가리킨다. 그런데도 너는 "두려워하지 아니"한다. 오히려 "네가 누운즉 네 잠이 달리로다"라고 말한다. 다시 말해 위험에서 벗어났으며, 악몽^{욥 7:13-15}과 공포^{시 91:5}가 사라졌다. 평안한 잠은 악인^{잠 4:16}과 부자^{전 5:12}에게 허락되지 않는다. 단잠은 하나님을 믿는 믿음의 열매^{시 3:5;}

---

68 가르침을 "목둘레에" 묶는다는 은유(1:9; 3:3, 22; 6:21에도 약간 변형된 형태로 나온다)가 가르침의 다양한 특성을 강조하는 것이라고 본 하임의 주장(Heim, *Poetic Imagination*, 114)은 설득력이 없다.

69 *HALOT*, 2:669, s.v. *nāgāph*.

^{4:8}이며 지혜의 결실이다. ^{잠 6:22; 19:23}

3:25-26 "두려워하지 말라"는 실질적인 명령^{참조. 신 20:3, 사 10:24}이자, "여호와를 신뢰하라"^{3:5}는 적극적 명령을 보완하는 것이다. "갑작스러운 두려움"은 예기치 않게 "악인에게 닥치는 멸망"을 말한다. ^{참조. 1:27, 살전 5:3} 아들은 두려워할 필요가 없는 것은, 노아와 롯과 그들의 가족과 함께하신 여호와께서 ^{벧후 2:5-9} "네가 의지할 이"시기 때문이다. ^{레 3:4, 10, 15, 시 38:7, 욥 15:27} 예수께서는 제자들에게 말씀하기를, 심판 날에 양과 염소를 구분하고^{마 25:31-46} 밀과 가라지를 가르며^{마 13:24-30} 좋은 물고기와 나쁜 물고기를 나누겠다고 하셨다. ^{마 13:47-50} 그리고 하나님께서 함께하시므로 "네 발을 지켜 걸리지 않게 하시리라"는 말은, 여호와께서 흔들리지 않는 삶의 보이지 않는 토대가 되신다고 분명하게 밝힌다.

교훈: 이웃에 대한 의무 3:27-35

1연에서 살펴본 "지혜와 명철"의 의미가 이제 2연에서는 곤경에 처한 사람의 좋은 이웃이 되거나 이웃을 신뢰함으로써 여호와의 저주가 아니라 복을 받게 되는 것^{32-35절, 참조. 3:3-4}으로 구체화된다. 하지만 도움을 받아야 할 가난한 이웃이라는 개념^{3:27-28}이 첫째 연의 약속들과 충돌을 일으킨다. 이 충돌은 진리의 두 가지 면모를 보여준다. 즉 여호와께서는 자기와 언약을 맺은 백성이 악인의 파멸에 빠지지 않도록 보호하시지만, 34절에 함축된 것처럼 그 과정에서 선한 사람이 어려움을 겪을 수 있다는 것이다. 이 연은 길이가 똑같은 두 소절로 이루어지고, 야누스인 가운데 행에 의해 하나로 묶이는 것으로 분석할 수 있다.

A 명령: 선한 이웃이 되어야 할 의무　　　　　　27-30절

B 야누스: 포악한 이웃을 부러워하지 말라.　　　　31절

C 논증: 여호와는 악인을 벌하시나 의인은 복 주신다.　32-35절

윤리적 명령을 신학적 논증과 논리적으로 연계한 것은 사회적 행실과 신학이 밀접하게 얽혀있다는 점을 보여준다.

명령: 선한 이웃이 되어야 할 의무 3:27-30

구문론에서 볼 때 이 구절의 각 요소는 부정 명령문으로 시작된다. 전반절에서 "…하지 말라"고 말하고 이어 후반절에서 조건이 제시된다(개역개정에는 이 순서가 반대로 나온다―옮긴이). 의미론에서 볼 때 이 구절은 두 개의 4행 연구로 이루어지며, 좋은 이웃에게 "선"(곧 도움)을 아끼지 말고27-28절 신실하고 무고한 이웃에게 해를 끼치지 말라29-30절고 가르친다. 이 4행 연구들은 태만의 죄the sin of omission, 27-28절와 작위의 죄sins of commission, 29-30절를 병치시킨다.

3:27 "베풀기(선을 행하기)를……아끼지 말며"는 곤경에 처한 이웃을 전제로 한다. "선"참조. 2:9이란 구체적 상황에서 필요한 모든 실질적인 도움을 뜻한다. "마땅히 받을 자에게"는 '도움을 받을 자격이 있는 사람에게'NIV라는 뜻이다. 폭스의 주장에 따르면, 길잃은 나귀의 주인이 그렇듯이출 23:4 이웃에게는 이렇게 "선"을 요구할 도덕적 권리가 있다. "만일 당신이 어떤 사람을 도울 힘이 있다면 **그가 당신의 원수일지라도** 도와야 마땅하다."70 출애굽기 23:5에서는 "당신의 원수"를 "너를 미워하는 자"라고 밝히고 있다. 이웃집을 지나치게 자주 드나든다면 미움을 받을 수도 있다.참조. 잠 25:17, 21 하지만 게으른 자참조. 19:24, 살후 3:10, 12나 거머리,잠 30:15 버릇없는 종29:21과 같이 도덕적으로 악한 사람들은 선하지도 않고 자비를 요구할 법적 권리도 없다. "네 손이 선을 베풀 힘이 있거든"이라는 말은, 하나님이 사람들에게 자기가 갖지 못한 것을 주라고 요구하지 않으시며고후 8:12, 갈 6:10 또 낯선 사람의 안전을 위해 위험을 무릅쓰는 일도 막으

70 Fox, *Proverbs 1-9*, 164-165, 굵은 글자는 폭스의 강조.

신다[6:1-5]는 뜻이다. 존 밀턴은 "실명의 노래"On His Blindness라는 소네트에서 "하나님께서 낮에 일하라고 명령하시면서 빛은 주시지 않는가?"라고 묻는다.

3:28 "갔다가 다시 오라. 내일 주겠노라"는 말은 "네게 있거든"이라는 단서 조항에서 알 수 있듯이 약속하는 말이 아니라 미루거나 주지 않으려는 핑계일 뿐이다.[참조. 눅 18:2-3] 에이트킨은 "멀리 있는 도움은 전혀 도움이 되지 않는다"라고 말한다.[71] 푸블릴리우스 사이루스Publilius Syrus, 주전 50년는 "빨리 주는 것은 곱절로 주는 것이다"라고 말했다.[72] "이웃"은 친한 친구[참조. 17:17]뿐만 아니라 당신과 관계가 있는 모든 사람[참조. 6:1]을 폭넓게 아우르는 말이다. 예수는 "누가 내 이웃입니까?"라는 질문을 받고 "누가 이웃이 되어 주었느냐?"라는 질문으로 답하셨다.[눅 10:29-36] 달리 말해, 당신에게 다른 이의 이웃이 되려는 마음이 있다면, 당신이 도와줄 사람의 경계는 사라진다. 요컨대 이 잠언은 받을 만한 이웃에게 실질적이고도 신속한 도움을 베풀라고 명령한다.

3:29-30 "꾀하다"는 구체적으로 "경작하다"를 뜻하며, 비유적으로는 "준비하다"라는 의미다. 라쉬Rashi는 이 두 개념을 그럴듯하게 연결해 "경작하는 일"은 씨뿌릴 준비를 하는 것이라고 설명한다.[73] "네 이웃[참조. 28절]이 네 곁에서……살거든"에서는 같은 의미의 말을 반복해서 "평안히"[신뢰하며", 3:5]를 강조하는 역할을 한다. 이웃은 해를 끼치지 않기에 배신당할 염려가 없으며 그래서 안전함을 누리며 산다.[74] 맥케인McKane은 신뢰가 "공동체의 필수불가결한 조건"이라고 말한다.[75] "더불어 다투지 말며"라는

71 Aitken, *Proverbs*, 51.

72 Cohen, *Proverbs*, 19에서 인용.

73 H. Ringgren, *TDOT*; 5:222, s.v. ḥāraṣ.

74 성경은 비열한 배신 행위의 사례를 여럿 보여준다(17:13을 보라). 참조. 창 34:13-29, 삼상 18:17-18, 삼하 3:27; 11:14-15; 20:9-10, 시 55:12-14, 렘 41:12, 미 2:9, 요 13:2.

75 McKane, *Proverbs*, 300.

구절은 가벼운 말다툼에서 시작된 근거 없는 고발이 법정 다툼으로 번져 결국 조직적인 악으로까지 치닫게 되는 과정을 보여준다. "까닭 없이"참조. 1:11는 "사람이 네게 악을 행하지 아니하였거든"에 의해 의미가 분명해진다. 무고한 이웃에게 고의로 법적 소송을 제기하는 일은 악이나 탐욕의 문제로 보아야 한다.참조. 1:19

가운데 행(야누스): 포악한 이웃을 부러워하지 말라 3:31

31절의 전반절과 후반절에서 윤리적 행위와 관련해 "하지 말라"는 명령이 이 가운데 행을 27-30절에 연결한다. 그리고 32절에서 "대저"("왜냐하면")가 이끄는 주어 "패역한 자"는 이 가운데 행을 32-35절에다 연결한다. "부러워"한다는 것은 상대방의 재산을 탐낸다는 뜻이다. 시기심은 온갖 죄의 근원이다. 시기심이 가인을 움직여 아벨을 죽이게 했다.창 4장 "포학한 자"란 주로 탐욕과 증오심 때문에 냉혹하고 잔인하게 다른 사람의 권리를 침해하는 사람을 가리킨다. 하그Haag에 따르면, 3:31에 나오는 시기심은 "다른 사람의 재물을 갈취하는 일에만 관심을 쏟는다.참조. 10:6: 16:29 76 "따르다"는 곰곰이 생각해 결정을 내린다는 뜻이다.77 성공과 풍요가 지금은 포학한 자에게 영예일지 모르나, 아들은 여호와께서 포학한 자들에게 내리실 잔혹한 종말을 조심해야 한다(92쪽 "악인의 징계"를 보라). "그의 어떤[모든] 행위"를 본받는 것은 그와 한패가 되는 것이며 따라서 하나님의 저주를 자초하는 일이다.3:32-35

논증: 여호와는 악인을 벌하시나 의인에게 상을 주신다 3:32-35

"대저"("왜냐하면")라는 말이 윤리적 충고를 지지하는 신학적 근거들을 제시한다. 젬서Gemser에 따르면, 31절의 포학한 자는 32-35절에서 다양한

---

76   H. Haag, *TDOT*, 4:479-483, s.v. *ḥāmās*.

77   H. Seebass, *TDOT*, 2:75, s.v. *bāḥar*.

관점에 따라 "패역한 자",32절 "악인",33절 "거만한 자",34절 "미련한 자"35절로
제시되는데, 이런 사람들은 모두 자신의 성공을 이루기 위해 하나님과
윤리적 가치들을 우습게 여긴다.78 마지막 절을 제외하고 모든 절에서 여
호와는 의로움에 따라 사람들에게 상을 주시거나 벌을 내리시는 분으
로 묘사된다. 32-34절에서 전반절들은 악한 자와 그들이 받게 될 벌에
관해 설명하고, 후반절들은 의인과 그들이 받을 상급에 대해 묘사한다.
35절에서는 이 형식을 뒤집어서 시의 끝부분임을 나타낸다.

3:32 어떤 면에서 "포학한 자"는 "정직한 자"2:7와 정반대인 "패역한
자"참조. 2:7, 15; 3:21이다. 그런 사람들을 "여호와께서 미워"하신다는 말은 그
들의 반사회적인 행위가 여호와의 마음을 상하게 하고79 역겹게 만든
다80는 의미다. 이 말은 그들이 벌을 받게 되는 이유를 가리키는 환유다.
그렇게 벌하지 않을 경우, 코흐Koch의 말처럼 여호와는 "방관자의 위치
로 주저앉는다."81 여호와의 "미워하심"은 그분과의 관계가 소원케 되는
결과에 이르게 하나 "그의 교통하심"은 친밀한 관계에 이르게 한다.참조. 창
18:17 82 정직한 자는 놀라우신 조언자Wonderful Counselor께서 도우셔서 보호와
성공과 영생을 누리게 된다.

3:33 또 다른 면에서, "포학한 자"는 "의인"(72쪽 "지혜로운 자와 의로운
자를 가리키는 윤리적 용어들"을 보라)과 대비하여 "악인"(84쪽 "악인과 미련
한 자를 가리키는 윤리적 용어들"을 보라)으로 간주되고, "미워하심"은 "여호

---

78 B. Gemser, *Sprüche Salomos*, HAT 16 (Tübingen: J. C. B. Mohr, 1963), 24. 겜저는 31절도
역시 이런 방식으로 32-35절과 연결된다고 주장한다.

79 B. Waltke, "Abomination," in *IBSE*, 1:13.

80 Aitken, *Proverbs*, 52.

81 K. Koch, "Is There a Doctrine of Retribution in the Old Testament?" in *Issues in
Religion and Theology 4: Theodicy in the Old Testament*, ed. J. L. Crenshaw (Philadelphia:
Fortress; London: SPCK, 1983), 62.

82 *HALOT*, 2:745, s.v. *sôd*.

와의 저주"로 이어지고 "교통하심"은 하나님께서 베푸시는 "복"이 된다. "저주가 있거니와"는 여호와께서 그들에게 "저주받을지어다"라고 '저주 양식'을 선언하는 것—악인을 불행에 던져 넣는 발화행위 speech act [83] —을 뜻한다.[84] 우연이나 마술이 아니라 여호와께서 불행을 좌우하신다. "악인의 집"은 악인이 소유하고 귀하게 여기는 모든 것—생명과 건강, 가족, 안전—을 가리킨다. 악인이 다른 사람을 강탈하면 여호와께서 그 대가로 그에게 똑같이 행하신다. 이 잠언은 가족이 공동체로 결속되어 있음을 전제로 한다. 참조 민 16:32, 수 7:24-25, 에 8:1 "의인의 집"은 보호와 안전을 의미한다. "복이 있느니라"는 원수를 물리칠 생명의 힘(활력, 풍요, 번영)을 여호와께서 그들의 집에 채워 주신다는 것을 뜻한다. 창 22:17

3:34 "…라면"(개역개정에는 번역되지 않았다. 전반절과 후반절이 각각 "거만한 자라면", "겸손한 자라면"이라는 조건문으로 시작한다—옮긴이)을 거듭 사용하여 여호와께서 악인과 의인을 대하는 방식을 대비시킨다. 여기서는 포학한 자를 "거만한 자"(86쪽 "악인과 미련한 자를 가리키는 지적 용어들"을 보라)라고 부르며, "겸손한 자[와 억압당하는 자]"에게는 여호와께서 은혜를 베푸신다. 참조 3:13 또한 그분은 동해보복법 lex talionis을 따라 거만한 자(비웃는 자)를 "비웃으신다." 하나님은 거만한 자들이 다른 사람에게 저지른 일을 그들에게 되돌리실 것이다. 하지만 그렇게 될 때까지 거만한 자들은 기만적인 행위를 멈추지 않는다. "겸손한 자[와 억압당하는 자]"는 "억압당하는 가난한 자"를 가리키는 중언법 hendiadys으로, 본문의 맥락에서는 의로운 사람을 가리킨다. 참조 22:22-23 그들에게는 여호와께서 "은혜를 베푸"신다. 참조 3:4 야고보 약 4:6와 베드로 벧전 5:5는 이 구절을 인용하여 그리스도인들에게 하나님께 복종하고 서로 겸손히 순종하라고 권고한다. 예

---

[83] 예를 들어, "두 사람이 남편과 아내가 되었음을 선언합니다"라고 하는 발화 행위는 결혼에 법적 효력을 부여한다.

[84] 참조 J. Scharbert, *TDOT*, 1:411, s.v. *'rr*.

수의 어머니 마리아는 이 진리를 몸소 실천한다.눅 1:46-55

3:35 절정에 이른 이 구절에서는 "포학한 자"를 "지혜로운 자"(69쪽 "지혜로운 자와 의로운 자를 가리키는 지적 용어들"을 보라)와 대비하여 "미련한 자"(86쪽 "악인과 미련한 자를 가리키는 지적 용어들"을 보라)라고 부른다. "기업으로 받거니와"는 자기 몫의 소유를 영원한 상급으로 받는다는 뜻이다. 여기서 지혜로운 자에게 상으로 주어지는 몫은 영구한 "영광"으로, 이것은 그들의 사회적인 명예와 성공과 재산을 가리키는 환유다. 이와는 달리 미련한 자는 공개적인 "수치"(사업의 실패로 인한 불명예와 굴욕)를 겪게 된다(당하는 게 아니라 자초한다).

강화 5: 가문의 유산을 받으라 4:1-9

¹아들들아, 아비의 훈계를 들으며 명철을 얻기에 주의하라. ²내가 선한 도리를 너희에게 전하노니 내 법을 떠나지 말라. ³나도 내 아버지에게 아들이었으며 내 어머니 보기에 유약한 외아들이었노라. ⁴아버지가 내게 가르쳐 이르기를 내 말을 네 마음에 두라. 내 명령을 지키라. 그리하면 살리라. ⁵지혜를 얻으며 명철을 얻으라. 내 입의 말을 잊지 말며 어기지 말라. ⁶지혜를 버리지 말라. 그가 너를 보호하리라. 그를 사랑하라. 그가 너를 지키리라. ⁷지혜가 제일이니 지혜를 얻으라. 네가 얻은 모든 것을 가지고 명철을 얻을지니라. ⁸그를 높이라. 그리하면 그가 너를 높이 들리라. 만일 그를 품으면 그가 너를 영화롭게 하리라. ⁹그가 아름다운 관을 네 머리에 두겠고 영화로운 면류관을 네게 주리라 하셨느니라.

다섯 번째 강화는 일반적인 구조를 따라 서론1-2절과 교훈3-9절으로 이루어진다. 그러나 독특하게도 이 교훈은 할아버지가 아버지에게 주는 것이다. 아버지는 자서전 형식으로 강화를 시작하면서, 자신이 이 강화의 수신자임을 밝히고3-4a절 이어서 자기 아버지의 가르침을 인용한다.4b-9절

할아버지의 강화도 역시 일반적인 형식의 서론[4b절]과 교훈[5-9절]으로 이루어지며, 절정부인 결론에서 지혜가 아들에게 승리의 관[참조. 1:9]을 주리라는 약속을 제시한다. "내가……전하노니"[2a절]와 "그[지혜]가……주리라"[9b절]로 이루어지는 인클루지오가 이 강화의 두 부분을 하나로 묶는다. 아버지는 자기 아버지의 가르침을 인용하고 자기 자신을 모범으로 제시함으로써 그 가르침이 오랜 전통에 속한 것이요 자기의 경험이 전통과 일치하는 것임을 밝히고 그렇게 해서 그 가르침에 권위와 신뢰성을 부여한다. 체스터턴[G. K. Chesterton]은 다음과 같이 말한다. "전통이란 모든 계층 가운데서 가장 모호한 우리 선조들에게 표를 던지는 것을 뜻한다. 전통은 죽은 자들의 민주주의다. 전통은 그저 살아 배회하는 사람들로 구성된 작고 오만한 과두체제에 굴복하기를 거부한다.……우리는 우리 의회들에다 죽은 자들을 세운다."[85] 하지만 전통은 "박탈의 순환"[a cycle of deprivation]이 되거나 여기서처럼 "긍정의 순환"[a cycle of affirmation]이 될 수도 있다.[86] 나쁜 순환을 깨뜨리고 좋은 순환을 이어가는 일이 지혜로운 부모가 할 일이다.[87]

서론: 수신자와 충고 4:1-2

이 서론에 나오는 모든 단어는 서언[1:2-7]과 앞선 단락들의 서론에 나오는 단어들의 반복이다.

　4:1 독특하게도 아버지는 "내 아들들" 대신 불특정한 "아들들"이라는 표현을 사용하고, "네 아비의 훈계"가 아니라 불특정한 "아비의 훈계"라

85　G. K. Chesterton, *Orthodoxy* (New York: John Lane, 1909), 85; quoted by B. G. Harrison, "Arguing with the Pope," *Harper's Magazine*, April 1994, 56; cited by R. C. Van Leeuwen, "The Book of Proverbs," in *NIB* 5, 62.

86　Atkinson, *Proverbs*, 68.

87　Hubbard, *Proverbs*, 81.

는 표현을 사용하여 이 강화의 특징을 밝힌다. 그래서 복수형 "아들들"이 쓰인 것은 현재의 아들들만 아니라 대를 잇는 아들들에게 말하는 것이며, 세대를 이어 지혜를 전달하는 데 적합하게 강화를 맞춘 것이라고 볼 수 있다. "들으며"참조. 1:8 또한 "주의하라"참조. 1:23고 거듭 말한다. "명철을 얻기"는 "훈계"와 종합적 평행구를 이룬다.참조. 1:2

4:2 "내가······너희에게 전하노니"는 아버지와 아들 간의 친밀한 접촉을 통해 "도리"가 전해진다는 사실을 강조한다. "선한"참조. 2:9은 이 도리가 가족의 이익에 도움이 된다는 것을 뜻하며,참조. 2:20 그래서 "내 법을 떠나지 말라"고 강조한다.참조. 2:13; 3:3

교훈: 할아버지의 강화 4:3-9

할아버지의 강화 서론 4:3-4

4:3 "···이었으며" 또는 "···이었을 때"라는 구절로 이 교훈의 동기를 소개한다. "나도 내 아버지에게 아들이었으며"는 생물학적 관계뿐만 아니라 영적인 관계를 가리킨다. 배럿J. E. Barrett에 따르면, "히브리인의 사고에서 아들됨은 생물학이 아니라 순종의 문제로 여겨진다."[88] 반항하는 자식은 의절당했다.신 21:18-21; 32:19-20, 호 1:9, 막 3:35, 눅 15:18-19 [89] 또한 아기가 젖을 뗄 때면 곧바로 가르치기 시작했다.[90] 그는 "어머니 보기에"참조. 1:8 "유약"했다(곧 순종적이었다). "외아들"이라는 말은 아이가 비할 데 없이 사랑받는 형편을 강조한다. 경건한 이스라엘 가정을 보여주는 이 아름다운 분위기는

88　J. E. Barrett, "Can Scholars Take the Virgin Birth Seriously?" *BR* 4 (1988): 15. 칠십인역은 4:3을 "순종하는 아들"로 옮겼다.

89　프타호텝Ptahhotep은 다음과 같이 권고한다. "만일 그[어떤 남자의 씨]가 길에서 벗어나 네 뜻을 어기고 네 권고를 실천하지 않는다면······그를 버려야 한다. 그는 결코 네 아들이 아니다. 그는 네게서 태어난 자가 아니다."*ANET*, 413

90　세 살쯤 되는 때다. 이집트의 「아니 교훈집」*Instruction of Any* 7.19은 "3년 동안 어머니의 젖을 먹는다"고 말한다.

할아버지의 강화에서도 이어진다.

4:4 "아버지가 내게 가르쳐"라는 말은 문답식 가르침을 뜻한다. "이르기를"은 외워서 익힌 구전 전승을 가리킨다. 논리상 아버지의 훈계는 가르침을 받는 것("내 말을 네 마음에 두라")에서 그 가르침을 지키는 것("내 명령을 지키라")으로 이어진다. "그리하면 살리라"는 동기를 부여한다.

할아버지의 강화: 지혜를 얻으라 4:5-9

이 강화는 두 개의 원이 교류하는 형태로 이루어진다.

첫째 원	A	훈계: 지혜를 얻으라.	5절
	B	동기부여 : 지혜가 너를 보호하리라.	6절
둘째 원	A′	훈계: 지혜를 얻으라.	7절
	B′	동기부여: 지혜가 너를 높이 들리라.	8-9절

4:5 핵심 단어인 "얻다"^{또는 '사다', 케네(qānē)}가 네 번 반복되는데, 5a절과 7절에 각각 두 번씩 나온다. "얻다"는 상거래에서 값을 치러 신중하게 물건을 구입하는 일을 뜻한다.^{창 33:19; 47:20, 레 25:14, 느 5:8} 마인홀트^{Meinhold}에 따르면, "명철"과 동의어인 "지혜"(59쪽 "'지혜'란 무엇인가?"를 보라)는 여기서 "네가 얻은 모든 것"^{7절}—소유한 재산 전부—을 지참금으로 치러서 얻을 신부로 그려진다.⁹¹ 이 비유는 "잊지 말며"^{참조. 3:1}에서 길에 대한 불완전하고 함축적인 비유인 "어기지 말라"^{참조. 17:23}로 이어지면서 복잡해진다. 지혜는 "내 입의 말"과 동일시된다.

4:6 동기부여와 훈계가 뒤섞여 있다. 훈계 부분에서는 소중히 여겨야 할 신부로 지혜가 제시되며, 동기부여 부분에서는 지혜가 자기 연인에게

91　A. Meinhold, *Die Sprüche*, 2 vols., ZBK (Zurich: Theologischer, 1991), 91-92.

보상하는 여자 후견인으로 제시된다. "지혜를 버리지 말라"고 가르치는 부정문 훈계와 그에 평행하면서 "그를 사랑하라"고 말하는 긍정문 훈계가 5절에 나오는 "지혜를 얻으라"는 명령을 강화한다. 고대 근동의 협정 문들[92]과 신명기 6:5에 비추어 볼 때, 힐러스[Hillers]가 지적한 대로 "사랑"은 정서적 관계를 형성하는 법적 언어이며 따라서 사랑을 명령으로 지시할 수 있게 된다. "사랑한다는 것은 언약의 주님께 진실한 애정을 바치는 것이며 충성된 섬김을 통해 이 애정을 표현하는 것이다."[93] 동기를 부여하는 상호 간의 약속은 "그가 (그의 연인인) 너를 보호하리라"는 것이요 또 확실히 "그가 너를 지키리라"는 것으로, 참조. 2:8, 11 그렇게 해서 어떤 것도 잃지 않게 하겠다는 것이다.

4:7 "지혜가 제일이니"는 지혜의 출발점참조. 1:7과 제일 원리, 핵심 사항참조. NIV "지혜가 으뜸이니"을 가리키는 것이라고 볼 수 있다. 이 세 가지가 모두 문맥에 합치하고, "제일"이라는 말이 다의적이라는 점을 보여준다. 키드너[Kidner]는 "지혜를 얻으라"는 직설적 표현에 대해 주해하면서 "지혜를 얻는데 필요한 것은 두뇌나 기회가 아니라 결단이다. 지혜를 원하는가? 와서 취하라"고 말한다.[94] 여기서 훈계는 첫째 원5a절의 내용을 되풀이하지만, "네가 얻은 모든 것을 가지고"—비싸지만 이 보물의 값으로는 비싼 게 아니다2:4을 보라. 참조. 3:13-18; 31:10—매입비용을 치러야 한다고 덧붙인다. "그리스도의 예표"인 지혜가 요구하는 지참금은 다름 아니라 사람의 마음이다(106쪽 "예수 그리스도의 예표인 지혜 여인"을 보라).

4:8 "그를 높이라"는 "그를 사랑하라"6절를 강조한다. "높이다"라는 말은 "그를 존경하다"나 "그를 애무하다/껴안다"라는 뜻을 지닌 독특한 동사

92 엘 아마르나[El Amarna]의 [유적지에서 발견된] 종주권 조약은 봉신에게 종주를 사랑하라고 명령한다. "내 형제는 자기 아비를 사랑하는 것보다 열 배나 더 나를 사랑해야 한다."29.166

93 D. Hillers, *Covenant: The History of a Biblical Idea* (Baltimore: Johns Hopkins, 1969), 154.

94 Kidner, *Proverbs*, 67.

를 지적인 면에서 절충하여 추정해 낸 말로서, 지혜를 여성이나 신부로 의인화한 초기 형태에 속한다.[95] "그리하면 그가 너를 높이 들리라"는 신부의 비유와 여자 후견인의 비유를 하나로 엮는데, 이 후견인은 자기 연인에게 고귀한 지위를 부여한다. 이 구절의 평행구인 "그가 너를 영화롭게 하리라"[참조. 3:9]가 그 의미를 명료히 밝혀 준다. 그렇게 해서 그의 연인은 존경받고 영향력 있는 지도자가 된다.[참조. 14:34] 하지만 이렇게 되는 것은 오로지 "그를 품으면" 가능해진다. "그를 품다"는 말은 잠언 5:20에서 성적인 의미로 사용되는데,[참조. 전 3:5, 아 2:6; 8:3] 이 사실은 지혜가 여기서 아내로 의인화되었다는 것을 보여준다.

4:9 연인의 높아진 지위는 "그가 아름다운 관을 네 머리에 두겠고"라는 구절로 묘사된다. 승리자의 "아름다운 관"[참조. 1:9]은 "높은 지위" 및 "영예"와 잘 어울린다. 그것을 "영화로운 면류관"으로 묘사하여 그 관의 아름다움과 권위를 강조한다.[참조. 사 9:15] "네게 주리라"는 선물로 준다는 것을 뜻한다.[96]

강화 6: 악한 길을 멀리하라 4:10-19

[10] 내 아들아, 들으라. 내 말을 받으라. 그리하면 네 생명의 해가 길리라. [11] 내가 지혜로운 길을 네게 가르쳤으며 정직한 길로 너를 인도하였은즉 [12] 다닐 때에 네 걸음이 곤고하지 아니하겠고 달려갈 때에 실족하지 아니하리라. [13] 훈계를 굳게 잡아 놓치지 말고 지키라. 이것이 네 생명이니라. [14] 사악한 자의 길에 들어가지 말며 악인의 길로 다니지 말지어다. [15] 그의 길을 피하고 지나가지 말며 돌이켜 떠나갈지어다. [16] 그들은 악을 행하지 못하면 자지 못하며 사람을 넘어뜨리지 못하면 잠이 오지 아니하며 [17] 불의의 떡을 먹으며 강포의 술을 마심이니라. [18] 의인의 길은 돋는 햇살 같아서 크게 빛나 한낮의

---

95   참조. Fox, *Proverbs 1-9*, 175.

96   *HALOT*, 2:545, s.v. *mgn*; M. A. Grisanti, *NIDOTTE*, 2:846, s.v. *māgēn*.

광명에 이르거니와 **19**악인의 길은 어둠 같아서 그가 걸려 넘어져도 그것이 무엇인지 깨닫지 못하느니라.

여섯 번째 강화는 결론 부분을 제외하고는 똑같은 분량으로 이루어진 두 부분으로 나뉜다. 전반부[10-13절]는 지혜로운 길을 받아들이는 것과 관계가 있으며, 후반부[14-17절]는 사악한 자의 길로 가는 데 대해 경고한다. 결론 부분[18-19절]에서는 지혜의 길을 비추는 빛과 악인의 길을 뒤덮는 어둠을 대조한다.

첫 번째 강화에서 아버지는 죄인들을 냉혹한 살인자라고 단정 지었으며,[1:10-19] 이번 강화에서는 죄인들을 중독자, 곧 악에 중독된 자들이라고 부른다. 그들에게는 악이 밤에는 진정제가 되고 낮에는 피로 물든 흥분제가 된다. 이처럼 섬뜩한 묘사는 아들을 두렵게 하여 악에서 멀어지게 하려는 데 목적이 있다.

서론과 본론 4:10-17

지혜의 길을 걸으라는 충고 4:10-13

10절과 13절은 전반부를 에워싸 인클루지오를 이루는데, 아버지의 훈계를 들으라는 충고[10a절]에서 훈계를 굳게 잡으라는 충고[13a절]로 나가면서, 생명을 보증하는 약속을 덧붙인다.[10b, 13b절] 이 틀 안에서 아버지는 자기의 가르침을 "정직한 길"[11절]로 제시하고 그 길을 따를 때 아들이 안전하게 걸을 수 있다고 말한다.[12절]

4:10 여섯 번째 강화도 전형적인 형식대로 "내 아들아, 들으라"로 시작하지만, 이례적으로 "받으라"는 말을 덧붙인다.[참조 2:1] "말"은 추상적인 지혜[11절]를 감각으로 느낄 수 있게 해준다. "그리하면 네 생명의 해가 길리라"는 죽음에 얽매이지 않게 된다는 뜻이다(78쪽 "지혜로운 자가 받는 보상: 생명"을 보라). 이 강화의 나머지 부분에서는 이처럼 양적으로 제한 없

는 삶의 멋진 특성을 활짝 펼쳐 보인다.

4:11 "내가……네게 가르쳤으며"는 어린아이가 자신의 길을 찾도록 "지도한다"coaching는 뜻이 아니라, 준수할 의무가 수반되는 체계적인 문답식 교육을 실시한다는 의미다. "길을"이라는 말이 이 강화를 하나로 묶는 은유를 도입한다.참조 1:15 "지혜로운"은 사악한 자의 길14절과 날카롭게 대조를 이룬다. 이 은유는 이론적인 사색이 아니라 현실에서 늘 이루어지는 삶의 모습을 보여준다. "정직한 길로 너를 인도하였은즉"참조 2:8은 지혜가 주는 첫 번째 유익, 곧 그 길은 기만적인 굴곡이 없으며 그래서 죽음이 아니라 생명으로 끝난다는 사실을 말한다. 이 길은 많은 사람이 계속 걸음으로써 생겨난 길이다. 다시 말해, 지혜는 사람들이 걸어 왔던 참된 길이다.

4:12 "다닐 때에"는 초점을 길로부터 아들이 그 위에서 하는 행동으로 옮긴다. "네 걸음"은 매 순간의 결단을 가리킨다. "곤고하지 아니하겠고"(막히거나 제약되거나 방해를 당하지 아니하고)는 순탄하게 앞으로 나간다는 것과 그 목적지가 확실하다는 것을 뜻한다. "달려"가는 것은 걷는 것보다 훨씬 위험하다. 그렇지만 "실족하지 아니"하며, 목표(풍성한 삶)에 이르지 못하는 일도 없다.

4:13 이 강화는 지혜에 온전히 헌신하라고 격려하는 두 개의 명령으로 시작했고, 이제 지혜 안에서 인내하라고 격려하는 세 개의 명령으로 끝난다. "놓치지 말고"는 그 평행구인 "훈계를 군게 잡아"참조 1:2의 의미를 분명히 밝혀 주며, 처음에만 군게 잡는 것이 아니라 계속해서 붙잡는다는 것을 뜻한다.참조 3:18 이 두 명령은 운동선수가 엄격한 식이요법을 지키는 일과 유사한데, 그는 음식조절과 연습과 훈련으로 자신의 몸을 단련함으로써 "넘어지지 않고" 최상의 기량을 발휘하게 된다.[97] 에스겔은 의인이 공의를 떠나면 죽을 수밖에 없다겔 18:26-27는 말로 그 이유를 설명한다. "그것을(여성형)……지키라"참조 21절는 말은 "훈계(남성형)가 아니라

"지혜"[11a절]를 지키라는 뜻이다. "이것이 네 생명이니라"[참조. 3:22; 4:22; 8:35]는 구절은 이 틀을 마무리 지으면서 10b절에 나오는 동기부여를 강조한다.

사악한 자의 길로 가지 말라는 충고 4:14-17

이 여섯 번째 강화의 후반부도 역시 두 부분으로 이루어진다. 사악한 자의 길로 가지 말라고 충고하고,[14-15절] 악에 중독성이 있다는 사실을 입증한다.[16-17절]

4:14 "길"(데레크, 후반절에 나오는 길—옮긴이)과 같은 말인 "길"(오라흐)이 이 두 부분을 하나로 묶는다. "사악한 자의"(84쪽 "악인과 미련한 자를 가리키는 윤리적 용어들"을 보라)라는 말은 그들의 길이 잘못된 길이요 반드시 피해야 할 길임을 가리킨다. 아버지는 그 길의 위험성을 강조하기 위해 명령형 동사 두 개[14절]에 두 배로 늘린 네 개를 더하여[15절] 총 여섯 개의 명령형을 사용한다. 이는 사악한 자의 막강한 힘에 맞서기 위해서다. 악한 자들에게는 한 치도 양보하지 말고 있는 힘을 다해 저항해야 한다. 첫째, "들어가지 말며"는 악한 자들의 세상에 들어가지 말고 머물지도 말라는 뜻이다. 둘째, "다니지 말지어다"는 첫 번째 명령을 한층 더 강조한다. "악인의 길로"는 "사악한 자의 길"이 도덕적으로 악하다고 밝힌다.[참조. 1:16; 3:7]

4:15 셋째, "그의 길을 피하고"는 참되고 옳은 것처럼 가장하는 악인들에 맞서 저항하라는 뜻이다.[98] 넷째, "지나가지 말며"는 특정 지역을 통과하거나[참조. 출 12:12] 가로질러서는[참조. 욜 33:18] 안 된다는 뜻이다. 다섯째, "돌이켜"는 걷고 있는 길이 사악한 자의 길이라면 힘써 경로를 바꾸라는 뜻이다. 여섯째, "떠나갈지어다"는 아들의 주의를 바른길로 되돌려야 한다는 뜻이다. 한마디로 말해, 아들에게 "지혜의 길에서 벗어나지 말고, *꿋꿋하*

97   Van Leeuwen, "Proverbs," in *NIB* 5, 59.
98   J. Janzen, "The Root *pr*ʿ," *VT* 39 (1989): 406.

게 나가라!"고 명령한다.

4:16 "**왜냐하면**"(개역개정에는 번역되지 않았다―옮긴이)은 악을 피해야
하는 다른 이유를 소개한다. 악은 중독성이 매우 강해서, 악에 사로잡힌
자들은 밤에 악행을 계획하지 않으면 잠들지 못하고,¹⁶절 낮에 악행을 실
행함으로써 활력을 얻을 정도다.¹⁷절 "그들은 악을 행하지 못하면 자지 못
하며"는 그들이 다른 사람을 해쳐서 이득을 얻을 방도를 마련하고서야
잠들 수 있다는 것을 뜻한다. 참조. 3:7 평행구인 "잠이 오지 아니하며"는 그
들이 반사회적 인격장애자⁹⁹라는 사실을 강조한다. "사람을 넘어뜨리지
못하면"은 그들이 꾸미는 사악한 계획이 무엇인지 분명하게 밝혀 준다.

4:17 낮이 밝으면 그들은 자기들이 계획한 일을 실행하여 자기 배를
불린다. "불의의 떡을 먹으며"는 의도적으로 모호하게 한 표현으로, 그
의미는 말 그대로 "악을 행하여 얻은 떡"이거나 아니면 더 개연성이 있
는 것으로 "악이 그들의 일용할 양식"참조. 욥 15:16이라는 비유다.¹⁰⁰ 극악
무도함이 그들의 필수 영양소가 되었다. 평행구인 "술을 마심이니라"는
그들이 먹는 "떡"과 함께 대조제유법을 이루어서 완전한 식사를 가리
킨다. 범죄자들이 도박중독자들의 주머니를 털어 거대한 카지노를 세
우고, 부자가 피고용인들의 임금을 갈취하여 호화주택을 지으며, 폭력
배들이 마약을 팔아 고급 승용차를 모는 것처럼 그들은 악한 일에 굶
주려 있다. "강포"는 그들의 사악함에 살인과 파괴가 포함된다는 것을
보여준다. 참조. 1:10-15, 미 3:2-3 복수형으로 표현된 "강포[폭력적 행동들]"는
많은 포도를 으깨어 식탁에 올리는 잔 하나를 채우는 일과 많은 사람
을 착취해 부를 쌓는 일을 대조하는 표현으로 볼 수 있다. 그리스의 메
두사 신화에서 그의 흉측한 얼굴을 본 사람은 누구나 심장이 돌로 변

---

99 여기서 우리는 이 용어를 전문적이고 정신분석학적인 의미가 아니라 현상학적 의미로 사
용한다.

100 Greenstone, *Proverbs*, 42.

했듯이 아들도 악인에게 휘말리게 될 때 심장이 굳어버리는 위험에 처하게 된다.

결론 4:18-19

이 강화의 본론과 마찬가지로 결론에서도 우선 의로운 자에 대해 서술하고 이어서 악인에 대해 서술한다. 이 두 절의 앞쪽에 나오는 "길"과 결론을 이끄는 동사 "걸려 넘어지다"는 분명하게 지혜의 길^{10-13절}을 광명^{18절}에 연결하고, 사악한 자의 길^{14-17절}을 어둠^{19절}에 연결한다.

4:18 "악인의 길"^{14절}과 선명하게 대조를 이루는 "의인의 길"은 점점 밝아 오는 "돋는 햇살"과 같다. 이 길에는 구름은커녕 그늘조차 없다.^{참조. 삼하 23:4, 사 62:1} 빛은 안전과 구원, 행복뿐만 아니라 참된 경건과 도덕성을 뜻한다.^{시 43:3, 욥 22:28; 29:2-3, 사 9:2; 42:16} 여호와 자신이 빛이시다.^{시 27:1} 그래서 지혜로운 자의 길은 곱절로 안전해서 장애물이 없고 환하다. "크게 빛나"라는 말은 의로움과 그로 인한 유익이 많이 증가한다는 뜻이다. "한낮의 광명에 이르거니와"는 의로운 사람이 결국 완전한 빛과 온전한 구원에 이르게 됨을 말한다. 사디아^{Saadia}의 말처럼, "의로운 사람은 희미해져 가는 저녁 빛이 아니라 점차 밝아오는 아침 빛과 같다."[101]

4:19 이와는 달리 "악인의 길은 어둠 같"다. 이 표현은 애굽을 뒤덮은 무시무시한 흑암^{출 10:22}이나 한낮에도 더듬고 길을 찾지 못하는 맹인의 어둠^{신 28:29}을 가리키는 데 쓰인 말과 같다. 내면의 양심에 도덕의 빛이 없고 외적으로 계시도 없기에 악인은 "걸려 넘어져도 그것이 무엇인지 깨닫지 못"한다. 악인들은 행위와 운명의 연계성, 곧 죄와 죽음 사이의 연계성—하나님의 도덕 질서—을 알지 못한다.^{참조. 5:21-23, 신 28:28-29, 욥 5:23-24; 12:24-25, 렘 13:16; 23:12} "걸려 넘어지게 하는 것"이란 그들을 죽음에 이르

---

101 Greenstone, *Proverbs*, 43에서 인용.

게 하는 원인을 가리킨다. 그들은 눈이 멀어 잠깐의 행복을 누리나 결국 영원한 죽음을 맞는다. 안타깝게도 오늘날 많은 사람들이 성적 부도덕과 성을 매개로 한 질병의 연계성, 탐욕과 국가 채무의 연계성, 무신론과 도덕성 상실의 연계성을 전혀 깨닫지 못한다. 이것이 그들을 죽음으로 몰아간다.

강화 7: 바른 길에서 벗어나지 말라 4:20-27

20 내 아들아, 내 말에 주의하며 내가 말하는 것에 네 귀를 기울이라. **21** 그것을 네 눈에서 떠나게 하지 말며 네 마음 속에 지키라. **22** 그것은 얻는 자에게 생명이 되며 그의 온 육체의 건강이 됨이니라. **23** 모든 지킬 만한 것 중에 더욱 네 마음을 지키라. 생명의 근원이 이에서 남이니라. **24** 구부러진 말을 네 입에서 버리며 비뚤어진 말을 네 입술에서 멀리 하라. **25** 네 눈은 바로 보며 네 눈꺼풀은 네 앞을 곧게 살펴 **26** 네 발이 행할 길을 평탄하게 하며 네 모든 길을 든든히 하라. **27** 좌로나 우로나 치우치지 말고 네 발을 악에서 떠나게 하라.

여섯 번째 강화에서는 아들에게 악인의 길로 가지 않도록 경계했으며, 일곱 번째 강화에서는 좌로나 우로 치우치지 말고 아버지의 가르침을 따라 곧바로 나가라고 충고한다. "기울이다"나타(natah)라는 말이 "기울이라"20b절와 "치우치지 말고"27a절로 사용되어 인클루지오를 이룬다. 이 강화는 "제자직의 구조"라고 이름 붙일 수 있다.[102] 캐롤 뉴섬Carol Newsom이 말한 대로, 제자의 모습은 몸을 구성하는 여러 지체에 빗대어 설명할 수 있다. 귀20b절와 눈,21a절 마음,21b, 23a절 육체,22b절 입과 입술,24절 눈과 눈꺼풀,25절 발26a, 27b절이 그것이다. 이어서 뉴섬은 다음과 같이 덧붙인다. "이러한 신체 부분들이 신체의 기능을 가리키는 말들(기울다, 관심을 쏟다, 뒤틀리다, 마음을 바꾸다, 비뚤어짐, 굳어짐, 멀리하다, 당당하게, 솔직하게, 올곧

게, 좌로나 우로 치우치다)과 결합되었다." [103]

20–22절이 강화의 서론을 구성하는 전형적 요소들(부름과 충고와 동기부여)을 담고 있기는 해도 22절을 제외한 모든 절이 충고인데다 20–22절이 이 강화의 거의 절반을 차지하고 있는 까닭에 이 20–22절 부분도 교훈의 일부로 보는 게 낫다. 이 강화는 몸의 수동적인 지체들—듣는 귀[20절]와 보는 눈[21절]—로 시작하는데, 이 지체들은 몸에 활기를 불어넣는 가르침을 받아들인다. 23절은 전반절과 후반절 모두에서 마음의 특성을 밝히고 있으며, 야누스의 역할을 한다. 다시 말해, 마음은 몸의 수동적인 지체들이 받아들인 것을 담는 그릇이며 동시에 몸의 능동적인 지체에 속하는 말하는 입[24절]과 방향을 가리키는 눈[25절]과 걷는 발[26-27절]을 통제하는 주체다.

아버지의 말에 귀를 "귀울이라"[20b절]와 "좌로나 우로나 치우치지 말고"[27a절]로 이루어지는 인클루지오는 이 강화의 메시지를 요약한다. 어떤 사람의 됨됨이와 그가 행하는 일은 나뉠 수 없다.

수동적인 지체의 구조 4:20-22

4:20 "내가 말하는 것(말의 내용)에 네 귀를 기울이라"에 의해 강조되는 "내 아들아,[참조. 1:8] 내 말에(말하는 행위) 주의하며"[참조. 2:2]라는 구절은 비록 독특한 어휘를 사용하기는 해도 전형적인 양식대로 강화를 시작한다.

4:21 "그것을⋯⋯떠나게 하지 말며"는 언어에 발이 있어 달리는 것처럼 의인화하고, 나아가 충고가 말씀을 담아내는 것이라고 간주한다.[참조. 1:8; 3:13, 18, 21; 4:4, 6, 10, 13] "네 눈에서"는 이 금언들이 글을 읽을 줄 아는 젊은이를 대상으로 쓰였다고 가정한다. "네 마음(66쪽 "마음"을 보라) 속에 지키라."[샤마르(šāmar), 참조. 2:8, 11]는 마음을 십계명이 기록된 돌판을 담고 있는 언약

---

102 Hubbard, *Proverbs*, 87. Newsom, "Woman and the Discourse," 152.

103 Newsom, "Woman and the Discourse," 152.

궤처럼 묘사한다.

4:22 설명을 이끄는 **"왜냐하면"**(개역개정에는 번역되지 않았다―옮긴이)은 이 강화에 단 한 번 나오는 동기부여를 제시하면서, "그것은 얻는 자에게 생명(78쪽 "지혜로운 자가 받는 보상: 생명"을 보라)이 되며"^{참조. 3:13}가 동기부여임을 밝힌다. "건강"은 생명을 온전히 회복하는 것을 말한다. "그의 온 육체"는 몸과 정신을 아우르는 말이다. 이 구절은 생명 나무라는 비유가 뜻하는 것을 밝혀 준다.

야누스: 마음 4:23

4:23 "모든 지킬 만한 것 중에 더욱(다시 말해, 지켜야 할 모든 것 가운데서 가장 중요한 것) 네 마음을 지키라." 자신에게 주어진 명령을 마음속에 간직하면 악으로부터 마음을 지킬 수 있다. "왜냐하면"(후반절을 이끄는 말로, 개역개정에는 번역되지 않았다―옮긴이)이 그 이유를 제시한다. "생명의 근원이 이에서 남이니라"는 마음이 몸의 모든 부분을 통제한다는 사실을 말한다(66쪽 "마음"을 보라).

능동적인 지체의 구조 4:24-27

이 강화의 두 번째 부분은 가운데 있는 긍정적 명령들을 에워싼 부정적 명령들―"네 입에서 버리며"^{24a절}와 "네 발을……떠나게 하라"^{27b절}―의 인클루지오로 이루어진다.

4:24 비록 마음이 몸을 통제하기는 해도 몸의 구성 요소들 각각을 지켜볼 필요가 있다.[104] 이 지체들의 목록은 전체를 총망라한 것이 아니라 실제 생활에서 대표적인 것을 밝힌 것이다.[105] 그런데 24절에서는 유일하게 특정한 윤리적 태도를 밝힌다. 이집트의 교훈 문헌에서처럼 여기서

---

104 Gemser, *Sprüche*, 27.
105 Plöger, *Sprüche*, 49.

도 입이 가장 중요하게 여겨지는데, 그 이유는 마음으로 들어가고 나오는 직접적인 통로가 입이기 때문이다. 말을 가리키는 이 환유는 마음속에 있는 것을 검증할 수 있게 해주는데, 참조. 눅 6:45, 롬 10:10 [106] 이에 더해 지혜자는 입이 마음에 끼치는 영향도 염두에 두고 있는 것으로 보인다. 키드너가 제대로 지적했듯이 "냉소적인 수다와 습관적인 불평, 경솔한 언행, 반쪽짜리 진실이……굳어져서 견고한 사고방식이 된다."[107] "(구부러진 말을) 네 입에서 버리며"라는 표현보다는 "네 입에서 멀리하며"라고 번역하는 게 훨씬 더 나은데, 그 까닭은 "내 아들아"라는 부름이 아들을 지혜로운 자에 포함시키고 있기 때문이다.[108] "구부러진 말"은 진리를 왜곡하거나 변형시킨 말을 뜻한다(75쪽 "지혜로운 자와 말"을 보라). "비뚤어진"은 옳고 참된 것에서 이탈하거나 어긋나는 것을 뜻한다. "입술"은 입에 대응하는 상투적인 평행구다. "멀리 하라"는 악한 말을 버리는 것을 강조해서 아예 멀리 떼어 놓으라는 뜻이다. 「잠언」은 바르게 말하는 일에 관해 논하는 입바른 소리로 가득하다.

4:25 "네 눈은 바로 보며"라는 구절로 곧은 길이라는 은유를 다시 끌어들이는데, 눈은 이 길에 집중하는 것을 게을리해서는 안 되며 발도 이 길에서 어긋나서는 안 된다. 눈은 자극적인 것에 대해 만족할 줄 모르는 욕구를 지니는 까닭에27:20 제자들은 지혜의 길에 시선을 고정해야 한다. 항상 지혜를 바라보는 지혜로운 자와는 달리 어리석은 자는 그 외의 모든 곳에 눈길을 둔다.17:24 "눈꺼풀"은 "눈"에 대응하는 상투적인 평행구다. 동의적 평행구인 "네 앞을 곧게 살펴"가 이 충고를 강조한다.참조. 마 6:22 사람들이 하늘의 진리를 굳게 바라보는 한 사탄은 그들에게 아무런 힘도

---

106 Plöger, *Sprüche*, 49.

107 Kidner, *Proverbs*, 68.

108 이 번역을 더 지지하는 이유는 이 인클루지오 내에서도 구조상 '버리다'가 아니라 '멀리하다'를 의미하기 때문이다.

쓰지 못한다. 하와는 금지된 열매에 초점을 맞추고 나서 죄를 지었다.

4:26 26a절과 27b절에서 반복되는 "네 발"에 의해 26절과 27절의 구조가 정해진다. 26절은 바른길을 따르라고 강하게 권고하고, 27절은 바른길에서 벗어나 악으로 굴러떨어지지 말라고 경고한다. "길을 평탄하게 하며"["길을 살피며"]는 아버지가 가르친 행실에 매 순간 걸음을 일치시키라는 뜻이다. 한 번의 잘못된 걸음이 치명적인 결과를 가져올 수 있다. "네 발"은 인생길을 내딛는 모든 걸음을 뜻한다. "든든히 하라"는 아버지의 지혜를 굳게 의지하라는 권고다. "네 모든 길"은 아들의 행실을 이루는 많은 부분을 가리킨다.

4:27 "치우치지 말고"는 아들이 곧은 길로 가고 있다고 가정한다. "좌로나 우로나"는 모든 종류의 도덕적 탈선을 가리키는 대조제유법으로서, 신 5:29; 17:11, 20; 28:14, 수 1:7; 23:6, 왕하 22:2 해가 되는 양극단 사이의 중간길이라는 아리스토텔레스의 개념을 그릇 끌어들이는 것을 거부하며 제3의 길은 없다고 주장한다. "네 발을 악에서 떠나게 하라(멀리하라)"는 "네 발을 악에서 돌이키라"[ESV]로 번역할 수 있으나, 이렇게 옮기는 것은 "내 아들아"[20절]라는 부름이 함축하는 의미와는 달리 아들이 악한 길을 걷고 있다는 의미가 될 수 있다.

강화 8: 간음의 어리석음, 결혼의 지혜 5:1-23

¹내 아들아, 내 지혜에 주의하며 내 명철에 네 귀를 기울여서 ²근신을 지키며 네 입술로 지식을 지키도록 하라. ³대저 음녀의 입술은 꿀을 떨어뜨리며 그의 입은 기름보다 미끄러우나 ⁴나중은 쑥 같이 쓰고 두 날 가진 칼 같이 날카로우며 ⁵그의 발은 사지로 내려가며 그의 걸음은 스올로 나아가나니 ⁶그는 생명의 평탄한 길을 찾지 못하며 자기 길이 든든하지 못하여도 그것을 깨닫지 못하느니라. ⁷그런즉 아들들아, 나에게 들으며 내 입의 말을 버리지 말고 ⁸네 길을 그에게서 멀리 하라. 그의 집 문에도 가까이 가지

말라. **9**두렵건대 네 존영이 남에게 잃어버리게 되며 네 수한이 잔인한 자에게 빼앗기게 될까 하노라. **10**두렵건대 타인이 네 재물로 충족하게 되며 네 수고한 것이 외인의 집에 있게 될까 하노라. **11**두렵건대 마지막에 이르러 네 몸, 네 육체가 쇠약할 때에 네가 한탄하여 **12**말하기를 내가 어찌하여 훈계를 싫어하며 내 마음이 꾸지람을 가벼이 여기고 **13**내 선생의 목소리를 청종하지 아니하며 나를 가르치는 이에게 귀를 기울이지 아니하였던고 **14**많은 무리들이 모인 중에서 큰 악에 빠지게 되었노라 하게 될까 염려하노라. **15**너는 네 우물에서 물을 마시며 네 샘에서 흐르는 물을 마시라. **16**어찌하여 네 샘물을 집 밖으로 넘치게 하며 네 도랑물을 거리로 흘러가게 하겠느냐. **17**그 물이 네게만 있게 하고 타인과 더불어 그것을 나누지 말라. **18**네 샘으로 복되게 하라. 네가 젊어서 취한 아내를 즐거워하라. **19**그는 사랑스러운 암사슴 같고 아름다운 암노루 같으니 너는 그의 품을 항상 족하게 여기며 그의 사랑을 항상 연모하라. **20**내 아들아, 어찌하여 음녀를 연모하겠으며 어찌하여 이방 계집의 가슴을 안겠느냐. **21**대저 사람의 길은 여호와의 눈 앞에 있나니 그가 그 사람의 모든 길을 평탄하게 하시느니라. **2**악인은 자기의 악에 걸리며 그 죄의 줄에 매이나니 **23**그는 훈계를 받지 아니함으로 말미암아 죽겠고 심히 미련함으로 말미암아 혼미하게 되느니라.

여덟 번째 강화는 아버지가 아들에게, 간음을 조심하라고 "남자 대 남자로서 주는 강한 경고"¹⁰⁹다. 이 강화는 세 부분, 곧 전형적인 형식의 서론,1-6절 간음의 어리석음7-14절 및 결혼 안에서 이루어지는 성의 지혜15-20절를 가르치는 교훈, 그리고 하나님께 죄를 짓고 훈계를 무시함으로 맞게 되는 치명적 결과를 냉정하게 예측하는 결론21-23절으로 구성된다. 레이우엔은 이렇게 말한다. "간음이 부부간의 사랑과 얼마나 배치되는지는 죄와 어리석음으로 하나님 지으신 울타리를 파괴한다는 데서 구체적으로 확인된다. 하지만 결혼 안에서 작동하는 에로스는 형식 안의 자유를

109　McKane, *Proverbs*, 312.

이루어 낸다."[110]

강화 전체에 끼어든 하위 주제는 아버지의 가르침을 따르라[1,7절]는 것으로, 이 가르침을 거절할 때 후회[12-13절]와 죽음[21-23절]에 이르게 된다. 이 하위 주제는 아버지가 음녀의 달콤한 말을 반박하고 있다는 점에서 매우 중요하다.

서론 5:1-6

부르는 말과 충고와 목적 5:1-2

5:1 "내 아들아……주의하며……네 귀를 기울여서"라고 말하는 서론은 4:20을 되풀이한 것이지만, 지혜의 외적 표현인 "말"과 "말하는 것" 대신에 아버지가 가르치는 내용과 그 최종 결과를 뜻하는 "내 지혜"와 "내 명철"이라는 단어를 사용한다. 아들은 어리기는 하나 성적으로 유혹을 받을 만큼 나이가 들었다. 또한 결혼을 했거나 결혼을 앞두고 있다. 참조. 1:4

5:2 충고의 목적은 아들이 "근신을 지키"게 하는 데 있다(69쪽 "지혜로운 자와 의로운 자를 가리키는 지적 용어들"을 보라). 평행구인 "입술(즉 말)로 지식을 지키도록"(60쪽을 보라)은 지혜자들의 종교적이고 윤리적인 가르침을 따라 올바르게 말한다는 것을 뜻한다. 참조. 22:18 폭스는 이 개념을 말라기 2:7의 "제사장의 입술은 지식을 지켜야 하겠고 사람들은 그의 입에서 율법을 구하게 되어야 할 것이니"참조. 잠 22:18라는 구절을 토대로 삼아 설명한다. "제사장은 '말로써' 지식을 '지킨다.'"[111] 아들의 입술은 크게 말함으로써 꿀을 바른 듯한 "음녀의 입술"3절에 저항한다.

동기부여 5:3-6

5:3 "왜냐하면"(개역개정에는 "대저"로 번역되었다―옮긴이)으로 충고를 따

---

110 Van Leeuwen, "Proverbs," in *NIB* 5, 66.

111 Fox, *Proverbs 1-9*, 191.

라야 할 이유를 제시한다. 지혜 및 옳은 것에 관한 확실한 판단 없이 아들은 유혹하는 여자를 상대할 수 없다. 요셉이 보디발의 아내에게 대응했듯이 ^{창 39:8-9} 아들은 "음녀의 입술"(97쪽 "음녀"를 보라)에서 떨어지는 악하고 달콤한 말에 맞서기 위해서 진리를 말해야만 한다. 뉴섬은 말과 성생활의 불가분의 연관성에 관해 다음과 같이 말한다. "'성교'intercourse라는 말이 잘 보여주듯이 성적 행위는 본질상 대화적 특성을 지닌다. 구애의 말, 유혹적인 언어, 사랑의 노래, 사랑의 밀어처럼 문화적으로 그것은 말과 밀접하게 얽혀 있다." 이어서 뉴섬은 이렇게 덧붙인다. "여자의 성을 표현하는 수평적 언어가 아버지의 권위를 담은 수직적 언어와 충돌을 일으키는 지점이 바로 소년이 남자가 되는 세대 전환 시점이다."[112] "꿀을 떨어뜨리며"는 벌집에서 한 방울씩 떨어지는 꿀—가장 순수하고 달콤한 꿀—을 가리킨다. 맥케인의 설명에 따르면 "그 여자는 뇌쇄적 매력을 풍기는 말투로 속삭인다."[113] "그의 입(즉 그 여자의 말)은 기름[114]보다 미끄러우나"는 속이려고 하는 아첨을 가리키는 은유다.^{2:16; 29:5} 그 여자의 간드러진 말은 "자기 희생자를 움켜잡아 신비와 흥분과 쾌락에 빠지게 만든다."[115]

5:4 "그러나"(개역개정에는 번역되지 않았다—옮긴이)는 그 여자의 힘찬 출발을 끔찍한 종말과 극명하게 대비시킨다. "나중은"은 음녀와 저지른 부정에 대한 최후의 심판을 가리킨다. "쓰고"라는 미각적 은유는 7-14절에서 열거하는 고통과 23절에서 예견하는 최후의 죽음을 가리킨다. 이 은유를 "쑥 같이"라는 직유가 강화한다.[116] 군사적인 은유인 "날카로우며"

112 Newsom, "Woman and the Discourse," 153.
113 McKane, *Proverbs*, 314.
114 따로 설명을 덧붙이지 않으면, 성경에서 기름이라고 말하는 것은 모두 올리브유다.
115 McKane, *Proverbs*, 314.
116 쑥은 그 자체로는 독이 없으나, 매우 쓰고 강한 독을 지닌 독초와 흔히 연계하여 언급된다.

는 효과적으로 살상하는 검을 가리킨다. 참조 7:23이하 이를 강조하는 직유인 "두 날 가진 칼 같이"는 문자적으로 "입의 칼"을 뜻하며, 이사야 1:20에서 는 그것이 사람을 "삼킨다"고 말한다. 음녀의 부드러운 입술과 입이 심판 의 날에는 삼키는 입이 될 것이다.

5:5 여기서 초점은 사지로 내달리는 "그[음녀]의 발"로 옮겨진다. 이 말 은 음녀의 길을 가리키는 환유 2:18다.117 "사지로 내려가며"는 음녀와 그 의 연인 모두가 최후에 맞게 될 멸망을 뜻한다. "그의 걸음"은 무덤을 향 해 의연히 내딛는 그 여자의 발걸음을 말한다. "나아가나니"는 그 여자의 최종적이고 암울한 운명이자 음란한 삶의 종착진 "스올"(92쪽을 보라)로 "내려감"을 강조한다.

5:6 "생명의······길"에 관해서는 "지혜로운 자가 받는 보상: 생명"41쪽을 보라. "그[음녀]는" 그 길을 "찾지 못"한다. 하나님을 등지고 자기의 결혼 언약을 저버린 그 여자는 부도덕한 삶 속을 떠돈다. "자기 길(그녀의 행실 전체를 가리키는 은유적 환유)이 든든하지 못하여도" 참조 삼하 15:20, 시 109:10, 애 4:15 는 정처 없이 방황하는 불행한 처지를 가리킨다. 이 음탕한 여자는 집도 없고 소망도 없이 자기 죄에 파묻혀 휘청거리며 산다. 렘 14:10, 암 4:8 "그것을 깨닫지 못하느니라"는 그녀가 도덕적으로 완전히 파산했으며 옳고 그름 을 분별하지 못하여 죽음으로 떨어지고 있음을 가리킨다.

교훈 5:7-20

간음의 어리석음 5:7-14

여기서 아버지는 음녀가 맞을 치명적 결과를 밝힌다. 한 차례 더, 귀 기 울여 들으라고 요청 7절하고 음녀를 멀리하라고 명령 8절한 후에 아버지는

---

117 "발"은 남성과 여성 모두의 성기를 가리키는 완곡어법일 수 있다(남성의 경우, 출 4:25, 삿 3:24, 사 7:20, 참조 창 49:19; 여성의 경우, 신 28:56, 겔 16:25). 다음을 보라. *HALOT*, 3:1185, s.v. *regel*.

서론에서 비유적 언어로 말한 것을 사실들로 대체한다. 외부의 낯선 사람들로 말미암는 경제적인 몰락^{9-10절}과 공동체 내부에서 비롯되는 사회적인 몰락이 그것이다. 11절은 죄인이 겪는 경제적 상실과 사회적 상실 사이에서 야누스의 역할을 한다. 그가 훈계를 거부한 일을 후회하게 되는 데서 볼 수 있듯이 이 두 가지 상실로 인해 그는 육체와 정신 양면으로 파산하게 된다. 하지만 그 고백 속에 소망이 담겨 있다.

5:7 "그런즉"은 같은 주제를 계속 다루면서도 논의의 방향을 바꾼다.[118] 직계 혈통을 가리키는 복수형 "아들들"^{참조. 4:1}이라는 말을 사용한 것은 여러 세대를 거쳐 축적된 가문의 재산과 명예를 보전하는 논의라는 점에서 적절하다. 그러나 강화의 나머지 부분에서 논의는 단수형으로 바뀌는데, 이는 대를 잇는 아들들 개개인을 대상으로 한다는 것을 뜻한다. 번영하는 가계를 이어가는 세대들 가운데 약한 고리가 무너질 수 있다. "나에게 들으며"라는 충고는 처음부터 가르침에 순종하고 꾸준히 따를 것을 요구한다. "버리지 말고"는 음녀의 탈선한 길과 확연하게 대비를 이룬다. "내 입의 말"은 아버지의 말과 음녀의 말을 대조하기 위해 덧붙인 것이다.

5:8 "네 길을 그(음녀)에게서 멀리 하라"는 명령은 교훈 전체를 간략하게 언급한 것이다.^{참조. 마 5:28-29, 딤후 2:22} 사람들은 흔히 자기의 생물학적 욕구와 사회적 책임이 서로 충돌하는 경험을 한다. 기차 엔진이 선로 위에서 가장 잘 작동하듯이 자기의 내적 욕구가 바른 형식을 통해 분출되도록 해야 하는 이유가 분명해진다. "그의 집 문에도 가까이 가지 말라"에서 "문"은 위험한 장소로 들어가는 입구를 뜻한다. 간단히 말해, 철저하게 음녀를 피하라는 것이다.

5:9 "두렵건대"("……하지 않도록")를 거듭 사용해 연결된 9절과 10절

118 *IBHS* §§39.3.4-5.

은 8절의 명령을 따르지 않아서 오는 부정적 결과를 소개한다. 이 반복은 네 종류의 집단—"남"과 "잔인한 자",[9절] "타인"과 "외인"[10절]—이 동일한 집단 혹은 개인이라는 점을 보여준다.[119] 이 두 절은 아들의 경제적 몰락을 선포하며[9절] 동시에 타인을 책망한다.[10절] 9절은 존영을 잃어버리게 됨을 말하며, 10절은 존영을 얻는 힘을 상실함을 가리킨다. "잃어버리게 되며"는 아들이 간음을 저질러 가난을 자초한 일을 비난한다. "남에게"는 음녀의 남편이나 그의 가문을 가리키는 것으로 보인다.[참조 6:24, 29, 34] "네 존영"은 존귀하고 고결하고 당당한 위엄을 뜻하며, "인생 황금기의 결실"[120]을 가리키는 환유다. "네 위엄"dignity(저자의 사역, 개역개정에는 "수한"으로 번역되었다—옮긴이)은 재물을 끌어오는 능력을 가리키는 환유다. "잔인한 자"는 방탕한 자에게 가차 없이 혹독한 벌을 가하는 난폭한 남편을 가리키는 환유다. 한 세대의 실수로 말미암아 오랜 세월 축적한 재산이 외인의 손에 넘어간다.

5:10 "두렵건대 타인이……충족하게 되며"는 8절의 명령을 지키지 않은 데 따르는 또 다른 불이익을 소개한다. "네 재물"은 아들이 활기 넘치는 힘으로 이룬 결실을 가리키는 환유다. 이 비유에 "네 수고한 것"이라는 구절이 고통을 감내하며 열심히 일한다는 의미를 더한다. 이와 동일한 단어가 창세기 3:16에서 여인이 아이를 낳을 때 겪는 고통을 묘사하는 데 사용된다. 아들이 고통스럽게 얻는 수입이 "외인의 집에" 속하게 될 것이다. 사실 그 시절의 관습에 따르면 분노한 남편은 간통한 남자를 노예로 부리는 보상을 받을 수 있었다. 오늘날에는 간통으로 인해—노예가 되는 일은 없어도—이혼 위자료와 자녀 양육비, 가정 파괴, 상처, 질투심, 고독, 성병이나 심지어 살인이라는 결과가 빚어지곤 한다.[121]

---

119 네 개의 명사적 형용사는 모두 남성형으로, 그것들이 음녀를 지칭할 가능성을 배제한다.
120 Gemser, *Sprüche*, 34.
121 미국의 일부 주에서는 오늘날도 여전히 자기 배우자와 부정을 저지른 상대를 고소할 수

5:11 "네가 한탄하여"는 극도의 빈곤에 처해 뒤늦은 후회와 자책으로 울부짖는 것을 말한다.^{참조 히 12:17} "마지막에 이르러"는 간통의 악한 결과가 "굶주림과 빈곤의 형태로" 드러나게 될 때를 말한다.[122] "마지막"이란 결말, 곧 모든 일이 빛 가운데 드러나 판정될 미래를 가리킨다. "우리는 어느 순간의 겉모양을 따라 삶을 판단할 수 없으며, 항상 '마지막'을 기준으로 삼아야 한다."[123] "네 몸, 네 육체가 쇠약할 때에"는 한 때 힘이 넘치고 활기찼던 신체가 무너지고 탈진하여 쓰러지기 직전에 놓였음을 뜻한다.

5:12 "말하기를"은 난봉꾼의 탄식과 그가 쏟아 내는 네 가지 자책을 말한다. 아버지가 아들에게 경고하지 않았다면 아버지에게 책임이 있을 것이다.^{겔 33:1-9} "어찌하여"는 안타까운 마음의 외침이다. "내가……싫어하며"는 돌이킬 줄 모르고 거룩한 일을 거부하는 마음을 보여준다. "훈계"와 그 평행구인 "꾸지람"^{참조 3:11}은 그의 스승의 가르침을 요약한 것이다.^{참조 13절} "내 마음(66쪽 "마음"을 보라)이……가벼이 여기고"는 그의 타락상을 한층 더 강조한다. 하지만 이 고백은 모든 것을 앗아간 벌이 그를 구원으로 이끌었음을 보여준다.^{참조 28:13} 이러한 고백을 하는 데는 겸손과 회개, 꾸지람을 인정하는 자세가 필요하기 때문이다.

5:13 "그리고"(개역개정에는 번역되지 않았다—옮긴이)는 미련한 자가 가르침을 거절한 일을 자기 스승을 거절한 일과 연결한다. "목소리를 청종

있는 "애정 이간"^{alienation of affection}과 "간통"^{criminal conversation} —불법적인 간음을 가리키는 옛 용어—법이 존재한다. 최근에 노스캐롤라이나주의 한 사건에서 어떤 남편은 자기 아내와 불륜을 저지른 남자에게서 88만 달러를 배상받았다. https://www.washingtonpost.com/news/morning-mix/wp/2018/07/31/8-8-million-alienation-of-affection-award-another-reason-not-to-have-an-affair-in-north-carolina/.

122 R. N. Whybray, *Proverbs*, NCBC (London: Marshall Pickering; Grand Rapids: Eerdmans, 1994), 88.

123 Von Rad, *Wisdom in Israel*, 202.

하지 아니하며"는 곧 "내가 복종하지 않았다"는 것이다. "내 선생"은 자기의 부모와 성문에 선 지혜자들을 가리킨다. "나를 가르치는 이에게 귀를 기울이지 아니하였던고"는 "내 탓이로소이다"mea culpa라고 인정하는 그의 마음을 강조한다.

5:14 여기서는 난봉꾼의 개인적인 수치가 공적인 수치로 바뀐다. "[내가……] 되었노라"는 구절은 그가 타인의 집에서 노예로 있던 때를 되돌아본다. "즉시"(개역개정에는 번역되지 않았다—옮긴이)라는 말은 그가 지은 죄가 아주 빠르게 그를 삼켜버린 일을 가리킨다. "큰 악에"라는 환유는 그가 당한 공적인 수치나 파문, 공개적인 태형,참조. 6:33 아니면 남은 재산의 몰수참조. 솔로몬의 시편 16:13-14를 뜻하는 것으로 보인다. 마인홀트는 명확하지 않은 위험이 위험을 악화시킨다고 주장한다.[124] "많은 무리들"은 공적 재판 자리에 모인 법적 모임을 뜻하며,16:26을 보라. 참조. 집회서 7:7 이를 분명하게 밝혀 주는 것이 그 평행구인 "모인 중에서"인데 이 말은 법적인 문제를 처리하도록 지명된 법적 조직을 가리키며 이곳에서 그를 "악"에 빠지게 한 처분을 내린 것으로 볼 수 있다.

결혼의 지혜 5:15-20

이제 아버지는 성적 불륜의 어리석음에서 결혼으로 얻는 성의 기쁨으로 주제를 바꾼다. 아버지는 풍유법을 사용하여15-17절 충실한 부부생활이 근본적인 성적 충동을 처리하는 방책이 된다고 가르친다.18-19절, 참조. 고전 7:9 자기 아내와 나누는 사랑의 기쁨은 음녀와 관계하려는 유혹을 막아 내는 구체적인 방어막이 된다.

5:15 "물을 마시며"라는 비유가 모호한 느낌을 주지만, 아버지는 아들의 사고를 자극하고자 의도적으로 그 말을 사용한다. 이 구절을 해석하

---

124 Meinhold, *Die Sprüche*, 103.

는 열쇠는 18b절에 나오는 "네가 젊어서 취한 아내를 즐거워하라"는 평행구에서 제시된다. 아가 5:1과 유사하게 여기서 "물을 마신다"는 말은 성적 욕구를 채운다는 것을 뜻한다. 성적인 욕망을 채우는 일은 30:20의 음식을 먹는 일과 9:17의 물을 마시는 일에 비교된다. "네 우물에서"라는 구절은 건조한 가나안 땅에서 바위를 파내 빗물을 모으게끔 만든 개인 소유의 귀한 저수조에 그의 아내를 비유한다. 후반절에서는 빗물을 모은 물이라는 이미지를 강조하고자 "네 샘에서 흐르는 물"이라는 이미지를 제시한다. 땅 밑 물줄기에 연결되어 채워진 샘은 물의 질이 훨씬 더 좋다. "이 이미지는 '마셔서', 곧 사랑을 나눠서 뜨거운 갈증을 시원하고 산뜻하게 해소하는 것을 뜻한다."[125] 이 본문은 아내가 남편에게 속한다는 사실을 당연하게 여기며 동시에 남편이 아내에게 속한다는 사실도 인정한다. 참조. 고전 7:4-5

5:16 "넘치게 하며"라는 모호한 구절은 "네 샘이 널리 퍼지게 하라"KJV의 경우는 명령으로 볼 것이 아니라 "안 돼!"라는 답을 예상하게 하는 수사적 질문으로 이해하는NIV, NRSV의 경우 것이 가장 옳다. "네 샘물"이 "생식능력"(곧 정자)[126]이나 많은 자손을 가리키는 인유allusion라고 보는 해석자들이 많다. 그렇다면 17절에서 복수형으로 표기된 주어("그들이", 개역개정에는 "그 물이"로 번역되었다―옮긴이)는 자녀들을 가리키는 것이라고 볼 수 있다(즉 자녀들이 이 아들에게만 속해야지 다른 가족에 들게 해서는 안 된다). 이러한 해석은 단수15절에서 복수16-17절로 전환한 이유를 설명해 주기는 하나, 화제를 성적인 즐거움15, 18절과 후손16-17절 사이에서 앞뒤로 오락가락 바꾸는 약점이 있다.

다른 학자들은 "샘물/도랑물"이 아내를 뜻하기 때문에 이 구절에서는 남편이 음녀와 즐기고자 자기 아내를 버린다면, 아내는 다른 남자들에게

---

125 Fox, *Proverbs 1-9*, 199.

126 Lucas, *Proverbs*, 70.

서 성욕을 채우길 원하여 다른 남자들이 아내와 잠자리를 하게 될지도 모른다고 경고하는 것이라고 생각한다. 이러한 해석은 물이라는 이미지가 아내와 합치하게 해주고 17b절의 "타인과 더불어 그것을 나누지 말라"는 구절도 납득시켜 주지만, 15절과 18절에서 아내를 단수로 표기한 것에서 16-17절에서 아내를 복수 이미지로 표기하는 것으로 바뀐 이유는 설명하지 못한다. 더욱이 이 견해는 정숙한 아내를 방치한다면 매춘부가 될 것이라는 점을 전제로 하고 있다.

크루거[P. A. Kruger]는 이 풍유 전체가 (공공재산과 대비되는) 사유재산, 곧 "샘물"이나 "거리로" 흘러가는 "도랑물"과 대비되는 개인 소유의 우물을 토대로 삼고 있다고 제안해서 도움을 준다.[127]

그래서 "샘물[들]"은 성적 만족을 주는 원천인 "모든" 여성을 가리킨다고 보는 것이 가장 적합하다. 복수형을 사용해서 정숙한 아내가 매춘부가 된다는 암시를 차단한다. "거리"는 엄밀히 말해 매춘부들이 영업하는 장소이며, 그에 반해 "네 도랑물"은 아들의 성적 만족을 가리키는 별개의 이미지로, 아들은 성적 만족을 "집 밖"에서 곧 그의 결혼 관계 밖에서 찾아서는 안 된다.

5:17 "있게 하고"라는 말로 부부생활의 즐거움에 대해 계속 충고한다. 그 즐거움은 반드시 결혼의 테두리 안에서 "네게만" 있어야 한다. 이런 생각이 "타인과 더불어 그것을 나누지 말라"고 덧붙인 말로 강조된다.[128]

5:18 지혜로운 아버지는 자기 아들에게 열정적인 아내가 필요하다는 사실을 잘 안다. 그래서 아버지는 아들을 성적 측면에서 양적으로나(언

---

127 P. A. Kruger, "Promiscuity or Marriage Fidelity?" *JNSL* 13 (1987): 60.

128 일부다처제와 다자연애[polyamory]를 일부일처제보다 훨씬 우월한 성적 결합으로 내세우려는 현재의 경향에 비추어 볼 때 17절의 지혜가 특히 적절해 보인다. 다음을 참고하라. https://thefederalist.com/2019/11/15/no-human-beings-arent-happier-when-we-ditch-monogamy-for-polyamory/

제나) 질적으로(최고의 방식으로) 모두 충족시켜 줄 아내를 위해 기도한다. "되게 하라"는 하늘을 향해서 계속 복이 부어지기를 구하는 기도라고 볼 수 있다. 참조. 왕상 10:9, 룻 2:19 "네 샘"은 15b절을 보라. "복되게"참조. 3:13의 의미는 19절에서 자세히 밝히는데, 그 본문을 통해 이 말이 성적인 만족을 가리킨다는 점이 분명해진다. "그리고"(즉 아내가 복을 누리게 된 결과로, 후반절을 이끄는 이 말이 개역개정에는 번역되지 않았다—옮긴이) 아들은 감각적인 쾌락을 주는 "아내"로 인해 "즐거워"하게(힘을 회복하고 활기가 넘치며 황홀감을 경험하게) 된다. 아버지는 아들의 쾌락에 초점을 맞추는데, 그 이유는 감각적인 남자는 다른 여자가 줄 수 없는 기쁨을 자기 아내에게서 얻을 수 있다는 사실—이성 간의 일부일처제 혼인을 강하게 지지하는 논점—을 가르치기 위해서다. "네가 젊어서 취한 아내"는 "네 젊은 아내"라고 볼 수도 있으나, 2:17과 말라기 2:14에 나오는 유사한 표현은 본문의 번역이 타당함을 인정한다. 이 구절은 이른 시절에 시작되어 평생 이어 온 결혼참조. 2:17을 가리키며 또 아들이 기혼자라는 사실을 밝힌다(더 낮게 말해, 예상하게 한다).

5:19 여기서는 18절의 복에 대해 자세히 설명한다. "사랑스러운"이라는 말은 호세아 8:9에 나오는 관능적인 사랑을 가리키며, 잠언 7:18에서 동족어로 사용된 말로는 육체적인 사랑을 뜻한다. "암사슴"은 이란의 다마사슴을 가리키는 것으로 보이며, 다 자란 암컷은 키가 75cm, 몸무게가 30-55kg에 이른다. "아름다운 암노루"는 성경에서 여기만 나오는데, 마인홀트에 따르면 아이벡스(ibex, 길고 굽은 뿔을 가진 산악 염소)나 염소자리Capricorn를 가리킨다. 이러한 이미지들은 성애를 불러일으키는 은유로 동물을 사용했던 문화를 반영한다. 참조. 아 2:9; 4:5 나윌키는 텔 헤시Tel Hesi에서 이 암노루 떼와 맞닥뜨려 그 밝고 검은 눈, 늘씬한 다리, 비단결 같은 털을 보고서야 이 이미지를 제대로 이해할 수 있었다. "그의 품", 더 정확히 말해 "젖꼭지"는 아내의 선정적인 신체를 가리키며, 이 말이 유일하게 사

용된 다른 본문에서는 성과 연관된다. 젤 23:3, 8, 21 129 "너는……족하게 여기며"("너를 흠뻑 젖게 하며")라는 말로 마신다는 이미지를 이어 간다.

이 구절의 평행구 19c절에 따르면 이 말이 함축하는 음료는 아내의 애무를 뜻한다. "항상"은 "아들이 갈증을 느낄 때마다"라는 의미다. 아버지는 아들 부부의 사랑이 질적으로 만족스러우며 양적으로도 끊이지 않기를 기도한다. 신약성경에서 사도 바울은 기독교인 부부들에게 부부의 성관계를 중단하는 일이 없도록 하고 규칙적이고 건강한 성생활을 유지하라고 권고한다. 고전 7:1-5 "그의 사랑"은 "아내의 애무"를 뜻하는 말을 간단하게 옮긴 것이다. "연모하라"(취하다, 문자적 의미는 "길을 잃다"이다)는 아내의 품에 흠뻑 젖는 것을 포도주에 취하는 일에 비교한다. 폭스는 "여기서 이 용어를 받아들이기 어려운 정도는 아니지만, 사랑의 황홀감에 취하여 [정신을] '잃은' 듯한 느낌을 주어 약간 '외설적인' 의미를 지닌다"라고 지적한다.[130] 아버지는 부부의 침상이 금욕의 장소가 아니라고 주장한다. "항상"이라는 말은 남편의 욕구를 복된 아내의 사랑으로 늘 충족시켜 주어야 한다는 아버지의 기도를 다시 강조한다. 아가서는 여성이 성관계에서, 특히 언어적인 전희를 통해 느끼는 기쁨을 묘사한다.

5:20 "그런데"(개역개정에는 번역되지 않았다—옮긴이)라는 말이 이 풍유를 본 강화에 연결한다. 부부간 성관계의 기쁨에서 볼 때 간음은 어리석은 짓이다. "어찌하여"는 그럴 가능성을 인정하지 않는 수사적 질문이다. "내 아들아……음녀를 연모하겠으며"는 19c절과 비교하라. "음녀를"이라는 구절에서는 연모하는 것이 음녀의 "애무"(본문에는 명기되지 않음)라는 사실이 밝혀진다. 후반절에서는 다시 "어찌하여 이방 계집의 가슴(사랑하는 사람들이 애무하는 가슴 아래 부분)을 안겠느냐(사랑의 구체적 표현)"라는 말로 강조한다. 창세기 16:5에서는 "품에 안다"라는 말이 성을 가리키는

129 *HALOT*, 1:214, s.v. *dād*.

130 Fox, *Proverbs 1-9*, 203.

완곡 어구로 사용된다. "이방 계집"은 다른 세계관을 따르는 여자를 가리
킨다.

결론 5:21-23

결론에서 아버지는 여호와의 전지하심[omniscience, 21절]과 그분의 공의로운
도덕 질서[23절]를 토대로 삼아 자신의 강화를 다진다.

5:21 "대저"(왜냐하면)라는 말로 요약적인 논증을 제시한다. 즉 전지하
신 여호와는 도덕 질서를 지탱하시며, 그 질서 안에서 악인은 뿌린 대로
거둔다.[갈 6:7] "사람의 길"은 이 강화를 들어야 할 대상을 모든 사람에게로
확장하며, "사람의 모든 길"은 강화의 범위를 모든 행위로 확장한다. "여
호와의 눈 앞에(정면에) 있나니"는 22-23절의 도덕적 질서를 지탱하시
는 하나님의 임재와 심판을 가리키는 환유다. "그가……평탄하게 하시
느니라"는 쉬지 않고 살펴보신다는 뜻이다.

5:22 "자기의"라는 말은 "악"을 행하는 그 악한 사람에게 초점을 집중
한다. 여기서 "악"은 악행 및 악인이 받을 벌을 아우르는 총칭이다. 여호
와의 도덕 질서 안에서는 악 그 자체가 죄인을 걸어 넘어지게 하고 죽게
만든다.[참조. 1:18] 하늘에서 천둥이 내려칠 필요가 없다. 오히려 죄(의인화
된 죄)가 그를 잡으며, 그를 짐승처럼 올무로 낚아챌 것이다. "그 죄의 줄
에"[참조. 1:10]는 죄가 죄짓는 악인을 사로잡는 줄이 된다고 말한다. "매이나
니"는 그가 신속하게 도살자에게 잡힘을 가리킨다. 자기 죄에게 잡히는
일은 필연적이요 거기서 피할 길도 없다.

5:23 "그(악인)는……죽겠고"는 수명을 다하지 못한 채 육체적으로 죽
는 것이 아니라 영원한 죽음을 가리킨다. "죽는다"는 말로 임상적인 죽음
을 뜻하는 잠언 30:7과는 달리, 여기서 "죽음"은 생명을 주는 훈계를 거
절하거나 그 훈계가 없는 것을 뜻한다.[참조. 10:21; 15:10; 19:16; 23:13] "훈계를 받지
아니함으로"[참조. 1:2]는 악인이 지혜의 규율을 거절해 받아들이지 않는 것

을 뜻한다. "심히 미련함으로(86쪽 "악인과 미련한 자를 가리키는 지적 용어들"을 보라) 말미암아 혼미하게 되느니라"는 평행구인 "죽겠고"에서 알 수 있듯이 죽음에 이르게 되는 것을 가리킨다.

부록: 세 종류의 열등한 사람 6:1-19

¹내 아들아, 네가 만일 이웃을 위하여 담보하며 타인을 위하여 보증하였으면 ²네 입의 말로 네가 얽혔으며 네 입의 말로 인하여 잡히게 되었느니라. ³내 아들아, 네가 네 이웃의 손에 빠졌은즉 이같이 하라. 너는 곧 가서 겸손히 네 이웃에게 간구하여 스스로 구원하되 ⁴네 눈을 잠들게 하지 말며 눈꺼풀을 감기게 하지 말고 ⁵노루가 사냥꾼의 손에서 벗어나는 것 같이, 새가 그물 치는 자의 손에서 벗어나는 것 같이 스스로 구원하라. ⁶게으른 자여, 개미에게 가서 그가 하는 것을 보고 지혜를 얻으라. ⁷개미는 두령도 없고 감독자도 없고 통치자도 없으되 ⁸먹을 것을 여름 동안에 예비하며 추수 때에 양식을 모으느니라. ⁹게으른 자여, 네가 어느 때까지 누워 있겠느냐. 네가 어느 때에 잠이 깨어 일어나겠느냐. ¹⁰좀더 자자, 좀더 졸자, 손을 모으고 좀더 누워 있자 하면 ¹¹네 빈궁이 강도 같이 오며 네 곤핍이 군사 같이 이르리라. ¹²불량하고 악한 자는 구부러진 말을 하고 다니며 ¹³ 눈짓을 하며 발로 뜻을 보이며 손가락질을 하며 ¹⁴그의 마음에 패역을 품으며 항상 악을 꾀하여 다툼을 일으키는 자라. ¹⁵그러므로 그의 재앙이 갑자기 내려 당장에 멸망하여 살릴 길이 없으리라. ¹⁶여호와께서 미워하시는 것 곧 그의 마음에 싫어하시는 것이 예닐곱 가지니 ¹⁷곧 교만한 눈과 거짓된 혀와 무죄한 자의 피를 흘리는 손과 ¹⁸악한 계교를 꾀하는 마음과 빨리 악으로 달려가는 발과 ¹⁹거짓을 말하는 망령된 증인과 및 형제 사이를 이간하는 자이니라.

여덟 번째 강화에 덧붙인 이 부록에서는 세 가지 유형의 열등한 사람을 책망하는데, 보증인¹⁻⁵절에서부터 게으른 자⁶⁻¹¹절와 악하고 불량한 자¹²⁻¹⁹절로 나가면서 비난의 강도를 높인다. 앞쪽에 나오는 두 부류의 사람은 자기 자신을 해치고, 세 번째 사람은 사회를 해친다. 보증인은 간통한 사람과 마찬가지로 스스로 곤경에 뛰어들어서는 "타인"을 부하게 한다. 게으른 자는 가난 때문에 망한다. 악하고 불량한 자는 여호와께서 무너뜨리신다. 셋 가운데 보증인만 "나의 아들"이라고 불린다.^{참조. 4:3} 보증인은 미래의 행복을 위태롭게 하는 일을 무릅쓰며, 게으른 자는 미래의 행복을 위해 준비할 줄 모르고, 두 사람 모두 때를 가리지 않는 잠 때문에 책망을 받는다. 불량한 자는 여호와께서 미워하셔서 망하게 하신다. 보증인과 게으른 자는 악하지는 않으나 그들의 과오를 방치하게 되면 누구보다 악한 상태로 전락할 수 있다.

보증인이 되지 말라는 경고 6:1-5

이 교훈은, 부름말로 시작해 다른 사람의 보증인이 되는 미련한 짓을 다루는 서론,^{1-2절} 속히 벗어날 것을 충고하는 중심 교훈,^{3-4절} 즉시 덫에서 벗어나라고 말하는 요약적 충고^{5절}로 구성된다.

모세의 율법은 궁핍한 사람에게 후하게 베풀라고 지시하고,^{신 15:7-11, 참조. 잠 3:27-28} 가난한 자에게서 이자 받는 일을 금지하며,^{출 22:25, 레 25:35-36} 채권자가 빌려준 돈을 지키기 위해 담보 잡는 일은 허락하지만,^{출 22:26-27, 신 24:10-13, 17, 참조. 왕하 4:1, 느 5:3} 보증인이 되는 일에 관해서는 언급하지 않는다. 오히려 「잠언」에서는 이 관행을 정죄한다.^{6:1; 11:15; 17:18; 20:16; 22:26} 집회서에서는 이 관행을 착한 일이라고 칭찬하면서도^{집회서 29:14} 그로 인해 많은 폐해가 발생했다고 경고하기도 한다.^{집회서 29:18} 이 관행은 바벨론이나 그리스-로마의 법에서도 자세히 다룬다. 바울은 오네시모가 과거에 진 빚은 계산해 주었으나, 키드너의 지적에 따르면, 미래의 빚까지 갚아 준 것은 아니었다.^{몬 1:18-19} [131]

---

131 Kidner, *Proverbs*, 72.

서론: 어리석은 상황 6:1-2

6:1 "내 아들아"라고 부드럽게 부르는 호칭은, 보증을 서는 일이 경솔하기
는 해도 그 짓을 저지른 아들을 악한 자와 미련한 자와 하나로 엮지 않는
다는 것을 보여준다.[132] "만일"은 1:10을 참조하라. "담보하며"는 채무자
가 채무를 불이행할 때 그의 보증인으로서 빚을 갚아 주겠다고 서약하
는 것이다. "이웃"참조. 3:28은 후반절에 나오는 "타인"자르(zār) — 보증인의 가
족이나 공동체 외부의 사람2:16; 5:10을 보라. 참조. 20:16 — 이라는 말에 의해 의미
가 좀 더 구체화된다. "보증하였으면"(원문의 의미는 "네 손바닥을 쳤으면"이
다—옮긴이)은 거래를 마무리하는 몸짓이다.참조. 왕하 10:15 보증인의 동기가
무엇인지는 밝히지 않는다.

6:2 보증인이 되는 데 따르는 위험과 심각한 결과를 덫의 은유를 사용
해 "네가 얽혔으며"라고 묘사한다. 덫은 희생자를 갑작스럽게 덮치고 그
들이 손을 써보기도 전에 파멸에 이르게 한다. "네 입의 말로"는 보증인
이 채무자에 대해 말로써 약속하고 손을 쳐서—오늘날로 말하면 악수해
서—확정한 맹세를 가리킨다. 동의적 평행구인 "네 입의 말로 인하여"는
보증인이 자기가 한 말 때문에 망한다는 사실을 강조한다.

교훈: 서둘러 상황을 해결하라는 충고 6:3-4

6:3 "내 아들아……이같이 하라"는 네가 경솔한 말 때문에 덫에 걸렸으
니 간절히 호소하는 말로 "스스로 구원"하라는 뜻이다. "네가 네 이웃의
손에 빠졌은즉"이라는 말은 보증인이 이제 자유를 빼앗기고 피보증인인
이웃의 손아귀에 놓이게 되었다는 것을 뜻한다. 보증을 서는 일은 곱절
로 어리석다. 보증인은 자신이 통제할 수 없는 미래의 일을 약속하고, 어
리석은 행동을 할 지도 모르는 자에게 자신의 운명을 맡기기 때문이다.

---

132 마인홀트(Sprüche, 111)는 보증인을 일하지 않고 이득만 얻으려는 투기꾼이라고 해석한다.

셋째 반절에 나오는 세 가지 명령은 부주의한 아들을 분발하게 하여 적극적으로 행동하게 하는 것을 목표로 한다. "가서"(즉시 행동해서) "겸손히"(네 이웃이 숨 돌릴 틈도 없을 정도로 온 힘을 다해) "간구"하라(문자적으로 "끈질기게 매달리다"라는 뜻)참조. 사 3:5고 충고한다. 성가시게 매달리는 과부를 내치지 못한 불의한 재판장눅 18:1-5이나 끈질기게 졸라대는 친구를 외면하지 못한 사람눅 11:8처럼, 피보증인인 채무자는 보증인의 끈질긴 성화를 물리치기 어려웠을 것이다. 복수형으로 표기된 [셋째 반절에 나오는] "네 이웃"참조. 6:1은 그 채무자와 관계가 있는 사람들, 예를 들어 증인 같은 다른 사람들을 가리킨다. 참조. 17:18

6:4 "네 눈을 잠들게 하지 말며"는 즉각적인 행동을 강조한다. "눈꺼풀을 감기게 하지 말고"는 깊이 잠들기 전의 시간을 가리키는 것으로 볼 수 있으며, 따라서 아직 깨어 있는 동안 즉각적인 행동에 나서야 함을 강조한다.

결론: 강화의 요약 6:5

결론에서는 "스스로 구원하되"라는 충고와 다른 사람의 "손"에 빠졌다고 보는 이미지를 다시 요약한다. "노루가……벗어나는 것 같이"라는 직유는 재빠르게 벗어나는 것을 뜻하며, "…의 손에서"는 노루를 돌울타리 속으로 몰아넣어 덫으로 잡는 사냥법을 가리키는 것으로 보인다.[133] 또 다른 직유인 "새가 그물 치는 자의 손에서 벗어나는 것 같이"는 서둘러 행동할 필요가 있다는 점을 강조한다. 덫에 걸린 노루와 새는 온 힘을 쏟아 벗어나려고 발버둥 친다.

---

133 E. Firmage, "Zoology (Animal Profiles)," in *ABD*, 6:141.

게으른 사람에게 경고함 6:6-11

자초한 경제적 곤경 및 서둘러 행동할 필요성이라는 주제가 여기 게으른 사람에 관한 교훈에서도 계속 이어지지만, 여기서는 창조 질서가 그 불행의 동인으로 제시된다. 열심히 일하는 사람에게는 풍성한 결실이 허락되고 그렇지 않은 사람에게는 허락되지 않는 게 창조 질서인데, 게으른 자는 바로 이런 질서에 도전한다. 마인홀트는 보증인과 게으른 자가 모두 뭔가를 바라면서도 근면하게 일해서 그것을 얻으려 하지 않는다는 점에서 유사성이 있다고 말하는데, 사안을 지나치게 과장한 것이다.[134] 오히려 두 사람 모두 성실하게 일할 때 자신의 곤경을 극복할 수 있다는 사실에서 유사성을 찾아야 한다.

이 교훈은 같은 분량의 두 부분으로 이루어지며,[6-8, 9-11절] 각각 "게으른 자여"[6, 9절]라는 부름말로 시작한다. 첫째 부분은 게으른 자에게 개미의 지혜와 활력을 살펴 배우라고 충고하고, 둘째 부분은 게으른 자의 우매함과 게으름을 책망한다. 하지만 솔로몬은 게으른 자를 소망 없는 자라고 단정 짓지 않고 건설적으로 비판하여 너무 늦기 전에 그를 지혜롭게 만들려고 한다. 이 가상의 충고는 모든 젊은이를 대상으로 삼으며, 그들에게 게으름에 맞서도록 경고한다.

개미에게서 지혜를 배우라는 충고 6:6-8

6:6 이어서 세 가지 명령으로 수신자에게 근면하도록 권고한다. "가서"[참조, 3절]는 게으른 자를 채근하여 무기력한 상태에서 일어서게 한다.[참조, 엡 5:14] "개미"는 수확개미로 보이는데,[135] 이 개미는 먹이를 굴에 비축하기 때문에 알뜰한 근면성의 모범이 된다. "게으른 자"는 90쪽의 "게으른 자

---

134 Meinhold, *Sprüche*, 111.

135 F. S. Bodenheimer, "Fauna and Flora of the Bible," in *Helps for Translators*, vol. 11 (London: United Bible Societies, 1972), 1.

와 무지한 자"를 보라. "보고"는 도덕적인 분별력으로 살피라는 뜻이다.[참조. 20:12] 개미가 "하는 것"은 절제와 예지와 (알뜰한) 근면성을 가르쳐 준다.[참조. 30:25] 그렇게 해서 게으른 자가 "지혜를 얻"는다(68쪽 "지혜로운 자와 의로운 자"를 보라). 이어지는 두 절에서는 개미의 지혜에 관해 자세히 설명한다.

6:7 개미는 "두령도 없고 감독자도 없고 통치자도 없"다. 개미에게는 일하라고 지시하거나 시간 조정과 분배와 분업에 관한 문제를 해결해 줄 사람이 전혀 필요하지 않기 때문이다. 외부에서 통제할 필요가 없는 대신에 하나님은 개미에게 내적인 지혜를 주셔서 때에 맞춰 부지런히 일할 수 있게 하셨다. 바라건대 이 교훈을 통해 게으른 자도 이러한 지혜를 내면화할 수 있을 것이다.

6:8 여기서는 지도자들이 일꾼을 부려 수행하는 일이 자세히 언급되고 개미에게 적용된다. 개미는 "먹을 것"(양식)을 "여름 동안에", 곧 4-5월의 "추수 때에"—궁핍한 겨울이 오기 전 곡식을 거둘 수 있는 유일한 시기—"예비"(비축)한다.[참조. 출 16:5, 잠 30:25] "모으느니라"는 개미가 어떻게 자기 "양식"을 마련하는지 묘사한다. 하나님께서 양식을 공급하시지만[시 104:14-15; 136:25; 146:7; 147:9] 개미는 올바른 때에 올바른 방식으로 열심히 그것을 추수하고 어려운 때를 위해 비축해야 한다. 간단히 말해 개미는 "볕이 났을 때 건초를 말릴 줄" 안다.[136]

게으른 자에 대한 책망 6:9-11

여기서는 게으른 자의 무사안일한 태도를 질책한다.

6:9 "어느 때까지"[참조. 1:22]라는 비난 어조는 추수가 한동안 계속되고 있다는 사실을 밝히면서 게으른 자를 깨워서 얼마 남지 않은 시간에 그가

---

[136] 이집트 「앙크쉐숑키의 교훈」*Instruction of Ankhsheshonq* 9:17은 "여름에 땔감을 모으지 않는 사람은 한겨울에 따뜻하게 지내지 못한다"라고 말한다.

구원받을 수 있게 하는 것을 목표로 한다. 거듭 "게으른 자여"라고 부르는 것은 대답을 요구함으로써 그에게 책임이 있음을 깨우치기 위함이다. 잠자리에 "누워" 있는 것은 경솔함과 나태함을 보이는 표지다. 참조 시 68:13 "어느 때에……일어나겠느냐"에서 "일어난다"는 말은 즉시 일하러 간다는 것을 가리키는 환유다. 참조 6:4

6:10 지혜자는 여기서 게으른 자의 심리를 날카롭게 간파하고 그의 태도와 그에 따른 결과를 분석한다. "좀더"는 양이 얼마 되지 않는다는 것을 뜻한다. "잠"(개역개정에는 동사 "자자"로 번역되었다―옮긴이)은 복수형으로 표기되어(다른 곳에서는 24:33에만 나온다) 시도 때도 없이 여러 번 자는 경우를 가리킨다. 참조 20:13; 26:14 게으른 자에게 잠은 약물 중독자의 마약과 같아서, 세상에서 도피하는 수단이 된다. 26:14 달게 잠을 자는 노동자와는 달리 4:16, 전 5:12 게으른 자는 삶의 힘겨운 문제에서 벗어나고자 잠의 최면 효과에 더욱 매달리게 된다. 19:15 "좀더 졸자" 참조 6:4, 욥 33:15 는 게으른 자가 작은 일들에 굴복하는 까닭에 망한다는 사실을 강조한다. "손을 모으고" 참조 전 4:5 는 잠자리에 "누워" 있으려고 일하기를 거부하는 것을 뜻한다. 게으른 자의 손이 그 자신을 망친다. 참조 10:4; 19:24; 21:25 "좀더"라는 말이 세 번 반복된 데 대해 키드너는 이렇게 말한다. "그는 철저하게 거부한 것이 아니라 작은 일들에 굴복함으로써 자기 자신을 속인 것이다. 그래서 하찮고 작은 일 때문에 그의 기회가 사라졌다."[137]

6:11 "빈궁"은 단순히 어려운 형편을 말하는 게 아니라 극심한 빈곤을 뜻한다. 참조 25:21 게으른 자에게 없는 것은 사치품이 아니라 양식―생존의 기본적인 필수품―이다. 19:15; 20:13 하지만 게으른 자는 결코 "가난한"이나 "억압당하는"이라는 말로 묘사되지 않는데, 이 말들은 「잠언」에서 아무 잘못이 없는데도 가난하게 된 사람들, 그래서 여호와의 특별한 관

---

137 Kidner, *Proverbs*, 42.

심 대상이 되고[19:17] 자선을 받을 자격이 있는 사람들에게 사용되는 용어다. 게으른 자는 거지가 되더라도 자선의 대상은 아니다. "오며"라는 말은 그 궁핍함이 피할 수 없는 일임을 밝힌다. 전도서와는 달리 「잠언」은 자연재해로 말미암은 가난에 대해서는 침묵한다. 「잠언」은 젊은이의 도덕을 개선하는 일에만 관심을 기울이기 때문이다. 하지만 욥의 친구들과는 다르게 「잠언」은 모든 가난을 어리석음 탓으로 돌리는 논리적인 오류를 범하지 않는다. "강도 같이"는 가난을 의인화해서, 자기가 원하는 모든 것을 구걸하는 기생충 같은 부랑자라고 묘사한다. "곤핍"은 삶을 지탱하는 필수품이 결여된 것을 가리킨다. "군사"는 완력으로 물건을 빼앗는 사람을 말하며, 그들에게 저항하는 것은 헛된 일이다. "군사 같이"라는 직유는 이 부랑아에게 사악한 분위기를 덧씌운다. 얄궂게도 삶을 지탱하려는 의지도 없고 근면함도 없이 잠에 취한 게으른 자가 약탈자의 가장 손쉬운 먹잇감이 된다.

악하고 불량한 자에 대한 경고 6:12-19

세 번째이자 가장 열등한 축에 드는 사람에 관한 교훈은 동일 분량의 두 소절로 이루어진다. 원래 이 두 소절은 각각 악하고 불량한 자[12-15절]와 여호와께서 미워하시는 것[16-19절]을 다룬 독립적인 금언이었을 것이다. 두 번째 소절에서 불량한 자를 언급하지는 않으나, 그 소절에 나오는 건전하지 못한 지체들의 목록이 첫 번째 소절에 나오는 지체들의 혐오스러운 행동 목록과 매우 합치하므로, 악하고 불량한 자가 두 소절의 주제인 것이 확실하다(참조. 12b절과 17절의 구부러진 말/혀, 13절과 17절의 눈과 손가락/손, 13절과 18절의 발, 14절과 18절의 마음). 두 소절의 주제는 "다툼을 일으키는"(14, 19절)이라는 구절이다. 따라서 첫 번째 소절에서는 불량한 자의 갑작스러운 죽음[15절]을 예언하고, 이어서 환유법을 사용해 여호와의 미워하심[16절]이 그가 죽게 된 원인이라고 밝힌다.

악하고 불량한 자의 일곱 가지 표지 6:12-15

불량한 자의 일곱 가지 악한 지체는 각각 제 나름의 불의한 방식으로 하나님께서 정하신 사회 질서의 전복을 목표로 삼는다.[12b-14절] 그러나 결국 그는 영원히 멸망하게 된다.

6:12 "불량한 자"[아담 벨리야알(*ādām bəliyya'al*)]는 심히 악하여 선을 뒤흔드는 사람을 뜻한다. 이 말에 해당하는 사람은 하나님과 사람들을 대적하는 사람,[신 13:13, 삼상 2:12, 나 1:11, 15] 하나님께서 기름 부으신 왕에게 대적하는 사람,[삼상 10:27, 삼하 20:1, 대하 13:7] 정의에 반대하는 사람,[왕상 21:10, 잠 19:28] 공동체의 연대를 공격하는 사람,[신 15:9, 삼상 30:22, 시 101:3] 사회의 예의범절을 부정하는 사람,[삿 19:22, 삼상 1:16] 심지어 생명 자체를 부정하는 사람[삼하 22:5, 시 41:8]들이다. 유대교 후기의 문헌과 신약성경에서 '벨리야알'은 귀신들의 우두머리인 악마를 가리키는 용어가 되었다.[참조, 고후 6:15][138] "악한 자"는 다른 사람에게 악한 힘을 사용하는 사람을 말한다.[139] "구부러진 말을 하고 다니며"는 그들이 거짓된 말로 건강한 사회의 토대가 되는 진리를 왜곡한다는 것을 은유적으로 설명한 것이다.

6:13 이 선동가는 희생자의 등 뒤에서 자기의 비언어적 말을 이해하고 동조하는 사람들을 끌어들여 악한 일을 꾸민다. "눈짓을 하며"는 음흉하고 반사회적인 태도를 가리킨다. 영어에서 "눈짓"은 흔히 희롱을 뜻하며, 따라서 그 악한 특성을 분명히 드러내기 위해 "사악한"이라는 말(개역개정에는 생략되었다—옮긴이)이 덧붙여진다. "발로 뜻을 보이며"는 "눈짓"과 합쳐져 사악한 모든 몸짓을 가리키는 대조제유법을 이룬다. "손가락질을 하며"는 그가 동조자들에게 지시한다는 것을 가리킨다. 플라우트[Plaut]는 다음과 같이 설명한다. "그는 기만적이고 비꼬는 몸짓으로 다른 사람을 깎아내려 그의 지위를 동료들이 보는 앞에서 열등하게 만들려고 노력한

---

138 Fox, *Proverbs 1-9*, 220.

139 K. H. Bernhardt, *TDOT*, 1:143, s.v. *'āven*.

다. 역으로 문제를 일으킨 당사자는 우월감을 느끼게 되는데, 이러한 자
기만족이 그가 바라는 궁극적 목표다."[140]

6:14 선동가가 자기 신체 부분을 이용하는 것을 살핀 지혜자는 그의
마음을 꿰뚫어 보고 "그의 마음에 패역^{참조 2:12}을 품으며"(66쪽 "마음"을
보라)라고 말한다. "항상 악을 꾀하여"는 이 선동가를 마음속 모든 계획
이 항상 악할 뿐인 노아 시대의 사람들과 비교한다.^{참조 창 6:5} "다툼을 일
으키는 자라"는 악한 선동가가 사회에 불러일으키는 커다란 불화를 가
리킨다.

6:15 "그러므로"는 선동가의 운명을 그의 행실과 연결한다. 그가 하나
님의 질서를 거칠게 뒤엎었기에 "그의 재앙이 갑자기 내려"온다. "갑자
기"와 그 평행구인 "당장에"는 심판의 예측 불가능한 특성을 강조한다.
"멸망하여"는 그가 맞아야 할 파멸을 철저히 파괴되어 결딴난 그의 상태
에 비교하는 은유 표현이다. 다음 소절에서 신적 수동태^{divine passive}가 분명
하게 제시된다. "그리고"(개역개정에는 번역되지 않았다—옮긴이)는 "살릴
길이 없으리라"는 구절을 이끌어 그가 갑자기 망하게 된 일에 영속성을
더한다. 어떤 것으로도 다가오는 재앙을 바꾸거나 막을 수 없다.^{참조 1:26-28}
그에게 정해진 종말은 영원한 죽음이다.

여호와께서 미워하시는 일곱 가지 6:16-19

여호와께서 미워하시는 것들을 기록한^{16절} 이 목록은 그릇 사용된 다섯
가지 신체 부위^{17-18절}와 두 가지 반사회적 행위^{19절}로 이루어진다. 그 싫
어하시는 것들 각각은 희생자를 파괴하고 되돌아와서 문제를 일으킨 당
사자를 무너뜨린다.[141] 맥케인은 그것들의 공통된 요소에 대해 이렇게

---

140 Plaut, *Proverbs*, 88.
141 플뢰거(*Sprüche*, 65)는 이 목록이 요약된 것이라고 보는데, 그 근거로 악덕 가운데 여럿
이 「잠언」의 다른 부분에서 혐오의 금언^{abomination sayings}으로, 곧 굽은 마음^{11:20}과 거짓 혀,^{12:19} 악한

설명한다. "그것들은 모두 성향상 파괴적이며, 자기주장이나 악이나 폭력이라는 특성을 지니고……신뢰와 성실로 이루어지는 인간의 결속을 파괴한다."[142] 이 목록의 중심에는 문제를 일으킨 그 사람의 악한 마음이 자리 잡고 있으며, 그 주위를 손/발과 거짓된 혀/거짓말하는 증인이 짝을 이루어 에워싸고 있다. "교만한 눈"과 "이간하는"이라는 말이 목록의 시작과 끝을 이룬다.

6:16 평행구조를 흐트러뜨리는 "예닐곱 가지이니"라는 말은 "미워하시는 것"의 실제 가짓수 가리킨다. "여호와께서 미워하시는"은 그것들이 생명을 주시는 여호와의 현존과 분리되어 있으며 그래서 영원한 형벌에 던져졌다는 것을 뜻한다. 참조. 시 1:6; 104:29

6:17 "교만한 눈"은 이사야 10:12-14에서 앗수르 침략자들에게 사용되고 다니엘 11:12에서는 교만한 왕에게 사용된 표현으로, 여호와의 권위를 부정하고 욥 21:22; 38:15, 시 101:5, 사 2:11-17; 10:33 인간의 권리를 무시하는 자들을 가리킨다. 젬서는 교만한 눈이 하나님께서 미워하시는 것들 가운데 가장 위에 온다고 보는데, 이것만큼 지혜 및 하나님 경외와 상반되는 악이 없기 때문이라는 게 그 이유다.[143] 그러나 마인홀트는 그 목록이 몸의 위쪽에서 아래로 내려오는 순서대로 나열되었다고 생각한다.[144] 두 사람이 다 옳다고 볼 수 있다. "거짓된"은 "다른 사람을 해치려는 의도로 퍼붓는 속임수로……그 결과가 말뿐이라고 해도 개의치 않는 경우"[145]를 뜻한다. 참조. 시 109:2 "혀"는 말을 뜻한다. "무죄한 자의 피를 흘리는 손"은 고의적인 살인을 가리킨다. "다른 사람을 경멸하고 그들의 소중한 명예를 멸

꾀,15:26 교만16:5으로 언급되고 있다는 점을 제시한다.

142 McKane, *Proverbs*, 326.

143 Gemser, *Sprüche*, 31.

144 Meinhold, *Sprüche*, 115.

145 M. A. Klopfenstein, *TLOT*, 3:1400, s.v. *šeqer*.

시하는 것은 생명 자체의 존엄성을 경멸하는 것에 버금간다."[146]

6:18 "악한 계교 참조. 6:12를 꾀하는 마음"(66쪽 "마음"을 보라)은 문학적이고 심리적인 면에서 이 목록의 중심을 이룬다. "빨리······달려가는 발"은 마음의 계교를 가능한 한 빨리 실행에 옮기려는 그의 열의를 가리키는 은유적 표현이다. 참조. 1:16, 시 147:15b, 사 59:7

6:19 "거짓을 말하는······증인"은 고의로 속이는 사람이다. 이 말의 동격어인 "망령된"(저자의 번역에는 명사형 '위증자'로 나온다—옮긴이)은 신뢰할 수 없는 증인을 가리키며, 거짓말쟁이는 다른 사람의 생명이나 재산을 위태롭게 만들고자 애쓰는 사람이라는 점을 밝혀 준다. 참조. 출 20:16, 신 29:15-21 이처럼 악한 행위를 구별한 목록은 "이간하는 자"참조. 14절에서 결론에 이른다. 이간질을 "형제 사이"의 일로 좁혀 말함으로써 이것이 가장 나쁜 악행에 속한다는 점을 밝힌다. 참조. 3:27-32 이간질이 친밀한 사람들 사이의 사회적인 화합을 깨뜨리기 때문이다. 아메네모페13장는 속임수의 가장 우선되는 희생자가 바로 사회의 화합이라고 경고한다.[147]

강화 9: 음녀에게 치르는 비싼 대가 6:20-35

²⁰ 내 아들아, 네 아비의 명령을 지키며 네 어미의 법을 떠나지 말고 ²¹ 그것을 항상 네 마음에 새기며 네 목에 매라. ²² 그것이 네가 다닐 때에 너를 인도하며 네가 잘 때에 너를 보호하며 네가 깰 때에 너와 더불어 말하리니 ²³ 대저 명령은 등불이요 법은 빛이요 훈계의 책망은 곧 생명의 길이라. ²⁴ 이것이 너를 지켜 악한 여인에게, 이방 여인의 혀로 호리는 말에 빠지지 않게 하리라. ²⁵ 네 마음에 그의 아름다움을 탐하지 말며 그 눈꺼풀에 홀리지 말라. ²⁶ 음녀로 말미암아 사람이 한 조각 떡만 남게 됨이며 음란한 여인은 귀한 생명을 사냥함이니라. ²⁷ 사람이 불을 품에 품고서야 어찌 그의 옷이 타지 아니

---

146 Plaut, *Proverbs*, 89.
147 Fox, *Proverbs 1-9*, 224를 보라.

하겠으며 ²⁸사람이 숯불을 밟고서야 어찌 그의 발이 데지 아니하겠느냐. ²⁹남의 아내와
통간하는 자도 이와 같을 것이라. 그를 만지는 자마다 벌을 면하지 못하리라. ³⁰도둑이
만일 주릴 때에 배를 채우려고 도둑질하면 사람이 그를 멸시하지는 아니하려니와 ³¹들
키면 칠 배를 갚아야 하리니 심지어 자기 집에 있는 것을 다 내주게 되리라. ³²여인과
간음하는 자는 무지한 자라. 이것을 행하는 자는 자기의 영혼을 망하게 하며 ³³상함과
능욕을 받고 부끄러움을 씻을 수 없게 되나니 ³⁴남편이 투기로 분노하여 원수 갚는 날
에 용서하지 아니하고 ³⁵어떤 보상도 받지 아니하며 많은 선물을 줄지라도 듣지 아니
하리라.

아홉 번째 강화는 전형적인 서론^{20-24절}과 간음에 관한 교훈^{25-35절}으로 구
성된다. 이 강화는 여덟 번째 강화^{5:1-23}와 짝을 이루어, 세 부류의 열등한
사람을 다루는 모음글^{6:1-19}을 에워싸는 구조를 형성한다. 교훈^{25-34절}은
3인칭으로 표기되지만, 마지막 절에서 서론의 2인칭 부름말로 되돌아감
으로써 인클루지오를 구성한다.

서론 6:20-24

서론은 전형적인 형식대로 아들을 부르는 말과 부모의 가르침을 따르라
는 충고,^{20-21절} 부모의 가르침이 신실한 아들을 인도하고—특히 "이방 여
인"에게서^{24절, 참조. 2:16-19}—지켜 준다는 동기부여^{22-24절}로 이루어진다. 가
르침을 "지키면"^{20절} 그 가르침이 너를 "지켜" 줄 것이다^{24절}라고 말하는
두 구절이 서론의 뼈대를 이룬다.¹⁴⁸ 아버지의 가르침에 귀를 기울이라
는 명령은 모세가 이스라엘 백성에게 율법을 청종하라고 한 명령과 일치
한다. 아버지의 가르침과 율법 모두 사람에게 의무로 부여되고, ^{참조. 21절, 신}
^{6:6-9; 11:8, 18-20} 그를 늘 인도하며,^{21절, 신 6:7; 11:19} 등불과 빛이 된다. ^{참조. 시 119:105}

---

148 '지키다'를 뜻하는 두 개의 히브리어 동의어를 사용해 서론을 에워싸는 틀을 만든다.

6:20 "내 아들아, 참조 1:8 네 아비의 명령을 지키며 네초르(nəṣōr), 참조 3:1 네 어미의 법을 떠나지 말고"는 1:8의 반복이다.

6:21 "그것을 항상 네 마음(66쪽 "마음"을 보라)에 새기며"는 가르침을 기억하여 한결같이 마음속에 간직하고 거기서 모든 행동이 나오게 하라는 것을 비유로 말하는 것이다. 참조 4:23 "네 목에 매라"는 1:9을 보라.

6:22 "다닐 때에"는 "함께 걷다, 친하게 사귀다"를 뜻한다.[149] 단수형 "그것"의 선행사에 해당하는 것이 부모의 "명령"과 "법"20절인데, 이것은 부모의 권위 있는 가르침을 가리키는 중언법重言法으로 부모의 가르침을 경쟁자인 음녀와 미묘하게 대치시킨다. 참조 1:8-9:18 "너를 인도하며"는 부모의 권위 있는 가르침을 목자로 의인화한 것으로, 참조 시 23:1; 77:20 그가 아들을 여러 위험을 통과해 선한 운명으로 인도하게 된다. 출 15:13; 32:34, 신 32:12, 시 5:8; 23:3; 78:14, 53 "네가 잘 때에 너를 보호하며" 참조 2:8, 11; 3:21, 26; 4:6는 아들이 극히 연약할 때도 그가 보호한다는 것을 말한다. "네가 깰 때에"는 위험한 밤 동안의 보호를 뜻하며, 참조 3:24 가르침에 귀를 기울이는 것을 하루의 첫 번째 과제라고 말한다. "말하리니"라는 은유는 내면화된 지혜를 가리키는 것으로 귀에 쏙 들어올 만큼 좋은 말, 큰소리로 외치는 신나는 말을 뜻한다. 간단히 말해, 내면화되고 권위 있는 부모의 가르침은 인도하고 보호하고 조언하는 초자아superego로서 작동한다. 참조 신 11:18-20 '

6:23 "대저"는 새로운 은유를 사용해 그 이유를 설명한다. "명령은 등불"이며 "법은 빛"이다. 이 명령과 법은 음흉한 악행들을 폭로하고 바른 길을 보여줌으로써 참조 욥 18:5-6; 29:3, 잠 13:9 "훈계의 책망" 참조 1:23 —그릇된 것을 교정하고 바른 것을 세우는 일을 가리키는 연어連語, 3:11과 5:12 —이 된다. 책망을 복수형으로 표기한 것은 권위 있는 법(가르침)이 간음뿐만 아니라 모든 잘못된 일을 바로잡는다는 것을 의미한다. 그러므로 "네가 다

149　*IBHS* §§26.1.2b, d.

닐 때"^{22절}라는 구절에 함축된 "길"이라는 은유에 비추어 볼 때, 책망은
"생명(78쪽 "지혜로운 자가 받는 보상: 생명"을 보라)의 길"^{참조. 1:15}이다. 한마
디로 말해, 부모의 권위 있는 가르침은 풍성한 생명의 길을 밝혀서 아들
이 위험에 빠지지 않고 그 길을 가게 한다.

6:24 음란한 여자의 어둡고 악한 길을 폭로하고 생명의 길을 열어 주
는, 부모의 권위 있는 가르침은 아들이 "악한 여인에게……빠지지 않게",
더 구체적으로 말해 "이방 여인(99쪽 "부정한 아내"를 보라, 2:16; 5:20; 7:5)
의 혀로 호리는 말에 빠지지 않게" 지켜 준다. 혀는 그 여자의 말을 가리
키는 환유로, 다음 강화^{7:13-21}에서 구체적으로 살펴본다. 유혹당하는 아
들이 볼 때 그 여자의 말은 매끄럽고 매혹적이나, 부모가 보기에는 약삭
빠르고 음흉하다. 음란한 여자를 다룬 네 본문^{2:16; 5:3; 6:24; 7:5}이 모두 그 여
자의 말을 가리켜 매끄럽다고 말한다. 그 여자가 무기로 사용하는 혀는
경건한 가정을 흔들어 여러 세대가 결속되는 이음매를 깨뜨리는 것을
목표로 삼는다.

교훈 6:25-35

여기서는 아들에게 음녀를 경계하라고 가르치는 충고^{25절}를 뒷받침하는
논증이 제시된다. 즉, 그 일이 아들의 생명을 앗아가게 된다는 것이다.^{26, 32-35절} 이러한 틀 안에서, 한 걸음 더 나가 간음의 대가는 엄중하고 확실
하며 끈질기다는 논증이 더해진다.^{26-31절} 바람난 여자의 남편은 상간남
의 완전한 파멸 외에 어떤 것으로도 만족하지 않으리라는 설명으로 교
훈이 끝난다.^{32-35절}

훈계 6:25

6:25 훈계는 간단명료하다. "탐하지^{또는 "갈망하지", 참조. 1:22} 말며"라는 구절은
"그 여자의" 육체적인 "아름다움"에 끌리는 욕정을 함축한다. 아름다움

은 여호와 경외가 수반될 때만 성경에서 말하는 여성적 이상이 될 수 있
다.^{5:18-20; 11:22; 31:30, 참조, 삼상 25:3} 이 명령은 부모의 가르침을 자기 마음에 새
길 때^{6:21} 마음을 지킬 수 있다^{4:23}고 가정한다. 바울은 유혹을 물리치기
위해서는 의지의 힘뿐만 아니라 성령이 주는 힘이 필요하다는 사실을
경험으로 알았다.^{롬 8:13, 고후 3:7-18} "그 눈꺼풀에 홀리지 말라"는 구절에서
관점의 기준이 남성의 역할에서 여자의 역할로 바뀐다. "그 눈꺼풀"은 여
자가 욕정을 불러일으키는 수단이다. 24절과 25절에서는 실제 순서, 곧
정분나는 일이 눈 맞는 데서 시작해 욕정을 느끼게 되고 달콤한 말로 이
어지는 순서를 거꾸로 제시한다. 아들은 음녀의 언어적인 유혹과 비언어
적인 유혹에 맞서 자신을 지켜야 한다. 죄는 욕망과 상상에서 시작되며,
그렇기에 싹이 어릴 때 잘라내야 한다.^{약 1:14-16}

논증 6:26-35

간음의 대가로 치르는 처벌의 "엄중함"은 창녀(개역개정에는 "음녀"라고 번
역되었다―옮긴이)를 사는 값(한 조각 떡)과 다른 남자의 아내(개역개정에
는 "음란한 여인"으로 번역되었다―옮긴이)에 대해 치러야 하는 값(귀한 생
명)을 대조하여 설명한다.^{26절} 처벌의 "확실성"은 간음을 불장난하다가 화
상을 입는 일에 비교해서 설명한다.^{27-29절} 그리고 처벌의 "끈질김"은 간
음을 도둑질에 비교하여 설명한다. 즉, 도둑은 배상할 수 있으나 간음한
자는 배상 자체가 불가능하다는 것이다.^{30-31절}

간음의 엄중한 대가^{6:26}

6:26 논리어인 "왜냐하면"(개역개정에는 번역되지 않았다―옮긴이)이 첫 번
째 논증을 이끈다. "창녀(돈을 받고 성을 파는 여자)를 사는 값은 떡 한 덩
어리(즉 한 끼 식사)까지 떨어질 수 있으나, 다른 남자의 아내는 귀한 생
명을 사냥한다"("음녀로 말미암아 사람이 한 조각 떡만 남게 됨이며 음란한 여

인은 귀한 생명을 사냥함이니라"—개역개정). 플뢰거[Plöger]의 말대로, 창녀는 비교적 적은 대가인 "떡 한 덩어리"로도 만족하지만 음란한 여자는 가장 소중한 것 곧 생명을 사냥한다.[150] "사냥하다"라는 은유는 그 여자가 자기 먹잇감[아들, 25절, 참조, 7:6-20]을 잡기 위해 목소리와 눈짓을 이용한다는 것을 뜻한다. 이 논증의 도덕성 문제를 따져 보면, 아버지가 간음을 도둑질에 대조한다고 해서 훔치는 짓을 인정하는 것이 아니듯, 이렇게 대조하는 것이 성매매를 용납하는 것도 아니라고 말할 수 있다. 신약성경은 매춘에 관여하는 사람은 하나님의 진노를 받을 것이요 하나님 나라에서 쫓겨난다고 경고한다.[고전 6:13-20, 갈 5:19-21, 엡 5:5, 살전 4:1-8] 그래도 간음이 훨씬 나쁜데, 그 이유는 결혼 서약을 깨뜨리고 배우자를 모욕하며 가정을 파괴하고 자기의 소중한 생명을 대가로 치러야 하기 때문이다.[151]

벌의 "확실성" 6:27-29

6:27-29 여기서는 벌의 확실성을 다루면서 불에 빗대어 두 가지 설명을 제시한다.[27-28절] 깊이 생각해 보라고 요구하는 "사람이 불을 품에 품고서야 어찌 그의 옷이 타지 아니하겠으며"라는 물음은 "당연히 그렇다"라는 경험에서 나온 답을 기대한다. "불"은 "부삽"[출 27:3, 레 10:1]이나 질그릇[25:22, 사 30:14]에 담아 옮겨야 한다. "타다"라는 말은 어리석은 행동으로 빚어진,

---

150　Plöger, *Sprüche*, 69.
151　이 사실을 잘 보여주는 것이 간음의 장을 제공하는 것으로 유명한 웹사이트의 해킹 사건이다. "애슐리 매디슨"이라는 이 웹사이트는 "인생은 짧다. 정사를 즐겨라"라는 사악한 구호를 내세워 비도덕성을 옹호하고, 5,700만 명이 넘는 고객들에게 100퍼센트 비밀 유지를 보장했다. 하지만 2015년에 웹사이트가 해킹을 당하게 되자, 저명한 복음주의 지도자들을 포함해 많은 고객들의 신분이 드러났다. 그 결과 여럿이 자살했다. 애비 필립의 다음 글을 보라. "Why the wife of a pastor exposed in Ashley Madison hack spoke out after his suicide," *The Washington Post*, September 9 2015, https://www.washingtonpost.com/news/acts-of-faith/wp/2015/09/09/why-the-wife-of-a-pastor-exposed-in-ashley-madison-leak-spoke-out-after-his-suicide/?noredirect=on&utm term=5fac4fa4795f.

영구적이고 고통스럽고 삶의 위태롭게 하는 손상을 뜻한다. 참조. 2:19; 5:9-14 "사람이 숯불을 밟고서야 어찌 그의 발이 데지 아니하겠느냐." "발"은 생식 기관을 연상시키기도 하는데, 참조. 5:5 그렇다면 이 "뜨거운" 여자를 만지는 것은 "발"보다 더 한 것을 태우게 된다. "그러므로"(29절을 이끌며, 개역개정에는 번역되지 않았다—옮긴이)는 이 두 사례에서 교훈을 끌어낸다. "…에게 들어가는 자"(개역개정에는 "…와 통간하는 자"로 번역되었다—옮긴이)는 성관계를 가리키는 강력한 환유다. 참조. 2:19 "남의 아내"라는 말에서 매춘이 아니라 간음을 다루고 있음이 분명해진다. "그를 만지는 자마다(즉 그 여자와 성관계를 맺는 자마다) 참조. 창 20:6, 고전 7:1 벌을 면하지 못하리라"("타지/데지 아니하겠느냐"의 배후에 놓인 사실을 가리킴). 30-35절에서는 영원한 벌의 구체적인 모습을 밝힌다.

끈질긴 처벌 6:30-31

6:30-31 주린 배를 채우기 위해 법을 어긴 도둑이 겪는 일시적인 사회적 오명과 성욕을 채우려고 법을 어긴 간음자가 겪는 사회적 오명을 대조함으로써 간음한 자가 끊임없는 고통을 당함을 논증한다. "도둑이……도둑질하면 사람이 그를 멸시하지는 아니하려니와." 경건한 아굴조차도 자기가 매우 가난하게 되면 도둑질하게 될지 모른다고 말한다. 30:9 어떤 형편에서든 도둑질이 범죄이기는 하지만, 출 20:15, 신 5:19, 잠 30:8-9, 엡 4:28 사회는 "만일 주릴 때에 배를 채우려고"라고 말하는 것과 같은(즉 기근을 당해 굶주려 죽게 된) 참조. 창 41:55, 사 8:21; 9:20 긴급한 형편을 고려하여 도둑을 어느 정도 여유롭게 이해하기도 한다. 그러나 도둑을 멸시하지는 않더라도 그가 "들키면……갚아야 하리니"라고 말하는데, 이 말은 배상을 가리키는 전문 용어다. 율법에서는 도둑질에 대해 상황에 따라 두 배에서 다섯 배로 배상할 것을 규정하지만 출 22:7, 9; 22:1, 참조 눅 19:8 "칠 배"는 아니다. 여기서 "칠 배"는 완전한 배상을 상징한다. 참조. 창 4:15, 레 26:28, 마 18:21-22 평행구인 "자기

집에 있는 것을 다 내주게 되리라"는 그가 모든 것을 잃고 자유도 상실해 결국 종이 된다는 것을 가리킨다. 출 22:3b, 미 2:2

벌에 대한 설명: 상간녀 남편의 보복 6:32-35

6:32 논증은 절정에 이르러서 간음에 대한 처벌이 왜 그토록 엄중하고 확실하고 끈질긴지 그 이유를 설명한다. "여인과 간음하는 자는 무지한 자라"(다시 말해, 제대로 된 분별력이 없다). "이것을 행하는 자(간음한 남자)는 자기의 영혼을 망하게(완전히 황폐하게)" 한다. 참조. 26절 음란한 여자가 그를 유혹했더라도 유혹에 넘어간 결과로 맞게 될 파멸은 오롯이 자신의 책임이다.

6:33 그에게 닥친 파멸이 상세하게 언급된다. 그는 육체적, 사회적인 파멸을 "받는다." 참조. 5:9-10 "상함"은 맹렬하고 고통스러운 공격을 뜻하며, 다른 사람 신 17:8; 21:5, 삼하 7:14 이나 하나님, 출 11:2 아니면 질병 레 13-14장 에 의해 일어날 수 있다. "능욕" 참조. 3:35 과 "상함"은 중언법으로 사용되어, 능욕을 당해 상하게 되는 일을 가리킨다. 이교의 법정과 공개 태형을 염두에 두고 있는 말로 보인다. 아들이 이교 여인이 아니라 이스라엘 여인과 간통을 했더라면 이스라엘 법정에서 내리는 형벌은 죽음이었을 것이다. 5:14을 보라. 참조. 레 20:10, 신 22:22, 겔 23:45-47 이방 여자와의 매춘이나 혼인은 금지되기는 했어도 죽을 죄는 아니었다. 참조. 창 38:15, 레 19:29; 21:7, 9, 신 23:17-18, 스 9:1, 느 13:23-27 [152] 다만 "부끄러움(건전한 사회가 사회의 기본 뼈대를 파괴하려고 위협하는 사람에게 덧씌우는 끝없는 불명예)을 씻을 수 없게" 되는 처지에 놓인다. 간음죄에 대한 처벌은 간음을 저지른 자의 중요성과 가치와 영향력을 무력화하는 방향으로 정해졌다.

---

[152] 요한복음 8:3-11에 기록된, 간음하다 잡혀 온 여인과 예수의 이야기는 초기 사본들에는 나오지 않는다. 결국 예수께서는 여인을 용서했는데, 그 여인을 돌로 치려던 위선자들도 그 여인과 마찬가지로 죄인이었기 때문이다.

6:34 논리어인 "왜냐하면"(개역개정에는 번역되지 않았다―옮긴이)이 그 이유를 이렇게 제시한다. 간음한 자는 상대방 남편의 타오르는 "투기"― 당연히 자기에게 속한 것을 향한 남편의 집착^{민 5:14-15, 18, 25, 29-30, 잠 27:4} ― 를 보상할 수 없다. 남편의 격한 감정은 자기에게 해를 끼친 난봉꾼에 대한 "분노"로 들끓는다.^{15:18, 사 34:2, 렘 6:11} 본성상 "분노"는 잔인하고 무자비한데, "투기"로 말미암아 더욱 악화된다.^{27:4} 격노한 남편은 힘 있는 "남자"^{게베르(geber)}로 묘사된다. "원수 갚는 날에 용서하지 아니하고"는 그의 분노가 완강하다는 사실과 뇌물로는 그를 매수할 수도 없고 그가 난봉꾼에게 가하려는 고통을 막을 수도 없다는 점을 의미한다. 필스^{Peels}에 따르면, "복수"는 "권위 있는 공적 기구를 통해 적절하고 의롭게 벌을 집행하는 것"을 가리킨다. 따라서 복수심에 불타는 남편은 직접 폭력을 행사한 것이 아니라 그 사건을 공적인 자리에 내놓아 공동체가 상간남에게 처벌을 선고하게 했다.¹⁵³

6:35 상간녀의 남편은 법정을 이용해 엄청난 벌을 내리려 할 테고, 또 그 비열한 인간에게 안길 고통을 줄여 줄 생각이 없기에 "어떤 보상도 받지 아니"(어떤 보상에도 마음이 흔들리지 아니)할 것이다. "보상"은 고소인을 달래는 선물을 뜻하는데, 여기서는 사람의 생명에 대한 배상금을 가리킨다. "많은 선물을 줄지라도(여기서 아버지는 '네가'라고 말해 마치 아들이 간음자라도 되는 양 말한다) 듣지 아니하리라(고통을 줄여 주는 데 동의하지 않는다)." 모세의 율법에서는 뇌물 수수를 금지하지만,^{출 23:8, 신 10:17; 16:19; 27:25, 잠 17:8, 23; 21:14} 고대 근동의 다른 사회에서는 그렇지 않았다. 핀켈슈타인^{J. Finkelstein}에 따르면, "[뇌물수수는] 널리 퍼진 관행이었을 뿐만 아니라 합법적인 거래로 인정되었다."¹⁵⁴ 이러한 견해는 이방인과 관련된 이 본

153 H. G. L. Peels, "Passion or Justice? The Interpretation of *beyôm nāqām* in Proverbs VI 34," *VT* 44 (1994): 270-272.

154 J. Finkelstein, "The Middle Assyrian *Shulmanu*-Texts," *JAOS* 72 (1952): 77-80.

문의 상황과도 일치한다.

강화 10: 음녀의 유혹 방법 7:1-27

1내 아들아, 내 말을 지키며 내 계명을 간직하라. **2**내 계명을 지켜 살며 내 법을 네 눈동자[155]처럼 지키라. **3**이것을 네 손가락에 매며 이것을 네 마음판에 새기라. **4**지혜에게 너는 내 누이라 하며 명철에게 너는 내 친족이라 하라. **5**그리하면 이것이 너를 지켜서 음녀에게, 말로 호리는 이방 여인에게 빠지지 않게 하리라. **6**내가 내 집 들창으로, 살창으로 내다 보다가 **7**어리석은 자 중에, 젊은이 가운데에 한 지혜 없는 자를 보았노라. **8**그가 거리를 지나 음녀의 골목 모퉁이로 가까이 하여 그의 집쪽으로 가는데 **9**저물 때, 황혼 때, 깊은 밤 흑암 중에라. **10**그 때에 기생의 옷을 입은 간교한 여인이 그를 맞으니 **11**이 여인은 떠들며 완악하며 그의 발이 집에 머물지 아니하여 **12**어떤 때에는 거리, 어떤 때에는 광장 또 모퉁이마다 서서 사람을 기다리는 자라. **13**그 여인이 그를 붙잡고 그에게 입맞추며 부끄러움을 모르는 얼굴로 그에게 말하되 **14**내가 화목제를 드려 서원한 것을 오늘 갚았노라. **15**이러므로 내가 너를 맞으려고 나와 네 얼굴을 찾다가 너를 만났도다. **16**내 침상에는 요와 애굽의 무늬 있는 이불을 폈고 **17**몰약과 침향과 계피를 뿌렸노라. **18**오라, 우리가 아침까지 흡족하게 서로 사랑하며 사랑함으로 희락하자. **19**남편은 집을 떠나 먼 길을 갔는데 **20**은 주머니를 가졌은즉 보름 날에나 집에 돌아오리라 하여 **21**여러 가지 고운 말로 유혹하며 입술의 호리는 말로 꾀므로 **22**젊은이가 곧 그를 따랐으니 소가 도수장으로 가는 것 같고 미련한 자가 벌을 받으려고 쇠사슬에 매이러 가는 것과 같도다.[156] **23**필경은 화살이 그 간을 뚫게 되리라. 새가 빨리 그물로 들어가되 그의 생명을 잃어버릴 줄을 알지 못함과 같으니라. **24**이제 아들들아, 내 말을

---

155 문자적으로는 '사과'를 뜻하며 눈동자의 모양을 가리킨다. 이 모양의 의미를 밝히기 위해 '지키라'는 말이 더해졌다.

156 22c절의 본문(저자는 "수사슴이 올무로 들어가는 것 같도다"라고 번역했다—옮긴이)은 난해하지만 그 의미는 분명하다.

듣고 내 입의 말에 주의하라. ²⁵네 마음이 음녀의 길로 치우치지 말며 그 길에 미혹되지 말지어다. ²⁶대저 그가 많은 사람을 상하여 엎드러지게 하였나니 그에게 죽은 자가 허다하니라. ²⁷그의 집은 스올의 길이라. 사망의 방으로 내려가느니라.

아들에게 음녀를 조심하라고 경고하는 강화들 참조. 2:16-19; 5:1-23; 6:20-35 가운데 네 번째이자 가장 중요한 이 강화 7:1-27에서는 음녀의 유혹 방법을 폭로한다. 아버지는 목격자의 생생한 진술을 통해 음녀가 어리숙한 사내를 어떻게 유혹하는지를 밝힘으로써 그 여자의 위험을 실감 나게 묘사한다. 눈으로 본 것처럼 말하지만 이 이야기는 기교로 다듬어진 허구다. 그런데도 이야기는 삶의 진실을 담고 있다. 아버지는 맛있는 고기를 먹고 귀한 향신료를 즐기며 화려한 침상에서 사랑을 나누는 여자의 유혹적인 이미지에 맞서, 도살장으로 끌려가는 소와 올무로 뛰어드는 수사슴과 그물에 걸려드는 새라는 이미지를 제시한다. 절정에 이르러 아버지는 그 여자의 정체가 죽음을 몰고 오는 관능적인 여성이라는 사실을 폭로한다.

이 교훈의 구조는 자기 아들을 보호하려는 아버지의 조급한 마음을 보여준다. 서론 1-4절에서는 아들에게 주의하라고 당부하는데, 우선 직설적으로 말하고 1-2절 이어서 비유로 말한다. 3-4절 본론의 교훈 6-23절에서는 눈으로 목격한 일을 자전적 형식의 논증으로 제시하는데, 여기서 아버지는 음녀의 옷과 간교함, 본성, 공격적인 행동을 밝힌다. 특히 아버지는 자기의 말과 겨루어 아들을 지혜에서 멀어지게 하려고 꾀는 음녀의 말을 집중적으로 다룬다. 결론 24-27절에서는 아들에게 음녀를 멀리하라고 충고한다. 야누스 5절에서는 아버지의 목표가 아들을 음녀의 매끄러운 말에서 지켜 내려는 것임을 밝힌다. 이 음녀가 하나님의 아들인 참 이스라엘에게는 낯설고 유혹적인 세계관을 표상하는 상징으로 작동한다.¹⁵⁷

---

157 이것은 이야기이며 따라서 독자들은 이야기 신학을 해석하는 데 적합한 운율학을 이용해야 한다(38쪽 "운율학"을 보라).

서론: 부르는 말과 들으라는 충고 7:1-5

7:1 부름말과 충고인 "내 아들아, 내 말을 지키며"는 동의적 평행구인 1b 절의 "내 계명을 간직하라"에 의해 강조되어 음녀의 말과 극명한 대조를 이룬다. 7:5, 13, 참조. 21절

7:2 "지키라"1a, 2a절와 "내 계명"1b, 2a절이라는 말을 거듭 사용해서 부모의 가르침이 중요함을 강조한다. "살며"는 부모의 가르침을 기억하고 순종하는 것을 말하며, 그렇게 살 때 음녀를 따르다 영원한 죽음의 위험27절, 참조. 2:16-17에 빠지게 되는 것과는 달리 풍성한 삶에 이르게 된다. "내 법"(명령들)은 매우 소중한 까닭에 아들에게 "네 눈동자처럼" 지키라고 지시한다. 사람의 몸에서 가장 소중한 부분이 눈동자다. 참조. 3:14-26; 8:11; 31:10 눈동자는 깨닫고 길을 찾는 데 반드시 필요하다. 눈동자가 없으면 어둠만 남는다. 참조. 신 32:10 이 이미지는 가장 우선해서 보호해야 할 것을 강조한다.

7:3 "이것을 네 손가락에 매며"는 계명을 기억하고 항상 떠올리는 일을 가리키는 은유다. "이것을 네 마음판에 새기라"는 외적인 은유로 표현한 것, 곧 가르침을 기억하고 간직하는 일을 존재를 지배하는 내면의 중심 자리로 치켜올린다. 이 비유가 함축하는 의미는 이러한 훈계가 사람의 성품에 지울 수 없는 영향을 끼친 결과 마음속 깊이 그것을 간직하게 된다는 것이다. 2:2; 4:23, 참조. 렘 31:31-34 기독교 신학자들은 이 은유를 대체하여 중생이라는 개념을 채용했다. 참조. 요 3:1-16

7:4 법을 새기는 것으로 묘사하는 비인격적인 은유가 이 구절에서는 법과 결혼하여 정욕의 유혹을 이기게 된다는 인격적인 은유로 바뀐다. "(지혜에게 너는 내 누이라) [말]하며"는 "지혜"(59쪽 "'지혜'란 무엇인가?"를 보라)와 결혼했다는 것을 밝히는 수행적 발화행위performative speech act를 가리킨다. "너는 내 누이라"는 신랑이 자기 신부에게 헌신함을 나타내는 사랑의 언어다. 아 4:9, 10, 12; 5:1, 2, 집회서 15:2, 참조. 토빗서 7:16 158 "명철에게……[말]하라"는 "[말]하며"를 강조하는 것으로, 지혜에다 지적 분별력과 해석이라는 개념

을 덧붙인다. "너는 내 누이라"의 평행구인 "너는 내 친족이라"는 아들이 가족에게 하듯이 부모의 가르침에 충실해야 한다는 것을 강조한다. 이렇게 지혜와 맺는 신실한 사랑의 관계는 음녀의 강력한 유혹에 맞서는 강력한 예방약이 된다.

7:5 이 야누스 구절에서는 가르침을 받아야 하는 목적을 음녀에게서 "너를 지켜서"라고 분명하게 밝힘으로써 서론을 마친다. 이어지는 "말로 호리는 이방 여인에게"라는 말을 따라 음녀의 달콤한 말의 정체를 폭로하는 교훈으로 넘어간다.

교훈: 음녀의 유혹 방법 7:6-23

교훈은 다음과 같은 세 부분으로 이루어진다. (1) 아버지가 목격한 만남의 장면,6-13절 (2) 여자가 호리는 말,14-20절 (3) 여자의 말이 어떻게 힘을 발휘하는지 밝히는 아버지의 결론적 진술이다.21-23절

만남 7:6-13

아버지는 만남의 상황6-9절과 여자의 특성10-13절에 대해 묘사한다.

7:6 "…보다가"라는 말로 상황을 설명한다. "들창으로"는 아버지가 음녀의 세상과는 분리되어 있으며 다른 세계관의 시각으로 음녀의 세상을 내려다보고 있다는 것을 나타내는 상징적 표현이다.참조, 삼하 6:16 "내 집"은 집에 거주하는 아버지와 거리를 배회하는 매춘부를 대조한다. "살창"은 "들창"의 동의어다. "내다 보다가"는 집이 2층이라는 것을 함축하며, 이 강화의 나머지 본론으로 넘어가도록 이끈다. 나머지 강화는 일인칭 형태로 생생하게 묘사된다.

7:7 아버지는 눈 아래로 펼쳐지는 거리 풍경에서 교훈을 끌어낸다. "어

---

158 이집트 18왕조추천 약 1500-1300년의 문헌에서 "누이"는 사랑하는 사람을 부르는 애칭이다.

리석은 자"(86쪽 "악인과 미련한 자를 가리키는 지적 용어들"을 보라)란 도시로 들어가면서 지혜를 따르기를 거절하고, 그 결과 악한 자에게 쉽게 넘어가는 젊은이를 말한다.^{참조. 1:20} "보았노라"는 아버지가 자기의 모든 역량을 쏟아 간파해 냈다는 것을 뜻한다.^{참조. 24:23} "어리석은 자"의 평행구로 사용된 "젊은이"는 어리석은 청년이 자기 부모와 가졌을 사랑의 관계^{참조. 1:8; 4:3}를 떠올리게 하며 그래서 세대 간에 지혜를 전하는 데 실패했음을 말해 준다. 그 "청년"은 그 사랑의 관계를 저버리고 가문의 유산을 허비하려는 참이다. 더욱이 그는 "지혜 없는" 자다.

7:8 "그가 거리를 지나 음녀의 골목 모퉁이로 가까이 하여"는 음녀가 젊은이를 만난 곳이 아니라^{12절} 그녀가 거주하는 곳을 가리킨다. 여기서 우리는 그 젊은이의 근본적인 과오를 본다. 지혜가 없는 젊은이는 음녀가 "웅크리고" 있는 어두운 거리를 배회하는 일이 얼마나 위험한지를 모른다. "가는데"는 거만한 걸음걸이를 뜻한다. "그의 집쪽으로"는 의도적으로 그 여자의 집을 찾아가는 것을 뜻하지 않는데, 여자가 나와서 젊은이를 만나 자기와 함께 가자고 꾀는 게 당연하기 때문이다. 오히려 젊은이의 우매함이 그를 도덕적인 파멸로 몰아간다.

7:9 결국 젊은이는 그릇된 시간에 그릇된 장소에 서고야 만다. 9절의 장면 묘사에 사용된 구절과 단어가 모두 어둠과 관계가 있다. "저물 때"^{at dusk}는 저녁 어둠이 깃들기 시작했음을 뜻한다. "어스름"^{dusk}이라는 말이 아침이나 저녁의 희미한 빛을 의미하기에 "황혼 때"라는 말로 그 의미를 분명하게 밝힌다. "깊은 밤 흑암 중에라"가 그 사실을 훨씬 더 분명하게 드러낸다. "흑암"은 이방 음녀의 도덕적 어둠을 상징하며 동시에 이제 그 희생자를 "덮치는" 어두운 운명을 뜻한다.

7:10 "그런데 보라!"(개역개정에는 번역되지 않았다—옮긴이)고 탄식하면서 아버지는 청중을 그 장면으로 이끌어 갑작스레 등장한 "여인"^{참조. 2:16}을 주목하게 만든다. 여자를 무대 한가운데 올린 아버지는 그 여자

가 선정적인 옷을 입고 마음속에 동기를 감춘 채 차갑고 기만적인 입맞춤[13절]으로 적극적으로 덤벼드는 모습을 지적해 그 여자의 정체를 밝힌다. 여자는 자기 희생자를 알아보고 과감하게 "기생의 옷을 입"고 "그를 맞"으러 나온다. 이것이 젊은이의 관심을 끌고 동시에 욕정을 자극한다. 여자의 옷을 살펴본 아버지는 예리하게 그 여자의 "간교한" 마음을 꿰뚫어 본다. 여자의 도발적인 복장이 아버지 앞에서는 그녀의 속셈을 드러내지만, 도덕적으로 어리석은 자에게는 철저한 위장 수단이 된다.[159] 여자는 자기 욕정을 채우는 일에만 관심이 있다. 남편이 집에 있을 때는 남편에게 충실한 척하지만, 남편이 멀리 길을 나서면 정부情夫에게 달려가 그가 자기에게 하나뿐인 참사랑이라고 아첨한다. 여자는 두 남자를 이용할 뿐 아무도 사랑하지 않는다. 여자는 만일 그 일이 발각되면 무자비한 남편이 그 희생자가 소유한 모든 것을 빼앗을 테고 또 사회는 그의 품위를 남김없이 박탈할 것이라는 사실을 잘 안다.[5:7-14; 6:33-35] 하지만 여자는 두려워하거나 염려하지 않는다. 만약 들키면 여자는 보디발의 아내가 요셉에게 그랬듯이 그 남자에게 어떤 누명을 씌울지 잘 안다.

7:11 중간에 삽입된 이 여담에서 지혜자는 예리한 관찰과 논리적인 성찰의 힘을 발휘해 음녀의 심리적 특성을 두 가지 더 폭로한다. "이 여인은 떠들며"는 끊임없이 떠들고 소동을 일으키는—온유한 여성[참조. 벧전 3:1-6]과 대비되는—태도를 가리킨다. "완악하며"는 예의범절을 우습게 여기는 태도를 가리킨다. 그 여자의 반항심은 밤이 다가오는데도 "그의 발이 집에 머물지 아니"한다는 사실로 확인된다. 그 여자는 경건한 척하나 실제로는 전혀 그렇지 않다.

7:12 전반절에서는 이 여인의 떠들썩한 기질이 더 드러난다. 여자는 "어떤 때에는 거리, 어떤 때에는 광장"으로 끝없이 배회한다. 어리숙한

159 Plöger, *Sprüche*, 78.

젊은이가 이런 태도를 목격하고 깊이 헤아렸더라면, 그 여자가 자기를 찾아냈다고 말할 때 속아 넘어가지는 않았을 것이다. 후반절은 그 여자가 질서 잡힌 사회에 반항하는 모습을 "모퉁이마다 서서 사람을 기다리는또는 "매복하는", 1:11, 18: 참조, 12:6 자"라고 묘사한다. 그 여자는 포식자이며, 포식 동물이 먹이가 많은 곳에 매복하듯이 그녀도 사람들이 몰려드는 거리 모퉁이에 매복한다. 어리석은 젊은이는 낯선 곳에 멋모르고 들어서지만, 여자에게 그곳은 자기의 활동 영역이다.

7:13 여담을 끝낸 후, 이 구절에서는 10절의 이야기를 다시 이어 간다. 여자는 그 젊은이를 만났으며10a절 "그를 붙잡고 그에게(아마 그의 입술에) 입 맞추"었다. 붙잡고 입 맞추는 일이 일반적으로는 친절의 행동이지만,아 3:4; 8:1 여기서는 여자의 먹잇감을 사로잡는 탐욕스러운 행동을 가리킨다. "부끄러움을 모르는 얼굴로"는 뻔뻔하고 수치심을 모르는 행동을 뜻한다.참조, 신 28:50, 전 8:1, 2a, 겔 3:7-9, 렘 3:3 개럿Garrett은 이 구절이 여자가 뻔뻔스러운 거짓말을 했다는 뜻도 포함한다고 주장한다.[160] "그에게 말하되"는 14-20절에 나오는 그 여자의 말을 가리킨다. 그 여자는 바로 포식자의 방법을 사용한다.[161]

유혹: 음녀가 호리는 말 7:14-20

음녀의 유혹은 두 단계로 이루어진다. 첫 단계14-17절에서 여자는 젊은이에게 자기는 종교적인 이유로 성적 상대가 필요하다고 말함으로써 자기의 의도가 진실하다고 주장하고,14절 젊은이가 자기에게 어울리는 짝이며15절 또 자기에게 아무런 방해도 받지 않고 사랑을 나누기에 좋은 장소

---

160 D. Garrett, "Votive Prostitution Again: A Comparison of Proverbs 7:13-14 and 21:28-29," *JBL* 109 (1990): 681-682.

161 A. Brenner and F. van Dijk-Hemmes, *On Gendering Texts: Female and Male Voices in the Hebrew Bible* (Leiden: Brill, 1993), 59.

가 있다고[16-17절] 설득한다. 둘째 단계[18-20절]에서 여자는 그들이 두려워할 것이 없다고 장담함으로써 거래를 마무리 짓는다.

7:14 자기 속셈을 감춘 여자는 신앙심으로 자기의 정욕을 가린다. "내가 화목제를 드려"라는 말은 이스라엘 사람이나 가나안 사람들이 드리는 화목제를 가리키는 것으로, 신과 제사장, 예배 참석자, 손님들이 희생 제물을 함께 나눔으로써 하나가 되는 제사를 말한다.[레 7:11-21, 삼상 9:11-13, 렘 7:21] 불사른 기름과 창자를 신에게 바친 후에, 제사장들이 자기네 몫의 고기를 먹고 이어서 예배자와 초대받은 손님들이 남은 부분을 집에서 공동식사로 먹었다. 이 여자는 말과는 달리 참된 공동체 따위에는 관심이 없다. 화목제의 특별한 형태가 서원제였는데, 이 제사에서 사람들은 신이 기도를 들어주면 제물을 바치겠노라고 서원했다. 여자는 "서원한 것을 오늘 갚았노라"고 말하는데, 이 말은 집에 먹을 음식이 있다는 뜻이다. 모세의 율법과 어쩌면 가나안의 관습에서도, 제사의 음식은 제사를 지낸 당일이나 아니면 그다음 날에 먹어야 했다. 여기서 성과 종교의 연관성을 파악한 어떤 학자들은 그 여자가 젊은이를 이방의 풍요 종교 제의에 참석하도록 초청하고 있는 것이라고 주장했다.[162] 그 여자가 가나안 사람이었다면 공동식사에 성행위도 포함되었을 것이며,[출 32:1-6, 민 25:1 이하] 그래서 그 여자는 성적 상대가 필요했다. 그런데 그 여자가 정말 종교를 따랐을까, 아니면 단지 흉내를 낸 것에 불과할까? 그 여자는 어떻게 자기가 우연히 젊은이를 만나게 되었는지에 대해,[11-13, 15절] 그리고 젊은이를 사로잡은 후에는 자기 남편에 대해서도 뻔뻔하게 거짓말을 한다.[19-23절] 그러니 그 여자가 자기 신앙심에 관해 한 말을 어찌 믿을 수 있겠는가?

7:15 "이러므로"는 그 여자가 풍요 종교와 연계되어 있다고 가정한다. "내가 너를 맞으려고 나와"는 아버지가 관찰한 것을 확인해 준다.[10절] 그

---

162 Leo G. Perdue, *Wisdom and Cult: A Critical Analysis of the Views of Cult in the Wisdom Literature of Israel and the Ancient Near East* (Missoula, MT: Scholars, 1977), 150.

여자는 사내에게 내가 열심히 "네 얼굴을 찾다가"라고 말해서 그를 우쭐하게 만든다. 이 말은 "간절히 구하다"라는 뜻을 지닌 관용구로, 젊은이의 풍채가 군중 속에 두드러져 보인다고 치켜세우는 의미로 사용된다. 그러나 사실 그는 우둔한 순진성으로 인해 사기꾼의 손쉬운 희생자가 되었다. 그래서 여자는 마지막으로 "너를 만났도다"—"너만큼 매력적인 남자는 없도다"—라는 말로 그를 우상처럼 치켜세우면서 자기의 강한 욕정을 가려 버린다.

7:16 여자는 아첨하고 나서 뒤이어 자기의 호화로운 침실을 그려 보임으로써 남자의 욕정을 부채질한다. "내 침상에는 요……를 폈고"는 침대에 요를 펴서 준비했다는 뜻인데, 이는 침대의 관능적인 쾌락을 가리킨다. 여자는 침실의 미적인 매력을 강조하고자 "애굽의 무늬 있는 이불을 폈고"라고 말하는데, 이것은 애굽에서 수입한 붉은 색의 아마 천을 가리킨다.

7:17 다음으로 여자는 남자의 후각을 자극한다. 여자는 세 가지 향수를 언급하는데, 이것들 모두가 아가 4:14에서 성의 이미지를 향기롭게 그려 내는 데 사용된다. 내 침상에는 향수를 "뿌렸노라"라는 말로 그 침상을 사랑을 나누는 자리로 묘사한다.^{창 49:4, 사 57:7-8} 향수를 살펴보면, "몰약"은 아라비아나 아프리카의 발삼나무의 수액에서 얻은 향기로운 고무 수지이며, "침향"은 동남아시아와 인도 북부 지방의 침향나무에서 채취한 귀한 향료다. "계피"는 계피나무의 껍질에서 얻으며, 원산지가 스리랑카와 인도 해변 지역이다. 이 세 가지 향수는 먼 거리를 왕래하는 상인들에게서 구매했을 것이다. 상인의 아내라면 자기의 욕망을 채우기 위해 이 세 가지 향수를 모두 사용했을 만하다.

18-20절에서 음녀는 자기의 제안을 말한다.

7:18 "오라"는 두 사람이 그 일을 즉시 실행한다는 것을 말한다. "흡족하게 서로 사랑하며"는 관능적인 사랑에 "깊이 빠져드는 것"을 뜻한다.

본문에서 "사랑하며"라고 번역된 '도딤'*dōdîm*은 언제나 성관계를 가리키며, 솔로몬의 아가서에서는 매우 관능적인 것으로 묘사된다.[아5:1] "아침까지"는 그들이 온갖 형태의 사랑을 시도하면서 천천히 밤을 지낸다는 것을 뜻한다. "사랑함으로 희락하자"는 그들이 나눌 열정적 사랑을 즐기는 일에 초점을 맞춘다. 여자는 남자에게 제약 없는 성은 약속하지만 참된 사랑의 기초인 진정한 자아를 내어 주지는 않는다. 여자는 그 남자가 아니라 그의 몸을 원한다.

7:19 그 여자의 마지막 논증은 그들이 "현행범으로" 남편에게 잡힐지도 모른다는 두려움[6:34-35]을 제거하는 데 목적이 있다. "왜냐하면"(개역개정에는 번역되지 않았다―옮긴이)이라는 말로 그들이 두려워하지 않아도 될 이유를 제시한다. 그녀가 내세우는 이유는 사탄이 하와에게 말한 것("너희가 결코 죽지 아니하리라")[창3:4]과 비슷하게 '행위-운명 연계성'를 부정한다. 이 행위-운명 연계성을 인정하지 않으면 성경 윤리의 기초 전체가 무너진다. "「잠언」 7장에서……여자는 자기 희생자에게 간통이 옳은 일이라는 확신을 심어주려고 애쓰지 않고 단지 남편이 집을 비웠기에 들키지 않고 그 일을 치를 수 있다고 설득한다."[163] 여자는 자기 "남편"을 "그 남자"라고 부르는데, 히브리어에서 이 말은 정상적인 표현이요 "멸시"하는 말이 아니다. 이와 비슷하게, "집"*home*은 히브리어의 "그의 집"에 대한 동적 등가 번역어로, 이 구절은 그 부부가 감정적으로 소원하다는 것을 뜻하지는 않는다. 여자는 자기가 바라는 것은 성관계뿐이지, 자기 남편과 이혼하고 이 얼간이하고 결혼할 생각은 없다는 사실을 분명하게 밝힌다. 여자는 젊은이에게 남편이 이 주 후에 돌아올 것이라고 말하는데, 이는 여자가 비록 신실하지는 못해도 결혼을 유지하려고 생각

---

163 C. V. Camp, "Woman Wisdom as Root Metaphor: A Theological Consideration," in *The Listening Heart: Essays in Wisdom and the Psalms in Honor of Roland E. Murphy, O. Carm.*, ed. K. G. Hoglund et al., JSOTSup 58 (Sheffield: Sheffield Academic, 1987), 51.

한다는 것을 뜻한다. 이 사실은 어리숙한 젊은이가 자기가 저지른 간통을 도덕적으로 변명할 수 없게 만든다. 여자의 논증 자체가 그녀가 기만적이고 신실하지 못하다는 사실을 드러내는 까닭에 젊은이는 그 여자를 신뢰해서는 안 된다는 것을 깨달아야 했다. 남편이 "먼 길을 갔는데"라고 말하는 여자의 주장은 뒤이은 빠르고 혹독한 결과로 미루어 볼 때²²⁻²³절, ^{참조 5:9-10} 거짓말로 보인다.

7:20 여자는 그들이 두려워할 필요가 없다는 사실을 강조하고자 자기 남편이 몸만 멀리 있는 것¹⁹절이 아니라 시간상으로도 오래 자리를 비웠다는 말을 덧붙인다. 남편이 "주머니를 가졌은즉"은 남편이 사업차 여행을 떠났다는 것을 가리킨다. "은"[을 가득 채운]이라는 말은 남편이 큰 사업을 하며 그래서 오랫동안 멀리 있게 된다는 점을 뜻한다. 하지만 남편은 "집에 돌아" 올 것이요 실상을 알게 될 것이다. 여자가 바라는 일은 하룻밤 자기의 욕정을 채우는 것이지 자기 삶을 바꾸는 것이─이 젊은이처럼 어리석은 사람 때문에는 더더욱─아니다. "보름 날에나"는 남편이 이 주 동안 떠나 있다는 것을 뜻한다. 여행자들은 보름달이 뜬 기간이 덜 위험하기에 그때에 맞춰 여행하기를 선호했다는 점에서 음녀의 주장은 설득력이 있다. 여자는 다른 사람이 남편에게 그들의 일을 일러바치는 데 대해서도 걱정하지 않는다. 남편이 갑자기 두 사람이 있는 현장을 덮치더라도 여자는 그 젊은이가 겁탈했다고 둘러대리라는 것을 충분히 짐작할 수 있다. ^{참조 창 39:6b-20}

굴복한 어리석은 젊은이 7:21-23

아버지의 이야기는 음녀의 말이 가져올 치명적인 결과에 대한 언급으로 끝난다.

7:21 음녀의 말이 효력을 발휘한다. 여자는 실제로 그리고 비유로 젊은이를 "유혹"해 넘어뜨리고, 자기를 향한 욕정을 불러일으켜 자기 집 내실

로 이끌었다. "여러 가지 고운 말로"라는 말은 여자가 여러 가지 달콤한 말로 그를 휘어잡았다는 것을 뜻한다. "입술의 호리는 말로"는 여자의 말이 효과적이었다는 점을 강조한다. "꾀므로"는 그녀의 유혹에 이끌려 이 얼간이가 생명의 길을 벗어나 죽음의 문인 그녀의 집으로 달려간다는 것을 뜻한다.

7:22 "젊은이가 곧 그를 따랐으니"는 이 어리숙한 자가 생각 없이 충동적으로 행동하고 본능이 명령하는 대로 따랐다는 것을 의미한다. 지혜자는 세 가지 동물에 비유해 이 거래를 해석해서, 이 멍청이가 어떻게 무지하게 죽음으로 달려갔는지를 설명한다. 첫 번째 직유인 "소가 도수장으로 가는 것 같고"는 그 희생자를 가축 가운데서 왕이라 할 만한 힘 있는 짐승에 비유한다. 이 짐승은 강하지만 목의 경정맥 아래를 베이면 즉사하게 된다. 이 비유는 그 멍청이가 동물적인 본능을 따름으로써 자기가 지닌 모든 기회와 힘과 나아가 생명까지도 잃어버리게 된다는 것을 뜻한다. 두 번째 직유인 "수사슴이……같도다"(개역개정에는 "미련한 자가"로 번역되었다―옮긴이)는 소의 강인함에 사슴의 우아함까지 더하여 돌이킬 수 없게 된 현실을 강조한다. 또 "쇠사슬에 매이러 가는"은 함정에 빠진 상태를 강조한다.

7:23 "필경은 화살이 그 간을 뚫게 되리라"는 22c절에 나오는 덫에 걸린 수사슴과 가장 잘 연결된다. 그 의미는 명료하다. 희생자가 치명적인 종말을 맞게 된다는 것이다.참조. 26-27절 본문의 목적은 활을 쏜 자의 정체를 밝히는 것이 아니라 화살을 맞은 치명적인 결과를 밝히는 데 있다. 히브리어로 "간"은 셈어에서 "무겁다"는 뜻을 지닌 어원에서 온 말로, 간에 피가 가득하다는 것을 뜻한다. 따라서 동물에게서 피와 관련된 핵심 기관을 찢어발긴다는 것은 즉사한다는 것을 뜻한다. 세 번째 직유에 나오는 "새가 빨리 그물로 들어가되"라는 말은 어리석은 자가 신속하게 종말을 맞게 되는 일을 강조한다. 불운한 이 동물들의 무지가 함축하는 개념

은 이제 지혜자가 교훈을 마무리 지으며 "그의 생명을 잃어버릴 줄을 알
지 못함과 같으니라"고 한 말에서 분명하게 밝혀진다. 눈멀어 덫에 걸린
어리석은 동물들은 덫과 죽음이 연결되어 있음을 알지 못하며, 사탄에
의해 눈멀어 도덕적으로 어리석은 사람들은 죄와 죽음이 연결되어 있음
을 전혀 알지 못한다. 참조 1:17-18, 호 7:11

결론 7:24-27

아버지는 음녀를 멀리하라고 다시 권하는 두 겹의 충고24-25절와 그 충고
를 강조하고자 새로 덧붙인 이중의 동기26-27절를 제시함으로써 강화의
결론을 내린다.

7:24 결론에서는 아버지의 가르침에 귀를 기울이라는 권고를 힘주
어 반복한다. "이제 아들들아"는 아들의 아들로 이어지는 후손에게로 가
르침을 확대한다. "내 말을 듣고"는 음녀에 대해 경고하는 온전한 첫 강
화5:1-23에서 5:7의 훈계를 그대로 가져와 반복한 것이다. 강조적 평행구
로 쓰인 "내 입의 말에 주의하라"는 음녀의 말에 맞서는 데 꼭 필요한 것
이다.

7:25 "네 마음"에 관해서는 66쪽 "마음"을 보라. "음녀의 길"은 그 여자
의 사악한 속임수와 무절제한 욕정, 남편에 대한 배신, 사회에 맞서는 횡
포, 젊은이의 운명에 대한 냉담한 무관심을 가리키는 불완전한 은유다.
동의적 평행구인 "그 길에 미혹되지 말지어다"는 금지 명령을 강조하며,
지혜의 바른길을 굳건히 지키라는 경고를 함축한다.

7:26 "대저"("왜냐하면")라는 말로 24-25절에 나오는 두 가지 충고에 대
한 이유 두 가지를 소개한다. 첫째, "그가 많은 사람을……엎드러지게 하
였나니"는 그 여자가 "많은" 남자를 정복하는 데 써먹은 기만적이고 효과
적인 방법6-23절을 요약한다. "상하여"는 전쟁터에서 "창에 찔린" 사람들
을 가리키는 전문 용어이자 시체를 가리키는 비유적 표현으로, 그 여자

가 지혜를 따르지 않는 남자들을 폭력적이고 비참한 죽음으로 이끈다는 사실을 가리킨다. "허다하니라"는 숫자를 사용해 힘이 강하다는 것을 나타낸다. 이 남자들은 수적 우세에도 불구하고 마치 소 떼처럼 한 명의 음녀에 의해 도살장으로 끌려간다. 그들은 "모두"(개역개정에는 번역되지 않았다—옮긴이) 예외 없이 "그에게 죽은 자"가 되었다. 여자는 그들을 모두 정복했으며 완벽한 기록을 세웠다.

7:27 이제 장면은 "그[음녀]의 집"으로 바뀌며, 이 구절에서는 음녀를 멀리해야 할 두 번째 이유를 제시한다. 그 여자는 자기 침실을 쾌락의 궁전이라고 묘사하지만[16-18절] 사실은 "스올의 길[들]"일 뿐이다. 복수로 표기된 "길"은 그 여자의 집이 많은 그릇된 길(여자의 미련한 행실의 여러 가지 면모)을 갖추고 있으며 그 길들이 모두 죽음으로 이어진다는 것을 뜻한다. "사망의 방[들]으로 내려가느니라"은 죽음으로 연결된다는 관념을 보여준다. 복수로 표기된 "방"은 무덤이 여러 개로 나뉘었음을 말하는데, 그 여자의 희생자들이 눕는 가장 아래쪽 방은 가장 나쁜 방이다.[참조. 9:18] 「잠언」의 다른 곳에서는 "방"헤데르(ḥeder)이 "몸의 가장 속 부분"[18:8[=26:22]; 20:27, 30]을 가리키는 까닭에 이 무덤과 그 여자의 몸이 상관성을 지닌다고 볼 수 있다. 프라이스Price에 따르면 "미쉬나와 탈무드의 문헌에서 헤데르는 여성 생식기의 속 부분이라는 추가적인 의미를 지닌다."[164] 그래서 뉴섬은 이렇게 말한다. "아버지는 결론에서……이방 여인의 기괴하고 신화적인 면모를 폭로한다. 그녀는 한 여자에 불과한 것이 아니다.……그녀는 많은 사람을 파멸시킨 포식자다. 정말이지 그녀의 질은 스올로 들어가는 문이다. 그녀의 자궁은 죽음 자체다."[165] 마지막으로, 이 장에서 하나님은 언급되지 않으나, 지혜자의 세계관을 담고 있는 여러 명료한 진술에 비추어 볼 때 솔로몬이 하나님을 어리석은 자에게 죽음의 벌을 내리시는

---

164 J. D. Price, *NIDOTTE*, 2:28-30, s.v. ḥdr.

165 Newsom, "Woman and the Discourse," 155-56.

궁극적 행위자로 생각한다는 사실을 알 수 있다. 예를 들어, 5:21-23

지혜의 두 번째 연설: 어리석은 자 앞에서 지혜의 자기 찬양 8:1-36

1지혜가 부르지 아니하느냐. 명철이 소리를 높이지 아니하느냐. **2**그가 길 가의 높은 곳과 네거리에 서며 **3**성문 곁과 문 어귀와 여러 출입하는 문에서 불러 이르되 **4**사람들아, 내가 너희를 부르며 내가 인자들에게 소리를 높이노라. **5**어리석은 자들아, 너희는 명철할지니라. 미련한 자들아, 너희는 마음이 밝을지니라.[166] **6**너희는 들을지어다. 내가 가장 선한 것을 말하리라. 내 입술을 열어 정직을 내리라. **7**내 입은 진리를 말하며 내 입술은 악을 미워하느니라. **8**내 입의 말은 다 의로운즉 그 가운데에 굽은 것과 패역한 것이 없나니 **9**이는 다 총명 있는 자가 밝히 아는 바요 지식 얻은 자가 정직하게 여기는 바니라. **10**너희가 은을 받지 말고 나의 훈계를 받으며 정금보다 지식을 얻으라. **11**[대저 지혜는 진주보다 나으므로 원하는 모든 것을 이에 비교할 수 없음이니라.][167] **12**나 지혜는 명철로 주소를 삼으며 지식과 근신을 찾아 얻나니 **13**여호와를 경외하는 것은 악을 미워하는 것이라. 나는 교만과 거만과 악한 행실과 패역한 입을 미워하느니라. **14**내게는 계략과 참 지식이 있으며 나는 명철이라. 내게 능력이 있으므로 **15**나로 말미암아 왕들이 치리하며 방백들이 공의를 세우며 **16**나로 말미암아 재상과 존귀한 자 곧 모든 의로운 재판관들이 다스리느니라. **17**나를 사랑하는 자들이 나의 사랑을 입으며 나를 간절히 찾는 자가 나를 만날 것이니라. **18**부귀가 내게 있고 장구한 재물과 공의도 그러하니

---

166 이 구절은 마소라 본문의 '하비누'^{hābînû}가 아니라 칠십인역의 '엔테스테'^{enthesthe, 새기다}를 따라 '하키누'^{hākînû}로 읽는다.

167 모든 필사본과 역본에는 11절의 "대저 지혜는 진주보다 나으므로 원하는 모든 것을 이에 비교할 수 없음이니라"는 구절이 실려 있다. 11절은 3:15을 그대로 따온 것으로 주석 역할을 하는데, 생략하는 것이 더 낫다. 그 이유는 다음과 같다. (1) 3:14과 대응하는 10절에서 "은"과 "정금"을 언급한 후에 3:15을 그대로 반복한다. (2) 이 시는 11절을 제외하고, 각각 다섯 구절로 이루어진 일곱 개의 연으로 구성된다. (3) 오직 여기 11절에서만 3:13-21처럼 지혜에 대한 칭송이 1인칭이 아니라 3인칭으로 언급된다.

라. **19** 내 열매는 금이나 정금보다 나으며 내 소득은 순은보다 나으니라. **20** 나는 정의로

운 길로 행하며 공의로운 길 가운데로 다니나니 **21** 이는 나를 사랑하는 자가 재물을 얻

어서 그 곳간에 채우게 하려 함이니라. **22** 여호와께서 그 조화의 시작 곧 태초에 일하

시기 전에 나를 가지셨으며 **23** 만세 전부터, 태초부터, 땅이 생기기 전부터 내가 세움

을 받았나니 **24** 아직 바다가 생기지 아니하였고 큰 샘들이 있기 전에 내가 이미 났으며

25 산이 세워지기 전에, 언덕이 생기기 전에 내가 이미 났으니 **26** 하나님이 아직 땅도,

들도, 세상 진토의 근원도 짓지 아니하셨을 때에라. **27** 그가 하늘을 지으시며 궁창을 해

면에 두르실 때에 내가 거기 있었고 **28** 그가 위로 구름 하늘을 견고하게 하시며 바다의

샘들을 힘 있게 하시며 **29** 바다의 한계를 정하여 물이 명령을 거스르지 못하게 하시며

또 땅의 기초를 정하실 때에 **30** 내가 그 곁에 있어서 창조자가 되어 날마다 그의 기뻐하

신 바가 되었으며 항상 그 앞에서 즐거워하였으며 **31** 사람이 거처할 땅에서 즐거워하며

인자들을 기뻐하였느니라. **32** 아들들아, 이제 내게 들으라. 내 도를 지키는 자가 복이 있

느니라. **33** 훈계를 들어서 지혜를 얻으라. 그것을 버리지 말라. **34** 누구든지 내게 들으며

날마다 내 문 곁에서 기다리며 문설주 옆에서 기다리는 자는 복이 있나니 **35** 대저 나를

얻는 자는 생명을 얻고 여호와께 은총을 얻을 것임이니라. **36** 그러나 나를 잃는 자는 자

기의 영혼을 해하는 자라. 나를 미워하는 자는 사망을 사랑하느니라.

지혜 여인의 이 웅장한 찬사는 앞서 언급된 음녀에 관한 시^{7장}와 대조를

이룬다. 음녀는 해 질 녘에 은밀하게 움직이면서 거짓말을 속삭인다. 지

혜는 공공연하게 움직이면서 진실을 외친다. 음녀는 자기 희생자들을 노

예 상태와 죽음으로 이끄나, 지혜는 자기 제자들을 왕권과 부와 생명으

로 인도한다. 음녀는 이 세상의 현실 속에서 살아 움직이면서 자기 존재

를 이루나, 지혜는 시공간을 초월해 하늘로 솟구친다. 어리석은 젊은이

는 위험천만한 도시로 들어가기에 앞서 지혜를 사랑하겠다는 중대한 결

심을 해야 한다. 지혜는 음녀의 달콤한 말과 성적 유혹에 맞서 다투면서

자기의 말과 미덕과 상급을 소리 높여 외친다. 음녀는 자기가 주는 쾌락

을 큰 소리로 자랑하나 그 마지막은 죽음일 뿐이다. 지혜는 징계를 받으라고 외치나 그 결국은 생명이다.

반 레이우엔의 분석에 따르면 이 찬사는 각각 다섯 구절로 이루어진 일곱 개 항으로 구성된다.[168] 이렇게 세분된 항들이 묶여서 시의 세 연, 곧 서론과 교훈과 결론을 구성한다.

I 서론   1–11절

  A 지혜가 말하는 연설의 배경과 청중   1–5절

  B 훈계를 들으라는 지혜의 권고와 동기부여   6–11절

II 교훈   12–31절

  A 역사적 시간 안에서 전달 가능한 지혜의 속성들   12–21절

    1 사회 질서 속에서 지혜의 역할   12–16절

    2 지혜를 사랑하는 자에게 지혜가 주는 선물인 물질적 영광   17–21절

  B 태초의 시간에 지혜의 출생과 축하   22–31절

    1 우주 창조보다 앞서는 지혜의 기원   22–26절

    2 창조 질서를 기뻐하는 지혜   27–31절

III 결론: 지혜의 마지막 초청과 경고   32–36절

의인화된 지혜가 성문 곁에서 미련한 자와 어리석은 젊은이들에게 하는 이 연설8:1-35은 서언1:8-9:18의 끝에서부터 두 번째 시에 해당하며, 앞에서부터 두 번째 시1:20-33에 평행구로 제시된 지혜의 의인화와 균형을 이룬다. 이 두 시는 배경과 청취자와 어휘 면에서는 유사하면서도 내용상 차이가 있다. 앞쪽의 시에서 지혜는 미련한 자와 어리석은 젊은이들이 지혜를 거부한 일에 대해 책망하며, 뒤쪽에서 지혜는 그들을 설득해서

168 Van Leeuwen, "Proverbs," in *NIB* 5, 88.

자기의 말에 귀 기울이게 하려고 노력한다.

서론 8:1-11

솔로몬은 지혜의 두 연설을 소개하면서 지혜가 화자이고,[1:20; 8:1] 지혜가
선 자리는 성문 곁이며,[1:20-21; 8:3] 지혜의 말투가 열정적[1:20-21; 8:1, 3]이라는
사실을 밝힌다. 이 서론 부분에서 지혜는 아버지의 전형적인 소개 방식
을 이용해 청취자들을 호명하고 들으라고 권고하며,[4-5절] 이어서 동기를
부여한다.[6-10절]

지혜가 말하는 연설의 배경과 청중 8:1-5

8:1 수사적 질문인 "지혜가 부르지 아니하느냐"는 지혜가 그저 청중이 찾
아오기만을 기다리지 않고 자신의 말을 널리 공표한다는 사실을 분명하
게 밝힌다. "명철이 소리를 높이지 아니하느냐"는 1:20을 보라.

   8:2 여섯 개의 부사구[2, 3절]를 사용해 지혜의 말이 선포되는 공개적이고
높은 자리를 묘사한다. "높은 곳"은 보고 듣는 일의 효과를 최대치로 높
여 준다.[참조. 1:21] "길 가"는 군중이 다니는 곳이다. "네거리"—군중이 지혜
냐 어리석음이냐를 선택해야 하는 자리[참조. 시 1:1-2]—에 지혜가 "서며" 사
람들에게 자기의 길을 따르라고 설득한다.

   8:3 "성문 곁"은 사람들이 모여 거래를 하고 분쟁을 해결하며 정치를
논하는 자리다. "문 어귀"를 지나면 위험한 도시로 들어서게 된다. "여러
출입하는 문"은 성문에 연결된 입구들로, 그곳에서 "결정이 이루어지기
도 하고 사람들은 새로운 상황을 '맞이하거나' 더 나아가 새로운 여정을
시작하기도 한다."[169] 그런 곳에서 지혜가 "불러 이른다."

   8:4 "사람들"은 사회 속에서 관계를 맺는 개인들을 가리키는 말이다.

---

169 Van Leeuwen, "Proverbs," in *NIB* 5, 89.

"내가……부르며"참조. 1a절를 강조하는 평행절이 "내가……소리를 높이노라"이다. "인자들"은 평범한 사람들을 가리킨다.

8:5 "어리석은 자들아"는 86쪽 "악인과 미련한 자를 가리키는 지적 용어들"을 보라. "명철할지니라"는 69쪽의의 "지혜로운 자와 의로운 자를 가리키는 지적 용어들"을 보라. 이 구절의 평행구조는 어리석은 자들과 "미련한 자들"을 하나로 묶는다. "너희는 마음이 밝을지니라." 첫 번째 연설과는 달리, 지혜는 어리석은 자가 지혜를 거부했다고 가정하지 않는다. 그들에게 여전히 희망이 있다.

훈계를 들으라는 지혜의 권고와 동기부여 8:6-11

이 연의 뼈대를 구성하는 두 구절인 "들을지어다"6절와 "얻으라"10절라는 명령들은 지혜의 말을 듣는 일에서 지혜의 교훈을 따르는 데로 훈계의 초점을 옮긴다. 두 가지 동기가 제시되는데, 지혜의 말은 흠이 없으며6-9절 또 지혜의 훈계는 매우 소중하기10절 "때문"이다.

8:6 "들을지어다"는 1:8을 보라. 이어서 "왜냐하면"(개역개정에는 번역되지 않았다―옮긴이)이라는 말로 첫 번째 동기부여 묶음6-9절을 제시하는데, 여기서는 여덟 개의 수식어로 지혜의 윤리적 가르침을 제시한다. "내가……말하리라. 내 입술을 열어"라고 말로 하는 권고는 글로 써서 지시하는 것보다 모른 체하기가 더 어렵다. 글로 기록한 것은 열어 보지도 않은 채 불 속에 던져버릴 수 있다.렘 36장 "선한 것"은 첫 번째 수식어이며, "정직[한 것]"은 두 번째 수식어다.

8:7 "확실히(또는 "왜냐하면", 개역개정에는 번역되지 않았다―옮긴이) 내 입은 진리(신뢰할 만한 것)를 말하며"는 세 번째 수식어다. 시편 51:6에서는 "진리"를 지혜와 평행하는 것으로 말한다. "악"은 "진리"의 반대말로서, 악인들1:11-15과 음녀7:14-21의 말처럼 악한 말을 가리킨다. 악한 말은 하나님과 인간을 대적하고, 비윤리적 행위와 죽음이 필연적으로 연계된

다는 사실을 부정하기 때문에 정죄당한다. 이런 거짓된 말은 "내(지혜의) 입술"이 "미워하"는 것―이것이 네 번째 수식어로, 여기서는 부정의 형태로 말한다―으로, 자기 존재에서 지혜를 낳으신 여호와께서도 미워하신다. 참조. 6:16-17; 8:22

8:8 다섯 번째 수식어인 "내 입의 말은 다 의로운즉('의로움 안에 있다')"이라는 구절은 지혜가 말하는 범위나 지혜가 따르는 규범을 밝힌다. 여섯 번째 수식어인 "그 가운데에 굽은 것과 패역한 것이 없나니"도 역시 부정의 형태로 언급된다. "굽은 것"과 "패역한 것"참조. 2:15이라는 말은 흔히 함께 사용된다. 신 32:5, 시 18:26 윤리의 맥락에서 "굽은 것"은 간사하다는 뜻이며, "패역하다"는 것은 규범을 무너뜨린다는 것을 뜻한다. 지혜는 자기 잇속을 챙기려는 의도가 없으며, 그렇기에 그런 식으로 용어를 비틀어 말할 필요가 없다.

8:9 "이는 다(예외 없이)……[총명 있는 자가] 밝히 아는 바요"는 일곱 번째 수식어다. "밝히 아는"("옳다고 여기는")은 첫 번째 수식어로 언급한 "선한"참조. 6절과 동의어다. 이렇게 누적된 수식어들을 통해, 지혜의 연설은 그 형식과 내용 모두에서 사회에 가장 유익이 되는 일을 해야 한다는 윤리적 이상을 강조하고 있다. 하지만 지혜는 "총명 있는 자"만 이러한 진리를 인식할 수 있다고 한정한다. 총명 있는 자는 "통찰력이 있고 합리적이고 지적 분별력이 있는" 사람들이다.[170] 인식되는 것은 인식하는 사람에 따라 다르며, 인식은 영적인 헌신 내에서 일어난다. 참조. 2:5, 요 8:31-32 지혜를 거부하는 사람들은 지혜의 분명하고 참된 말까지도 왜곡한다. 마지막 수식어인 "정직하게"는 지혜의 말이 여호와께서 세우신 종교-윤리적 질서에 합치한다는 의미다. "지식 얻은 자"란 지혜에 헌신하고 그 결과로 이 책이 가르치는 지식을 획득한 사람들을 가리킨다. 참조. 1:2, 7, 28; 2:5, 9; 3:3;

---

170 *HALOT*, 1:118.

4:22; 8:35

8:10 여기서는 초점이 지혜의 흠 없는 말에서 지혜의 값진 보상으로 옮겨진다. 6절에 나오는 "들을지어다"에 목적이라는 면에서 대응하는 말인 "받으며"는 참된 것[참조. 1:5; 2:1; 24:32]이나 거짓된 것[6:25; 7:21; 22:24-25]을 받아들인다는 의미로 사용된다. "나의 훈계"는 나머지 단원들에서 다루는 잠언과 금언들[10-31장, 참조. 1:2-3의 주석]을 가리킨다. "은을 받지 말고"와 "정금보다"[참조. 3:14]라는 말이 물질적인 부를 정죄하는 것은 아니다. 물질적인 부는 지혜가 사랑하는 사람들에게 주는 보상의 중요한 몫이다.[17-21a절] 물질적인 부가 지혜의 보상일 때는 깨우치는 기능을 하지만[17-21절을 보라. 참조. 마 6:33] 인생의 목적이 되면 오염된다.[딤전 6:9-10] 지혜는 어떤 적수도 허용하지 않는다.[참조. 3:4] 재물을 사랑하면 지혜가 떠나버리고, 그런 사람은 기껏해야 부유한 바보가 되고 영원한 죽음으로 떨어질 뿐이다(78쪽 "지혜로운 자가 받는 보상: 생명"을 보라). "지식"(59쪽 "'지혜'란 무엇인가?"를 보라)을 "얻으라"(이 말은 본문에 없음). 이 지식은 훈계와 나뉠 수 없다.[12:13을 보라. 참조. 23:12]

8:11 이 구절은 나중에 붙여진 주석이다.[참조. 주 167]

교훈 8:12-31

이 교훈은 각각 10절로 이루어진 두 부분으로 나뉜다. 첫째 부분은 역사적 시간과 관련되며,[12-21절] 둘째 부분은 태초의 시간과 관련된다.[22-31절] 첫째 부분에서는 지혜가 베푸는 계략과 명철이라는 자질을 밝히는데, 이 자질이 왕에게는 다스리는 능력을 주며 지혜를 사랑하는 자에게는 부와 명예를 준다. 둘째 부분에서는 우선 지혜가 다른 것들의 창조보다 앞서 하나님에게서 출생했고 그 때문에 위엄과 능력과 권위를 지닌다는 사실을 다루며, 다음으로 여호와께서 정하신 우주의 질서를 지혜가 기뻐하는 일을 다룬다. 지혜가 역사적인 시간 안에서 통치자들에게 부여한 통치 역량[12-21절]은 지혜의 지위와 권위에서 비롯되는 것이며, 이러한 지위와 권위는 지혜가 태초의 시간에 출생하고 그런 까닭에 우주와 인간에 관해 모든 것을 아는 데서 온다.[22-31절]

역사 시간 안에서 전달 가능한 지혜의 속성들 8:12-21

지혜의 교훈에서 첫째 부분[12-21절]은 똑같이 다섯 절로 이루어진 두 개의 연으로 구분할 수 있다. 두 연에서는 지혜가 주어서 왕들이 통치할 때 사용하는 자질들[12-16절]과 지혜를 사랑하는 자에게 지혜가 주는 물질적 보상[17-21절]을 다룬다. 두 연은 각 연의 시작 부분에서 반복되는 "나"[12, 17절]라는 말과 둘째 연을 에워싸 뼈대를 이루는 "나를 사랑하는 자"라는 구절에 의해 구분된다.

사회 질서 속에서 지혜의 역할 8:12-16

8:12 "나 지혜는"은 59쪽 "'지혜'란 무엇인가?"를 보라. 성경에서 이름은 한 사람의 정체를 밝혀 주는 것에 더해, 사건들을 떠올리거나 예측할 수 있게 해주며, 또 지혜의 경우처럼 한 사람의 본질적 특성을 설명해 주기도 한다.[171] "명철로 주소를 삼으며"라는 비유는 "명철"(69쪽 "지혜로운 자와 의로운 자를 가리키는 지적 용어들"을 보라)이 지혜와 뗄 수 없을 정도로 연결되어 있다는 것을 뜻한다. "지식"(69쪽 "지혜로운 자와 의로운 자를 가리키는 지적 용어들"을 보라)은 지혜와 명철을 모두 수반하는데, 이 두 가지에 필수적인 것이 지식이기 때문이다.[참조. 1:4; 8:9] 히브리어 '메짐마'[məzimmâ, 근신]는 계획을 세울 수 있는 능력을 말하는데, 서언[1-9장]에서는 미덕을 뜻하기에 "근신"이라고 옮겼고, 다른 곳에서는[12:2; 14:17; 24:8] 악을 뜻하기에 "악을 꾀하는"이나 "악한 계교를 꾀하는 자"라고 옮겼다. "지식과 근신"은 중언법으로 "정신적 명민함과 다재다능, 노련함"을 가리킨

---

171 Austin Surls, *Making Sense of the Divine Name in Exodus: From Etymology to Literary Onomastics*, BBRSup 17 (Winona Lake, IN: Eisenbrauns, 2017), 38.

다.[172] "찾아 얻나니"라는 비유는 지식과 근신이라는 미덕들도 지혜와 떨어질 수 없으며 또 물려받은 지혜를 통해 전달된다는 사실을 가리킨다.^참
조 1:4: 2:10-11: 5:1-2

8:13 "여호와를 경외하는 것(74쪽 "여호와 경외"를 보라)은 악을 미워하는 것이라." 이 구절의 후반부에서는 지혜가 "미워"하는 대상인 악에 대해 개략적으로 설명하는데, 그 논리를 따져, "교만과 거만"(자기의 이익을 위해 하나님의 권위를 가볍게 여긴다) 참조. 16:19: 29:23에서 "악한 행실" 참조. 1:15 로, 그리고 악한 행실을 감추는 "패역한 입"(말)으로 나가며 밝힌다.

8:14 여기서 "계략" 참조. 1:25과 참 지식" 참조. 2:7은 왕에게 주는 정치적, 군사적 조언을 가리키는 것으로 보인다. 삼하 7:7, 왕상 1:12, 잠 20:18 "내게는……있으며"는 지혜가 그것들을 소유하기에 자기가 사랑하는 자들에게 줄 수 있다는 뜻이다. "나는 명철이라"(69쪽 "지혜로운 자와 의로운 자를 가리키는 지적 용어들"을 보라)는 선언은 지혜 자체가 바로 그런 속성을 지닌 인격이라는 뜻이다. 지혜를 받아들이는 사람들은 지혜의 존재에 참여하게 되며, 그렇게 해서 지혜의 속성을 나눠 받을 수 있다. "능력"은 두 가지 의미를 지닌다. 사람을 굳게 세워 막강한 적에 맞서게 하는 "용기"와 시련에 굴하지 않고 책략을 펼치는 힘이다. 통치자들은 이런 영적 특성들이 필요하다.^{욥 12:13} 이사야에 따르면 여호와의 영이 메시아에게 그러한 특성들을 부어 주지만,^{사 11:2} 이 본문에서는 지혜가 영감된 잠언들을 통해 사랑하는 자들에게 그런 특성들을 부어 준다. 하나님의 아들이신 예수 그리스도만이 그런 특성들을 온전하게 취하고, 그의 교회에게 "하나님이 지혜"가 되신다. 고전 1:23-30, 참조. 104쪽

8:15 여기서는 초점을 지혜의 기량^{12-14절}에서 지혜의 정치적 효용성^{5-16절}으로 옮긴다. 15절과 16절의 시작 부분에서 거듭 사용된 "나로 말미암

---

172 McKane, *Proverbs*, 347.

아"라는 말이 지혜의 기량을 국정 운영 역량이라는 주제와 연결한다. 이 두 절은 비인격적인 법조문이 아니라 현명한 지도자들의 인격적인 지도력을 다룬다. 모든 통치자는 지혜의 숨겨진 사역을 가시화하는 수단이 된다.[173] 지혜는 엘리트들이 아니라 거리에 있는 사람들을 대상으로 말했다는 사실을 기억하라. 다시 말해, 통치자가 선한 통치를 통해 성공적으로 이룬 일을 지혜는 약간만 수정해서 자기가 사랑하는 모든 사람에게 베푼다. 국정 운영을 위한 지혜의 역량은 다섯 개의 동의어를 통해 모든 통치자에게로 확장되는데, 먼저 가장 중요한 것이 "왕들이 치리하며"이다. 마크 브레틀러Marc Brettler의 글에 따르면, 왕은 특히 전쟁과 정의를 구현하는 일에서 지도력을 발휘할 때 큰 권위를 부여받았다. 그리고 그의 지도력은 강인함과 정의, 위엄, 장수 등 고귀한 특성들에 근거한다.[174] "방백들―"왕들"에 대응하는 일반적인 평행구[175] ―이……세우며"에서 "세우다"는 "고정하다, 결정하다"[176] (29절에서 여호와께서 창조 때 정하신 일을 가리키는데 같은 말이 사용됨)를 뜻한다. "공의"참조. 1:4는 의로운 법과 조치를 가리키는 환유다.

8:16 "재상"은 왕궁에 속한 공직자들을 가리킨다. "존귀한 자"가 시에서 사용될 때는 귀족―궁중에서 일하는 힘 있는 관리―을 뜻한다.참조. 17:7 이 말은 성품이 고결하다(즉 관대하다)는 것을 뜻할 수도 있고 출생이 고귀하다사 32:8는 것을 가리킬 수도 있다. "모든……재판관들"은 장관과 사법 관료와 통치자들을 아우르는 말이다.

173 Plöger, *Sprüche*, 90.
174 M. Z. Brettler, *God Is King: Understanding an Israelite Metaphor*, JSOTSup 76 (Sheffield: JSOT Press, 1989), 31, 109-116.
175 S. Gevirtz, *Patterns in Early Hebrew Poetry* (Chicago: University of Chicago, 1964), 3 n. 11.
176 H. Ringgren, *TDOT*, 5:141, s.v. ḥāqaq.

지혜를 사랑하는 자에게 지혜가 주는 선물인 물질적 영광 8:17-21

뼈대를 이루는 "나를 사랑하는 자"17a절과 21a절라는 말이 지혜의 물질적 보상을 받게 되는 기본 조건을 밝힌다.

8:17 말머리에 나오는 "나로 말하면"(히브리어 성경에서는 간단히 "나"라고 말한다) 참조. 12절이 연의 경계를 정한다. "나를 사랑하는 자들"은 지혜의 미덕들을 따르기로 결단한 사람들을 가리킨다. 그들이 지금까지 지혜를 사랑하지 않았다면 회개가 필요하다. 이러한 의인화가 뜻하는 것은, 지혜자의 가르침을 사랑하는 마음으로 기억할 때 그 가르침이 사람의 성품 속에 깃들게 된다는 것이다. 2:1-5 "나의 사랑을 입으며"는 찾는 사람과 찾는 대상 사이에서 완전한 상호 작용이 이루어진다는 뜻이다. 지혜는 자신을 모든 사람에게 내어 주지만, 마음이 거듭나 지혜를 사랑하는 사람에게만 지혜가 주는 것이 효력을 발휘한다. 이 거듭남은 지혜가 말로써 일으킨 것이다. "나를 사랑하는 자들"은 "나를 간절히 찾는" 사람들이라고 정의된다.[177] 이와 마찬가지로 "나의 사랑을 입으며"는 그 결과라고 말할 수 있는 "나를 만날 것이니라"와 짝을 이룬다.

8:18 "부귀"는 존귀함과 사회적 지위를 얻게 하는 물질적 번영을 뜻한다. "내게 있고"는 오래 유지되는 부가 지혜와 밀접하게 연계되어 있음을 말한다. 부귀는 지혜가 주는 것이요 강요해서 받을 수 있는 게 아니지만, 지혜는 자기가 사랑하는 사람들에게 베풀기를 마다하지 않는다. 시험을 당할 때나 성품이 단련되는 시기에는 부귀가 멀리 있는 듯하지만, 참조. 3:12 궁극적으로는 그렇지 않다. "장구한 재물"은 장래에 재물이 창대하게 되리라는 것을 말한다. 여기서 "공의"라고 옮긴 말은 히브리어로 흔히 "번영"으로 해석한다. 공의에는 윤리적 행위에서 비롯되기에 필연적이고 침해할 수 없는 성공이 따른다. 기묘하게도 우리가 재물을 추구하면 그 재

물이 썩어버리지만, 지혜를 추구하면 유익이 되는 재물이 따라온다.^{참조} ^{왕상 3:12-13} 지혜를 추구하다가 부와 권력을 얻는 사람들은 자비롭고 교양 있는 사람이 된다.

8:19 "내 열매"와 "내 소득"이라는 불완전한 은유는 내면적이고 영적으로 지혜를 찾는 사람들에게 지혜가 주는 외적이고 물질적인 유익을 가리킨다. "금이나 정금보다 나으며"는 10절을 보라. "순은"은 제련해서 불순물이 없는 은이다.

8:20 지혜가 "나는 정의로운 길로 행하며"라고 말한다. 여기서 윤리적 행위가 지혜가 주는 유익들과 결합된다(18절의 주석을 보라). "길 가운데"는 지혜가 "공의"를 찾고자 살피는 모든 상황을 가리킨다.

8:21 지혜가 정의롭고 공의로운 길로 행하는 까닭은 지혜를 사랑하는 자가 "재물을 얻"게 하려는 것이다. 하지만 "나(지혜)를 사랑하는 자"만 재물을 얻을 수 있는데, 그들만 정당하게 지혜의 보상을 요구할 수 있기 때문이다. 지혜는 정의롭고 공의로우며, 그렇기에 그들의 요구를 거절하지 않는다. "그 곳간에 채우게 하려 함이니라"는 방대한 토지가 약속되고 지혜의 유산이 넘친다는 것을 말한다.

태초의 시간에 지혜의 탄생과 축하 8:22-31

뛰어난 상상력과 비유로 꾸며진 이 시는 주체가 "나"^{12-21절}에서 "여호와"^{22-31절}로 바뀐 것을 비롯해 위에서 언급한 여러 가지 변화로 그 특징을 설명할 수 있다. 이 시는 "여호와"로 시작하고, 하나님의 창조 사역의 절정이자 지혜의 청중이 되는 "인간"에서 끝난다.

이 시의 구조 측면에서 보면, 각각 다섯 구절로 이루어진 두 개의 연으로 나뉜다. 첫째 연에서는 우주 창조보다 앞서는 지혜의 기원^{22-26절}을 다루며, 둘째 연에서는 창조 때 지혜의 현존과 기뻐함^{27-31절}을 다룬다. 지혜와 하나님의 창조 사역의 관계라는 주제에 의해 이 두 부분이 하나로 통합된다.

기능 측면에서 보면, 이 시는 솔로몬의 가르침을 세 가지 방식으로 초월적 차원까지 끌어올린다(62쪽 "깨달음과 지혜 여인"을 보라). 첫째, 이 시는 솔로몬의 지혜가 창조 이전의 고대에 존재한 것이라고 주장함으로써 지혜를 드높인다.[22-26절] 이런 면모는 이집트 문화에 비추어 확인할 수 있는데, 이집트 문헌에서는 신들이 창조 이전에 존재했다는 사실을 근거로 신의 고결함을 주장한다. 둘째, 지혜만이 온전히 조언할 수 있는 지식을 지닌다. 지혜는 처음부터 창조를 목격했기에 이야기 전체를 알기 때문이다. 지혜는 완벽하게 알며, 따라서 얼마든지 독단적으로 말할 수 있다.[참조. 30:1-6] 셋째, 15절과 29절에 나오는 "세우다/정하다"(이 두 단어가 히브리어로는 '하카크'로 동일하다—옮긴이)라는 동사를 연결해서 볼 때, 이 시가 어떤 기능을 하는지 분명하게 밝혀진다. 영구한 우주를 지혜롭게 지으신 하나님의 창조 명령을 기뻐한 지혜[27-31절]는 그다음으로 통치자들에게 영속하는 사회를 지혜롭게 세우라는 명령을 내릴 수 있게 해준다.[12-16절]

우주 창조보다 앞서는 지혜의 기원 8:22-26

첫 번째 연[22-26절]에서는 지혜가 나머지 피조물과 비교해 등급에서 우월하며 존귀함에서도 질적으로나(즉 창조되지 않고 출생했다) 시간적으로(즉 모든 피조물보다 먼저 존재한다) 앞선다고 주장한다. 이 연은 두 개의 소절로 이루어진다. 첫째 소절[22-23절]은 지혜가 태초의 과거에 신적인 출생으로 나타났다고 주장한다. 둘째 소절[24-26절]은 지혜가 창조보다 앞서 존재했다는 사실을 다섯 개의 기원 표지 markers of origin —"아직 생기지 않았을 때"(24절에 두 번 나온다)와 "전에"를 뜻하는 전지차들(25-26절에 세 번 나온다)—로 입증하며, 그렇게 해서 지혜가 나머지 피조물과 비교해 시간과 등급에서 앞선다는 것을 강조한다. 고대 근동의 우주 생성론들은 대체로 부정적인 진술로 시작된다.[참조. 창 1:2; 2:5] 이와 비슷하게, 지혜는 존재하지 않았던 것에 대해 기술한 후에 아래 땅에서부터 위로 올라가면서 하나님의 창조 행위의 원대한 전경을 묘사한다.[178] 폭스의 지적에 따르면, 이러한 통일된 묘사가 청중에게 "창조는 여러 현상을 모아 놓은 것이 아니라 일관성 있는 과정"이라는 인상을 심어 준다.[179]

8:22 히브리어 '카나니'^{qānānî}(여기서는 "나를 가지셨으며"라고 옮겼다)는 어근 '카나'^{qānâ}에서 온 말로 아리우스 이단 때부터 격렬한 논쟁거리가 되어 왔다(104쪽 "예수 그리스도의 예표인 지혜 여인"을 보라).[180] '카나'는 흔히 "얻다, 소유하다"를 뜻하는데 참조. 잠 4:5, 7 여기서는 "낳다, 출생하다"라는 드문 의미―창조의 의미가 아니라 생식의 의미에서―로 사용된다. 창세기 4:1과 신명기 32:6, 시편 139:13에서는 '카나'가 출산의 상황에 등장하며, "아이를 낳다"는 의미를 지닌다. '카나'의 이런 의미는 평행구인 "내가 세움을 받았나니"23절와 "내가 이미 났으며"24-25절에 의해 확인된다. 하지만 이 책 「잠언」에서는 지혜를 낳는 일에서 여호와를 성적 파트너로 연관시킨다는 생각은 결코 용인될 수 없다. 이 은유는 지혜가 나머지 피조물과는 달리, 하나님 외부에서 온 것이 아니라 본질상 하나님의 본질 존재에서 나왔다는 것을 뜻한다. 더욱이 지혜는 창조보다 먼저 생겨나고 창조와는 별개인 까닭에, 인간은 계시에 의해서만 지혜를 알 수 있으며 그래서 믿음으로 받아들여야 한다. "시작"은 시간에서 가장 먼저("태초에" 또는 "맨 처음에")를 의미한다. "그 조화"는 후반절에 나오는 "일"이라는 평행구가 뜻하는 것처럼 "행위"나 "일"이라는 특별한 의미를 지니는 은유라고 볼 수 있다. "태초에"는 가장 먼(다시 말해, 태초의) 과거(23절을 보라. 참조. 신 33:15; 시 44:2; 68:34; 74:2[이 구절에서는 이 단어가 카나를 수식한다];

78:2; 119:152)를 가리킨다.[181] "일하시기"라는 말은 지혜와 여호와를 구별한다. "전에"(예로부터)는 그때의 상황을 가리키는 말^{참조. 삼하 15:34, 사 44:8; 45:21}로, 여기서는 하나님께서 지혜(즉 솔로몬의 지혜)를 낳으셨을 때를 가리킨다.

8:23 "만세 전부터"는 헤아리기 어려울 정도로 먼 과거를 가리킨다. 이 비유는 무한한 시간을 이해할 수 없는 인간의 무능력을 가리킨다. 히브리어 동사 '니사크티'*nissakti*를 "내가 지음을 받았나니"(개역개정에는 "내가 세움을 받았나니"로 번역되었다―옮긴이)로 번역한 것은 그 말이 동사 '사카크'*sākak*, "짓다", "형성하다"에서 왔다고 보았기 때문이다.[182] 이와는 달리 그 말이 "설립하다, 세우다"^{참조. 시 2:6}를 뜻하는 동음이의어에서 온 것으로 보아 "세워지다"로 옮겨야 한다는 견해(개역개정에는 "세움을 받았나니"로 번역되었다―옮긴이)도 있다.[183] 그러나 앞의 견해가 더 나은데, 그 까닭은 지혜가 직무에 세움을 받았다는 관념이 이 연에는 나오지 않기 때문이다. 또 시편 139:13과 욥기 10:11에서는 '사카크'가 하나님께서 어머니의 모태에 태아를 "지으시는" 일을 가리키는 비유로 사용되는데, 이 개념은 22절과 24절에 나오는 출산 이미지, 곧 지혜와 여호와의 밀접한 관계를 함축하는 이미지와 잘 어울린다. "태초부터"는 "땅이 생기기 전부터"(즉, 태초의 시간부터)라고 정의되는데, 인간이 존재하고 움직이기 시작한 때를 가리킨다.

8:24 "아직······생기지 아니하였고"라는 구절이 두 번 나오는데(개역개정에는 두 번째 구절이 "있기 전에"로 번역되었다―옮긴이), 이는 둘째 소절의 앞쪽에 나오는 두 개의 부정적 기원 표지다. "바다"는 태초의 심연이나 현재의 바다를 가리키는 것으로 보인다. 창세기 1:1-3에서 태초의 바

181 Jenni, *TLOT*, 3:1103, s.v. *qedem*.

182 *HALOT*, NAB, NIV, REB, HCSB.

183 BDB, KJV, JPS, ESV, NLT, NET.

다는 하나님의 말씀이 우주로 변화시키기 전까지는 혼돈한 세상의 일부였다. 하지만 지혜는 태초의 바다보다 먼저 존재했으며, 그 기원은 시간으로 규정할 수 없고 추론으로도 설명할 수 없다. "내가 이미 났으며"는 신적 수동태다(22절과 26절에 관한 주석을 보라). "샘들"은 지하의 물이 솟구쳐 땅을 적시는 곳을 가리킨다. "큰"(물이 풍부한)이라는 말은 땅을 비옥하게 하는 힘을 강조하는 것으로 볼 수 있다.

8:25 세 번째 부정적 표지인 "산이 세워지기 전에"는 비과학적인 언어로, 땅의 토대가 바다 깊은 곳에 가라앉아 있는 것을 가리킨다.참조 욘 2:6, 시 93장 그러나 산은 또 물 위로 솟아오르며시 104:6-8 그래서 "바다"와 함께 대조제 유법을 이룬다. "바다"가 태초의 시간을 가리키듯 산은 땅의 가장 오래된 면모를 함축한다.참조 시 90:1-2 "언덕 — '산'에 대응하는 상투적인 시적 평행구 — 이 생기기 전에 내가 이미 났으니"참조 24a절는 네 번째이자 훨씬 강한 부정적 표지다.

8:26 "아니하셨을 때에라"는 지혜의 우월함을 가리키는 다섯 번째 부정적 표지다. 이 연에 들어와 이 구절에서 처음으로 여호와를 창조자라고 밝힌다. "짓다"는 하나님의 창조 사역과 관련해 흔히 사용하는 단어다.참조 창 1:31 "땅"이란 경작할 수 있거나 없거나를 가리지 않고 모든 육지를 말한다. "들"참조 1:20은 도시 밖에서욥 5:10 양 떼가 번성하는 곳이다.시 144:13 "세상 진토의 근원"은 인간을 지은 재료를 말하며, 인간은 그것을 경작하다 그곳으로 되돌아간다.

창조 질서를 기뻐하는 지혜 8:27-31

두 소절로 이루어진 이 두 번째 연에서는 여호와께서 만물, 그중에서도 특히 인간을 창조하셨을 때 지혜가 현존하고27-29절 축하한 일 — 어쩌면 춤추면서 — 30-31절로 초점이 옮겨진다. 이 두 소절은 "내가 거기 있었고"27b절와 "내가 그 곁에 있어서"30a절라는 구절에 의해 연결된다.

첫 번째 소절에서는 여호와께서 인간의 생명을 떠받치는 우주 만물을 지으셨음을 찬양한다. 27-29절에서 창조를 가리키는 데 사용한 은유 전체는, 각 요소가 확실하게 고정되었기에 어느 것도 다른 요소를 넘보거나 침해할 수 없다는 점을 보여준다. 그렇지 않으면 우주는 무너져 혼돈에 빠질 것이다. 인간 존재는 그처럼 견고하게 고정된 우주가 필요하다. 이 신적 질서는, 인간 사회가 해체되어 무정부 상태로 빠지지 않도록 여호와께서 정하신 도덕적 울타리의 모델로서 역할을 담당한다.

두 번째 소절[30-31절]에서는 지혜가 하나님의 창조 행위들 각각을—특히 하나님께서 인간을 만드신 일을—찬양한다. 창조 때 욥은 그 자리에 없었던 까닭에 말하는 게 무지했던데 반해,[욥 38:1-2] 지혜는 그 자리에 있었고 욥이 모르는 포괄적 지식을 알았기에 권위 있게 말한다. 포괄적 지식이 없는 인간은 온전한 지식을 지니지 못한다. 동심원적 형식(기뻐하신, 즐거워하였으며, 즐거워하며, 기뻐하였느니라)이 이 소절을 하나로 통일한다.

8:27 우선 "그가 하늘(땅과 대조하여)을 지으시며"는 하늘을 "영구하게 만드셨다"는 것을 가리키는 은유다. "내가 거기 있었고"(원문에서는 전반절에만 나오고 후반절에서는 생략되어 있다—옮긴이)는 지혜가 피조물에 관해 모든 것을 안다는 뜻이다. "궁창(즉 지평선)[참조. 욥 22:14; 26:10; 사 40:22]을……두르실 때에"는 컴퍼스를 사용해 그리듯이 정하셨다는 뜻이다. "해면"은 땅을 에워싸고 둥글게 해안선 밖으로 펼쳐진 물을 가리킨다. "궁창을 해면에"라는 말은 바다와 하늘이라는 두 개의 우주 영역 사이의 경계를 가리키는 은유다.

8:28 다음으로 하나님은 땅 위의 생명을 보존하시기 위해 비와 샘으로 물을 공급하신다. "그가 위로 구름 하늘을 견고하게 하시며"는 하나님께서 땅 위로 비구름을 걸쳐두고 움직이게 하셨다는 뜻이다. "바다의 샘들"은 땅속 깊은 곳에서 물이 공급되는 것을 말한다.

8:29 여기서 초점은 사람이 살 수 있는 땅으로 옮겨진다. 하나님은 "바

다의 한계를 정하여(규정하여, 또는 명하여)"[184] 땅을 침범하지 못하도록 막으셨다. 바다는 태초의 혼돈을 상징한다. "물이 명령을 거스르지 못하게 하시며"는 창조자께서 땅의 경계를 정하셔서 거친 바다가 그것을 넘을 수 없게 하셨다는 것을 확증한다.^{참조, 욥 38:8-11} 바다의 혼돈한 힘은 자유라는 특성을 지니기도 하지만 엄격한 한계 안에서 작동한다. 창세기 1:9-10에서 하나님은 땅에 의해 한계가 정해진 바다를 가리켜 "좋다"고—바다가 그분의 목적 안에서 움직인다고—말씀하신다. "정하실 때"는 27b절에서 "두르실 때"라고 설명한 것과 같은 말이다. "땅의 기초"는 산의 가장 낮은 부분으로, 바다의 심연에 뿌리내린 곳을 뜻한다.

8:30 "내가 그 곁에 있어서"는 27절에 나오는 평행구인 "내가 거기 있었고"^{27절}와 어울려서, 지혜가 창조보다 앞서 존재하며 또 창조주와 친밀한 관계임을 강조한다. 여기서 "언제나"로 번역한(개역개정에는 "창조자가 되어"로 번역되었다—옮긴이) 히브리어 '아몬' *'āmôn*은 많은 논쟁을 불러일으켰다. 이 단어는 구약성경 가운데 여기에만 나오며, 그럴듯한 해석으로 다음과 같은 네 가지 안이 제시되었다.[185]

1. "장인"(NASB, NLT, HCSB와 NIV의 각주에서 이렇게 옮겼다)은 어휘적인 면에서 충분한 지지를 얻지 못하며, 또 잠언 8:22-29에서 여호와가 만물의 창조자라고 주장하는데도 갑자기 지혜를 창조의 장인이라고 주장함으로써 전체 맥락과 충돌한다.

2. "장인"이라는 번역의 대안으로 나온 해석은, 이 단어를 "그"(하나님)와 동격으로 보아 하나님을 가리키는 말로 받아들이는 것이다("내가 장인이신 그분 곁에 있어서"). 이 견해는 맥락과는 합치하나 여전히 어휘적인 지지를 받지

---

184 *BDB*, 963, s.v. *śûm*.
185 '아몬' *'āmôn*에 대한 네 가지 개연성 있는 해석에 관한 논의와 여기서 선택한 해석에 관한 논의는 Waltke, *Proverbs 1-15*, 417-420을 보라.

못한다.

3. '아몬' *āmón*을 '아문' *'amûn*으로 수정해서 "젖먹이"나 "아이"라는 말로 번역한 것(RSV와 NRSV의 주에서, 그리고 REB에서 그렇게 옮겼다)은 성경 본문의 지지를 얻지 못할 뿐만 아니라, '아문'은 남성형 분사인데 시가에서는 지혜호크마(*ḥokmá*, 히브리어 여성형 명사)를 여성으로 의인화해야 하는 것으로 본다는 점에서 문제가 따른다.

4. "굳고 신실하게"("신실하게/언제나." NIV)로 옮긴 것은 어근 *'mn* "굳게 서다", 참조 *'amen*, 아멘"을 근거로 어휘 면에서 튼튼한 지지를 얻으며, 22-31절의 폭넓은 문맥과 30절의 인접한 문맥과도 가장 잘 어울린다. 이 말의 평행구인 "날마다"30b절와 "항상"30c절을 참조하라.

"그의 기뻐하신 바가 되었으며"는 문자적으로 "나는 기쁨들이었다"로, "나는 매우 기뻐하였다"를 뜻하는 관용구다. 하나님의 일하심을 기뻐하는 것은 건강하다. 기뻐하지 않는 것은 건강하지 못하다.[186] "날마다"는 창세기 1장에서처럼 창조가 여러 날에 걸쳐서 일어나는 것을 말한다. "즐거워하였으며"는 충만한 기쁨을 춤과 음악과 같은 행동으로 표현하는 것을 뜻한다.삼상 18:6 예배할 때처럼 "그 앞에서" 기뻐하고 춤추는 일이 다른 곳에서는 사무엘하 6:5, 21에서만 발견된다.참조. 욥 38:7 지혜(솔로몬의 교훈)는 하나님께서 신성하게 지으신 우주를 기뻐한다. "항상"은 멈추지 않는다는 뜻이다. 지혜가 하나님의 우주를 쉬지 않고 즐거워하듯이 지혜를 사랑하는 자들도 하나님께서 멋지게 세우신 우주와 사회 질서를 항상 기뻐해야 한다는 뜻이다.

8:31 구체적으로 말해, 지혜는 "사람이 거처할 땅"을 "즐거워"한다. 좀 더 낮게 말해, "사람 사는 세상"을 기뻐한다. 처음4b절과 끝31b절에 나오는 "인

[186] Waltke and Houston, *Psalms as Christian Praise*, 6-7.

자들"은 지혜가 노래하는 찬사의 뼈대를 이루며, 결론으로 이끈다. 지구 위에 사는 연약한 인간이 지혜가 기뻐하는 대상이며, 지혜가 그들에게 풍성한 삶을 사는데 필요한 온전한 지식을 제공한다. 유한한 인간은 아직은 지혜를 거부하지 않았으며 자기의 죽을 운명도 깨닫지 못했다.참조. 1:20-33 32-36절에 나오는 지혜의 마지막 호소에서는 이런 인간을 지혜를 사랑해서 생명을 얻는 자와 지혜를 거부해서 죽음에 이르는 자로 가른다.

결론: 지혜의 마지막 초청과 경고 8:32-36

"이제"32절라는 논리적 연결사로 시작되는 결론 부분에서 지혜는 자기 찬사를 마무리 짓는다. 이 결론에는 아버지의 강화들에서 특징을 이루었던 주제들이 다시 드러나는데, 수신자들"아들들아, 32절과 "들으라"는 충고,32-34절 "대저"(왜냐하면)라는 말로 제시되는 동기부여35-36절가 그것이다. 하지만 여기서 지혜는 자신의 면모와 상황과 수신자를 바꾼다. 성문에서 대중을 향해 호소했던 중재자1-21절이자 창조주 곁에 선 태초의 인물22-31절이었던 지혜가 여기서는 아들들을 향해 그의 집으로 와서 그를 찾아 만나라고 초청하는 후견인으로 바뀐다. 지혜의 첫 말인 "아들들아, 이제 내게 들으라"와 마지막 말인 "사망"은 앞서 아버지가 가르친 교훈의 결론 부분참조. 7:24a, 27b과 정확히 일치한다. 앞에서 아버지는 아들에게 지혜와 결혼하라고 말하며,7:4 여기서 지혜는 아들에게 지혜의 집으로 찾아와 지혜를 만나라고 말한다.8:34 짝을 이루는 두 시7장과 8장의 본문이 이렇게 밀접하게 연계된 형태는, 지혜는 솔로몬이 부모의 입을 통해 전하는 가르침을 의인화한 것이라는 사실을 확증해 준다.

8:32 지혜의 원래 수신자인 대중은 지혜의 다른 수신자들, 곧 지혜의 찬사를 듣거나 읽게 된 "아들들"을 두드러지게 하는 역할을 하기도 한다. 1:4-5, 8에 대한 주석을 보라. 참조. 1:20-27, 28-33 "들으라"6, 32절는 말은 지혜의 연설에서 뼈대가 된다. 7장과 8장의 결론 부분에서참조. 5:7 "내게 들으라"는 말을

반복하는 것은 지혜자의 말을 듣는 것과 지혜의 말을 듣는 것이 동일한 것임을 분명하게 보여준다. "내 도를 지키는 자가 복이 있느니라"는 지혜의 참 행복을 가리키는 것으로, 이것이 복종해야 할 동기를 제시한다 (3:13에 대한 주석을 보라).

8:33 힘주어 거듭 말하는 "훈계(1:2, 59쪽 "'지혜'란 무엇인가?"를 보라)를 들어서"는 32절에서 지혜를 가리키는 은유인 "내 도"의 의미를 밝혀 준다. 아직 지혜는 아무런 훈계도 하지 않았기에 이 말은 뒤에 나오는 「잠언」의 모음집들을 가리킨다. "지혜를 얻으라"는 59쪽의 "'지혜'란 무엇인가?"를 보라. 참조. 23:1 "그것을 버리지 말라"는 1:25에 대한 주석을 보라.

8:34 "누구든지 내게 들으며"와 "…는 자는 복이 있나니"는 32a절에 나오는 명령 및 32b절에 나오는 참 행복과 평행을 이루면서 32절과 34절을 연결한다. "기다리며"는 무언가를 열심히 찾는 태도를 가리킨다. "문"은 지혜의 집으로 들어가는 길을 열거나 막는 장치로, 9:1-6에서 지혜가 만찬을 베풀고 초대하는 일을 미리 가리키는 것이라고 볼 수 있다. 호메로스의 「오디세이아」에서 페넬로페 왕비에게 몰려든 구혼자들에 빗대어 아들들을 묘사하는 것으로 보인다. 35절과 18:22을 보라. 참조. 4:6; 7:4; 8:17, 21, 아 8:8-10 "날마다"참조. 30a절는 끈질긴 태도를 뜻한다. 복이 있는 사람은 들어갈 기회를 놓치지 않도록 "기다리는" 사람이다. "문설주—문을 가리키는 환유—옆에서"는 아들들이 지혜가 베푼 만찬에 참석하기를 간절히 바라는 이미지를 강조한다. 8:17을 보라. 참조. 마 25:1-13

8:35-36 지혜의 집 문을 열심히 찾는 것은 삶과 죽음이 걸린 일이다. "나를 얻는 자(지혜를 사랑하고 열심히 찾음으로써)는 생명(영원한 삶, 참조. 3:18, 여기서 지혜는 생명 나무라고 선언된다. 78쪽 "지혜로운 자가 받는 보상: 생명"을 보라)을 얻"는다. 영감받은 지혜자들의 지혜를 통해 "여호와께 은총을 얻을 것이니라." "그러나" 성실하지 못해서 "나를 잃는 자는 자기의 영혼을 해하는 자"다. "나를 미워하는 자(한 개인이 아니라 모든 사람을 뜻한다)"

에는 어리석고 무관심한 사람이 포함된다. 그들은 영적으로 이미 죽은 까닭에 "사망을 사랑"하는데, 이것이 이 연설의 핵심을 이룬다. 참조. 7:27

결언: 지혜 여인과 우매 여인이 경쟁적으로 베푸는 연회 9:1-18

1 지혜가 그의 집을 짓고 일곱 기둥을 다듬고 2 짐승을 잡으며 포도주를 혼합하여 상을 갖추고 3 자기의 여종을 보내어 성중 높은 곳에서 불러 이르기를 4 어리석은 자는 이리로 돌이키라. 또 지혜 없는 자에게 이르기를 5 너는 와서 내 식물을 먹으며 내 혼합한 포도주를 마시고 6 어리석음을 버리고 생명을 얻으라. 명철의 길을 행하라 하느니라. 7 거만한 자를 징계하는 자는 도리어 능욕을 받고 악인을 책망하는 자는 도리어 흠이 잡히느니라. 8 거만한 자를 책망하지 말라. 그가 너를 미워할까 두려우니라. 지혜 있는 자를 책망하라. 그가 너를 사랑하리라. 9 지혜 있는 자에게 교훈을 더하라. 그가 더욱 지혜로워질 것이요 의로운 사람을 가르치라. 그의 학식이 더하리라. 10 여호와를 경외하는 것이 지혜의 근본이요 거룩하신 자를 아는 것이 명철이니라. 11 나 지혜로 말미암아 네 날이 많아질 것이요 네 생명의 해가 네게 더하리라. 12 네가 만일 지혜로우면 그 지혜가 네게 유익할 것이나 네가 만일 거만하면 너 홀로 해를 당하리라. 13 미련한 여인이 떠들며 어리석어서 아무것도 알지 못하고 14 자기 집 문에 앉으며 성읍 높은 곳에 있는 자리에 앉아서 15 자기 길을 바로 가는 행인들을 불러 이르되 16 어리석은 자는 이리로 돌이키라. 또 지혜 없는 자에게 이르기를 17 도둑질한 물이 달고 몰래 먹는 떡이 맛이 있다 하는도다. 18 오직 그 어리석은 자는 죽은 자들이 거기 있는 것과 그의 객들이 스올 깊은 곳에 있는 것을 알지 못하느니라.

음녀와 지혜 여인이 어리석은 자의 마음을 차지하고자 벌이는 경쟁이 이 결언의 절정을 이룬다. 경쟁은 두 사람이 앞다투어 베푸는 연회라는 풍유의 형태로 제시되며, 지혜는 고결한 여성 후견인으로, 우매 여인은 기만적인 여주인으로 등장한다. 두 사람은 두 가지 현실을 대변한다. 하나는 여호와께서 「잠언」의 가르침을 옹호하신다고 믿는 "여호와 경외" 신앙이며, 다른 하나는 관능적인 삶을 누리고자 계시된 지혜를 무시하는 태도다. 지혜 여인은 어리석은 자들에게 옛 삶을 버리고 자기가 베푸는 풍성한 잔치에 참석해 지혜롭게 되라고 초대한다. 우매 여인은 어리석은 자들에게 길에서 벗어나 자기가 베푸는 방탕하고 방종한 잔치에 참여해 즐기라고 유혹한다. 뉘우치는 자는 살게 되나 배교하는 자는 죽는다. 지혜로운 아들들은 호명되지 않는데, 그들은 우매 여인을 미워하여 이미 지혜의 만찬에 참여했기 때문이다.

서로 경쟁하는 두 여인의 초대^{1-6절과 13-18절}는 거의 동일한 구조로 이루어진다.

	지혜 여인	우매 여인
1. 만찬 준비	**1 - 3절**	**13 - 15절**
소개	1aɑ절	13aɑ절
활동/속성	1aβ - 3절	13aβ - 15절
초청	3a절	15절
장소	3b절	14b절
2. 초대	**4 - 5절**	**16 - 17절**
어리석은 자를 초대	4a절	16a절
지혜 없는 자를 초대	4b절	16b절
상징적인 음식의 제공	5절	17절
3. 결론: 생명이냐 죽음이냐	**6절**	**18절**

중간에 삽입된 부분^{7-12절}은 두 여인의 초대와 길이가 같은데, 왜 거만한 자들이 초대받지 못했는지를 설명한다. 그들은 회개와 거리가 먼 사람들이기 때문이다.

　　지혜가 자기 집을 세우고 또 연회를 준비하는 것으로 묘사하는 풍유
는 각각 서언[1-9장] 및 그 이후의 모음집들을 대변하는 것으로 볼 수 있다.
이제 집(서언)이 완성되었으며 연회(솔로몬의 잠언들)가 시작되려고 한다.
지혜의 전달자들(지혜자들)이 나가서 어리석은 젊은이들에게 지혜 여인
이 마련한 만찬에 참여하라고 초대한다. 지혜자들은 자기 일을 마쳤으
며, 이제 어리석은 이들이 결단해야 한다.

지혜 여인이 베푸는 연회 9:1-6

만찬 준비 9:1-3

여기서는 지혜(인생을 솜씨 있게 헤쳐 나가 생명에 이르는 방법에 관한 솔로
몬의 가르침)가 노블레스 오블리주의 품격을 지닌 귀족 여주인의 모습으
로 등장해(62쪽을 보라) 풍성한 잔치를 준비한다. 지혜 여인은 큰 집을 짓
고[1절] 음식을 풍성하게 준비하고[2절] 공개적으로 초청해서[3절] 사람들이 돌
이켜 그의 잔치 자리에 와서 먹으라고 부른다.[4-6절]

　　9:1 "짓고"는 솜씨를 발휘하여 무엇인가를 존재하게 하는 일을 가리킨
다. "지혜가……다듬고"는 지혜 여인의 근면함을 우매 여인의 게으름과
대조한다. 우매 여인은 그저 자기 집 문에 "앉아"[14절] 있을 뿐이다. "일곱
기둥"은 뜰을 향해 열려 있는 방의 지붕을 지탱하는 기둥을 말한다. 일반
적으로 집에는 네 개의 기둥이 있다. "일곱"은 신성한 완전을 뜻한다.참조
6:16; 24:16; 26:16, 25 그 집에는 돌이키는(즉 회개하는)참조. 요 14:2 사람을 모두 수
용할 만한 방이 있다.

　　9:2 "짐승을 잡으며"는 연회 준비를 가리키는 제유 표현이다.참조. 창 43:16,
출 22:1, 신 28:31, 마 22:4, 눅 15:23 일을 가리키는 풍유로서, 지혜는 남자들의 일을 행
하여 집을 짓고 동물을 잡는다.참조. 창 18:7, 삿 6:19, 삼상 25:11 "포도주를 혼합하여"
는 포도주의 맛을 내기 위해 꿀이나 허브, 향신료를 첨가하는 것을 가리
킨다. 고기와 포도주는 완벽한 음식으로, 우매 여인의 물과 떡[9:17]과는 달

리 힘과 기쁨을 주는 솔로몬의 가르침이 지닌 고차적인 영적 실재들을 즐기는 일을 가리킨다. 부정한 성과 쉽게 번 돈은 지혜의 포도주와 고기에 비하면 물에 불과하다. "상"은 그 위에 차려진 음식을 가리키는 환유다.

9:3 지혜의 "여종"은 「잠언」의 교사들을 가리키는 은유다.참조. 마 22:1-14, 눅 14:15-24 지혜는 "여종을 보내어" 어리석은 자들을 초청한다. 맥케인에 따르면, 이 여종들은 "교육하는 사명을 지니며, 젊은이들을 침실이 아니라 학교로 초대한다."[187] "불러 이르기를"은 연회라는 맥락에서 볼 때 "초대한다"는 의미다. "높은 곳에서"는 "성"의 벽을 가리키는 환유다.참조. 1:20-21

지혜의 초대 9:4-6

지혜는 초대하면서 놀라운 약속들을 제시한다. 즉, 어리석은 자가 돌이켜서(즉 뉘우치거나 방향을 바꾸어서)4절 지혜의 식물(잠언들)5절을 먹으면, 군건히 명철의 길로 행하여6b절 영생을 얻게 될 것이다.6a절

9:4 "누구나"(개역개정에는 명확히 표기되지 않는다—옮긴이)는 모든 "어리석은 자"에게로 초대를 확대하는데, 그들이 아직은 지혜를 거부하지 않았다는 점을 함축한다.참조 1:22; 8:5 이 초청은 그들에게 결단을 강요한다. "이리로(지혜의 집으로) 돌이키라"는 이제 어리석음을 뉘우치라는 초청이다. 어리석은 자는 "지혜 없는 자"와 같은 말이다. "이르기를"은 하늘에 속한 지혜가 미련한 자들에게 말을 걸어오는 놀라운 은혜를 뜻한다.

9:5 "와서"는 지혜가 긴급하게 부르는 것을 뜻한다. "내 식물을 먹으며 내 혼합한 포도주를 마시고"는 지혜가 베푸는 호화로운 연회가 공짜이기는 해도참조 사 55:1-3, 집회서 15:3; 24:19, 눅 14:15-24, 요 6:35 여호와 경외하는 데는 생명 전체를 대가로 치러야 한다는 것을 뜻한다. 음식은 육체적인 생명을 주며, 솔로몬의 가르침은 영적 생명을 준다.참조. 신 8:3

---

187 McKane, *Proverbs*, 360.

9:6 "어리석음을 버리고"는 4절의 "돌이키라"를 강조한다. "너희 어리석은 자들아"(개역개정에는 번역되지 않았다─옮긴이)는 86쪽의 "악인과 미련한 자를 가리키는 지적 용어들"을 보라. "생명을 얻으라"(78쪽 "지혜로운 자가 받는 보상: 생명"을 보라)에 대한 가장 의미 있는 주석은 요한복음 6장에서 볼 수 있다. 그 대가는 참으로 커서, 생사를 좌우한다. ^{참조. 3:18; 4:13, 22; 5:6; 6:23; 8:32-35} "길을 행하라"는 회개하는 자는 생명의 길 위에 있으며 그 길을 굳건히 지켜야 한다는 의미다. 맥케인은 말하기를 "누구도 가만히 서 있을 수 없다. 그는 여행을 계속해야 하며, 길을 잃으면 자기 생명을 잃게 된다"[188]고 했다. "명철"은 69-71쪽을 보라.

초청에 대한 지혜자의 보충 설명 9:7-12

지혜 여인의 초대에서 우매 여인의 초대로 넘어가기에 앞서, 시정하라는 훈계에 대해 거만한 자와 지혜로운 자가 보이는 상반된 반응에 대한 성찰이 이루어진다. 거만한 자와 지혜 있는 자가 모두 지혜의 집으로 초대받지 못했다. 가운데 끼워 넣은 이 본문은 그 이유를 설명하면서, 풍유적 이야기를 풍성하게 한다. 삽입된 부분은 다음과 같이 세 부분으로 이루어진다.

I 지혜자가 교만한 자와 지혜로운 자를 책망해서 얻는 결과   7-9절

II 야누스: 지혜의 근본과 지혜가 주는 유익   10절

III 지혜를 받아들이는 사람이나 거만한 자에게 돌아오는 결과   1-12절

지혜자가 거만한 자와 지혜로운 자를 책망해서 얻는 결과 9:7-9

7-9절에서는 거만한 자와 지혜로운 자의 상반된 반응을 대조하고, 그들

---

188 McKane, *Proverbs*, 365.

의 반응이 지혜자에게 미치는 부정적이고 긍정적인 결과들, 곧 거절과 능욕 대 수용과 사랑이라는 결과를 대조한다.

9:7 "징계하는 자"란 열등한 자의 우매함을 책망하는 우월한 자를 말한다. 참조. 22:15 어리석은 자는 자신을 낮추기도 하나, "거만한 자"는 철저히 자신만 생각하고 다른 사람을 업신여기는 까닭에 생명을 주시는 하나님 앞에서조차 자신을 낮출 줄 모른다(86쪽 "악인과 미련한 자를 가리키는 지적 용어들"을 보라). 오히려 거만한 자를 징계하는 사람이 "능욕을 받"게 될 뿐인데, 왜냐하면 경솔하게 헛된 일에 시간과 정력을 낭비한 것이거나, 참조. 14:6; 15:12; 21:24, 마 7:6 아니면 8절에 비추어 볼 때, 거만한 자가 공개적으로 지혜로운 자를 욕되게 하려고 말로 공격하기 참조. 22:10 때문이다. "책망하는 자"(3:12에 관한 주석을 보라)는 여호와의 가르침을 적용하여 그릇된 일을 바로잡으려는 사람을 뜻한다. 하나님과 사람을 사랑하지 않고 자기 자신만 사랑하는 거만한 자는 비뚤어진 길을 따르는 "악인"(86쪽 "악인과 미련한 자를 가리키는 지적 용어들"을 보라)이다. 그런 자를 책망하는 사람은 도리어 "흠이 잡히"게 된다.

9:8 "거만한 자를 책망하지 말라. 그가 너를 미워할까 두려우니라"는 충고는 관계가 거절당하는 데서 생겨나는 부정적인 감정을 피해야 한다는 뜻이다. 레위기 19:17에서 네 이웃을 견책하라고 말하는 명령은 이 잠언에 비추어 그 미묘한 의미를 찾아야 한다. 지혜 있는 자는 사람들을 생명의 길로 인도함으로써 그들과 영적인 관계를 맺는 것을 목적으로 삼는다. 참조. 암 3:2 책망을 해서 이런 목적이 좌절된다면 차라리 책망하지 않는 것이 더 낫다. 참조. 17:14 "지혜 있는 자를 책망하라"(59쪽 "'지혜'란 무엇인가?"를 보라)는 말은 그가 완전하지는 못해도 배울 수 있는 사람이라는 점을 함축한다. 1:5; 12:1; 13:1; 15:31; 19:25; 21:11, 마 13:12, 행 18:26 책망의 목표는 따뜻한 관계를 형성해서 그 결과로 "그가 너를 사랑하"게 되는 데—너의 헌신적인 친구가 되는 데—있다.

9:9 "지혜 있는 자에게 교훈(책망)[189]을 더하라"는 구절이 9a절을 8b절에 연결한다. "그가 더욱 지혜로워질 것이요"라는 말은 지혜로운 자는 가만히 있지 않고 완전한 인격체로 성장하고 발전한다는 사실을 함축한다.4:18을 보라. 참조. 마 25:29 "의로운 사람"은 지혜 용어인 "지혜로운 자"와 윤리적으로 상호 연관된 용어다(68쪽 "서론: 상호 연관된 용어들"을 보라). "그의 학식이 더하리라"는 1:5에 대한 주석을 보라.참조. 마 13:12; 25:29

야누스: 지혜의 근본과 지혜가 주는 유익 9:10

여기서 지혜자는 지혜로운 자의 지혜의 뿌리를 추적해 "지혜의 근본"(풍성한 삶을 이루어가는 탁월한 지성과 기량의 토대)에 이르며, "여호와 경외"참조. 1:7를 지혜의 원천이자 근본 원리로 밝혀 낸다. 만찬에 참여하라는 지혜 여인의 초청을 받아들인 지혜로운 자는 최고의 권위인 여호와께 순종하기 시작하고 그렇게 순종하기를 계속한다. 그 평행구인 "거룩하신 자를 아는 것"은 "여호와 경외"의 인지적이고 정서적인 측면을 보여준다. "거룩하신 자"라는 호칭은 여호와께서 세상의 속된 것과 구별된다는 점과 이교의 신들과는 달리 여호와는 윤리적으로 유한한 인간과는 다르다는 사실을 분명히 밝혀 준다.

지혜를 받아들이는 사람이나 거만한 자에게 돌아오는 결과 9:11-12

9:11 여기서 논증은 가르침을 따르는 지혜로운 자가 얻는 유익—정확히 말해, 풍성한 삶—으로 전환하여, "나 지혜로 말미암아 네 날이 많아질 것이요"참조. 3:2라고 말한다. 「잠언」의 가르침에 따르면, 그렇게 많은 날은 생명으로 끝난다. "네 생명의 해가 네게 더하리라"는 3:2과 4:10의 구절

---

189 "지혜 있는 자에게"는 9a절을 8b에 연결하면서, '야카흐'ykḥ의 명사형토카하트(tôkaḥat), "책망", 참조. 1:25이 "더하라"는 말의 목적어로서 생략되어 있다는 사실을 보여준다(개역개정에는 "교훈"으로 번역되었다—옮긴이).

을 섞은 것이다.

9:12 "네가 만일 지혜로우면 그 지혜가 네게 유익할 것이나"라는 구절은 솔로몬의 가르침을 선택하는 사람은 그 지혜의 수혜자가 된다는 뜻이다. 그러나 "네가 만일 거만하면 너 홀로 해를 당하리라"는 "사형의 형벌을 감당해야 한다"는 뜻이다. "홀로"는 모든 사람이 자신의 죄에 대해 책임져야 한다는 개인 책임individual accountability 이론을 분명하게 밝힌다. 참조. 15:32, 겔 18:20, 갈 6:4-5 결론12절에서는 서론7-9절과 마찬가지로 개인의 책임을 강조한다.

우매 여인의 연회 9:13-18

기만적인 여주인 9:13-15

솔로몬은 우매 여인의 초청16-17절을 이해하는 배경으로서, 먼저 그 여자의 특성을 소란하고 도덕적으로 무지한 사람13절이라고 묘사하고, 이어서 여자가 거만한 태도로 높은 자리에 앉아 있다고 밝히며,14절 마지막으로 여자가 꾀는 대상—구체적으로 말해, 바른길을 걷고 있던 어리석은 자들15절—에 대해 말한다.

9:13 "우매 여인"the woman Folly 이라는 말은 지금까지 역사적인 자리에 있던 음녀를 상징적인 자리로 끌어올려서 우매라는 인격을 부여한다. 여기에 덧붙여진 "여인"이라는 말은 의인화된 우매 여인을 그 여자와 많은 특성을 공유하는 음녀와 연결한다. 둘 다 "떠들며"(또는 "제멋대로 행하며") 참조. 7:11 또 호색적인 연인으로, 어리석은 젊은이의 육체를 탐하고7:13; 9:17 침실로 끌어들인다. 7:7, 18; 9:15-16 둘 다 기혼자이며7:19; 9:17 무엇보다도 생명을 위협한다. 2:18-19; 5:23; 7:27; 9:18 역설적이게도 우매 여인은 극히 "어리석어서" 무지에서 벗어나거나 옳은 일을 하려는 의지나 바람이 전혀 없다. 참조. 1:32 그 여자가 "아무것도 알지 못"한다는 것은 어리석음의 당연한 결과로, 이 문맥에서 이 말은 도덕적 지식 및 지혜와 생명의 연관성, 뒤

집어 말하면 죄와 죽음의 연관성을 가리킨다. 그 결과 여자는 욕정과 의지의 포로가 되어 욕정의 치명적인 종말을 전혀 모른 체한다.

9:14 7:6-15에서는 음녀가 해 질 무렵에 거리로 나가 자기 먹잇감에 다가가는 것으로 묘사되었다. 여기서는 성읍 높은 곳에 있는 자기 집 문 앞에 눈에 띄게 앉아 있는 모습으로 그려진다. 이 두 가지 모습은 어리석은 여인의 다른 면모를 보여준다. 집을 치장하지 않고 음식과 포도주도 준비하지도 않았으며 메신저도 보내지 않은 우매 여인은 단정치 못한 모습으로 "자기 집 문에 앉"아 있다. 그 여자의 생활 방식은 매우 자극적이며 도덕적으로도 문란한 탓에 하는 일이라곤 기껏해야 미련한 자를 대충 유혹해 끌어들이는 것이었다. "자리"라는 말은 왕이나 고관들이 앉는 영예로운 좌석을 뜻한다.[190] 이 기만적인 사기꾼은 자기 자신을 여황제라도 되는 양 치켜세우고, 무지한 대중은 그의 권위에 무릎을 꿇는다. 우매 여인도 자기의 경쟁자인 지혜 여인처럼 "성읍 높은 곳에" 앉아 뭇사람의 관심을 끌고자 경쟁한다.

9:15 자기네 일에 분주한 사람들을 넘어뜨리려는 생각으로 우매 여인은 "자기 길을……가는 행인들을 불러" 세운다. 하지만 하와가 금단의 나무에 관심을 기울이기까지는 뱀이 그녀에게 대해 힘을 쓸 수 없었던 것처럼,^{창 3:1-3} 우매 여인도 사람들이 관심을 두기까지는 그들을 정치적이거나 영적으로 휘어잡을 힘이 없다. "길을 바로 가는 행인들"이라는 동격의 절은 지혜의 가르침에 인격적으로 헌신하지 않은 채 그 가르침을 따르는 젊은이들을 말한다. 우매 여인은 그들의 결의를 시험한다. 불행하게도 그 젊은이들은 어리석은 탓에, 절대적인 것을 전혀 인정하지 않고 자기 욕정만 따르는 그 여자의 적수가 되지 못한다.^{참조. 7:10-22} 유혹의 기술은 사람을 지금까지 가던 길에서 벗어나게 만드는 실력으로 이

---

190   이 경우에 해당하지 않는 예외가 왕하 4:10이다.

루어진다.

우매 여인의 초대 9:16-17

9:16 우매 여인의 초대는 지혜 여인의 말을 거의 그대로 흉내 낸 말로 이루어진다(4절에 관한 주석을 보라). 여기서 다시 청중은 그들의 길을 돌이킬 것인가 말 것인가를 스스로 결단하도록 도전받는다. 사람은 유혹에 어떻게 대응하느냐로 자기의 정체성을 증명한다. ^{고전 15:2, 골 1:22-23, 딤후 2:12, 히 3:14} 의로운 회중에서 외적으로 떨어져 나간 사람들은 내적으로도 결코 그 회중의 일부일 수 없다. ^{요일 2:19} 하지만 시험당할 때 옳은 길에 굳게 서는 사람들은 자신이 지혜로움을 입증한다. ^{마 13:1-9}

9:17 우매 여인은 초대의 말을 잠언 형식을 빌려 말한다. 이 잠언은 반쪽 진실을 제시한다. 즉, 부정한 성은 포도주처럼 ^{참조. 23:29-35} 달콤하다는 것이다. 말하지 않고 남겨 놓은 진실은 그 일이 혐오스러운 것에 불과하다는 점이다. 성적 즐거움을 가리키는 불완전한 은유인 "물"을 "도둑질한"이라는 말로 한정해서, 그 즐거움을 정당한 권리자인 배우자에게서 탈취했다는 사실을 강조한다. 그 물은 "달아서" 죄의 즐거움으로 희생자를 유혹하지만, ^{히 11:25} 사탄처럼 ^{참조. 창 3:4} 죄가 죽음으로 연결된다는 사실은 부인한다. "떡"도 성적 희열을 가리키는 불완전한 은유다(30:20에 관한 주석을 보라). "몰래 먹는"은 "도둑질한"을 보완하는데, 도둑이 남몰래 훔치듯이 간음한 자도 자기의 도둑질을 감추기 때문이다. ^{참조. 7:19-20} 죄에 중독된 입맛에는 간음이 "맛이 있다."

결론: 사망 9:18

솔로몬은 "오직"("그러나")이라는 말을 앞세워, 우매 여인이 주장한 반쪽 진실을 파헤치고 수정한다. 관능적 즐거움의 장면은 스올 깊은 곳에 시체들이 널려 있는 장면으로 바뀐다. "알지 못하느니라"는 미련한 자의 치명적 약점을 폭로한다. 미련한 자는 하나님께서 도덕 질서를 정하시고 의로운 자에게는 생명으로 상주시고 악한 자는 죽음으로 벌하시는 행위–운명 연계성을 깨닫지 못한다. "죽은 자들"은 젊은이들, 특히 길을 돌이켜 그 여자의 집으로 시체처럼 빨려 들어가는 "그(우매 여인)의 객들"을 말한다.^{참조 2:18} 그리고 그 여자의 집은 "스올 깊은 곳"에 비교된다. 이렇게 자기 손님을 스올 깊은 곳에 있는 송장으로 말하는 기이한 묘사는 예변법이다(즉 미래의 일이 이미 성취된 것처럼 표현하는 비유법: "그는 죽은 자로 방안으로 걸어 들어갔다"). 로스^{A. P. Ross}는 "많은 사람이 지옥에서 '소화'할 음식을 이 땅에서 '먹는다'고 말했다."[191] 솔로몬은 이처럼 음울한 경고에 덧붙여, 이후의 잠언들(모음집 II–IV)에서 자기가 제시할 삶을 어리석은 자들이 받아들이기를 권고하면서 이 서언을 마무리 짓는다.

---

191 A. P. Ross, *Proverbs*, EBC (Grand Rapids: Zondervan, 1991), 951.

모음집 II

반의적 잠언과 종합적 잠언
10:1-22:16

모음집 II의 구조에 관해서는 24-25쪽의 "구조"를 보라.

제1단원: 반의적 잠언들 10:1-15:28

표제 10:1a

1a 솔로몬의 잠언이라.ᵃ

> ᵃ 이 표제가 히브리어로 세 단어 이상이었다면 마소라 전승에서 독립된 구절로 정해졌을 것이다.

이 짧은 표제는 1:1a를 그대로 반복한 것이다. 두 번째 모음집은 375개의 잠언으로 이루어지는데, 이는 솔로몬의 이름에서 자음들의 숫자 값에 해당하는 것으로 보인다.[1]

재물과 말에서 지혜로운 자와 미련한 자 10:1b-16

1b 지혜로운 아들은 아비를 기쁘게 하거니와 미련한 아들은 어미의 근심이니라. **2** 불의의 재물은 무익하여도 공의는 죽음에서 건지느니라. **3** 여호와께서 의인의 영혼은 주리

---

1   š (= 300), l (= 30), m (= 40), h (= 5).

지 않게 하시나 악인의 소욕은 물리치시느니라. **4**손을 게으르게 놀리는 자는 가난하게 되고 손이 부지런한 자는 부하게 되느니라. **5**여름에 거두는 자는 지혜로운 아들이나 추수 때에 자는 자는 부끄러움을 끼치는 아들이니라. **6**의인의 머리에는 복이 임하나 악인의 입은 독을 머금었느니라. **7**의인을 기념할 때에는 칭찬하거니와 악인의 이름은 썩게 되느니라. **8**마음이 지혜로운 자는 계명을 받거니와 입이 미련한 자는 멸망하리라. **9**바른 길로 행하는 자는 걸음이 평안하려니와 굽은 길로 행하는 자는 드러나리라. **10**눈짓하는 자는 근심을 끼치고 입이 미련한 자는 멸망하느니라. **11**의인의 입은 생명의 샘이라도 악인의 입은 독을 머금었느니라. **12**미움은 다툼을 일으켜도 사랑은 모든 허물을 가리느니라. **13**명철한 자의 입술에는 지혜가 있어도 지혜 없는 자의 등을 위하여는 채찍이 있느니라. **14**지혜로운 자는 지식을 간직하거니와 미련한 자의 입은 멸망에 가까우니라. **15**부자의 재물은 그의 견고한 성이요 가난한 자의 궁핍은 그의 멸망이니라. **16**의인의 수고는 생명에 이르고 악인의 소득은 죄에 이르느니라.

서두의 교육적 잠언 ^{1b절}으로 시작되는 이 단락은 세 개의 하위 단락으로 이루어진다. 부와 가난이라는 주제를 다루는 첫 번째와 세 번째 하위 단락 ^{2-5절, 15-16절}이 의사소통을 다루는 두 번째 하위 단락 ^{6-14절}을 에워싸는 구조를 이룬다. 세 단락 모두 의인과 악인을 대조하면서 "생명"을 다룬다. ^{11, 16절} 참으로 중요한 사실은, 돈 ^{2-5절, 15-16절}과 말 ^{6-14절}에 관한 우리의 처신이 삶과 죽음을 결정짓는 문제가 된다는 점이다. ^{2절}

서두의 교육적 잠언 10:1b

이 서두의 잠언에서는 부모 ^{참조. 1:8}에 대해, 그리고 "지혜로운 아들"과 "미련한 아들"이 부모에게 끼치는 상반된 심리적 영향에 대해 언급한다. "부모"라는 정형화된 구절이 분리되어, "아비"와 "지혜로운"이라는 말은 전반절에 나오고 "어미"와 "미련한"이라는 말은 후반절에 나온다. ^{참조. 1:8; 6:20; 15:20; 19:26; 23:22; 30:11, 17} "기쁘게 하거니와"와 "근심이니라"는 부모 모두와 관련된다. 다른 잠언들에서는 슬픔을 아버지에게 돌리고[17:21, 25] 기쁨을 어머니에게 돌린다.[23:25] 모세의 율법에서는 아들들에게 부모를 공경하라고 명령하나,[출 20:12, 신 5:16]「잠언」에서는 가족 간의 따뜻한 애정을 바탕으로 아들들에게 동기를 부여한다.[참조. 15:20; 17:21, 25; 19:26; 23:15-16, 24-25; 27:11; 28:7; 29:3] 올바른 양육은 공간적으로나(가정에서 공동체까지) 시간적으로(세대를 이어가며) 사회에 큰 영향을 끼친다는 점에서 극히 중요하다.

지혜와 재물 10:2-5

첫 번째 하위 단락에서는 지혜의 결실인 부를 얻고 우매의 결과인 가난을 피하는 일을 주제로 다룬다. 2-5절은 두 개의 반의적 2행 연구[2-3절과 4-5절]로 구성되는데, 반의적 평행구들이 악덕(-)과 미덕(+)을 번갈아 언급하는 교차 형식을 이루고 있다. 첫 번째 2행 연구[2-3절]는 윤리와 신학을 연결하여, 부자가 되기보다는 의롭게 살려고 애쓰는 사람들은 잠시 고난을 겪을지 몰라도 여호와께서 풍성한 생명으로 보상하신다는 사실을 입증한다. 이와는 달리 자기 잇속만 챙기는 미련한 자들은 결국 자기의 더러운 재물이 영원한 죽음에서 자기들을 구원하지는 못한다는 사실을 깨닫게 된다. 두 번째 2행 연구에서는 지혜로운 자는 시간을 아껴 성실하게 일해서 부를 얻게 된다는 실천적 논점을 제시한다.

재물의 윤리적 신학적 토대 10:2-3

10:2 사람을 영원한 죽음에서 구하는 것은 불의한 재물이 아니라 공의다. "불의의 재물(84쪽 "악인과 미련한 자를 가리키는 윤리적 용어들"을 보라)은 무익"한데, 그처럼 그릇되게 얻은 소득은 삶의 우여곡절에서 어느 정도는 보호해 줄지 몰라도 하나님께서 심판하시는 날을 맞아서는 그 누구도 보호해 주지 못하기 때문이다.[참조. 11:4] 이와는 달리, "공의(72쪽 "지혜로운 자와 의로운 자를 가리키는 윤리적 용어들"을 보라)는 죽음에서 건지느니

라." 이 잠언은 의인은 장수하고 악인은 단명한다고 단언하는 것이 아니다. 또 악을 통해서는 큰 재물을 축적하지 못한다거나 의롭게 살면 가난을 겪지 않는다고 주장하는 것도 아니다. 요점은 무엇이 사람을 영원한 죽음에서 구할 수 있느냐는 것이다. 이 잠언은 재물이 죽음에서 지켜 주리라고 생각하는 악한 자의 희망을 부정한다. 영원한 죽음에서 지켜 주는 것은 공의다. 누가복음 12:13-21에서 예수가 어리석은 부자에 관해 가르친 비유를 살펴보라.

10:3 2절의 종말론적 기초는 3절에서 그 신학적 근거를 확보한다. 악하게 재물을 쌓은 사람과 공동체를 섬기는 사람의 상반된 운명은 숙명이나 업보나 운으로 정해지는 것이 아니라, "의인의 영혼(65쪽 "네페쉬"를 보라)은 주리지 않게" 하시는 "여호와"께 달린 것이다. 결국 여호와께서는 굶주리는 의인을 먹이시고 탐욕스러운 악인을 주리게 하신다. "의인의 영혼"은 생명을 갈망하며, 욥처럼 잠깐 고난을 겪을지라도 영원한 생명으로 배부르게 될 것이다. 물론 욥과는 달리 의인은 악한 자에게 고난을 겪는다. 하나님께서는 의인들과는 달리 "악인의 소욕(즉 그들의 재물)은 물리치"신다. 결국 여호와께서는 악인의 소유를 전부 거두시고 빈손으로 영원한 죽음에 던져 넣으실 것이다.

재물의 실제적 토대 10:4-5

10:4 "손을 게으르게 놀리는 자는 가난하게 되고"는 모순어법이다. 게으른 손이 뭔가를 만들어 낸다는 것이 모순이기 때문이다. "손"이라는 말이 "게으른"(나태한, 경솔한, 행실이 안이한) 참조. 렘 48:10, 잠 12:24, 27; 19:15과 결합하여 게으른 자를 가리키는 제유 synecdoche가 된다. 참조. 15:19 게으른 자는 기껏해야 가난한 사람을 만들어 낼 뿐이다. 그러나 "손이 부지런한 자는 부하게" 된다. 부지런한 사람은 서두르지 않고 생각이 깊으며, 참조. 21:5 마음이 굳고 세심하고 의지가 강해서 많은 부와 귀한 재산을 이룬다.

10:5 4절에서 게으른 자와 부지런한 자가 성취하는 결과를 대조했다면, 이 구절에서는 두 사람이 어떻게 그 일을 이루는지 대조한다. 이것은 전적으로 그들의 시간 감각과 관계가 있다. "여름에 거두는 자는 지혜로운 아들"이라는 말은 열심히 일할 뿐만 아니라 바른 시간, 곧 식량을 거두기에 가장 적절한 시간인 여름에 일한다는 것을 뜻한다. "지금 이 순간에 충실하라"carpe diem라는 상투어가 이 신중한 아들의 특성을 잘 보여준다. 그는 시간의 중요성을 알고 잘 활용하는 사람이다. 그런 아들—부모의 꿈이다—은 지혜가 주는 고귀한 영예, 곧 "신중함"을 얻는다. 이와는 달리 "추수 때에 자는", 그래서 추수할 기회를 놓치는 아들은 "부끄러움을 끼치는 아들"이다. 온 세상이 보는 앞에서 부모와 자신을 수치스럽게 하기 때문이다.

말이 자신과 다른 사람에게 미치는 영향 10:6-14

얼핏 보기에 이 하위 단락은 연관성이 없는 잠언들을 모아 놓은 잡동사니 같아 보인다. 하지만 자세히 살펴보면 신중하게 다듬은 양식들로 구성되고 자체의 화제와 주제를 담고 있음을 알 수 있다. 이 단락은 한가운데 위치한 종합적 평행 잠언(10절, 후반절은 "그리고"로 시작)을 축으로 삼고, 그 주위를 각각 네 개의 반의적 잠언으로 이루어진 두 부분(6-9절과 11-14절, 각 절의 후반절은 모두 "그러나"로 시작)이 에워싸는 형태로 구성된다.

신체 부분을 가리키는 여섯 개의 말, 곧 머리, 입, 마음, 입술, 등, 눈이 이 하위 단락을 하나로 묶는다. "입"은 네 번6b, 11a, 11b, 14b절 언급되며, "입술"은 세 번8b, 10b, 13a절 나온다. 열 개 가운데 여섯 절이 분명하게 의사소통을 가리키며, 핵심 단어인 "입/입술"—말을 가리키는 환유—은 이 단락의 화제를 보여준다.

구조 자체에 주제가 드러나 있다. 사람의 말이 어떻게 자신과 다른 사람에게 영향을 미치는가를 주제로 다룬다. 전반부6-9절는 좋은 말과 나쁜 말이 자기 자신에게 미치는 영향을 다루며, 후반부11-14절는 다른 사람에게 미치는 영향을 다룬다. 중심이 되는 잠언인 10절은 이 형식을 뒤집어서, 10a절은 나쁜 의사소통이 다른 사람에게 끼치는 영향을 다루고 10b절은 자기 자신에게 끼치는 영향을 다룬다. 이 단락은 흔히 간과되어 온 메시지, 곧 다른 사람에게 해를 끼치려는 악한 말이 필연적으로 자신에게로 되돌아와 자신을 파괴한다는 사실을 힘주어 강조한다.

자기 자신에게 미치는 영향 10:6-9

10:6 반의적 잠언인 이 구절은 좋은 말과 나쁜 말이 화자 자신에게 미치는 영향을 보여준다. 즉 좋게 말하면 복을 받고, 나쁘게 말하면 화를 입게 된다. "복"이란 삶을 번성케 하고 부를 획득하며 재앙을 극복하는 능력을 말한다. 히브리 격언에 따르면, 복은 "의인의 머리에……임하"는데,참조 창 49:26 이 구절은 사람들이 지혜로운 화자를 위해 기도하는 축복의 말을 가리키는 것으로 보인다. 하지만 하나님만이—그분의 방식으로 그분의 시간에 따라—복을 주실 수 있다.[2] 요컨대 하나님은 다른 사람들의 기도를 통해 당신의 복을 전달하신다. "의로운" 자들은 공동체에 번영을 가져오며, 역으로 공동체는 그들에게 복이 있기를 기도한다. 이와는 달리 "악인의 입은 독을 머금었느니라"(84쪽 "악인과 미련한 자를 가리키는 윤리적 용어들"을 보라). 다른 사람들의 기도를 통해 지혜로운 화자에게 상을 주시는 하나님은 또한 악한 자의 어리석은 말을 그들 자신에게 되돌려 그들을 넘어지게 하신다는 사실도 분명하다. 하나님께서는 악인들이 악한 말을 하면서도 벌받지 않는 일을 한없이 용납하지는 않으신다.

　10:7 당신은 죽은 후에 사람들에게 어떤 모습으로 기억될까? 사랑의

2　칠십인역은 "여호와로부터 오는 복"이라고 수정하여 이 점을 아주 명료하게 밝힌다.

사람으로, 아니면 혐오스러운 사람으로? 이 잠언은 의로운 사람이 받는 복과 악한 자가 겪는 패망이 육체적인 죽음을 넘어서는 문제임을 밝힌다. "의인을 기념할 때에는 칭찬하거니와." 의인은 죽은 후에도 보상을 받게 되는데, 그 이유는 공동체가 다른 사람들을 축복하며 기도할 때 그 의인의 이름을 기억해 말하고, 그렇게 해서 그가 공동체의 기억 속에 살아 있다는 것을 확증하기 때문이다. 이와 대조적으로, "악인의 이름^{즉 기억,} ^{참조, 출 3:15, 시 97:12; 102:12, 호 12:5}은 썩게 되느니라." 그들에 대한 기억은 그들의 주검이 간 길로 간다. 다시 말해, 썩어서 냄새를 풍긴다. 마더 테레사의 이름은 영예롭게 기억되고, 아돌프 히틀러의 이름은 공포를 떠올린다.

10:8-9 이 두 구절은 구문론과 개념의 측면에서 하나로 결합된 2행 연구를 이룬다. 전반절들은 지혜로운 자의 길을 제시하며, 그에 반해 후반절들은 타락한 사람들의 죽음을 제시한다. 8a절은 지혜로운 사람의 근본적인 특성―구체적으로 말해, 기꺼이 배우는 자세―을 보여주며, 9a절은 그 결과로 그들이 누리는 안전을 보여준다. 이어서 8b절과 9b절은 나쁜 말이라는 화제를 다룬다.

"마음이 지혜로운 자"가 되기를 힘쓰는 사람들은, "스스로 지혜롭게 여기는 사람들"과는 반대로 자기들에게 가르침이 필요하다고 인정하며, 나아가 영감받은 지혜자의 "계명을 받"아 들인다. 그 결과로 더욱 지혜롭게 되고 슬기롭게 말하는 능력이 자란다. 그러나 "입이 미련한 자"는 배우기를 완강하게 거부하는 헛똑똑이다. 미련한 자는 지혜가 아니라 자기네 의견을 떠벌인다. 하지만 지혜를 거부해서 끔찍한 결과를 맞는다. 입을 잘못 놀려 망신을 당할 뿐만 아니라 그들의 삶이 "멸망"하게 된다. 누군가 제대로 말했듯이, 혀가 너무 길어서 자기 목까지 베어버리는 사람들이 있다.

8절은 지혜로운 자의 기꺼이 배우는 자세를 강조하며, 9절은 그들의 안전을 강조한다. "바른 길로 행하는 자"는 여호와께 헌신하는 마음으로 공동체 안에서 한결같이 진실하게 처신하는 사람을 가리키는 비유적 표현이다. "걸음이 평안하려니와"는 해악에 대한 두려움 없이 산다는 의미다. 이 잠언은 참으로 큰 위안을 준다. 자신의 그릇된 행실 가운데 어떤 것이 삶에 걸림돌이 될지 두려워하는 마음에서 벗어나 산다는 것은 참으로 커다란 평안이다. 이와는 대조적으로 "굽은 길로 행하는 자"는 자기 이익을 위해 공동체에 해를 끼치는 사람이다. 복수형으로 표기한 "[굽은] 길"은 이익을 얻고자 휘두르는 여러 가지 계략을 뜻한다. "드러나리라"는 "멸망하다"를 뜻하는 환유다. 논점은 명확하다. 악한 자에게 안전은 없다.

야누스 10:10

10:10 한가운데 자리 잡은 이 종합적 잠언은 이 단락6-14절에서 야누스로 기능한다. 이 잠언의 두 반절은 이 단락의 양식을 교차 대구 형태로 뒤집는다. 전반절10a은 악한 말이 다른 사람에게 미치는 결과를 다루며,11-14절 후반절10b은 악한 말이 자신에게 낳는 결과를 다룬다.6-9절 이 잠언은 두 가지 유형의 나쁜 의사소통 방식, 곧 악의적이고 음흉한 몸짓 및 공허한 수다가 다른 사람과 나 자신에게 미치는 결과를 보여준다. "눈짓하는 자"는 음흉하고 반사회적인 행실로 공동체에 "근심을 끼치"는 사람참조, 잠15:13, 욥 9:28, 시 16:4; 147:3을 가리킨다. 하지만 공동체만 어려움을 겪는 게 아니라 "입이 미련한 자"도 "멸망"에 이른다. 8b절에서처럼, 사회를 파괴하는 의사소통의 역효과가 강조된다. 「잠언」에서 사회 질서의 수호자로 그려지는 하나님은 그런 사람들이 분명히 자기가 뿌린 대로 거두게 하신다.

다른 사람에게 끼치는 영향 10:11-14

10:11 "의인의 입"은 공동체를 세우고 축복하는 슬기로운 말을 가리키는 환유다. 슬기로운 말은 "생명의 샘(또는 '우물')"에 비교된다.³ 샘은 신선하고 원기를 돋우는 물의 원천으로, 특히 성경에 기록된 매우 건조한 세상

에서는 공동체에게 아주 중요한 생명의 원천이다. 의인의 솔직하고 덕스러운 말은 사막의 오아시스처럼 공동체를 이끌어 하나되게 하고 도덕적, 지적, 물리적, 현세적 자양분을 얻게 한다. "악인의 입"은 그렇지 않다. 악인의 말은 위선적으로 "독을 머금었"으며, 사회의 근간을 파괴하고 그 대가로 자기 자신을 드높인다. 그 주위에 모인 사람들은 비쩍 말라가다 죽음에 이르게 된다.

10:12 이 잠언은 우리가 우리에게 해를 끼친 사람들을 어떻게 대하는지에 관해 살핀다. 두 가지 가능성이 있다. 하나는 폭력과 더 나아가 갈등에 이르는 것이며, 다른 하나는 화해와 조화에 이르는 것이다. 우리는 해를 당했을 때 증오 혹은 사랑으로 대응할 수 있다. 전반절은 증오가 어떤 결과로 이어지는지 보여주며, 후반절은 사랑이 어디로 이어지는지 보여준다. "미움"은 해를 당해 복수를 꾀하는 사람으로 의인화된다. 그러한 미움은 패거리를 모으고 이어서 공동체 안에서 잠들어 있던 "다툼"을 깨워 "일으킨다." 그림 같은 묘사는 여기서 멈추지만, 우리는 그렇게 잠자던 거인이 깨어나 미움에 의해 자극을 받을 때 폭력 집단이 형성되는 것을 그려 볼 수 있다. 마찬가지로 의인화된 "사랑"은 이와 대조적으로 악을 행한 자를 거두어 친구로 품는다. 사랑은 "모든 허물을 가린다(베일로 덮는다)." 사랑은 악을 행한 자를 신문의 1면에 폭로하는 대신 큰 희생을 감수하면서까지 잘못을 흡수하며, 그렇게 해서 가해자를 용납하고 죽음에서 구원한다. 그 결과로 자신과 공동체에 돌아오는 보상은 값을 매길 수 없을 만큼 크다! 사도 바울이 억울한 일을 당한 형제에게 "차라리 불의를 당하는 것이 낫지……아니하냐"고전 6:7라고 했던 질문은 이 잠언의 의도를 선명하게 밝혀 준다.

대중 전달을 특징으로 하는 현대 문화 속에서, 우리는 누군가의 죄나

3   의인의 입과 지혜 있는 자의 교훈,13:14 여호와를 경외하는 것14:27이 모두 "생명의 샘"으로 불린다.

약점을 수많은 사람에게 폭로할 힘을 지닌다. 그렇게 공개적으로 누군가를 모욕함으로써 의로운 목적을 성취할 때도 있으나, 흔히 정당한 절차 없이 무자비하게 인격을 파괴하는 괴물을 잠에서 깨우게 된다. 그리고 참회하는 자의 죄를 기억하지 않으신다는 하나님의 용서와는 달리 인터넷은 결코 용서라는 것을 모른다. 어떤 사건이 일단 게시되면 영원토록 박제된다. 그런 문화 속에서 하나님의 백성은 대중 매체를 그런 식으로 사용하기 전에 이 잠언의 지혜를 신중하게 고려해야 할 것이다.

10:13-14 이 두 구절은 "지혜"[13a절]와 "지혜로운"[14a절]이라는 말에 의해, 그리고 말을 가리키는 두 개의 환유인 "입술"[13a절]과 "입"[14b절]에 의해 연결된다. 이 두 절은 하나로 합하여 미련한 자는 채찍질과 책망이라는 두 가지 방법으로 바로잡아야 한다는 것을 보여준다. 미련한 자들은 스스로 구원할 수가 없는데, 토한 것을 도로 먹는 개처럼[26:11] 자기네 우매함으로 되돌아가기 때문이다.

"명철한 자의 입술"은 상황과 결과를 고려하고 이해하는 사람의 성품이 지혜로운 말의 또 다른 원천이라는 사실을 보여준다. 그런 사람은 하늘에서 오는 지혜에 순종함으로써 타락한 세상을 판단하는 하늘의 시각을 지닌다. 그래서 명철한 자는 상황 속으로 뚫고 들어가 옳고 그름, 선과 악을 분별할 수 있다. 그런 사람의 입에는 "지혜가 있"으며, 겸손하고 기꺼이 배우려는 사람은 그 지혜에 귀를 기울인다. 하지만 미련한 사람은 결코 단순한 말로 설득당하지 않으며, 심지어 명철한 자의 말에도 꿈쩍하지 않는다. 경찰 수사관인 나[저자 아이번 드 실바]는 법정에서 판사들이 단순한 말로 미련한 자들을 설득해 옳은 일을 하게 하리라는 희망을 품고 행악자들에게 훈계하는 말을 자주 들었다. 그때마다 바로 이 잠언의 말씀이 마음속에 떠올랐다. 내가 다시 재범자를 체포하면서 확인했듯이, 미련한 자들은 결코 단순한 말에 설득당하지 않는다. 때로는 신체적인 징계가 필요하다. "지혜 없는 자의 등을 위하여는 채찍이 있느니라."[10:13:

14:3; 18:6-7; 19:29; 특히 26:3을 보라. 참조. 시 32:9 "채찍"은 분별없는 사람들을 교정하도록 의도된 신체적인 벌을 가리키는 환유다. 현대 사회의 많은 사람이 체벌을 비난하지만, 지혜로운 자는 신중하게 체벌을 사용하는 것이 다른 방도로는 도저히 귀를 기울이지 않는 젊은이를 죽음에서 생명으로 돌이킬 수 있는 길이라고 생각한다.

14절에서는 "지혜로운 자"에게 이 책의 "지식"을 "간직"하라고(즉 기억하라고) 훈계한다.참조. 2:1 그렇게 기억하는 일이 필요한 까닭은 후반절에서 "미련한 자의 입은 멸망에 가까우니라"고 지적하는 상황 때문이다. 미련한 자의 입은 공동체를 위협한다. 결국 미련한 자의 입이 터질 때면, 그 폐해를 줄이기 위해 지혜로운 사람의 지식이 소환될 것이다. NIV는 14b절을 미련한 자의 입이 "멸망을 불러온다"라고 옮겨서 미련한 자의 우매함이 미련한 자가 패망하는 원인이 된다는 인상을 준다. 하지만 이것은 이 잠언의 논점에 맞지 않는다. 히브리어 '케로바'qĕrōbâ는, 미련한 자의 말 때문에 공동체가 늘 겪게 되는 위험을 뜻하는 것으로 보아 "임박한"으로 번역하는 게 더 낫다.

재물과 안전 10:15-16

이 마지막 하위 단락에서는 다시 재물을 화제로 다룬다. "멸망"이라는 표제어가 13-14절과 15-16절을 연결하며, 또 노동4-5절과 말6-9절을 통해 "복"이 이루어지는 것처럼, 나쁜 말과 궁핍이 모두 "멸망"으로 이어진다는 사실을 보여준다.

10:15 이 잠언은 "재물"이 긍정적 특성과 부정적 특성을 모두 지닌다고 주장한다.4 의로운 사람의 손에 들린 재물은 생명을 풍성하게 하며, "부자"아쉬르(ʿāšîr)의 손에 들린 재물은 죽음을 불러온다. 「잠언」에 나오는 '아

---

4   「잠언」에 "재물"이라는 말이 나오는 경우 절반은 그 가치를 칭송하고,12:27; 13:7; 19:14; 29:3, 참조. 19:4 나머지 절반은 재물을 신뢰하는 것에 대해 경고한다.11:4; 13:11; 18:11; 23:4, 참조. 28:8, 22; 29:4

쉬르'는 모두 나쁜 의미로 사용된다. 그들은 자기네 재물에 속아서 재물이 진정한 안전을 제공한다고 착각하고,[18:11] 자기 나름대로는 재물이 지혜롭게 해줄 수 있다고 여기며,[28:11] 재물로 가난한 사람 위에 군림할 수 있다고 생각해서[22:7, 참조. 삼하 12:1이하] 사람들을 혹독하게 다룬다.[18:23] 더욱이 28:6에서는 모든 부자가 다 "굽게 행하는 자"[참조. 사 53:9]라고 단정 짓는 것으로 보인다. 이 구절에서는 부자들이 자기네 재물을 흔들리지 않는 "견고한 성"으로 여기는 것이 그들의 결정적인 약점이라고 밝힌다. 재물이 그들에게 일시적인 안전은 제공해 줄 수 있다. 가난한 사람과는 달리 그들은 재산을 지켜 줄 변호사와 수명을 늘려 줄 의사를 고용할 수 있기 때문이다. 하지만 18:11에 나오는 평행구절이 분명하게 밝히듯이,[참조. 욥 27:19] 그들이 도모하는 영구한 안전은 허상에 불과하다. 물론 가난이 대답은 아니다. 가난한 자의 궁핍은 "멸망"(임박한 파멸로 인한 지속적인 불안과 두려움과 염려)을 초래한다. 그래서 "가난한 자"는 "궁핍"으로 인해 생활필수품조차 얻지 못하는 처지로 밀려나 공황 상태에 빠지게 된다.

10:16 영구한 재물은 악행이 아니라 의로움을 통해 성취해야 한다. "의인의 수고"(삯, 열심히 일한 보상)[참조. 대하 15:7, 렘 31:16]는 바로 영원한 "생명"이다. 이 보상은 하나님께서 주신다. 이와는 달리 "악인의 소득"은 반사회적이고 이기적인 노력으로 얻는 것으로, "죄[와 죽음]"다. 이렇게 사는 사람에게서 죄는 다른 죄를 낳고 결국에는 궁극적인 죽음에 이르게 한다.

의인과 악인의 상반된 행위와 운명 10:17-11:31

[17]훈계를 지키는 자는 생명 길로 행하여도 징계를 버리는 자는 그릇 가느니라. [18]미움을 감추는 자는 거짓된 입술을 가진 자요 중상하는 자는 미련한 자이니라. [19]말이 많으면 허물을 면하기 어려우나 그 입술을 제어하는 자는 지혜가 있느니라. [20]의인의 혀는 순은과 같거니와 악인의 마음은 가치가 적으니라. [21]의인의 입술은 여러 사람을 교육하

나 미련한 자는 지식이 없어 죽느니라. ²²여호와께서 주시는 복은 사람을 부하게 하고 근심을 겸하여 주지 아니하시느니라. ²³미련한 자는 행악으로 낙을 삼는 것 같이 명철한 자는 지혜로 낙을 삼느니라. ²⁴악인에게는 그의 두려워하는 것이 임하거니와 의인은 그 원하는 것이 이루어지느니라. ²⁵회오리바람이 지나가면 악인은 없어져도 의인은 영원한 기초 같으니라. ²⁶게으른 자는 그 부리는 사람에게 마치 이에 식초 같고 눈에 연기 같으니라. ²⁷여호와를 경외하면 장수하느니라. 그러나 악인의 수명은 짧아지느니라. ²⁸의인의 소망은 즐거움을 이루어도 악인의 소망은 끊어지느니라. ²⁹여호와의 도가 정직한 자에게는 산성이요 행악하는 자에게는 멸망이니라. ³⁰의인은 영영히 이동되지 아니하여도 악인은 땅에 거하지 못하게 되느니라. ³¹의인의 입은 지혜를 내어도 패역한 혀는 베임을 당할 것이니라. ³²의인의 입술은 기쁘게 할 것을 알거늘 악인의 입은 패역을 말하느니라.

11:1 속이는 저울은 여호와께서 미워하시나 공평한 추는 그가 기뻐하시느니라. ²교만이 오면 욕도 오거니와 겸손한 자에게는 지혜가 있느니라. ³정직한 자의 성실은 자기를 인도하거니와 사악한 자의 패역은 자기를 망하게 하느니라. ⁴재물은 진노하시는 날에 무익하나 공의는 죽음에서 건지느니라. ⁵완전한 자의 공의는 자기의 길을 곧게 하려니와 악한 자는 자기의 악으로 말미암아 넘어지리라. ⁶정직한 자의 공의는 자기를 건지려니와 사악한 자는 자기의 악에 잡히리라. ⁷악인은 죽을 때에 그 소망이 끊어지나니 불의의 소망이 없어지느니라. ⁸의인은 환난에서 구원을 얻으나 악인은 자기의 길로 가느니라. ⁹악인은 입으로 그의 이웃을 망하게 하여도 의인은 그의 지식으로 말미암아 구원을 얻느니라. ¹⁰의인이 형통하면 성읍이 즐거워하고 악인이 패망하면 기뻐 외치느니라. ¹¹성읍은 정직한 자의 축복으로 인하여 진흥하고 악한 자의 입으로 말미암아 무너지느니라. ¹²지혜 없는 자는 그의 이웃을 멸시하나 명철한 자는 잠잠하느니라. ¹³두루 다니며 한담하는 자는 남의 비밀을 누설하나 마음이 신실한 자는 그런 것을 숨기느니라. ¹⁴지략이 없으면 백성이 망하여도 지략이 많으면 평안을 누리느니라. ¹⁵타인을 위하여 보증이 되는 자는 손해를 당하여도 보증이 되기를 싫어하는 자는 평안하니라. ¹⁶유덕한 여자는 존영을 얻고 근면한 남자는 재물을 얻느니라. ¹⁷인자한 자는 자기의 영혼을 이

롭게 하고 잔인한 자는 자기의 몸을 해롭게 하느니라. **18** 악인의 삯은 허무하되 공의를 뿌린 자의 상은 확실하니라. **19** 공의를 굳게 지키는 자는 생명에 이르고 악을 따르는 자는 사망에 이르느니라. **20** 마음이 굽은 자는 여호와께 미움을 받아도 행위가 온전한 자는 그의 기뻐하심을 받느니라. **21** 악인은 피차 손을 잡을지라도 벌을 면하지 못할 것이나 의인의 자손은 구원을 얻으리라. **22** 아름다운 여인이 삼가지 아니하는 것은 마치 돼지 코에 금 고리 같으니라. **23** 의인의 소원은 오직 선하나 악인의 소망은 진노를 이루느니라. **24** 흩어 구제하여도 더욱 부하게 되는 일이 있나니 과도히 아껴도 가난하게 될 뿐이니라. **25** 구제를 좋아하는 자는 풍족하여질 것이요 남을 윤택하게 하는 자는 자기도 윤택하여지리라. **26** 곡식을 내놓지 아니하는 자는 백성에게 저주를 받을 것이나 파는 자는 그의 머리에 복이 임하리라. **27** 선을 간절히 구하는 자는 은총을 얻으려니와 악을 더듬어 찾는 자에게는 악이 임하리라. **28** 자기의 재물을 의지하는 자는 패망하려니와 의인은 푸른 잎사귀 같아서 번성하리라. **29** 자기 집을 해롭게 하는 자의 소득은 바람이라. 미련한 자는 마음이 지혜로운 자의 종이 되리라. **30** 의인의 열매는 생명 나무라. 지혜로운 자는 사람을 얻느니라. **31** 보라, 의인이라도 이 세상에서 보응을 받겠거든 하물며 악인과 죄인이리요.

이 단락을 시적으로 분석하면, 10:17의 서론적 잠언이나 11:9의 야누스는 제외하고 명료하게 구분되는 일곱 개의 하위 단락으로 구성되며, 그 가운데 일부는 자체의 하위 단락을 포함한다.

교육적 잠언 10:17

여기서도 한 절의 교육적 잠언으로 의인과 악인의 상반된 행위와 운명을 폭넓게 다루는 새 단락을 소개한다.^{참조. 10:1b}

17절에서는 사람이 지혜자의 가르침을 따르거나 거부하는 선택이 다른 사람들의 영원한 운명에 영향을 미친다고 주장한다. 그 가르침을 기억하고 준수하고 실행함으로써 "훈계를 지키는 자"는 "생명 길"이 된다

(78쪽 "지혜로운 자가 받는 보상: 생명"을 보라). "훈계를 지키는" 신실한 아들은 다른 사람을 위한 구원의 수단이 된다. "생명 길"이라는 은유는 11절에 나오는 "생명의 샘"이라는 은유와 조화를 이룬다. 이와는 달리 "징계를 버리는 자"는 다른 사람이나 자기 자신을 "그릇 가"도록 이끌어 생명 길에서 죄와 죽음으로 빠지게 만든다. "생명 길"과 "그릇 가느니라"라는 모호한 대구는 후자가 "죽음의 길"이라는 점을 함축한다.

의인과 악인의 상반된 말과 소망 10:18-32

이 단락은 발성 기관과 연관된 잠언들로 이루어지는데, 구체적으로 그러한 발성 기관들을 통해 다른 사람에게 끼치는 영향[18-21절]과 그 영향의 지속성[31-32절]을 다룬다. 이 단락의 중심부에서는 고통과 기쁨[22-26절]에 관한 소망 및 안전[27-30절]에 관해 다룬다.

좋은 말과 나쁜 말이 다른 사람에게 끼치는 영향 10:18-21

이 단락은 두 개의 2행 연구로 구성된다. 첫 번째 연구[18-19절]에서는 악한 말이 다른 사람에게 끼치는 치명적인 결과에 초점을 맞추며, 두 번째 연구[20-21절]에서는 좋은 말이 다른 사람에게 생명을 주는 결과에 초점을 맞춘다. 경솔한 사람의 많은 말은 쓸모없고 해롭지만, 신중한 사람이 조심해서 선택한 적은 말은 받아들이는 사람 모두에게 생명을 준다.

10:18-19 미련한 자는 자기 입술을 비방을 퍼뜨리는 데 사용하고, 신중한 사람은 말을 삼간다. 미련한 자는 해를 입히려고 중상모략하면서 자기의 증오심을 거짓말로 감춘다. 18절의 '시행 걸치기'enjambment는 거짓말하는 자("미움을 감추는 자는 거짓된 입술을 가진 자")와 비방하는 자("중상하는 자")를 결합해서, 미련한 자가 품은 증오심이 빈정거림과 반쪽 진실과 왜곡과 과장으로 치장된 거짓말을 하는 동기가 된다는 사실을 밝힌다.

19절에서는 "말이 많"은 것(즉 유창한 말)만으로는 죄를 막을 수 없다

고 가르친다. 사실 말이 많으면 "허물"이 늘게 되는데,참조. 10:11 말이 많은
사람은 경솔하고 여호와를 의지하는 것이 아니라 미사여구를 의지하기
때문이다. 12:6; 15:23; 25:11를 보라. 참조. 12:25; 18:4; 24:26, 욥 15:3, 전 10:12이하, 사 32:4, 6 완서법
(litotes, 부정문을 이용해 표현을 절제하는 방법) 표현인 "면하기 어려우나"
는 말을 많이 할수록 허물만 더 는다는 사실을 지적한다. 이와는 달리,
신중한 사람은 "그 입술을 제어하는 자"이다. 신중한 사람은 경솔한 말의
치명적인 문제점(75쪽 "지혜로운 자와 말"을 보라)을 잘 알고 또 상황에 따
라 좋고 효과적인 말을 하기 위해 여호와를 의지하기 때문에 자기 말을
제어할 줄 안다.참조. 16:1

10:20-21 그런데도 미련한 자의 나쁜 말에 맞대응하기 위해서는 의인
의 말이 제한적으로나마 필요하다. 발성 기관인 "혀"와 계획을 세우는 기
관인 "마음"을 나란히 배치한 것은 마음이 혀에 영향을 미친다는 것을 뜻
한다. 두 발성 기관이 "의인"과 "악인" 모두와 관련된다. 말은 마음을 드러
낸다. "순은"이라는 은유는 의인의 말이 지극한 가치가 있다는 것을 뜻하
는데, 의인의 말은 악한 의도가 없으며 21절에서 설명하듯이 "여러 사람
을 교육"하기 때문이다. 이와는 달리 악인의 마음에 대해서는 "가치가 적
으니라"라고 말하는데, 이 말은 악인의 말이 무가치하다는 것을 뜻하는
완서법이다. 하나님의 형상대로 지음 받은 피조물의 말이 하찮은 것으로
비난받는다는 사실이 참으로 놀랍다. 악인의 마음과 말도 엄청난 일을
이루어 낼 역량을 지니나 죄와 폭력으로 인해 가치를 상실했다.11b절

"의인의 입술은 여러 사람을 교육하나"라는 은유는 앞에 나온 "순은"
이라는 은유를 확장한다. 의인은 순수하고 사랑에 찬 마음에서 우러나
는 말로 사람들을 이끌고 안내하며 지켜 준다. 그러나 "미련한 자는 지식
이 없어 죽느니라." 분별없고 미련한 자는 생명을 주는 의인의 말에 둘러
싸여 있으면서도 받아들이기를 거절해 굶주려 죽는다. 미련한 자는 생명
을 받지도, 주지도 못한다. 이 잠언은 젊은이들에게 부모의 윤리적 지혜

를 배우라고, 그래서 그들 자신과 또 부모의 지혜를 원하는 사람은 누구나 죽음에 이르지 않고 생명을 누리라고 권고한다.

의인과 악인의 소망 10:22-32

이 단락은 두 개의 하위 단락으로 구성되며, 의인과 악인의 소망에 관해 다룬다. 첫 번째 하위 단락²²⁻²⁶절은 그들의 고통과 기쁨에 초점을 맞추며, 두 번째 하위 단락²⁷⁻³²절은 그들의 안전을 집중적으로 다룬다. 각 하위 단락은 여호와에 대한 언급으로 시작하는데,²², ²⁷절 이는 의인은 상을 받고 악인은 벌을 받는 도덕 질서를 여호와께서 지탱하신다는 사실을 가리킨다. 22절에서 25절까지 각 절의 후반절에서는 의인의 상급이 두드러지게 언급되고, 27에서 32절까지 모든 후반절에서는 악인의 벌이 강조된다.

고통과 즐거움 10:22-26

10:22 "여호와께서 주시는 복은 사람을 부하게 하고"는 번영의 궁극적 원천이신 여호와께서는 부지런하고 지혜로운 의인이 번영에 집착하는 노예가 되기를 원치 않으신다는 것을 의미한다. 여호와께서 그들을 복 주셔서 번영하게 되는 것이다. 이 말은 하나님이 부지런한 노동과는 상관없이 복을 주신다는 의미가 아니다. 폭스는 이렇게 말한다. "하나님은 열심히 일하는 사람의 손을 축복하셔서 그에게 번영을 베푸신다."예를 들어, 신 2:7[8:10-18]; 15:10; 28:2, 욥 1:10 ⁵ 다른 사람을 섬기는 일에 재물을 사용할 때 재물은 영구하게 되고,참조. 10:1-4; 11:22-27; 21:17; 23:4; 28:20 여호와는 그러한 재물의 궁극적 원천이 되신다.참조 삼상 2:7 여호와께서는 "근심을 겸하여 주지 아니"하신다. 여기서 "근심"이란 자기의 야심에서 비롯되는 힘겨운 노동을

5   Fox, *Proverbs 10-31*, 523.

뜻한다.[10:3] 그렇게 애쓰는 일은 하나님의 복이 아니라 심판에 직면하게 되다. 참조. 20:21; 28:22, 시 127:1, 딤전 6:9-10, 약 3:1-16

10:23 여기서 "행악"이란 경솔하게 악한 일을 행하여 사람과 공동체를 해롭게 하는 것을 뜻한다. "미련한 자"는 그런 악한 일로 "낙을 삼는"다. 의인에게 혐오스러운 일이 미련한 자에게는 즐거움이 된다. 이와는 달리, 하나님과 공동체를 섬기는 일을 강조하는 "지혜"는 "명철한 자"에게 큰 "낙을" 준다. 이 잠언에서는 젊은이에게 내면의 영적 상태를 지키라고 충고한다. 그런 내면의 영적 상태가 젊은이들이 어떤 행위에서 기쁨을 찾을지 결정하기 때문이다.[4:16; 15:21a; 21:10a]

10:24 이 구절에서는 23절의 의미를 자세히 밝혀서, 미련한 자는 현재의 악행에서 기쁨을 얻으면서도 다른 한편 끔찍한 운명을 생각해서 괴로워할 수밖에 없다고 주장한다. "그의 두려워하는 것"이란 내면의 공포를 가리키는 것으로서, 여호와를 두려워하는 것과는 전혀 다른 일이다. "악인에게는 그의 두려워하는 것이 임하"게 되어 있다. 악인이 예상하는 대로 두려움이 그를 덮칠 것이며, 그 일이 일어날 때면 그 두려움이 자기의 죄악 때문이라는 게 드러날 것이다. 이와는 달리, "의인"에게는 "그 원하는 것이 이루어"지게 된다. "그 원하는 것"이란 깊이 뿌리내린 열망을 뜻하며, 의인에게 이 열망은 하나님의 의로운 통치를 바라는 것이다.[10:3, 참조. 마 5:6] "이루어지느니라"는 의인이 원하는 일이 하나님의 은혜로운 보상으로 이루어진다는 것을 함축한다.[2:6; 10:22를 보라. 참조. 시 37:4] 하지만 여호와께서 이 놀라운 일을 이루실 때까지 이 세상은 도덕적 혼돈 가운데 있게 된다.

10:25 이 구절에서 악인의 끔찍한 두려움과 의인의 상쾌한 기쁨은 그 최종적 단계에 이르게 된다. "회오리바람이 지나가면"은 최후의 심판에 의해 악인이 즉시 멸망하게 된다는 것을 뜻한다. "회오리바람"이라는 불완전한 은유는 악인에 대한 최후의 심판으로 모든 것이 휩쓸려가는 갑

작스러운 파괴를 떠올리게 하는데, 그 심판이 지나가면 "악인은 없어"진다. 참조 1:27; 시 1:4 후반절에는 "회오리바람이 지나가면"이라는 구절에 대응하는 부분이 나오지 않는데, 이 구절이 두 반절 모두를 수식한다는 것을 뜻한다. 회오리바람은 의인에게도 불어오나 의인을 파괴하지는 못한다. 의인은 "영원한 기초"이기 때문이다. 참조 마 7:24-27 그처럼 견고하고 안전한 의인이기에 어떠한 불행도 그를 흔들지 못한다. 그런 사람들 위에라야 나라를 세울 수 있다. 이 비유는 장차 이를 시대를 예시하며, 그때가 되면 이 땅에서 악인은 축출되고 의인만 남게 된다. 참조 2:21-22

10:26 이 잠언에서는 신체를 고통스럽게 하는 물질들에 비교해서 사회적 관계들에 상처를 입히는 문제를 설명한다. 치아와 식초, 눈과 연기, 부리는 사람과 게으른 자의 비교에서 공통되는 요소는 고통과 상처다. "식초"는 포도주가 발효하여 강한 신맛으로 변한 것을 가리킨다. 참조 25:20 시편 69:21에서는 식초를 마시는 일을 형벌의 한 가지 형태로 말한다. 그런 식초를 마시는 일은 "이에" 매우 고통스럽고 역겨운 일이었을 것이다. 특히 고대 근동 지역의 성인들은 치아를 제대로 관리하지 못했기에 치아 상태가 좋지 않았을 것으로 추정하면 더욱 그러하다. "눈에 연기 같으니라"도 비슷한 비교로 볼 수 있다. 이와 마찬가지로 "게으른 자"(6:6; 90쪽 "게으른 자와 무지한 자"를 보라)는 "그 부리는 사람"을 실망시키고 화나게 하며 짜증나게 한다. 크라운A. D. Crown에 따르면, 고대 근동 지역에서 왕의 사신은 고귀한 신분으로 인정받았다. 그들은 흔히 왕의 속 깊은 생각을 잘 알고 지극히 어려운 임무를 맡겨졌다.[6] 메시지를 정확하게 제시간에 전달하는 일은 성실한 사신에게 맡겨졌다. 만약 그가 게으른 자라면 그 결과는 재앙과 같았을 것이다. 폭스는 "따라서 한 사람만 고용하는 것은 어리석은 일이요, 홀로 그 일을 맡는 것은 위험한

---

6   A. D. Crown, "Messengers and Scribes: The Sopher and Mazkir in the Old Testament," *VT* 24 (1974): 366-370.

일이다"[7]라고 말했다.

의인의 안전과 악인의 덧없음 10:27-30

와이브레이는 이 구절들을 하나로 묶어 주는 네 가지 특성을 다음과 같이 밝힌다. (1) 이 구절들은 모두 반의적 평행구로서, 후반절에서 부정적 내용이 언급된다. (2) 모든 절에서 지적인 용어 대신 윤리적 용어들을 사용한다. (3) "의인"과 "악인"이라는 말이 두드러진다. (4) 모든 절이 여호와 신앙을 지향한다. 첫 부분에 나오는 "여호와를 경외하면"이 하위 단락 전체의 논조를 정한다.[8]

10:27-28 이 두 절은 운명이라는 주제와 각 절의 후반절에 나오는 "악인"이라는 표제어에 의해 하나로 연결된다. "여호와를 경외"(74쪽 "여호와 경외"를 보라)와 "악인"(84쪽 "악인과 미련한 자를 가리키는 윤리적 용어들"을 보라)으로 대조되는 평행구는 명확하지 않은데, 악인은 여호와를 경외하지 않는다는 점을 가리킨다. 27a절의 술부에 나오는 "장수"("날들")는 30절에서 영원한 것이라고 설명되며, 27b절의 술부인 "수명은 짧아지느니라"는 25절의 "없어져도"에 대응한다.

28절에서는 성취된 희망과 성취되지 못한 희망을 대조한다. "소망"은 그러한 희망을 가리킨다(참조. 시 39:7, 이 시편에서는 "소망"과 "바라다"를 평행구로 사용한다). "의인의"라는 말은 이 희망이 하나님을 영화롭게 하고 공동체를 섬기는 것이라고 규정한다. 그러한 희망은 결국 "즐거움을 이루"는데, 이 즐거움은 의인이 악인을 물리치고 승리하는 미래의 모든 복을 가리키는 환유다.참조. 3:34 이와는 달리, "악인의 소망은 끊어지느니라." "즐거움"과 "끊어지느니라"가 이루는 모호한 평행구조는 악인도 즐거움을 바란다는 사실을 보여준다. 하지만 후반절의 대구에서 알 수 있듯이

7　　Fox, *Proverbs 10-31*, 526.

8　　Whybray, *Proverbs*, 172.

운이 역전되기에 이른다. 자기네 삶이 기쁨 넘치는 축하로 절정에 이를 것이라는 의인의 희망은 성취될 것이며,[23:18; 24:14] 그에 반해 똑같이 기쁨에 찬 목적을 바라는 악인의 희망은 허무하게 무너지게 된다. 의인의 희망을 묘사하고자 "소망"이라는 말을 사용한 것은 의인이 지금은 고난을 겪고 있다는 사실을 함축한다(80-84쪽 "잠언,은 너무 많은 것을 약속하는가?"를 보라). 주 예수는 "그 앞에 있는 기쁨을 위하여 십자가를 참으"셨다.[히 12:2] 악인은 자기의 현재 즐거움이 영원토록 이어지기를 희망하지만, 그의 희망은 죽음과 함께 무너져 흩어져 버린다.[욥 11:20] 그가 즐거워하는 것이 거룩하신 분의 뜻에 일치하지 않기 때문이다.[11:7, 23]

10:29-30 이 두 절에 나오는 반의적 평행구들은 정직한 자/의인의 견고함을 악인의 덧없음과 대비시킨다. "여호와의 도"는 의인의 안전과 악인의 멸망을 약속한다. 이 은유는 하나님의 성품과 통치를 가리키는 것으로, 하나님의 통치로 말미암아 하나님의 도덕 질서가 견고히 서고 또 의인은 복 주고 악인은 저주하려는 그분의 결정이 유지된다.[시 27:11; 67:2; 119:27; 143:8, 마 22:16, 행 9:2; 18:25-26; 24:14] 하나님의 통치는 "산성"인데, 이는 회오리바람 속에서조차 "정직한 자"를 보호하시는 안전을 가리키는 은유다.[참조, 25절] 이와 대조적으로, 똑같은 통치가 "행악하는 자에게는 멸망"으로 나타난다.

30절에서는 의인의 구원과 악인의 멸망이 영구한 것이라는 사실을 강조한다. 여호와의 강력한 도덕적 통치[29절]로 인해 "의인은 영영히[25절, 참조, 시 15:5; 30:6; 112:6] 이동되지 아니"한다. "이동되지"라는 피동사가 함축하는 행위자는 여호와의 최후 심판으로,[25절을 보라, 참조, 롬 8:37-39] 이 최후의 심판은 또 "악인은 땅에 거하지 못하게 되"는 이유가 된다.[참조, 2:21-22]

의인의 입의 영구성과 악인의 입의 일시성 10:31-32

여기서는 계속해서 의인과 악인이라는 주제를 다루면서 발성 기관이라

는 화제[17-21절]로 돌아가지만, 구체적으로 그 기관들의 운명[참조. 22-30절]에
대해 다룬다. 31-32절은 튼튼하게 연결되었다. 두 절 모두 전반절에서는
"의인"을 언급하고 후반절에서는 패역"에 관해 말하며, 또 그 반절들 모
두가 발성 기관을 언급하는 것으로 시작한다.

　　10:31 "의인의 입"은 "패역한 혀"와 분명하게 대비되나, 그들의 운명을
밝히는 술부들의 대비는 선명하지 않다. 이런 모호함은 "베임을 당할 것
이니라"가 의인에게는 적용되지 않으며 "지혜를 내어도"가 패역한 자에
게는 적용되지 않는다는 것을 보여준다. 여기서 "지혜"란 화자가 여호와
및 그분의 도덕적 통치와 합치하게 해주는 말을 가리키는 환유다. 이와
는 달리, 패역한 자의 말은 여호와의 도덕적 통치[조. 6:24]를 배척한다. 배후
에서 일하시는 여호와께서 패역한 자들의 혀를 베어 버릴 것이다. 여호
와는 반역하는 말을 깨끗이 제거하심으로써 당신의 도덕적 통치를 견고
히 다지신다.

　　10:32 사람들의 성품은 그들이 하는 말의 모양에 따라 규정된다. 세네
카의 말대로 "말은 마음의 지표다."[9] "의인의 입술"과 "악인의 입"은 상충
한다. 그런데 이 구절에서도 두 반절의 술부들이 명료하지 않은데, 이는
"기쁘게 할 것을 알거늘"이라는 말이 의인은 "패역"한 일에 관여하지 않
는다는 사실을 의미하는 것이라고 볼 수 있다. 여기서 "기쁘게" 한다는
것은 여호와께서 좋아하시는 말을 가리키는 환유다. 그렇게 말하는 사람
에게 여호와께서 복 주신다. 이와는 달리, 악인은 다른 사람을 혼란케 하
고 하나님의 다스림을 배척하는 말을 한다. 여호와는 그들에게 은혜 베
풀기를 거부하시며, 그렇기에 그들은 패망에 이를 수밖에 없다.

정직과 공의를 통한 안전 11:1-8

이 하위 단락에서는 정직^{1-2절}과 공의^{3-8절}를 통한 안전이라는 주제를 크게 강조한다.

정직을 통한 안전 11:1-2

1절은 장터에서 실천하는 정직을 다루며, 2절은 자기 자신의 정직성을 다룬다. 1절에서 여호와께서 도덕적으로 혐오하시는 일을 명료하게 언급한 것은 나머지 1-8절에서 의인과 악인의 운명을 결정짓는 일에서도 하나님께서 일하고 계시다는 것을 분명하게 보여준다. 그 외에 이 하위 단락 대부분에서 여호와는 배후에 숨어 계신다.

11:1 "속이는" 일은 희생자를 기만해 해를 입히려는 의도로 이루어진다. 이 구절에서 속이는 일은 정확한 계량을 어기는 것을 가리킨다.^{참조.} ^{20:23, 호 12:7, 암 8:5} "저울"은 정확하지 않은 저울판이나 굽은 저울대, 그릇된 손놀림으로 조작할 수 있다. 이런 행위들은 여호와께서 "미워하시"는 일이요, 그래서 여호와의 도덕적 분노와 징계를 일으킨다.^{3:32; 20:10, 23을 보라. 참} ^{조. 레 19:35-36, 신 25:13-16, 겔 45:10-11, 호 12:7, 암 8:5, 미 6:10-11} 이와는 달리, "공평한 추는 그가 기뻐하시느니라." 속이는 상인은 살 때는 무거운 추를 사용하고 팔 때는 가벼운 추를 사용한다.^{신 25:13, 잠 16:11} 그런 사람은 겉으로는 자기 이웃을 갈취하고 속으로는 하나님을 조롱한다. 여호와는 그런 사람들을 미워하시며, 결코 방관자로 머물지 않고 반드시 보응하신다. 양심에 각인된 하나님 경외는 계량하는 일에서도 정직할 것을 가르친다.¹⁰

11:2 "교만"은 심리 상태를 가리키는 말로, 자기 자신에 대한 비현실적이고 과장된 견해를 말한다. "오면"이라는 말은 교만을 의인화한 것으로, 악인이 교만을 좋아해서 손님으로 맞아들인다는 것을 뜻한다. 하지만

---

10   이집트의 「아메네모페 교훈」^{17:15-20}도 계량 기준을 정확히 지킬 것을 요구한다.

"욕(사회적인 실패)도 오거니와"라는 말이 이어진다. 악인이 교만을 초대
할 때면, 초대받지 않은 손님인 욕이 뗄 수 없는 쌍둥이처럼 따라온다.[11]
본문에서는 악인이 어떻게 욕을 당하게 되는가에 대해서는 말하지 않는
다. 그러나 3:34에서 명확하게 지적한 대로, 여호와께서 그를 욕되게 하
신다. 참조. 창 11:5-8, 민 12:2, 10, 대하 26:16-21, 에 5:11; 7:10, 단 5장, 눅 18:14, 행 12:22-23 이와는 달
리, "겸손한 자에게는 지혜가 있느니라"고 말하는데, 겸손한 자는 자기
의 한계를 잘 알고 그에 합당하게 처신하기 때문이다. "욕도 오거니와"와
"지혜가 있느니라" 사이의 명료하지 않은 대조는 지혜는 영예로 끝나고
어리석음은 치욕으로 끝난다는 사실을 암시한다. 참조. 16:18

공의를 통한 안전 11:3-8

3-8절에서는 공의를 통한 안전이라는 주제와 죽음은 악인에 대한 하나
님의 최종적 거절이라는 진리를 다룬다. 두 개의 잠언 쌍3-4절, 5-6절이 정
직한 자는 성실과 공의로 인해 구원받는다는 사실을 거듭 강조한다. 이
와는 달리, 사악한 자는 패역으로 인해 넘어지고 궁극적인 멸망에 이르
게 된다. 이 항의 결론으로 두 개의 경고가 제시된다. 첫째, 유한한 인간
은 결코 다른 사람을 구원하지 못하며7절 둘째, 여호와께서는 의인들을
그들이 현재 겪는 고난의 자리에서 구원하실 때 그 자리를 악인들로 채
우신다.8절

11:3 이 잠언에서는 의인과 악인의 상반되는 내적 원리들을 다룬다.
"정직한 자(72쪽을 보라)의 성실(구체적인 행실로 표현되는 온전성이나 총체,
2:7을 보라)은 자기를 인도"하여 역경을 통과해 최후의 영광에 이르게 한
다. 정직한 자들은 여호와와 다른 사람들에게 온전히 충실한 삶의 양식
을 보여준다. 그러한 삶의 양식이 그들을 구원의 길로 인도한다. 이와는

11　Meinhold, *Sprüche*, 186. 그리스 신화를 보면, 휘브리스(교만)에 굴복한 사람은 네메시스
의 방문을 받는다. 네메시스는 휘브리스를 품은 사람에게 복수를 행하는 여신이다.

대조적으로, 사악한 자의 패악은 부메랑처럼 되돌아와서 강력한 힘으로 그들을 무너지게 한다. "패역"의 히브리어 어근은 말이나^{출 23:8, 잠 15:4} 파괴적인 행동^{욥 12:19, 잠 13:6; 19:3; 21:12}을 통해서 진실을 비틀어 왜곡하고 전복한다는 뜻을 지닌다. 패역은 "사악한 자"의 뿌리 깊은 속성으로, 그 자신을 "망하게" 한다.

11:4 이 구절에서는 더러운 "재물"과 "공의"라는 두 개의 원인을 대조하고, 또 그 각각의 결과인 "무익하나"와 "죽음(최후의 패망)에서 건지느니라"를 대조한다. 이 잠언은 10:2과 거의 같은데, 10:2에서는 "재물" 대신 "불의의 재물"이라는 표현을 사용한다. 여기서는 그 재물이 하나님의 "진노하시는 날"과 연관되어 사용되는데, 이는 재물이 무익할 뿐이라고 주장하는 10:2a을 확대한 것이다. 자기 자신을 강화하고자 불의하게 재물을 축적하는 악인은 여호와를 노하게 만들며 여호와께서 억눌렀던 진노를 쏟으실 때 구원을 받지 못한다.

11:5 공의는 구원으로 이끌고 배교는 저주를 불러온다는 공통된 주제가 5절과 6절을 하나로 묶는다. "공의"는 "완전한 자의" 뿌리 깊은 속성으로서, 그의 "길을 곧게"(즉 함정이 없게, 3:6의 주석을 보라) 해준다. 그러나 "악한 자는 자기의 악—악인의 뿌리 깊은 속성—으로 말미암아 넘어"진다(급격하게 죽음과 파멸로 떨어진다). "자기의 길을 곧게 하려니와"와 "넘어지리라"의 대조는 의인이 자기 길을 갈 때는 넘어지게 만드는 걸림돌이 없다는 것을 뜻한다.

11:6 이 구절에서는 정직한 자가 어떻게 걸림돌을 피하는지 자세히 설명한다. 정직한 자가 치명적인 덫에 마주 설 때면 그의 공의가 그것을 뛰어넘게 해준다. "공의"는 또 "정직한 자"의 뿌리 깊은 속성으로서, "자기를 건지"게 해주는 힘이 된다. 성실이 정직한 자의 인생길에서 결정적이듯이^{참조. 3절} 공의는 그가 구원받는 일에서 결정적이다.^{6a절} 정직한 자가 어디서 구원받았는지는 언급되지 않지만, 반의적 평행구절로 제시된 "잡히리

라"는 은유는 치명적인 덫을 염두에 두고 있다는 것을 보여준다. 참조. 10:2; 11:4 이와는 달리, "사악한 자참조. 11:3b는 자기의 악(욕망, 그가 훔친 것을 가리키는 환유라고 볼 수 있다)에 잡히"게 된다. 악은 끈질긴 탐욕과 하나님의 법을 거부하는 마음에 의해 작동한다. 악인의 끝없는 욕망이 그 자신을 휘어잡는다.[12]

11:7 이 동의적synonymous 잠언은 공의와 악의 운명적 결과들을 다루는 반의적antithetical 잠언들 한가운데서 유한한 인간을 신뢰하는 것이 헛되다고 주장한다. 인간에게 둔 소망은 그들이 죽으면 더불어 사라진다.참조. 10:28, 시 49:5-12 악인의 소망은 그가 죽을 때 끊어지게 되는데, 의인과는 달리 악인은 하나님을 신뢰하지 않고 인간을 신뢰하기 때문이다.3:5; 18:10, 참조. 시 49:5-12 [13] "죽을 때"는 생물학적 죽음을 가리키며, "소망"은 유한한 인간의 삶이 좋게 지속되기를 바라는 악인의 기대를 말한다. "끊어지나니"는 "죽을 때"와 평행한다. 전반절의 "소망"과 동의적 평행구를 이루는 후반절의 "소망"(기대)은 뭔가 좋은 것을 구하는 것을 뜻한다. 이 소망은 "힘으로"(개역개정에는 "불의의"로 번역되었다—옮긴이) 구하는 것인데, 유한한 인간의 물리적 힘을 근거로 삼아 바라는 것이기 때문이다.참조. 욥 40:16, 사 40:29, 호 12:4 이러한 소망 역시 인간이 죽음으로써 "없어지"게 된다.

11:8 여호와께서는 의인을 환난에서 구원하실 때 악인을 그 자리로 던져 넣으신다. 전반절은 악한 사람이 "의인"을 해치는 일에 거의 성공했다는 사실을 함축한다. 그러나 의인은 여호와로 말미암아 "환난에서 구원

---

12 Meinhold, *Sprüche*, 188.

13 고대 번역자들은 7a절의 원문이 의인을 포함한 모든 사람의 소망이 죽음과 함께 끊어지는 것을 의미한다고 잘못 생각했다. 이러한 비정통적인 의미를 제거하기 위해참조. 10:28; 12:28; 14:32; 23:17-18 그들은 "인간"에 "악한"이라는 말을 덧붙였다. 따라서 마소라 사본들 대개가 "악인"으로 옮기며, KJV, NASB, NRSV, RSV, ESV도 그렇게 옮긴다. 내적 증거가 "악한"의 생략을 지지하므로, 여기에 인용한 역본은 그 방식을 따른 두 히브리어 사본에서 가져왔다(월키의 사역은 "When a human being dies, hope perishes"이다—옮긴이).

을 얻"는다. "그리고"(후반절을 이끄는 말로, 개역개정에는 번역되지 않았다—
옮긴이)는 여호와께서 의인을 구원하실 때 "악인"은 그 "길로" 떨어진다
(개역개정에는 "악인은 자기의 길로 가느니라"로 번역되었다—옮긴이)는 것을
의미한다. 예를 들어, 율법에 따르면 무고한 사람을 죽음에 이르도록 위
증한 사람은 죽음의 벌을 받아야 한다.[신 19:16-18] 하만은 모르드개를 매달
려고 했던 바로 그 교수대에 달렸으며,[에 7:10] 다니엘의 적들은 다니엘을
죽이려 했으나 그들이 사자 굴에 던져져 죽었다.[단 6:24] 이렇게 확고한 정
의는 영원성에 비추어서 이해할 필요가 있다. 지금은 의인이 악인에게
고난을 겪는 일이 얼마든지 있을 수 있다.[참조. 10:2-3, 행 2:22-23]

파괴적인 말에서 지식으로 얻는 안전 11:9-15
야누스 11:9
9절은 1-8절과 10-15절 사이에서 야누스의 기능을 한다. 또 9절은 "의
인"과 "구원"이라는 말[8a, 9b절]에 의해 11:1-8과 동심원 구조로 연결된다.

A "의인"은 환난에서 "구원"을 얻으나   8a절
   B 악인은 자기의 길로 가느니라   8b절
   B′ 악인 입으로 그의 이웃을 망하게 하여도   9a절
A′ "의인"은 그의 지식으로 말미암아 "구원"을 얻느니라   9b절

이 동심원 구조는 8a절에서 언급된 의인의 구원이 9b절에 나오는 지식
을 통해 이루어진다는 사실을 함축한다. 이와 유사하게, 악인에게 임하
는 환난[8b절]은 악인의 자기 파괴적인 말에 의해 일어난다.[참조. 9a절, 10-11절]
다른 한편, 9절은 "공동체의 말"이라는 주제에 의해 10-15절과 연결
된다.
9절의 반의적 평행구조에서는 두 주체인 "악인"과 "의인", 두 사람의

행위인 "그의 이웃을 망하게" 하는 일과 "구원을 얻느니라", 그리고 두 사람이 이용하는 수단인 "입으로"와 "지식으로"를 나란히 배치한다. 이 모호한 반의적 평행구조는, 이웃은 의인이 아니라는 점과 그 이웃이 공의로 무장하지 못했기에 우정을 앞세우는 악인에 의해 그릇된 길로 넘어진다는 점을 함축한다. 그러나 지식이 많은 의인[10:14]은 악인의 가면을 꿰뚫어 보고[28:11] 또 언제 무엇을 어떻게 말해야 하는지 아는 현명한 지식이 있어서 함정에서 스스로를 구원한다. 참조. 12:6, 13; 14:3

공동체의 말 11:10-15

이 하위 단락에서는 공동체를 살리거나 파괴하는 말의 힘을 재확인한다. 15절은 보증인이 되는 일을 다루면서, 이 일이 말로서 이루어지고 또 말에 의해 해결되어야 한다는 점을 상기시킨다. 참조. 6:1-5 [14] 이 하위 단락은 세 개의 2행 연구로 구성된다.

11:10-11 이 2행 연구에서는 의인과 악인의 결말에 대한 사회적 평가를 대조함으로써 악인이 아니라 의로운 사람이 되라고 힘주어 강조한다. 의인은 공동체의 전적인 인정을 받고 형통하지만 참조. 10:8; 28:12, 28; 29:2, 16 악인은 맹비난을 받으며 패망한다.

"형통"이란 사람들이 바라는 구체적이고 좋은 것들 모두를 가리킨다. 참조. 렘 31:12 하나님은 이것들을 "의인"에게 주신다. 욥 2:10 하나님이 그렇게 하실 때 "성읍이 즐거워하고" 도덕의 승리를 기뻐한다. 10a절에서 즐거워하는 일은 10b절에 나오는 "기뻐 외치느니라"와 짝을 이루지만, 두 편에서 기뻐하는 이유는 전혀 다르다. 10a절에서 성읍은 "악인이 패망"함을 크게 기뻐한다. 참조. 10:28; 11:7 성읍은 의로운 상급을 받은 사람들 위에 자기네 행복이 세워지는 것을 보고 즐거워한다. 이 잠언에서는 공동체가

---

14   Meinhold, *Sprüche*, 189-190.

일반 은총에 의지해 도덕성을 파악한다고 추정한다. 이 잠언은 원수가 넘어질 때 즐거워하지 말라고 말하는 24:17에 기대어 이해할 필요가 있다. 뒤에 오는 2행 연구12-13절에서는 다른 사람을 멸시하지 말라고 경고한다.

"정직한 자의 축복"(72쪽을 보라)은 하나님께서 그들에게 주시는 복을 뜻하거나 그들이 친절하게 행하고 기도함으로써 성읍에 부어 주는 복참조.10:6을 뜻한다. 어느 쪽이든 정직한 자는 환경 전체를 향상시키는 하나님의 복을 매개한다.참조. 창 18:26; 39:5 15 "성읍"은 8:3을 보라. "진흥하고"는 문자적으로나 비유적으로 "세우다"를 뜻하지만, 세우는 도구가 말이기 때문에(즉, "축복으로") 여기서는 은유의 의미로 사용된 것으로 보아야 한다. 축복이 말로 복을 비는 일이기에 "악한 자의 입으로"와 "축복으로"는 어울리는 평행구가 된다.참조. 10:6"무너지느니라"라는 은유는 정직한 자가 "세운" 성읍을 무너뜨리고 혼란하게 만드는 중상모략을 뜻한다.

11:12-13 이 2행 연구에서는 악인과 의인의 성품과 말을 밝혀서참조. 9, 10b, 11b절 10-11절이 잘못 해석되지 않도록 한다.

"지혜 없는 자"는 91쪽을 보라. "그의 이웃을 멸시하나"참조. 1:7; 6:30는 다른 사람과 심지어 하나님까지도 업신여기는 것을 뜻하며, 교만에 뿌리를 두고 있다.참조. 시 31:18; 123:4 공동체를 파괴해서는 안 되겠기에 "명철한 자(69쪽 "지혜로운 자와 의로운 자를 가리키는 지적 용어들"을 보라)는 잠잠하느니라"고 말한다. 그런 사람은 신중해서 자기 생각과 감정을 함부로 쏟아내지 않는데참조. 12:23; 13:3; 17:14, 27 이렇게 행하는 일은 불안할 때나렘 4:19 모욕을 당할 때창 34:5, 삼상 10:27, 삼하 13:20, 왕하 18:36, 욥13:5 매우 어려운 일이다. 반의적 평행구를 이루는 이 구절에서는 지혜로운 사람이 지혜 없는 자에 의해 "조롱거리가 되었다"NRSV고 말한다. 그러나 지혜로운 자는 여호와의

---

15   M. L. Malbim, *The Book of Proverbs*, ed. C. Wengrovand and A. G. Zornberg (Jerusalem: Feldheim, 1973), 112.

행동을 본받아 참조. 사 42:14, 합 1:13; 2:2-3 말하기에 적합한 때와 장소를 기다리며, 참조. 12:23; 15:2, 28, 사 41:1 지혜 없는 자와 똑같은 방식으로 대응하지 않는다. 참조. 26:4, 갈 6:1

13절에서는 사적인 대화를 비밀로 보호하라고 가르친다. 그렇지 않으면 반대자들이 이익을 얻고 우정을 위태롭게 하기 때문이다. 모호한 반의적 평행구로 이루어진 이 구절은, 한담하는 자는 신실하지 않으며 신실한 자는 모략을 꾸미지 않는다고 말한다. "두루 다니며 한담하는 자." 예레미야와 에스겔은 한담하는 자들을 마음이 굳은 거짓말쟁이요 자기네 피해자를 파괴하는 데 몰두하는 사기꾼이라고 묘사한다. 렘 6:28; 9:3, 겔 22:9 여기서 12절과의 연계성이 분명해진다. 즉, 멸시하는 마음은 중상모략으로 이어지나, 신중한 사람은 말을 삼간다. "누설"하는 자는 "남의 비밀을" 악의로 폭로한다. "비밀"은 친구 사이의 대화, 그중에서도 특히 은밀한 계획을 가리킨다. 참조. 11:13; 20:19, 시 83:3 법정에서라도 비밀을 폭로해서는 안 된다. 25:9 "마음이 신실한 자"는 성품이 충실하고 신뢰할 만한 사람이다. 그런 사람은 말(또는 "문제") 참조. 1:6이 새어 나갈 때 친구를 잃어버릴 것을 알기에 "그런 것을 숨기"는 사람이다.

11:14-15 이 마지막 2행 연구에서 14절은 신중하게 침묵하는 법12-13절과 신중하게 말하는 법을 균형 있게 가르친다. 14절과 15절이 모두 재앙을 불러오는 신중하지 못한 행동과 평안을 주는 신중한 행동을 대비시키지만, 14절에서는 시민의 문제를 다루고 15절에서는 개인적인 사업을 다룬다.[16]

공동체가 성공을 이루기 위해서는 현명한 조언과 지혜로운 조언자가 필요하다. 이 점을 잘 보여주는 속담이 "한 사람보다는 두 사람이 머리를 맞대는 것이 낫다"이다. "지략이 없으면"이라는 말은, 힘센 영웅과 맞붙어야 하는 때라도 신체적인 힘보다는 지략(69쪽 "지혜로운 자와 의로운 자를 가리키는 지적 용어들"을 보라)이 더 중요하다는 뜻을 함축한다.^{참조. 8:14; 21:31} 지략이 없으면 "백성(공동체 전체)이 망"한다. 14b절은 지혜가 없으면 외부의 적대적인 세력의 지배를 받게 된다는 것을 뜻한다. "평안을 누리느니라"라고 해석된 히브리어 동사는 곤경에 빠진 사람을 구속한다는 뜻보다는 그런 사람에게 도움을 베푼다는 것을 뜻한다.[17] "지략이 많으면"은 유능한 사람이 많아서 그들의 주장과 반론을 힘입어 위험을 극복하고 성공에 이르는 계획을 세울 수 있다는 것을 말한다.

15절에서는 "타인을 위하여 보증이 되는" 경솔한 짓을 저질러 평안과 안전을 잃어버리는 재앙을 다룬다(6:1에 관한 주석을 보라). "손해를 당하여도"는 13:20을 보라. "보증이 되기를(6:1에 관한 주석을 보라. 원문은 "네 손을 치면"인데, 이는 거래를 확정하는 '언어' 행위로서 기능하는 몸짓을 뜻한다) 싫어하는 자^{참조. 1:22}는 평안하니라." 평안하다는 말은 재정 파산의 위험이나 걱정이 없음을 말한다.^{참조. 6:2-15}

선행과 공동체 11:16-22

여기서는 주제를 바꾸어 선행 및 선행을 베푸는 자가 받는 보상과 그와는 대조적으로 이기심 및 이기심으로 자초하는 해악에 관해서 다룬다.^{11:16-27} 이 하위 단락은 영예를 얻는 유덕한 여자^{16절}와 영예를 상실한 경박한 아름다움^{22절}을 대조하는 구조로 이루어진다.

11:16-17 이 잠언 쌍은 하위 단락 전체의 주제이기도 한 공통 주제에 의해 연결된다. 그 주제란 고상한 성품은 참된 보상을 받지만 천한 성품은 아무런 이득도 얻지 못한다는 것이다.

"유덕한 여자"(단수)는 "근면한 남자[들]"(복수)와 대비되는데, 이는 여

---

17   J. F. Sawyer, *TDOT*, 6:442, s.v. *yāša'*.

자가 성^{gender} 측면에서나 수적으로 "더 약하다"는 점을 뜻한다. 그런데도 여자는 훨씬 더 좋은 것, 곧 시간에 한계가 없는 "존영"(사회적인 영예)을 "얻는다." 이와는 대조적으로 근면한 남자들은 덧없는 "재물"을 얻을 뿐이다.^{참조. 11:28; 23:5} 재물은 그럴듯해 보이기는 해도^{3:16; 8:18; 13:8; 14:23; 22:4} 하나님에게서 멀어지게 하고,^{30:8} 거짓 안전을 제공할 수 있으며,^{11:28} 또한 반드시 사회적 존경을 얻게 하지도 않는다. 결국 그들이 억압적으로 쟁취한 것이 그들을 무너뜨린다. 그들의 이름은 더러워지고^{10:7} 그들의 재물은 사라진다.^{23:5} 사회적 영예가 재산보다 더 가치 있다.^{22:1, 참조. 31:10-31} 그래서 여자의 "유덕함"이 남자들의 난폭한 힘보다 훨씬 더 낫다.

"인자한^{헤세드(ḥesed)} 자"는 자신을 희생하여 곤경에 처한 이웃을 돕다가 역설적이게도 "자기의 영혼을 이롭게" 한다. 이와는 대조적으로 "잔인한 자", 곧 "무정한 자"는 고의로 다른 사람에게 고통을 가하다가 역설적이게도 "자기의 몸을 해롭게" 한다. 욥기에 따르면, 어떤 사람의 몸을 해치는 것이 그의 소유물 전체를 뺏는 것보다 더 나쁘다.^{욥 1:12; 2:4-6} 20-21절에서 주장하듯이, 이러한 역설을 지지하는 이가 여호와시다. 바울에 따르면 인자함은 성령을 따라 행할 때 맺는 열매다.^{갈 5:16-23}

11:18-19 18절과 19절은 동심원적 구조에 의해 하나로 묶인다. 이 2행 연구는 또 "공의를 뿌린"^{18b절}과 "악을 따르는"^{19b절}이라는 두 은유 표현을 한 쌍으로 묶어서, 18절에 나오는 허무한 삯과 확실한 상이 19절에서 생명과 죽음으로 규정된다는 것을 보여준다.^{참조. 10:16}

A "악인"은 허무한 삯을 위해 일하는 사람이다.	18a절
B 그러나 "공의를 뿌린 자"는 확실한 상을 위해 일한다.	18b절
B′ "공의를 굳게 지키는 자"는 생명을 얻으나	19a절
A′ "악을 따르는 자"는 사망에 이른다.	19b절

"악인"(85-86쪽을 보라)은 "허무"한 "삯"을 위해 일하는 사람으로 그려진다. 악인은 이기적인 마음으로 자기 일을 열심히 하면서 그 결과가 좋을 것으로 생각하지만, 이 2행 연구의 나머지 부분에서 분명하게 밝히듯이 그의 이기심으로 인해 기껏해야 파멸과 죽음에 이르게 된다.1:10-18; 10:2, 25; 11:4를 보라. 참조. 롬 6:21 이와는 대조적으로, 인자한 자는 씨앗을 뿌리듯 "공의를 뿌린" 농부에 비교된다. 이런 농부는 "확실한 상"을 위해 일한다. "확실하다"는 말을 덧붙인 까닭은 농사에서는 수확이 확실하지 않으나 도덕의 영역에서는 그렇지 않다는 점을 보이기 위해서다.참조. 시 19:11; 37:3-6, 사 32:17-18, 마 19:29, 계 22:12

19절에서는 확실한 삯(상)과 허무한 삯을 각각 생명과 사망으로 규정하고 강조한다. "참으로"켄(ken)(19절을 이끄는 말로, 개역개정에는 번역되지 않았다—옮긴이)라는 극적인 표현을 사용해, "공의를 굳게 지키는 자는 생명(78쪽 "지혜로운 자가 받는 보상: 생명"을 보라)에 이르고" 그에 반해 "악을 따르는 자"는 영원한 "사망에 이르느니라"라는 진리를 강조한다.

20-21 "20절에서 하나님께서 개인들에게 보인 태도(혐오/기뻐하심)에 상응하여 21절에서 묘사하는 그들의 삶의 결과(벌을 면하지 못함/구원을 얻음)가 나타난다."[18]

20절의 반의적 평행구는 "마음이 굽은(뒤틀린) 자"와 "행위가 온전한 자"를 대조한다. 마음이 굽은 자는 자기 이익을 위해 하나님과 공동체에 반대하며, 온전한 자는 다른 이를 섬기는 일에 철저히 헌신한다. 하나님의 응답도 상반되게 나타나서, 앞사람은 "여호와께 미움을" 받으며 뒷사람은 "그의 기뻐하심을" 받는다. 하나님만이 생명과 죽음을 주실 수 있다. 이 잠언에서는 하나님께서 기뻐하시는 것에 일치하도록 사람이 자기의 마음을 바꿔야 한다고 권고한다. 그 외의 다른 방법은 허용되지 않

---

18   Garrett, *Proverbs*, 126-127.

는다.

21절의 반의적 평행구는 주어인 "악인"과 "의인의 자손"을 대조하고
나아가 그 주어들에 상응하는 술어, 곧 "벌을 면하지 못할 것이나"와 "구
원을 얻으리라"를 대조한다. 의인은 죽음에서 "구원"을 받는다. 19절을 보라. 참
조. 10:2; 11:4 이 구절을 이끄는 "이 점을 확신하라"(개역개정에는 명확하게 표
기되지 않았다—옮긴이)는 단호한 주장은, 정의가 무너져 악인은 벌을 피
하고 오히려 의인이 고난을 겪는 현실에도 불구하고 결국 악인은 구원
받지 못하고 의인이 구원받게 된다는 사실을 단언하는 것이다.¹⁹ 이 잠언
은 현실을 관찰한 사실이 아니라 하나님의 본성에 근거한 것이다.²⁰

11:22 한 행으로 이루어진 이 냉소적 잠언은 16절과 인클루지오를 이
루면서 16-21절과 23-28절을 갈라놓는다. 기이하게도 이 잠언에서는
구정물로 더러워진 돼지 코에 걸린 금 고리와 아름다움을 악으로 치장
한 어리석은 여자의 피상적인 아름다움을 비교한다. "금 고리"는 사람의
매력을 드높인다. 사 3:21, 겔 16:12, 호 2:13 "돼지 코에"라는 은유는 구정물을 먹
고 배설물에 묻혀 지내면서 코에 걸린 귀한 장신구를 생각 없이 더럽히
는 돼지의 습성을 떠올리게 한다. "아름다운 여인"은 여자의 외적 미모를
가리키는 것으로, 긍정적으로 보아 흔히 이성의 마음을 끌 수 있도록 하
나님이 주신 선물로 간주된다. 참조 2:16, 삼상 25:3, 에 2:7, 욜 42:15 "삼가지 아니하
는" 사람은 특별 계시를 통해 배운 것, 그리고 양심에 규범으로 자리 잡
은 것으로부터 벗어나는 사람을 가리킨다. 여기서 "삼가다"discretion, 신중함는
하나님이 주신 선물로서 좋은 판단을 내릴 수 있게 하는 분별력을 가리
킨다. 삼상 25:33, 욜 12:20, 시 119:66

---

19 마인홀트가 *Sprüche*, 196에서 그렇게 말한다. Fox, *Proverbs 10-31*, 539에 따르면,
11:19과 같은 이러한 강한 단언은, 저자가 눈에 보이는 현실과 흔히 모순되는 결과를 주장하고
있다는 것을 뜻한다.

20 Van Leeuwen, "Proverbs," in *NIB* 5, 119.

이 잠언에서는 여자가 지금까지 지녔던 건전한 판단력을 버리고 옷이나 말과 태도에서 스스로 천박한 짐승으로 변했다고 함축한다. 사실 이 여자는 돼지보다도 못하다. 암돼지는 본성이 천박하며, 이 여자는 "삼가지 아니"하여 자기의 품위를 버렸다. 이 여자를 높여 주었던 아름다움이 이제 어리석게 허비되어 버렸다. 여자는 타고난 재능으로 영예를 누리기는커녕 조롱을 받는다. 구조적으로 이 구절에 대응하는 절16절에서는 포악함과 재물보다 품위와 영예를 더 귀하게 여기라고 가르친다. 22절에서는 외적인 아름다움보다는 삼갈 줄 아는 내적 품위를 더 중요하게 여기라고 가르친다. 이 교훈은 특히 미혼의 젊은 남자들에게도 적용될 수 있다. 크누트 하임K. M. Heim이 이러한 논점을 제시하기는 하나, 그 주요 의미를 다음과 같이 그릇되게 주장한다. "특히 이 잠언은 남자들에게 여자가 사회적으로 미련한데도 그저 외모만 보고 결혼하는 어리석은 짓을 저지르지 말라고 경고한다."21

소원과 역설적 성취 11:23-27

이 하위 단락은 23절과 27절이 앞뒤로 에워싸는 구조로 이루어진다. 이 두 절은 전반절들에 나오는 "선"이라는 표제어와 사람의 소원과 그 성취에 관한 일반론에 의해 하나로 연결된다. 이러한 구조 안에서 23-25절은, 주는 자는 얻으며 그에 반해 학대하는 자는 자기를 학대하는 것이라는 역설적 주장을 편다.참조. 17-21절

---

21 ＿ K. M. Heim, "A Closer Look at the Pig in Proverbs xi 22," *VT* 58 (2008): 13-27. 하임은 돼지가 바로 젊은 남자를 가리킨다고 주장한다. 하지만 하임의 이런 독특한 견해는 이 잠언 자체가 아니라 「잠언」 전체를 배경 삼아 제시된 것이다. 그런데 잠언의 구절들은 그 평행구에 비추어서 해석해야 한다. 폭넓은 맥락은 이러한 해석―비록 본문의 의미에 결정적인 것은 아닐지라도―을 풍부하게 해준다. 이 잠언 자체만 놓고 볼 때 돼지가 남자를 가리키는 불완전한 은유라고 볼 만한 근거는 없으며,참조. 11:22 인접한 맥락에서도 이처럼 협소한 해석을 지지하지 않는다.

11:23 이 구절에서는 10:28을 심화한다. "의인의 소원"참조. 10:24b은 다른 사람을 이롭게 하려는 본심에서 우러나는 의인의 열망을 가리킨다. "오직 선하나"참조. 3:27는 의인이 자기 자신을 희생해서라도 다른 사람에 선한 일을 이루기 원한다는 뜻 참조. 23-25절과 의인은 다른 사람과 자신에게 선한 일만 구한다는 뜻을 지닌다. 선을 악으로 갚는 것은 불의한 일이요, 그런 까닭에 도덕의 주권자께서는 선으로 선을 갚는 것을 의무로 삼으신다. "악인의 소망참조. 10:28은 진노를 이루느니라"는 악인이 다른 이에게 퍼붓는 진노가 그 자신에게로 되돌아온다는 것을 뜻한다. 그는 다른 사람을 강탈해서 번영하기를 바라지만 하나님은 그에게 번영 대신 진노로 답하신다.

11:24 "주먹을 움켜쥐는 사람은 가난해지고, 손을 벌리는 사람은 부자가 된다"[22]는 원리가 이 구절을 25-26절과 연결한다. 24절의 전반절과 후반절이 모두 모순되는 요소들을 결합해서 명확하지 않은 것을 명료하게 밝혀 내는 역설을 제시한다. "흩어 구제하여도"는 널리 관대하게 거저 베푸는 사람을 말한다. 흩는 것이 무엇인지는 24b절의 평행구에서 확인할 수 있다. 그것은 "옳은 것"(개역개정에는 생략되었다—옮긴이), 곧 공동체를 유익하게 하는 일이다. 구제를 받는 대상은 명시되지 않았으나 가난한 사람들이다. "…하여도"베(we), '그리고'는 관대하게 자기 소유를 비워 흩어 버리는 사람이 사실은 "더욱 부하게" 된다(즉 내어 준 것보다 더 많이 얻는다)는 놀라운 역설의 진리를 보탠다. 이와는 대조적으로 "과도히 아껴도" 그 결과는 역설적이게도 생활필수품이나 재물을 얻지 못해 "가난하게 될 뿐"이다. 자선을 베푸는 일은 "아기에게 젖을 먹이는 일에 비교되어 왔다. 아기에게 젖을 많이 먹이면 그만큼 어미에게서 나오는 젖도 많아진다."[23] 이 역설은 개인적인 투자가 아니라 자선활동에 해당하는 것이

---

22   Aitken, *Proverbs*, 126.
23   Greenstone, *Proverbs*, 122.

다. 물질적으로 궁핍하게 되는 비도덕적 원인들에는 게으름[14:23]과 성급함,[2:15; 28:22] 완악함, [13:25, 참조. 10:3] 방종, [21:17] 어리석은 관용[22:16]이 있다.

11:25-26 농업에 빗댄 은유와 "복"이라는 표제어가 이 잠언 쌍을 하나로 연결한다. 24절에서 언급한 호혜성의 진리가 25절에서 두 개의 이미지를 통해 자세히 설명된다. 가축을 기르는 일에서 빌어온 "풍족하여질 것이요"(원문은 "살이 찔 것이요")와 채소를 가꾸는 일에서 빌어온 "윤택하게 하는"(원문은 "물을 공급하는")이 그것이다. 이 두 가지 이미지는 관용의 호혜성이 확실하다고 보장한다.[참조. 10:26] "구제를 좋아하는"이라는 말은 가난한 사람에 대한 자기 의무를 실천하는 것을 가리키며[24절] 그 의무에는 기도가 포함된다.[참조. 10:6] 역설적이게도 그렇게 베푸는 사람은 "풍족하여"진다. 이 은유가 가리키는 것은 풍요와 충족과 건강이다.[참조. 신 31:20] "남을 윤택하게 하는 자"라는 은유는 물이 필요한 메마른 땅—암묵적으로 가난한 사람을 가리키는 비유—을 암시한다. "자기도 윤택하여지리라"는 풍성한 추수를 거두어서 관용도 베풀고 자기도 이익을 얻게 되는 호혜성을 강조하는 것으로, 여기서는 "흠뻑 젖다"는 물의 환유에 의해 묘사된다.

26절에서는 기근 때 가격을 올려 받을 생각으로 비축하는 것과는 달리 곡식을 시장 가격으로 판매하는 사례를 통해 관대히 베풀지만 이득을 얻고, 아끼지만 잃어버리는 역설을 설명한다. "곡식을 내놓지 아니하는 자"는 가격을 올리려고 곡식을 팔지 않아 자기 이득을 위해 다른 사람을 착취하는 상인들을 가리키는 것으로 보인다.[참조. 암 8:4-8] "곡식"은 사치품이 아니라 생필품을 상징한다. 그들은 "백성에게 저주를 받"는다. 하지만 오직 하나님만이 저주를 시행할 수 있기에 백성은 저주가 이루어지기를 바라며 하나님을 바라본다.[참조. 출 22:22-24, 암 8:4-8, 약 5:4] [24] "그의 머리에

---

24 이 잠언의 논점은 2020년 초 코로나 바이러스가 크게 확산되었을 때 일부 상인들이 나중에 높은 가격으로 팔 생각으로 지역 소매상에 몰려와 마스크와 장갑과 손소독제를 대량으로 사

복이 임하리라"는 기도하는 사람들이 곡식을 공의롭게 "파는 자"에게 하나님이 복을 주시기를 기도하는 축복의 말을 가리킨다(10:6에 대한 주석을 보라).^{욥 29:13}

11:27 자선을 베풀어 득을 본다는 주제를 강조하는 이 단락은 상반된 소원을 구하는 두 유형의 사람^{참조. 23절}에 관한 일반적인 정의로 끝을 맺는다. "간절히"는 어려움을 무릅쓴다는 것을 의미한다. 후반절의 "악"이 다른 사람을 해치는 일을 가리키는 것이기에 "선을……구하는"은 다른 사람을 돌보는 일을 뜻한다. "은총을 얻으려니와"는 하나님이 주시는 복을 가리키는 환유다. "악을 더듬어 찾는 자"는 고의적이고 끈질기게 자기 이웃을 해쳐서 죽음으로 몰아가는 사람을 가리킨다.^{참조. 11:19} 그 자신에게 "악이 임하리라"는 말은 도덕의 주권자가 시행하시는 호혜성이라는 확고한 도덕법을 가리킨다.^{1:26-27을 보라. 참조. 에 7:10, 시 57:6, 갈 6:7, 살후 2:10-11} 이 잠언은 선을 행하여 영원한 생명을 상으로 받은 예수를 본받으라고 독자들에게 권고한다.^{마 25:35-36, 행 10:38-40, 빌 2:5-11, 약 1:27} "찾으라. 그리하면 찾아낼 것이요"라는 진리가 다음과 같이 새 의미를 얻게 된다. 다른 사람을 위해 구하는 것이 네게로 돌아올 것이다.^{참조. 마 6:33; 7:7}

얻는 것과 잃는 것의 확실성 11:28-31

28-30절에서는 얻는 것과 잃는 것이라는 주제를 계속 다루면서 그것들의 확실성을 중점적으로 살핀다. 이 단락은 31절에 나오는 결정적인 잠언으로 끝난다.

11:28 28절의 반의적 평행구는 재물을 의지하여 자신을 구하려는 사람들과 의로운 사람들을 대조하며, 나아가 그들 각각의 운명 곧 치명적인 몰락과 번영을 대조한다. 이 평행구는 명료하지 않은데, 의인은 자기

들였을 때 확인되었다. 이에 대응하여 당시 정부는 매점^{買占}을 처벌하는 법을 도입했으며, 그 결과 많은 상인들이 비축한 것을 기부하고 매입 비용조차 건지지 못하게 되었다.

재물을 의지하지 않으며 자기 재물을 의지하는 자는 의롭지 않다는 점을 함축한다.참조. 10:15 "자기의 재물을 의지하는 자"는 가난한 사람과 재물을 나누지 않으며 오히려 재물을 철저히 지킨다. 재물이 그의 희망의 근거이기 때문이다. "패망하려니와"는 뜻밖의 죽음과 파멸을 가리키는 불완전한 은유다. 재물이 복일 수도 있지만참조. 3:14-15; 8:18, 창 24:35, 대하 1:11-12, 욥 42:11-12 재물을 신뢰하는 것은 어리석은 일이요막 10:21-25 또 생명을 위태롭게 하기도 한다. 재물이 죽음에서 구원해 주지 못하기 때문이다.참조. 10:2, 15; 11:4; 18:11; 28:11; 30:7-9 이와는 달리, 의인은 변함없이 신실하신 하나님을 굳게 믿고,3:5; 16:3, 20; 22:19; 28:25; 29:25 그분의 은혜를 구하며,11:27 자기 재물을 다른 사람과 나눈다. 그 결과 그들은 복을 받아 "푸른 잎사귀 같아서 번성"한다. 이 직유는 "패망"과는 정반대로 삶이 새롭고 활기차게 번성함을 뜻한다.

11:29-30 이 두 절에서는 28절의 두 이미지를 자세히 설명한다. 29절은 미련한 자의 비극적인 몰락28a절을 바람에 무너진 집이라는 이미지를 이용해 설명하며, 30절은 의인의 번성28b절을 열매가 풍성한 나무의 이미지를 사용해 설명한다.

"자기 집을 해롭게 하는 자"는 자기와 관계가 있는 사람들(환유로 보아, 노예와 종까지 포함한다)에게 해를 가하는 사람을 뜻한다. "바람"을 "소득"으로 물려받는 사람은 허무한 종말을 맞는다.욥 15:2; 16:3, 전 1:14, 사 26:18, 렘 5:13, 미 2:11 "미련한 자는 마음이 지혜로운 자의 종이 되리라." 재산을 잃은 미련한 자는 자유를 빼앗기고 능력 있는 사람의 지배를 받게 되는데, 이 사람은 미련한 자의 역량을 긍정적인 목표로 돌릴 수 있는 사람이다. 미련한 자는 인색함으로 인해 비참과 노예의 처지로 밀려난다.

30a절은 의인의 치유하는 말과 행동을 생명 나무의 열매라고 묘사한다. 그에 더해 30b절은 의인의 열매가 매우 매력적이어서 사람들을 끌어들여 먹이고 죽음에서 구원받게 한다고 덧붙인다. "열매"란 의인이 말

과 행실로 공동체에 공급하는 유익한 일들을 가리킨다. "생명 나무"는 그 것을 먹는 사람은 누구나 치유되며, 풍요롭고 영원한 삶을 얻게 된다는 것을 함축하는 확장된 은유다. 참조 3:18 "사람을 얻느니라"는 의도적인 반 어법이다. 이 연어 표현은 성경에서 여기 외에 다섯 번 나오는데, 언제나 "죽이다"라는 의미로 사용된다. 하지만 상식적으로 판단할 때, 이 의미를 지혜로움과 엮는 것을 거부하고 정반대의 의미 곧 "그들을 살리다"라는 뜻으로 받아들이는 것이 마땅하다.[25] 이렇게 해석하는 것이 의인은 영생 을 낳을 뿐만 아니라 자기의 매력으로 다른 사람을 죽음에서 구원하기 도 한다고 말하는 13:14과도 합치한다.

11:31 이 단락은 악한 사람은 상을 받지 못한다고 주장하는 결정적인 잠언[26]으로 끝난다. 이 잠언은 가중 논증ª fortiori argument을 사용하여 확실한 명제(전반절)에서 함축적인 두 번째 명제(후반절)로 나아간다. 전반절에 서는 확실한 전제로 "…거든"이라고 말하고, 후반절에서는 "하물며…… 이리요"라고 결론을 내린다. "의인"이라는 말이 30a절과 31절을 연결한 다. "보응을 받겠거든"은 법률 용어로서 흔히 손해 배상을 뜻하지만 여기 서는 형벌을 뜻한다. "이 세상"은 역사의 공간, 곧 살아 있는 자들의 땅[27] 을 가리키며, 이곳에서 의인들이 단련된다. "하물며"라는 말로 함축적 인 명제를 제시한다. "악인"(84쪽 "악인과 미련한 자를 가리키는 윤리적 용어 들"을 보라)과 "죄인"참조 1:10의 조합은 그들이 사람에게 지은 범죄가 하나 님 앞에 죄가 된다는 것을 뜻한다. 전반절에 나오는 "보응을 받겠거든"은 후반절에도 적용된다. "이 세상에서"는 후반절에 적용되지 않는데, 현재 (이 세상에서) 의인을 교정하는 벌과 현 역사를 벗어나 미래에 악인이 받 는 형벌을 구분하려는 후반절의 의도 때문으로 보인다. 이 잠언은 의인

25   William H. Irwin, "The Metaphor in Prov. 11,30," *Bib* 65 (1984): 97-100.
26   "하물며……이리요"라는 결정적 양식이 여기서 처음 나온다.
27   Fox, *Proverbs 10-31*, 545.

이 하나님의 징계를 벗어나지 못한다면[31a절] 죄인은 얼마나 더 벗어나기 힘들겠느냐[31b절]고 말한다. 의인은 역사 안에서, 곧 그들이 물려받게 될 "이 세상에서" 여호와의 징계를 받는다. 세상과 나란히 정죄 받는 일이 있어서는 안 되기 때문이다.[3:11-12, 고전 11:32] 이와는 달리, 악인은 그들이 받아 마땅한 보응을 이 땅 위에서(그들이 사는 동안에)[참조. 3:1-12] 받지 않을 수도 있다. 오히려 그들에 대한 심판은 마지막 때 그들이 이 땅에서 쫓겨날 때 이루어진다.[2:21-22; 10:30]

말과 행위를 다루는 두 개의 하위 단락 [12:1-28]

[1]훈계를 좋아하는 자는 지식을 좋아하거니와 징계를 싫어하는 자는 짐승과 같으니라. [2]선인은 여호와께 은총을 받으려니와 악을 꾀하는 자는 정죄하심을 받으리라. [3]사람이 악으로서 굳게 서지 못하거니와 의인의 뿌리는 움직이지 아니하느니라. [4]어진 여인은 그 지아비의 면류관이나 욕을 끼치는 여인은 그 지아비의 뼈가 썩음 같게 하느니라. [5]의인의 생각은 정직하여도 악인의 도모는 속임이니라. [6]악인의 말은 사람을 엿보아 피를 흘리자 하는 것이거니와 정직한 자의 입은 사람을 구원하느니라. [7]악인은 엎드러져서 소멸되려니와 의인의 집은 서 있으리라. [8]사람은 그 지혜대로 칭찬을 받으려니와 마음이 굽은 자는 멸시를 받으리라. [9]비천히 여김을 받을지라도 종을 부리는 자는 스스로 높은 체하고도 음식이 핍절한 자보다 나으니라. [10]의인은 자기의 가축의 생명을 돌보나 악인의 긍휼은 잔인이니라. [11]자기의 토지를 경작하는 자는 먹을 것이 많거니와 방탕한 것을 따르는 자는 지혜가 없느니라. [12]악인은 불의의 이익을 탐하나 의인은 그 뿌리로 말미암아 결실하느니라. [13]악인은 입술의 허물로 말미암아 그물에 걸려도 의인은 환난에서 벗어나느니라. [14]사람은 입의 열매로 말미암아 복록에 족하며 그 손이 행하는 대로 자기가 받느니라. [15]미련한 자는 자기 행위를 바른 줄로 여기나 지혜로운 자는 권고를 듣느니라. [16]미련한 자는 당장 분노를 나타내거니와 슬기로운 자는 수욕을 참느니라. [17]진리를 말하는 자는 의를 나타내어도 거짓 증인은 속이는 말을 하느니라.

18 칼로 찌름 같이 함부로 말하는 자가 있거니와 지혜로운 자의 혀는 양약과 같으니라. **19** 진실한 입술은 영원히 보존되거니와 거짓 혀는 잠시 동안만 있을 뿐이니라. **20** 악을 꾀하는 자의 마음에는 속임이 있고 화평을 의논하는 자에게는 희락이 있느니라. **21** 의인 에게는 어떤 재앙도 임하지 아니하려니와 악인에게는 앙화가 가득하리라. **22** 거짓 입술 은 여호와께 미움을 받아도 진실하게 행하는 자는 그의 기뻐하심을 받느니라. **23** 슬기로 운 자는 지식을 감추어도 미련한 자의 마음은 미련한 것을 전파하느니라. **24** 부지런한 자의 손은 사람을 다스리게 되어도 게으른 자는 부림을 받느니라. **25** 근심이 사람의 마 음에 있으면 그것으로 번뇌하게 되나 선한 말은 그것을 즐겁게 하느니라. **26** 의인은 그 이웃의 인도자가 되나 악인의 소행은 자신을 미혹하느니라. **27** 게으른 자는 그 잡을 것 도 사냥하지 아니하나니 사람의 부귀는 부지런한 것이니라. **28** 공의로운 길에 생명이 있 나니 그 길에는 사망이 없느니라.

12장은 같은 분량으로 이루어진 두 개의 하위 단락1-14절, 15-28절으로 구성 되며, 말과 행위를 주제로 다룬다. 두 하위 단락은 모두 배우기를 즐겨 하는 지혜로운 자와 고집불통의 미련한 자를 대조하는 교육적 잠언으로 시작하고,1, 15절 아들에게 뒤에 이어지는 가르침을 따르라고 촉구한다. 두 하위 단락 모두 의로운 자에게 현재와 또 영원토록 누리는 생명을 약속 하는 종합적 잠언으로 끝난다.14, 28절

각 하위 단락은 다시 세부적인 하위 단락들로 나뉘는데,1-3, 4-7, 8-12, 13- 14절과 16-19, 20-23, 24-28절 이 세부적인 단락들은 의인과 악인의 특성을 밝히는 잠언으로 시작해서 의인의 영구함과 악인의 덧없음을 단언하는 잠언들 로 끝난다.

첫 번째 하위 단락 12:1-14

서론 12:1-3

서론에서는 지혜로운 자와 미련한 자의 특성을 훈계를 받아들이느냐, 거

부하느냐에 따라 규정한다.

12:1 이 잠언에서는 서언[1:8-9:18]에 나왔던 어휘들—훈계[1:2]와 지식[1:7]과 징계[책망, 1:25, 29-30]—이 반복되고, 서언에서 제시했던 목표, 곧 젊은이들로 하여금 부모의 가르침을 따라 우매함에서 벗어나 생명의 길을 걷게 하려는 목표가 다시 울려 퍼진다. 제자의 특성을 "훈계를 좋아하는 자"라고 규정한 것은 지혜롭게 행동하려는 강한 열의를 지녔다는 점을 가리키는 것이다. 그러나 "징계를 싫어하는 자"는 지혜라는 성스러운 영역 밖에 있어서 "짐승과 같"다. "짐승과 같으니라"는 말은 시편 73:22에 나오는 "짐승"과 평행한다. 그런 사람은 "인간과 짐승을 구별하는 합리적 능력이 없다."[28] 구제불능인 사람들은 징계를 우습게 여겨서 스스로 거룩하신 분에게서 소외되고, 그 결과 원죄로 인해 생각과 행동이 짐승처럼 변한다.[참조. 시 32:9]

12:2 이 구절에서는 배우기를 즐겨하는 자와 고집불통인 자를 각각 "선인"과 "악을 꾀하는 자"라고 규정한다. "선인"[참조. 1a절]은 공동체의 안녕을 소중히 여기며 그 안녕에 보탬이 된다. 그 사람은 모든 선의 원천[막 10:18, 갈 5:22, 약 1:17]이자 생명과 번영을 주실 수 있는 유일한 분[참조. 8:35, 사 58:11]이신 "여호와께 은총을 받"는다. "선인"과 정반대인 "악을 꾀하는 자"[이쉬 메짐모트('iš mezimmôt)]는 다른 사람을 해쳐 자기 욕심을 채우려고 악한 계략을 꾸미는 포악한 자[1b절]를 뜻한다. 은총을 받는 것과는 정반대로, "정죄하심을 받으리라"는 말은 여호와께서 악인이 지혜의 규범을 어긴 죄를 아시고 그를 죽음에 넘겨주신다는 것을 뜻한다.

12:3 이 구절에서는 선인과 악을 꾀하는 자[2절]를 그들의 악한 특성과 의로운 특성에 따라 규정하며, 그들이 입은 여호와의 은혜와 저주를 영구한 것과 덧없는 것으로 대비시킨다. "사람이 악으로서(84쪽 "악인과 미

---

28 Chou-Wee Pan, *NIDOTTE*, 1:691, s.v. *b'r*.

련한 자를 가리키는 윤리적 용어들"을 보라) 굳게 서지 못하거니와"는 사람
은 누구라도 악을 행하고서는 오래 가지 못한다는 뜻이다. 이와는 달리,
"의인(1절의 "지혜로운 자"와 2절의 "선인" 2절)의 뿌리는 움직이지 아니하
느니라"는 말은 그들이 영구하다는 것을 뜻한다.

말과 가정 12:4-7

이 세부적인 하위 단락은 두 유형의 아내를 대조하는 잠언^{4절}으로 시작
해서 그들의 집의 영구함을 대조하는 결론으로 끝난다.^{7절}

12:4 겉으로 드러나는 면류관과 내면의 썩은 뼈라는 은유를 사용하여
지혜로운 아내와 미련한 아내를 대조한다. 이렇게 대조하여 욕을 끼치는
아내는 남편의 사회적 지위를 무너뜨리고 어진 아내는 남편의 힘이 되어
공동체를 이끄는 데 필요한 사회적 영예와 힘을 부어 준다^{참조. 31:23}는 점
을 밝힌다. "고결하고 덕스러운"(개역개정에는 "어진"으로 번역되었다—옮
긴이)이라는 말은 히브리어 '하일'^{ḥayil}(31:10과 그 외에 이 말이 여성에게 유
일하게 사용된 곳인 룻 3:11을 보라)을 가리키는 중언법이다. 이 말이 여성
에게 사용될 때는 정신적이고 육체적인 힘과 고결한 성품, 능력을 뜻한
다.^{룻 3:11, 잠 14:1; 31:10-29} "아내"(개역개정에는 전반절에서 "여인"으로 나온다—옮
긴이)는 진실한 여인을 가리킨다.^{참조. 9:13} 아내가 "면류관"이라는 말은 남
편에게 지극히 큰 자랑거리가 되고 또 다스리는 힘을 부어 준다는 것을
뜻한다.^{4:9; 31:10-31을 보라. 참조. 욥 19:9} "지아비"^{바알(ba'al)}는 넓게 보아 "주"^{lord}를 뜻
한다. 베드로는 사라를 이상적인 아내로 치켜세우는데, 그 이유는 사라
가 진심으로 아브라함을 자기의 "주"^{퀴리오스(kyrios), 벧전 3:6, 참조. 아돈('ādōn), 창 18:12}라
고 불렀기 때문이다. 이 잠언은 이 여자의 남편이 지혜롭고 의로우며 또
아내의 유익을 위해 희생하는 사람^{참조. 벧전 3:7}이라고 가정한다. "욕을 끼치
는 여인"이라는 구절은 그 남편이 결혼을 대가로 명예와 지위를 얻으려
했으나 오히려 정반대의 처지에 놓였다는 것을 함축한다. 여자는 신실하

지 않고 2:17 다투기를 좋아하며, 19:13; 21:9, 19 경건하지 않고 무능하다. 비유로 말해 여자는 "지아비의 뼈가 썩음(힘을 잃음) 같게" 만든다. 참조. 12:4; 14:30, 합 3:16 29 "뼈"는 남편의 육체와 마음의 근간을 뜻한다. 뼈가 썩어감에 따라 남편의 내적 행복과 외적 힘이 약해지고 "마침내……남자의 삶 전체가 무너져 내리게 된다."30 결혼은 중대한 일이며, 아내는 가정과 공동체 안에서 남자의 성패를 좌우한다. 참조. 14:1; 18:22; 19:14; 31:10-31 모세의 율법은 가정의 거룩함을 더럽힌 아내와 이혼하는 것을 허용했다. 신 24:1-4, 참조. 마 19:3-12

12:5 의인과 악인은 계획하는 일에서도 철저히 상반된 모습을 보인다. "생각"과 "도모"(69쪽 "지혜로운 자와 의로운 자를 가리키는 지적 용어들"을 보라)는 목적을 성취하는 수단이다. "의인"(72쪽 "지혜로운 자와 의로운 자를 가리키는 윤리적 용어들"을 보라)의 생각과 도모는 온전히 "정직"(문자적 의미는 "정의"이다. 참조. 8:30에 나오는 "그의 기뻐하신 바"를 보라)하며, "악인"(97-100쪽 "악인과 미련한 자를 가리키는 윤리적 용어들"을 보라)의 생각과 도모는 "속임"(문자적 의미는 "기만"이다)으로 가득하다. 자기에게 유익한 목적을 이루기 위해서는 속임수가 필요하다. 참조. 렘 17:9, 마 15:19 유다는 예수를 배반하는데 기만적인 입맞춤을 사용했다. 마 26:47-49

12:6 이 잠언에서는 이처럼 상반된 계획들이 어떻게 실행되는지 보여준다. 아들은 다시 유혹하는 여자(97-100쪽 "음녀"를 보라)와 악인들과 마주치게 되는데, 1:10-19; 2:12-15; 4:14-19; 6:12-19 이 사람들은 비뚤어진 말을 특징으로 한다. "악인"은 자기네 "말"로 기만적인 계획을 달성한다. 그들이 하는 말의 내용(거짓 고발, 유혹 등) 참조. 1:11-14; 10:11, 18과 형식(예를 들어, 불길한 암시와 강한 수사법) 6:12-13; 10:10; 16:27이 모두 무고한 사람들을 살해하는 것을 목표로 삼는다. 악인의 말은 비유로 말해 "핏빛 함정"(개역개정에는 "사람을 엿보아 피를 흘리자 하는 것"으로 번역되었다―옮긴이)이며, 이는 순진

---

29   NLT와 GNT는 "썩음"을 "암"으로 바꿔 번역한다.

30   Delitzsch, *Proverbs*, 252.

한 사람들을 포획해 죽인다는 것을 뜻한다. 1:10-14; 11:5-7, 참조. 왕상 21:1-14 하지만 그들의 말은 "정직한 자의 (치유하는) 입"'말', 참조. 15:4에 의해 반격당한다(72쪽을 보라). 정직한 사람의 말은, 직접적으로는 법정에서 진실을 증언함으로, 간접적으로는 조언과 가르침을 통해 "사람을 (죽음에서) 구원"한다.

12:7 생각5절이 말을 낳듯이6절, 참조. 16:27 말은 운명을 낳는다.7절 "엎드러져서"는 희망 가득한 상황이 갑자기 뒤집히는 것을 가리킨다.[31] 이 구절에서 엎드러진다는 것은 하나님의 심판을 뜻하는 은유다. 참조. 12:2, 22, 창 19:21, 25, 29 희생자를 속이려고 꾀를 부리고5절 넘어뜨리고자 말을 꾸미는6절 "악인"에게 하나님께서는 죽음을 내리신다. 그들은 "소멸"된다. 그들의 미래는 사라지고 결코 되돌릴 수 없다. 2:21-22을 보라. 참조. 왕상 15:4, 에 7:10 "의인의 집은 서 있으리라"는 그의 집이 견고한 토대 위에 세워져 강력한 폭풍을 충분히 견뎌낼 수 있다는 뜻이다. 10:25, 30; 12:3, 12, 참조. 마 7:24-27 노아의 가족이 동세대 사람들과 상반된 운명을 맞은 것이 이 잠언을 잘 보여주는 사례다.

행실과 재산 12:8-12

이 세부적인 하위 단락은 분별력 있는 사람과 분별력 없는 사람의 일반적인 특성을 대조하는 것으로 시작해서8절 그들의 영구함과 덧없음을 대조하는 경구로 끝난다. 12절, 참조. 3, 7절

12:8 "사람은 그 지혜(분별력, 69쪽을 보라)대로 칭찬을 받으려니와"는 사람들에게 칭찬을 받아 사회적인 영예를 누리게 된다는 뜻이다. 참조. 창 12:15, 삼하 14:25, 겔 26:17 3:4에서는 "분별력"이 "귀중히 여김"을 받는 일과 연관된다. 참조. 13:15a "우리 주님의 '지혜'는 일반 대중마 7:28, 29뿐만 아니라 그분의 적들에게도요 7:46 인정받았다."[32] 그러나 "마음이 굽은 자"는 진실을 볼

---

31 K. Seybold, *TDOT*, 3:423, s.v. *hāpak*.

32 Bridges, *Proverbs*, 135.

능력이 없으며 그래서 정직하지 못하다. 그런 사람은 잠깐은 칭찬받을 수 있어도 결국 "멸시를 받"게 된다. 그런데 이 경구는 다른 경구들에 비추어서 이해해야 한다. 지혜로운 자가 언제나 칭찬받는 것은 아니며,참조 전 9:15 또 변절자들은 악한 자를 칭찬한다.28:4 하지만 그리스도는 다시 오실 때 분명 지혜로운 자들을 칭찬하실 것이다.마 5:11-12, 눅 12:42-44, 고후 10:18

12:9 8절의 일반적인 금언이 이 구절에서는 구체적으로 적용된다. 이름을 내지 못해도 평안히 사는 것이 가난한데도 부자인 척 사는 것보다 훨씬 낫다.참조 15:17; 30:8-9 "비천히 여김을 받을지라도" 더 "나은" 사람이 있다. 겸허한 사람은 사회의 멸시 따위는 아랑곳하지 않고 자기의 수입으로 만족하며 산다. 그런 사람이 "종을 부"렸다는 말은, 성경의 세상에서는 적당한 수입으로 살아가는 사람들조차 종을 거느렸다는 사실을 보여준다. 오늘날 적당한 수입으로 살아가는 사람들은 식기세척기와 진공청소기, 컴퓨터 같은 기기들을 소유한다. "스스로 높은 체"하는 사람은 존경을 받고자 부자인 척한다. "음식이 핍절한"이라는 말은 그 영예가 거짓이요, 스스로 높은 체하나 사실은 굶주리고 있다는 것을 보여준다. 옹졸한 사람은 헛되이 외양을 치장하고자 부족한 자원을 어리석게 낭비한다. 그들은 사람들의 평판에 목을 맨 결과로 수치를 당하게 된다.

12:10 지혜로운 사람이 자기 가축을 소중히 여긴다면, 자기네 노예/종들에게는 얼마나 더 많은 자비를 베풀겠는가? "의인(72쪽 "지혜로운 자와 의로운 자를 가리키는 윤리적 용어들"을 보라)은 자기의 가축의 생명(65쪽 "네페쉬"를 보라)을 돌"본다(귀 기울여 듣고 공감한다). 창조주께서는 피조물을 돌보시고,참조 신 11:15; 25:4, 시 36:6b; 104:14, 17, 욘 4:11 피조물도 그분의 안식일에 동참한다.출 20:10; 23:11-13, 레 25:1-7 이 잠언은 작은 피조물에서 큰 피조물까지 헤아리면서, 동물에게 긍휼을 베풀어야 한다면 인간에게는 얼마나 더 많은 긍휼을 베풀어야 하겠는가라고 주장하는 것이다. 반대로 말해, 악인이 작은 피조물을 잔인하게 대한다면 어떻게 그에게 더 큰 피조물을 맡

길 수 있겠는가라고 묻는다. "긍휼"이란 힘 있는 사람이 일반 은총의 토
대 위에서 도움이 필요한 힘없는 사람에게 보이는 따뜻한 배려와 사랑
을 뜻한다. 하지만 이 구절에서 하나님을 경외하지 않고 다른 사람을 도
울 줄도 모르는 "악인"에게 긍휼이 있기나 하듯 말하는 것은 비꼬는 의미
로 사용된 것이다. 그들의 동정심은 사실 "잔인"할 뿐이다. 참조 5:9

12:11 경제에 관한 내용을 다루는 이 잠언은 사람이 부리는 일꾼들에
서 그 자신의 일로 화제를 옮긴다. "경작하는 자"는 소출을 얻고자 열심
히 일한다. "자기의 토지"는 그 사람의 경제적 기반이다. 이 잠언은 농업
을 다른 생업보다 더 중요하게 여기지 않는다. 성경은 다른 사업들도 좋
은 일로 인정한다. 참조 출 28:3; 36:1, 삼상 8:13 농업은 모든 근면한 일의 본보기
다. 그들에게는 "먹을 것이 많"게 된다. 창조 세계를 위해 일하는 사람은
역으로 그 세계로부터 양식을 공급받는다. 이와는 달리, "방탕한 것(열심
히 일하는 대신 도박이나 일확천금을 바라는 일) 참조 21:5-6을 따르는 자는 지
혜가 없"어 자기 생명을 지키지 못한다. 여호와께서 지탱하시는 창조 질
서에서는 경솔한 재물이 아니라 근면한 노동을 요구하며 또 그런 노동
에 보상을 베푼다. 참조 10:3; 12:2 33 하지만 때로는 가난이 압제라든가 자연재
해로 빚어지기도 한다. 참조 10:4; 28:3

12:12 이 잠언의 본문과 언어적 구조는 난해하다.[34] 패악한 "악인은 불
의의 이익을 탐하"며 그것을 손에 넣고자 불의하게 행동한다. 악인은 의
로운 성품에서 비롯되는 참된 안전을 누리지 못하기에 자기네 희생자를
강탈해 불법적으로 획득하는 외적 방어 수단을 찾는다. 참조 1:10-19; 11:16 또
자기네 불의한 소득이 견고한 성이 되어 주리라고 헛되이 바란다. 참조 18:11
이와는 달리, "의인은 그 뿌리(안정된 삶을 뜻하는 불완전한 은유)로 말미암
아 결실하느니라"고 말할 수 있는데, 그 이유는 그들의 안전이 그들의 내

---

33   이 잠언은 28:29에서 마지막 부분만 다른 형태로 바뀌 다시 언급된다.
34   본문의 난해함과 그 해결책은 월키의 *Proverbs 1-15*, 529를 보라.

적인 성품에서 나오기 때문이다.

결론: 말과 행실 12:13-14

이 두 절은 발성 기관인 "입술"과 "입"에 의해 하나로 묶인다. 죄인의 말은 죽음으로 이끌고[13절] 의인의 말은 좋은 일들로 이어진다.[14절]

12:13 악인들은 자기네 거짓말과 중상모략에 스스로 걸려드나, 의인들은 치명적인 덫에서 벗어난다. "입술[참조. 10:13]의 허물[참조. 10:12]로" 놓은 "그물"은 무고한 사람을 희생시키려고 꾸민 치명적인 말을 뜻한다. "그들자신이"(개역개정에는 명확하게 번역되지 않았다—옮긴이) "걸려도"는 악인이 의인을 잡으려고 덫을 놓지만 뜻밖에도 그 덫에 그들 자신이 걸려든다는 것을 뜻한다. 이와 비슷한 역설적 상황이 18:7과 29:6에 등장하는데, 거기서도 모략꾼들이 자기들이 짠 모략에 걸려드는 것으로 묘사된다.[참조. 1:16] "그리고"(원문에서 후반절을 시작하는 말, 개역개정에는 번역되지 않았다—옮긴이)라는 말은 이런 의미를 지지하는데, 그 말은 악인들이 덫에 걸려들게 된 결과로 "의인은 환난에서 벗어나"게 된다는 사실을 함축하기 때문이다. 무도한 자들이 의인들을 덫으로 사로잡을 때가 자주 있으나, 상황이 반전될 때면 무고한 사람들은 풀려나고 악한 자들은 덫에 간히게 된다.[참조. 3:34. 참조. 왕상 2:22-23, 단 6:7-8, 24, 마 27:25]

12:14 결론을 이루는 이 종합적 잠언에서는 선한 말을 하는 사람과 선한 일에 힘쓰는 사람이 좋은 일로 보상받는다고 주장한다. "입의 열매"는 지혜로운 사람의 신실한 가르침을 나무의 유익한 열매에 비유한다. 즉 지혜로운 사람의 가르침은 본성에서 우러나는 성품을 보여주며 또 공동체를 자라게 한다. "사람(즉 의로운 말을 하는 자)은……복록에 족하"게 된다. 그의 좋은 열매로 다른 사람을 먹이듯이, 이제 그 좋은 것이 돌이켜 그를 배부르게 한다. 이와 유사하게 "손이 행하는" 것들(의로운 사람의 유익한 행위)을 "자기가 받"게 되며, 따라서 행위와 운명은 떨어질 수 없다

는 지혜의 원리를 확증한다. 여호와는 행위-운명의 연계성을 지탱하시고 행위자의 선한 행실을 상주시는 분이시다.^{참조. 12:2; 19:17} "지극히 작은 사랑의 실천일지라도 참으로 크고 영원한 보상을 받게 된다."³⁵ 예수께서는 모든 것을 버리고 자기를 따른 사람들에게 종말의 날에 상을 주실 것이라고 약속하셨다.^{마 19:28-29}

두 번째 하위 단락 12:15-28

서론의 교육적인 잠언^{15절}에 이어 두 번째 하위 단락의 본문에서는 말에 관한 잠언^{16-23절}과 일에 관한 잠언^{24-27절}들을 가르치고, 결론에서는 의로운 자는 여호와와의 관계를 영원토록 지킨다고 외치는 최고의 잠언을 제시한다.^{28절} "길"이라는 말(15절과 28절, 개역개정의 15절에는 "행위"로 번역되었다—옮긴이)이 인클루지오로서 이 하위 단락의 뼈대를 이룬다.

서론의 교육적 잠언 12:15

12:15 서언^{1:8-9:18, 참조. 10:1; 12:1}과 마찬가지로 15절에서도 권위 있는 권고를 수용하느냐 거부하느냐에 따라 사람을 "지혜로운 자"와 "미련한 자"로 규정한다. 모호한 반의적 평행구들은 각 행이 다른 행에 의해 보완되어야 함을 의미한다. 그래서 미련한 자는 권고에 귀를 기울이지 않으며, 지혜로운 자는 자기 의견을 기준 삼아 바른 것을 단정 짓지 않는다. "미련한 자(86쪽 "악인과 미련한 자를 가리키는 지적 용어들"을 보라)는 자기 행위^{참조. 1:15}를 바른 줄로 여기나(자기 의견대로 판단하나)" 사실은 여호와께서 보시기에 악한 일을 끊임없이 행하는 것이다.^{참조. 삿 2:11; 3:7; 17:6; 21:5} 이와는 달리 "지혜로운 자(69쪽 "지혜로운 자와 의로운 자를 가리키는 지적 용어들"을 보라)는 권고를 들"는 사람이다.^{참조. 1:25}

---

35 Bridges, *Proverbs*, 139.

지혜로운 말과 미련한 말 12:16-23

입의 사용과 오용에 관해 다루는 이 세부적인 하위 단락은 바깥 테두리에서 서로 대응하는 두 잠언16절과 23절에 의해 틀이 잡힌다. 22절은 이 단락 전체에 대한 신학적 토대를 제시한다. 즉, 여호와는 말과 관련한 도덕적 질서를 지탱하신다.

12:16 서론에 이어 이 구절에서는 자기 통제에 관해 충고하며, 다음으로 넘어가 말의 윤리와 신학17-22절에 관해 다룬다. "분노"는 속이 뒤틀리거나 격분한 상태를 가리킨다. 지혜자들은 이것을 통제해야 할 위험한 감정이라고 보았다.욥 5:2 미련한 자가 지혜로운 자를 화나게 하듯이27:3 미련한 아들은 아버지를 화나게 하고17:25 미련한 아내는 남편을 화나게 하지만,21:19 지혜로운 사람은 차분하게 대응한다. 이와는 달리, 미련한 자는 "당장 분노를 나타"낸다. 다시 말해, 그 즉시 밖으로 감정을 쏟아낸다. 미련한 자는 호전적인 감정으로 무장하고,참조. 20:3 편협하고 완고한 태도로 일관한다. 그들의 기질이 그들을 지배하고 큰 혼란을 일으키며 그들에게 수치를 낳는다. 이와는 달리, "슬기로운 자는 수욕을 참느니라." 지혜로운 사람은 모욕참조. 3:35: 6:33: 9:7: 11:2에 감정적으로 대응하질 않고, 그런 식의 대응에 따르는 위험한 공격을 예측해서 모욕을 무시해 버린다. 17-19절에서는 슬기로운 사람은 이런 식으로 이성적이고 효과적으로 대응할 수 있다는 사실을 설명한다.

12:17 증인의 성품이 법적 판결에 영향을 끼친다. "진리를 말하는(또는 "정직한", 72쪽을 보라) 자는 의를 나타"낸다. 판사는 그런 증인을 의지하여 바른 판결을 내릴 수 있다. "거짓 증인"은 "진리를 말하는 자"의 반의어다.12:17, 시 119:29-30, 사 59:4, 렘 5:1-2: 9:3 증인들은 사실에 관해 개인적으로 알고 있으며, 따라서 증언할 의무가 있다. 피고인이 죽느냐 사느냐가 증인의 신뢰할 만한 증언에 달려 있다.14:25 사실을 객관적으로 검증하는 현대의 과학적 수사법이 없었던 고대인들은 진실을 확인하기 위해 목격자의

결정적 증거에 의존했다.¹²:¹⁷; ¹⁴:⁵, ²⁵; ¹⁸:²¹; ¹⁹:⁵, ⁹, ²⁸; ²¹:²⁸; ²⁴:²⁸; ²⁵:¹⁸; ²⁹:²⁴, 출 ²³:¹⁻³, 레 ¹⁹:¹⁵ "속이는 말"은 의인에게 죄를 뒤집어씌우고 죄인을 무죄라고 증언해서 재판장을 속이고 정의를 무너뜨리는 말을 가리킨다. 참조. 삼상 ²²:⁹⁻¹⁰, 왕상 ²¹:¹⁻¹⁴, 마 ²⁶:⁶⁰⁻⁶¹, 요 ²:¹⁹⁻²¹ 동해보복법 lex talionis 의 원칙에 따르면 위증자는 자기가 희생자에게 저지르려고 했던 일과 동일한 것으로 벌을 받아야 한다.신 ¹⁹:¹⁶⁻¹⁹ 하지만 전도서는 정의가 있어야 할 곳에 "악이 있다"전 ³:¹⁶는 인간의 보편적 경험, 곧 나봇과 예수가 겪은 현실을 지적한다.

12:18 여기서는 경솔한 "혀"가 낳는 정식적 폐해를 치명적인 검의 물리적 폐해와 비교하고, 또 치유하는 지혜로운 혀와 대조한다. "함부로"또는 "생각 없이", 레 ⁵:⁴을 보라. 참조. ¹³:³는 어근 '바타' bāṭā'에서 왔는데, 이 말은 모세가 므리바 물에서 충동적으로 한 말에도 사용되었다.시 ¹⁰⁶:³²⁻³³ 그런 말은 "칼로 찌름"과 같다. 이 직유 표현은 의도적이고 무감각한 살육을 뜻한다. 이와 비슷하게 "그들의 말이 내 심장을 찔렀다"³⁶는 영어 관용구가 통렬하고 치명적이며 경솔한 언어 행위를 나타낸다. 이와는 달리, "지혜로운 자의 혀는 양약과 같으니라"고 말하는데, 이는 그런 말이 해로운 갈등을 해결하기 때문이다.참조. ²⁰절 전체 문맥에서 볼 때 지혜로운 자의 말은 거친 말의 상처를 누그러뜨리고 그 치명적 상처를 치유한다는 의미로 받아들일 수 있다.참조. ⁶, ²⁵절 지혜로운 말은 다른 사람을 억눌러 승리를 쟁취하는 것이 아니라 평화를 이루는 것을 목표로 삼는다.

12:19 거짓말의 일시적인 특성과는 대조적으로 진실은 그 지속적인 본성으로 인해 신뢰할 만하다. "진실한 입술"은 사실 및 여호와의 도덕 질서와 일치하는 것을 말하며, 그렇기에 "영원히 보존"된다("여호와에 의해"—신적 수동태). 이와는 달리, "거짓 혀"는 여호와의 은혜를 얻기는커녕 그분이 보시기에 혐오스러울 뿐이며,¹²:², ²² 그래서 "잠시 동안만 있을 뿐"

36 Plaut, *Proverbs*, 147.

이다.[37]

12:20 이 잠언의 모호한 평행구조는 각 행이 다른 행에 의해 의미가 완전해진다는 점을 보여준다. 즉 속이는 자는 희락이 없고, 화평을 위해 일하는 자는 악을 꾀하지 않는다. 악인이 성공을 거두는데 필수적인 요소인 "속임"[참조 12:5]은 "악을 꾀하는 자의 마음(66쪽 "마음"을 보라)에" 깊이 뿌리내리고 있다. 그들이 계획적이고 능숙하고 냉혹하게 실행한 계획은 도덕적으로 수치스러운 것인데, 무고한 사람에게 해를 끼치는데 목적이 있기 때문이다.[참조 1:16] 반의적 평행구인 "희락"은 그들이 계획한 것이 그들에게로 되돌아가며, 그 결과 그들 자신이 해를 입게 된다는 사실을 보여준다.[참조 10:6, 11] 이와는 달리, "화평을 의논하는(다른 사람을 해치지 않고 조화를 추구하는 행위) 자에게는 희락이 있느니라."[참조 10:28, 롬 7:22] 「잠언」에서는 "의논하는 자"counselor가 언제나 집단을 가리키는 말로 사용되며, 여기서도 특정한 조언자 집단을 가리킨다. 악을 도모하는 자들과는 달리 평화를 세우는 이들은 자신에게 되돌아오는 악을 두려워하지 않는다.

12:21 이 구절에서는 의인을 넘어뜨리지 못하는 재앙과 악인에게 임하는 재앙이 대조된다. 속이는 자들이 의인을 공격하려고 꾀하여도[20a절] "의인에게는 어떤 재앙도 임하지 아니"한다.[참조 22:8a] 이 약속은 최종 결과에 비추어 해석되어야 한다(80쪽 「잠언」은 너무 많은 것을 약속하는가?"를 보라). 하나님 나라에서는 시련까지 포함해 모든 일이 약속과 실제가 완벽하게 조화를 이루게 되는 최선의 상태로 끝난다.[3:5을 보라. 참조. 창 50:20] 로마서 8:28은 이렇게 옮겨야 한다. "하나님은 당신을 사랑하는 사람들과 힘을 합쳐 선을 이루십니다."[NIV의 각주] "하나님은 시험 가운데 그들을 보호하시고 시험에서 그들을 구원하시며 시험을 통해 그들을 성화시키신다."[38] 이와 대조적으로, "악인에게는 앙화가 가득하리라." 여기서 "가득하다"라는

37　본문의 난해함과 그 해결책은 월키의 *Proverbs 1-15*, 529를 보라.

38　Bridges, *Proverbs*, 144.

말은 악인이 겪게 될 재앙 전체를 가리킨다.

12:22 이 구절에서는 악인과 의인의 상반된 운명을 결정하는 주체가 배후에서 당신의 피조물을 지켜보시는 여호와라고 밝힌다.^{참조. 12:2, 22, 시} ^{91:1, 10} "거짓 입술"은 부주의하게 생각 없이,^{12:17} 또는 의도적으로^{19b, 20a절} 사실을 왜곡하는 미련한 자들을 가리키는 제유 표현이다. 그들이 "여호 와께 미움을 받아도"라는 구절은 거짓을 말하는 자들이 여호와를 분노 하게 하여 여호와께서 그들을 물리친다는 것을 뜻한다.^{참조. 3:32} "행하는 자"는 사람의 말만이 아니라 넓게 보아 행위 전체를 가리킨다. "진실하 게"는 신뢰할 만한 성품에서 비롯되는 선한 행위를 가리키는 환유다. "그 의 기뻐하심을 받느니라"는 여호와께서 그들을 받아주셔서 그분의 보호 와 번영을 누리게 된다는 것을 뜻한다.^{참조. 12:2}

12:23 단락을 마무리 짓는 이 구절에서는 자만심을 감출 줄 모르는 미 련한 자와 자기네 지식을 감추는 슬기로운 자를 대조한다. "슬기로운 자" 는 적당한 때를 위해 지혜를 아끼는 데 반해 "미련한 자"는 버릇없는 말 을 끊임없이 쏟아 냄으로써 재앙을 불러온다.^{참조. 12:16; 13:16} 슬기로운 자가 "지식을 감추"는 까닭은 지식을 자랑하고픈 교만한 마음이나 해를 끼치 려는 분노에 휘둘리지 않기 때문이다. 슬기로운 자는 말을 하기에 적절 한 상황을 기다린다.^{참조. 3:7; 10:14a; 11:13, 마 7:6} 그때가 이를 때까지 그들은 지 식을 미워하는 미련한 자들에게, 그리고 지식이 유익보다는 해악을 더 많이 낳을 상황에서, 자기의 지식을 숨긴다.³⁹ 욥의 세 친구가 배워야 했 던 것이 바로 이것이다.^{참조. 욥 32:6, 18, 19, 전 3:7, 암 5:13, 마 7:6; 16:20; 17:9, 요 1:12, 고후 12:1-6} "미련한 자의 마음(말과 행동)은 미련한 것(도덕적으로 극히 부적합한 말과 행실)^{참조. 5:23}을 전파하느니라."

---

39   이집트 「아메네모페의 교훈」에서 "말을 해서 해를 일으키는 사람보다는 말을 마음속에 담 아 놓는 사람이 더 낫다"고 말하는 것과 비교해 보라.

근면한 노동과 선한 말 12:24-27

이 잠언들은 신중한 말과 신중한 행위의 밀접한 연관성을 강조하며, 지혜의 근본을 이루는 이 두 요소 사이에 어떤 분리도 허용하지 않는다. 참조. 10:1-15; 12:4-12, 13-14

12:24 이 구절에서는 성실한 자와 게으른 자의 운명을 대조하면서 근면의 중요성을 강조한다. 자기 훈련이 된 참조. 갈 5:22-23 "부지런한 자의 손" 참조. 10:4은 자율성을 지니며 힘을 얻어서 "다스리게" 된다. 그러나 훈련이 되지 않은 "게으른 자 참조. 10:4는 부림을 받"게 된다(노동자가 완전한 노예가 아니면서도 세금의 형태로 감당해야 하는 강제노역을 말한다). 수 17:13, 삿 1:28-30, 33-35, 사 31:8를 보라. 참조. 출 1:11 솔로몬은 널리 강제노역을 부과했으며, 왕상 5:13-16; 9:21 강제노역 피해자들은 르호보암에 맞서 반란을 일으켰다. 왕상 12:18 얄궂게도 노동을 싫어하는 손이 노예 생활로 등이 휜다. "솔직히 말해, 근면한 자는 정상에 오르고, 게으른 자는 바닥으로 떨어진다." [40]

12:25 선한 말은 낙심한 사람에게 용기를 불어넣는다. 18b절 "근심"은 삶에 아주 중요한 것을 잃게 될지 몰라 겪게 되는 극심한 정서적 고통을 뜻한다. 참조. 렘 38:19; 49:23 "사람의 마음에 있으면"은 염려가 사람의 중심을 충격해서 비틀거리게 만든다는 점을 강조한다. "번뇌하게 되나"는 낙심한 심정처럼 감당할 수 없는 짐을 뜻한다. 참조. 시 44:25, 애 3:20 "선한 말"은 근심 배후에 있는 위협적인 요소를 효과적으로 제거하는 말이다. 근심은 사람을 좀비처럼 만드는 데 반해, 인격적이고 따뜻하며 시의적절하고 사려 깊은 말은 용기와 희망으로 다시 일어서게 한다. 15:30; 25:25, 참조. 삼상 2:24 혼란에 빠진 예레미야애가의 저자는 여호와의 변함없는 사랑을 깨닫고 "여호와는 나의 기업이시니 그러므로 내가 그를 바라리라" 애 3:21-24고 고백함으로써 다시 일어섰다. 요셉이 애굽에 살아 있다는 소식을 듣고 야곱이

---

40   Ross, *Proverbs*, 973.

기운을 회복했듯이,^{창 45:27} 선한 말은 "그것(마음)을 즐겁게" 한다.^{5:18; 10:1을}
보라. 참조. 왕상 8:56, 시 119:92, 잠 15:23; 16:21, 24; 25:12, 사 35:3-4, 행 16:28-34, 고후 1:4, 빌 4:4

12:26 선한 말은 선한 사람에게서 나온다. 그런 친구가 없는 사람은 죽
음의 길로 넘어지기 쉽다. 이 잠언에서는 친한 친구를 선택하는 일에 극
히 조심하라고 경고한다. 그것은 삶과 죽음의 문제다. "의인은 신뢰할 만
한 친구를 힘써 찾는다"(개역개정에는 "의인은 그 이웃의 인도자가 되나"로
번역되었다―옮긴이)는 말은 감추인 것을 발견하고자 신중하게 힘써 살
피는 것을 뜻한다. 의인은 자기 친구들에게서 독선적인 특성^{참조. 12:1, 15} 과
속임수,^{12:20} 공허한 수다,^{12:23} 신뢰할 수 없는 행실^{20:17, 19, 22}의 모습들이
보이는지 늘 주의를 기울여 살핀다. 이와는 달리 "악인의 소행은 자신을
미혹"하는데, 그 이유는 그들의 소행으로 말미암아 그들에게 의로운 길
로 가라고 충고하는 친구를 얻을 길이 막혀 버리기 때문이다. 여기서 미
혹한다는 말은 "악인에게 덮치는 어려움을 가리키는 것으로, 그들이 길
을 잃고 재앙을 만난다는 것"⁴¹을 뜻한다.

12:27 24절처럼 이 잠언에서도 "부지런한 자"를 "게으른 자"와 대조한
다. 나태한 사람은 "그 잡을 것도 사냥하지 아니하나니"는 먹잇감을 잡거
나 요리하는 노력조차 하지 않으려는 것을 말한다. 동물이 널려 있으나
그들은 너무 게으르다. "게으른 사람은, 끝낼 줄 모르는 사람이든 시작할
줄 모르는 사람이든, 자신의 기회를 박차 버린다."⁴² 이와는 달리 부지런
한 사람은 하나님께서 주시는 풍성한 복을 쟁취하며, 섭리가 베푸는 사
냥감을 "사냥한다." "사람의 부귀"는 들판에 널린 야생동물―풍성한 사
냥감―을 가리키는 환유다. 미련한 자가 풍성한 가르침 가운데서 영적
으로 굶주리듯이,^{10:21} 게으른 자는 풍성한 음식 가운데서 육체적으로 굶
주린다.

41 J. A. Emerton, "Note on Proverbs 12:26," *ZAW* 101 (1989): 190-198.

42 Kidner, *Proverbs*, 99.

결론 12:28

12:28 결론을 이루는 이 종합적 잠언에서는 의인은 하나님과 그들의 관계를 영원토록 지킨다고 주장한다. "공의로운 길"은 하나님을 향해서는 윤리적으로 경건하고, 이웃을 향해서는 자기를 희생하며 살아가는 인생 여정을 의미한다. 사람이 이 길을 선택할 수는 있으나, 도덕 질서를 지탱하시는 여호와만이 공의가 풍성한 "생명"에 속하는 것으로 판정하실 수 있다(78쪽 "지혜로운 자가 받는 보상: 생명"을 보라). 여호와는 그 길을 걷는 사람들을 이끌어 당신과의 영원한 교제에 참여하게 하신다. 참조 2:19; 3:18, 22; 10:11 "그 길 데레크(derek), 참조. 1:15 에는"이라는 구절은 사람의 폭넓은 삶의 과정을 공의라는 특정한 측면에서 이해하며, 그 결과는 "사망이 없는"알-마웨트('al-māwet) 것으로 선언된다. 이것이 마소라 전승에 속한 본문들 대다수가 이해하는 방식이다. 그러나 일부 학자들은 마소라 본문이 변질되었다고 생각해서, "사망으로"엘-마웨트('el-māwet)라고 이해하는 것을 지지한다. 이것은 고대의 모든 판본과 중세의 일부 본문에서 볼 수 있는 해석이다. 그 본문들에서는 이 두 반절을 종합적 평행구가 아니라 반의적 평행구로 이해한다.[43] 우리의 글에서는 마소라 본문의 해석을 따르는데, 그 이유는 다음과 같다.

1. 본문 비평 측면에서 '알-마웨트'는 성경 히브리어에서 유일하게 나오는 연어인 까닭에 설명하기가 매우 어렵다. "부정"의 의미로 사용되는 이 단어알('al)는 명사가 아니라 동사와 함께 사용되는데, 이 본문에서는 명사 "사망"과 함께 사용되었기에 해명하기가 쉽지 않다. 더욱이 마소라 본문과 고대 역본들 간에는 모음에서 차이가 있으며, 주후 600년 무렵까지 자음으로 이루어진 본문에는 모음이 나오지 않는다. 다시 말해, 차이점은 기록된 본문이

---

43 Fox, *Proverbs 10–31*, 560; and REB, GNT, HCSB.

아니라 구전된 본문의 문제다. 마소라 본문은 견고한 구전 전승을 보존하지만, 고대 역본들은 그렇지 않다.[44] 간단히 말해, 내적인 증거와 외적인 본문 증거가 모두 고대 역본이 아니라 마소라 본문을 지지한다.

2. 언어학적으로, 우가릿어^{주전 약 1400년}와 후기 성경 히브리어에서 '알-마웨트'는 "불멸"을 가리키는 용어이며, 이런 의미가 "주전 2천 년대 시리아 역본에서 후기 성경 시대의 유대교 문헌까지" 계속 이어졌음을 알 수 있다.[45]

3. 문맥상 모음집 II의 이 단원에 속한 단락들은 대체로 동의적 평행구나 종합적 평행구로 끝나고, 새 단락들은 교육적 잠언으로 시작한다. '알-마웨트'라는 해석을 받아들이면, 12:28과 13:1의 관계는 11:31과 12:1의 관계, 12:14과 12:15의 관계와 일치한다.

4. 신학적으로, 이 책 「잠언」은 의인의 불멸을 일관되게 주장한다(2:19; 10:2, 16; 11:4, 19; 12:3, 7, 12, 19를 보라. 80쪽 「"잠언」은 너무 많은 것을 약속하는가?"를 보라). 그렇기에 이 구절에서 명확하게 불멸을 말하는 것이 놀랍지 않다.[46] "'호크마'^{chokma, 지혜}가 계속해서 생명과 죽음을 대조하다가 '아타나시아'^{athanasia, 죽지 않는}라는 개념을 표현하기 시작했다고 보는 것이 자연스럽다."[47] 개정표준역 성경^{RSV}에서는 "사망으로"라고 해석했다가 신개정표준역 성경^{NRSV}에서는 다시 "사망이 없는"으로 돌아갔는데, 이는 본문 상의 증거가 매우 강력하다는 사실을 확인했기 때문으로 보인다. 주석가들은 주석적인 근거가 아니라 구약성경에는 내세의 삶에 대한 개념이 없다는 교의

---

44   *IBHS* §§1.6.3h-m.

45   J. F. A. Sawyer, "The Role of Jewish Studies in Biblical Semantics," in *Scripta Signa Vocis: Studies about Scripts, Scriptures, Scribes and Languages in the Near East Presented to J. H. Hospers by His Pupils, Colleagues, and Friends*, ed. H. Vanstiphout and Johannes Hendrik Hospers (Groningen: E. Forsten, 1986), 204-205.

46   "본문의 불확실성이 매우 커서 이 구절을 「잠언」에서 내세의 삶에 대한 믿음을 담고 있는 구절로 내세우기가 어렵다"라고 말한 Lucas, *Proverbs*, 105의 주장과 상반된다.

47   Delitzsch, *Proverbs*, 194.

상의 명제를 근거로 흔히 이 해석을 거부한다.

선한 가르침과 윤리, 삶 13:1-25

1지혜로운 아들은 아비의 훈계를 들으나[a] 거만한 자는 꾸지람을 즐겨 듣지 아니하느니라. 2사람은 입의 열매로 인하여 복록을 누리거니와 마음이 궤사한 자는 강포를 당하느니라. 3입을 지키는 자는 자기의 생명을 보전하나 입술을 크게 벌리는 자에게는 멸망이 오느니라. 4게으른 자는 마음으로 원하여도 얻지 못하나 부지런한 자의 마음은 풍족함을 얻느니라. 5의인은 거짓말을 미워하나 악인은 행위가 흉악하여 부끄러운 데에 이르느니라. 6공의는 행실이 정직한 자를 보호하고 악은 죄인을 패망하게 하느니라. 7스스로 부한 체하여도 아무 것도 없는 자가 있고 스스로 가난한 체하여도 재물이 많은 자가 있느니라. 8사람의 재물이 자기 생명의 속전일 수 있으나 가난한 자는 협박을 받을 일이 없느니라. 9의인의 빛은 환하게 빛나고 악인의 등불은 꺼지느니라. 10교만에서는 다툼만 일어날 뿐이라. 권면을 듣는 자는 지혜가 있느니라. 11망령되이 얻은 재물은 줄어가고 손으로 모은 것은 늘어가느니라. 12소망이 더디 이루어지면 그것이 마음을 상하게 하거니와 소원이 이루어지는 것은 곧 생명 나무니라. 13말씀을 멸시하는 자는 자기에게 패망을 이루고 계명을 두려워하는 자는 상을 받느니라. 14지혜 있는 자의 교훈은 생명의 샘이니 사망의 그물에서 벗어나게 하느니라. 15선한 지혜는 은혜를 베푸나 사악한 자의 길은 험하니라. 16무릇 슬기로운 자는 지식으로 행하거니와 미련한 자는 자기의 미련한 것을 나타내느니라. 17악한 사자는 재앙에 빠져도 충성된 사신은 양약이 되느니라. 18훈계를 저버리는 자에게는 궁핍과 수욕이 이르거니와 경계를 받는 자는 존영을 받느니라. 19소원을 성취하면 마음에 달아도 미련한 자는 악에서 떠나기를 싫어하느니라. 20지혜로운 자와 동행하면 지혜를 얻고 미련한 자와 사귀면 해를 받느니라. 21재앙은 죄인을 따르고 선한 보응은 의인에게 이르느니라. 22선인은 그 산업을 자자 손손에게 끼쳐도 죄인의 재물은 의인을 위하여 쌓이느니라. 23가난한 자는 밭을 경작함으로 양식이 많아지거니와 불의로 말미암아 가산을 탕진하는 자가 있느니라. 24매를 아끼는 자는 그의 자식을 미워함이라. 자식을 사랑하는 자는 근실히 징계하느니라. **25** 의인은 포식하여도 악인의 배는 주리느니라.

ª (원문에는) 13:1b에 나오는 "듣다"라는 표현이 13:1a에는 빠져 있다(참조. 22절).

1절에서 "꾸지람"게아라(goʾārâ)을 제외한 모든 단어가 아들에게 부모의 훈계를 들으라고 충고하는 서언1-9장의 어휘와 일치한다. 2절에서는 이 장의 주제, 곧 도덕적으로 선한 가르침과 행실을 통해 물질적인 복록을 누리게 된다는 것을 강조한다. 이 단락은 표제어 "누리다"2절와 "포식하다"25절가 뼈대를 이루며, 아들에게 부모의 말을 들으라고 충고하는 말1절에서 부모들에게 아들을 징계하라고 충고하는 말24절로 나간다.

이 장은 주제에 따라 다음과 같이 네 개의 단락으로 나뉜다. 말,2-6절 재물,7-11절 소원의 성취,12-19절 영원한 운명.20-25절

서론의 교육적 잠언 13:1

13:1 서론을 이루는 교훈적 잠언에서는 "지혜로운 아들"참조. 10:1과 "거만한 자"(88-90쪽을 보라)를 선명하게 대조한다. 지혜로운 아들은 "아비"가 가르치는 "훈계"를 귀 기울여 듣는다. 참조. 1:2 거만한 자는 도덕적 "꾸지람"게아라(goʾārâ), 참조. 1:22; 9:8을 우습게 여긴다. '게아라'는 도덕적으로 그릇된 일에 분개하여 항의하는 것을 뜻한다. 지혜로운 자를 한 번 꾸짖는 일이 미련한 자를 백번 매질하는 것보다 효과가 있다.17:10 날카로운 대조를 통해 아들에게 거만한 자를 닮아서는 안 된다고 경고한다. 예수 그리스도의 예표인 '고난받는 종'은 지혜로운 아들의 모델이 된다. 그는 고난의 징계를 감수함으로써 "순종함을 배웠다."사 50:5, 히 5:8

말과 근면 13:2-6

이 첫 번째 하위 단락은 근면에 관한 잠언4절을 중심으로 삼고 말에 관한

두 개의 4행 연구가 에워싼 형태로 이루어진다.[2-3, 5-6절] 이 하위 단락은
의인에게는 영구함을 약속하고 악인에게는 멸망을 약속하는 전형적인
형식을 따라 결론을 내린다.

13:2 전반절은 12:14a를 반복하는데,[참조. 18:20] 세부적인 면에서는 작은
차이가 있다. "입의 열매로"와 "마음(65쪽 "네페쉬"를 보라)이 궤사한"으로
이루어지는 모호한 평행구는, 풍성한 열매를 맺는 화자는 언약 공동체에
충실한 데 반해 충실하지 못한 사람은 열매를 맺지 못한다는 것을 가리
킨다. "복록을 누리거니와"는 지혜로운 말이 화자 자신과 듣는 사람 모두
에게 영적으로나 물질적으로 유익을 베푼다는 뜻이다.[참조. 12:14a] 후반절도
역시 이중적 의미를 포함한다. 즉, 마음이 궤사한 자는 "강포를 당"한다[참조. 3:31] ─그가 다른 사람에게 행한 해악이 그 자신에게로 되돌아온다─
는 말이다. 두 반절 사이의 대조는 또 충실하지 못한 사람은 값진 훈계를
싫어하고 충실한 사람은 강포를 싫어한다는 사실을 보여준다.

13:3 "입"이라는 표제어가 2절과 3절을 연결한다. 선한 말을 내었던
입[2절]이 이 구절에서는 나쁜 말을 제지하고 나아가 생명을 지킨다.[3a절] 좋
은 말과 나쁜 말은 생명과 죽음을 좌우한다(75쪽 "지혜로운 자와 말"을 보
라). 이 잠언은 자체만 놓고 보면 경솔하고 자기중심적인 말에 대해 경
고하고 있지만, 2절과 함께 읽으면 좀 더 구체적으로 화자를 두려워 떨
게 만드는 강포한 말과 관련된다.[참조. 10:14; 21:23] "입을 지키는 자"와 "입술
을 크게 벌리는 자"의 대조는 앞쪽 사람은 말이 많지 않고 신중하며 뒤쪽
사람은 신중하지 못하며 말이 많다는 점을 함축한다. "자기의 생명을 보
전하나"와 "멸망이 오느니라"의 대조는 말이 무거운 사람은 멸망에 이르
지 않으며 "입이 싼" 사람은 자기 생명을 위험에 빠뜨린다는 점을 함축한
다. 잠언 21:23은 이 장의 3a절을 온전한 잠언으로 확대한 것이다. 집회
서 28:25에서는 "너는 말할 때 경중을 가려서 하며 네 입에 문을 달고 자
물쇠를 잠그라"라고 가르친다.

13:4 이 구절에서는 '네페쉬'*nepeš*의 두 가지 의미2절의 "마음", 3절의 "생명"를 살피고 나서, 주제를 말에서 근면으로 바꾼다. 성공하는 데는 선한 말뿐만 아니라 근면도 필요로 한다. "마음이 궤사한 자"는 궤사한 말로 공동체를 파괴하는데,2b절 이 구절에서는 "게으른 자는 마음으로" 공동체의 자원을 고갈시키려고 애쓴다고 말한다. 게으른 자가 "원하여도 얻지 못하"는 것이 2a절에서 말하는 "복록"이다. 3a절에서는 말이 적은 사람이 생명을 보존한다고 말하며, 이 구절에서는 "부지런한 자"가 생명의 "풍족함을 얻"는다고 말한다. 이 말은 하나님을 향한 갈망을 포함해 그들의 마음이 넘치도록 풍족하게 된다는 것을 뜻한다. 참조. 시 42:1; 63:1 이러한 대조는 하나님께서 근면한 사람에게는 필요한 것을 풍성하게 주시지만 게으른 자에게는 허락하시지 않는다는 것을 뜻한다.시 128:2 브릿지스에 따르면, "게으른 자는 얻고자 열심히 일하지 않으면서도 근면한 자의 소득을 바란다. 공부하지 않고서도 지혜롭게 되려고 하고, 노력하지 않고서도 부자가 되려고 한다."[48]

13:5 이 구절에서는 입술로 좋은 열매를 맺고 누리는 사람,2a절 지혜로운 말로 자기 생명을 보전하는 사람,3a절 부지런히 일해서 마음의 풍족함을 얻는 사람4b절을 "의인"이라고 규정한다. 참조. 1:3; 10:2-3 의인은 "거짓말"을 철저히 "미워"한다, 거짓말을 혐오하고 진리를 사랑하시는 하나님을 사랑하기 때문이다. 이와는 달리, 이기심으로 사회 및 인격적인 관계를 파괴하는 "악인은 행위가 흉악하"게 된다. 즉 그는 사회의 눈총을 받고 배척당하게 된다. 더욱이 악인은 "부끄러운 데에 이르"게 된다. 참조. 19:26, 사 33:9; 54:4 공적인 수치와 개인적인 곤경은 흔히 재앙과 함께 겪게 된다.렘 15:9, 미 3:7

13:6 이 구절에서는 공의를 보호자로 의인화하고 악을 파괴자로 의인화하여, 두 유형의 사람과 관련된 숙명을 영원의 차원으로 끌어올린다.

48 Bridges, *Proverbs*, 151.

"공의"(70-71쪽을 보라)는 행실^{참조. 1:15}이 정직한 자[의 길]를 보호"한다. 그
러나 "악(84쪽 "악인과 미련한 자를 가리키는 윤리적 용어들"을 보라)은 죄인
[의 길]을 패망하게" 한다. "길"이라는 은유는 공의와 악이 각각 자기에게
합당하게 정해진 운명을 지닌다는 것을 함축한다. 의로운 자의 참된 길
은 그를 보호하지만, 거짓된 길은 죄인을 무너뜨린다. 잠언 22:12은 같
은 동사들을 사용하여, 여호와를 윤리적인 삶에서 의인과 악인을 지키시
고 패망하게 하시는 분으로 묘사한다. 솔로몬은 직접 원인과 근본 원인
이 상충하는 것으로 여기지 않는다. 오히려 그는 여호와께서 당신이 세
우시고 지탱하시는 윤리 질서를 통해 일하시는 것이라고 본다.^{참조. 2:8, 11}

재물과 윤리 13:7-11

이 하위 단락에서는 이 단락의 뼈대를 이루는 표제어인 "재물"^{7, 11절}을 집
중적으로 다룬다.

13:7 이 잠언은 매우 모호해서 여러 가지 방식으로 이해할 수 있다.⁴⁹
이 구절을 본문의 표현대로 이해하면, 가식적인 사람들을 정죄하는 것이
된다. 궁핍해진 미련한 자는 지혜로 성공한 사람으로 인정받고 사회의
존경을 얻기 위해 부자인 척하며,^{참조. 12:9} 그에 반해 부유하지만 미련한
자는 가난한 사람을 돕는 일을 피하려고 가난한 척한다. 두 사람이 모두
사기꾼이다. 우선 그들은 사회를 속인다. 가난하고 미련한 자는 사회에
서 자격 없는 영예를 누림으로써 사회를 속이고, 부유한데 미련한 자는
사회에 자선을 베푸는 일을 거부함으로써 사회를 속인다.^{딤전 6:18} 둘째, 그
들은 여호와를 속인다. 앞쪽 사람은 여호와의 복을 받은 척하며, 뒤쪽 사
람은 여호와께서 주시는 은혜의 선물을 부정한다. 정체가 드러날 때 이
거짓말쟁이들은 사회의 손가락질을 받고 수치를 당하게 된다.

---

49 이 잠언을 이해하는 다른 방식은 Waltke, *Proverbs 1-15*, 557을 보라.

13:8 이 잠언에서는 재물의 유익과 가난의 불리한 점에 대해서 다룬다. 모호한 평행구로 이루어진 이 구절은, 재물이 많은 죄인은 속전을 치러 자기 생명을 구할 능력이 있기에 자기 생명이 걸린 도덕적 책망에 귀 기울여 대처할 수 있음을 함축한다. 하지만 가난한 사람은 이와 똑같은 방식으로 대처할 수 없다.[50] "사람의 재물이 자기 생명의 속전일 수 있으나"는 평범한 사람들은 자기 생명을 지키기 위해 자기의 소유 전부를 내주어야 하고 욥 2:4 그것을 피해자가 가져간다는 것을 뜻한다.[51] 이와는 달리 죄지은 "가난한 자는 협박을 받을 일이 없느니라"참조 1b절는 말은, 구속받을 수단이 없고 따라서 소망도 없는 가난한 사람은 협박을 무시해 버린다는 것을 뜻한다. 하지만 여호와께서 함께하심으로 회개하는 사람에게 용서가 허락된다. 잠 28:13, 대하 7:14 그런 희망이 없으면 죄인은 여호와의 책망(협박)에 주의를 기울이지 않을 것이다. 참조 시 130:3-4

13:9 이 잠언에서는 의인의 빛나는 등불과 악인의 꺼져가는 등불을 비교함으로써 의인의 영구한 재물과 악인의 소멸을 대비시킨다. "환하게 빛나"는 "빛"은 적법한 재물과 행복을 상징하며 여기에는 장수까지 포함된다.24:20, 삼하 21:17, 욥 18:5-6; 21:17; 22:28, 애 3:2, 암 5:18, 20 대비를 이루는 전반절과 후반절은 "의인"의 영구한 삶과 번영을 "악인"의 꺼져가는 빛, 곧 쇠락하는 재물과 대조한다. "꺼지느니라"(외적인 힘에 의해 소멸됨)는 악인의 최후 불행과 절망을 상징한다. 24:20을 보라. 참조 20:20, 욥 18:5-6 신적 수동태는 여호

---

50 폭스(Fox, *Proverbs 10-31*, 564)는 이 해석이 매우 난해하다고 여긴다. 폭스는 그 부자가 속전으로 자기 생명을 구할 수 있다면 책망에 귀를 기울이지 않았을 것이라고 생각한다. 하지만 이 모호한 평행구는 자기 생명에 대해 값을 치를 수 있는 사람이 책망에 귀를 기울인다고 말한다. 교훈적인 이 잠언은 부정적 용어인 '아쉬르'부자(77쪽 "지혜로운 자와 재물"을 보라)를 사용하지 않고, 긍정적 용어인 "재물"로 수식되는 총칭인 '이쉬'인, 사람를 사용한다. 더욱이 기이하게도 폭스는 어떤 상황에도 "책망"을 받아들이는 것은 죽음의 벌을 피하는 데 도움이 안 된다고 주장한다. 하지만 「잠언」은 도덕적 책망을 거부하는 사람참조 1절은 생명이 아닌 죽음의 길을 가는 것이라고 주장한다.1:30의 주해를 보라. 참조 삼하 12:13

51 그러나 외도하는 여자의 남편은 상대 남자의 속전을 받지 않을 것이다.참조 6:35

와가 명을 내리고 거두시는 주체시라는 것을 뜻한다.

13:10 이 구절에서는 책망(협박)을 귀 기울여 듣는다는 화제[8절]를 확대하여 책망이 다른 사람들에게 끼치는 영향을 다룬다. "다툼"은 이기적인 사람들이 도덕적 책망에 대응하는 방식을 가리키는 것으로, "교만에서" 그런 다툼이 일어난다. 교만이란 우쭐대는 마음으로 자신을 높이고 하나님께서 공동체 내에서 그에게 주신 자리를 인정하지 않는 심리를 가리킨다. 교만은 미련한 자의 표지이며, 사회 질서를 정하는 하나님의 도덕 규범에 끊임없이 반대하는 까닭에 다툼을 일으킨다. 사실 "다툼이 있는 곳에는 교만이 있다." 그러나 "권면을 듣는 자(자신의 지식이 유한함을 인정하고 능력 있는 조언자가 제시하는 책망을 겸허히 수용하는 겸손한 자)에게는 지혜(59쪽 "'지혜'란 무엇인가?"를 보라)가 있다." 지혜란 사물의 바른 질서를 아는 지식이다. 그러한 질서에 순응하여 사는 삶이 평안에 이른다.

13:11 이 잠언에서는 일확천금을 얻으려는 계획이나 범죄가 아니라 미덕을 통해 재물을 쌓는 길을 가르친다. "망령되이 얻은"에 해당하는 히브리어는 기본적으로 "한 줄기 안개나 숨"을 뜻한다. 안개에서—즉 무로부터—돈을 얻는다는 은유는 우리가 흔히 "쉽게 번 돈"이라고 부르는 것, 곧 불법적으로 얻은 돈을 가리킨다.[52] 그런 재물은 "줄어"간다. 「잠언」에서는 그런 공중에 뜬 방법이 아니라 긴 세월에 걸쳐 검증된 방법인 인내와 근면, 검약, 관대함, 믿음의 방법을 지시한다. 그러므로 "손으로 모은"(차근차근 재물을 쌓아가는 일을 뜻하는 격언) 사람은 재물을 얻게 된다. 본문에는 언급되지 않았으나, 여호와께서는 쉽게 번 재물은 소멸하고, 인내로 쌓은 재물은 늘어간다는 원칙을 정했으며 그대로 유지하신다. 이 잠언은 12:11, 20:21, 28:22와 평행구를 이룬다.

---

52   플뢰거(Plöger, *Sprüche*, 160)에 따르면, 쉽게 얻은 재물은 불법적 행위가 있었으리라는 의혹을 낳는다. 이러한 생각은 칠십인역과 타르굼, 시리아역에도 나온다.

지혜로 얻는 성취와 우매함으로 이르는 실패 13:12-19

"소원이 이루어지는"12b절과 "소원을 성취하면"19a절으로 이루어지는 인클루지오가 이 하위 단락의 뼈대를 구성하고 그 주제를 분명하게 보여준다. 안쪽 뼈대를 이루는 "말씀을 멸시하는 자"13a절와 "훈계를 저버리는 자"18a절는 그 주제를 보완한다.

13:12 이 구절에서는 악한 자의 성취되지 못한 소망과 신실한 자의 성취된 소망을 대조한다. "소망(불행이 사라지고 행운이 이르기를 갈망함)이 더디 이루어지면(끝없이 미뤄지면) 그것이 마음을 상하게" 한다(66쪽을 보라). 그렇게 소망이 사라질 때 사람은 낙담하여 사망으로 주저앉게 된다. 이와는 달리, 의인의 성취된 소망은 생명 나무 열매를 배불리 먹는 것과 같다. "소원이 이루어지는"은 깊은 열망의 결실을 거두는 일을 뜻한다. 은유 표현인 "생명 나무"참조 3:18는 전반절에 나오는 "상하게 한다"는 말과 대구를 이룬다. 그 열매를 먹는 사람은 영원한 생명을 회복하고 미래의 소망을 품고 힘차게 살아가게 된다. 12절과 19절이 틀을 이루고 있다는 사실을 통해 의로운/지혜로운 자가 주제로 다뤄지고 있음을 알 수 있다. 그들은 한동안 희망이 연기되는 것을 보게 될 터이나 결코 희망을 포기하지 않는다. 여호와께서 당신의 말씀을 지키신다는 것을 아는 까닭이다.참조. 13-14절

13:13 이 구절에서는 12절에서 언급된 심리 상태들이 여호와의 영감된 명령을 거절하느냐 받아들이느냐에 따라 결정된다는 신학적 추론을 다룬다. 이 잠언은 "[영감된] 말씀다바르(dābār)을 멸시하는참조. 1:7 자"에게 임하는 패망과 "계명참조. 1:8; 3:1을 두려워하는참조. 1:7 자"가 받는 상급을 대조한다. "계명"은 그 평행구인 "말씀"이 "영감된 말씀"이라는 사실을 밝혀준다. 신명기 30장 11절과 14절에서 "계명"과 "말씀"은 똑같이 하나님의 말씀을 가리킨다. 계명을 두려워한다는 개념도 역시 여호와의 말씀을 주제로 다루고 있음을 보여주는데, 여호와의 말씀은 구체적으로 말해 「잠

언」의 가르침들을 가리킨다. "자기에게 패망을 이루고"는 악인은 죄인으로서 심판의 날에 빚을 갚도록 정해졌다는 사실을 말한다. 이 신적 수동태는 여호와께서 행위의 주체이심을 보여준다. 이와는 달리, 여호와의 계명을 두려워하는 자는 "상을 받"게 된다.

13:14 이 잠언의 이문異文이 14:27에 나오는데, 거기서는 "지혜 있는 자의 교훈" 대신 "여호와를 경외하는 것"이라는 표현을 사용한다.[53] 「잠언」에 실린 "지혜 있는 자의 교훈"은 덫이 깔린 길 곁에 있는 "생명의 샘"으로 묘사된다. 샘이라는 이미지는 「잠언」의 지혜를 따름으로써 여호와와 교제하는 풍성한 삶을 가리킨다. 「잠언」의 서언에서는 아들참조. 3:7이나 뉘우친 어리석은 자를 가리켜 "벗어나"는 자라고 말한다. 벗어나는 자들은 "사망의 그물"에 매이지 않는다. 사망의 그물은 미련한 자를 사로잡아 죽이는 많은 위험—악한 말과 악한 행실, 사악한 사람, 악한 여자—을 가리키는 은유다.참조. 1:20-33; 13:19 지혜자의 선한 가르침은 사람들을 인도하여 진리의 샘에서 생명의 물을 마시게 한다. 그 결과 그들은 은폐된 덫을 분간하고, 튼튼히 서서 그 덫에 맞서 싸울 수 있게 된다.

13:15 지혜자의 가르침을 따르는 일은 또 분별력을 얻게 하며, 그로써 하나님과 사람들에게서 은혜를 얻게 한다. 이와는 달리, 사악한 자는 망한다. "선한 지혜"(문자적으로는 "선한 분별력", 70쪽을 보라)[54]는 생명을 풍성하게 하는 최선의 길을 파악하는 특별하고 탁월한 도덕적 명석함을 말한다. 그러한 도덕적 명석함이 "은혜"를 얻는다. 다시 말해 하나님과 사회에 기쁨이 되고 인정을 받는다.3:4 하지만 "사악한 자(복수형, 86쪽을

---

53 하임(Heim, *Poetic Imagination*, 355 이하)은 본문의 편집자가 이 부분을 여호와와 상관없는 것으로 만들기 위해 "여호와를 경외하는 것" 대신에 "지혜 있는 자의 교훈"이라는 구절을 삽입했다고 주장한다. 13장은 「잠언」에서 여호와를 언급하지 않는 가장 긴 본문의 중심에 위치한다. 직전의 언급은 12:22에 나오며, 다음 언급은 14:2에 나온다.

54 3:4에서 '스켈-토브'*Sekel-tôb*는 "귀중히 여김"으로 번역된다(Waltke, *Proverbs 1-15*, 242를 보라).

보라)의 길은 험하"여 패망으로 이어진다. 이러한 대조를 통해 분별력과
사악함이 양립할 수 없는 특성이요, 하나님과 공동체의 인정을 받는 일
은 멸망에 이르는 것과 상반된다는 것이 분명해진다. ^{참조. 롬 14:18} 요셉^{창 39-}
⁴¹과 사무엘,^{삼상 2:26} 다윗,^{삼상 18:14-16} 다니엘^{단 1:9, 19-20; 6:1-3, 28}은 모두 은혜를
입었으며, 주 예수 그리스도^{눅 2:52}와 바울^{행 27:43; 28:2}도 마찬가지다.

13:16 이 잠언에서는 "슬기로운 자"(70쪽을 보라)와 "미련한 자"(87쪽을
보라)를 대조한다. 슬기로운 자는 "지식(59쪽 "'지혜'란 무엇인가?"를 보라)
으로 행하"는데(자신을 지키는데), 이 지식이 위험을 예측해 피하고^{22:3} 지
혜롭게 말할 수 있게 해준다. ^{참조. 12:23} 예수는 사람들의 속마음을 아셨기
에 자신을 그들에게 의탁하지 않으셨으며,^{요 2:23-24} 성도들은 사탄의 계책
을 알았기에 그에게 넘어가지 않았다. ^{고후 2:11} 슬기로운 자는 그런 지식으
로 풍성한 삶을 살게 된다. 이와는 달리, 행위-운명 연계성을 우습게 여
기는 미련한 자는 "미련한 것을 나타"낸다(자랑한다).⁵⁵ 이 표현은 도덕적
으로 무례한 말과 행실을 가리키는 환유다. 이 말에 대응하는 "행하거니
와"(=자신을 지킨다)는 "미련한 것을 나타내느니라"라는 구절에 미련한 자
가 스스로 망한다는 의미가 수반된다는 것을 보여준다.

13:17 이 잠언에서는 "악한 사자"의 특성 및 그가 겪게 될 불행을 "충성
된 사신"의 특성 및 그가 공동체를 치유하는 효과와 대조한다. 이 구절
의 모호한 평행구조는, 악한 사자는 자기를 보낸 이와 자기 자신에게 해
를 끼치는 데^{6:6; 26:6} 반해, 충성된 사신은 자기를 보낸 이와 자기 자신에
게 이익을 준다는 사실을 함축한다. 왕의 사신은 왕의 전권대사(왕의 권
위를 위임받은 자)로서, 정확하게 왕을 대리하면서도 협상 중에 융통성 있
게 대처해야 한다. 사신 임무의 성공 여부는 높은 도덕적 성품에 달려 있
으며, 임무의 중요성에 걸맞게 특권적 대우를 받는다. "악한 사자는 재앙

---

⁵⁵ '이프로스'^{yiprōś}, 널리 퍼지다를 가리키는 은유적 표현.

에 빠져도"(원문의 의미는 "악한 사자는 악으로 인해 망하나"이다)라는 구절은 그가 행하는 악과 그를 휘어잡는 악 모두를 가리키는 언어유희라고 볼 수 있다.참조,1:16 이와는 달리, "충성된 사신"은 공동체에게 "양약이 되"는 치유의 행위자다. 악한 사자의 행위(전반절)를 다룬 후에 충성된 사신의 행위(후반절)를 다룬 것은 악한 사자가 일으킨 해악을 착한 사신이 치유한다는 의미를 함축하는 것으로 볼 수 있다.

13:18 이 하위 단락의 끝에서 두 번째 나오는 이 잠언은 앞에서 두 번째 나오는 13절에 호응한다. 두 절이 똑같이 훈계를 따르는 자는 상급을, 훈계를 거부하는 자는 벌을 받는다고 말한다.참조,3:16;8:18 "훈계를 저버리는 자"는 "궁핍과 수욕"을 당하게 되는데, 이는 수치스러운 가난을 가리키는 중언법이다. 이와는 달리 "경계를 받는 자는 존영을 받"는다. 이 구절의 모호한 평행구조는, 존영에는 사회의 중요한 인물로 인정받게 해주는 재물이 수반된다는 점을 함축한다.참조,3:9;4:8;8:18 빈곤의 이유는 게으름참조,10:4-5;12:24과 일하지 않고 말이 많음,14:23 쾌락을 추구함21:17;28:19 등 여러 가지다. 하지만 이 구절에서는 훨씬 더 근본적인 문제를 지적한다. 앞의 문제점들을 교정하게 해주는 훈계를 따르지 않는다는 것이다. 역설적이게도 교훈적인 징계를 무시하는 자는 패망과 수치로 징계를 받게 되나, 징계를 따르는 자는 존영을 누리게 된다.

13:19 12절과 어울려 인클루지오를 이루는 이 구절에서는 미련한 자가 아니라 의인만이 소원이 성취되는 기쁨을 누릴 수 있다고 주장한다. 25a절이 이런 해석을 입증하며, 다른 잠언들에서는 여호와께서 오직 의인의 소원을 이루어 주신다고 주장한다.10:3,24;11:23,참조,14:16a;16:17a 키드너에 따르면, "소원"이 성취된다는 말은 "가치 있는 목적에만" 적용되는데, "이사야 53:11을 시편 106:15, 전도서 2:10, 11과 비교해 보라."[56] 실현된

---

56 Kidner, *Proverbs*, 104.

소원은 "마음(65쪽 "네페쉬"를 보라)에 달"려 있다.참조 3:24 살아 있는 사람
모두가 생명에의 열망을 지니나 미련한 자는 토한 것을 구하는 까닭에
생명을 얻지 못한다.26:11 "미련한 자(86쪽 "악인과 미련한 자를 가리키는 지
적 용어들"을 보라)는 악에서 떠나기를 싫어"는데, 악에서 떠나면 자기
네 즐거움을 잃기 때문이다. 미련한 자는 생명보다 사망을,14절 은혜보다
패망을,15절 보호보다 드러내기를,16절 치유보다 재앙을,17절 사회적인 존영
보다 수치스러운 궁핍을18절 더 좋아한다. 간단히 말해, 생명은 자기의 소
원과 열망을 성취함으로써 얻게 된다. 좌절한 미련한 자는 실패에서 실
패로 나갈 뿐이나, 성취한 의인은 힘에다 힘을 더하게 된다.

지혜로운 아들의 복된 미래와 미련한 자의 파멸적 종말 13:20-25

이 마지막 하위 단락은 서론에서 아들에게 지혜로운 사람들과 어울리고
미련한 자들의 위험을 피하라고 충고하고20절 이어서 선과 악이라는 화
제를 자세히 설명한다.

   13:20 미련한 자를 멀리하고 지혜로운 자와 동행하라는 충고로 이 하
위 단락을 시작한다. "지혜로운 자(69쪽 "지혜로운 자와 의로운 자를 가리키
는 지적 용어들"을 보라)와 동행하면"참조 1:15은 지혜로운 자들과 어울려 그
들의 "교훈과 격려와 모범을 따라"57 살라고 충고한다.참조 15:31 그 결과 아
들은 "지혜를 얻"게 된다. 후반절에서는 이와 상반되는 방향으로 동기를
부여하는 것을 볼 수 있다. "미련한 자와 사귀면"이라는 말은, 미련한 자
들이 자기 동료의 흥미를 부추기고 결의를 다지게 하고 습성을 고착시
킴으로써 자기네 패거리를 형성한다는 것을 함축한다.1:10-19; 16:29; 22:24-25
그런데 미련한 자들은 그렇게 해서 좋은 일이 아니라 나쁜 일을 도모한
다.58 따라서 미련한 자의 친구는 "해를 받"게 된다.

---

57   Bridges, *Proverbs*, 164.
58   성경 밖의 금언들도 동일한 사실을 말한다. "당신이 교제하는 사람을 내게 말해 보

13:21 이 잠언은 불행과 행운을 의인화하여 죄인들이 다른 사람에게 저지른 악이 되돌아와 그들 자신을 파괴하고, 의인이 다른 사람에게 베푼 선이 그들에게 상으로 되돌아간다는 사실을 보여준다. "재앙"은 "죄인"을 추적하는 사냥꾼으로 의인화된다. 죄인들이 추구했던 악이 이제 방향을 돌려 그들을 추적해서 죽음까지 몰아간다. 이와는 달리, 후원자로 의인화된 "선한" 것들이 "의인"에게 "보응"을 베푼다. 참조 시 23:6 다른 사람들이 생명을 얻도록 의인이 베푼 은혜가 역으로 의인에게 상을 베푼다. "선한"이라는 말은 은혜롭고 아름다운 것을 가리킨다. "지극히 작은 선—작은 자에게 베푼 냉수 한 그릇이나, 마 10:42 주의 종을 섬긴 일 마 10:41, 왕상 17:16-23 —일지라도 상급을 놓치는 일은 없다." 히 6:10 [59]

13:22 의인이 받은 선한 보응 21b절은 늘 그들에게 남아 있으나, 죄인이 악하게 얻은 재물 참조. 21a절은 의인에게 넘어간다. 참조. 10:2-3, 창 31:9, 16, 출 12:36; 20:6, 수 11:14, 에 8:1-2, 욥 27:17, 시 105:44, 마 25:28 여기서 "선"이란 도덕적인 "선인"을 가리킨다. 그런 사람은 "그 산업을 자자손손에게 끼"치며, 그 산업은 여러 세대를 이어가며 지속된다. 전반절에서 생략된 말인 "재물"[60]은 사람이 다른 사람들을 도울 수 있는 유망한 위치에 서게 하지만, "죄인의 재물은 의인을 위하여 쌓"는 것이 된다. 악인은 자기 욕심을 채우고자 재물을 쌓지만, 결국에는 하나님의 섭리에 따라 모든 것이 의인들에게 넘겨지고 그들이 영원히 소유하게 된다. 2:20-22

13:23 이 잠언에서는 열심히 일하는 가난한 사람들에게는 양식이 땅에 가득하게 되나 압제자는 불의로 재산을 잃어버리게 된다는 것을 여

라. 그러면 당신이 어떤 사람인지 말해 주겠다", 또는 "당신은 당신이 교제하는 사람처럼 된다"(Meinhold, *Sprüche*, 227에서 인용). 브릿지스(Bridges, *Proverbs*, 164)는 "우리에게는 영향을 받느냐 받지 않느냐를 결정할 권한이 없다. 오직 어떤 영향을 받을 것인지 선택할 수 있을 뿐이다"라고 언급한다.

59 Bridges, *Proverbs*, 166.

60 히브리어 '하일'*ḥayil*은 '힘'과 '능력'을 뜻한다. 이 구절에서는 귀한 재산을 가리키는 환유다.

호와께서—여호와의 이름이 언급되지는 않아도—확증하신다는 가르침으로 21절을 한정한다. "가난한 자"의 "밭"은 가난한 사람의 자투리 땅이나 안식년 동안에 가난한 사람들이 이용하도록 경작하지 않고 남겨 둔 땅을 말한다.출 23:10-11, 레 25:1-7 요점은 경작하지 않은 땅조차도 풍성한 결실을 맺는다는 것이다. 이 잠언은 가난한 자가 열심히 일해서 "양식이 많아"진다고 가정한다. 문제는 하나님의 창조나 가난한 사람의 노동 관습이 아니라 불의다. "불의로 말미암아 가산을 탕진하는(폭력적으로 약탈당하는) 자"참조. 창 19:15, 17, 민 16:26, 삼상 12:25; 27:1, 대상 21:12 가 생겨나는 것이다. 1930년대 초에, 소위 스탈린의 붉은 열차가 우크라이나 농부들이 거둔 곡식을 강압적으로 수탈해 갔으며, 그 결과 인간이 빚어낸 대기근인 홀로도모르Holodomor 가 발생했다. 스탈린의 집단화 정책으로 인해 300만에서 700만 명 가량의 농민 노동자들이 굶어 죽었다. 이 잠언은 다른 잠언들에서 주장하는 순진한 인과응보 원리를 교정한다. 불의는 언제나 존재하며, 인과응보는 죽음 이후의 미래로 미뤄질 수 있다(80쪽 「잠언」은 너무 많은 것을 약속하는가?"를 보라).

13:24 이 잠언은 자식을 사랑하는 부모의 징계가 부를 자자손손 이어가게 한다는 가르침으로써 22절을 한정한다. 교정하는 체벌 도구인 "매를 아끼는 자는 그의 자식을 미워함이라." 이와는 달리, "자식을 사랑하는" 부모는 자식을 "근실히 징계하느니라."참조. 3:11-12; 22:6 이 잠언은 첫째, 가정은 가치관을 전달하는 일차적 장소이며(48쪽 "유포 배경"을 보라),참조. 출 20:12 둘째, 부모는 가치를 평가하는 게 아니라 절대적 가치를 알아야 하고, 셋째, 자녀의 마음에는 미련함이 섞여 있으며,22:15. 참조. 창 8:21 넷째, 말만으로는 우매함을 고칠 수 없다10:13고 가르친다. 오랜 세월 검증된 영어 잠언인 "매를 아끼면 아이를 망친다"는 말은 성경의 가르침과 일치한다. 신약성경은 징계를 부정하지 않으며, 교회도 징계를 폐기해서는 안 된다.참조. 엡 6:4, 히 12:5-11 "지혜에 이르는 어려운 길이 사망에 이르는 편한 길보다 낫

다."[61] 빗나간 서구 세계는 자녀들을 징계하는 일에 실패하여 도덕적 혼란에 빠지게 되었으며, 그 결과 부모들은 "자기네 아들이……악한 행실에 빠져드는 것을 보고는 아들을 미워하기에 이르렀다."[62]

13:25 이 잠언에서는 온화함이 아니라 징벌의 문제를 다룬다. 다른 사람을 먹이는 "의인"은 역으로 그 자신도 양식을 공급받아 "포식"하게 된다(65쪽 "네페쉬"를 보라). 여기서 "포식한다"는 말은 문자적 의미로 사용되었으나, 은유로서 영적인 욕구를 채운다는 뜻으로 볼 수도 있다. 그들이 먹을 때 그 배후에서는 하늘에 계신 왕의 선하신 손길이 작용한다. 그분은 때를 따라 당신의 백성을 값없이 먹이시기에[창 1:29] 모두가 배부르게 된다.[시 104:27-28] 이와는 달리, "악인의 배는 주리"게 된다. 배가 주린다는 말은 궁핍해지고 상황이 호전되지 않으면 죽음에 이르게 된다는 것을 함축한다. 음식이 풍부하다는 말은 여호와 및 공동체와 바른 관계에 있다는 것을 뜻하며, 음식이 부족함은 어그러진 관계를 뜻한다.[참조. 10:3, 신 28:48, 57, 렘 44:18, 겔 4:17] 하지만 이 판단은 마지막 때의 관점에서 이해해야 한다. 그전까지 사람들은 거꾸로 뒤집힌 세상을 살아간다(80쪽 「잠언」은 너무 많은 것을 약속하는가?"를 보라).

---

61   Kidner, *Proverbs*, 51.

62   Rashi, *Proverbs*, 76. 최근에 임상심리학자인 조던 피터슨[Jordan B. Peterson]은 널리 알려진 『12가지 인생의 법칙』(*12 Rules for Life: An Antidote to Chaos*, Toronto: Penguin Random House, 2018)의 5장("아이를 제대로 키우고 싶다면 처벌을 망설이거나 피하지 말라"는 도발적인 제목을 달았다)에서 이 문제를 다루었다. 저자는 부모들에게 못된 행동을 하는 자녀가 미워질 때면 다른 이들은 그 행동에 어떻게 반응할지 생각해 보라고 말한다. "그들은 당신 아이에게 훨씬 가혹한 벌을 줄 것이다. 그런 일이 일어나지 않도록 미리 대비해야 한다. 아이에게 바람직한 것과 그렇지 않은 것을 분명하게 알려 주어야 한다. 그래야 당신 자녀가 집 밖에서도 인정받는 사람으로 자랄 수 있다."[44]

지혜로운 삶 14:1-32

1지혜로운 여인은 자기 집을 세우되 미련한 여인은 자기 손으로 그것을 허느니라. **2**정직하게 행하는 자는 여호와를 경외하여도 패역하게 행하는 자는 여호와를 경멸하느니라. **3**미련한 자는 교만하여 입으로 매를 자청하고 지혜로운 자의 입술은 자기를 보전하느니라. **4**소가 없으면 구유는 깨끗하려니와 소의 힘으로 얻는 것이 많으니라. **5**신실한 증인은 거짓말을 아니하여도 거짓 증인은 거짓말을 뱉느니라. **6**거만한 자는 지혜를 구하여도 얻지 못하거니와 명철한 자는 지식 얻기가 쉬우니라. **7**너는 미련한 자의 앞을 떠나라. 그 입술에 지식 있음을 보지 못함이니라. **8**슬기로운 자의 지혜는 자기의 길을 아는 것이라도 미련한 자의 어리석음은 속이는 것이니라. **9**미련한 자는 죄를 심상히 여겨도 정직한 자 중에는 은혜가 있느니라. **10**마음의 고통은 자기가 알고 마음의 즐거움은 타인이 참여하지 못하느니라. **11**악한 자의 집은 망하겠고 정직한 자의 장막은 흥하리라. **12**어떤 길은 사람이 보기에 바르나 필경은 사망의 길이니라. **13**웃을 때에도 마음에 슬픔이 있고 즐거움의 끝에도 근심이 있느니라. **14**마음이 굽은 자는 자기 행위로 보응이 가득하겠고 선한 사람도 자기의 행위로 그러하리라. **15**어리석은 자는 온갖 말을 믿으나 슬기로운 자는 자기의 행동을 삼가느니라. **16**지혜로운 자는 두려워하여 악을 떠나나 어리석은 자는 방자하여 스스로 믿느니라. **17**노하기를 속히 하는 자는 어리석은 일을 행하고 악한 계교를 꾀하는 자는 미움을 받느니라. **18**어리석은 자는 어리석음으로 기업을 삼아도 슬기로운 자는 지식으로 면류관을 삼느니라. **19**악인은 선인 앞에 엎드리고 불의한 자는 의인의 문에 엎드리느니라. **20**가난한 자는 이웃에게도 미움을 받게 되나 부요한 자는 친구가 많으니라. **21**이웃을 업신여기는 자는 죄를 범하는 자요 빈곤한 자를 불쌍히 여기는 자는 복이 있는 자니라. **22**악을 도모하는 자는 잘못 가는 것이 아니냐. 선을 도모하는 자에게는 인자와 진리가 있으리라. **23**모든 수고에는 이익이 있어도 입술의 말은 궁핍을 이룰 뿐이니라.ᵃ **24**지혜로운 자의 재물은 그의 면류관이요 미련한 자의 소유는 다만 미련한 것이니라. **25**진실한 증인은 사람의 생명을 구원하여도 거짓말을 뱉는 사람은 속이느니라. **26**여호와를 경외하는 자에게는 견고한 의뢰가 있나니

그 자녀들에게 피난처가 있으리라. ²⁷여호와를 경외하는 것은 생명의 샘이니 사망의 그

물에서 벗어나게 하느니라. ²⁸백성이 많은 것은 왕의 영광이요 백성이 적은 것은 주권

자의 패망이니라. ²⁹노하기를 더디 하는 자는 크게 명철하여도 마음이 조급한 자는 어

리석음을 나타내느니라. ³⁰평온한 마음은 육신의 생명이나 시기는 뼈를 썩게 하느니라.

³¹가난한 사람을 학대하는 자는 그를 지으신 이를 멸시하는 자요 궁핍한 사람을 불쌍

히 여기는 자는 주를 공경하는 자니라. ³²악인은 그의 환난에 엎드러져도 의인은 그의

죽음에도 소망이ᵇ 있느니라.

ᵃ 전치사 "에게"에 비추어 (히브리어 원문에서―옮긴이) 생략된 동사("…로 이어지다")를 추론할 수 있다 (*IBHS* §11.4d).

ᵇ 본문에는 "여호와 안에"가 나오지 않는다(저자는 14:32b를 "그러나 의인들은 그들의 죽음 가운데 여호와 안에서 피난한다"라고 번역한다―옮긴이). 그러나 "소망"의 원문인 '호세'(*hōséh*, 피난, 소망)는 '하사'(*ḥāsâ*)의 칼 분사 절대형이고, 이 말은 구약에 37회 나오며 항상 '피난하다'라는 의미로 사용된다. '하사'는 잠언 14:32b 외에 34회에 걸쳐 '하나님 안에' 또는 '하나님의 날개 아래로 피난하다'는 뜻으로 사용된다. 이사야 14:32은 곤고한 자들이 하나님을 대리하는 시온으로 피난한다고 말하며, 이사야 30:2은 이사야 예언자가 냉소적으로 "애굽의 그늘에 피하려"라는 말을 사용하는데, 이는 예루살렘 사람들이 여호와 안으로 피해야 한다는 의미다. 칼 분사 절대형은 잠언 14:32b 외에 "피하는 자들을……구원하시는 주"(시 17:7)라고 말하는 데서 단 한 번 사용된다. 이 구절을 NIV는 "당신께 피하는 사람들의 구주"라고 바르게 번역한다. J. 감베로니(Gamberoni, *TDOT*, 5:71, s.v. *ḥsh*)는 이 칼 분사형이 시편 17:7처럼 잠언 14:32b에서도 똑같이 "종교―윤리적" 의미를 지닌다는 데 동의하며, 플뢰거(*Sprüche*, 176)와 마인홀트(*Sprüche*, 245)와 월키는 각각 잠언 14:32b에서 여호와는 명시적으로 드러나지 않는 목적어가 된다는 결론에 도달한다.

이 단락은 주제에 따라 아래와 같이 세 개의 하위 단락으로 나눌 수 있다. 지혜 안에서 행함,¹⁻⁷절 보이는 것에 따라 행하지 않음,⁸⁻¹⁵절 사회적 행동의 상반된 특성과 그 결과다.¹⁶⁻³²절

지혜 안에서 행함 14:1-7

14:1 이 구절에서는 다시 한번 아들에게 좋은 아내를 얻는 일이 중요하다고 힘써 가르친다. 가정을 세우거나 무너뜨리는 일이 아내에게 달렸기 때문이다. 참조 12:4; 18:22; 19:14 여기서 "지혜로운 여인"은 (지혜 여인처럼 추상

적인 인격이 아니라—옮긴이) 현실의 실제 여성을 가리키는 말이다. "자기 집을 세우되"는 지혜로운 여인이 가정을 물질적 행복과 영적 행복으로 채운다는 것을 뜻한다. "미련한 여인"은 수나 분별력에서 "지혜로운 여인들"과 확연히 대조를 이룬다. 미련한 여인을 단수형으로 표기한 것은 그가 홀로 살며 또 결국 그의 집이 무너졌다는 것을 시사한다. 참조. 9:13-18 더욱이 "자기 손으로"—자신의 무능함과 오만, 완고함, 악한 말, 급한 성미, 부족한 절제력으로—집을 무너뜨렸다. "그것(미련한 여인의 집)"은 여자가 하나님의 일반 은총에 의해 받은 집이거나 여자가 변절하기 전부터 소유한 집을 가리키는 것으로 보인다. 참조. 2:17

14:2 반의적 평행구를 이루는 이 잠언에서는 곧은 길과 굽은 길이라는 두 개의 은유를 사용해 경건한 자와 불경한 자의 삶을 대조한다. "여호와를 경외"하는 사람은 진심으로 "정직하게(73쪽을 보라) 행하는"1:15; 10:9를 보라. 참조. 13:20 사람을 뜻한다. 그러나 "여호와를 경멸"하는 사람은 "패역하게 행하는 자"로 규정된다. 그는 여호와께서 정하시고 명하신 도덕 질서를 벗어나며 참조. 2:15 그래서 여호와 보시기에 가증스러운 자가 된다. 3:32 패역하게 행하는 자가 "가는 길"(개역개정에는 표기되지 않았다—옮긴이)은 복수형으로 표기되었는데, 이는 패역한 자는 일정한 길이 없고 욕심을 따라 갈지자로 나간다는 뜻을 함축한다. 패역한 자의 윤리는 신앙적 정서를 상실했다. 폭스는 "사람의 행동은 하나님을 향한 그의 태도와 분리될 수 없으며, 전자가 후자를 드러낸다"[63]고 말했다. 요셉이 보디발을 배신하는 죄짓기를 거부한 일은 그의 신실한 마음을 보여준다. 창 39:8-9

14:3 반의적 평행구로 이루어진 이 잠언은 미련한 자가 교만한 말로 자청한 벌과 지혜로운 자가 말로 얻는 보호를 대조한다. "입으로"라는 구절은 교만한 자가 자초한 "매"호테르(ḥōṭer)가 미련한 말 때문이라는 사실을

63 Fox, *Proverbs 10-31*, 572.

밝혀 준다. 호테르는 이 구절 이외에 이사야 11:1에만 나오는데, 거기서
는 새싹이나 그루터기에서 돋은 가지를 뜻한다. 여기서는 이 단어가 싹
이 터서 번성하는 일이나 벌을 뜻하는 불완전한 은유로 사용된다. 이 말
의 반의적 평행구인 "보전하느니라"는 체벌하는 몽둥이가 그 의미라는
것을 밝혀 주며, 또 아람어에서는 호테르가 "(벌하는데 사용하는) 몽둥이"
를 뜻하기도 한다.[64] "지혜로운 자의 입술(말)은 자기를 보전하느니라"라
는 구절은 교만하고 모욕적인 말을 하지 않아 다른 사람이 똑같이 맞받
아치지 못하도록 하거나 미련한 자가 해코지할 목적으로 퍼붓는 말을
막아 내는 것을 뜻한다.^{참조. 10:11, 14; 11:9}

14:4 집을 세우거나 허무는 일과 관련된 개념이 이 구절에서는 근면
한 노동에 적용된다. 힘센 소를 통해 많은 것을 얻을 수 있는 것처럼, 현
명한 투자는 큰 수익을 거둘 수 있게 해준다. "소가 없으면"은 부릴 가축
이 없는 형편을 가리킨다. "구유는 깨끗하려니와"는 텅 비었다는 뜻이다.
이와는 달리, "소의 힘으로 얻는 것이 많"은 데,^{참조. 3:9} 소는 가축 가운데서
최고요 힘센 짐승이다. 소를 단수형으로 표기한 것은, 소 한 마리로 풍성
하게 수확할 수 있다면, 떼로 부릴 때는 얼마나 많은 결실을 거둘 수 있
겠느냐는 의미다.^{참조. 12:10; 27:23-27}

5 이 잠언에서는 "말"이라는 화제로 돌아가서^{참조. 3절} 증인의 성품을 집
중적으로 다룬다.^{참조. 출 20:16, 신 19:18} "신실한^{신뢰할 만한, 참조. 13:17} 증인은 거짓말
을 아니"한다. 신실한 증인은 애원이나 압력에 굴복해 증언 자리에서 진
실을 왜곡하지 않는다. 그러나 "거짓 증인은 거짓말을 뱉"는다.^{참조. 6:19} 이
후반절에서는 6:19a을 반복하는데, 이는 "위증자"를 화제로 다룬다는 것
을 보여준다. 폭스는 "이 구절은 동어반복 문장이 아니다. 정직과 기만이

---

64   R. J. Clifford, *Proverbs*, OTL (Louisville: Westminster John Knox, 1999), 143; cf. *HALOT*,
1:307, s.v. ḥōṭer.

나뉠 수 없는 속성들이라는 사실을 지적하는 것이다"[65]라고 제대로 말한다. 재판관은 증인의 성품을 헤아림으로써 참된 증언과 거짓 증언을 구분할 수 있다. ^{참조} 12:17 좋은 나무는 좋은 열매를 맺고 나쁜 나무는 나쁜 열매를 맺는다. 마7:17-18; 12:33-35

14:6 교만한 사람은 지혜를 얻을 수 없고 겸손한 사람만 얻을 수 있다. "거만한 자(89-90쪽을 보라)는 지혜를 구하여도 얻지 못"한다. 거만한 자는 오만한 까닭에 영감받은 지혜자의 가르침에 겸허히 고개 숙이지 못한다. 그는 지혜를 배워 자신을 교정하는 대신, 교만과 사회적 권력에 대한 욕심으로 인해 자기 자신에게 집착한다. 루터가 인간의 죄의 본성을 "자기 안으로 구부러진 인간"*homo incurvatus in se*이라고 정의한 것이 거만한 자를 잘 설명해 준다.[66] 이와는 달리, "명철한 자(69쪽 "지혜로운 자와 의로운 자를 가리키는 지적 용어들"을 보라)는 지식(59쪽 "'지혜'란 무엇인가?"를 보라) 얻기가 쉬우니라." 그에게는 자기가 찾는 것을 획득하는 직관적 능력이 있기 때문이다.

14:7 종합적 평행구인 이 구절에서는 젊은이들에게 미련한 자의 가르침을 멀리하라고 경고한다. 미련한 자에게서 본받을 것은 우매함으로 가득한 배뿐이기 때문이다. "떠나라"는 말은 긴급한 명령을 뜻한다. "그 입술(말)에 지식 있음을 보지 못함이니라." 이 잠언은 완서법으로 표현된다. 지혜를 경험하기는커녕 미련함만 가득하게 될 것이다. ^{참조} 17:10; 22:24-25; 23:20; 28:7, 고전 15:33, 고후 6:17, 딤전 6:4-5

보이는 것에 따라 행하지 않음 14:8-15

이 하위 단락에서는 젊은이들에게 미련한 자들처럼 외모로 판단하지 말

65 Fox, *Proverbs 10-31*, 574.

66 Matt Jensen, *The Gravity of Sin: Augustine, Luther and Barth on "homo incurvatus in se"* (New York: T&T Clark, 2006), 5.

라고 경고한다.

14:8 이 구절에서는 자기 행실의 결과를 판단할 줄 아는 슬기로운 자의 지혜와 자기 자신과 다른 사람을 속이는 미련한 자의 우매함을 대조한다. "슬기로운 자(70쪽을 보라)의 지혜는 자기의 길^{참조 1:15}을 아는 것"^{참조 1:2; 8:5}이다. 명철한 자는 행위-운명의 연계성을 잘 알아서 겉모양을 꿰뚫고 들어가 자기 길의 결과를 간파한다. 그러나 "미련한 자(86-87쪽을 보라)의 어리석음은 속이는 것"^{참조 11:1; 12:5, 20}이다. 여기서 "속이는"이라는 말은 대체로 다른 사람을 속이는 일을 뜻하나 자기를 속이는 것까지 포함한다고 볼 수 있다. 슬기로운 자는 삶에 대한 확신을 주는 도덕 지식을 따라 인생길을 선택한다. 이와는 달리, 도덕 지식이 없는 미련한 자는 다른 사람에게 해를 끼치려는 계략을 세우며, 그러면서도 자기 자신이 그 희생자가 된다는 사실을 깨닫지 못한다.

14:9 이 잠언은 손해를 끼치고도 배상하기를 거부하는 미련한 자가 되지 말고 정직한 자가 되라고 권고한다. "미련한 자는 죄를 심상히 여"긴다.^{참조 1:22; 3:34; 19:28} "죄"^{guilt}는 벌을 불러오며^{렘 5:15} 배상하지 않으면 죽음을 불러온다.^{시 68:21} 모세의 율법에 따르면, "속건" 제물^{guilt sacrifice}은 사람을 여호와께로 회복되게 해주는데, 피해자에게는 적합한 배상을 해줘야 한다.^{레 6:1-7} 오늘날 사람이 하나님께 지은 죄는 자신을 속건제로 드리신 그리스도의 희생으로^{사 53:10} 용서받는다. 그러나 "정직한 자(73쪽을 보라) 중에는 은혜가 있느니라."^{참조 10:32, 11:1} "죄"에 맞서는 일은 곧 하나님과 사람들에게 "은혜"를 입는다는 것을 뜻할 수 있다. 정직한 사람들은 죄에 휘말리는 상황을 피하고자 애쓴다. 어쩌다 잘못을 범하게 되면, 그리스도의 희생을 의지하고 또 희생자들에게는 적합하게 배상한다.

14:10 하나님을 떠난 사람이 경험하는 것은 자기의 비참과 기쁨—감정 전체를 가리키는 대조제유법—뿐이다. 무기력함,^{삼상 1:10} 속임수,^{창 27:34} 비통^{욥 7:11}과 같은 "마음(66쪽을 보라)의 고통은 자기가 안다." "마음의 즐

거움은 타인이 참여하지 못"한다. 사람이 겪는 감정적, 지적, 종교적, 도덕적 동요는 매우 복잡하고 뿌리 깊고 사사로운 탓에 다른 사람과 공유할 수 없다.참조. 고전 2:11 이 잠언은 각 개인의 존엄성을 긍정하면서, 오해당하는 일을 받아들이라고 가르치고,참조. 삼상 18:20, 삼하 6:16, 왕하 4:27 다른 사람을 겉모습만으로참조. 13절 판단하지 말라고 경고한다. 이 잠언의 교훈을 따라 우리는 우리보다 우리를 더 잘 아시는 분이신 자비로운 대제사장에게 기도하기를 힘쓴다. 15:11; 16:2; 21:2; 24:12, 왕상 8:38, 요 14:16-17, 히 4:15-16

14:11 이 잠언은 은연중에 제자들에게 눈에 보이는 것이 아니라 믿음을 따라 행하라고 가르친다. 역설적이게도 악한 자의 집이 정직한 자의 장막보다 안전하지 못하다. "집"은 장막보다 훨씬 더 크고 안전한 주거지를 뜻한다(삼하 7:4-6에서 다윗이 여호와의 "장막"을 "집"으로 대체하고자 바랐던 일을 보라). "악한 자의 집은 망"한다. 이와는 대조적으로 "정직한 자의 장막은 흥"한다(원문의 의미는 "싹트다"이다). "장막"은 유목인들이 주거지로 사용하는 천막을 가리킨다. "싹트다"라는 은유는 정직한 자의 집이 생명과 번영으로 활짝 피어난다는 것을 뜻한다. 정직한 자의 장막은 겉보기에 허술해도 선조들 시대부터 세워졌으며, 거주자들로 계속 채워질 뿐만 아니라 영원토록 새 생명으로 번성한다.참조. 시 1:3; 92:12-14, 요 15:1-17

14:12 눈에 보이는 것을 따라 행하지 말라고 날카롭게 경고하는 이 하위 단락의 한가운데 위치한 이 잠언에서는 그렇게 행하지 말아야 할 이유를 제시한다. 다른 맥락인 16:25에서 이 잠언이 반복되는 것은 이 잠언의 중요성을 보여준다. "어떤 길은 사람이 보기에 바르나."야사르(yāšār), 참조. 1:3 "사람"이쉬('îš)이라는 말로 인간과 하나님을 분명하게 구분한다. 민 23:19, 욥 9:32, 호 11:9 67 "필경은"은 그 길의 결과를 가리키는 것으로, 거기에 비추어 전체를 평가해야 한다. 복수형으로 표기된 (후반절의) "길"은 그 사람이

---

67 N. P. Bratsiotis, *TDOT*, 1:229, s.v. *'îš*.

바르다고 생각한 그 길을 여러 가지 선택할 수 있는 길로 세분화한다. 그리고 그 길들은 "사망"이라는 결과에서 확인할 수 있듯이 악하다. 사망은 궁극적인 실패일 뿐이며, 그렇기에 결론에서는 그 사람이 선택한 것들이 잘못된 일이었음을 보여준다. 길을 따라 이르는 곳은 언제나 그 겉모습과는 딴판인데, 인간이 파악하는 진리는 부분적이고 모호하며 흔히 실재와 상충하기 때문이다. 전지하신 하나님만이 생명의 길을 아신다. 하나님께서는 당신의 영감받은 지혜자들을 통해 그 길을 계시하시고, 제자들은 믿음으로 그 계시를 따라야 한다. 거룩한 지혜자인 예수 그리스도는 자신이 길과 진리와 생명이라고 말씀하셨다. 요 14:6

14:13 이 잠언에서는 현실의 겉모습은 속이는 것이요 참 실재는 그 결과 "필경은", 12b절에서 드러난다고 보는 주제를 계속해서 다룬다. "웃을 때에도 마음에 슬픔이 있고." 외면의 유쾌함이 흔히 고통을 가리나 "즐거움의 끝"에는 "근심이 있느니라." 잠깐 즐거울지는 몰라도 그 바탕에는 늘 슬픔이 버티고 있다. 인생은 아기 울음소리로 시작해서 임종의 탄식 소리로 끝난다. "인간은 죽으며, 따라서 기쁨은 필시 슬픔으로 끝난다. 참조 27:1 파티는 언제나 끝나게 되고, 사랑의 행위는 멈춘다."[68] 유달리 비관적인 이 잠언은 「잠언」 전체의 낙관론에 비추어 균형을 잡을 필요가 있다. 「잠언」의 낙관론에 따르면, 의인은 기쁨10:28과 생명, 10:16-17; 11:19; 13:12 미래의 희망23:17을 기대할 수 있으나 악인은 아무것도 얻지 못한다. 24:19-20 이 잠언은 인간이 처한 상황을 삐딱하게 묘사함으로써, 죽음 너머까지 이어지는 하나님과의 관계 안에서 얻게 되는 구원과 희망을 강조한다. 현재 기쁨을 누리는 순간들은 미래의 구원을 미리 맛보게 해준다. 다음에 나오는 잠언의 긍정적인 단언은 이 잠언의 비관론을 균형 잡아 준다.

14:14 반의적 평행구를 이루는 이 잠언은 "마음이 굽은 자"(즉 반역하고

68   Van Leeuwen, "Proverbs," in *NIB* 5, 141.

패역한 사람)를 "선한 사람"과 대비시켜서, 여호와는 신실한 자들을 상주시고 배교자들은 벌하시기에 믿음을 굳게 지키라고 제자들에게 충고한다. 이 구절에서는 확고한 행위–운명 연계성이 지혜를 저버리는 일에 적용된다. 제자들은 선한 길을 선택하고 계속해서 그 길을 걸어야 한다. 신실한 자의 선한 행실에는 상급이 돌아오나, 신실하지 않은 자의 길은, 이전에 그들이 공동체에 끼친 유익과는 상관없이, 벌로 보응을 받게 된다는 것을 지극히 높으신 분께서 보증하시기 때문이다. 참조, 렘 18:7-10 배교자들도 보응을 받게 되나 그들이 기대하는 방식으로는 아니다. 그들은 "자기 행위로 보응(벌)이 가득하"게 된다. 복수로 표기한 (전반절의) "행위"는 자체 내에 배교자의 멸망을 내포하고 있는 악한 행실 전체를 가리킨다. 그러나 "선한 사람"은 "자기의 [선한] 행위로" 온전한 보상을 받게 된다.

14:15 이 구절에서는 제자들에게 잘못된 길로 빠지는 순진한 사람들을 조심하라고 경고한다. 지혜로운 자는 자신의 걸음이 참된 신앙과 윤리에 일치하는지 살핌으로써 자기의 길을 검증한다. "어리석은 자(87쪽을 보라)는 온갖 말을 믿으나(의지하나) 슬기로운 자(70쪽을 보라)는 자기의 행동을 삼가느니라." "길"과 같은 의미로 사용된 비유인 "행동"은 삶의 방식을 뜻한다. 참조, 1:15 이 잠언은 경솔한 자를 "미련한 자"로, 신중한 자를 "슬기로운 자"로 규정함으로써 젊은이들에게 다른 사람의 말을 들을 때 비판적이고 분별력이 있어야 한다고 권고한다. 이 모호한 평행구는 미련한 자는 자신의 생활방식에 신중하지 않고 슬기로운 자는 다른 사람의 의견에 휘둘리지 않는다고 말한다. 하나님께서 당신의 경건한 사람들조차 신뢰하지 않으신다면, 인간 일반과 그들의 말에 대해서는 얼마나 더 신뢰하지 못하시겠는가. 욥 4:18; 15:15, 참조, 요 2:24 이와는 달리, 슬기로운 자는 하나님을 굳게 의지하고 나아가 자기 걸음걸이를 다스려 흐트러짐 없이 행한다.

사회적 행동의 상반된 특성과 그 결과 14:16-32

이 하위 단락은 다시 세 개의 세부 단락으로 나눌 수 있다. 첫 번째 세부 단락16-18절에서는 지혜로운 자와 어리석은 자의 특성을 밝힘으로써 젊은 이들에게 지혜로운 사람들과 어울리라고 권고하고, 이어서 슬기로운 자들이 "지식"의 면류관을 쓰게 된다는 약속으로 결론을 맺는다. 두 번째 세부 단락19-24절에서는 주로 윤리적인 용어를 사용해 사회적으로 선한 행실과 나쁜 행실의 결과를 보여줌으로써 젊은이들에게 지혜롭고 윤리적인 행동을 하라고 권고한다. 마지막 세부 단락25-32절에서는 네 가지 특성들을 삶이나 죽음이라는 결과와 결합하며, 악한 자는 결국 망하게 되나 의인은 죽음 가운데서도 여호와 안에서 피난처를 얻게 된다는 극적인 결론을 내린다.

지혜로운 자의 특성과 윤리적 행실 14:16-18

14:16 이 잠언은 "지혜로운 자"(69쪽 "지혜로운 자와 의로운 자를 가리키는 지적 용어들"을 보라)의 특성을 분별력이 있어 악(죽음을 가리키는 환유)을 떠나는 것으로 규정하고 그에 반해 구제불능의 "어리석은 자"(87쪽을 보라)는 이런 분별력이 없는 것으로 규정함으로써 젊은이들에게 여호와와 그분의 지혜자들에게 순종하는 삶을 살라고 권고한다. "두려워하여"라는 말은, 뒤에 이어지는 "악을 떠나나"(여호와를 경외하는 결과)3:7을 보라. 참조. 1:16라는 구절에서 알 수 있듯이 여호와를 그 목적어로 삼는다. 이와는 달리, 어리석은 자는 여호와와 그분을 두려워하는 사람들 앞에서 "방자하" 게 행한다. 그런데도 어리석은 자는 "스스로 믿"고서 조심할 줄 모른다. "악을 떠나나"와 "스스로 믿느니라"로 이루어지는 모호한 반의적 평행구는 하나님을 경외하는 사람은 자기를 신뢰하지 않으며 자만심이 넘치는 어리석은 자는 악과 죽음에서 떠날 줄 모른다참조. 13:19는 사실을 밝힌다. 바울은 우상을 따르고 교만한 고린도 교인들에게 "선 줄로 생각하는 자

는 넘어질까 조심하라"[고전 10:12]고 경고했다.

14:17 이 잠언에서는 계속해서 어리석음이라는 주제를 다룬다. 두 반구절이 모두 부정적인 내용을 진술하는 보기 드문 반의적 평행구로 이루어진 이 구절은 충동적으로 "노하기를 속히 하는 자"나 차갑고 타산적이며 의도적으로 "악한 계교를 꾀하는 자"[이쉬 메짐모트('*iš mezimmôt*), 참조. 12:2; 24:8]가 되지 말라고 경고한다. 두 반절의 술부들에서는 두 유형의 사람이 왜 나쁜지 설명한다. 화를 잘 내는 사람은 "어리석은 일(87쪽을 보라)을 행하"는데, 여기서 어리석은 일은 단수 집합명사[참조. 5:23; 14:1, 8]로서, 도덕적인 무례로 다른 사람들을 해치려고 저지르는 여러 가지 특별한 행위와 결과들을 가리킨다. 성미가 급한 사람은 수련이 부족하여 절제하지 못하고 예측할 수 없으며 쉽게 흥분한다. 지혜자들은 분노를 부정적인 것으로 여겨, 잔인하고[27:4] 분란을 일으키며[30:33] 신중히 다스릴 필요가 있는 것[15:1; 29:8, 11]이라고 말한다. 존슨[E. Johnson]은 "지혜의 이상은 분노하여 실수를 저지르지 않는 평정한 사람, 또는 17:27에서 밝히듯이 '냉철하고 명철한 사람'이다"[69]라고 말한다. 이와는 달리, 악한 계교를 꾀하는 자는 무자비한 계획을 체계적으로 모의하고 실행한다. 그들이 "미움을 받"는다는 말은 하나님에게 그리고/또는 공동체에게 배척당해 망하게 된다는 것을 가리키는 환유다.

14:18 이 야누스 잠언은 첫 번째 하위 단락을 결론 지으면서 다음 하위 단락을 시작하는 틀로 기능한다. "슬기로운 자"[18b절]와 "지혜로운 자"[24a절]에게 약속된 "면류관"[18b절의 카타르(ktr), 24a절의 아테레트('ā́ṭeret)]이 두 번째 하위 단락[19-24절]을 에워싸 인클루지오를 이룬다. 생생한 은유들을 사용해 어리석은 자와 슬기로운 자를 대조한다. 18절에서는 "어리석은 자"와 어울리지 말라고 경고한다. 은유로 말해 어리석은 자들은 수치스럽게 "어리석음으로

---

69 E. Johnson, *TDOT*, 1:356, s.v. '*ānaph*.

기업을 삼"기 때문이다. 참조. 17절 이 은유는 반어적 의미로 사용된다. 통상
적으로 유산은 삶을 풍요롭게 하지만, 여기서 유산은 그 소유자를 파괴
한다. 참조. 11:29 그와는 달리, 이 잠언은 "슬기로운 자"와 어울리라고 권고한
다. 은유로 말해 슬기로운 자는 "지식으로 면류관을 삼"기 때문이다(59쪽
"'지혜'란 무엇인가?"를 보라). 슬기로운 자는 지혜를 내면화함으로써 위험
을 피하고 참조. 16절 권세와 존귀함을 얻는다.

사회적 행실의 상반된 결과 14:19-24

14:19 슬기로운 자가 지식으로 면류관을 얻는다는 관념이 이 구절에 들
어와서 악인이 선인 앞에 엎드린다는 관념으로 확대된다. 동의적 평행구
조에 의해 "악인"은 "불의한 자"와 동일시되고 "선인"은 "의인"과 동일시
된다. 참조. 2:20; 4:14 이 잠언은 다른 사람을 섬기는 사람은 다스리는 자리에
서게 되는 데 반해 자기밖에 모르는 사람은 그들 앞에 "엎드리"게 될 것
이라는 역설적 진리를 제시하여 젊은이들에게 다른 사람을 섬기라고 권
고한다. "문에"라는 말은 의인이 정의를 시행하는 심판 자리에 앉게 된다
는 것을 뜻한다. 참조. 1:3 이 심오한 잠언이 늘 참된 것으로 경험되지는 않
는다. 「잠언」은 이 세상이 도덕적으로 뒤죽박죽일 때가 흔하다는 사실을
인정한다(80쪽 「잠언」은 너무 많은 것을 약속하는가?"를 보라). 참조. 히 2:8b 그
러나 종말론의 관점에서 볼 때, 이 잠언은 자명한 진리다. 참조. 창 42:6, 출 11:8;
12:31-32, 삼상 24:16-21; 26:21, 삼하 19:18-19, 에 7:7, 행 16:39 로스는 이 잠언이 "빌립보서
2:10에서 가르치는 사상의 궁극적 성취"라고 말한다.[70]

　14:20 이 잠언에서는 부자와 가난한 자를 그들의 사회적 위치에 비추
어 대조하면서 참조. 19:4, 7 인간 본성의 엄연한 진실을 폭로한다. "가난한 자
는 이웃 참조. 3:28에게도 미움을 받게 되나 참조. 1:22; 14:17 부요한 자 아쉬르('āšîr)

70　Ross, *Proverbs*, 988.

(77쪽 "지혜로운 자와 재물"을 보라)는 친구가 많으니라."^{참조. 19:4} 이 금언은
가난한 자는 궁핍할 뿐만 아니라 친구도 없으며, 반면에 '아쉬르'는 재물
과 친구가 넘친다고 주장한다. 서글프게도 사람들은 가난한 자는 덕이
있어도 멀리하려 하고 부자는 악할지라도 그에게로 몰려든다. 부자는 도
덕적인 부담을 지우지 않고서 이득을 주기 때문이다. 이처럼 암울한 인
간 본성의 현실에 비추어, 이 잠언은 젊은이에게 가난하게도 부하게도
되지 말라고 경고한다. 가난한 사람은 모두에게 미움을 받으며, 부자는
나쁜 사람들에게 사랑을 받는다. 다음 절의 잠언에서는 이처럼 암울한
인간 본성의 현실에서 벗어나는 일이 가능하다는 사실을 함축한다(참조.
18:24은 예외적인 사실도 함축한다).

14:21 이 구절은 20절을 그릇 해석하여 가난한 사람을 배척하는 일을
합리화해 주는 본문으로 받아들이는 일을 방지한다. "이웃"과 "빈곤한
자"로 이루어지는 모호한 반의적 평행구는 전반절과 후반절이 모두 "가
난한 이웃"에 대해 말한다는 사실을 밝혀 준다. "이웃^{참조. 3:28}을 업신여기
는 자^{참조. 1:7}는 죄를 범하는 자요."^{참조. 1:10; 8:36} 자기 이웃을 비방하는 사람
은 하나님의 규범을 위반하는 것이다. 이와는 달리, "빈곤한 자를 불쌍
히 여기는 자"는 자기 이웃을 존중해서 용납하고 친절하게 대하는 사람
을 가리킨다. 그처럼 값없이 베푸는 호의의 특혜를 주는 것이 아니라 신
실함과 자비와 관용의 행동을 뜻한다. "복이 있는 자니라"^{참조. 3:13; 8:32, 34}는
감탄의 외침으로서, 자비로운 사람을 현재는 여호와와 바른 관계를 이루
고 장차 기쁨을 누리게 되는 사람의 모범으로 치켜세운다. "네 이웃을 네
자신과 같이 사랑하라"는 말씀은 신약과 구약에 모두 나오지만,^{레 19:18, 롬}
^{13:9-10} 예수는 이 본문을 독특하게 "주 너의 하나님을 사랑하라"와 결합하
여 가장 큰 두 계명 가운데 하나로 제시한다.^{마 22:37-40}

14:22 이 구절에서는 이웃을 업신여기는 자^{21a절}를 악을 도모하는 자로,
다른 사람을 불쌍히 여기는 자^{21b절}를 선을 도모하는 자로 밝힌다. "악을

도모하는 자는 잘못 가는 것이 아니냐'라는 수사 의문문(후반절에서는 생략되었다)은 지혜로운 자들의 관심을 유도하여 "당연히 그렇다"라는 적극적인 대답이 나오기를 기대한다. "악을 도모하는 자"[3:29; 6:14; 12:20, 참조. 6:18] 와 마찬가지로 "선을 도모하는 자"[참조. 2:9; 14:14, 19]는 은유로 사용되어, 이렇게 도모하는 자들을 다른 이를 해치거나 돕는 일에 능숙한 장인들로 묘사한다. 악을 도모하는 자를 "잘못 가는" 사람으로 묘사하는데, 이는 이 악한 장인들을 길을 잃고 방황하는 사람이나 술 취해 비틀거리는 사람에 빗대어 설명하는 은유다. 이 은유는 그들이 윤리적인 길을 버리고 다른 사람과 자기 자신을 해치는 길을 택했다는 사실을 밝혀 준다.[참조. 7:25] 이와는 달리, 선을 도모하는 자는 바른길을 걸음으로써 "인자와 진리"를 얻게 된다[참조. 3:3]

14:23 이 반의적 잠언에서는 "선을 도모하는 자"[22절]를 가리켜 성실하게 열심히 일해서 물질적이고 사회적인 이득을 보상으로 얻은 사람이라고 구체적으로 설명한다.[참조. 10:4-5, 사 49:4, 히 6:10, 요 6:27] "……에는"은 이익을 내는 일들을 한정하는 말로, "모든" 종류의 "수고"가 그에 해당한다. "이익 모타르(môtār), 문자적 의미는 '남긴 것'이 있"다는 말은, 하나님의 일반 은총과 창조 질서 안에서는 사람이 노력할 때 원래 기대한 것보다 더 많은 것을 얻는다는 것과 또 그 이익은 장차 그 일을 완수할 때 성취된다는 이치를 가리킨다. 그래서 사람들은 그러한 희망을 품고 믿음으로 살아간다. 이와는 달리, "입술의 말공허한 말, 참조. 왕하 18:20은 궁핍(실패와 죽음)을 이룰 뿐"이다. 은유로 사용된 "…을 이룸"은 목표를 향해 가는 여행을 뜻한다. "뿐"은 예상 밖으로 그 목적지가 기본적인 생필품조차 없는 "궁핍"마흐소르(maḥsôr), 참조. 6:32; 11:24 상태라는 사실을 밝혀 준다. 말을 많이 하지 말라고 권고하는 잠언들[참조. 10:19; 12:18a; 18:6]이 있는가 하면, 말의 힘(75쪽 "지혜로운 자와 말"을 보라)을 격찬하는 잠언들도 있다.

14:24 "면류관"이라는 말로 18-24절을 끝맺는다. 이 구절에서는 20절

에서 시작된 부와 가난이라는 주제를 계속 다루면서 특히 23절의 "이익" 을 면류관이라고 치켜올린다. "지혜로운 자의 재물참조 3:16은 그의 면류관"(하나님의 은혜의 가시적 표지) 참조 4:9; 12:4으로서 그에게 사회적인 지위와 권세를 준다. 재물은 위험하기도 하나참조. 1:10-19; 10:15-16; 11:16, 28; 18:11; 30:8-9 하나님께서 선행에 대해 베푸시는 상급일 수도 있다.3:16; 8:18을 보라. 참조. 왕 상 3:13; 시 112:3 "미련한 자(89쪽을 보라)의 소유참조. 17-18절는 다만 미련한 것이 니라"는 언어유희로서, 그가 다른 사람에게 끼치려는 해악이 그 자신에게로 되돌아온다는 것을 뜻한다.참조. 14:8, 18; 16:22b 유다가 그리스도를 배신한 미련함은 그의 목에 걸린 올가미로 되돌아왔다.마 27:5

상반된 특성들과 그 결과인 삶과 죽음 14:25-32

이 마지막 하위 단락(28절은 제외하고)에서는 네 가지 특성들을 그에 상응하는 생명이나 죽음의 결과들과 연관 지어 다룬다. 28절은 독립적인 절로, 모음집들에 자주 나오는 왕의 금언들 가운데 첫 번째 금언이다. 특히 28절은 여호와에 관한 잠언들16:1-15; 20:26-28; 21:1-14; 22:11-12; 25:2-7; 29:12-14과 나란히 배치된 여러 잠언 가운데 하나다. 와이브레이에 따르면, "이렇게 나란히 배치한 주요 목적은 여호와께 순종하는 것이 모든 사람의 생명을 쥐고 있는 왕들에게는 특히 중요하다는 사실을 강조하는 데 있다."[71]

14:25 첫 번째 특성은 진실한 증인과 거짓 증인을 대비해서 확인할 수 있다. 25b절은 12:17b을 그대로 반복한다. 이 두 본문은 19:5, 9, 28; 21:28; 24:28; 29:24과 마찬가지로, 신뢰할 수 있는 증인들을 토대로 세워지는 정의의 문제를 다룬다. 법정에서 눈으로 본 증거를 증언하는 "진실한 증인"은 "거짓말을 뱉는 사람"의 정확한 반의어다.참조. 14:5 하지만 두 사람을 수식하는 술부인 "생명을 구원하여도"와 "속이느니라"(다른 사람

을 해치고자 고의로 거짓을 말함)는 서로 정확하게 대응하지 않는데, 그 의
미는 진실한 증인은 속이는 일을 멀리해서 무고한 사람을 구원하는 데
반해 거짓말을 뱉는 사람은 다른 사람을 구하는 게 아니라 해치기 위해
고의로 속인다는 것이다.^{참조. 11:1; 14:8} 고대 이스라엘에서 심각한 범죄를
저지른 사람은 사형을 당했으나, 피의자는 두세 명의 증인들의 증언이
있어야만 유죄 선고를 받았다.^{신 19:15} 이 잠언은 사법 재판소와 관련이 있
으나 "거짓 뉴스", 곧 경쟁자를 해치려는 의도로 뉴스나 사회 매체에 퍼
뜨리는 허위정보에도 적용될 수 있다. 그 폐해는 회복할 수 없을 정도로
심각할 때가 많다. 그러한 현실에서 지혜로운 사람이 나서서 진실을 외
치는 것은 혁명적인 일이다. 누군가 말했듯이 "온통 거짓뿐인 시대에 진
실을 말한다는 것은 혁명적 행위이다."⁷²

　14:26-27 두 번째 특성인 "여호와 경외"는 26절과 27절을 하나로 묶는
다. 26절은 여호와 경외를 "의뢰"(안전)와 연결하고, 27절은 "생명"과 연
결한다. 두 요소가 모두 필요하다. 악은 공격할 뿐만 아니라 유혹도 하는
까닭에 부모들은 더 강하고 더 좋은 것을 알아야 (그리고 자기 가족에게 보
여주어야)^{26절} 한다.

　26절은 "여호와 경외"를, 27절에서 사망에서 벗어난 것으로 묘사하는
완전한 안전과 연결한다. 여호와를 "경외하는 것"(74쪽 "여호와 경외"를 보
라)은 지혜로운 자와 그의 가족이 두려워하는 마음으로 여호와를 의지하
고 그의 가르침을 진실하게 따르는 것을 가리킨다. "견고한(굳건히 서서
흔들리지 않는)^{참조. 8:28b; 10:15} 의뢰(안전)"는 어떤 위협에서도 흔들리지 않
는다는 확신의 토대를 뜻한다. "그 자녀들(주를 경외하는 이의 자녀들)"은
단순히 직계 후손을 말하는 게 아니라 대를 이어가며 순종하는 자손을
가리킨다.^{참조. 4:3; 20:7} 하나님은 가족을 구원하신다.^{참조. 창 7:1; 18:19, 출 20:5-6, 시}

72　조지 오웰의 말로 추측되지만 확실하지 않다.

103:17, 행 16:31 하나님께 헌신하는 삶은 그 자신의 존재 넘어서까지 뻗어나 간다. "피난처"는 "견고한 의뢰"와 명료하게 평행을 이룬다. 표제어 "여호 와 경외"에 의해 26절과 27절이 연결된 데서 이 구절에서 말하는 "피난 처"가 사망의 올무에서 보호받는 것이라는 사실을 알 수 있다.

27절은 13:14의 본문을, "지혜 있는 자의 교훈" 대신 그 동의어인 "여 호와를 경외하는 것"으로 표현한 것을 제외하고는 그대로 반복한다. 이 잠언은 "생명의 샘"과 "사망의 그물"이라는 은유를 사용해, 제자들에게 여 호와께서 영감을 불어넣으신 말씀 속으로 경외하는 마음으로 들어가라 고 권고한다. 그 말씀 속에서 사망에서 구원받은 풍성한 삶을 발견한다.

14:28 만인을 다스리는 왕은 여호와를 경외하는 삶을 살아야 한다. 왕 은 백성을 다스리는 수장으로서 지도력을 발휘해 백성을 받든다.[73] 지 혜와 공의의 결과로 "백성이 많은 것"참조. 28:2, 12, 16, 28: 29:2, 4, 14은 "왕의 영 광"8:15-16이다. 후반절은 전반절과 명료한 반의적 평행구를 이룬다. "백성 이 적은 것(우매함과 악함의 결과다)은 주권자="왕", 참조. 8:15 의 패망"참조. 10:14-15 이다. 이 잠언은 제자들에게 사람들이 배척하는 미련한 자가 아니라 사 람들을 이끄는 유능한 사람이 되라고 권고한다. 브릿저스는 그리스도에 대해 "그렇다면 셀 수 없이 많은 사람에게 에워싸인, 하늘에 계신 우리 왕의 영광은 얼마나 크겠는가"참조. 살후 1:10, 계 7:9-10라고 말한다.[74]

14:29-30 이 두 구절에서는 인내할 줄 아는 사람과 조급한 사람을 대조 할 때 밝혀지는 세 번째 특성을 다룬다. 30절에서는 명철과 어리석음이 낳는 결과인 삶과 죽음의 문제를 다룬다.

"인내"(개역개정에는 "노하기를 더디 하는 자"로 번역되었다—옮긴이)는 문 자적으로 "얼굴을 펴다"라는 관용구와 같은 의미를 지닌다.19:11, 사 48:9 인 내하는 사람은 부당한 대우를 받을 때도 너그러우며, 감정을 다스려 신

---

73   R. D. Culver, *TWOT*, 1:508, s.v. *mālak*.

74   Bridges, *Proverbs*, 168.

앙과 윤리에 따라 행동한다. 그들은 복수를 꾀하는 대신에 하나님을 신
뢰하고 그분을 본받아 죄인들에게 큰 인내심을 보인다. 출 34:6-7, 욘 4:2 인내
는 죄인들이 회개할 가능성을 열어 준다. 인내는 하나님을 닮았고 인간
의 본성에서 먼 것이기에 커다란 능력(개역개정에는 "크게 명철하여도"로
번역되었다―옮긴이)이라고 규정된다(69쪽 "지혜로운 자와 의로운 자를 가
리키는 지적 용어들"을 보라). 이와는 달리 "마음이 조급"하다는 것은 불의
에 화를 내되 너무 격하게 감정을 터뜨려 죄를 짓게 되는 경우를 뜻한
다. "어리석음을 나타내느니라"는 "극도의 미련함을 드러내는 것"을 뜻한
다. 참조. 5:23; 12:23; 13:16; 14:24 성질이 급한 사람은 경건하지 못하고 거칠게 복
수심을 쏟아 내며, 그러다가 자기 자신을 해친다. 시므온과 레위에게서
그런 면모를 볼 수 있다. 참조. 창 34장; 49:5-7

　두 번째 잠언인 30절에서는 인내가 심신에 끼치는 유익을 밝힘으로
써 인내의 가치를 강조한다. 평정심은 생명을 살리고, 분노는 죽인다. "평
온한 마음"(66쪽 "마음"을 보라)은 "생명"이다. 여기서 수식어로 덧붙인 "육
신의"라는 말이 보여 주듯이 생명은 육신의 죽음과 대비되는 육신의 생
명을 가리킨다. 참조. 4:22; 5:11 그러나 "시기는 뼈를 썩게 하느니라"는 죽음으
로 떨어지는 상태를 말한다. "육신"과 "뼈"는 인간 본성의 물질적 측면과
심리적-정신적 측면 모두를 가리킨다. 참조. 12:4 이기적이고 자기중심적인
데다 분노로 가득한 마음에서 비롯되는 내적인 혼란은 몸의 뼈대를 파
괴하고 생명을 갉아먹는 골암bone cancer과 비슷하다. 참조. 집회서 30:24 [75]

14:31-32 마지막 특성을 밝히는 이 잠언 쌍에서는 가난한 사람을 억압
하는 자와 가난한 사람에게 친절을 베푸는 사람을 다루며,[31절] 그들이 맞
게 될 영원한 운명인 죽음과 하나님 안의 안전을 극적으로 대조한다.[32절]

　여기서 성질이 급한 사람은 무기력하고 가난한 자를 학대하고, 그렇

---

[75]　Meinhold, *Sprüche*, 244.

게 행하는 중에 하나님의 영예를 공격한다. "멸시하는"이라는 말은 어떤 사람이나 대상의 가치나 중요성을 훼손한다는 뜻이다. 가난한 사람을 학대하는 일은 "그를 지으신 이"를 우습게 여기는 것이다. 하나님의 형상을 따른 인간의 창조는 사회 윤리를 떠받치는 철학적 기초가 된다. 이와 대비되는 "불쌍히 여기는 자"는 가난한 자를 귀하게 여겨 용납하며 그들에게 친절히 행하는 사람을 뜻한다. "궁핍한 사람"은 극히 가난하고 상처받기 쉽고, 다른 사람을 의지해 생존하는 사람을 가리킨다.[76] "주(가난한 사람을 지으신 이)를 공경하는" 사람은 하나님이 사회의 머리가 되심을 인정하며 그로 인해 하나님의 상급을 받는다.[3:9-10]

이기적인 사람과 다른 이를 섬기는 사람은 완전히 다른 역설적 결과를 맞게 된다. "악인(86쪽 "악인과 미련한 자를 가리키는 지적 용어들"을 보라)은……엎드러져도"는 그의 견고함과 안전을 잃어버려 망한다는 뜻이다.[참조, 시 35:5; 36:12; 62:3] "그의 환난에"라는 말은 그가 다른 사람들에게 가하는 해악과 그 자신이 겪는 재앙이라는 이중적 의미를 지니는 것으로 볼 수 있다.[참조, 1:16] 그러나 "의인(72쪽 "지혜로운 자와 의로운 자를 가리키는 윤리적 용어들"을 보라)은……[여호와 안에](위 성경 본문에 달린 주를 보라)소망이 있"다. "그의 죽음에도"는 의로운 자가 여호와를 진정으로 예배하는 자로 밝혀지는 상황을 가리킨다. 모호한 반의적 평행구를 이루는 "[여호와 안에] 소망이 있느니라"와 "엎드러져도"는, 자신의 악으로 말미암아 죽음을 자초하는 악인은 죽어가면서도 여호와를 신뢰하지 않으며, 죽음 가운데서도 여호와를 신뢰하는 의인은 죽음을 비롯해 어떤 악으로도 무너지지 않는다는 것을 뜻한다.[참조, 창 5:24, 시 49:14-15; 73:24] 이 책의 나머지 부분과 마찬가지로 이 잠언도 육신의 죽음 너머에 있는, 의로운 자를 위해 예비된 피난처를 바라보도록 이끈다(80쪽 「잠언」은 너무 많은 것을 약속하는가?"를 보라).

[76] 참조. W. R. Domeris, *NIDOTTE*, 1:228, s.v. *'ebyôn*.

유순한 혀로 세우는 의 14:33-15:4

14:33지혜는 명철한 자의 마음에 머물거니와 미련한 자의 속에 있는 것은 나타나느니라. **34**공의는 나라를 영화롭게 하고 죄는 백성을 욕되게ª 하느니라. **35**슬기롭게 행하는 신하는 왕에게 은총을 입고ᵇ 욕을 끼치는 신하는 그의 진노를 당하느니라.ᶜ

15:1유순한 대답은 분노를 쉬게 하여도 과격한 말은 노를 격동하느니라. **2**지혜 있는 자의 혀는 지식을 선히 베풀고 미련한 자의 입은 미련한 것을 쏟느니라. **3**여호와의 눈은 어디서든지 악인과 선인을 감찰하시느니라. **4**온순한ᵈ 혀는 곧 생명 나무이지만 패역한 혀는 마음을 상하게 하느니라.

> ª 반 레이우엔("Context and Meaning," 58 n.3)은 부정적인 '헤세드'(ḥesed)가 '죄책'이나 '정죄'를 뜻하는 것으로 보는 게 더 낫다고 주장한다.
> ᵇ 전치사 "에게"(원문은 "슬기롭게 행하는 '신하에게' 왕의 은총이 이르고"이다—옮긴이)를 근거로 동사 '이르다'가 생략되었다고 추정할 수 있다(IBHS §11.4d).
> ᶜ 본문의 수정된 내용은 Waltke, Proverbs 1–15, 609 n. 5를 참조하라.
> ᵈ 또는 '치유하는.'

이 단락에서는 암묵적인 교육적 잠언33절을 서론으로 제시한 후에, 한 쌍의 잠언34-35절이 지혜를 국가의 윤리 및 왕의 책무와 연결한다. 왕은 슬기로운 신하에게 은혜를 베풀고 욕을 끼치는 신하는 진노로 다스릴 책무가 있다. 그 뒤를 잇는 네 절의 잠언15:1-4은 화를 돋우는 불쾌한 말을 사용하지 말고 해악을 치유하는 데 효과가 있는 온유한 말을 하라고 경고한다.

14:33 의인화된 "지혜(62쪽 "깨달음과 지혜 여인"을 보라)는 명철한 자참조.1:5의 마음(66쪽 "마음"을 보라)에 머물"러 다스린다.77 명철한 자는 믿음으로 지혜자의 영감된 지혜를 배웠기에 상황을 꿰뚫어 볼 수 있는 사람이

77 콥스(Copps, TWOT, 2:562, s.v. nûaḥ)는 이 동사가 구원론적 의미를 지닌다고 주장한다(민 11:25, 왕하 2:15, 시 125:3, 전 7:9, 슥 6:8에서 '정복하다, 다스린다'는 의미로 사용됨).

다. "그리고"(후반절을 이끄는 말로, 개역개정에는 번역되지 않았다―옮긴이)는 두 반절을 종합적 평행구로 연결하고, 지혜로운 자와 미련한 자 모두에게 지혜 여인이 자신을 적극적으로 계시한다는 것을 뜻한다.[78] 지혜 여인은 "미련한 자들"의 마음속이 아니라 그들 가운데 참조. 15:31 있는데,[79] 이는 그들이 지식을 미워하기 때문이다. 참조. 1:22; 17:16 그래서 지혜 여인이 그들에게 "나타나"더라도 그들은 그를 배척한다. 참조. 1:29-30 누군가의 마음속에 들어와 다스린다는 것은 단순히 한 무리의 사람들에게 자신을 드러내 보이는 것과는 전혀 다른 일이다. 참조. 1:20-33; 8:1-36 이 교육적 잠언은 젊은이들에게 지혜자의 영감받은 지혜를 마음속에 고이 간직하라고 권고한다.

14:34 이 구절에서는 지혜33절를 윤리 및 국가 차원으로 높여진 윤리적 관심사와 관련지어 다룬다. "공의"(72쪽 보라)와 "죄"참조. 1:10; 5:22; 10:16 라는 상반되는 주어들을 통해 국가는 하나님의 도덕적 기준을 따라 시민들을 대우해야 한다는 암묵적인 권고가 제시된다. 술어에서는 그 이유를 제시한다. "공의는 나라를 영화롭게 하고 참조. 4:8; 14:29 죄는 백성을 욕되게" 하는데, 욕되게 한다는 것은 지배와 적대감, 궁핍을 뜻한다. 이 교훈은 특히 이스라엘에 적용된다. 참조. 신 28:1-14, 15-68, 암 1-2장 등 궁극적으로 한 나라의 영광은 정치, 군사, 경제의 힘이 아니라 그 나라의 신앙심과 윤리에 근거한다.

14:35 나라의 이런 도덕적 기풍은 주로 관료들에 의해 좌우된다. "슬기롭게(69쪽을 보라) 행하는 신하에베드('ebed), 참조. 11:29 는" 의로운 "왕에게 은총을 입"는다. 참조. 11:1; 14:28 여기서 '에베드'는 왕에게 종속되고 은혜를 입는

---

78 만일 '그러나'를 뜻하는 접속사가 쓰인다면(NASB, ESV를 보라), 이 구절은 반의적인 평행구가 되어 명철한 자와 미련한 자가 지혜에게 완전히 상반된 반응을 보인다는 뜻이 된다.

79 "마음속에"라는 말은 단수 목적어와 함께 사용되며, 이 본문처럼 복수 목적어 "미련한 자들"과 사용하기에는 적합하지 않다.

"왕실 관리"를 뜻한다. 참조. 30:9 [80] 그러나 "욕을 끼치는 신하는 그의 진노"노
여움", 11:4을 보라. 참조. 암 1:11를 당"한다. 이 잠언은 왕에게 다스릴 때 능력과 충
성심과 효율성은 증진시키고, 관리 부실과 부패는 용납하지 말라고 권고
한다. 참조. 16:13, 15; 19:12 또 관리들에게는 실력을 발휘해 양심적으로 일을 처
리하고 추문이나 비판받을 일을 피하여 높은 자리로 오를 수 있도록 준
비하라고 권고한다. 마태복음 25장에서 그리스도는 열 처녀의 비유와
달란트 비유, 염소와 양의 비유를 통해 이 교훈을 가르치셨다. 참조. 요 12:26

15:1 이 구절은 14:35에 이어지는 속편으로 보는 게 옳다. 분노는 분
노를 낳는다. 이 반의적 평행구는, 제자나 신하나 왕은 감정을 절제하여
듣는 사람을 내용과 형식 양면에서 위로하는 "유순한"온화한", 참조. 4:3 대답"
을 할 수 있어야 한다는 뜻을 담고 있다. 욥 32:3; 잠 25:5 이처럼 진리를 포기
하지 않으면서도 상대방에게 신중하게 대응하는 것이 "분노를 쉬게" 하
며, 적수를 돌아서게 만든다. 그러나 심리적 고통을 일으키는 "과격한 말
은 노를 격동하"게 만든다. 전반절의 "분노"는 내면의 감정적 흥분 상태
를 가리키며, 후반절의 "노"는 그것이 겉으로 표현된 것을 말한다. 칠십
인역은 이 잠언의 앞부분에 "분노는 지혜로운 자까지 죽인다"라고 덧붙
여서 분노의 위험성을 강조한다. 참조. 전 10:4 부드러운 말은 튼 살을 부드
럽게 하여 치유하는 기름과 같다. 삿 8:1-3 거친 말은 불 속에 끼얹은 기름
과 같다. 참조. 왕상 12:1-16 나발의 무례한 말은 다윗의 화를 부추겼으며, 아비
가일의 현명한 말은 다윗의 마음을 누그러뜨려 자기 가족을 구했다. 삼상
25:10-13, 23-31 다윗은 아비가일의 지혜로운 말이 여호와께로 말미암은 것
이라고 인정한다. 삼상 25:32-34

15:2 이 잠언에서는 나쁜 "말"에 대응하는 좋은 "대답"이라는 화제를
계속해서 다루면서, 그 도구를 "혀"참조. 6:17와 "입"참조. 2:6이라고 지명하고,

---

[80]   *HALOT*, 2:775, s.v. *'ebed*.

그 원천을 "지혜 있는 자"(69쪽 "지혜로운 자와 의로운 자를 가리키는 지적 용어들"을 보라)와 "미련한 자"(89쪽을 보라)의 내면적 성품이라고 밝힌다. 혀는 내면에 간직한 "지식을 선히 베"푼다.^{참조. 1:2} 여기서 "베푼다"는 말은 자신의 말을 1절에서 권고한 방식대로 아름답게 꾸민다는 것을 뜻한다. 사랑으로 다듬고 지식으로 채운 혀를 가진 지혜로운 자는 듣는 사람을 감동하게끔 자기의 지혜를 말한다. 지혜로운 사람은 자기 지식으로 사람들을 거칠게 다루어 혐오감을 주는 대신에 온화하고 재치 있게 지식을 말하고, 청중을 비난하고 무너뜨리는 것이 아니라 구원하는 것을 늘 목적으로 삼는다. 이와는 달리, 절제할 줄 모르는 미련한 자의 입은 "미련한 것"을 거침없이 쏟아 내는데(89쪽을 보라), 이는 도덕적으로 무례한 말로 개인과 공동체를 파괴한다는 것을 가리킨다.

15:3 이 잠언에서는 앞과 뒤의 잠언들에서 주장하는 도덕 질서를 떠받치는 신학적 기초를 제시한다. 신인동형론적 구절인 "여호와의 눈"^{참조.5:21}은 여호와가 특정 상황에 임재하여 그 상황을 평가한다는 것을 뜻한다. "어디서든지"는 시공간에 제한당하지 않거나 무한한 여호와의 비공유적(즉 인간이 아닌) 속성을 가리킨다.^{왕상 8:27, 시 139:7-10, 사 66:1-2, 렘 23:23-24, 행 17:28} "감찰하시느니라"는 공유적 속성을 가리키는 말로 "평가하다"는 뜻을 지니며, 하나님께서는 어떤 사람이 사회를 파괴하는 "악인"이냐 사회에 유익을 주는 "선인"이냐에 따라 그에 합당하게 행동하실 것^{창 31:49, 욥 15:22, 시 66:7}이라는 사실을 함축한다. 보이지는 않으나 모든 것을 보시는 하나님은 이런 방식으로 역사를 주관하고 도덕 질서를 지탱하신다.^{5:23를 보라. 참조. 15:11; 16:2; 17:3; 21:2; 24:12; 20:17}

15:4 이 구절은 이 단락의 결론으로서, 친절한 말의 가치가 상처 주는 말을 치유하는 데 있음을 밝힌다. "온순한^{'치유하는', 마르페(marpe')} 혀"와 "패역한 혀"로 이루어진 모호한 반의적 평행구는 진실한 의인의 온순하고 치유하는 혀^{참조. 13:6}는 진리뿐만 아니라 도덕 질서를(따라서 공동체나 개인

을) 왜곡하거나 깨뜨리지 않는다는 것을 가르친다.^{참조. 시 5:9; 12:1-4; 73:8-9} "생명 나무"라는 은유^{참조. 3:18; 11:30}는 깨어진 세상 속에서 치유하는 말("받아먹는" 사람에게 영원한 생명을 준다)을 통해 천국이 회복될 수 있다는 것을 뜻한다. 이와는 달리, 악인의 패역한 혀는 "마음(67쪽 "영"을 보라)을 상하게" 하는데, 이는 패역한 말이 듣는 사람의 활력을 파괴한다는 것을 뜻하는 은유다. 이 잠언은 패역한 자의 뒤틀린 말에 상처 입은 심령을 선인의 혀가 치유할 수 있다는 사실을 함축한다.^{참조. 사 50:4, 엡. 4:25}

훈계의 중요성 15:5-19

5 아비의 훈계를 업신여기는 자는 미련한 자요 경계를 받는 자는 슬기를 얻을 자니라. 6 의인의 집에는 많은 보물이 있어도 악인의 소득은 고통이 되느니라. 7 지혜로운 자의 입술은 지식을 전파하여도 미련한 자의 마음은 정함이 없느니라. 8 악인의 제사는 여호와께서 미워하셔도 정직한 자의 기도는 그가 기뻐하시느니라. 9 악인의 길은 여호와께서 미워하셔도 공의를 따라가는 자는 그가 사랑하시느니라. 10 도를 배반하는 자는 엄한 징계를 받을 것이요 견책을 싫어하는 자는 죽을 것이니라. 11 스올과 아바돈도 여호와의 앞에 드러나거든 하물며 사람의 마음이리요. 12 거만한 자는 견책 받기를 좋아하지 아니하며 지혜 있는 자에게로 가지도 아니하느니라. 13 마음의 즐거움은 얼굴을 빛나게 하여도 마음의 근심은 심령을 상하게 하느니라. 14 명철한 자의 마음은 지식을 요구하고 미련한 자의 입은 미련한 것을 즐기느니라. 15 고난 받는 자는 그 날이 다 험악하나 마음이 즐거운 자는 항상 잔치하느니라. 16 가산이 적어도 여호와를 경외하는 것이 크게 부하고 번뇌하는 것보다 나으니라. 17 채소를 먹으며 서로 사랑하는 것이 살진 소를 먹으며 서로 미워하는 것보다 나으니라. 18 분을 쉽게 내는 자는 다툼을 일으켜도 노하기를 더디 하는 자는 시비를 그치게 하느니라. 19 게으른 자의 길은 가시 울타리 같으나 정직한 자의 길은 대로니라.

이 단락은 아버지를 교사라고 말하는 교육적 잠언5절을 서론으로 제시한 후, 각각 일곱 개 절로 이루어진 두 개의 하위 단락으로 이루어진다. 첫 번째 하위 단락6-12절은 훈계를 받거나 거절하는 데 따르는 결과들을 다루며, 두 번째 하위 단락13-19절은 사람의 영적 조건이 환경을 극복하고 승리하는 일을 다룬다.

훈계를 받거나 거절하는 데 따르는 결과들 15:5-12

5b절과 12a절에 나오는 "경계"라는 말(개역개정에는 "견책"으로 번역되었다—옮긴이)이 인클루지오를 이루어 하위 단락을 구성하며, "경계"(견책)를 받아들이는 지혜로운 자와 미련한 자의 대조5절가 어떻게 발전하는지 볼 수 있게 도와준다. 미련한 자가 12절에서는 지혜를 미워하는, 거만한 자로 강조된다.

15:5 이 잠언에서는 부모의 훈계를 거부하는 자는 미련하고, 훈계를 따르는 자는 슬기롭다고 규정함으로써 젊은이들에게 부모의 훈계를 마음에 간직하라고 권고한다.참조. 1:8 전반절의 주어 "미련한 자"(89쪽을 보라)는 후반절의 술어인 "슬기(71쪽을 보라)를 얻을 자"와 반의적으로 평행하며, 전반절의 술어 "아비의 훈계또는 "징계", 무사르(musār), 참조. 1:2, 8를 업신여기는"참조. 1:30은 후반절의 주어인 "경계또는 "책망", 토카하트(tôkaḥat), 1:23을 보라를 받는 자"와 반의적으로 평행을 이룬다.

15:6 이 잠언에서는 의인이 얻는 유익과 악인이 당하는 손실을 대조함으로써 악인이 아니라 의인이 되어야 할 동기를 강화한다. 또 "의인(72쪽을 보라)의 집"을 "많은 보물"이 쌓인 곳으로 묘사함으로써 제자들에게 동기를 부여한다. 이것은 좋은 것들로 넘치는 집을 가리키는 은유다.참조. 렘 20:5 의인이 다른 사람을 돕기 위해서는 그처럼 풍성한 보물이 필요하다. "악인(84쪽 "악인과 미련한 자를 가리키는 윤리적 용어들"을 보라)의 소득"참조. 3:9; 10:16이란 그들이 행한 악한 행실의 결과를 가리킨다. 정확히 말해, 악

인 자신이 겪는 "고통"참조. 11:17, 29과 나아가 그들의 희생자들이 당하는 고통까지 가리킨다.10:2, 16을 보라. 참조. 8:18, 21; 10:3, 6, 30; 11:3, 5-7, 18; 12:3, 21, 28; 13:6, 9, 21, 25; 14:11, 14, 24, 32; 21:7; 22:8

15:7 다른 사람을 돕기 위해 풍성한 물질을 쌓는6절 의인을 가리켜 이 구절에서는 마음에 지식을 쌓아 그 지식을 친절한 말로 베푸는 "지혜로운 자"라고 규정한다. 지식이 부를 쌓는 일보다 우선적인 일인데, 사람들에게 필요한 물질을 나눠주는 것은 일시적인 일이요 그들이 자급자족할 수 있게 해주는 것이 목적인 까닭이다. 의롭고 지혜로운 사람은 두 가지 측면에서 악하고 미련한 사람과 선명하게 대비된다. "지혜로운 자"(69쪽 "지혜로운 자와 의로운 자를 가리키는 지적 용어들"을 보라)와 "미련한 자"(89쪽을 보라)는 명료하게 반의적 평행구를 이루지만, "입술"과 "마음"(66쪽 "마음"을 보라)은 서로를 보완하고 또 전반절과 후반절 모두에 적용되는 것으로 보아야 한다. 참조. 15:14 마음이 굳으면 혀가 짧은 소리를 낼 수밖에 없다.4:23-24; 6:16-19; 13:14; 16:23 지혜로운 자는 조니 애플시드(미국 개척 시대에 전국 각지를 돌아다니며 사과 씨를 심었다는 전설적 인물—옮긴이)처럼 대가를 바라지 않고 기쁜 마음으로 세상 널리 자기의 "지식"을 "전파"한다(69쪽 "지혜로운 자와 의로운 자를 가리키는 지적 용어들"을 보라). 이와는 달리 무지하고 미련한 자는 도덕적으로 "정함이 없"으며, 따라서 아무에게도 유익을 주지 못한다.

15:8 이 구절에서는 계속해서 "의인"참조. 8b, 9b절과 "악인"8a, 9a절을 화제로 다룬다. 두 주어 "정직한 자"(73쪽을 보라)와 "악인", 그리고 그 술어 "그가 기뻐하시느니라"참조. 11:1와 "여호와께서 미워하셔도"3:32 주해 참조가 명료한 반의적 평행구를 이룬다. 하지만 "제사"와 "기도"는 값비싼 짐승을 잡아 청원이나 중보기도와 함께 제물로 바치는 예배의 본질적인 두 요소를 서로 떼어 놓은 것이다. 참조. 신 26:1-15, 왕상 8:22-63, 대하 29:27-28, 시 4:6, 잠 15:29; 21:3, 13, 27 등 본문의 논점은 하나님이 제사보다 기도를 좋아한다는 것이 아니라, 악인

이 죄를 고백하고 회개해서 여호와의 자비를 얻는 대신 제의적 술수로 하나님을 조종하려고 한다는 것이다.[28:13] 악인은 여호와께서 원하시는 그의 마음을 빼고는 모든 것을 바친다. 이와는 달리, 정직한 자는 공의를 이루고자 애쓰는 중에 기도하고 제사를 드린다.

15:9 이 잠언에서는 여호와께서 악인의 제사를 미워하시는[8절] 이유를 설명한다. 하나님께서 은혜를 베푸실 때 판단하는 기준은 정확하게 제의를 수행하느냐가 아니라 그 제의에 다른 사람을 섬기는 열정적 헌신을 담아내느냐이다. 여호와께서 악인의 제사를 미워하시는[8a절] 이유는 "악인의 길(즉 생활방식)[참조. 1:15]을 여호와께서 미워하"시기 때문이다. 이와는 달리, "공의(72쪽을 보라)를 따라가는(간절히 찾는) 자는 그가 사랑하시"는 데, 이는 하나님께서 그들의 제사와 기도에 응답해 은혜를 베푸신다는 것을 가리키는 환유다. 하나님은 "적극적이고 끈질기게 위험을 감수하면서까지 정의를 찾는 사람"을 사랑하신다.[81]

15:10 "10절은 8-9절의 결론으로서, '너무 늦기 전에 (이) 훈계를 따르라!'고 말한다."[82] 이 종합적 금언에서는 훈계를 거부한 결과를 가장 엄한 징계인 영원한 죽음으로 끌어 올린다. "징계"[참조. 1:2]와 결합된 형용사 "엄한"은 고통스럽고 극심하다는 특별한 의미를 포함한다. "도를 배반하는[변절하는, 참조. 2:13, 17] 자는 엄한 징계를 받을 것"이다. "도"의 의미를 밝히지는 않았으나 그 평행구인 "죽을 것이니라"을 통해 "생명"의 도를 뜻하는 것임을 알 수 있다[10:17, 참조. 12:28] "견책을 싫어하는 자는"[참조. 1:23; 15:5] 하나님께 버림받아 영원히 "죽을 것"이다.[참조. 5:23; 10:21] 이것이 배교자가 맞게 되는 비극적이고 피할 수 없는 종말이다.

15:11 여호와의 전지하심은 배교자의 죽음이 확실하고 정의로운 것임

81   Plaut, *Proverbs*, 170.

82   Knut Heim, "Structure and Context in Proverbs 10:1-22:16" (PhD diss., University of Liverpool, 1996), 175.

을 확증한다.[10절] 10절의 마지막 구절인 "죽을 것이니라"가 11절로 넘어와 첫 구절에서 죽음의 영역인 "스올과 아바돈"으로 규정된다. 여호와께서 죽음의 영역을 감찰하신다는 것은 그분이 배교자를 그곳에 던지도록 심판하시는 주체가 되신다는 뜻이다. 여호와는 마음속에 있는 모든 것을 아시는 까닭에 그분의 심판은 의롭다. 이 잠언에서는 가중 논증[a fortiori] argumentation(강력한 증거에서 덜 강한 증거로, 참조. 11:31)을 사용한다. 하나님께서 땅속 깊은 곳에 있는 죽은 자의 영역을 헤아려 아신다면, 땅 위에 사는 인간의 마음은 그분에게 얼마나 더 분명하게 드러나겠는가.[삼상 16:7, 대상 28:9, 렘 17:10, 고전 4:4-5, 요일 3:20, 계 2:23] "스올"은 92쪽의 "무덤"을 보라. "아바돈"[15:11; 27:20, 참조. 욥 26:6]은 무덤이 멸명의 자리임을 분명하게 밝힌다. "여호와의 앞에 드러나거든 하물며 사람의 마음(66쪽을 보라)이리요."[83] 이 잠언은 여호와께서 공의로 생명과 죽음을 다스리실 수 있고 또 당연히 그렇게 다스리신다고 주장한다.

15:12 결론을 제시하는 이 잠언[참조. 5절]에서는 거만한 자(89쪽을 보라)와 지혜 있는 자를 대조함으로써 젊은이들에게 지혜자의 훈계를 따르라고 권고한다. 종합적 평행을 이루는 전반절과 후반절은 주어인 "거만한 자"(히브리어로 단수형)를 둘러싸고 교차 구조를 형성한다.

A   좋아하지 아니하며
  B   견책 받기를
    X   그는

---

[83] 폭스(Fox, *Proverbs 10-31*, 593)는 캐러식[M. Carasik]의 연구를 근거로 삼아 이 잠언이 예외라고 인정하면서도, 대체로 성경은 하나님이 사람의 속생각을 아시는 것이 아니라 사람의 행실을 보고 그 생각을 추론하시는 것으로 여긴다고 주장함으로써 이 잠언을 논박한다. 그런데 다른 본문들[참조. 창 6장, 욥 26:6, 시 44:21; 139:2-23, 왕상 8:39, 겔 11:5]을 보면 하나님이 모든 사람의 마음을 아신다고 주장하며, 바로 이것이 이 잠언의 확고한 논점이다. 신약성경은 몸을 입은 하나님이신 예수 그리스도께서 사람의 생각을 아심을 몇 가지 본문을 통해 보여준다.[막 2:8, 마 9:4, 살전 2:4]

      B′   지혜 있는 자에게로

A′   가지도 아니하느니라.

바깥 틀(A/A′)에서는 술어가 부정적인 감정("좋아하지 아니하며"―거만한 자의 핵심 문제)에서 부정적인 행동("가지도 아니하느니라")으로 바뀐다. 안쪽 틀(B/B′)에서는 그 술어들의 수식어구인 "견책 받기를"과 "지혜 있는 자에게로"를 제시한다. 지혜로운 자가 생명에 이르는 지식을 아낌없이 널리 퍼뜨렸기에,15:7 거만한 자는 그 지식을 받아들이지 않은 데 대해 어떤 변명도 할 수 없다. 이 잠언은 인간의 마음을 꿰뚫는 통찰을 제시한다. 견책받기를 싫어하고 지혜 있는 친구들을 멀리하는 것은 그의 마음이 하나님이 아니라 자기 사랑에 묶여 있으며 죽음을 향해 나가고 있다는 것을 뜻한다. 참조. 요 3:20, 갈 4:16

환경을 극복하는 자의 우월함 15:13-19

이 하위 단락은 두 개의 세부적인 단락으로 구성된다. 첫 번째 세부 단락13-17절은 환경과 씨름해 승리한 마음의 우월성을 제시한다. 두 번째 세부 단락을 이루는 잠언 쌍18-19절은 화를 내는 자와 평화로운 자를 대조하고, 게으른 자와 정직한 자를 대조함으로써 이 하위 단락의 결론을 제시한다. 이 사람들은 각각 환경을 극복해 승리하거나 환경에 굴복하는 영적 기질들을 구체적으로 보여 주는 사례다.

환경보다 우월한 마음 15:13-17

이 세부 단락을 한숨에 읽어 보면, 일상의 고통이나 박탈감을 이겨 내는16-17절 즐거운 마음13절은 지혜자의 지식을 추구하는 데서 생겨난다는 사실을 알 수 있다. 이 지식에는 여호와 경외16절와 이웃 사랑17절이 포함된다. 지금까지 살펴본 잠언들에서는 지혜와 번영의 연계성, 악함과 궁핍의 연계성을 무조건 주장해 왔으나, 이 세부 단락에서는 그러한 행위-운명의 연계성에 상당한 제한을 가한다.

15:13 13절의 평행구는 마음의 상태가 사람의 외모와 내적 정신 모두에 영향을 끼친다고 주장한다. "마음의 즐거움"은 크게 기뻐하는 심정을 가리킨다. "얼굴을 빛나게 하여도"^{참조. 15:2}는 얼굴의 모든 부분이 창조주가 의도한 대로 활기로 가득하게 된다는 것을 뜻한다. "마음의 근심"은 어리석음에서 비롯되는, 고통당하는 심정을 뜻한다. 이것은 상한 "심령"과 같은 것으로^{33쪽을 보라. 15:4; 17:22; 18:14} 사람을 낙심하게 만든다. 뒤에 이어지는 잠언에서는 이처럼 상반되는 상태의 원인에 대해 설명한다.^{참조. 13:12, 17; 14:10, 13; 15:15, 30; 25:13, 20, 25, 집회서 13:25-26} 13절의 잠언은 어떤 이의 얼굴 모양을 살펴서 그의 내적인 영적 상태를 파악할 수 있다고 말한다.

15:14 마음의 즐거움이나 근심^{13절}은 그가 명철하여 지식을 추구하느냐에 따라 좌우된다. 지혜로운 사람의 마음은 그가 추구하는 것과 사용하는 말에 의해 미련한 자의 마음과 구별된다. "명철한("통찰력이 있는", 71쪽을 보라) 자의 마음"은 우매함을 쏟아 내는 대신 "지식"으로 기쁨을 얻기를 "요구"하는 데서 드러난다. 그러나 "미련한 자의 입은 미련한 것을 즐기느니라."^{라아(rā'à)} '라아'의 의미는 논쟁의 여지가 있다. 입은 음식을 먹는 기관인데,^{참조. 30:20} 어떻게 그 입이 정신적-윤리적 실재인 미련함을 먹는가? 「잠언」의 다른 곳에서 알 수 있듯이 "입"은 말을 가리키는 환유라고 볼 수 있다. 달리 말해, 명철한 자의 마음이 지혜자의 지식을 바라는 것과는 달리 미련한 자의 입은 미련한 것을 쏟아 냄으로써 자기 욕구를 채운다.

15:15 이 잠언에서는 계속해서 마음이라는 화제를 다루면서, 마음의 영적 상태가 물질적 행복보다 중요하다는 견해를 주장한다.^{16-17절} 무고히 "고난받는 자"는 그의 모든 "날"이 그의 삶을 뒤흔들어서 날마다 육체적으로나 경제적으로 "험악"한 고통을 겪게 된다. 그러나 "마음이 즐거

운 토브(tob), 참조, 17:22, 왕상 8:66[= 대하 7:10], 에 5:9 자는 항상 잔치하느니라.'"항상"이라는 말은 소망을 품어 즐거워하는 사람의 마음을 수식해서는, 고난받는 자의 경제적 곤경이 끊임없다는 사실과 대비시킨다. 이 잠언은 무고히 고난받는 사람과 마음이 즐거운 사람을 대비하지는 않는다. 오히려 건강이나 재물 문제로 고난받는 사람이 즐거움 마음을 지님으로써 어려운 환경을 견디고 극복할 수도 있다. 참조, 고후 4:8; 6:9-10, 히 10:34 잠언 15:15b의 즐거운 마음은 15:15a에서 말하는 모든 역경을 이겨 낸다.

15:16 표제어 '토브'tob, "즐거운" 또는 "좋은"가 15절과 16절을 하나로 묶는다. 더욱이 "비교" 잠언으로서 쌍을 이루는 16절과 17절은, 즐거워하는 마음은 비참함 가운데서도 여호와 경외16절와 사랑17절을 굳게 의지한다고 말한다. 16절은 제자들에게 재물이 아니라 신앙을 먼저 생각하라고 가르친다. "가산이 적어도 여호와를 경외하는 것(74쪽, "여호와 경외"를 보라)이 크게 부하고 번뇌하는 것보다 나으니라." "여호와 경외"와 상충하는 "번뇌하는 것"은 내면의 공포를 가리키는 것으로서, 재물의 노예가 된 사람의 혼란스러운 태도에서 이런 공포심이 드러난다. 이렇게 혼란스러운 태도에는 다른 사람을 억압하는 일이 포함되기도 한다. 참조, 암 3:9 이 구절은 15절과 묶여서, 경제적으로 가난해도 영적으로 부유한 것이 영적으로 가난하고 경제적으로 부유한 것"보다 나으니라"고 가르친다. 참조, 10:2 이 "보다 낫다"라는 조건은 행위-운명의 연계성이 잠시나마 뒤집힐 수도 있다는 점을 보여준다(80쪽 「잠언」은 너무 많은 것을 약속하는가?」를 보라). 하지만 여호와께서는 결국 의인들에게 물질적인 복으로 보상하시고, 악인들의 물질을 빼앗고 미래의 영원한 죽음으로 던져 넣으셔서 세상을 바로 세우시겠다고 약속하신다.

15:17 이 잠언에서는 두 가지 음식을 대조하여, 어려운 형편에서 서로 사랑해 마음을 기쁘게 해주고 우정의 끈을 굳게 하는 것이 최상의 환경에서 우정을 흔드는 미움과 경쟁의식을 품고 사는 것"보다 나으리라"고

가르친다. "채소를 먹으며"는 양과 질에서 극히 초라한 음식을 가리킨다. "서로 사랑하는 것"은 그 음식에다 다른 사람과 공동체를 소중히 여기는 뜨거운 마음을 곁들이는 것을 뜻한다. "살진 소"는 가축 중에 최고의 가축이요 가장 질이 좋은 짐승을 뜻하며, 가장 훌륭한 음식을 가리는 제유 역할을 한다. 참조, 눅 15:23 "서로 미워하는 것"은 호화로운 만찬 자리에서 다른 사람을 미워하고 내치려는 내적 감정을 뜻한다.

상황을 해결하는 두 사람 15:18-19

이 잠언 쌍은 두 종류의 사람, 곧 노하기를 더디 하는 자18절와 정직한 자19절라는 주제에 의해 하나로 묶인다. 이 두 사람은 각각 분을 쉽게 내는 자와 게으른 자로 인해 빚어진 상황을 해결한다.

15:18 첫 번째 상황 해결자는 노하기를 더디 하는 자로, 감정을 다스릴 줄 알아서 "분을 쉽게 내는 자" 때문에 빚어진 다툼을 그치게 한다.참조, 6:34; 15:1 분을 쉽게 내는 자는 격한 분노를 통제할 줄 몰라 거칠게 반응하며 그 결과 "다툼을 일으"킨다.참조, 6:14 그러나 "노하기를 더디 하는 자"는 감정을 통제할 줄 알아 "시비(이는 "다툼"[20:33, 사 57:16에서는 분노와 연관된다]과 평행하는 동의어이며, 온갖 악행의 원인이다)를 그치게"(평화와 안정을 이루게) 한다. 노하기를 더디 하는 자는 지혜로운 자에 속하며,참조, 14:29 논쟁과 다툼을 신속하게 막아 내어 "평안"을 이루고, 그 결과 건전한 상식이 자리 잡고 악행이 사라지게 한다. 노하기를 더디 하는 자가 분을 쉽게 내는 자보다 더 힘이 세다. 그는 격정을 다스릴 줄 모르는 조급한 사람이 일으킨 혼란을 통제할 수 있기 때문이다.

15:19 두 번째 상황 해결자는 정직한 자로, 그는 게으른 자와는 달리 삶이 형통하게 되는 상을 받는다. "게으른 자(90쪽을 보라)의 길은 가시 울타리 같"다. 이 직유가 뜻하는 것은 꽉 막힌 장애물, 더 구체적으로 말해 찌르고 고통을 주는 장애물이다. 게으른 자도 자기 목표를 이루길 원

하나 그의 영적 상태가 그 일을 방해한다. 그가 보기에는 모든 것이 너무 어렵고 고통스럽고 위험해서 시도조차 하지 못한다.[22:13: 26:13] 그러나 지혜자의 가르침으로 무장한 "정직한 자의 길은" 모든 장애물이 치워져 여행하기에 좋은 "대로"이다. 이 은유는 영감된 지혜를 아는 사람이 장애물을 뛰어넘어 목표에 이르는 길을 발견할 수 있다고 가르친다. 게으른 자와 정직한 자 사이의 모호한 대조는 게으른 자는 정직하지 않다는 점을 가리킨다.[참조. 6:6-11] 예수는 게으른 종을 가리켜 악하다고 말했다.[마 25:26]

의인과 악인의 결과 15:20-29

[20] 지혜로운 아들은 아비를 즐겁게 하여도 미련한 자는 어미를 업신여기느니라. [21] 무지한 자는 미련한 것을 즐겨 하여도[a] 명철한 자는 그 길을 바르게 하느니라. [22] 의논이 없으면 경영이 무너지고 지략이 많으면 경영이 성립하느니라. [23] 사람은 그 입의 대답으로 말미암아 기쁨을 얻나니 때에 맞는 말이 얼마나 아름다운고. [24] 지혜로운 자는 위로 향한 생명 길로 말미암음으로 그 아래에 있는 스올을 떠나게 되느니라. [25] 여호와는 교만한 자의 집을 허시며 과부의 지계를 정하시느니라. [26] 악한 꾀는 여호와께서 미워하시나 선한 말은 정결하니라. [27] 이익을 탐하는 자는 자기 집을 해롭게 하나 뇌물을 싫어하는 자는 살게 되느니라. [28] 의인의 마음은 대답할 말을 깊이 생각하여도 악인의 입은 악을 쏟느니라. [29] 여호와는 악인을 멀리 하시고 의인의 기도를 들으시느니라.

[a] 전치사 "에게"에 비추어 (히브리어 원문에서—옮긴이) 생략된 동사('가져오다')를 추론할 수 있다(*IBHS* § 11.4d를 보라).

의인과 악인을 대조하는 이 단락은 두 개의 하위 단락으로 이루어진다. 첫 번째 하위 단락[20-23절]은 교육 과정의 즐거움과 관계가 있다. 두 번째 하위 단락[25-29절]은 여호와께서 개입하셔서 의인은 보호하시고 악인은 물리치시는 일을 다룬다. 24절은 야누스 절이다.

교육의 즐거움 15:20-24

서론 역할을 하는 20절의 교육적 잠언은 10:1과 12:1; 13:1의 잠언들과 유사하다. 동사로서 "즐겁게 하여도"[20a절]를 뜻하고 명사로는 "기쁨"[23a절]을 뜻하는 핵심 단어 '사마흐'[śmḥ]가 성공적인 자녀 교육의 기쁨에 관해 논하는 이 하위 단락의 뼈대를 이룬다. 이 뼈대는 지금 잘 배우는 아들에게서 부모가 얻는 기쁨[20절]으로부터 장차 아들이 지혜롭게 대답하게 되는 일에서 얻는 기쁨[23절]으로 이어진다.

15:20 "지혜로운 아들은 아비를 즐겁게 하여도"는 10:1a를 반복한 것이다. 그러나 10:1b의 "미련한 아들" 대신에 "미련한 자"[아담('ādām), '인간'. 참조. 31쪽]라는 표현을 사용하고, "어미의 근심이니라"[10:1b] 대신에 "어미를 업신여기느니라"를 사용했다. "아들"에서 "…한 자(인간)"로 바꾼 것은 변절한 아들이 "아들"의 신분[참조. 4:3]을 박탈당하고 가문의 유산에서 배제된다는 것을 뜻한다. 그렇기는 해도, 잠언 12:1에서 징계를 싫어하는 자를 짐승과 같다고 말하는 것[12:1]과는 달리, 그는 여전히 인간이다.[84] 이 잠언은 부모의 본질적인 역할이 아들에게 지혜를 가르치는 데 있다고 말한다.[참조. 1:7-8, 23:22; 30:17] "즐거워하다"와 "업신여기다"는 정확히 대응하지 않는다. 자기 부모를 즐겁게 하는 아들은 부모를 업신여기지 않고 존경하며, 부모를 미워하는 아들은 부모를 즐겁게 하지 않고 슬프게 한다.

15:21 이 잠언은 제자들에게 명철을 얻어서 마음[전반절]과 행실[후반절]을 바르게 세우라고 권고한다.[참조. 2:3] 도덕을 알지 못하는 "무지한 자"는 "미련한 것" 곧 도덕적인 무례함을 즐긴다.[참조. 10:28] 그러나 "명철한 자는 그 길을 바르게" 하여 생명 길[24절]로 곧게 나간다. "미련한 것을 즐겨 하여도"와 "그 길을 바르게 하느니라"의 모호한 대응은 무지한 사람은 경솔하게 의무를 저버리고 생명 길에서 벗어나는 데 반해 명철한 사람은 자기 앞에

---

84 Meinhold, *Sprüche*, 256.

있는 기쁨을 바라보고 흔들림 없이 길을 간다[히 12:2]는 것을 뜻한다.

15:22 아이가 어른이 되면 조언자가 부모를 대신한다. "의논(조언)이 없으면 경영(계획)이 무너"진다.[85] 여기서 의논이란 가까운 친구들이 사랑하는 마음으로 서로 교정해 주고 힘을 합쳐 지혜로운 해결책에 이를 수 있도록 열린 마음으로 조언하는 것을 가리킨다. 교만한 마음으로 꾀하는 악인의 경영은 실패할 수밖에 없는데, 그런 경영은 교정할 줄도 모르고 이기적이고 비현실적인 것이 되기 때문이다. 그러나 실력이 뛰어나고 권위가 있는 조언자들의 "지략이 많으면 경영이 성립(성공)"하게 된다. 여러 조언자가 힘을 합치면 개인의 한계를 뛰어넘는다. 이와 유사한 잠언인 11:14에서는 국가와 관련되지만, 이 잠언의 일반적 원리는 조언자가 필요한 모든 상황에 적용할 수 있다.

15:23 조언의 대화적 특성은 지혜로운 자가 시의적절한 답을 제시할 때 느끼는 기쁨을 다루는 이 잠언에서 가장 분명하게 드러난다. 어릴 적부터 부모에게 좋은 가르침을 받고서[20절] 어른이 된 그 "사람은 그 입의 대답으로 베마아네(bəma'ānê) 말미암아 기쁨을 얻"는다. 영어에서 "대답"이라는 말이 효과가 없는 응답을 뜻할 수 있는데 반해, 히브리어 '마아네'[ma'ānêh]는 전적으로 효과가 있는 응답을 뜻한다. 감탄을 표시하는 "얼마나"라는 말은 정곡을 짚어 내는 말을 할 때 느끼는 기쁨을 가리킨다. 여기서 "아름다운고"는 "말"을 도덕적으로 매우 잘 다듬었기에 모든 사람에게 유익이 되고 누구나 듣기를 원한다는 뜻이다. "때에 맞는"은 시의적절한 때를 가리킨다. 효과가 있는 대답은 서둘러서 할 수 있는 것이 아니라,[29:20] 지식으로 다듬어서 적절한 때에 제시해야 한다.[10:14]

15:24 종합적 잠언으로 이루어진 이 야누스 절은, 25-29절에서 주제로 다루는 악인의 운명과는 달리, 의인에게 약속된 상급을 현재의 기쁨에서

---

85   히브리어 동사 '파라르'[pārar]는 기본적으로 '헛것이 되다'를 뜻한다.

여호와와 함께하는 영원한 삶으로 끌어 올린다. "생명 길"은 살아 계시는 하나님과 영원한 관계를 이루는 상황을 가리킨다. "위로 향한"은 아래쪽 무덤으로 내려가는 일과는 대조적으로, 무덤을 벗어나 위에 속한 영원한 삶에 참여하는 것을 가리킨다. "지혜로운 자"는 "위로 향한 생명 길로" 걷는 자다. "…로 말미암음으로"는 24b절이 논리적 결과라는 것을 보여준다. 다시 말해 위로 향한 길을 걸음으로 말미암아 "아래에 있는 스올(92쪽 "무덤"을 보라)을 떠나게"된다. 무덤에서의 구원은 단순히 때 이른 죽음을 피하는 것 이상을 가리킨다. 그렇지 않다면, 생명 길은 결국 사망에 휩쓸려 버리고 말 것이며, 이것은 이 잠언과 「잠언」 전체를 부정하는 것이다.

의인과 악인의 운명 15:25-29

"여호와"25a와 29a절라는 말로 이루어지는 인클루지오가 이 하위 단락을 구성하고 본문 전체에 신학적 깊이를 제공한다. 여호와는 생명 길로 가는 자들을 보호하시고, 위기에 놓인 이들 가까이 오셔서 그들의 기도를 들으신다.

15:25 이 잠언은 여호와께서 "교만한 자(하나님을 멸시하고 그분의 형상을 지닌 사람들을 짓밟는 사악한 폭군)참조. 시 94:2; 140:5의 집(필수적인 생계 수단)을 허시"는참조. 1:22 때가 오기 전에 폭군이 일어나 약한 자들을 압제한다는 사실을 함축함으로써 24절을 한정한다. "과부의 지계를 정하시느니라"는 여호와께서 과부들을 생명을 지켜 주는 특별한 땅에 두신다는 뜻이다. "지계"는 삶에 필수적인 재산을 가리키는 제유 표현이다. "과부"라는 말도 억압자들에게 상처받기 쉬운 모든 사람을 가리키는 제유다. 참조. 14:31; 15:15; 19:17; 22:9, 22; 23:10 그들이 너무 약해서 말조차 할 수 없을 때, 하나님은 모세참조. 신 19:14; 27:17와 예언자호 5:10와 지혜자들욥 24:2, 잠 15:25; 22:28를 통해 그 연약한 자들을 위해 말씀하셨다. 예수는 나인 성 과부의 아들을 다시 살리셔서 아들이 다시 어머니를 모실 수 있게 하셨다.눅 7:11-17

15:26 표제어 "여호와"는 이 잠언을 25절과 묶어서 그 절에 신학적 근거를 제시한다. 25a절의 "교만한 자"는 여기서 "악한" 자로 지명되어 여호와께서 미워하시는 자가 되고, 약하고 억압당하는 모든 사람을 대표하는 "과부"25b절는 "정결한" 사람으로 지명되어 하나님께 기쁨이 되는 자로 밝혀진다. "악한 꾀는 여호와께서 미워"하시기에 그런 사람은 여호와께 버림받고 확고하고 영원한 죽음으로 던져진다. 참조. 1:20-33; 6:16-19, 시 16장 "선한유익한, 참조. 2:10 말"은 여호와 보시기에 매우 합당하고 기쁨이 되는 "말"을 뜻한다. 참조. 2:10 "정결하느니라"는 어떤 것의 참 본질에 어울리지 않는 것으로 오염되지 않았다는 뜻으로, 윤리적으로 깨끗한 것을 가리키는 비유로 자주 사용되는 개념이다. 참조. 전 9:2 여기서 "정결"은 여호와께서 혐오하시는 것과 정반대로 기쁘시게 받으시는 것을 가리키는 환유다. 참조. 말 3:16 이런 말과 계획은 거짓말과 불의와 가혹함처럼 다른 사람을 해치는 윤리적 불결함이 전혀 없기에 거룩한 성소의 금처럼 여호와 앞에서 빛난다.

15:27 표제어 "집"은 이 구절을 25절과 하나로 연결하고, 뇌물을 교만한 자25절와 악한 자26절가 자기 집을 무너뜨리는 방식의 구체적인 사례로 제시한다. 예를 들어, "이익을 탐하는 자"는 1:10-19에 나오는 살인적인 폭력배인데, 여기서는 그 평행구로 미루어볼 때 부패한 사기꾼—아마도 공직자—을 가리킨다. "자기 집을 해롭게 하"는 일은 25절에 비추어 하나님께서 행하시는 일로 밝혀진다. 그러나 "뇌물마타노트(mattānōt)을 싫어하는 자는 살게" 된다. 지혜 문헌 밖에서는 '마타나'mattānâ나 집합적 단수인 '마탄'mattān이 "선물" 곧 되돌려 받기를 기대하지 않고 자발적으로 주는 물건을 뜻한다. 창 25:6, 대하 21:3, 참조. 에 9:22, 겔 46:16-17 그러나 지혜 문헌에서 "선물"은 언제나 다른 사람에게 영향을 끼치려고 사용된다. 참조. 18:16; 19:6; 21:14 전도서 7:7에서 선물은 받는 사람의 판단을 흐트러뜨릴 의도로 제공된다. 여기서 "이익을 탐하는 자"라는 평행구는 선물의 긍정적인 의미를 제거하고, 자기 이득을 챙기고자 경쟁자에게 손해를 입히는 뇌물임을 확증한다.

"이익을 탐하는 자"가 뇌물을 제공하는 사람인지 받은 사람인지 확실하지 않은데, 양쪽이 모두 악하다. 17:8, 출 23:8, 신 16:19, 시 15:5, 전 7:7, 사 1:23; 5:23 "살게 되느니라"는 "자기 집을 해롭게 하나"와 모호하게 대응하는데, "살다"라는 말은 선한 사람의 집이 영원히 지속된다는 것을 함축하고 "자기 집을 해롭게 한다"라는 말은 유다가 당한 일 같은 죽음을 함축한다. 참조. 마 26:15; 27:5

15:28 이 구절은 "의인"28a, 29b절과 "악인"28b, 29a절이라는 표제어에 의해 29절과 짝지어진다. 28절은 의인과 악인의 마음과 말을 대조한다. "의인(72쪽을 보라)의 마음(66쪽 "마음"을 보라)은 대답할 말라아노트(la'ănôt), 문자적으로 "대답하다"을 깊이 생각"한다. 예흐게(yehgeh), 참조. 24:2 여기서 '예흐게'는 "성찰하다, 묵상하다"를 뜻하며, 참조. 시 1:2; 63:5-6; 77:11-12 깊이 생각한 말은 경솔한 말과 정반대다. 지혜로운 사람은 답을 알더라도 참조. 15:23 무엇을 어떻게 언제 그들에게 말해야 하는가에 관해 길고 신중하게 생각한다. 참조. 15:2 그러나 "악인의 입은 악을 쏟느니라." 내면의 "마음"과 외부의 "입"으로 이루어진 모호한 평행구는 15:7, 14에서처럼 서로를 보완한다. 4:23을 보라. 참조. 10:20, 31 28b절의 "악을 쏟느니라"에 비추어 볼 때, 28a절에서 "깊이 생각"하는 "대답할 말"이 "좋은 것들"을 가리킨다는 점이 분명해진다. 이 잠언은 의인은 자제력이 있어 감정적으로 반응하지 않고 깊이 생각해서 대응하는 데 반해, 악인은 악한 생각을 거침없이 쏟아 내기만 한다고 말한다. 참조. 10:31-32; 15:1-2 악인은 기껏해야 어떻게 약탈할까에 관해 "깊이 생각"한다. 24:2

15:29 이 잠언에서는 인간에 관한 말에서 하나님에 관하는 말하는 데로 넘어가며, 의롭게 되는 일에 관한 신학적 근거를 제시한다. "여호와는……멀리 하시고"는 하나님의 은혜로운 임재가 "악인"에게서는 멀다는 것을 뜻한다. 참조. 28절 하지만 하나님은 "의인의 기도를 들으시"고 응답하신다. 여호와의 임재나 멀리 계심을 주장하는 것은 그의 편재하심을 제한하는 신학적 진술이 아니라 그분의 은혜를 받느냐 받지 못하느냐를 다루는 신앙적 진술이다(55쪽을 보라).

제2단원: 대체로 종합적인 잠언들15:30-22:16

모음집 II의 구조에 관해서는 "구조", 24-25쪽을 보라.

서언 15:30-33

30 눈이 밝은 것은 마음을 기쁘게 하고 좋은 기별은 뼈를 윤택하게 하느니라. **31** 생명의 경계를 듣는 귀는 지혜로운 자 가운데에 있느니라. **32** 훈계 받기를 싫어하는 자는 자기의 영혼을 경히 여김이라. 견책을 달게 받는 자는 지식을 얻느니라. **33** 여호와를 경외하는 것은 지혜의 훈계라. 겸손은 존귀의 길잡이니라.ᵃ

> ᵃ 전치사 "…로부터"에 비추어 (히브리어 원문에서—옮긴이) 생략된 동사('오다')를 추론할 수 있다(IBHS § 11.4d).

모음집 II의 두 번째 부분에 부치는 서언은 짝을 이루는 교훈적 잠언으로 이루어져 있다. 첫째30-31절는 히브리어 어근 '샤마'šm'·'듣다'에 의해 연결되어 있다. "좋은 기별"셔무아(šəmûʻa), '듣는 바'은 눈이 밝은 전령에 의해 전달되며,30절 "듣는"쇼마아트(šōma'at) 제자가 이를 받아들인다.31절 둘째는 "훈계"—사람들이 이를 멸시하거나 받아들이며,32절 "여호와를 경외하는 것"으로서 이를 겸손히 받아들여야 한다고 설명함—와 "경계/훈계"31a, 32b절라는 표제어에 의해 연결되어 있다.

15:30 "눈이 밝은 것"이라는 은유는, 눈이 30절의 평행구절인 "좋은 기별"을 전해 주는 사람의 내적 활기와 기쁨을 드러냄을 암시한다. 성경에서는 빛을 의,잠 13:9, 마 6:22-23 생명, 행복욥 3:16; 33:28, 잠 4:18; 6:23; 13:9; 16:15과 연결시킨다. 신약성경에서는 빛을 그리스도나 그분의 제자들과 연결시킨다.참조. 마 4:16; 5:14-16, 요 1:4-5; 12:35-36, 엡 5:8 잠언에서는 빛과 생명을 지혜로운 이들과 배타적으로 연결시키며, 밝은 눈이 지혜로운 이들에게 속한 것임

을 암시한다. [15:13a절] "영혼"(66쪽 "마음"을 보라)은 제자의 마음을 가리킨다. 지혜자들의 삶과 기쁨은 전염성이 있다. "좋은 기별"은 16:1-5에서 이어지는 가르침에 대한 환유다. 하지만 잠언은 맥락상 다양한 상황과 관련해 의미가 있으며 적용될 수 있다고 되풀이해서 말할 필요가 있다. "온 인격체를 되살리느니라"revives the whole person (저자의 사역―옮긴이)라는 구절은 문자적으로 "뼈를 윤택하게 하느니라"라는 뜻으로서 [참조. 12:4] 신체적 측면과 정신적 측면 모두를 아우르는 청자의 자아 전체를 가리킨다.

15:31 마음을 움직이며 온 인격체를 되살리는 감각수용 기관은 생명의 경계(혹은 책망) [참조. 1:23]를 "듣는 귀" [참조. 2:2]다. 그런 귀를 지닌 제자는 "지혜로운 자 가운데에" 있다. 즉, 그들과 함께 살며 늘 경계하는 말을 들을 준비가 되어 있다. 듣는 귀와 보는 눈은 하나님이 지으신 것이다. [20:12]

15:32 이 잠언에서는 생존과 대조를 이루는 자살을 암시함으로써 경계하는 말을 받아들일 동기를 부여한다. [참조. 8:36; 15:6, 10] "훈계 받기를 싫어하는 자" [참조. 13:18]는 "자기의 영혼을 경히 여"기지만 [참조. 3:11] "견책을 달게 받는 자" [5, 31a절]는 "지식"(문자적으로 '마음', 66쪽 "마음"을 보라)을 얻는다. [참조. 4:5; 8:22] 31a절의 평행구절에 "생명"이라는 단어가 사용된 것을 통해 분명히 알 수 있듯이, "마음을 얻는다"는 것은 살아갈 정신적, 도덕적 능력을 얻는 것을 의미한다. 19:8에서는 "마음을 얻는" 것을 "자신의 삶을 경히 여김"의 반대, 곧 "자신을 사랑함"과 동일시한다.

15:33 "지혜의 훈계"는 "여호와를 경외하는 것"에 근거한다. [참조. 1:7] 지혜는 마음의 문제다. 22:4에서 여호와를 경외함과 동일시하는 "겸손"아나와('ānāwa), [참조. 3:34]의 성향은 제자를 지혜로운 이들의 친구가 되게 하며, [31절] 더 나아가 여호와의 친구가 되게 한다. "겸손"은 자기 충족성을 부인하여 생명을 주는 가르침을 주실 것이라고 믿을 만한 유일한 분이신 여호와에 대한 헌신을 추구하게 하는 성향을 의미한다. [3:5-7] 여호와에 대한 헌신은 언제나 "존귀의 길잡이"가 된다. [참조. 3:16; 18:12; 22:4] 역설적으로, 영광스러우신 여호와 앞

에서 자신의 영광을 벗어버리는 이들에게는 결국 그들로 하여금 사회적
으로 존경을 받게 하는 영광과 부라는 관이 씌워진다. 참조 3:16; 8:18; 11:16

여호와와 인간, 왕이 함께 추는 춤 16:1-15

1마음의 경영은 사람에게 있어도 말의 응답은 여호와께로부터 나오느니라. 2사람의 행
위가 자기 보기에는 모두 깨끗하여도 여호와는 심령을 감찰하시느니라. 3너의 행사를
여호와께 맡기라. 그리하면 네가 경영하는 것이 이루어지리라. 4여호와께서 온갖 것
을 그 쓰임에 적당하게 지으셨나니 악인도 악한 날에 적당하게 하셨느니라. 5무릇 마
음이 교만한 자를 여호와께서 미워하시나니 피차 손을 잡을지라도 벌을 면하지 못하리
라. 6인자와 진리로 인하여 죄악이 속하게 되고 여호와를 경외함으로 말미암아 악에서
떠나게 되느니라. 7사람의 행위가 여호와를 기쁘시게 하면 그 사람의 원수라도 그와 더
불어 화목하게 하시느니라. 8적은 소득이 공의를 겸하면 많은 소득이 불의를 겸한 것보
다 나으니라. 9사람이 마음으로 자기의 길을 계획할지라도 그의 걸음을 인도하시는 이
는 여호와시니라. 10하나님의 말씀이 왕의 입술에 있은즉 재판할 때에 그의 입이 그르
치지 아니하리라. 11공평한 저울과 접시 저울은 여호와의 것이요 주머니 속의 저울추도
다 그가 지으신 것이니라. 12악을 행하는 것은 왕들이 미워할 바니 이는 그 보좌가 공
의로 말미암아 굳게 섬이니라. 13의로운 입술은 왕들이 기뻐하는 것이요 정직하게 말하
는 자는 그들의 사랑을 입느니라. 14왕의 진노는 죽음의 사자들과 같아도 지혜로운 사
람은 그것을 쉬게 하리라. 15왕의 희색은 생명을 뜻하나니 그의 은택이 늦은 비를 내리
는 구름과 같으니라.

모음집 II의 두 번째 부분에 부치는 서언에 이어서 첫 단락에서는 그분
의 왕을 통해 행사되는 여호와의 도덕적 주권을 선포한다. 이 단락은 두
하위 단락, 곧 인간의 책임을 아우르는 여호와의 주권16:1-9과 그분의 의
로운 왕을 통해 매개된 그분의 다스리심16:10-15으로 이루어져 있다. 두

하위 단락은 핵심 단어의 반복에 의해 명확히 구획된다. 8절을 제외한 1-9절에서는 "여호와"[yhwh]가 반복되며, 11절을 제외한 10-15절에서는 "왕"이 반복된다. 1a절과 15a절에 사용된 "빛"의 동의어가 이 단락을 둘러싸고 인클루지오를 이룬다. 마인홀트가 지적하듯이 두 하위 단락은 네 가지 방식으로 연결되어 있다. (1) "미워"함,[5, 12절] "은택",[7, 13, 15절] "악인/악",[4, 12절] "속함/쉬게 함"[6, 14절]과 같은 표제어가 사용되며, (2) 첫째 하위 단락의 마지막에서 두 번째 구절[8절]과 둘째 하위 단락의 처음에서 두 번째 구절[11절] 모두에 그 하위 단락의 핵심 단어가 없다. (3) 하지만 11절에는 여호와[YHWH]가 등장하며, 8, 11절은 정의와 관련이 있다. 또한 (4) 하나님은 모든 사람의 "공의"와 "정의"를 기대하시며,[8절] 왕은 이 두 덕목을 떠받친다.[12절][86]

여호와의 통치와 인간의 책임 16:1-9

첫 하위 단락은 "사람", "마음" // "마음", "사람"[1a절 // 9a절]의 교차 대구 인클루지오로 둘러싸여 있다. 또한 인간과 관련해 사용된 "계획"의 동의어[1a절, 9a절]와 여호와와 관련해 사용된 "이루다"라는 표제어[3b절, 9b절] 역시 이 단락을 둘러싸고 있다. 1-3절에서는 인간의 주도권에 대한 여호와의 주권을 가르치고, 5-7절에서는 인간의 도덕성에 대해 응답하시는 그분의 정의를 가르친다. 4절은 야누스로서, 1-3절을 뒤돌아보면서 여호와의 주권이 모든 것을 적합한 운명에 이르게 한다고 주장하며, 5-7절을 내다보면서 그분의 정의가 악한 자들을 재앙으로 이끌 것이라고 주장한다. 요약하자면, 이 하위 단락에서는 인간이 계획을 세우지만[1a절, 9a절] 주권자이신 주님이 그분의 영원하고 도덕적인 목적의 일부로서 무엇이 이뤄지고 유지될지를 결정하신다고 가르친다.[1b절, 9b절]

---

[86] Meinhold, *Sprüche*, 264.

16:1 인간의 계획이 필수적이지만 섭리에 의해 제한된다. "사람에게 있어도"라는 구절을 통해 인간이 먼저 말을 한다고 인정하지만, "여호와께로부터"라는 구절을 통해 하나님이 마지막 말씀을 하신다고 분명히 밝힌다. "경영"은 세심한 계획을 암시한다. 히브리어 어근 '아라크'$^{'rk}$는 창세기 14:8의 군대나 창세기 22:9에서 말하는 제사를 위한 불을 피울 장작처럼 무언가가 세심하게 순서대로 배열되어 있음을 가리킨다. 동인은 "마음"이다(66쪽 "마음"을 보라). "여호와께로부터"라는 구절은 인간의 꾀가 아니라 섭리가 궁극적 동인이라는 뜻이다. 고전 3:6-7 참조[87] 히브리어 '마아네'$^{ma'ǎnēh}$, "응답"는 "바른 답"으로 해석할 수 있다. 여호와께서는 악하거나 효과 없는 답을 주지 않으시기 때문이다. "말의"라는 표현은 전반절에서 말하는 마음속 계획이 내용과 형식 둘 다에 있어서 외적으로 표현된 것임을 강조한다.

16:2 이 구절에서는 인간의 주도권에 대한 여호와의 통치라는 주제에 도덕적 차원을 추가한다. "사람의 행위가 자기 보기에는", 곧 그들의 잘못된 견해에 따르면 "모두" (윤리적으로) "깨끗하"다. 3:7을 보라. 또한 참조. 욥 11:4; 16:7; 33:9, 렘 17:9 하지만 여호와께서는 "심령을 감찰하"신다. 토켄(tōkēn), "측정하다", "무게를 정하다", "재다"[88] 심령은 히브리어 '루호트'^{rûḥôt}(문자적으로, "영", "바람"을 뜻한다. 67쪽 "영"을 보라)를 해석한 단어로서 한 사람의 마음—구체적으로 견해나 욕망, 참조. 겔 13:3 정신, 시 77:6 의지, 참조. 잠 16:32 동기 참조. 대하 36:22를 포함하는 한 사람의 성향전 7:8-9, 겔 11:19; 18:31; 36:26이나 내적 삶욥 7:11, 시 78:8을 가리키는 제유적 표현이다. 전반절에서는 이와 짝을 이루는 말로 복수형의 "행사"가 사용되었다. 행동의 복합적인 경향이 복잡한 동기에 의존하기 때문이다. 한 사람이 품은 동기의 순수성에 대한 최종 판결은 여호와께

---

87 「아메네모페의 교훈」$^{Instruction\ of\ Amenemope}$ 20:5-6에 따르면, "인간의 혀가 배의 키라면, 만물의 주께서는 그 배를 조종하시는 분이다"(AEL, 2:158).

88 B. K. Waltke, *TWOT*, 2:970, s. v. *tkn*.

속해 있으므로 한 사람이 할 수 있는 최선은 자신의 동기를 여호와께 맡기고 그분을 의지함으로 그분을 기쁘시게 하기를 바라는 것이다.16:3, 7, 참조, 시 19:12; 139:23-24, 고전 4:5-6, 히 4:12-13

16:3 여호와께서는 인간의 주도권까지 다스리시는 주권자이시며 1절 그분만이 인간 동기의 순수성을 판단하실 수 있으므로 2절 제자들은 자신들의 계획을 여호와께 맡겨서 3a절 그 계획이 악한 사람의 일시적 승리를 능가하고 그들을 항구적으로 세워 주시기를 바라야 한다. 3b절 "맡기라" 골렐(gōl'el), 문자적으로 "굴리다" 참조. 창 29:3, 8, 10, 시 22:8; 37:5는 그것을 자신한테서 여호와께로 굴려 거기에 내려둔다는 최종성의 의미를 담고 있다. '골렐'은 의성어로서 마치 돌이 굴러가는 소리처럼 들린다. "행사"는 계획되거나 미 2:1 수행된 행위 창 44:15를 뜻한다. 충성된 자는 자신이 얼마나 유능한지 혹은 순전한지에 관해 걱정해서는 안 된다. 평가하시는 분은 하나님이시기 때문이다. 시 22:8; 37:5; 55:22, 벧전 5:7 자신을 믿는 세속적인 사람들은 역설적으로 두려움 속에서 살아가지만, 하나님의 주권과 자신의 한계를 알고 있는 경건한 사람들은 기도와 평안 가운데 살아간다. "네 생각" 참조. 12:5 (저자의 사역, 개역개정에는 "네가 경영하는 것"으로 번역되었다―옮긴이)은 행위의 원인을 가리키는 환유로서 여호와께 온전히 헌신할 때 그 생각을 마음속에 품게 되고, 이는 반드시 "이루어질" 것이다. 마음속 생각은 또한 구원사 속에서 실제 사건으로 나타날 것이다. 그리하여 마치 여호와께서 지으신 우주를 이루는 요소들처럼 그 생각들 또한 영원히 존재하게 될 것이다. 참조. 8:27-29

16:4 여호와께서는 심판의 때에 모든 것이 합당한 목적을 이루게 하신다. "온갖 것을 그 쓰임에 적당하게 지으셨"다 참조. 10:29는 것에 관해 예외는 없으며, 미진함도 없다. "그 쓰임에 적당하게"는 문자적으로 "그것의 응답"을 의미한다. 참조. 16:1 섭리를 통해 "악인"조차도 "악한 날"에 적당하게 하신다(84쪽 "악인과 미련한 자를 가리키는 윤리적 용어들"을 보라).

16:5 5b절은 사실상 11:21의 반복이며, 5a절은 11:20a와 비슷하지만 "마음이 굽은 자" 대신 "마음이 교만한 자"라는 표현을 사용한다. 여호와 께서는 인간의 교만을 미워하시기 때문에 악인을 심판하신다. 4b절의 악인은 더욱 자세하게 "무릇 마음이 교만한 자"(문자적으로 "마음이 높은" 사람—자신이 하나님이나 다른 사람들보다 한 수 위라고 생각하며[89] 따라서 그 분의 다스림에 순종하지 않는 사람)로 정의되며, 4b절의 "악한 날"은 5b절 에서 벌을 받는 시간이라고 명확히 말한다. 여호와께서는 교만한 이들을 "미워하시"며, 따라서 그들은 "벌을 면하지 못"할 것이다. 그런 불쾌한 성 향을 지닌 사람은 몰락하고 말 것이다.[11:2; 16:18] 교만한 사람들은 자신의 삶에 대해 감사하는 대신 자신이 삶을 주신 분보다 우월하다고 자랑하 며, 성공을 자신이 이루어 낸 업적이라고 생각한다.[참조. 신 8:14]

16:6 그렇다면 지혜로운 사람은 죄에 관해 무엇을 하는가? 6a절에서 는 과거의 죄에 대한 교정 수단을 제시하며,[참조. 5절] 6b절에서는 미래의 죄를 막을 예방 수단을 제시한다. 잠언에서 "인자와 진리"[참조. 3:3]는 죄인 에 대한 하나님의 은총이 아니라 가난한 이들에게 베푸는 인간의 친절 을 뜻한다.[참조. 창 32:10] 잠언의 경구적 성격(34쪽 "간결성"을 보라)과 이 책의 목적 때문에 잠언에서는 제사 제도를 통한 속죄를 보완하는 인간의 덕 에 초점을 맞춘다.[참조. 레 1:4; 4:4; 16:21; 그 외 여러 곳] 하나님과 이웃에 대한 한결 같은 사랑이 제사 드리는 사람을 특징 짓지 않는다면, 제사 제도는 아무 소용이 없다.[삼상 15:22, 참조. 마 5:23-24; 6:12, 14-15, 눅 7:47, 약 1:26-27; 2:8, 12-18] "속하게 되 고"[어근 카파르(kpr)에서 유래한 여쿠파르(yəkuppar)]는 "덮힘", "속상expiated 됨"/"지워짐", "속 전이 지불됨", "달래짐"/"누그러짐"을 뜻할 수 있다. "죄악"은 하나님에 대 해 저지르는 잘못된 행위를 뜻하므로, "속하게 됨"은 "하나님께 용서받 음"과 동의어다.[참조. 출 34:6] "여호와를 경외함으로 말미암아"(74쪽 "여호와

HALOT, 1:171, s. v. gābah.

경외"를 보라). "악에서 떠나게 되느니라"는 악을 행함이라는 도덕적 측면과 그것이 초래하는 재앙적 결과로부터의 구원을 의미하는 중의적 표현이다.^{참조. 1:16}

16:7 악인은 결국 처벌을 받아 의인에게 항복한다. "사람의 행위가 여호와를 기쁘시게 하면"^{참조. 3:12, 사 42:1}이라는 구절에는 여호와께서 그를 받아들이시고^{참조. 15:8, 삼하 24:23, 겔 20:41} 그에게 복을 주시며,^{시 44:3} 그 결과 "그 사람의 원수라도 그와 더불어 화목하게 하"신다(혹은 "평화를 제안한다")는 의미가 담겨 있다. "원수"는 깊은 원한 때문에 하나님이 호의를 베푸신 이들에 대해 반대하는 악인을 말한다. 그러나 의인은 스스로 복수하지 않고 하나님이 자신을 신원해 주실 것임을 믿는다.^{3:34; 14:19을 보라. 참조. 창 26:12-32} [90]

16:8 이 비교급 잠언은 하나님이 교만한 이들을 심판하시고 덕스러운 이들에게 복을 주신다는 주장^{5-7절}을 인증한다. "적은 소득^{참조. 15:16}이 공의를 겸하면……나으니라"(72쪽을 보라)라는 말은 여호와께서 언제나 의인에게 즉각적으로 풍성한 복을 주시는 것은 아님을 암시한다. 대조적으로, "많은 소득이 불의를 겸한 것보다"라는 구절은 여호와께서 악인들을 정의롭게 심판하시기 전에 그들이 당분간은 잘못된 방법으로 얻은 이익을 누리도록 내버려두실 수도 있음을 암시한다.^{73쪽, 참조. 10:2-3} 15:16과 16:8이 비슷하지만 15:16a의 "여호와를 경외하는 것"을 16:8a에서 "공의"로 대체했다는 사실은 "여호와"를 제외한 것이 의도적임을 암시한다. 즉, 그분이 도덕적으로 거꾸로 뒤집혀 있는 세상을 바로 세우시기 전에는 그분이 부재하시는 것처럼 보일 것이다.^{참조. 삼상 2:3-10, 시 37:16-17, 눅 1:51-53, 딤전 4:8}

16:9 "사람이 마음으로 자기의 길을^{참조. 1절} 계획할지라도"^{참조. 6:3}는 행동

---

90   E. A. Martens, "The Way of Wisdom," in *WWis*, 75-90을 보라.

을 통해 드러나는 인간의 생각과 전략 수립을 가리키는 시적 언어다. "자기의 길"참조. 1:15이라는 구절은 논의의 틀을 한 사람의 말1절로부터 그 사람의 세계관과 실천 전체까지 확장한다. "그의 걸음(문자적으로 "발걸음")을 인도하시는"(3절을 보라. 6:8에 관한 주석을 보라)이라는 구절은 한 사람의 일생을 뜻하는 은유다. 여호와의 감독 없이는 한 걸음도 내딛지 못한다. 셰익스피어의 말처럼 "우리가 아무리 대충 마무리하려고 해도 우리의 끝을 다듬어 주는 신이 있다."[91]

중재자 왕 16:10-15

두 번째 하위 단락은 세 쌍의 잠언으로 이루어져 있다. 정의로운 판결을 내리는 왕의 권위,10-11절 그의 도덕적 감수성,12-13절 생명이나 죽음을 초래하는 그의 정의로운 행동14-15절이다. 10-11절은 "공평"이라는 표제어로 연결되어 있으며, 12-13절은 복수형인 "왕들"과 반의어인 "미워함"//"기뻐함",12a절//13a절 "악"//"공의"12a절//13a절로 연결되어 있다. 죽음14절과 생명15절의 대조제유법이 마지막 쌍의 잠언을 묶어 준다.

16:10 여호와는 그분의 지혜로운 왕―하나님과 사람들 사이의 정치적 중재자―에게 영감을 불어넣어 정의를 떠받치는 무오한 판결을 내리게 하심으로써 신적 정의를 행하신다. 다른 곳에서 히브리어 '케셈'qesem, 영감으로 주어진 판결은 금지된 이교의 복술신 18:10, 삼상 15:23, 겔 21:18-23, 참조. 민 22:7; 23:23이나 거짓 예언렘 14:14, 겔 13:6을 가리킨다. 하지만 여기서는 문학적 맥락이 보여주듯이 법적 분쟁에서 판결에 이르는 정당한 방법을 의미한다. 복술은 신의 마음을 알아내는 기술이며, 따라서 '케셈'은 성령이 왕에게 능력을 주셔서 신속하고 정확한 판결에 이르게 하시는 것을 의미한다.8:14-16을 보라. 참조. 삼하 14:17, 20, 왕상 3:16-28, 사 11:1-5, 고전 2:11-12 "그르치지 아니하리라"라는 완

---

91 『햄릿』, 5막 2장.

서법^{敍法}은 법적으로 정의할 수 있는 신뢰의 관계에 대해 충성함, 곧 정의를 떠받침을 의미한다. 이 경구는 왕권의 이상을 나타내며 메시아를 기대하게 한다.^{참조. 요 5:19-20} 이스라엘의 왕 대부분은 이상적이지 않았고, 여호와께서는 그들을 제거하거나 벌하셨다.^{참조. 삼하 7:14, 왕상 14:5-11, 왕상 21장}

16:11 여호와께서는 공정한 무게와 치수를 정해 두심으로써 왕이 정의를 확립하도록 도우신다. 여호와께서 공정한 무게를 뒷받침하실 뿐만 아니라^{레 19:35-36, 신 25:13, 욥 31:6, 겔 45:10} 그 무게 자체가 그분의 것이다. 그것은 "그가 지으신 것"이기 때문에 "여호와의 것"이다(그분은 인간의 손을 통해 그것을 만드셨다). "저울"은 들보와 걸쇠로 이뤄진 움직이지 않는 저울을 지칭하며, "접시 저울"은 손에 들고 사용하는 저울이다.⁹² 이 둘은 모든 저울^{참조. 11:1}과 치수를 지칭하는 제유적 표현이다. "주머니"는 추를 보관하는 상인의 주머니를 가리킨다.^{참조. 신 25:13, 사 46:6, 미 6:11} 이 경구에서는 "공평한" 저울추에 관해서만 이야기한다. 공평하지 않은 저울추에 관해 여호와께서 어떻게 생각하시는지에 관해서는 11:1과 20:23을 보라.

16:12 윤리와 관련해 "미워할 바"라는 표현은 대체로 "여호와께"라는 말과 함께 사용되지만,^{16:5을 보라. 참조. 11:20; 12:22} 여기서는 독특하게도 "왕들에게"라는 말과 함께 사용된다. "악을 행하는 것"(84쪽 "악인과 미련한 자를 가리키는 윤리적 용어들"을 보라)이라는 표현은 그 범위에 있어서 무제한적이지만, 특히 왕의 신하들^{참조. 25:5}과 왕 자신"^{참조. 29:14}을 가리킨다. 그의 도덕적 취향은 지혜 여인^{Woman Wisdom, 8:7}이나 여호와^{6:16; 15:9}의 도덕적 취향과 일치한다. "이는"은 이어지는 말이 앞 내용에 대한 설명임을 의미한다. 왕권의 상징인 "보좌"는 "공의로 말미암아^{72쪽을 보라. 참조. 20:28; 25:5; 29:14, 신 17:18-20, 시 89:14; 97:2, 사 16:5} 굳게 서" 있다.^{참조. 16:3}

16:13 왕의 도덕적 감수성은 행동^{12절}과 말^{시 101:7} 모두를 아우르며 여기

서는 "의로운 입술"과 "정직하게 말하는 자"에 의해 표상된다.^{73쪽을 보라. 참조}
^{8:8} "악을 행하는 것"은 미워할 바로서 부정적으로 표현되며, 정직하게 말
하는 것은 "왕들이 기뻐하는 것"^{참조. 7절}이자 그들이 "사랑"하는 것으로서
긍정적으로 표현된다.

　16:14 "왕의" 정당한 "진노"—통제되지 못한 감정의 분출이 아니라—
로 인해 그는 사형 판결을 내린다. "죽음의 사자들과 같아도"라는 은유는
왕의 진노가 죽음의 전조임을 뜻하며^{참조. 19:12; 20:2} 그것을 누그러뜨릴 시
간을 허용한다. 질투하는 남편과 달리^{참조. 6:34} "지혜로운 사람은" 겸손,^{15:33}
회개와 고백,^{38:13} 공동체에 대한 충성의 갱신,^{16:6} 유순한 대답으로 인내
함^{15:1; 25:15}과 같은 덕을 통해 "그것을 쉬게" 한다. 역사적 사례로는 창세
기 18:16-33, 출애굽기 32:9-14, 민수기 25:6-13, 사무엘하 12:7-14,
다니엘 2:5-24, 마태복음 22:1-14, 누가복음 13:6-8을 보라.

　16:15 "왕의 희색"^{참조. 15:30}은 통치자의 자애로운 호의를 의미하는 은
유다. ^{참조. 민 6:25, 욥 17:12, 시 119:13, 렘 15:9} 이 표현은 아마도 태양을 배경으로 삼
고 있을 것이다.⁹³ 그의 호의는 "생명"을 누림과 분리될 수 없다. ^{욥 3:16; 29:4;}
^{33:28, 30, 시 56:13} 그리고 "그의 은택"은 생명을 되살리는 "늦은 비"가 올 것임
을 알리는 "구름과 같"다^{참조. 시 72:15-17}

지혜로운 말과 어리석은 말 16:16-30

¹⁶지혜를 얻는 것이 금을 얻는 것보다 얼마나 나은고. 명철을 얻는 것이 은을 얻는 것
보다 더욱 나으니라. ¹⁷악을 떠나는 것은 정직한 사람의 대로이니 자기의 길을 지키는
자는 자기의 영혼을 보전하느니라. ¹⁸교만은 패망의 선봉이요 거만한 마음은 넘어짐의
앞잡이니라. ¹⁹겸손한 자와 함께 하여 마음을 낮추는 것이 교만한 자와 함께 하여 탈취

93　어느 우가릿 문헌에는 "태양(곧 파라오)의 얼굴이 나에게 밝게 비춰졌다"라는 표현이 나온
다(Dahood, *Proverbs and Northwest Semitic Philology*, 36에서 재인용).

물을 나누는 것보다 나으니라. **20**삼가 말씀에 주의하는 자는 좋은 것을 얻나니 여호와를 의지하는 자는 복이 있느니라. **21**마음이 지혜로운 자는 명철하다 일컬음을 받고 입이 선한 자는 남의 학식을 더하게 하느니라. **22**명철한 자에게는 그 명철이 생명의 샘이 되거니와 미련한 자에게는 그 미련한 것이 징계가 되느니라. **23**지혜로운 자의 마음은 그의 입을 슬기롭게 하고 또 그의 입술에 지식을 더하느니라. **24**선한 말은 꿀송이 같아서 마음에 달고 뼈에 양약이 되느니라. **25**어떤 길은 사람이 보기에 바르나 필경은 사망의 길이니라. **26**고되게 일하는 자는 식욕으로 말미암아 애쓰나니 이는 그의 입이 자기를 독촉함이니라. **27**불량한 자는 악을 꾀하나니 그 입술에는 맹렬한 불 같은 것이 있느니라. **28**패역한 자는 다툼을 일으키고 말쟁이는 친한 벗을 이간하느니라. **29**강포한 사람은 그 이웃을 꾀어 좋지 아니한 길로 인도하느니라. **30**눈짓을 하는 자는 패역한 일을 도모하며 입술을 닫는 자는 악한 일을 이루느니라.

종합적 평행구조로 이루어진 이 단락은 서론16-19절과 지혜로운 이들의 매력적인 말20-24절과 사악한 이들의 파괴적인 말26-30절을 다루는 두 하위 단락으로 이루어져 있다. 가운데 절25절은 독특하게 대조를 이루는 구절로서 죽음에 이르게 하는 자기 결정의 방식에 대해 경고한다.

서론: 지혜 안에서 누리는 안전함 16:16-19

서론은 서문에서 사용한 어휘를 반향한다.참조. 3:13-14; 4:5, 7; 8:10-11, 19 이 부분은 "낫다"토브(ṭôb), "좋다", 16, 19절라는 표제어에 의해 둘러싸여 있다. 사실, '토브'는 이 단락 전체를 둘러싸고 있다.16, 29절 16절과 17절에서는 윤리적 행동에 의해 정의되는 지혜로운 이들에 초점을 맞추며, 18, 19절에서는 그들의 내적 성향에 초점을 맞춘다. 16, 17절은 원인("정직"함)과 결과("지혜"를 얻음)의 논리에 의해 연결되어 있으며, 동의어인 "교만"이 18절과 19절을 연결한다. 19절에서는 교만한 이들이 한동안 억압받는 이들을 착취하고 멸망을 당하지 않는다고 암시함으로써 18절

에서 단언한 말을 누그러뜨리며, 18절에서는 한동안 억압을 당하는 것
이 더 나은 이유를 설명한다. 즉, 교만한 이들은 멸망을 당할 것이라고
말한다.

16:16 "지혜를 얻는 것"과 "명철을 얻는 것"참조. 4:5, 7이 "금을 얻는 것"보
다 낫고 "은을 얻는 것"보다 낫다(8:10 참조, 3:14에 대한 주석을 보라). 이
문맥에서 그 이유는 지혜가 생명을 지켜주는 반면 억압을 통해 얻은 부
는 생명을 파괴하기 때문이다. "얼마나 나은고"라는 수사적 감탄은 비교
급에 최상급의 의미를 부여한다.

16:17 길의 이미지("대로"와 "길")를 사용하는 것은 젊은이들에게 정직
성을 택하는 동기를 부여하기 위함이다. 도시Dorsey는 이 이미지를 이렇
게 설명한다. 철기시대 이스라엘추전 1100-600년에서 "대로"는 잘 닦인 큰 거
리로서 대개의 경우 도시를 관통하기보다는 우회하는 길이었다. 도시에
들어가고자 하는 이들은 대로를 "떠나" 진입로로 들어감으로써 도시 안
으로 들어갔다. 참조, 삿 19:11, 12, 15 94 여기서 사용하는 은유는 "정직한 사람"의
삶의 경로를 묘사한다.73쪽, 참조. 2:7 경건과 윤리로부터 이탈하지 않는 이들
은 물론 "악을 떠나"며,참조. 3:7; 14:16; 16:6 이는 암묵적으로 악을 정죄받은 도
시에 비유하는 셈이다.13:14-15; 15:24 정직한 사람은 정죄받은 도시를 떠남
으로써 계속해서 생명으로 향하는 탄탄대로를 걸어간다. 17b절에서는
대로라는 비인격적 은유를, 여행을 하고 있는 사람이라는 역동적이며 인
격적인 은유로 격상시킨다. 2:8과 11절처럼 이 구절에는 "지키다"와 "보
전하다"라는 동의어를 활용한 언어유희가 들어 있다. 조심스럽게 "자기
의 길을 지키는 자"(1:15에 대한 주석을 보라)는 "자기의 영혼을 보존"한다
(78쪽을 보라).

16:18 18절의 이미지는 교만이라는 의미에서의 "높음"과 비천함이라

---

94   D. A. Dorsey, *The Roads and Highways of Ancient Israel* (Baltimore: Johns Hopkins
University, 1991), 228-29.

는 의미에서의 "낮음" 사이의 대조에 기초한다. 교만한 이들은 자신의 길을 지키는 대신 지혜의 첫째 원칙을 거부한다.^{참조, 2:5-7; 15:33} 그들은 하나님과 인간 위로 자신의 눈을 높이므로^{30:13 참조} 넘어져서 멸망에 이른다.^{참조, 18:12} 전반절과 후반절 모두 섭리적이며 파멸적인 결과, 곧 "패망"과 "넘어짐"이 뒤따른다고 말한다. 그 앞에는 원인으로 히브리어에서는 비슷하게 들리는 동의어인 "교만"^{가온(gāʾôn), 참조, 8:13}과 "거만"^{고바(gōbah), 구체적인 의미는 "높음", 참조, 16:5}이 제시된다.

16:19 이 비교급 잠언^{참조, 12:9; 15:16; 16:8}은 "교만한 사람"들이 멸망을 당하기 전에^{18절} 섭리는 그들이 억압당하는 이들을 억압하도록 내버려둘 수도 있음을 암시한다.^{15:16; 16:8, 19} 이 잠언은 젊은이들에게 "마음을 낮추"라고 가르치며, 이는 고통을 통해 자신 안에 있는 교만을 제거하고 하나님 앞에서 겸손해지는 사람들을 묘사하는 고귀한 의미를 담고 있다.^{참조, 3:34} "탈취물을 나누는 것"^{참조, 1:13}이라는 표현은 군인으로서의 생활^{창 49:27, 출 15:9, 삿 5:30, 삼상 30:22-24, 시 68:12, 사 53:12}이나 부자들의 사법적, 공민적 불의^{참조, 1:13; 31:11}로부터 가져온 이미지다. 이 구절의 모호한 대조는 교만한 이들이 비천한 이들, 억압받는 이들을 착취함으로써 부자가 되었음을 암시한다. "가난과 겸손은 자연스러운 동맹이며, 경건하지 않은 교만은 부정한 방법으로 취한 이익과 짝을 이룬다."⁹⁵

지혜롭게 말하는 사람 16:20-25

히브리어 '마스킬 알-다바르'^{maśkîl al-dābār}에 관한 언어유희(아래의 20a절을 보라)와 "좋다"라는 표제어를 통해 서론으로부터 본론으로의 전환이 이루어진다. 이 하위 단락의 나머지 부분에서는 지혜롭게 말하는 사람이 발견하는 "선"을 구체적으로 설명한다. 즉, 공동체의 존경을 받고,^{21절} 생명의 샘이 되며,22절 그의 가르침은 점점 더 설득력을 얻게 되고,21, 23절 그가 하는 말은 달콤하고 꿀처럼 좋은 약이 된다.24절

16:20 "삼가 말씀에 주의하는 자"로 번역된 '마스킬 알-다바르'는 "말에 관해 신중한 [혹은 '유능한'] 사람"으로 번역할 수도 있다. 전자의 의미는 "여호와를 의지하는 자"라는 평행구절과 매우 잘 어울린다.참조. 3:5; 28:25; 29:25 이 해석에 따르면 이 잠언은 주제에 있어서 16-19절과 연결된다. 마음이 겸손한 사람은 지혜로운 사람의 가르침에 주의를 기울이며 그들에게 영감을 주시는 여호와를 의지하고,3:5 따라서 그 마음과 하는 말이 지혜롭다.21, 23절 후자는 신중하게 말하는 사람이 21-24절에서 묘사하는 유익을 거둔다는 의미를 갖는다. 언어유희를 통해 지혜로운 말을 받아들이는 것에서 그것을 주는 것으로 전환이 이뤄진다. 사람들은 자신의 말에 대한 존중을 얻을 수 있기 전에21절 먼저 자신을 가르치는 이들의 말에 주의를 기울여야 한다. 그런 사람들에게는 "복이 있"다.참조. 3:13

16:21 21절의 모호한 평행구조는 "마음이 지혜로운 자"참조. 11:29가 선한 방향으로 사람들에게 영향을 미치는 언어를 사용함으로써 자신의 지혜를 드러낸다고 말한다. 그런 사람은 아마도 공동체에 의해 공식적으로 "'명철하다' 일컬음을 받"는다(70쪽을 보라). 그러한 별칭은 공동체 안에서 존경을 받는 지위를 갖게 됨을 의미한다. 이방 여인의 달콤하지만 거짓된 말5:3; 7:21과의 대조를 근거로 판단해볼 때 "입이 선한 자"라는 구절은 진실된 말을 가리킨다. 은유로서 이 표현은 기쁘고도 대단히 매력적인 말을 의미한다.16:24 제유법으로서는 전체적으로 자비로운 태도를 상징한다. 그런 말은 가르침의 설득력을 높여 준다. 지혜로운 사람은 진리를 매력적으로 가르치며, 따라서 공동체를 설득하여 선한 방향으로 이끌고 공동체의 존경을 얻는다. 이 잠언의 가르침은 그리스도의 삶을 통해 구체화된다.눅 4:22; 19:48, 요 7:46

16:22 "명철한 자에게는 그 명철3:4, 70쪽이 생명의 샘참조. 10:11; 13:14; 14:27이

되거니와"라는 구절은 명철을 소유한 사람들이 너무도 매력적인 생명을 주는 샘이 되어, 그 결과 다른 이들이 그들의 가르침으로부터 물을 마시기 위해 어리석음을 떠난다는 뜻이다. 참조. 10:11; 13:14; 14:27 그리스도인들에게 예수 그리스도는 영생하도록 솟아나는 물의 샘이다. 요 4:14; 7:37 "되거니와"는 미련한 자들의 가르침22b절과 명철한 자의 가르침22a절을 대조한다. "미련한 자에게는 그 미련한 것이 징계(말을 통한 교정이 아닌 체벌) 참조. 1:2가 되느니라"는 미련한 자의 도덕적 오만과 생명을 주는 물에 대한 거부의 결과로 벌을 받게 됨을 의미한다.

16:23 매력적인 가르침21b절은 "지혜로운 자의 마음"(66쪽 "마음"을 보라)으로부터 나온다.21b절, 참조. 마 7:17 왜냐하면 그의 마음은 "그의 입을 슬기롭게 하"기 때문이다. 다시 말해서 그는 상황을 파악하고, 따라서 무엇을 말하고 그것을 어떻게 말해야 하는지에 관해 유익한 결정을 내릴 수 있는 능력을 지니고 있다(75쪽 "지혜로운 자와 말", 1:3을 보라). "입술"은 입을 대신해 흔히 사용되는 표현이다. 그는 "지식을 더하느니라."참조. 21b절 간단히 말해서, 지혜로운 말은 모든 까다로운 사회적 상황에서 유익하고도 설득력이 있다.

16:24 유익하고 설득력이 있다는 개념이 흘러넘치는 꿀에 비유된다. "선한 말"은 15:26의 "악한 꾀"와 대조를 이루며, 이는 이 표현이 도덕적 특성뿐만 아니라 미학적 특성도 나타냄을 암시한다. "꿀송이"는 "벌집"을 의미한다.[96] 후반절에서는 이 은유를 설명한다. 꿀은 독특하게 달면서도 치료하는 효능을 가지고 있다. 참조. 4:22 "마음에 달고"는 말투가 다른 이들에게 유쾌하고 매력적으로 들림을 암시한다. "뼈에"라는 제유적 표현은 인격체나 공동체 전체의 회복을 지칭한다. 일반적으로 약은 쓰며, 달콤한 것은 약이 아니다. 두 속성 모두 필수적이다. 치유하는 말이 쓰다면

96   *HALOT*, 3:1013, s. v. *ṣûp*.

그 약을 삼키지 않을 것이며 따라서 아무 유익이 없을 것이다.

16:25 이 단락의 가운데 행은 14:12을 되풀이하며 기만적인 교만과 자신의 지혜를 따라 행할 때의 치명적인 위험에 초점을 맞춘다.^{참조. 16:18-19} 이 구절은 다른 이들과 자신에게 파괴적 결과를 초래하는 말을 다루는 두 번째 하위 단락에 대한 적절한 서론 역할을 한다.

어리석게 말하는 사람 16:26-30

두 번째 하위 단락은 하나님이 의도하신 바에 따라 식욕을 채워 생활을 유지할 수 있도록 고된 노동을 해야 한다는 뒤섞인 복으로 시작한다.^{26절} 이는 하나님이 의도하신 바에 반하여 사회적 질서를 교란하는 부정적이며 악의적인 말을 하는 네 종류의 사람들, 곧 불량한 자,^{27절} 패역한 자,^{28a절} 비방하는 자,^{28b절} 강포한 자^{29-30절}와 대조를 이룬다. 이 목록은 말썽을 일으키는 자로부터 시작하고 강포한 자에서 정점에 이른다. 그들은 다른 이들을 선동하여 자신들에게 동참하게 하며,^{29절} 악한 모의를 넘어서 범죄를 저지르는 데까지 나아간다고 자세히 묘사한다. "좋지 아니한" 그들의 "길"^{29b절}에 관해 30절에서는 "패역한 일을 도모하며", "악한 일을 이루느니라"라고 설명한다.

16:26 음식에 대한 필요 때문에 노동자는 생산적인 일을 해야만 한다. "식욕"^{네페쉬(nepeš)}(65쪽 "네페쉬"를 보라)은 모든 동물의 기본적 욕망과 충동을 가리킨다. "고되게 일"함이란 "노동의 과정과……그것이 야기하는 괴로움"이다.⁹⁷ 고되게 일하는 자의 갈망은 그들에게 유익을 준다. "필경"은 후반절이 전반절을 설명하고 강조함을 의미한다. "그의 입"은 그를 "독촉"하는 굶주림을 뜻하는 환유다. 타락한 세상 속에서 노동은 사람을 지치게 하고 좌절하게 만들지만, 식욕을 충족시키기 위해 생산적인 노력

---

97 Schwertner, *TLOT*, 2:925, s. v. *'amal*.

을 하며, 창조주께서는 이런 원초적이며 생산적인 충동을 좌절시키지 않으신다.¹⁰:³¹, 살후 3:10 이런 충동이 없다면 문명의 역사는 상상조차 할 수 없다.⁹⁸

16:27 악의적인 말을 하는 첫 번째 사람은 사악한 말썽을 일으키는 사람이다.참조. 6:12-15 이 악의 전형은 자극적인 말을 꾸며낸 다음전반절 그것을 퍼트린다.후반절 "불량한 자"는 다른 사람에 대해 "악라아(rāʾa), "해" 혹은 "악"을 꾀"한다. "그 입술에는"은 꾸며낸 악에 그들의 말이 포함됨을 의미한다. "맹렬한 불 같은 것이 있느니라"참조. 6:27는 말썽을 일으키는 사람을 다른 이들에게 항구적이며 고통스럽고 생명을 위협하는 피해를 입히는 화염방사기에 비유한다.

16:28 이 잠언에서는 악의적인 말을 하는 이들의 목록에 두 부류의 사람을 추가한다. 즉, 패역한 사람(84쪽 "악인과 미련한 자를 가리키는 윤리적 용어"을 보라)과 신의를 저버리고 비방하는 사람이다. "패역한 자"는 하나님이 세우신 사회적 질서를 전복한다. 그런 사람들의 패역함은 그들의 마음에서 시작되며6:14; 23:33 그들의 말참조. 2:12; 8:13; 10:31-32과 눈16:30을 통해 밖으로 나온다. 패역한 사람은 "다툼을 일으키고"참조. 6:14, 19 공동체 안에 분쟁을 야기한다. "말쟁이"⁹⁹는 이스라엘이 그들의 장막 안에서 은혜로 우신 주권자에 대해 불평했듯이 현실을 왜곡하고 이로써 다른 사람들이 없는 곳에서 그들의 명예를 모욕하고 비방하고자 하는 악의적인 험담을 뜻한다. "친한 벗—가장 친밀한 관계—을 이간"한다.창 13:9, 11, 14 악의적인 말을 하는 자들의 두 부류 모두 다른 사람들을 최악의 모습으로 묘사하

---

98 "굶주림! 그 지칠 줄 모르는 인간의 선은 인류에게는 너무도 유익하지만 개인에게는 비정할 정도로 잔인하도다"(W. A. L. Elmslie, Cohen, *Proverbs*, 109에서 재인용·).

99 폭스(*Proverbs 10-31*, 622)는 관련 논증을 제시하지 않지만, "말쟁이"가 구별되는 악당이 아니라 "패역한 사람"타푸코트(rahpukôr)의 한 예시라고 주장한다. 그러나 이 단어의 다른 용례는 "말쟁이"가 다른 유형의 사람을 가리킴을 암시한다.

고^{참조. 6:19} 사람들을 분열시킨다. 그러나 험담하는 자들은 수군거림을 통해 가장 친밀한 관계─자신의 관계와 다른 이들의 관계─를 단절시키기 때문에 가장 큰 피해를 입힌다.^{참조. 벧전 4:15}

16:29 "강포한 사람"^{참조. 3:31}은 탐욕과 증오에 휩싸여 살인을 저지르는 냉혈한을 뜻한다. 이들은 거짓 고발과 불의한 재판이라는 치명적인 무기를 활용한다. 그들은 "그 이웃을 꾀어" 범죄를 저지르도록 선동한다.^{참조. 1:11-14} "그리고"(개역개정에는 번역되지 않았다─옮긴이)라는 접속사는 논리적 결론을 지칭한다. 그들은 "좋지 아니한 길"로 그들(그 이웃)을 인도한다. "좋지 아니한 길"이라는 표현은 "전적으로 악하며 파괴적인" 길을 의미하는 완서법이다.¹⁰⁰ 잠언 4:10-19에서는 그 비극적인 결과 때문에 이 길을 피하라고 제자에게 강력하게 경고한다.

16:30 이 구절에서는 강포한 사람이 희생자의 등 뒤에서 눈과 오므린 입술로 공범에게 몸짓을 함으로써 미리 계획한 악을 실행하는 모습을 묘사한다. "눈짓을 하는 자"라는 표현은 6:13에서 묘사하는 말썽을 일으키는 사람의 악의적인 눈짓을 떠올리게 한다.^{참조. 10:10} "도모"함은 "창의적으로 계획함, 꾀함"을 의미한다. "패역한 일"은 강포한 사람을 28절의 패역한 자와 연결시킨다. "입술을 닫는"은 그들이 말이 아니라 몸짓으로 의사소통함을 의미한다. "이루느니라"는 일어나게 함을 의미한다. "악한 일"^{라아(ra'a)}은 27a절에서 동일한 의미를 지니며, 이로써 인클루지오를 이룬다.

공의를 통해 노년에 얻는 빛나는 면류관^{16:31-17:6}

16:31 백발은 영화의 면류관이라. 공의로운 길에서 얻으리라. ³²노하기를 더디하는 자는 용사보다 낫고 자기의 마음을 다스리는 자는 성을 빼앗는 자보다 나으니라. ³³제비는

---

100 Delitzsch, *Proverbs*, 252.

사람이 뽑으나 모든 일을 작정하기는 여호와께 있느니라.

17:1 마른 떡 한 조각만 있고도 화목하는 것이 제육이 집에 가득하고도 다투는 것보다 나으니라. **2** 슬기로운 종은 부끄러운 짓을 하는 주인의 아들을 다스리겠고 또 형제들 중에서 유업을 나누어 얻으리라. **3** 도가니는 은을, 풀무는 금을 연단하거니와 여호와는 마음을 연단하시느니라. **4** 악을 행하는 자는 사악한 입술이 하는 말을 잘 듣고 거짓말을 하는 자는 악한 혀가 하는 말에 귀를 기울이느니라. **5** 가난한 자를 조롱하는 자는 그를 지으신 주를 멸시하는 자요 사람의 재앙을 기뻐하는 자는 형벌을 면하지 못할 자니라. **6** 손자는 노인의 면류관이요 아비는 자식의 영화니라.

이 단락은 "영화의 면류관"[16:31; 17:6]이라는 구절에 의해 수미상관을 이루고 있다. 노년을 신체적 약함과 쇠락의 시간, 권위를 내려놓고 권력을 다음 세대에 물려주어야 할 시간으로 보는 대신 이 단락에서는 노년을 면류관이 상징하는 권위, 지위, 위엄의 시간으로 여긴다. 첫 부분에서는 이처럼 찬란한 분위기를 풍기는 것이 그 사람의 공의 때문이라고 말하며,[16:31] 마지막 부분에서는 그 찬란함을 미래 세대에게 물려준다.[17:6] 그 사이에 오는 잠언의 내용은 대체로 공의에 대한 정의다. 16:31과 17:1에서는 하나님의 통치가 인간의 통치보다 우선한다고 말한다. 17:1-2에서는 영적인 덕이 세속적 이익보다 우선한다고 말한다. 17:3-5에서는 결국에는 하나님이 도덕적 통치가 이루어지며, 이는 거짓말을 하는 이들과 조롱하는 이들에 대한 그분의 심판을 통해 확인된다고 말한다.

16:31 "백발"은 노년[20:29]에 대한 환유이며 존경받아야 한다.[레 19:32] 그것을 "영화의 면류관"에 비유하는 것은 그 아름다움과 권위를 뜻한다.[참조. 4:9, 사 3:5; 9:14-15] "공의로운(72쪽을 보라) 길에서 얻으리라."[참조. 1:15] 따라서 그것은 이룰 수 있는 것이다. 이어지는 비교급 잠언은 면류관을 얻기 전에 인내가 필요하다고 훈계함으로서 이 진리를 인증한다.[참조. 16:18-19] 임상적으로는 의로운 사람이 면류관을 얻기 전에 일찍 죽을 수도 있고(80쪽

「잠언」은 너무 많은 것을 약속하는가"를 보라) 노년이 되면 자연히 병약해진
다. 전 12:1-8

16:32 이 비교급 잠언에서는 자신을 다스리는 영적 힘이 다른 이들을
다스리는 잔인한 힘보다 더 낫다고 주장한다. 참조 25:28 "심지어"(개역개정에
는 번역되지 않았다—옮긴이)는 "노하기를 더디하는 자" 참조 14:29가 "자기 마
음을 다스리는 자"이며 "용사"가 "성을 빼앗는 자"임을 의미한다. 자기 절
제는 분노에 의해 지배를 받지 않음을 뜻하며 약 1:19-20 모욕을 눈감아 주
는 것을 뜻할 수도 있다. 19:11을 보라. 참조 고전 6:7 이 잠언에서는 의로운 사람은
면류관을 쓰기 전에 31절 인내해야만 하며 노년이 되면 대체로 점점 병약
해지므로 스스로 절제해야만 함 전 12:1-8 을 암시한다.

16:33 "제비"—(하나님의 뜻이 드러나지 않았거나 공평한 선택을 하고자 하
는 경우에) 여러 가능성 가운데서 하나님이 누구 혹은 무엇을 고르셨는지
를 드러내기 위해 사용하는 작은 돌—의 예를 통해서 알 수 있듯이 운명
을 결정하시는 분은 여호와시다. "가슴"(개역개정에는 번역되지 않았다—
옮긴이)은 제비를 숨겨서 다른 변수에 영향을 받지 않게 하기 위해 허리
띠 위 옷을 접은 곳에 몰래 보관하는 공간을 가리킨다. "던지다"(개역개정
에는 번역되지 않았다—옮긴이)는 궁극적으로 제비가 하나님에 의해 "던
져졌기" 때문에 제비의 선택이 최종적임을 뜻한다. 참조 18:18 "모든 작정
이—예외 없이—여호와께 있느니라"는 제비를 "던지는" 인간의 활동이
언약을 지키시는 이스라엘의 하나님으로부터 기원한다는 뜻이다.

17:1 집안에서 영적 평안이 물질적 풍요보다 우선한다. 참조 12:9; 15:16-17 "마
른 떡 한 조각"은 양도 적으며, 맛을 내는 소스가 없다면 맛도 없다. "화목
하는 것"은 식사하는 이들의 조화와 안전을 의미한다. "제육"은 의례적 제
사 후에 집에서 베푸는 성대한 잔치를 뜻한다. 참조 7:14 "다투는 것" 참조 삼상
1:3-7, 고전 11:17-34은 풍자적 표현일 수도 있다. 여기서 말하는 제물은 화목제
물이며, 기쁨으로 나눠야 하는 제물이기 때문이다. 참조 신 12:6-7, 삿 16:23, 삼상 11:15

17:2 "슬기로운(69-70쪽을 보라) 종은 부끄러운 짓을 하는 주인의 아들을 다스리겠고"참조. 10:5는 리더십이 장자 신분보다는 인격에 기초한다고 가르친다. 모세 율법에서는 땅이 없는 이민자가 땅을 상속받는 이스라엘 사람을 다스릴 수 있다고 규정한다.레 25:47 "또"and는 종의 신분이 상승함을 설명한다. "얻으리라"할라크(ḥālaq)는 "법과 관습에 의해 한 사람에게 주어지는 몫"이라는 의미로 사용된다.[101] "형제들 중에서 유업을"은 그 종이 유산의 정당한 상속자 신분을 지니고 있음을 확증한다.

17:3 여기서 "도가니"는 은의 순도를 높이기 위해 연단하는 도구를 의미한다.잠 27:21 "풀무" 역시 "금을 연단하"는 도구다. 인간은 값비싼 금속을 연단하는 도구를 설계할 수 있지만, "마음을 연단하시"는 분은 "여호와"시다.참조. 시 17:3; 26:2; 66:10 그분은 모든 교만을 드러내고 그 마음의 정직성과 순수성을 판별하기 위해 모든 인간의 마음을 연단하신다.참조. 16:2 그분은 각 사람의 윤리적 순수성에 따라 정의롭게 그 사람에게 상을 주시거나 벌을 주실 것이다.욥 23:10, 고전 4:3-5, 벧전 1:7

17:4 평행구조로 이루어진 이 잠언에서는 "사악한참조. 6:12 입술참조. 16:27이 하는 말을 잘 듣는 자"참조. 1:24; 2:2를 "악한 혀가 하는 말에 귀를 기울이"는 자참조. 12:19, 21-22와 동일시하며, "악을 행하는 자"3:7를 "거짓말하는 자"6:17와 동일시한다. "악한 혀"는 다른 이들을 파멸시키는 악한 말을 뜻하며 종종 거짓말, 기만과 연결된다.참조. 욥 6:30, 시 5:9; 52:2, 7 따라서 이 잠언에서는 거짓말에 귀를 기울이는 이들이 곧 거짓말쟁이라는 진리로 우리를 깜짝 놀라게 한다. "환영받지 못하면 악한 말이 사라져 버리지만, 그것을 환영한다면 우리 자신을 내어 주는 것과 마찬가지다."[102]

17:5 "가난한 자참조. 10:4를 조롱하는 자",참조. 1:26 그리고 평행구인 "사람의 재앙을 기뻐하는 자"참조. 1:26-27는 조롱하는 자가 타인의 불행을 보며

---

101 M. Tsevat, *TDOT*, 4:448, s. v. ḥālaq.

102 Kidner, *Proverbs*, 123.

기뻐하는 이유를 제시한다—즉, 그것은 가난한 사람의 불행한 사회경제적 상황이다. 하지만 그러한 조롱은 그 가난한 사람을 "지으신 주"를 "멸시하는" 행위다.¹⁴:³¹을 보라. 참조. 창 9:6 사실상 조롱하는 이들은 "그분이 만드신 작품이 엉성하다고 암시함으로써" 창조주를 조롱하는 셈이다.¹⁰³ 그들은 하나님이 내리시는 "형벌을 면하지 못할" 것이다.

17:6 왕관처럼 나이든 부모 주위에 모인 것으로 묘사된 "손자"가 "노인의 면류관"이듯이 "아비는 자식의 영화"참조. 4:1다. 이는 각 세대의 어머니들을 배제하는 말이 아니다.참조. 1:8 이 상호보완적인 영광의 분위기는 가족의 유산이 장구하고 영속적이며 참되다는 것을 입증한다. 이 잠언에서는 16:31의 평행구절에서 말하는 공의를 전제한다. 왜냐하면 경건하지 않은 가족은 무너지며,¹⁷:¹ 경건하지 않은 자녀는 부모에게 수치를 안기기 때문이다.참조. 10:5; 17:2; 19:26

어리석은 자에 관한 잠언 모음 17:7-28

⁷지나친 말을 하는 것도 미련한 자에게 합당하지 아니하거든 하물며 거짓말을 하는 것이 존귀한 자에게 합당하겠느냐.ᵃ ⁸뇌물은 그 임자가 보기에 보석 같은즉 그가 어디로 향하든지 형통하게 하느니라.ᵇ ⁹허물을 덮어 주는 자는 사랑을 구하는 자요 그것을 거듭 말하는 자는 친한 벗을 이간하는 자니라. ¹⁰한 마디 말로 총명한 자에게 충고하는 것이 매 백 대로 미련한 자를 때리는 것보다 더욱 깊이 박히느니라. ¹¹악한 자는 반역만 힘쓰나니 그러므로 그에게 잔인한 사자가 보냄을 받으리라. ¹²차라리 새끼 빼앗긴 암곰을 만날지언정 미련한 일을 행하는 미련한 자를 만나지 말 것이니라. ¹³누구든지 악으로 선을 갚으면 악이 그 집을 떠나지 아니하리라. ¹⁴다투는 시작은 둑에서 물이 새는 것 같은즉 싸움이 일어나기 전에 시비를ᶜ 그칠 것이니라. ¹⁵악인을 의롭다 하고 의

인을 악하다 하는 이 두 사람은 다 여호와께 미움을 받느니라. ¹⁶미련한 자는 무지하거 늘 손에 값을 가지고 지혜를 사려 함은 어찜인고. ¹⁷친구는 사랑이 끊어지지 아니하고 형제는 위급한 때를 위하여 났느니라. ¹⁸지혜 없는 자는 남의 손을 잡고 그의 이웃 앞 에서 보증이 되느니라. ¹⁹다툼을 좋아하는 자는 죄과를 좋아하는 자요 자기 문을 높이 는 자는 파괴를 구하는 자니라. ²⁰마음이 굽은 자는 복을 얻지 못하고 혀가 패역한 자 는 재앙에 빠지느니라. ²¹미련한 자를 낳는 자는 근심을 당하나니 미련한 자의 아비는 낙이 없느니라. ²²마음의 즐거움은 양약이라도 심령의 근심은 뼈를 마르게 하느니라. ²³악인은 사람의 품에서 뇌물을 받고 재판을 굽게 하느니라. ²⁴지혜는 명철한 자 앞에 있거늘 미련한 자는 눈을 땅 끝에 두느니라. ²⁵미련한 아들은 그 아비의 근심이 되고 그 어미의 고통이 되느니라. ²⁶의인을 벌하는 것과 귀인을 정직하다고 때리는 것은 선 하지 못하니라. ²⁷말을 아끼는 자는 지식이 있고 성품이 냉철한 자는 명철하니라. ²⁸미 련한 자라도 잠잠하면 지혜로운 자로 여겨지고 그의 입술을 닫으면 슬기로운 자로 여 겨지느니라.

> ^a 7a절을 근거로 추론했다.
> ^b 8a절의 평행구 "보기에"를 근거로 추론했다.
> ^c 14a절의 평행구 "다투는"을 근거로 추론했다.

어리석은 자에 관한 이 단락은 서론^{7-9절}과 각각 서론적이며 교훈적인 잠 언으로 시작되는 세 하위 단락^{10-15, 16-20, 21-28절}으로 이루어져 있다. 말에 대한 환유인 "입술"이 이 단락을 둘러싸고 있다.

서론: 확장된 어리석은 자의 목록 17:7-9

서론에서는 4-5절에서 다룬 사악한 말을 하는 이들에 관한 논의를 심 화하고 확장하여 거짓말하는 사람,^{7절} 뇌물을 주는 사람,^{8절} 험담하는 사 람^{9절}을 포함시킨다.

　17:7 "하물며"^{참조. 11:31; 19:10} 구문은 작은 것으로부터 큰 것으로 나아가는

논증 방식^{minore ad maius}이다. 더 작은 것^{전반절}에서 더 큰 것^{후반절}으로, 말을 잘하는 미련한 자로부터 거짓말을 하는 존귀한 자로 나아가는 추론이다. 다의어인 '예테르'^{yeter}는 "탁월"함^{창 49:3}을 뜻하지만 "입술"(개역개정에는 번역되지 않았다—옮긴이)과 함께 사용되면 "달변"^{eloquence}으로 해석된다. "합당하지 아니하거든"이라는 완서법은 기괴함을 의미한다. ^{참조. 19:10; 26:1, 시. 33:1} 로스^{Roth}에 따르면, "미련한 자"^{나발(nābāl)}는 신성을 모독하여 추방된 사람으로 "존귀한 자"의 반대말이며, "경건하지 못함을 뜻하는 가장 강력한 용어 중 하나"다. ^{참조. 욥 2:9-10, 시 14:1; 39:8; 74:22 104} 미련한 자의 달변은 돼지 코의 금 고리처럼 기괴하다.^{11:22} 상처를 주기 위해 속이는 "거짓말을 하는 것"은 미련한 자와 다르게 왕의 궁정에서 일하는 힘 있고 존경받는 사람인 "존귀한 자에게 합당"하지 않다. ^{참조. 17:26; 19:6; 25:7} 따라서 그가 거짓말쟁이라면 이는 달변의 미련한 자보다 훨씬 더 기괴하다.

17:8 계속해서 불의라는 주제를 다루는 가운데 "뇌물"^{참조. 15:27}은 일반적으로 정의의 집행에 부정적인 영향을 미치는 선물을 지칭하며, ^{참조. 6:35; 17:23, 미 3:11} 따라서 하나님의 심판을 받는다. ^{욥 15:34, 시 26:9-10} "보석"(혹은 "부적")은 호의를 만들어 낸다. "보기에"(즉, "……의 견해에 의하면")는 미련한 자의 자기기만을 뜻한다. "그 임자"는 뇌물을 주는 사람을 뜻한다. "그가……향하든지"는 뇌물을 통해 정의를 왜곡함에 있어서 "형통"할 것이라고 생각하는 뇌물 공여자를 가리킨다. 하지만 하나님께서는 그렇게 할 수 없다.^{신 10:17} 이스라엘 주변 나라들과 달리 여호와는 그분의 나라 안에서 뇌물을 금하셨기 때문이다.

17:9 제자는 우정을 얻기 위해 다른 이들의 죄를 덮어 주고 그들의 실패를 거듭 말하지 않음으로써 깨어진 공동체를 회복시킨다. "허물을 덮어 주는 자는 사랑을 구하는 자"다. ^{참조. 10:12} 이와 대조적으로, "거듭 말

104 W. M. W. Roth, "NBL," *VT* 10 (1960): 407.

하는 자"는 무언가를 끊임없이 하는 것이 아니라 한번 더 하는 것을 뜻한다. 히브리어 '다바르'^{dābār}는 "문제"(개역개정에는 "그것"으로 번역되었다—옮긴이)를 뜻하기도 하고 "말"을 뜻하기도 한다. "허물"이라는 평행구를 고려할 때 전자로 해석하는 편이 더 낫다. "친한 벗을 이간하는"은 16:28의 표현을 되풀이한다. "10:12에서는 사랑이……한 사람으로 하여금 잘못을 범한 사람을 용서하게 만든다고 말하지만, 여기서는 용서의 동기가 "미래의" 우정에 대한 갈망이다."[105] 아히카르^{Ahiqar, VII}는 "그 마음 안에 말을 덮는 좋은 그릇"은 칭찬하지만 "그것이 빠져나가도록 내버려 두는 깨진 그릇"은 칭찬하지 않는다.[106]

어리석은 자와 그들이 받는 벌 17:10-15

17:10 이 잠언은 제자가 앞의 잠언을 죄를 덮고 모른 척해야 한다는 식으로 비윤리적으로 해석하지 못하도록 막아 준다. 지혜로운 사람은 험담하는 사람을 피하지만 잘못을 행한 총명한 사람을 꾸짖고 미련한 자를 매질한다.^{레 19:17} 이 비교 잠언은 바로잡기에 대해 반응하는 방식을 기준으로 총명한 사람과 미련한 사람을 대조시킨다. "한 마디 말로 총명한 자(70쪽 "명철"을 보라)에게 충고하는 것^{말로 바로잡기, 참조 13:1, 8}이 백 대의 매로 미련한 자(89쪽을 보라)를 징계하는 것^{19:25; 23:13-14}보다 더욱 깊이 박히느니라"(곧 더 효과적으로 그 사람의 행동을 바로잡을 수 있다). "백 대"는 과장법이다.^{참조. 신 25:1-5} 브릿지스^{Bridges}는 "다윗에게는 한 마디 말이면 충분했다.^{삼하 1-7; 24:13, 14} 베드로를 한 번 쳐다본 것이 바로와^{출 9:34, 35} 아하스,^{대하 28:22} 이스라엘^{사 1:5; 9:13, 렘 5:3}이 맞은 백 대의 매보다 그 마음을 더 크게 감화시켰다."[107]

105　Whybray, *Proverbs*, 256.

106　*ANET*, 429.

107　Bridges, *Proverbs*, 261-62.

17:11 미련한 자는 인간의 매질에 대해서도 굴하지 않을 수 있지만 하나님께 맞서 반역하는 사람은 그분이 내리는 사형 판결을 거역할 수 없다. 폭스는 "똑똑한 사람은 책망을 면하고, 어리석은 사람은 매를 맞지만, 반역자는 죽임을 당한다"라고 지적한다.[108] "악한 자참조 1:16는 반역 므리(*mari*) 만 힘"쓴다.참조 17:9 약 100회 가까이 사용되는 '므리'는 주로 하나님께 맞서는 인간의 의도적이며 오만한 반역을 지칭한다.[109] 반역하는 사람들은 그분의 성령을 근심하게 하며사 63:10 그분의 말씀에 불순종한다.수 1:18 "그러므로"는 그들의 반역과 하나님의 응보를 연결한다. "그에게 잔인한 사자가" 하나님의 보좌로부터 "보냄을 받으리라." "사자"는 죽음의 사자참조 시 35:5-6; 78:49를 뜻하는 환유이거나 죽음 자체의 의인화다.

17:12 어리석은 자들의 완고함 때문에 그들은 매질에 굴하지 않는 것10절을 넘어서 성난 곰보다 더 위험해진다. 이 잠언은 독특한 형식의 비교급 잠언이다. "만날지언정"은 일종의 비꼬는 표현으로, 여기서는 문자적으로 해석해서는 안 되고 비교를 통해 만나지 말아야 하는 것을 강조하는 과장법이 사용되었다. 성경에서 "암곰"은 분노와 맹렬함의 상징이며, 여기서는 "새끼"를 "빼앗긴" 상황 때문에 그 분노와 맹렬함이 악화된다. 참조 삼하 17:8, 호 13:8 110 "사람에 의해"(개역개정에는 번역되지 않았다—옮긴이)라는 구절을 통해 우연이 아니라 인간의 의도적 행동에 의해 곰이 자기 새끼를 잃어버렸음을, 따라서 훔친 사람에 대해 복수하려는 마음을 품고 있음을 알 수 있다. "하지만"(개역개정에는 번역되지 않았다—옮긴이)은 암묵적 가중*a fortiori* 논증에서 반대되는 명령을 가리킨다. "미련한 일을

108 Fox, *Proverbs 10-31*, 630.

109 신명기 18:18은 부모에 대한 반역을 가리킬 수도 있다. 욥기 17:2에서 '므리'*mari*의 의미는 불확실하다.

110 캔스데일(G. S. Cansdale, *Animals of Biblical Lands* [Exeter: Paternoster, 1970], 117)에 따르면 성경 시대에 시리아 곰이 팔레스타인 구릉 삼림에 서식했으며, 2차 세계 대전 직전에 멸종했다. 마지막으로 발견된 곰은 몸무게가 225킬로그램에 달했다.

행하는 미련한 자를 만나지 말 것이니라"는 "새끼 빼앗긴 암곰"과 평행
을 이루며 갑자기 적에 대한 분노를 표출함을 뜻한다.[111] 요약하자면, 복
수에 혈안이 되어 노발대발하는 어리석은 자를 혼자서 상대하려고 하지
말라. 그 어리석은 자가 당신을 죽일 것이기 때문이다.

17:13 하지만 어리석은 자가 악으로 선을 갚고도 무사하지는 못할 것
이다. 이 잠언의 전후반절은 행위-운명 연계성이라는 논리에 의해 연결
되어 있다. 어리석은 자들이 악으로 선을 갚는다면[전반절] 악한 손님이 찾
아와 그들을 끊임없이 벌하는 결과를 낳을 것이다.[후반절] "누구든지 악(피
해를 입히는 도덕적 오만)[참조. 1:15]으로 선을 갚으면."[참조. 3:27, 창 44:4, 시 38:20] 때로
는 악으로 선을 갚는 것이 확연해 보인다.[참조. 삼상 25장, 삼하 10-13장] 하지만 그
런 일이 너무 흔해서 당연하게 여겨질 때도 많다. 예를 들어 자녀는 고생
스럽게 자신을 양육한 부모를 업신여기며, 인류는 하나님의 동산에서 열
매를 먹은 후 그분의 얼굴에 침을 뱉는다.[창 3:5-6, 롬 1:18-32] 후반절에 따르
면, 악한 방문자로 의인화된 "악"이 배은망덕한 사람의 "집을 떠나지" 않
을 것이다. 여호와는 악에 대해 복수하시는 궁극적인 행위자시다. 잠언
20:22에서는 제자들에게 스스로 복수하지 말고 여호와를 기다리라고
훈계한다.[참조. 24:19-20; 25:21-22, 신 32:35, 시 27:14, 마 5:38-48, 롬 12:17-21, 히 10:30, 벧전 3:9]

17:14 이 잠언은 앞의 잠언을 보강하고 강화한다. 어리석은 자의 억눌
린 분노를 자극하는 행동은 시작조차 하지 말라. 전반절에서는 후반절의
훈계에 대한 이유를 제시한다. "다투는 시작"을 "둑에서 물이 새"고 가둬
놓은 물이 흘러나오는 것에 암시적으로 비유한다. 이 은유는 가둬 놓은
물이 금세 터져 나와 복구할 수 없는 피해를 초래하는 맹렬하고 통제할
수 없는 대홍수를 일으킨다고 암시한다. 따라서 "지독한 싸움"[참조. 15:18]이
일어나기 전에 시비를 그"치라(혹은 "내버려두라", "그만두라").

---

111 Delitzsch, *Proverbs*, 260.

17:15 그럼에도 불구하고 불의에 대해 무관심해서는 안 된다. 이 잠언의 전후반절은 "이 두 사람은 다"라는 강조 구절에 의해 연결되어 있다. 이 대명사의 선행사는 "악인을 의롭다 하"여 그 사람이 처벌을 면하게 해 주는 부패한 재판관참조, 신 25:1, 왕상 8:32과 "의인을 악하다 하"여 의인이 벌을 받게 하는 재판관이다.참조, 17:26; 18:5; 24:23b-25 이 잠언은 무고한 한 사람에게 유죄 판결을 내리는 것보다 죄인 열 명을 무죄 방면하는 것이 더 낫다는 흔한 오해를 바로잡는다. 둘 "다 여호와께 미움을 받"는다.참조, 3:32

친구와 어리석은 자들 17:16-20

지혜를 사려 하는 미련한 자를 조롱하는, 서론 격의 교훈적 잠언16절에 이어서 친구17절와 열등한 두 유형의 사람을 대조하는 네 잠언이 이어진다. 후자는 "보증"18절에서 폭력적인 사람19절으로 열등함의 강도가 높아진다. 보증은 여호와께 벌을 받지 않지만, 폭력적인 자들과 사람을 싫어하는 자들은 하나님께 벌을 받는다.20절

17:16 이 잠언에서는 극화된 아이러니를 통해 미련한 사람이 지혜를 사려고 돈을 들고 지혜자를 찾아가는 모습을 묘사한다. "어찜인고"라는 수사 의문문은 대답을 기대하지 않고 이 어리석은 상황에 대한 지혜자의 분노를 표현한다. "손에 값을 가지고 지혜를 사려 함"은 어리석다. 평행구에서 설명하듯이 미련한 자는 지혜의 필수조건인 여호와 경외를 가지고 있지 않기 때문이다.1:7 미련한 자는 지혜를 사라는 지혜자의 비유적 훈계를 문자적으로 해석하는 것일까?참조, 4:4, 5, 7 미련한 자들은 돈만 주면 지혜를 포함해 무엇이든 살 수 있다고 생각한다. 하지만 지혜는 하나님이 신실한 이들에게 거저 주시는 선물이다.2:6; 8:17, 약 1:5 어쩌면 여기서 더 나아가 미련한 자들은 지혜자 역시 자신처럼 물질주의적이라고 생각할지도 모른다. 이 미련한 자는 사랑을 사기 위해 화대를 들고 매춘부를 찾아가는 사람처럼 기괴하다. 사랑도 지혜도 살 수 있는 물건이 아

니다.

17:17 히브리어 본문의 첫 단어인 "언제나"(개역개정에는 "끊어지지 아니하고"로 번역되었다―옮긴이)는 강조하는 표현이다. "친구"^{참조. 3:18}는 "사랑"한다.^{참조. 8:17} 참된 친구는 다른 사람의 본질적 존엄성과 가치를 알아보며 그 사람과 상호적 관계를 맺기를 원하기 때문이다. "형제"는 "위급한 때", 곧 극도로 불행한 상태에 가족을 지키도록 돕기 위해^{참조. 고후 12:14, 딤전 5:8} 태어났다(즉, 아이로 나오다). 불행을 당하면 친구는 즐거워하는 자들과 함께 즐거워하고 우는 자들과 함께 울며,^{롬 12:15} 형제는 안전망 구실을 한다. 하지만 고난을 당할 때조차도 친구와 맺은 영적 관계가 혈연관계보다 더 낫고 강하다.^{참조. 18:24; 27:10}

17:18 하지만 사랑하는 친구나 돕는 형제가 된다고 해서 보증인이 되어야만 하는 것은 아니다. "남의 손을 잡"는 사람(6:1에 대한 주석을 보라)은 "보증"을 맹세하는(혹은 "보증이 되는") 사람에 대한 환유다. "보증"을 맹세하는 사람은 "지혜 없는 자"다(91쪽을 보라). "그 앞에서" 보증을 서약하는 "이웃"은 채무자가 책임을 져야 하는 상대방이나 보증을 제공받는 사람이 아니라 거래의 증인이다. "우리는 '모든' 방법으로 남을 도울 필요도 없고 도와서도 안 된다."¹¹²

17:19 말로 하는 싸움이든 신체적인 싸움이든 "다툼을 좋아하는 자"는 "죄과를 좋아"한다^{참조. 10:12} 이웃의 문보다 "자기 문(집에 대한 제유적 표현)을 높이는 자"는 교만을 드러낸다. 이처럼 오만하며 인간을 혐오하는 사람은 "파괴―자신의 자괴, 아마도 더 나아가 다른 이들의 파괴―를 구"한다. 누가 파괴를 집행하는지 명시되어 있지 않지만, 이것이 하나님에 대한 "죄과"이므로 우리는 교만한 셉나,^{사 22:15-19} 여호야김,^{렘 13-19장} 하만에^{7:9-10}의 경우에서 볼 수 있듯이 여호와께서 파괴자가 되실 것이라고 추정

112 Fox, *Proverbs 10-31*, 633.

할 수 있다.

17:20 이 잠언의 근거를 이루는 이미지는 한 사람이 비틀고 뒤집는 곧은 길의 이미지다. "마음이 굽은('뒤틀린') 자"참조. 11:20는 "혀가 패역한('뒤집는') 자"이기도 하다. "그리고"(개역개정에는 번역되지 않았다—옮긴이)는 모든 신체 기관을 통제하는 마음이 굽었다는 것참조. 4:23과 혀로부터 나오는 명령을 결합한다. 참조. 2:12, 14; 8:13; 10:31-32; 16:28, 30 인간 혐오자가 유죄 판결을 받는 것은 확실하며, 부정적인 구절을 그에 상응하는 긍정적인 구절과 결합하는 두 술어부를 통해 이를 설명한다. 즉, 그런 사람은 (가시적인 번영을) 참조. 16:10 "얻지 못하고 재앙(불행, 구덩이에 대한 환유) 참조. 1:16에 빠"진다("멸망하다"를 뜻하는 은유). 참조. 11:14 동요에 나오는 "등이 굽은 남자"crooked man 처럼 악한 사람은 굽은 길만 걸을 수 있다. 의로운 사람만 곧은 길을 걷는다. 참조. 11:5

미련한 자, 불의, 말을 아끼는 지혜로운 사람 17:21-28

미련한 자에 관한 마지막 하위 단락은 두 부분21-24; 25-28절으로 이루어져 있으며, 각 부분은 교훈적 잠언으로 시작된다.21, 25절 이 잠언은 먼저 "낳는"욜레드(yōlēd) 남성형, 21a절의 첫 단어과 "낳은"욜레뎃(yōledet) 여성형, 25b절의 마지막 단어(개역개정에는 "그 어미"로 번역되었다—옮긴이) 그리고 "아비"21a절, 25b절와 "미련한 자"라는 표제어에 의해 긴밀하게 연결되어 있다. 또한 "슬픔"grief, 21절에서 "근심"vexation, 25절, 참조. 12:16으로, 또한 "낙이 없느니라"21절, 참조. 5:18에서 "고통"25절으로 강도가 점차 높아지며, "아비"21b절에 "어미"25b절; 참조. 1:8를 더한다. 미련한 자가 부모에게 입히는 정서적인 고통이 젊은이에게 지혜로워지고자 하는 동기를 부여한다. 참조. 10:1, 23

17:21 미련한 자는 자신을 망칠 뿐만 아니라참조. 20절 부모에게 불행을 가져다주기도 한다. "낳은 자"라는 표현은 어리석은 자가 자신의 아버지에게 존재 자체를 빚지고 있음을 강조한다. 하지만 인간 혐오자인 "미련

한 자"(89쪽을 보라)는 가족과의 이런 근본적인 연대를 인식하지 못하며, 따라서 아버지는 "근심을 당"한다.^{참조. 10:1} "그리고"(개역개정에는 번역되지 않았다—옮긴이)는 부정적인 상응구로 표현된 평가를 강조한다. 양친에 대한 제유법으로 사용된 "아비"^{참조. 1:8}는 아마도 지혜로운 사람일 것이다. 경건하지 못하고 "미련한 자"^{참조. 17:7}에 대해 기뻐하지 않기 때문이다.

17:22 21절과 짝을 이루는 이 잠언에서는 21절에서 묘사하는 부정적인 심리적 영향력을 더 자세히 설명한다. 그 자체로 해석할 때 이 잠언에서는 젊은이에게 마음을 짓누르는 우울함 대신 활력을 주는 기쁨을 경험하는 방식으로 살아가라고 권고한다. "마음의 즐거움은 양약이라도"[113]는 히브리어 본문에서 15:13을 사실상 그대로 반복한다. "심령의 근심"은 15:13b의 마지막 구절을 되풀이한다. "마르게 하느니라"라는 불완전한 은유는 극복해야 할 멸망이라는 부정적 상태를 묘사한다. "뼈"는 인격체 전체를 뜻하는 제유법이다.^{참조. 왕하 9:13} 마른 뼈의 반대는 골수로 가득한 윤택한 뼈다.^{참조. 3:8; 15:30; 16:24, 사 58:11} 15:15에서 분명히 말하듯이 명랑과 우울 사이의 차이는 환경보다는 한 사람이 지닌 영적 자원에 의해 더 크게 좌우된다.^{참조. 행 16:25} 여호와 경외,^{3:7-8; 15:16} 지혜,^{15:24} 소망,^{13:12} 기쁜 소식^{12:25; 15:30}을 통해 우울을 피할 수 있다.

17:23 이 잠언은 "미련한 자"라는 지혜 용어를 연관된 윤리 용어인 "악인"(68쪽 "상호 연관된 용어들"을 보라)으로 대체하여 그가 아마도 재판관으로서 "뇌물^{참조. 17:8}을 받"을 것^{참조. 15:27, 시 15:5}이라고 말한다. 뇌물은 "품에서" 꺼낸다.^{참조. 16:33} 뇌물 공여자는 공개된 법정에서 보이지 않도록 그것을 품에 숨기기 때문이다. 악인은 뇌물을 숨김으로써 자신의 죄책을 인정한다. 뇌물을 주는 사람과 받는 사람 모두 "재판을 굽게" 한다. 억압받는 가난한 이들은 정의로운 판결을 받고 생명을 찾을 것이라고 기대하

---

113 구약성경에서 히브리어 '게하^{gehah}'는 이곳에만 등장하지만, 호세아 5:13에 사용된 동사를 통해 그 의미를 확인할 수 있다.

지만, 뇌물을 주고받는 이들은 정의의 길(원인과 결과)을 구부러뜨린다.^참 ^{조. 18:5} 악이 공공의 감시와 비난을 피할 수 있을지는 몰라도 하나님을 피해 숨을 수는 없다.^{15:11; 16:2; 17:3}

17:24 또한 미련한 자는 얻을 수 있는 "지혜"(59쪽 "'지혜'란 무엇인가?"를 보라) 대신 멀리 있으며 경건하지 않고 얻을 수 없는 목표를 겨냥하기 때문에 실패한다. 지혜는 섬길 준비를 하고 앞에 서 있는 사람으로 의인화된다. 이는 권위 있는 인물 앞에서 서 있거나 섬기는 부하를 묘사할 때 자주 사용되는 표현이다.^{참조. 1:20-23; 8:1-21; 14:6, 신 30:11-13, 삼상 2:11, 왕상 12:6, 에 1:10, 약 1:5} 섬김을 받는 사람은 "명철한 자"다(71쪽 "명철"을 보라). "그러나"(개역개정에는 번역되지 않았다—옮긴이) "미련한 자"는 지혜의 섬김을 받는 대신 그의 "눈을 땅 끝에" 둔다. 여기서 "미련한 자"의 "눈"은 그가 바라보는 방향과 지향점에 대한 제유적 표현^{참조. 4:25, 시 119:37}이고, "땅 끝"은 그릇되고 이룰 수 없는 목표를 뜻하는 은유다. 이스라엘 백성에게 이 구절은 언약 백성과 전혀 어울리지 않는 경건하지 못한 생활방식을 지닌 장소를 암시한다.^{참조. 신 13:7; 28:49, 64, 시 61:2}

17:25 21절(위를 보라)과 짝을 이루는 이 교훈적 잠언은 미련한 자와 처벌에 관한 마지막 하위 단락의 서론을 이룬다. 이 잠언에서는 어머니를 추가하고 "슬픔"^{21a절, grief}을 "근심"^{vexation}과 "고통"^{bitterness}으로 격상함으로써 21절보다 더 높은 단계로 나아간다(개역개정 21절과 25절에서 동일하게 "근심"으로 번역된 단어의 히브리어 원문은 서로 다르다. 둘 다 '슬픔', '비탄'을 의미하나 25절의 단어가 나타내는 정도가 더 강하다—옮긴이). "그리고"(개역개정에는 번역되지 않았다—옮긴이)는 아버지의 근심과 어머니의 고통을 결합한다.

17:26 "조차…라면"(개역개정에는 번역되지 않았다—옮긴이)은 가중논증을 통해 전후반절이 연결되어 있음을 암시한다. "벌금을 부과하다"^{to fine}가 "벌하는 것"^{to punish, KJV, NJPS, NLT}보다 더 정확한 번역이다.¹¹⁴ 히브리어 '차

디크'ṣaddîq는 대체로 "의로운 사람"을 뜻하지만, 법적 벌금과 연관된 맥락에서는 무고한 사람으로 해석하는 편이 더 낫다.참조. 15절 완서법인 "선하지 못하니라"는 매우 나쁘다는 뜻이다. 왜냐하면 그것은 학정을 그 땅의 법으로 세우기 때문이다. 무고한 사람에게 벌금을 부과하는 것이 나쁘다면 모두를 위해 정의를 떠받치는 "귀인정직한 관리, 참조. 8:16; 17:7을 때리는 것"은 얼마나 더 나쁘겠는가. 매질은 벌금보다 더 수치스럽고 고통스럽다.신 25:1-3 "선하지 못하니라"는 그것이 사악한다는 의미를 갖는 완서법이다.

17:27 마지막 두 잠언은 말'말', 27절; '혀'와 '입술', 28절과 관계가 있으며, 말을 삼가는 것27절으로부터 아예 침묵하는 것28절, 참조. 사 53:7으로 강도를 높이면서 말에 관해 극도로 조심하라고 가르친다. "말을 아끼는참조. 1:2 자는 지식이 있"다."참조. 1:2; 3:5 왜냐하면 경건과 윤리를 위해서는 말을 아끼는 것이 최선이기 때문이다. 참조. 14:29; 16:32 "그리고"(개역개정에는 번역되지 않았다―옮긴이)는 말을 삼가는 원인인 "냉철"한 "성품"27b절과 그 결과를 결합시킨다. "명철하니라"(71쪽을 보라)는 "지식이 있고"와 평행구를 이룬다. 참조. 1:2 이집트인들은 "뜨거움"과 "차가움"을 구별되는 두 성격 유형을 묘사하는 은유적 의미로 사용했다. 후자는 이상적인 인간―차분하고 냉정한―과 신중하게 말하는 이상적인 입을 표상한다. 그롤렌베르크Grollenberg는 히브리어에서 냉철한 성품의 반대는 분노로 인해 열띤 흥분감으로 가득 차 있는 상태라고 주장한다.[115] 한 사람이 지닌 지혜에 대한 척도는 그가 이런 이상을 어느 정도까지 근접했는가다. 예수는 이 잠언의 전형이며,사 53:7, 마 27:14, 벧전 2:2 야고보는 한 사람이 말을 얼마나 통제할 수 있는지를 기준으로 지혜를 가늠할 수 있다고 말한다.약 3:2

17:28 이 잠언에서는 "입을 열어서 모든 의심을 제거하는 것보다 입

114 단순 능동칼(Qal) 형태에서 이 동사는 '벌금을 부과하다'라는 의미를 갖는다(NRSV의 번역을 참고하라).

115 R. P. L. Grollenberg, "A propos de Prov. VIII,6 et XVII,27," *RB* 59 (1962): 40-43.

을 닫고 사람들로 하여금 당신이 바보라고 생각하도록 내버려두는 편이 더 낫다"는 링컨^{Lincoln}의 재담처럼 어리석음을 숨기라는 것이 아니라 화가 났을 때 입을 닫으라고 제자들에게 충고한다. "미련한 자라도(89쪽을 보라) 잠잠하면 (다른 이들에 의해) 지혜로운 자(69쪽을 보라)로 여겨"진다. 드물게도 정확하게 동의적 평행구절인 "그의 입술을 닫으면^{참조. 10:19} 슬기로운 자(71쪽 "명철"을 보라)로 여겨지느니라"를 추가함으로써 그 의미를 한층 더 강조한다.

미련한 자의 말과 지혜로운 자의 말 18:1-21

¹무리에게서 스스로 갈라지는 자는 자기 소욕을 따르는 자라. 온갖 참 지혜를 배척하느니라. ²미련한 자는 명철을 기뻐하지 아니하고 자기의 의사를 드러내기만 기뻐하느니라. ³악한 자가 이를 때에는 멸시도 따라오고 부끄러운 것이 이를 때에는 능욕도 함께 오느니라. ⁴명철한 사람의 입의 말은 깊은 물과 같고 지혜의 샘은 솟구쳐 흐르는 내와 같으니라. ⁵악인을 두둔하는 것과 재판할 때에 의인을 억울하게 하는 것이 선하지 아니하니라. ⁶미련한 자의 입술은 다툼을 일으키고 그의 입은 매를 자청하느니라. ⁷미련한 자의 입은 그의 멸망이 되고 그의 입술은 그의 영혼의 그물이 되느니라. ⁸남의 말하기를 좋아하는 자의 말은 별식과 같아서 뱃속 깊은 데로 내려가느니라. ⁹자기의 일을 게을리하는 자는 패가하는 자의 형제니라. ¹⁰여호와의 이름은 견고한 망대라. 의인은 그리로 달려가서 안전함을 얻느니라. ¹¹부자의 재물은 그의 견고한 성이라. 그가 높은 성벽 같이 여기느니라. ¹²사람의 마음의 교만은 멸망의 선봉이요³ 겸손은 존귀의 길잡이니라. ¹³사연을 듣기 전에 대답하는 자는 미련하여 욕을 당하느니라. ¹⁴사람의 심령은 그의 병을 능히 이기려니와 심령이 상하면 그것을 누가 일으키겠느냐. ¹⁵명철한 자의 마음은 지식을 얻고 지혜로운 자의 귀는 지식을 구하느니라. ¹⁶사람의 선물은 그의 길을 넓게 하며 또 존귀한 자 앞으로 그를 인도하느니라. ¹⁷송사에서는 먼저 온 사람의 말이 바른 것 같으나 그의 상대자가 와서 밝히느니라. ¹⁸제비 뽑는 것은 다툼을 그치게

하여 강한 자 사이에 해결하게 하느니라. **19**노엽게 한 형제와 화목하기가 견고한 성을 취하기보다 어려운즉 **b** 이러한 다툼은 산성 문빗장 같으니라. **20**사람은 입에서 나오는 열매로 말미암아 배부르게 되나니 곧 그의 입술에서 나는 것으로 말미암아 만족하게 되느니라. **21**죽고 사는 것이 혀의 힘에 달렸나니 혀를 쓰기 좋아하는 자는 혀의 열매를 먹으리라.

> **a** "교만"은 하나의 히브리어 단어 '가바'(*gābâ*)의 번역어다.
>
> **b** 마소라 사본의 '미크르야트'(*mqryt*, '요새화된 성으로부터')보다는 칠십인역, 타르굼, 시리아어역, 불가타 성경에서 수정해 번역한 '케키르야트'(*kqryt*, '요새화된 성과 같이')가 뜻이 더 잘 통한다. 필사자들이 '카프'와 '멤'을 혼동하는 경우가 있다.

대체로 종합적 평행법으로 이루어진 이 단락에서는 미련한 자의 반사회적인 말1-12절과 화해를 이루는 지혜로운 자의 말을 대조하는, 거의 같은 길이의 하위 단락으로 이루어져 있다. 12절은 야누스 역할을 한다.

미련한 자의 반사회적인 말과 의인의 안전함 18:1-12

서론: 사회로부터 소외당하는 미련한 자 18:1-3

서론에 해당하는 1–3절에서는 사람들을 혐오하며 잘못을 바로잡을 줄 모르는 미련한 자의 모습1-3절과 그들이 당하는 사회적 치욕3절에 관해 이야기한다. 수다스럽게 표현된 그들의 도덕적 파산은 말을 삼가라는 지혜자의 충고와 대조를 이룬다.17:27-28

18:1 1절에서는 이 단락의 주제와 문제를 진술한다. "무리에게서 스스로 갈라지는(사교적이지 않은)[116] 자"(곧 미련한 자)는 "자기 소욕"을 따르는(혹은 "추구하는") 자이며, 인간을 혐오하는 사람들은 제멋대로 살아가는 경향이 있어서 공동체로부터 분리된다. 그들은 "온갖 참 지혜를 배척" 한다. 아브라함과 갈등을 빚고 그를 떠난 롯의 사례를 통해 볼 수 있듯이

116　Hamilton, *TWOT*, 2:733, s. v. *pārad*.

적대적 태도와 고립은 짝을 이룬다.^{창 13:5-7}

18:2 이제 인간을 혐오하는 사람들을 "명철^{2:2; 5:1}을 기뻐하지 아니하는("싫어하는"이라는 의미의 완서법) 미련한 자"(89쪽을 보라)라고 부른다. "그러나"(개역개정에는 번역되지 않았다―옮긴이)는 듣기를 거부하는 그들의 태도와 그들의 독단적인 횡설수설을 날카롭게 대조한다. 그들은 도덕적으로 파산한 "자기의 의사를 드러내기만 기뻐"한다.^{참조. 10:8, 10; 14:3; 15:14} 미련한 자는 자신의 견해로 다른 사람들에게 깊은 인상을 남기려고 하지만, 오히려 자신의 어리석음을 드러낼 뿐이다. 이 잠언은 닫힌 마음과 열린 입에 대해 경고한다.¹¹⁷

18:3 반사회적인 미련한 자^{1-2절}를 이제는 윤리적으로 "악한 자"(85-86쪽을 보라)라고 부른다. "…때에는……따라오고/오느니라"는 원인(악한 자)과 결과, 곧 "멸시" 사이의 시간적 간격을 가리킨다. "멸시"는 악한 자가 다른 사람들을 마음속으로 경멸하는 태도 혹은 다른 사람들이 악한 자에 대해 내리는 평가를 뜻한다.^{참조. 12:8; 13:18; 26:1} 두 의미를 모두 의도했을 수도 있지만, 후반절을 고려하면 후자로 해석하는 쪽이 더 낫다. "함께"는 "부끄러운 것"(사회적 불명예와 대중의 존경심을 잃게 됨)과 공동체가 그들에게 퍼붓는 "능욕"(혹은 "업신여김")^{참조. 6:33}이 "악한 자"와 "멸시"처럼 분리될 수 없음을 의미한다.

미련한 자의 비뚤어진 말 18:4-8

악한 자들에 대한 추상적 묘사^{1-3절}에 이어서 이제 범위를 좁혀서 그들이 하는 인간 혐오적 말의 사례를 제시하는 이 부분은 "…의 말"이라는 구절^{4a, 8a절}로 인클루지오를 이룬다. 4절에서는 무언가를 숨기는 평범한 사람의 말을 비판하며, 5절에서는 비뚤어진 말을, 8절에서는 비방을 비판한다. 6-7절에서는 비뚤어진 말에 대해 비판한 다음 잘못 사용된 말이 사회적으로 치명적인 결과를 초래한다고 경고한다.

18:4 자신을 보호하기 위해 무언가를 감추려고 하는 평범한 사람의 말은 지혜로운 사람의 개방적이며 명료한 말과 두드러진 대조를 이룬다.^{참조. 8:6-9} "한 사람"(개역개정에는 번역되지 않았다—옮긴이)은 지혜로운 사람(69쪽을 보라)이 아니라 평범한 사람을 뜻한다. "입"은 다른 이들이 물을 마시는 수원을 묘사함으로써 물의 이미지를 보강한다. "깊은 물"은 언제나 접근할 수 없음과 불길하게 다가오는 위험이라는 부정적인 함의를 갖는다. "샘"^{참조. 5:18}은 삶에 대한 환유다.^{참조. 10:11; 13:14; 14:27; 16:22} 후반절에서는 "샘"과 "솟구쳐 흐르는 내"라는 은유를 혼합하여 지혜라는 생명의 물이 계속해서 접근가능하며 풍부하다는 관념을 전달한다.

18:5 "두둔하는 것"은 문자적으로 "…의 얼굴을 들다"라는 뜻으로서 한 사람이 무고하다고 선언하는 것에 대한 환유다.^{참조. 6:35} "선하지 아니하니라"^{참조. 17:26}는 가증스럽다는 의미를 갖는 완서법이다. 후반절에서는 그 이유를 설명한다. 죄가 있는 사람을 부당하게 편듦으로써 "재판할 때에 의인을 억울하게" 하기 때문이다.^{참조. 17:15; 24:23} 이런 불의는 17:23에서 말하는 뇌물과 연결된다.^{참조. 딤전 5:21, 약 2:1-4}

18:6-7 짝을 이루는 이 잠언들은 표제어의 동심원 구조와 나쁜 말이 초래하는 피해라는 공통된 주제에 의해 연결되어 있다.

    A   "미련한 자의 입술"^{6a절}

        B   "그의 입"^{6b절}

        B′   "미련한 자의 입"^{7a절}

    A′   "그의 입술"^{7b절}

오용된 말로 인해 미련한 자가 겪는 고통은 다툼^{6a절}에서 매질,^{6b절} 멸망,^{7a절}

죽음[7b절]으로 점증된다. 응보라는 주제가 이 단락의 결론을 이루는 잠언의 쌍[20-21절]에서 확장되고 강화된다.

"미련한 자의 입술은 다툼을 일으키고"는 미련한 자들이 다른 이들에게 해를 입히기 위해 다투기 시작함을 암시한다. 하지만 그들의 행동은 부메랑처럼 자신에게 되돌아와 그들이 매질을 당하게 만든다.[참조. 10:6] "그의 입은 매를 자청(혹은 "소환")하느니라."

치명적 그물이라는 평행구절[7b절]은 미련한 자가 멸망을 당하는 이유를 설명한다.[7a절, 참조. 10:14] "미련한 자의 입은 그의 멸망이 되고 그의 입술은" 하나님의 동해보복법[lex talionis]에 의해 설치된 "그의 영혼의 그물이" 된다.

18:8 이 잠언은 다툼에 관한 잠언 다음에 26:22에서 반복된다. "남의 말하기[참조. 16:28]를 좋아하는 자의 말[참조. 4절]은 (탐욕스럽게 삼키는) 별식과 같아서 뱃속 깊은 데로", 곧 한 사람의 심령의 가장 깊고 가장 완전한 층위로 "내려"간다. 비방은 한 사람 속으로 너무도 깊이 파고들기 때문에 항구적으로 각인되어 영향을 미친다. 험담은 너무도 전염성이 강하고 저항하기 어려우므로, 지혜로운 사람은 남에게 말을 옮기지 않고[참조. 16:28; 17:9; 26:20] 남의 말하기를 좋아하는 피함으로써[20:19] 스스로 회피한다.

결론: 공동체를 약탈하는 미련한 자와 의인의 안전함 18:9-12

미련한 자의 약탈 18:9

강조하며 비교하는 "…조차"(개역개정에는 번역되지 않았다―옮긴이)는 가중 논증이 사용되고 있음을 나타낸다. 수동적으로 게으름을 피우는 사람조차 다른 이들을 파괴한다면 적극적으로 "험담을 일삼는 사람"은 얼마나 많은 파괴를 초래하겠는가. 이 두 종류의 불량한 사람들의 공통점은 둘 다 남에게 피해를 입힐 때 사람들이 그 문제를 과소평가하기 쉽다는 점이다. 전반절에서는 "자기의 일을 게을리하는 자"(나태하게 일을 미루는 사람)라는 주제를 제시한다. 후반절에서는 "패가하는 형제(친척, 참조. 28:24의 "동류")니라"라는 은유로 그 결과를 제시한다. 사람들이 자신의 책임을 다하지 않으면, 그들의 재산인 밭과 가축이 큰 손실을 입을 것이다. 이는 마치 약탈자가 나타나 그들의 재산을 강탈해 가는 것과 마찬가지일 것이다.[24:34] 곧잘 잊곤 하지만, 험담도 마찬가지로 사람들에게 큰 해를 입힌다.

여호와 안에 있는 의인의 안전함 18:10-12

부자가 자신의 부 안에서 거짓된 안전함을 느끼는 것[11절]과의 대조를 통해서 여호와 안에 있는 의인의 참된 안전함[10절]을 강조한다. 이 진리를 재차 강조하는 12절에서는 교만한 이들이 파괴를 당할 것이라고 위협하며[12a절] 겸손한 이들은 존귀를 얻을 것이라고 약속한다.[12b절]

18:10 "여호와의 이름"은 단순 호칭이라기 보다는 여호와의 특성을 설명하는 표현이며, 언약을 지키시는 이스라엘의 하나님을 가리킨다. 그분은 「잠언」에서 자신을 계시하시며 그 가르침을 지지하신다.[참조. 3:5] 견고한 망대는 그 힘과 높이에 의해 견고하게 고정되어 있고 침범을 당하지 않는 창고를 의미한다.[참조. 14:26] 사람들은 공격을 받으면 그런 망대로 대피했다.[삿 9:46-53, 시 61:34] 험담하는 사람과 같은 미련한 자에게 공격을 받을 때 "의인"(72쪽을 보라)은 여호와께 기도하고,[15:8] 스스로 복수하지 않으며,[17:18] 관리에게 뇌물을 주지 않고,[18:16] 소망을 잃지 않음으로써[18:14] "그리로", 곧 여호와와 그분의 가르침을 향해 빠르게, 단호하게, 열심히 "달려"간다. 따라서 그들은 "안전함을 얻"어 해를 당하지 않는다.

18:11 대조적으로, (여호와를 신뢰하지 않는)[참조. 10:15; 28:11] "부자의 재물"[10:15; 28:11]은 그들의 착각 속에서 "높은 성벽"이기도 한 "견고한 성"이 된다. 적이 공격을 하는 경우 위협을 받은 사람들은 높은 성의 성벽 뒤로 퇴각한다. 이 높은 곳(즉, 그들의 부)에서 부자는 공격하는 이들을 물리칠 수 있다고 생각한다. 물론 그들의 부가 그들에게 일시적인 보호를

제공할 수는 있지만,^{참조. 10:15} 치명적인 질병과 같은 큰 위협으로부터는
끝까지 보호해 줄 수 없다. 부자가 가시적인 부에서 찾고자 하는 안전은
망상일 뿐이지만, 비가시적인 하나님 안에서 누리는 의인의 안전함은
실재적이다.

18:12 15:33이 15:30-16:15 단락에 대한 서론을 마무리하듯이, 15:33
후반절을 그대로 되풀이하는 이 야누스 절은 18:1-11을 마무리하는 동
시에 다음 하위 단락^{18:12-21}에 대한 서론^{18:12-15}의 일부 역할을 한다. 마무
리의 일부로서 파괴하는 자^{9절}로부터 참된 보호와 거짓된 보호로,^{10-11절}
멸망과 존귀의 운명으로^{12절} 나아가는 관념적 순서에 주목하라. 서론의
일부로서는 교만한 "마음"^{12절}과 명철한 마음^{15절}의 인클루지오에 주목하
라. 12a절은 16:18a와 짝을 이루지만, "멸망의 선봉"을 반복하면서도 그
앞부분을 "사람의 마음의 교만"이라는 구절로 대체하며, 이로써 교만한
사람이 하나님과 인간에 맞서고자 함을 암시한다.^{참조. 16:5} "겸손은 존귀의
길잡이니라"^{참조. 15:33}는 여호와께서 이 대조적 운명을 초래하시는 분이심
을 암시한다.

화해를 이루는 지혜로운 사람의 말 18:13-21

두 번째 하위 단락에서는 갈등 해결과 말을 다룬다. 지혜로운 자는 정의
를 지지하고, 갈등을 해소하며, 강력한 권세로 말한다.

서론: 잘못을 고치지 않으려고 하는 미련한 자와
겸손하고 기꺼이 배우고자 하는 지혜로운 자 18:13-15

18:13 흔히 그렇듯이 두 번째 하위 단락은 교훈적 잠언으로 시작된다.
"사연을 듣기 전에 대답하는 자"는 어리석은 사람들이 귀 기울여 들어
야 할 때 자신의 견해를 쏟아 내기 위해 끼어든다는 점을 암시한다. 그렇
지 않았다면 지혜자가 미련한 자들에게 들으라고 권고하지 않았을 것이

다. 18:2을 보라. 참조. 집회서 11:8 "당하느니라"는 무례하고 경솔한 말로부터 기인하는 손해, 곧 "미련"함(89쪽을 보라)과 "욕"을 가리킨다(즉, 그런 사람은 "경멸과 모욕, 조롱의 대상이 되며 의사소통으로부터 배제된다").[118]

18:14 12절에서는 겸손한 이들이 미래에 얻을 존귀와 교만한 이들에게 장차 닥칠 멸망을 대조한다. 14절 참조. 15:13; 17:22에서는 무시무시한 "병"에도 불구하고 결승선에 이를 때까지 인내한 "사람"의 영웅적 "심령"(67쪽 "영"을 보라)과 아무도 견딜 수 없는 "상한 심령"(우울) 참조. 15:13; 17:22을 대조한다. 후자는 강한 부정적 대답이 예상되는 질문("누가 일으키겠느냐?")으로 표현된다. "아무도 그럴 수 없다!" 그런 사람은 결승선을 통과할 수 없다. 이 극도로 반의적인 두 평행구절은 존귀를 멸망에, 인내를 실패에 대응시키면서 겸손한 이들이 결승점을 통과하여 영예를 누리기 전에 극심한 고난을 겪게 될 것이라고 말한다. 참조. 삼상 30:6, 욥 1:21, 롬 8:36-37, 고후 12:10 [119] 그렇다면 14절은 이 서론부에서 12절을 인증qualify하는 셈이다.[120]

18:15 내외부의 상호의존적 감각수용기관인 "마음"과 "귀" 참조. 2:2는 "명철한 자"와 "지혜로운 자"가 가지고 있는 빼앗을 수 없는 소유물로서, 그들로 하여금 "지식을 구하"게 하고 참조. 2:1-5; 19:20 그들이 그것을 얻을 수 있게 해준다. 참조. 14:6 한 사람이 덕스러워지기 위해서는 덕스러워야 한다는 아리스토텔레스 윤리학의 난제처럼,[121] 지혜자도 한 사람이 지혜로워지기 위해서는 지혜로워야 하며, 지식을 늘리기 위해서는 먼저 지식을 소유하고 있어야 한다고 가르쳤다. 참조. 1:5, 마 25:29, 빌 3:10-16 이는 자아가 아니라 하나님이 덕을 만드시는 분일 수밖에 없음을 암시한다(30:2-3에 대한 주

---

118 S. Wagner, *TDOT*, 7:186, s. v. *klm*.

119 Meinhold, *Sprüche*, 304 참조.

120 Meinhold, *Sprüche*, 304 참조.

121 J. R. Wilson, "Biblical Wisdom, Spiritual Formation, and the Virtues," in *WWis*, 298을 보라.

석을 보라).

정의와 갈등에 관한 가르침 18:16-19

16-19절은 법정을 배경으로 삼고 있다고 상상하는 것이 최선이며, 다루는 주제는 분쟁 해결이다.

18:16 「잠언」에서 "선물"마탄(mattān), 참조. 15:27; 21:14은 19:6을 제외하면 다른 이들에 대해 유리한 자리를 차지하고자 하는 이기적 목적으로, 따라서 「잠언」의 목표인 공의와 정의, 평등을 훼방하고자 하는 목적으로 제공된 호의라는 의미로 사용된다.¹³ "사람의"는 인간과 하늘의 주권자를 구별한다. "길을 넓게 하며"는 고통을 완화함을 뜻한다창 26:22, 시 4:1 아마도 뇌물 공여자가 곤란한 상황에 처하게 되었으나 그가 바친 선물로 인해 보통은 소수의 엘리트들에게만 허용되는 곳으로 향하는 문이 열리게 되었을 것이다. 의인화된 뇌물이 목자처럼 "그를 인도하"여 "존귀한 자—즉, 왕과 친밀하게 교류하는 영향력 있는 사람들— 앞에서" 자신의 송사를 제기할 수 있게 한다.참조. 삼하 7:9, 느 11:14, 렘 5:5, 욘 3:7, 미 7:3, 나 3:10 이 "존귀한 자"가 뇌물을 받고 가난한 사람보다 부자에게 유리하게 판결한다면, 그들이 정의로운 판결을 한다고 신뢰할 수 없다.

18:17 이에 더해 정의가 승리하기 위해서는 원고와 피고 양쪽의 주장을 똑같이 살펴보아야 한다.참조. 욥 29:16 "먼저 온 사람"은 소추하는 사람을 가리킨다. "바른(혹은 "의로운") 것 같으나"와 연결되는 "송사"는 이 말의 법적 의미를 가리킨다. "그의 상대자(변호인을 뜻하는 환유)가 와서"는 피고나 변호인이 변론을 앞으로 나와 제시하는 모습을 생생히 묘사한다. "밝히느니라"는 인지적이며 분석적인 조사와 검사를 통해 원고를 "추궁함"을 의미하며,참조. 신 19:16-18 ¹²² 무언가가 숨겨져 있고 파악하기 어렵기 때문에 그 조사가 면밀하고 예리하고 까다롭다는 것을 암시한다.참조. 25:2, 27; 28:11 무조건적으로 원고의 말을 믿어야 한다고 주장하며 사실을 확증

하기 위해 고소 내용에 대한 철저한 교차검증을 거부하는 이들은 자신이 부패했다는 선고를 내리는 것과 다름없다. 참조. 행 24:10 [123]

18:18 세상에는 해결할 수 없는 다툼이 존재한다. 배심원들 간에도 의견이 불일치hung juries할 수 있기 때문이다. 18절과 19절은 화해를 이룰 수 없을 것 같은 갈등19절에 대해 "제비뽑기"참조. 1:14; 16:33를 해결책으로 제시하는 잠언이다. 주권자가 계신 곳에서 던져진 제비가 "다툼을 그치게" 한다는 것은 그것이 법적 행위를 종식하는 방법을 결정한다는 뜻일 수도 있다.[124] 이 경우 "다툼"은 법적 소송을 뜻한다. "해결하게 하느니라"는 적대적으로가 아니라 호의적으로 헤어짐을 암시한다. "강한 자"는 아마도 신체적인 힘을 뜻할 것이다. 법정에서 문제를 해결할 수 없을 때는 소송 당사자들이 싸우도록 하는 것보다 주사위를 던져 "전능하신" 여호와께서 분쟁을 해결하게 하는 편이 더 낫다. 왜냐하면 싸움의 승자가 옳지 않을 수도 있고 패배한 쪽이 승자와 화해하지 못할 수도 있기 때문이다. 제비뽑기의 공명정대한 판결에 승복하는 이들에게는 자기 부인과 겸손, 인내, 믿음과 같은 영적 덕이 더해진다. 수 7:14-18, 삼상 14:40, 42, 욘 1:7

18:19 여기서 "노엽게 한"은 "범죄로 인지된 행위로 인해 (형제 간의) 불화를 겪게 됨"을 의미한다. "형제"는 아마도 "혈육의 형제"라기보다 선택에 의한 "형제"(진심으로 사랑하는 벗) 참조. 삼하 1:26, 느 5:10를 뜻할 것이다. 누군가가 가까운 관계를 맺었던 사람에게 부당한 대우를 당한 후 개인적으로 깊은 상처를 입고 그 사람과의 관계를 단절하려고 하는 경우를 상정

---

122 M. Tsevat, *TDOT*, 5:149, s. v. *ḥāqar*.

123 최근 북미에서 시작된 "미 투"Me too 운동은 이전에는 은폐되었던 현상, 곧 유력한 남성들이 취약한 여성들을 이용하는 문제에 대한 관심을 환기시켰다. 하지만 그 운동에서 파생된 부정적 양상 중 하나는 "여성의 모든 말을 믿으라"라고 주장하는 이들이 생겨났다는 것이다. 이는 묻거나 따지지 말고 그들의 고발 내용을 받아들이라는 말과 다름없다. 이 잠언은 그런 주장을 거부하며, 모든 고발 내용을 철저히 조사해야 한다고 가르친다.

124 Albright, "Canaanite-Phoenician Sources," 10.

하고 있다. 소송 당사자들이 화해를 거부하기 위해 세운 이런 심리적 장벽을 통과하는 어려움은 "견고한 성을 취하"는 것이나 "산성 문빗장"을 여는 것과 같다. 벽에서 가장 취약한 부분은 문이었으며, 따라서 매우 강력한 빗장을 걸어 공격을 막아야 했다. 참조. 삿 16:3, 왕상 4:13, 느 3:3, 사 45:2, 겔 38:11 그럼에도 불구하고 제비뽑기는 갈등을 종식하며, "신뢰를 다시 확립되고 입힌 피해에 대해 용서를 받고 우정을 회복할 수 있게" 한다.[125]

말의 힘에 관한 가르침 18:20-21

결론부에 해당하는 한 쌍의 잠언은 말을 하는 신체 기관("입", "입술", "혀"), 그리고 먹는 것과 그로 인해 만족하는 것, 죽고 사는 것이 달린 혀의 힘이라는 관념으로 구성되어 있으며, 20절의 첫 단어이자 21절의 마지막 단어인 "열매"라는 표제어로 둘러싸여 있다.

18:20 "사람은 입에서 나오는 열매로 말미암아"는 말을 사람들이 먹는 (사람들에게 영향을 미치는) 참조. 1:31; 12:14; 13:2; 15:14, 15 것으로 묘사한다. "배—말하는 이의 인격 전체를 가리키는 제유법—부르게 되나니"는 한 사람의 말이 온전하고 완전한 정도로 영향을 미치는 것을 뜻하는 은유다. 참조 1:31 과수원에서 들판으로 농업의 은유를 전환하고, "열매"로부터 "수확"(개역개정에는 번역되지 않았다—옮긴이)으로 단계를 높임으로써 온전히 만족함이라는 개념을 강조한다. 말하는 사람이 먹는 열매/수확은 좋을 수도 있고 나쁠 수도 있다(12:14; 13:2의 "좋은 것"[한글 개정개역에서는 "복록"으로 번역되었다—옮긴이]과 대조를 이룬다). 참조. 18:21b의 "죽고 사는 것", 10:16 이 은유는 말하는 사람이 듣는 사람에게 미치는 영향이 좋을 수도 있고 나쁠 수도 있음을 뜻한다. 드물게도 "배부르게/만족하게"를 반복함으로써 말로 심은 것을 거둔다는 개념을 최대로 강조한다. 갈 6:7

---

125 McKane, *Proverbs*, 520.

18:21 "죽고 사는 것"참조 2:18, 19: 5:5, 6: 8:35, 36: 13:14: 14:27: 16:14, 15 은 듣는 이와 말하는 이 모두가 경험하는 모든 종류의 행복과 불행을 아우르는 대조 제유법이다. 이 양단법은 의료적인 의미의 죽음과 삶뿐만 아니라 공동체 안의 관계와 관계의 결여에 관해서도 이야기한다. 생명을 주는 혀는 공동체를 만들고 그것을 지닌 사람에게 복을 주어 풍성한 삶을 누리게 한다. "…의 힘에 달렸나니"는 문자적으로 "…의 손 안에 있음"이라는 뜻이며, "…의 권력이나 돌봄, 권위 안에 있음"을 의미하는 은유다. 참 16:6, 민 31:49, 욥 1:12 126 "혀"는 말을 표상한다. "혀를 쓰기 좋아하는 자"는 "언어를 사랑하는" 사람들을 의미한다. "그런 사람들은 말을 세심하게 사용하고 간결한 표현과 정확한 의미를 추구한다.……언어의 목적이 무엇이며 어떻게 그 목적을 이루기 위해 최선의 방식으로 언어를 사용할 수 있는지를 알고 있다."127 그 목적은 좋을 수도(생명을 낳을 수도) 있고 나쁠 수도(죽음을 낳을 수도) 있다. 어느 경우든 각각 그 "열매를 먹"을 것이다. 참조 20절

궁정과 집안에서의 부와 지혜 18:22-19:22

18:22 아내를 얻는 자는 복을 얻고 여호와께 은총을 받는 자니라. **23** 가난한 자는 간절한 말로 구하여도 부자는 엄한 말로 대답하느니라. **24** 많은 친구를 얻는 자는 해를 당하게 되거니와 어떤 친구는 형제보다 친밀하니라.

19:1 가난하여도 성실하게 행하는 자는 입술이 패역하고 미련한 자보다 나으니라. **2** 지식 없는 소원은 선하지 못하고 발이 급한 사람은 잘못 가느니라. **3** 사람이 미련하므로 자기 길을 굽게 하고 마음으로 여호와를 원망하느니라. **4** 재물은 많은 친구를 더하게 하나 가난한즉 친구가 끊어지느니라. **5** 거짓 증인은 벌을 면하지 못할 것이요 거짓말을 하는 자도 피하지 못하리라. **6** 너그러운 사람에게는 은혜를 구하는 자가 많고 선물 주기를 좋아

---

126 *BDB*, 391, s. v. *yād*.
127 McKane, *Proverbs*, 514-15.

하는 자에게는 사람마다 친구가 되느니라. [7]가난한 자는 그의 형제들에게도 미움을 받거든 하물며 친구야 그를 멀리 하지 아니하겠느냐. 따라가며 말하려 할지라도 그들이 없어졌으리라. [8]지혜를 얻는 자는 자기 영혼을 사랑하고 명철을 지키는 자는 복을 얻느니라. [9]거짓 증인은 벌을 면하지 못할 것이요 거짓말을 뱉는 자는 망할 것이니라. [10]미련한 자가 사치하는 것이 적당하지 못하거든 하물며 종이 방백을 다스림이랴. [11]노하기를 더디 하는 것이 사람의 슬기요 허물을 용서하는 것이 자기의 영광이니라. [12]왕의 노함은 사자의 부르짖음 같고 그의 은택은 풀 위의 이슬 같으니라. [13]미련한 아들은 그의 아비의 재앙이요 다투는 아내는 이어 떨어지는 물방울이니라. [14]집과 재물은 조상에게서 상속하거니와 슬기로운 아내는 여호와께로서 말미암느니라. [15]게으름이 사람으로 깊이 잠들게 하나니 태만한 사람은 주릴 것이니라. [16]계명을 지키는 자는 자기의 영혼을 지키거니와 자기의 행실을 삼가지 아니하는 자는 죽으리라. [17]가난한 자를 불쌍히 여기는 것은 여호와께 꾸어 드리는 것이니 그의 선행을 그에게 갚아 주시리라. [18]네가 네 아들에게 희망이 있은즉 그를 징계하되 죽일 마음은 두지 말지니라. [19]노하기를 맹렬히 하는 자는 벌을 받을 것이라. 네가 그를 건져 주면 다시 그런 일이 생기리라. [20]너는 권고를 들으며 훈계를 받으라. 그리하면 네가 필경은 지혜롭게 되리라. [21]사람의 마음에는 많은 계획이 있어도 오직 여호와의 뜻만이 완전히 서리라. [22]사람은 자기의 인자함으로 남에게 사모함을 받느니라. 가난한 자는 거짓말하는 자보다 나으니라.

궁정과 집안에서의 부와 가난에 관해 이야기하는 이 단락은 서론에 해당하는 교훈적 잠언에 의해 구별되는 세 하위 단락으로 나눌 수 있다. 18:22-19:7; 19:8-15; 19:16-23

가난과 부, 친구 18:22-19:7

서론에 해당하는 가장 친밀한 인간관계—한 남자와 그의 아내 사이의 관계 참조. 18:22; 11:16, 22; 12:4 —에 관한 잠언에 이어서 첫 하위 단락에서는 공동체 안의 부의 도덕적 모호성을 다룬다. 부자들에게는 친구들이 끌리지만 가난한 이들은 친구를 잃는다. 이 하위 단락은 가난한 사람의 간청 18:23으로 시작되며, 그 간청이 아무 소용없다는 말로 마무리된다. 19:7

18:22 22a절은 8:35에서 지혜 여인이 하는 말을 떠올리게 하고, 22b절에서는 이 말을 되풀이한다. "대저 나를 얻는 자는 생명을 얻고 여호와께 은총을 얻을 것임이니라." 에이트킨은 "마치 좋은 아내를 찾는 것이 지혜를 찾는 것과 같다"고 해석한다.[128] "복을 얻고"는 기쁘고 유익한 상황을 뜻한다. 참조 12:4: 19:13: 31:10-31: 신 24:1 칠십인역에서는 그를 "좋은 아내"라고 부른다. 참조 4:3 "여호와께 은총을 받는 자니라." 8:35을 보라. 참조 약 1:17 하나님을 경외하는 사람들에게는 그분의 호의가 머문다. 참조 16:5 하지만 사도 바울은 여호와의 일에 전적으로 헌신하기 위해 독신으로 남는 더 나은 길을 권한다. 다만 이는 명령이 아니라 권고다. 고전 7:25-35

18:23 22절에서 이상적인 부부 생활을 다뤘다면, 이 구절에서는 인간의 타락으로 인해 빚어진 나쁜 사회적 상황으로 주제가 전환된다. "가난한 자참조 13:8는 간절한 말로 구"한다(호의를 간절히 구한다). 하지만 어리석은 사람/악인 참조 10:15: 18:11: 28:11과 연관된 용어인 물질적인 "부자(77쪽 "지혜로운 사람과 재물"을 보라)는 엄한 말로 대답"한다. 즉 파렴치하고 단호하게 대답한다. 참조 14:20-21 가난한 사람은 애원할 수밖에 없지만, 부자는 어떻게 대답할지 선택할 수 있으며, 따라서 그에 대해 책임을 져야 한다. 유대교 잠언에서는 "거지를 내쫓기 위해서는 부자가 필요하다"[129]고 말한다. 참조 시 28:2, 6, 마 5:7

18:24 이 구절에서는 나쁜 상황과 좋은 상황으로 주제가 바뀐다. "신뢰할 수 없는 친구"(개역개정에는 "많은 친구"로 번역되었다―옮긴이) 레임(rēʿîm), 참조 3:28는 우리가 역경을 당할 때 우리를 실망시키는 동료를 가리킨다. "해를 당하게"라는 표현은 이사야 24:19에서 땅이 갈리지는 모습을 묘사할

---

128 Aitken, *Proverbs*, 153.
129 Meinhold, *Sprüche*, 309에서 재인용.

때 사용된다. 그와 대조적으로 행복할 때나 불행할 때나 "형제보다 친밀"한 "친구"가 있다.참조 17:17 술어는 모호하며, 평범한 친구들을 지닌 사람은 한 사람의 참된 친구가 없어서 곧 망하게 되지만, 한 사람의 참된 친구를 가진 사람은 망하지 않을 것임을 암시한다. 주 예수께서는 참된 친구의 예를 보여주신다.참조 요 15:12-15, 히 2:11, 14-18 친구라는 것은 양이 아니라 질이 중요하다.

19:1 이 잠언에서는 부자와 대조적으로 가난한 사람의 실패한 사회적 관계로부터 그들의 훌륭한 윤리로 화제를 전환한다. "가난"한 자18:23을 보라, 참조 13:8와 "미련한 자"라는 모호한 반의적 평행구조는 가난한 사람이 지혜로우며 미련한 자가 부자임을 암시한다. "성실하게 (지혜에 대해 전적으로 헌신하여, 59쪽 "'지혜'란 무엇인가?"를 보라) 행하는"과 "입술이 패역하고"라는 모호한 평행구조는 가난한 사람이 진실을 말하고 거짓말쟁이가 지혜를 멸시함을 암시한다. 가난한 사람의 길이 거짓말쟁이의 길보다 더 낫다. 그것은 복되며20:7 안전하기참조 욥 4:6 때문이고 여호와께서 그것을 보호하는 방패이시기 때문이다.2:7 대조적으로 거짓말쟁이는 불행을 향해 가고 있다.참조 17:20; 22:5 가난한 사람은 잠깐 동안 불행할지도 모르지만, 비윤리적인 부자는 영원히 벌을 받게 될 것이다. 보는 것이 아니라 믿음으로 살아가는 것이 더 낫다.

19:2 더 작은 것으로부터전반절 출발해 더 큰 것으로후반절 나아가는 가중 논증참조 17:28; 18:9을 통해 이 잠언에서는 부유하지만 거짓말쟁이며 미련한 사람의 어리석음으로부터19:1 부유해지기 위해 노골적으로 행하는 악한 행동으로 강도를 고조시킨다. 지혜자의 가르침에 대한 "지식 없는 소원(탐욕)이 선하지 못하"다면(악함을 뜻하는 완서법), "급한 사람"은 훨씬 더 "잘못" 갈 것이다(도덕적 결과를 고려하지 않은 채 자신의 탐욕을 채우기 위해 성급하게 행동할 수밖에 없을 것이다).참조 21:5; 28:20; 29:20, 출 5:13, 수 10:13 130 "발"2b절은 탐욕소원, 2a절과 짝을 이루고 있다. "잘못 가느니라"참조 잠 1:10, 15는 하나님

의 행동 기준을 충족하지 못하며, 따라서 처벌을 야기하는 죄가 되는 생활방식을 가리킨다. 19:3을 보라. 참조. 11:31; 13:6; 14:22

19:3 "길"에 관한 언어유희를 통해, 여호와의 "길"2절을 놓친 결과로 여호와께서 부유하지만 미련한 자의 "길"을 전복하신다고 말한다. "사람(64쪽을 보라)이 미련하므로"(89쪽을 보라)는 "마음"(66쪽 "마음"을 보라)과 종합적으로 짝을 이루며, "자기 길을 굽게 하고"와 "여호와를 원망하느니라"의 모호한 평행구조는 미련한 자가 완고하고 교만하여 자신의 죄가 초래한 결과로 고통을 당할 때, 극도로 분노하여 참조. 사 30:3 적대적인 태도로 참조. 대하 26:19 "여호와를 원망"한다고 암시한다. 이런 사람들은 자신의 죄에 대해 회개하는 대신 여전히 자신의 죄악된 길이 옳다고 확신하며, 따라서 여호와를 향해 격노하고 그분을 왕좌에서 끌어내리려 한다.

19:4 언약 공동체 밖의 친구 관계를 통해 돈의 사회경제적 한계를 확인할 수 있다. 이 잠언의 반의적 평행구조에서는 (1) "재물"과 "가난한" 자, 참조. 10:15 (2) "많은 친구"와 그들의 친한 "친구"레임(rēʾîm) ─ 다른 곳에서는 언약 공동체 밖의 친구에 대해서만 사용되는 용어, 참조. 창 26:20, 삿 14:20; 15:2, 6, 삼하 3:8, 잠 18:23; 19:7 (3) "더하게 하나"와 "끊어지느니라"를 나란히 배치한다. 기식자寄食者(남에게 빌붙어 먹고 사는 사람), 참조. 14:20; 19:7가 아니라 전형적인 이웃을 염두에 두고 있다. 평범한 친구들은 자신들도 부유해지고 싶은 마음에 재물 주위로 모여들곤 한다. 지혜가 없는 절친한 친구조차도 자신을 향한 도움 요청이 부담스러워지면 그 관계를 끊게 마련이다. 참조. 17:17; 19:24b

19:5 2절에서 말했던 성급하게 부자가 되려고 하는 사람들이 벌을 받게 될 것이라고 위협하는 3절과 마찬가지로 5절에서는 법정 맥락에서 1절의 거짓말쟁이가 벌을 받게 될 것이라고 위협한다. "거짓 증인참조. 12:17은 벌을 면하지 못할 것이요참조. 6:29 거짓말을 하는 자도 피하지 못하

---

130 "돈 버는 사람들의 특징"(*HALOT*, 1:23, s. v. ʾwz).

리라"는 드물게 정확한 동의적 평행구조를 통해 위증하는 사람이 반드시 처벌을 받게 됨을 강조한다. 위증하는 사람을 폭로하고 처벌을 내리는 궁극적 행위자는 여호와시다. 19:3을 보라. 참조. 16:1-9

19:6 이 잠언에서는 법정 맥락을 이어가면서 아첨꾼을 끌어모으는 것에서 4a절 타락한 친구를 매수함으로써 정의를 왜곡하는 것으로 재물의 위험을 확대한다. "너그러운 사람에게는 은혜를 구하는 자가 많"다. 참조. 8:16; 17:7 필요를 채우기 위해 호의를 구하는 것은 잘못된 일이 아니다. 삼상 25:1-9, 욥 11:19, 에 7:1-2 "그리고"(개역개정에는 번역되지 않았다─옮긴이)라는 말로 또 다른 잘못된 상황을 소개한다. "선물 주기를 좋아하는 자('선물을 주는' 특징을 지니고 있으며 호의를 구하는 사람) 참조. 18:16; 21:14에게는" 너그러운 사람과 증인을 포함해 "사람마다 친구(호의를 베풀 수 있는 사람) 참조. 4절가 된"다. 이는 친구들의 우정이 매수되었으며, 따라서 가난한 이들에게 불리하게 작용하고 공의와 정의, 평등을 훼방함을 암시한다. 참조. 1:3 가난한 사람들을 돌보는 참조. 14:21 지혜로운 사람들은 여호와께서 은혜를 베푸실 것임을 신뢰하며, 따라서 이런 도덕적 위험으로부터 자유롭다. 때때로 제자는 일반 대중과 구별되어야만 한다.

19:7 6절이 4a절에 표현된 생각의 확장이듯이 7절에서는 4b절에 표현된 생각을 강화한다. "가난한 자는 그의 형제들(역경을 당할 때 필요한 것을 공급해 주어야 하는 친척) 참조. 17:17에게도 미움을 받"는다. 이 형제들은 예레미야의 신실하지 못한 형제들과 비슷하다고 볼 수 있다. 렘 12:5-6 가중 논증 속의 더 작은 부분에 해당하는 이 상황은 더 큰 잘못의 전제가 된다. "하물며 (참된 언약 공동체 밖에 있는) 참조. 4절 친구야 그를 (공간적, 정서적으로) 멀리 하지 아니하겠느냐." 7aα절은 7aβ절을 강화하여 언약 공동체 외부의 우정이 오로지 물질적 혜택에 기초하고 있음을 강조한다. 언약을 지키는 이들은 그렇지 않으며, 인자함을 보여준다. 참조. 19:17, 22 "따라가며 (신실하지 못한 형제들과 거짓 동료들에게) 말하려 할지라도 그들이 없

어졌으리라(그 사람을 도와주지 않고 사라질 것이다)."

법정과 가정 안에서의 지혜 19:8-15

두 번째 하위 단락은 각 서론부의 "복"이라는 표제어, 5절의 반복인 9절, "미움"[7a절]과 "사랑"[8a절]의 병렬에 의해 첫 번째 하위 단락[18:22-19:7]과 연결된다.

법정에서 19:8-12

19:8 "지혜를 얻고",[참조. 15:32] "명철을 지키는(암시적 원인)[참조. 2:8; 9:15] 자"를 "자기 영혼을 사랑하는"(암시적 결과로서 「잠언」의 독특한 표현)[참조. 29:24] 자라고 설명한다. "사랑"하다는 무언가를 너무도 간절히 갈망하여 그것과 함께 있고자 함을 뜻하므로 이 표현은 자신의 생명을 보존한다는 의미를 갖는다. 평행구인 "복을 얻느니라"[참조. 18:22]는 "영혼"(생명)을 "풍성한 삶"으로 강화한다.

19:9 9절과 10절은 "못하다"라는 말로 연결된다. 9절은 "벌을 면하지 못하리라"[5a절]라는 완서법을 "망할 것이니라"라는 긍정적인 주장으로 대체하는 것을 제외하면 5절의 반복이다. 지혜로운 자—8절의 주제—와 대조적으로 위증하는 자는 멸망할 것이다. 5절에 대한 주석을 보라.

19:10 지혜로운 이들에게 적합한 "복"[8절]과 대조적으로 10절에서는 가중 논증을 통해 적합하지 못한 두 가지를 진술한다.[참조. 19:2] "미련한 자가 사치하는 것("쾌락의 삶")[131]이 적당하지 못하거든"(87-88쪽 보라). 이 작은 악은 더 큰 악을 위한 전제다. "하물며 종이 방백을 다스림—즉, 왕이 되는 것[참조. 30:22]—이랴." 미련한 자의 사치스러운 삶은 그가 구제불능임을 입증하지만, 그보다 더 나쁜 것은 반역하는 종—물론 지혜로운 종이 아

131　*HALOT*, 4:1769, s. v. *ta'ănûg*.

니다^{참조. 14:35; 17:2} — 이 지혜로운 통치자에 대한 불순종으로 공동체 전체
에 피해를 입힌다는 것이다. 반역자가 통치자가 되는 30:22-23을 근거
로 판단할 때 그들은 권력을 가지고 있다는 느낌에 취하게 되며, 그들의
통치는 독재로 변질되고 만다. 아굴 역시 이 둘—성공을 거두는 미련한
자와 권력을 잡은 종—을 연결하여 참을 수 없는 사회적 상황이라고 말
한다.^{30:22}

19:11-12 이 한 쌍의 잠언에서는 누군가 자신에게 잘못을 행했을 때 한
사람이 신중하게 참는 것^{11절}을 악을 행하는 자들에 대한 왕의 정당한 분
노^{12절, 참조. 16:14}와 연결한다.

"노하기를 더디 하는 것^{참조. 14:29}이 사람(64쪽을 보라)의 슬기"(69쪽을
보라)다. 그런 사람은 자신을 절제할 줄 알며^{16:32} 논쟁을 가라앉힌다.^{15:18}
"자기의 영광"^{참조. 4:9}은 신중한 사람이 죄를 용서하는 것을 아름다운 장
신구를 착용하는 것에 넌지시 비유한다. "허물을 용서하는 것"(원문의 "넘
어가다"는 "용서하다"라는 뜻의 비유적 표현)¹³²은 그 사람에게 영광을 가져
다주며^{참조. 20:3} 이는 사랑 때문이다.^{10:12; 17:9} 죄를 용서하는 신중한 사람은
이스라엘을 용서하시는 하나님의 모습을 반영하며 주의 기도^{눅 11:4}를 성
취한다.

여호와께서 세우신 지상의 왕은 회개하지 않는 죄인을 용서하지 않고
정의로운 처벌을 내린다.^{16:10-15, 롬 13:4} 12절의 반의적 평행구조에서는 정
의로운 처벌을 예감하는 "왕의 노함"과 "그의 은택"^{11:1; 14:35}을 대조한다.
"사자의 부르짖음 같고"와 "풀 위의 이슬 같으니라"라는 이미지를 사용
하여 이러한 나쁜 결과와 좋은 결과를 느낄 수 있게 한다. 미가 5:7-8에
서는 같은 이미지를 사용하여 열방에 대한 야곱의 통치를 묘사한다. 야
수의 왕으로서 사자는 다른 짐승을 짓밟아 복종하게 하고 아무도 구해

줄 수 없는 짐승을 치명적으로 다치게 한다. 사자는 여호와의 보내심을 받아 그분의 심판을 수행하는 자를 뜻한다.^{왕상 13:24-28; 20:36, 왕하 17:25-26, 사 15:9} "풀 위의 이슬"은 생명을 주며 건강에 유익하고 활력을 주며 하늘에서 내려온다.^{참조. 삼하 23:3-4, 호 14:5}

가정에서 19:13-15

13-14절은 엄밀하게 가정과 관계가 있다. 아들과 아내,^{13절} 재물과 아내^{14절}에 관해 이야기한다. 13절에서는 망가진 가정, 미련한 아들과 다투는 아내에 관해 말한다. 14절에서는 건강한 가정, 살림과 재물과 슬기로운 아내를 묘사한다. 15절은 미련한 아들을 게으름과 연결하는데, 10:1, 5에서도 이 둘을 연결한다.

19:13 "그리고"(개역개정에는 번역되지 않았다—옮긴이)는 아버지의 살림을 축내는 미련한 아들^{전반절}과 그를 들볶는 다투는 아내^{후반절}로 이루어진 종합적 평행구조를 연결한다. "미련한 아들은 그의 아비의 재앙"은 말하자면 완전한 멸망을 뜻한다. 왜냐하면 그 아버지로서는 노년에 그를 떠받쳐줄 "지팡이", 곧 자신을 이어서 가족의 부를 보존할 수 있는 사람을 상실한 셈이기 때문이다. 다소 씁쓸한 아이러니지만, "다투는(6:14; 18:18의 "다툼"을 보라) 아내"는 지붕에서 "떨어지는 물방울"(지붕에서 물이 새는 것을 말한다—옮긴이)로 표현된다. "이어 떨어지는"은 지붕을 떠받치는 기둥에 진흙과 같은 재료를 덧발라 비가 심하게 쏟아질 때 물이 샐 수 있는 것을 염두에 두고 있다. 남자가 행복을 기대하면서 가장 다투고 싶지 않은 사람이 바로 그의 아내다.^{참조. 25:24} 하지만 그는 자신의 지붕 아래에서 끊임없이 잔소리를 하는 여인에게 지속적으로 공격을 당하고 있다. 그가 이런 고통으로부터 벗어날 수 있는 유일한 방법은 자신의 집에서 영영 떠나 버리는 것이다.

19:14 이와 대조적으로 건강한 가정은 여러 세대에 걸쳐 그 "집^{참조. 11:29}

과 재물"참조. 3:9을 성공적으로 물려주며, "여호와께로서 말미암"은 "슬기
로운 아내"는 그것을 잘 관리한다. 집과 재물은 "조상에게서 상속"받은
유산참조. 17:2이다. 참조. 4:1-3 슬기로운 아내는 살림을 꾸릴 때 발생하는 문제
를 이해하고 유산을 올바르게 관리하는 역량을 활용하여 물려받은 재물
을 잘 지킨다. 참조. 31:10-31 당시 일반적으로는 부모가 아들의 아내를 골랐
다. 창 24:3-4; 38:6 비록 삼손은 이 관습의 예외로 비극적 결말을 맞이했지만
말이다. 삿 14:2 그러나 이 관계 속에 이뤄지는 모든 인간의 활동에도 불구
하고 지혜로운 사람은 이러한 노력의 성공과 삶 속의 행운이 인간이 아
니라 섭리에 달려 있음을 안다. 우리는 지혜를 통해 여호와의 호의를 얻
고, 15:8, 29; 16:3 또한 이렇게 그분으로부터 유능한 아내를 얻는다. 8:35; 18:22

19:15 이제 아버지의 유산을 탕진하는14절 미련한 아들13절이 태만한 손
을 가지고 있는 것으로 묘사된다. 참조. 10:1, 4-5; 6:6-11; 24:30-34 의인화된 "게으
름(90쪽 "게으른 자와 무지한 자"를 보라)이 사람으로 깊이 잠들게"타르데마
(tardēma) 한다. 그 사람이 위험을 망각하게 하고 스스로 깨어날 수 없게 만
드는 것이다. '타르데마'는 깊고 무겁게 잠드는 현상으로 일상적인 잠보
다 드문 현상을 가리키는 표현이다.[133] "그리고"(개역개정에는 번역되지 않
았다―옮긴이)는 신체적인 결과를 영적 원인과 연결시킨다. "태만한 사
람참조. 10:4은 주릴 것"이다. 참조. 10:3 이는 술 취하고 음식을 탐하는 자의 운
명과 비슷하다. 23:21

아들이 가난한 이들에게 친절을 베풀도록 가르침 19:16-22

세 번째 하위 단락은 생명을 약속하는 교훈적 잠언16, 23절으로 둘러싸여
있다. 다만 23절은 야누스 절이기도 하다. 이 하위 단락의 중앙부18-21절
는 양육에 관한 두 쌍의 잠언으로 이루어져 있다. 첫 번째에서는 아버지

---

133 J. G. Thomson, "Sleep: An Aspect of Jewish Anthropology," *VT* (1955): 423.

를 향해 말하며,^{18-19절} 두 번째에서는 아들을 향해 말한다.^{20-21절} 각 쌍은 히브리어에서 '나사 네페쉬',^{nś' npš, "네 마음을 두라", 18절} '나사 오네쉬',^{nś' 'nš, "벌을 받을 것이라" 19절} '에차'^{'ēṣa, "권고", 20절}라는 표제어에 의해 연결된다. 두 쌍은 표제어 어근 '야사르'^{yṣr, "징계", 18, 20절}에 의해 연결되어 있다. 바깥 테두리와 중앙부 사이에는 가난한 이들에게 친절을 베풀라고 가르치는 두 잠언이 배치되어 있다.^{17, 22절} 이 단락의 사이사이에는 도덕적 질서를 떠받치는 여호와의 말씀이 자리 잡고 있다.^{17, 21, 23절} 이 질서에 의해 친절한 사람은 풍성한 삶을 보상으로 받고,^{17, 23절} 친절하지 않은 사람은 죽음을 처벌로 받는다(92쪽 "악인의 징계"를 보라). 자녀를 가르쳐서 가난한 이들에게 친절을 베풀게 하는 것은 삶과 죽음의 문제다.

19:16 "계명을 지키는 자^{참조. 1:8}는 자기의 영혼을 지키거니와"는 '세심하게 주의를 기울이다'와 '세심하게 보호하다'라는 뜻을 둘 다 가지고 있는^{참조. 2:8, 11} "지키다"라는 단어를 활용한 명백한 언어유희다. "자기의 행실^{참조. 1:15}을 삼가지 아니하는 자"^{참조. 1:17}는 자신의 행동과 그 결과를 업신여기며, 따라서 날 때부터 악인인 존재로서 살아 계신 하나님으로부터 분리되어 결국 "죽게 될 것"이다.

　19:17 이 잠언에서는 이 하위 단락이 젊은이 교육 분야에서 갖고 있는 목표에 관해 이야기한다. 즉, 여호와께서 보상하실 것이라는 동기를 부여함으로써 가난한 이들에게 친절을 베풀도록 가르치고자 하는 것이다.^{참조. 14:21, 31; 22:9; 28:27} "가난한 자^{참조. 10:15}를 불쌍히 여기는 것^{참조. 14:31}은 여호와께 꾸어 드리는 것이니"는 가난한 이들에게 너그럽게 베풂으로써 그들이 비유적으로 여호와께 빌려주는 셈이라고 가르친다. 평행구절에서는 이 비유를 설명한다. "그의 선행을 그에게 갚아 주시리라." 가난한 이들을 만드신 여호와께서 그들이 진 빚을 떠맡으시고, 따라서 이자를 더해 꾸어준 사람에게 갚아 주실 것이다.^{참조. 11:17, 25, 시 41:1-3; 112:5, 마 25:31-40, 눅 6:38, 약 1:27} 그러므로 지혜로운 사람은 세상과 달리 가난한 사람을 돕는

다. 참조. 19:7

19:18 이 구절에서는 "네 아들"을 "징계하"라고, 곧 어리석은 행동을 말로 예방하고 체벌로 그것의 반복을 예방하라고 아버지에게 명령한다. 1:2을 보라. 참조. 3:12 그에게 "희망이 있"다는 사실이 그렇게 하도록 동기를 부여한다. 참조. 10:28 평행구인 "죽일 마음은 두지 말지니라"는 "희망"이 삶을 뜻하는 환유이며, 아들을 징계하는 것에 실패하는 것이 그를 죽이는 것과 다름없음을 암시한다. 이 잠언에서는 어리석음이 자녀의 마음속에 결박되어 있으며 징계의 회초리가 그것을 몰아낼 것이라고 전제한다. 22:15, 참조. 13:24: 22:6: 23:13-14: 29:15 「잠언」에서 징계는 사랑에 기초하지, 절대로 해치고자 하는 의도를 갖지 않는다. 참조. 3:12: 4:4: 13:24

19:19 이 잠언에서는 징계가 필요한 사람을 "노하기를 맹렬히 하는 자" 참조. 6:34: 15:1, 18: 16:14 로 한정한다. 그런 사람은 자신이 오해하고서는 오히려 이성을 잃고 길길이 날뛰며, 참조. 19:11 평행구절이 암시하듯이 다른 이들에게 해를 입힌다. "벌을 받을 것이라" 참조. 17:26 는 노하기를 맹렬히 하는 자가 흥분하여 잘못했다고 여기지만 사실은 무고한 사람에게 해를 입히고, 따라서 배상해야만 함을 암시한다. 지혜자는 계속해서 아버지를 향해 말하면서 "네가 그(노하기를 맹렬히 하는 자)를 (정당한 처벌로부터) 건져 주면 다시 그런 일이 생기리라"고 경고한다.

19:20 19절에서는 아버지를 대상 청자로 삼았으나, 이 쌍 20-21절의 첫째 잠언에서는 대상 청자가 아들로 전환된다. 아들은 "권고를 들"어야 한다. 참조. 1:25 그렇게 함으로써 성품을 다듬고 제멋대로인 태도를 억누를 수 있기 때문이다. "훈계를 받으라" 참조. 1:2 는 외적으로 들으라는 첫 번째 명령에서 한 단계를 높여 그것을 내적으로, 영적으로 받아들이라고 말하는 것이다. 동기부여에는 대개 이러한 훈계가 동반된다. "그리하면 네가 필경은 아하리트(aḥărît) 지혜롭게(69쪽 "지혜로운 자와 의로운 자를 가리키는 지적 용어들"을 보라) 되리라." 지혜로운 사람은 풍성한 삶을 물려받는다(16절, 78쪽 "지혜로

운 자가 받는 보상: 생명"을 보라). '아하리트'는 「잠언」에서 열세 차례 등장
하며 한 생활방식의 최종적 결과를 가리킨다. 16:25; 23:18; 24:20, 참조. 신 32:29 여
기서는 임상적인 죽음을 비롯해 아무것도 끊을 수 없는 미래의 소망을
가리킨다. 하지만 27절에서는 이 결과를 확실히 얻어내기 위해서는 끝
까지 이 가르침을 따라야만 한다고 분명히 밝힌다.

19:21 이 쌍의 둘째 잠언은 "권고"에 대한 언어유희로 "계획"을 활용하
여 순종해야 할 하나님의 행동 계획20절 혹은 행위-운명 연계성이라는
그분의 확정된 계획참조. 1:25을 강조함으로 그러한 결과를 확실하게 얻을
수 있을 것이라고 말한다. "사람의 마음"속에 있는 "계획"(66쪽을 보라)은
인간이 생각 속에서 문제를 한 가지 방식으로 평가한 다음 다른 방식으
로 평가하는 창의적인 계책을 가리킨다. "여호와의 뜻"은 변치 않는 하나
님의 뜻을 가리킨다. 참조. 1:25 "많은……있어도"와 "완전히 서리라"의 모호
한 병립은 그 많은 인간의 계획이 이루어질 수도 있고 이루어지지 않을
수도 있지만 행위-운명 연계성이라는 하나님의 단일한 계획은 반드시
이뤄질 것임을 암시한다. 시 33:11, 사 7:7; 14:24; 46:10, 참조. 잠 21:30-31 요컨대, 지혜로
운 사람은 인간의 모략에도 불구하고 하나님이 그들에게 약속된 운명을
이루실 것이라고 신뢰할 수 있다.

19:22 이 하위 단락의 끝에서 두 번째인 이 잠언은, 그 대응 구절17절처
럼 가난한 이들에게 반드시 친절을 베풀고 이기적으로 행동하지 말라고
가르친다. 전반절에서는 좋은 욕망20:24을 지칭할 수도 있고 나쁜 욕망참
조. 18:1; 19:2을 지칭할 수 있는 "사모함"욕망의 모호성을 통해, 또한 "인자함"
을 뜻할 수도 있고 "수치"를 뜻할 수도 있는 히브리어 '헤세드'hesed에 관
한 언어유희를 통해 두 진리를 천명한다. 첫째 해석에 따르면, "사람"이
"남에게" 마땅히 바라는 바는 "인자함"이다. 3:3; 16:6 왜냐하면 그것이 그들에
게 유익을 주기 때문이다. 두 번째 해석에 따르면, "인간의 잘못된 욕
망[즉, 자기만족]은 그의 수치다."참조. 14:34 "그리고"(개역개정에는 번역되지

않았다―옮긴이)는 보완적인 진리를 추가한다. "가난한 자는 거짓말하는 자보다 나으니라"(즉, 형편이 더 낫다).[134] 참조 6:19 모호한 반의적 평행구조를 통해 "인자함"과 "거짓말하는 자"는 가난한 사람이 도움을 얻기 위해 거짓말하는 자에게 의존했음을 암시한다. 그런 의미에서 도움을 받을 수 있다고 기대하는 거짓말쟁이[25:19]보다는 아무도 도움을 받을 수 있다고 기대하지 않는 가난한 사람참조 19:7이 되는 편이 더 낫다. 두 번째에 해석에 따르면, 모호한 평행구조는 이기적인 사람이 탐욕을 만족시키기 위해 거짓말을 한다는 것을 암시한다. 그것은 수치스러운 일이므로 타락하기보다는 가난한 편이 더 낫다.참조 19:1

어리석은 자에 대한 교육과 처벌 19:23-20:11

19:23 여호와를 경외하는 것은 사람으로 생명에 이르게 하는 것이라. 경외하는 자는 족하게 지내고 재앙을 당하지 아니하느니라. 24 게으른 자는 자기의 손을 그릇에 넣고서도 입으로 올리기를 괴로워하느니라. 25 거만한 자를 때리라. 그리하면 어리석은 자도 지혜를 얻으리라. 명철한 자를 견책하라. 그리하면 그가 지식을 얻으리라. 26 아비를 구박하고 어미를 쫓아내는 자는 부끄러움을 끼치며 능욕을 부르는 자식이니라. 27 내 아들아, 지식의 말씀에서 떠나게 하는 교훈을 듣지 말지니라. 28 망령된 증인은 정의를 업신여기고 악인의 입은 죄악을 삼키느니라. 29 심판은 거만한 자를 위하여 예비된 것이요 채찍은 어리석은 자의 등을 위하여 예비된 것이니라.

20:1 포도주는 거만하게 하는 것이요 독주는 떠들게 하는 것이라. 이에 미혹되는 자마다 지혜가 없느니라. 2 왕의 진노는 사자의 부르짖음 같으니 그를 노하게 하는 것은 자기의 생명을 해하는 것이니라. 3 다툼을 멀리 하는 것이 사람에게 영광이거늘 미련한 자마

---

134 폭스(Fox, *Proverbs 10-31*, 659)는 "보다 나으니라"가 '비교급' 잠언에서 한 사람에 관한 술어로 사용될 때, 다른 이들에게 '더 유익하다'는 뜻이 아니라 그 사람을 위해 '더 낫다'는 의미를 갖는다고 지적한다.

다 다툼을 일으키느니라. ⁴게으른 자는 가을에 밭 갈지 아니하나니 ⁵사람의 마음에 있는 모략은 깊은 물 같으니라. 그럴지라도 명철한 사람은 그것을 길어 내느니라. ⁶많은 사람이 각기 자기의 인자함을 자랑하나니 충성된 자를 누가 만날 수 있으랴. ⁷온전하게 행하는 자가 의인이라. 그의 후손에게 복이 있느니라. ⁸심판 자리에 앉은 왕은 그의 눈으로 모든 악을 흩어지게 하느니라. ⁹내가 내 마음을 정하게 하였다 내 죄를 깨끗하게 하였다 할 자가 누구냐. ¹⁰한결같지 않은 저울 추와 한결같지 않은 되는 다 여호와께서 미워하시느니라. ¹¹비록 아이라도 자기의 동작으로 자기 품행이 청결한 여부와 정직한 여부를 나타내느니라.

이 새 단락은 미련한 자에 대한 교육과 처벌에 관한 내용을 다루고 있으며, 독자와 청자에게 여호와를 경외하라고 암묵적으로 훈계하는 교육적 잠언으로 시작된다.¹⁹:²³ 이 단락은 두 하위 단락, 곧 처벌이 필요한 미련한 자들에 관한 부분¹⁹:²⁴⁻²⁰:¹ ¹³⁵과 왕국에서 미련한 자를 깨끗이 제거하는 왕에 관한 부분²⁰:²⁻¹¹으로 이루어져 있다.

미련한 자의 네 가지 유형과 그들에 대한 처벌 19:23-20:3

교육적 잠언¹⁹:²³에 이어서 그 가르침을 올바르게 체득하지 못한 이들의 유형이 열거된다. 이 목록에는 스스로에게 해를 입히는 게으른 자¹⁹:²⁴에서부터 가정을 망치는 수치스러운 아들,¹⁹:²⁶ 정의를 무너뜨리는 부패한 증인,¹⁹:²⁸ 모두를 위험에 빠뜨리는 술 취한 싸움꾼참조. ²⁰:¹; ²⁶:⁹까지 그 정도가 점차 심해진다. 가운데 부분에는 아들을 향한 근엄한 경고가 나온다. 바로 부모님의 가르침을 무시하지 말라는 것이다.¹⁹:²⁷

19:23 14:27의 변이형인 23a절에서는 "여호와를 경외하는 것"(74쪽 "여호와 경외"를 보라)의 유익을 요약해서 제시한다. 즉, 그것은 "생명에 이르

---

135 이 분석에 관해 우리는 Meinhold, *Sprüche*, 2:325에 부분적으로 빚지고 있다.

게 하는 것"이다. 23b절에서는 이런 삶이 "족하"며(풍성하며) 참조. 18:20 보호를 받는 삶이라고 설명한다. "지내고"얄린(yalin), 참조. 15:31 라는 단어에는 위험한 시간인 "밤 동안 남아 있는다"라는 개념이 들어 있다. 신체적인 "재앙을 당하지 아니하느니라"에는 보호라는 관념이 명시적으로 드러난다.

19:24 "게으른 자(90쪽을 보라)는 자기의 손(손가락 끝부터 팔뚝까지)을" 음식이 가득 차 있는 "그릇(평평한 접시)에 넣"는다. 하지만 최소한의 수고도 하기 싫어서 "입으로 올리기를 괴로워"한다. 따라서 게으른 자는 하나님이 풍성하게 공급하심에도 굶어 죽게 된다.

19:25 지혜자는 "거만한 자"(89쪽을 보라)를 "때리라"고 참조. 17:10, 26 명령하는데, 이는 교정을—거만한 자들은 이미 교정받을 단계를 넘어 섰다참조. 9:7—하려는 교육적인 목적 때문이 아니라 "지혜를 얻게" 될 "어리석은 자"의 유익을 위한 것이다.69쪽을 보라. 변이형인 21:11 참조 거만한 자에게 매질은 처벌이겠지만, 어리석은 자에게는 교정 수단이 된다. 왜냐하면 그들이 죄와 고통의 관계를 이해하게 되어 죄를 피할 것이기 때문이다.참조. 신 13:11; 17:13, 딤전 5:20 어리석은 자를 바로잡기 위해서는 거만한 자에게 고통이라는 교정 수단을 사용해야 하지만, 이와 대조적으로 "명철한 자"를 말로 "견책"한다면, 그는 지혜의 출발점, 곧 여호와를 경외하는 "지식을 얻"게 될 것이다.1:7, 참조. 1:5; 4:18 다시 말해서, 오직 말로만 해서는 스스로를 어리석음에 내버린 이들을 바로잡을 수 없다.참조. 12:22-32

19:26 다음 실패자는 수치스러운 아들이다. "아비를 파멸시키는참조. 11:3 (개역개정에는 "구박하는"으로 번역되었다—옮긴이) 자"라는 구절은 아버지의 재산에 관한 내용을 다루는 것이다. 미련한 자들은 나태함10:5과 방종한 생활 방식으로 가족의 재산을 낭비함으로써,29:3, 참조. 신 21:18-21, 눅 15:11-14 혹은 부모에게 욕을 함으로써20:20; 30:11 자신의 아버지를 파멸시킬 것이다. "어미를 쫓아내는"(어머니를 추방시키는 것) 참조. 미 2:9, 마 15:3-6이라는 구절을 통해 알 수 있듯이, 그들은 성급하게 유산을 움켜쥔다. 부모를 욕보

이는 배은망덕한 아들은 "부끄러움을 끼치며 능욕을 부르는 자식"이다. 참조. 10:5 왜냐하면 그는 부모에게 자녀 양육에 실패했다는 불명예를 안기며 참조. 37:11 자신에게도 불명예를 초래하기 때문이다.

19:27 플뢰거[Plöger]는 "27절은 내게 26절에서 묘사하는 아들의 수치스러운 행동에 대한 이유를 특이한 형식으로 제시하려는 것처럼 보인다"라고 해석한다.[136] 아들의 배교는 부모의 가르침을 거부하는 것에서 27a절 지혜로부터 벗어남으로,27b절 그리고 자신의 부모에 맞서는 범죄로 26절 그 정도가 심해진다. "교훈을 듣지 말지니라"(혹은 "삼가라") 참조. 10:19 는 이 책의 가르침 1:8, 10, 15; 2:1; 3:1, 11, 21, 그 외 여러 곳과 너무도 명백한 모순을 이루므로 지혜자는 빈정거리는 표현을 사용해도 된다고 느꼈다. NIV는 조건절로 이 구절의 의도를 제대로 포착했다. "듣지 말라.……그러면 길을 잃고 말 것이다." "지식의 말씀에서 떠나"려면 아무 생각 없는 양처럼 주의를 기울이지 않아야 할 것이다. 지혜에 항상 집중하지 않는다면, 부패한 인간은 의식하지도 못한 채 지혜로부터 벗어나고 말 것이다. 지혜의 본보기인 솔로몬조차도 자신의 잠언에 더 이상 귀를 기울이지 않자 길을 잃어버리고 말았다.

19:28-29 28-29절은 "업신여김"/"거만한 자", "정의"/"심판"이라는 표제어에 의해 짝을 이루는 잠언이다. 28절에서는 반역자가 불의의 원인이라고 말하며, 29절에서는 이에 대해 매질하는 것이 적절한 벌이라고 주장한다.

다음 실패자는 법을 무시하는 사람이다. "망령된 벨리야알(baliyya'al), 참조. 6:12; 16:27 증인 참조. 12:17 은 정의를 업신여"긴다(87-89쪽을 보라). 나봇의 재판에서 위증한 사람들을 '벨리야알'이라고 부른다. 왕상 20:10, 13 이 이야기는 거짓 증언이 가진 치명적 위험을 보여준다. 참조. 잠 18:21 "악인의 입―부패한

---

136 Plöger, *Sprüche*, 227.

증인에 대한 환유―은 죄악(해를 가하거나 파괴할 수 있는 힘의 남용)참조 6:12을 삼키느니라." 이 삼중 언어유희는 다음과 같이 해석될 수 있다. (1) 사악한 증인들이 자신의 거짓말로 만들어 낸 골칫거리를 맛있는 음식처럼 탐욕스럽게 삼킨다.[137] (2) 그들은 그들의 거짓말로 얻어 낸 진귀한 음식을 말 그대로 먹어치운다. 참조. 1:12; 4:17; 21:20, 욥 16:5; 20:12-15 혹은 (3) 그들은 자신들의 거짓말로 인해 초래된 악한 결과를 삼켜야 한다. 왜냐하면 섭리Providence가 그 결과를 그들에게 내놓기 때문이다. 1:31; 10:6; 16:4을 보라. 참조. 18:20 짝을 이루는 잠언29절을 고려할 때 세 번째 해석이 타당하다.

　"심판"은 교정이 아니라 처벌을 목적으로 하는 하나님의 판결 행위를 가리킨다. 심판의 대리자는 명시되지 않았지만 칼이나 기근, 들짐승, 혹은 전염병일 수 있다. 참조. 겔 14:21 "예비된 것이요"는 처벌이 "거만한 자"(89쪽을 보라)에 대한 하나님의 도덕적이며 변치 않는 행위-운명 연계성의 일부임을 뜻한다. 또한 하나님의 심판에 더해 인간의 손으로 "어리석은 자(87쪽을 보라)의 등"을 "채찍"으로 때린다. 이런 심판의 목적은 교정이 아니라 처벌이다. 미련한 자27:22와 거만한 자는 바로잡을 수 없기 때문이다.9:7-8

　20:1 미련한 자의 목록은 술 취한 사람―오늘날을 기준으로 하면 여기에 약물 중독자를 추가할 수 있다―으로 마무리된다. "거만하게 하는 것"이라는 표제어, "채찍"과 "떠들게 하는 것"(싸움질)의 관련성은 술 취하게 하는 것이 19:29에서 말했던 심판의 잠재적 원인임을 암시한다. 전반절에서 "포도주참조. 3:10; 9:2는 거만하게 하는 것이요 독주(가볍게 취하게 하는 맥주만이 아니라 모든 종류의 주류)는 떠들게 하는 것이라"라는 구절은 "포도주"와 "독주"를 악당으로 의인화하여 후반절의 젊은이에게 이런 것들이 생명을 촉진하는 지혜를 파괴한다고 경고한다. "이에 미혹되는 자

마다 지혜가 없느니라." 술에 취한 사람에게는 의식과 자제심이 없고, 생명을 유지하는 필수 요소인 지혜가 없으므로 죽고 만다. 21:17, 23:19-21, 31:4-5과 더불어 이 잠언은 술 취하게 하는 것의 부정적인 측면에 초점을 맞춘다. 그러나 잠언 3:10과 9:5에서는 포도주와 술을 번영과 축복의 상징으로 본다. 구약의 다른 곳에서도 동일하게 양가적 태도를 확인할 수 있다(레 10:9, 민 6:3, 사 28:1-5, 암 6:6과 창 27:28, 출 29:40, 신 14:26을 비교해 보라).[138]

자신의 영토에서 미련한 자를 깨끗이 제거하는 왕 20:2-11

두 번째 하위 단락은 악인을 심판할 것이라는 왕의 강력한 부르짖음으로 시작되며,[2절] 인간이 보편적으로 타락하는 현실로 마무리된다.[9-11절] 이 단락은 샌드위치 구조로 되어 있으며, 가운데에는 미련한 자 넷이 나열된 두 번째 목록이 나온다. 이는 곧 다툼을 일으키는 자,[3절] 게으른 자,[4절] 모략을 꾸미는 자,[5절] 위선자[6-7절]다.

  20:2 두 목록[19:24-20:1; 20:3-7]에 나오는 미련한 자는 하나님의 대리자인 의로운 왕에게 넘겨져 사형 선고를 받는다.[참조. 16:1-9, 10-15] "왕이 일으키는 공포심은 사자의 부르짖음 같다"(저자의 사역, 개역개정에는 "공포심" 대신 "진노"로 번역되었다—옮긴이)는 19:12a의 반복이며, 여기서 왕의 "노함"은 왕에게 심판받는 이들의 "공포심"으로 바뀌었다. 2b절에서는 이 은유를 설명한다. 왕의 분노 때문에 그들이 공포에 떨게 된 것이며, 곧 그들의 죽음이 예고된다는 것이다. "그(왕)를 노하게 하는 것은 자기의 생명을 해하는 것이니라"[참조. 16:10-15; 19:12; 20:8, 28] 미련한 자들은 곧바로 왕의 분노를 가라앉혀야 마땅하지만, 그들은 전혀 눈치채지 못한다.[참조. 16:14]

  20:3 "다툼을 멀리 하는 것[참조. 15:18]이 사람에게 영광[참조. 3:35]이"다. 그러

---

138 Fitzsimmonds, in *NBD*, "Wine and Strong Drink," 1255을 보라.

나 "미련한 자(89쪽을 보라)마다 다툼^{참조. 17:14; 18:1}을 일으"킨다. "다툼을 멀리 하는 것"과 "다툼을 일으키느니라"는 꽤나 정확한 반의적 평행구지만, "미련한 자마다"와 "사람에게 영광이거늘"은 그렇지 않다. 이는 미련한 자가 아무런 사회적 명예도 지니지 못하며 사회적 명예를 지닌 사람은 미련한 자가 아님을 암시하는 것이다.

20:4 너무 게을러서 자기 접시 위에 있는 음식조차 먹지 않는 "게으른 자(19:24, 90쪽을 보라)는 가을에 밭 갈지 아니"한다. 밭 갈기는 재배를 위해 땅을 준비하는 힘든 일이기 때문이다.^{참조. 사 28:24 139} 밭 갈기는 12월경에 시작되며, 팔레스타인에서는 겨울이 10월 중순부터 4월까지 이어지는 우기를 의미하기 때문에 "거둘 때에는"(겨울부터는—옮긴이)이라는 구절이 추가되었다. 다시 말해서 겨울은 밭을 갈 수 있는 유일한 시간이다. 그러므로 다른 이들이 밭을 가는 것을 지켜보면서 시간을 허비하는 게으른 자들은 추수 때에 나타나 수확물을 요구한다.^{참조. 12:11; 28:19} 그들은 "거둘 때", 곧 4월부터 5월까지 "구걸"한다('샤알'^{šā'al}은 문자적으로 "그가 구한다"라는 뜻이며 "요구한다"를 의미할 수도 있다. 삼하 3:13을 보라).^{참조. 6:8} 하지만 그들은 아무것도 얻지 못할 것이다. 왜냐하면 상호성이라는 하나님의 도덕법에서 태만은 상실을, 죄는 죽음을, 이기심은 스스로에게 피해를 입히는 결과를 초래하기 때문이다. 말빔^{Malbim}은 이 잠언을 모든 젊은 이에게 적용한다. "이와 비슷하게 청년기는 한 사람에게 도덕적 지혜를 위한 성품의 모판이 뿌리를 내리는 시기다."¹⁴⁰

20:5 모략을 꾸미는 자는 지혜로운 사람을 이길 수 없다.^{5절} 지금까지 잠언에서 "모략"^{counsel}은 지혜로운 사람의 계획(혹은 권고)^{1:25, 30; 8:14; 12:15; 19:20}이나 여호와의 변하지 않는 뜻^{참조. 19:21}을 의미했다. 하지만 여기서부터 이 단어는 다소 약화되어 "조언"이라는 의미로 사용되며, 이 조언은

---

139 H. Ringgren, *TDOT*, 5:221, s. v. *ḥāraš*.
140 Malbim, *Proverbs*, 204.

주로 동료나 더 열등한 사람에게서,[20:18; 21:30] 혹은 "사람의 마음"(66쪽 "마음"을 보라)에서 나온다. "깊은 물"은 경멸적인 은유로서(18:4에 관한 주석을 보라) 그 모략이 숨겨져 있으며 위험할 수도 있음을 의미한다.[참조. 렘 17:9] 그와 대조적으로 "명철한 사람"[참조. 10:23]은 여호와에 대한 경외와 윤리적 순수성으로 "그것을 길어" 낸다. 이는 겉으로 하는 말의 이면에 있는 이해할 수 없는 모략을 들춰내는 능력을 상징하는 은유다.[참조. 시 41:6, 마 12:25, 막 12:15, 눅 5:22; 6:8; 11:17, 요 2:24-25; 13:11]

20:6 아마도 속으로 모략을 꾸미는 사람[5a절]은 겉으로 위선자이며,[6a절] 명철한 사람[5b절]은 신실할conscientious 것이다.[6b절] "많은 사람"(64쪽을 보라)이 "각기 자기의 인자함헤세드(ḥesed), 참조. 38쪽을 자랑"한다. "그러나"(개역개정에는 번역되지 않았다—옮긴이)라는 말로 많은 사람들과 예외적인 사람들, 공언하는 바와 현실을 대비하는 구절이 시작된다. "충성된 자(혹은 신실한 자)를 누가 만날 수 있으랴"라는 물음에 대해 "거의 아무도 없다"라는 답이 예상된다.[7절, 참조. 31:10] 일반적인 인간의 상태를 평가하는 맥락 안에서 그런 사람이 드물다고 말한다. 따라서 이 잠언은 젊은이들에게 인간의 위선에 대한 통찰을 제공하며, 그들에게 양심적이며 인자함이라는 확고한 덕목을 지닌 드문 친구를 찾기 위해 노력하고 스스로 그런 사람이 되라고 가르친다.

20:7 "…에 관해"(as for, 저자의 사역이며 개역개정에는 번역되지 않았다—옮긴이)가 6절과 7절에서 반복 사용되어 이 두 절은 짝을 이루고 있으며, 7절에서 "온전하게 행하는 자"(73쪽을 보라)이자 "의인"(72쪽을 보라)으로 불리는 신실한 사람에게 집중함으로써 6절의 비관적 분위기를 다소 누그러뜨린다. 의인들의 자손은 복을 받아 창조주께서 의도하신 삶을 온전히 누린다. "그의 후손에게 복이 있느니라."[참조. 3:13] 의인은 자신의 가족의 영적, 경제적 유산이 자신의 후손에게 확실하게 전수되었음을 알고 평안하게 죽음을 맞는다. 하지만 자녀가 의로운 부모를 두었음에도 불구하고

여호와를 미워하고 참조. 겔 18:20 지혜롭지 못할 수도 있다. 참조. 5:12-13, 신 21:18

20:8 2절에서는 심판자로서 왕의 탁월한 권능을 제시했다. 8절에서는 그의 천상적 권위와 보편적 정의에 관해 말한다. "앉은 왕"은 그 왕의 권위를 의미한다. 출 18:13, 마 5:1; 23:2 "(심판) 자리"참조. 9:14 역시 왕의 권위에 대한 상징이며, 정의와 관련이 있다. 삼하 15:2-4, 왕상 7:7, 시 122:5, 사 16:5 이스라엘에서 여호와는 왕이 왕좌에 오르게 하시며, 이를 보증하시는 분이다. 참조. 시 2:6, 삼하 7:13, 16, 왕상 1:13, 17; 2:24 또한 하나님이 기름 부으신 왕에게는 그분의 정의의 영이 임한다. 사 11:1-5; 28:6 "심판"은 공식적인 사법 절차 전체를 지칭한다. "흩어지게 하느니라"는 나누고 여러 방향으로 내쫓는 것을 의미한다. 참조. 20:26 "그의 눈으로"는 왕국을 파괴하는 도덕적으로 타락한 모든 사람에 대한 환유인 "모든 악"에 대한 왕의 예리한 분별력을 뜻한다. 참조. 시 5:5, 히 4:13 정부 최고위층의 공의가 이스라엘 사법 체계를 떠받치는 필수 요소였다.

8절은 2절과 인클루지오를 형성하는 동시에 8-11절의 교차 대구를 시작하게 하는 야누스 기능도 한다.

A   왕의 정의8절

  B   인간의 보편적 타락9절

A′ 여호와의 정의10절

  B′   어렸을 때부터 드러나는 인간의 타락11절

이 교차 대구는 하나님이 그분의 대리자인 왕의 심판 배후에 서 계심을 보여준다. 모든 것을 아시는 하나님은 모든 악을 보시며, 그분이 세우신 왕의 눈이 그것을 찾아낸다.5, 8절 인간의 영리함에도 불구하고 그 누구도 피할 수 없다. 하지만 보편적 정의는 인간의 보편적 타락이라는 현실에 의해 억제된다.9, 11절 자신의 왕국에서 악을 제거하는 왕의 행동8절은 그 누구도 죄가 없지 않다는 현실에 의해 제약을 받고 있음이 분명하다.[9절] 이와 비슷하게, 속임수에 대한 여호와의 증오[10절]는 인간이 어려서부터 속임수를 행한다는 현실에 의해 제약을 받고 있다.[11절] 이 모음집에서는 이런 방식으로 잠언을 교차함으로써 정의와 은총을 암묵적으로 짝짓는다.

20:9 이 잠언은 7, 8절을 인증한다. "내가 내 마음을 정하게 하였다. 내 죄를" 도덕적으로 "깨끗하게 하였다 할 자가 누구냐"라는 물음은 "아무도 없다"라는 답을 예상하게 한다. 의로운 왕은 모든 악을 근절하지만[8절] 자비로운 왕은 그 어떤 인간도 죄로부터 자신을 깨끗하게 할 수 없음을 또한 인정한다.[9절, 참조. 욥 4:17; 14:4; 25:4] 하나님께 비추어 볼 때 모든 인간에게 도덕적 순수성이 부족함을 확인할 수 있다.[참조. 8:21, 왕상 8:46, 욥 15:14-16, 시 14편; 19:12; 32; 51:5-6; 143:2, 전 7:20-29, 렘 17:9, 겔 18:31, 롬 3:9-19] 이 잠언은 겸손함을 자아내며, 사람들에게 보라색 휘장 너머 하나님이자 그들의 왕이신 분의 자비에 자신을 의탁하라고 암묵적으로 가르친다.[참조. 15:3, 11; 16:10-15] 최종 법정은 은혜의 보좌[히 4:16]인 하나님의 보좌다.[참조. 10절]

20:10 이 잠언에서는 하나님의 의로운 정의로 왕의 보좌를 온전히 뒷받침하며,[8절] 바로 앞 잠언에서 말하는 긍휼이 남용되지 못하게 막는다. 표준적인 무게와 계량이 통용되기 위해서는 법적 조치를 통해 그 권위가 보장되어야 한다. 왕[삼하 14:26]과 제사장[출 30:13]이 기준을 세우며, 여호와께서 그들 뒤에 서 계신다(11:1; 16:11; 20:2, 3,[141] 레 19:35, 신 25:13-16, 겔 45:10). "한결같지 않은 저울 추"(팔 때는 가벼운 추를 쓰고 살 때는 무거운 추를 사용함)는 저울에 의한 무게 측정과 연관이 있다. "한결같지 않은 되"는 문자적으로 "한 에바와 한 에바"를 의미한다. "에바"는 고대에서 마른 물건의 부피를 재는 최대 단위—약 22리터—이다. "다 여호와께서 미워하시느니라."[참조. 17:1b]

---

141 이 세 잠언은 모두 "여호와께서 …을 미워하신다"라는 공식구를 통해 여호와의 이름과 계량의 기준을 명시적으로 연결한다.

20:11 인간이 어렸을 때부터 남을 속인다는 현실^{참조.창8:21}은 속임수에 대한 여호와의 혐오^{10절}을 누그러뜨린다. "비록"이라는 말로 가중 논증이 시작된다. "비록 아이^{참조.1:4; 22:6, 15; 23:13}라도 자기의 동작으로……나타"낸다면, 하물며 어른은 얼마나 더 많이 "속이겠는가?"¹⁴² (아이의) "자기 품행이 청결한 여부"^{참조.16:2; 20:9}와 "정직한 여부"에 대해서는 "아니요"라고 답할 수밖에 없다. 따라서 이 잠언에서는 다시 한번 제자들에게 죄를 미워하는 동시에 죄인에게 자비를 베풀라고 가르친다. 또한 스스로 악을 저지르고 위선적으로 행동할 때 보라색 휘장 너머 하나님의 마음께 자신을 의탁하라고 가르친다.

말과 상거래 20:12-19

¹²듣는 귀와 보는 눈은 다 여호와께서 지으신 것이니라. ¹³너는 잠자기를 좋아하지 말라. 네가 빈궁하게 될까 두려우니라. 네 눈을 뜨라. 그리하면 양식이 족하리라. ¹⁴물건을 사는 자가 좋지 못하다 좋지 못하다 하다가 돌아간 후에는 자랑하느니라. ¹⁵세상에 금도 있고 진주도 많거니와 지혜로운 입술이 더욱 귀한 보배니라. ¹⁶타인을 위하여 보증 선 자의 옷을 취하라. 외인들을 위하여 보증 선 자는 그의 몸을 볼모 잡을지니라. ¹⁷속이고 취한 음식물은 사람에게 맛이 좋은 듯하나 후에는 그의 입에 모래가 가득하게 되리라. ¹⁸경영은 의논함으로 성취하나니 지략을 베풀고 전쟁할지니라. ¹⁹두루 다니며 한담하는 자는 남의 비밀을 누설하나니 입술을 벌린 자를 사귀지 말지니라.

이 단락에는 지혜를 받아들이고 주의를 게을리하지 말라고 가르치며 서론에 해당하는 한 쌍의 교육적 잠언^{12-13절}이 나오고, 이어서 험담하는 사람이 아니라 지혜로운 사람에게 조언을 구하라고 가르치며 결론에 해당

하는 한 쌍의 잠언[18-19절]이 나온다. 본론에서는 거래 행위에서의 경솔한 말을 다루는데, 흥정 과정에서 하는 거짓말[14절]에서 타인에게 보증을 약속할 때의 위험성,[16절] 노골적인 속임수[17절]로 정도가 심해진다.

20:12 여호와는 그분의 백성이 지혜롭게 살 수 있도록 두 신체 기관, 곧 귀와 눈을 창조하셨다. 「잠언」에서 "듣는 귀"는 거의 언제나 지혜로운 자의 가르침을 듣고 순종하는 것과 연관이 있다. 이 "귀"를 "보는 눈"과 연결하면 후자가 지혜로운 자의 가르침을 읽고 순종한다는 의미로 읽을 수도 있다.[참조. "내가……너를 위해 기록하여"(22:20)] 그러나 더 가능성이 큰 경우는, "눈"이라는 단어를 13절의 "네 눈을 뜨라"와 연결하여 "주위를 경계하다"는 의미로 읽는 것이다. 참으로 둘 "다 여호와께서 지으신 것"이다. 풍성한 삶을 살기 위해서는 귀로 잠언을 배우고 눈을 떠 그것을 적용해야만 하기 때문이다.

20:13 "좋아하지 말라"는 명령은 영적인 말의 힘으로 도덕적 향상을 이루려는 목적을 지니고 있다. "잠자기"는 좋은 것일 수 있지만,[참조. 3:24] "네가 빈궁하게 될까 두려우니라"라는 경고는 잠을 미련한 자보다 더 나쁜 게으른 사람과 연결한다.[6:9-10 참조. 26:12, 17] "네 눈을 뜨라"는 명령은 지금 네가 위험과 기회를 알아차리지 못하고 있으니 이제 깨어 경계하라는 뜻이다. "족하리라"라는 명령은 확실한 약속을 표현한다. 사람들로 일을 하게 만드는 필수품[참조. 16:26]인 "양식"은 삶과 재산에 대한 제유적 표현이다.[참조. 6:9-11; 24:30-34][143]

20:14 서론에서 본론으로 넘어가면서 태평하게 지내느라 재산을 잃지 말라는 권고[13절]에서 어리석음이나 사악함으로(즉, 부당하게 다른 이들에게 손해를 입힘으로써) 재산을 얻으려 하지 말라는 권고로 넘어간다. "양식/음식물"이라는 표제어[13, 17절]가 이 단락의 서론과 본론을 이어 준다. "물건

---

143 아이번의 학생 중 하나는 이 잠언을 다음과 같이 통렬하게 풀어 썼다. "자는 동안은 아무도[no one] 중요한 사람[someone]이 되지 못한다."

을 사는 자가 좋지 못하다 좋지 못하다"참조 1:16라고 반복해서 말하는 것은 구매자가 값을 깎아 달라고 판매자에게 끈질기게 요구하는 모습을 묘사한다. "돌아간 후에는 자랑하느니라." 그들은 스스로를 칭찬한다. 구매자가 자랑하는 행위는 그들이 알면서도 판매자를 이용했으므로 악한 것이고, 여호와만을 자랑해야 함에도 스스로를 칭찬하기에 경건하지 못함을 보여준다.참조 시 49:7; 52편 표제, 렘 9:23-24; 27:1; 49:4, 고후 10:17

20:15 지혜로운 말을 칭찬하는 이 잠언은 귀한 보석을 은유로 사용하여 시장의 어리석고 사악한 말특히 14절에 대한 교정 수단 기능을 한다. "세상에 금도 있고"시 11:22는 "진주도 많거니와"로 한 단계 격상된다.참조 3:15 이는 드문 것이 풍성하다는 모순어법이다. 금과 진주는 영속적이며 아름답고 귀하므로 모두가 가지고 싶어 한다. 하지만 대조적으로, 암묵적으로 더 희귀하고 영속적이며 아름답고, 따라서 금과 진주보다 더 바람직한, 하나의 "더욱 귀한 보배"는 "지혜로운 입술"(즉, 「잠언」에서 가르치는 말)이다.

20:16 타인이나 외인을 위해 보증을 서는 것 역시 장터에서 할 수 있는 경솔한 언행이다.참조 6:1-5 16절은 27:13에서 그대로 반복된다. "취하라"는 주인의 의사에 반하는 행동을 하는 것이다. "옷"은 보증인을 헐벗고 추위에 떨지 않도록 해주는 필수품을 뜻하며, 저당으로 잡혔을 경우 몸 전체를 상징한다.참조 6:1-5, 출 22:25-27, 암 2:8 "타인을 위하여 보증 선 자"에서 "타인"은 "채무자"를 의미한다.참조 6:1; 11:15 "외인/외국인"노크리(nokrî)과 짝을 이루는 "타인"자르(zār)은 언약 공동체 외부의 채무자를 의미한다참조 5:10, 욥 19:27, 시 69:8, 욥 11 "외인"(혹은 "외부인")은 채무자를 가리키는 또 다른 환유다. "그것(보증 선 사람의 옷)을 압수하라"(곧 "강탈하라").참조 욥 22:6; 24:3, 9 채권자에게 빚을 갚지 못하면 보증인은 노예가 될 수도 있다.참조 왕하 4:1 TEV에서는 이렇게 번역한다. "낯선 사람의 빚을 책임지겠다고 약속할 정도로 어리석은 사람은 지불 보증을 위해 그의 재산을 저당 잡혀야 한다."

20:17 이제 어리석은 말14, 16절은 거짓된 말로 한 단계 격상된다. "음식물"참조. 13절은 성관계를 비롯해 욕구를 충족시키는 모든 것을 가리키는 제유다.참조. 9:17 144 여기서 "속이고 취한"은 문맥과 평행구인 "입"이 암시하듯, 속이는 말로 얻어냄을 뜻할 것이다. 그것은 "사람(거짓말쟁이)에게 맛이 좋은 듯하"다. "후에는"은 거짓말의 결과를 가리킨다. "그의 입"에서 시작되는 은유는 그들이 한 거짓말의 결과물을 "먹어야만" 한다는 뜻이다. "가득하게 되리라"는 이 은유를 확장하여 속이는 자가 과식하여 배가 불러서 다른 어떤 것도 먹을 수 없다는 의미다. 그것이 거짓말쟁이가 최후에 겪게 될 결코 줄어들지 않을 끔찍한 고통이다. "모래"는 이 은유를 완성하는데, 이 단어가 사용된 유일한 다른 용례참조. 애 3:16를 참고해 보면 이단어는 다음에 일어날 일의 원인을 가리키는 환유다. 모래는 치아를 부러뜨리고, 거짓말쟁이는 더 이상 말을 하거나 먹을 수 없게 되어 결국 끔찍한 죽음을 맞는다.

20:18 결론18-19절은 서론에 근거한다. 지각이 있는 사람은 행동을 취하기 전에 지혜자들의 견해를 구하고 실수를 범한 후에는 그들의 책망을 받아들인다.참조. 11:14; 15:22; 24:6 145 "경영은 의논함으로 성취"된다. 아마도 지혜자에게 가르침을 받고 여호와께서 이를 뒷받침하실 것이다. 그렇지 않다면 시간의 검증을 견뎌내지 못할 것이기 때문이다.참조. 19:21 "따라서"(개역개정에는 번역되지 않았다—옮긴이)는 전후반절을 논리적으로 연결한다. "지략을 베풀고 전쟁밀하마(milḥāmâ)할지니라." 성경에서 '밀하마'라는 말이 사용된 용례 319회 모두 나라나 정파 간의 무력 충돌을 뜻한다. 전쟁은 왕들에게 속한 것이므로참조. 24:5-6, 전 9:13-18 이 잠언에서는 제자를 왕으로 그리는 셈이다. 하지만 아마도 "전쟁"은 지도자에 대한 모든 적대적

---

144 M. Lyons, "Rashi's Commentary on the Book Proverbs" (랍비 학위 자격 요건 중 일부로 제출된 논문, 1936년), 106; Farmer, *Proverbs and Ecclesiastes*, 58.

145 Farmer, *Proverbs and Ecclesiastes*, 89.

태도를 의미하는 은유일 것이다. 참조. 21:22, 눅 14:31-33 이 잠언에서는 젊은이에게 적에 맞서 무력을 사용하기 전에 목적과 방법이 지혜와 조화를 이루는지 분명히 확인하라고 훈계한다.[146]

20:19 지혜로운 이와 의논하되, 미련한 이와 의논해서는 안 될 것이다. "두루 다니며 한담하는 자는 남의 비밀을 누설하"여 비밀을 털어 놓은 사람에게 손해를 입힌다. 우리는 다른 사람과 어떤 문제를 놓고 의논하는 과정에서 비밀을 말해 버리곤 한다. 그러므로 "입술을 벌린 자", 곧 경솔하게 말하는 자와 "사귀지 말"아야 할 것이다(비밀을 공유하지 말라). 참조. 14:10 19a절에서는 11:13a절을 반복하면서 "마음이 신실한 자는 그런 것을 숨기느니라"라는 상반된 의미의 평행구절을 덧붙인다. 참조. 딤전 5:13 이와 비슷하게 집회서 8:17에서는 "미련한 자에게 조언을 구하지 말라. 그는 전혀 비밀을 지킬 줄 모르기 때문이다"라고 경고한다.

여호와께서 지혜로운 왕을 통해 악행에 복수하실 것임을 믿으라 20:20-28

20 자기의 아비나 어미를 저주하는 자는 그의 등불이 흑암 중에 꺼짐을 당하리라. **21** 처음에 속히 잡은 산업은 마침내 복이 되지 아니하느니라. **22** 너는 악을 갚겠다 말하지 말고 여호와를 기다리라. 그가 너를 구원하시리라. **23** 한결같지 않은 저울 추는 여호와께서 미워하시는 것이요 속이는 저울은 좋지 못한 것이니라. **24** 사람의 걸음은 여호와로 말미암나니 사람이 어찌 자기의 길을 알 수 있으랴. **25** 함부로 이 물건은 거룩하다 하여 서원하고 그 후에 살피면 그것이 그 사람에게 덫이 되느니라. **26** 지혜로운 왕은 악인들을 키질하며 타작하는 바퀴를 그들 위에 굴리느니라. **27** 사람의 영혼은 여호와의 등불이

146 Bruce K. Waltke, *Finding the Will of God: A Pagan Notion?* 2nd ed. (Grand Rapids: Eerdmans, 2016): 150-68을 보라.

라. 사람의 깊은 속을 살피느니라. **28**왕은 인자와 진리로 스스로 보호하고 그의 왕위도 인자함으로 말미암아 견고하니라.

이 단락은 자녀에게 부모를 저주하고 자신의 유산을 차지하지 말라고 암묵적으로 명령하는 서론²⁰⁻²¹절과 복수를 구하지 말고 여호와를 신뢰하라고 명령하는 본론,²²⁻²⁵절 왕에게 악인을 처벌하고 가난한 이들을 보호하라고 암묵적으로 명령하는 결론²⁶⁻²⁸절으로 이루어져 있다.

서론: 부모를 공경하라 20:20-21

20:20 서론부의 잠언에서는 부모를 저주하는 자녀를 규탄하고 이를 14-19절에서 다룬 나쁜 말 주제와 연결한다. "자기의 아비나 어미를 저주ᵐᵃˡˡᵉˡ(maqallēl), "가치 없다고 선언하다"¹⁴⁷하는 자"는 유산을 일찍 얻기를 바라면서²¹절 공개적으로 부모를 비방하고 모욕하는 자다. 그러나 그들은 유산을 얻는 대신 "그의 등불이……꺼짐을 당"할 것이다.참조 13:9 등불이 꺼진다는 것은 이른 죽음을 뜻하는 은유다. "흑암 중에"는 자녀의 때 이른 죽음을 비극적이며 돌이킬 수 없는 것으로 묘사한다. 자녀가 자신의 부모를 저주하면 여호와께서도 그들을 저주하신다.신 27:16 율법은 자녀에게 부모를 공경하라고 명령하며,신 5:16, 참조 마 15:3-6, 엡 6:1-3 부모를 저주하는 것은 죽음으로 처벌될 수 있는 범죄라고 말한다.출 21:17, 레 20:9

　20:21 자녀가 부모를 저주하는 이유에 관한 위의 해석은 20절과 짝을 이루는 것으로 보이는 21절을 통해 확증된다. "저주하다"의 반대말은 "축복하다"이므로 "저주하는"²⁰ᵃ절과 "복이 되지 않음"²¹ᵇ절은 의미론적으로 동일하다. 자녀는 속임수를 써서참조 19:26 "산업",참조 17:2; 19:14 곧 부모에서 자녀에게로 전해지는 가정의 재산을 차지한다. 전반절에서는 탐욕스러

---

147 피엘의 이러한 용례에 관해서는 *IBHS* §§24.2-3을 보라.

운 자녀가 유산을 차지하는 "처음"을 묘사한다. 후반절에서는 "마침내"를 묘사한다. 그것은 "복이 되지 아니하느니라.^{참조. 10:6} 모든 복의 근원이신 하나님^{참조. 시 128:4}이 복을 주지 않으신다. 요약하자면, 하나님은 그 자녀를 벌하시고 유산이 탕진되도록 하신다.

본론: 자신이 아니라 하나님을 신뢰하라. 그분이 악을 벌하신다 20:22-25

본론은 두 쌍, 곧 "여호와"라는 표제어로 연결된 22-23절과 "사람"이라는 표제어로 연결된 24-25절로 이루어져 있다. 두 쌍은 여호와라는 표제어로 결합되어 있다.^{23-24절} 죽을 수밖에 없는 인간은 자신이 아니라 여호와를 신뢰해야 한다. 하나님은 정의로운^{22-23절} 주권자이시기^{24-25절} 때문이다.

20:22 22a절에서는 악에 대응하여 복수심에 가득한 말을 하는 것을 비판하며,^{참조. 14-20절; 1:16} 22b절에서는 아무리 오랫동안 지체하시더라도 정의를 이루시는 "여호와를 기다리라"고 명령한다.^{시 25:3; 62:5, 눅 18:7-8, 벧전 2:23; 4:19} 따라서 이 구절에서는 스스로 복수하는 것과 복수하시는 하나님을 신뢰하는 것을 대조한다.^{24:29을 보라. 참조. 17:13} "너는" 너 자신이나 다른 사람에게 "악을 갚겠다(악에 대한 배상을 추구하겠다고) 말하지 말라."^{참조. 1:16} "그(여호와)가 너를 구원하시리라." 왜냐하면 지혜로운 사람에게 저지르는 악행은 하나님에 대해 저지른 악행이기 때문이다.^{신 32:43} 복수는 하나님께 속한 것이다. 분명한 한계를 가지고 있고 편견에 사로잡힌 인간에게 속하지 않았다.^{참조. 16:7, 신 32:35, 삼하 3:39, 롬 12:17-21, 살전 5:15}

20:23 이 잠언은 20:10을 재구성한 것으로 11:1과도 닮아 있으나 참된 복수자^{Avenger}를 신뢰하는 맥락 속에 속함으로 뚜렷한 차이가 발생한다. 무게를 속여서 상품을 사고 파는 일은 여호와께서 반드시 복수하시는 악한 행위다. "한결같이 않은 저울 추는 여호와께서 미워하시는 것이요"는 그분이 정의를 실행하도록 하는 원인을 가리키는 환유다.^{참조. 20:10} "속

이는 저울^{참조. 11:1}은 좋지 못한 것이니라."^{참조. 16:29} 16:11에 따르면 여호와께서 저울을 지으셨다. 그러므로 모든 속이는 행위는 그분을 화나게 한다. 더 나아가 이스라엘은 그분이 자녀로 삼으신 민족이기 때문에 그러한 행위는 그분을 더욱 화나게 한다. ^{출 4:22-23}

20:24 "여호와로 말미암나니"^{참조. 16:9}는 언약을 지키시는 이스라엘의 하나님이 궁극적으로 "사람^{게베르(geber)}, "강한 사람"(64쪽 「잠언」에서 '인간'을 가리키는 말들"을 보라)의 걸음"을 만드신 분이라고 말한다. "사람^{아담(ādām)}, "인간", ^{참조.} ^{31쪽}이 어찌 자기의 길을 알 수 있으랴"라는 물음에 대해서는 부정적인 답이 예상된다. "그것은 불가능하다." "자기의 길"(저자는 이를 복수형인 "their way"로 번역했다―옮긴이)은 개인의 걸음을 격상시켜 모든 사람이 걸어가는 방향과 종착지를 뜻하게 한다. ^{참조. 1:15} 사람은 자기의 길을 제대로 알지 못한다. 왜냐하면 하나님이 사람들의 자유로운 행동이 이끌어 가시는 방향과 종착지를 통해 자신의 숨겨진 계획을 이루시기 때문이다. 죽을 수밖에 없는 인간은 자기의 길과 걸음을 선택하지만, 여호와께서는 신적인 목적을 실현하신다. ^{참조. 16:1, 4}

20:25 인간이 아닌 여호와께서 미래를 통제하시므로, ^{24절} 인간이 무모하게 서원하는 것은 경솔한 일이다. ^{참조. 27:2} 이 잠언에서는 젊은이에게 생각하기 전에 ^{후반절} 말하지 ^{전반절} 말라고 경고한다. "함부로 이 물건은 거룩하"다고 말하면(즉, 평행구가 암시하듯이 서원하면) ^{참조. 7:14} "그것이 그 사람^{참조. 24절}에게 덫^{참조. 12:13}이 될" 것이다. 어떤 사람^{참조. 삿 11:30, 삼상 1:11}이나 물건^{참조. 레 27:10, 33, 민 18:17; 30:1-16}을 거룩하게 하는 것(이 경우에는 말로 서원함으로)은 그 대상을 하나님의 소유로 구분하는 것이다. "살피면"은 그 서원이 지혜로웠는지, 어리석었는지를 추후에 궁리함을 의미한다. 입다의 경솔한 서원 때문에 그의 딸이 목숨을 잃었으며, 그의 통치는 좌절되고 말았다. ^{참조. 삿 11장} 지혜롭든 어리석든 모든 서원은 정확하게 지켜져야 한다. ^{신 23:21-23, 전 5:1-6}

결론: 왕은 악인들을 심판하고 가난한 이들을 보호한다 20:26-28

20:26 여호와께서는 도덕 질서를 지탱하도록 기름 부으신 "지혜로운 왕"을 통해 악행에 대해 복수하신다. 참조. 16:1-9, 10-15; 20:2, 롬 12:17-13:7 20:8과 마찬가지로 "키질"(흩어지게 함)이라는 농업 이미지는 왕이 자신의 왕국에서 "악인들"을 제거하는 모습을 묘사한다. "그리고"(개역개정에는 번역되지 않았다—옮긴이)는 키질 후에 타작이 이뤄짐을 암시하지만, 논리적으로는 타작이 키질보다 선행한다. 이러한 시간상의 착오는 왕이 의인으로부터 악인을 철저히 구분해 내고, 이어서 그들을 완전히 흩어 버리는 것을 강조한다. "바퀴"는 타작 수레의 바퀴다. 참조. 사 28:27 그는 철저히 타작하기 위해 바퀴를 "곡식" 위에 반복해서 굴린다. 타작 수레의 바퀴에는 날카로운 철이나 돌이 달려 있어서, 곡식단 위에서 반복적으로 굴려 겨에서 알곡을 분리해 낸다. "그들 위에"는 악인을 바람에 날리는 겨에 암묵적으로 비유한다. 참조. 8절, 시 1:4 이 은유는 악인을 고문한다는 뜻이 아니라, 철저히 분리함을 암시한다. 분리 없는 멸절은 공평하지 않으며, 멸절 없는 분리는 가치가 없다. 이 잠언은 종말론적인 메시아의 왕국에서 성취된다. 오직 왕중 왕만이 완전하게 악인을 분리해 낼 수 있다. 참조. 말 3:2, 마 3:12

20:27 27절은 악인을 흩어 버리고²⁶절 의인을 보호하는²⁸절 왕에 관한 잠언 사이에 끼어 있으며, 젊은이에게 여호와께서 그들을 위해 복수하실 것²²절임을 확신할 수 있다고 말한다. 하나님은 도덕적이시며,²³절 주권적이시고,²⁴절 모든 것을 아시기 때문이다.²⁷절 전반절은 등불 은유로 그분의 전지하심을 묘사하며, 후반절에서는 이를 해석한다. "사람참조. 24절의 영혼(문자적으로는 말로서 밖으로 나오는 "숨")¹⁴⁸은 여호와"께서 예외 없이 사람의 "깊은 속을 살피"기 위해 사용하시는 "등불"참조. 20:12; 6:23이다. "깊은 속"이라는 구절은 문자적으로 "배 안의 공간"참조. 18:8; 20:30이라는 뜻을 가진 이집트어 표현으로, 한 사람에 관한 진실이 깃든 인간의 마음을 지칭한다. 요약하자면, 한 사람의 말은 그 사람의 가장 어둡고 깊은 곳에

있는 인간적 생각, 표현, 의지를 드러내기 위해 여호와께서 사용하시는 전등과 같다.

　　20:28 이 잠언에서는 악인에 대한 왕의 심판[26절]과 그에게 정의를 호소하는 무력한 이들을 대하는 그의 "인자와 진리"(저자는 "신뢰성"reliability으로 번역했다—옮긴이, 74쪽을 보라)를 연결한다. "보호하고"는 "왕"을 보호하는 두 덕목을 의인화한다. 왕은 "인자함으로"(여기에는 "와 진리로"가 빠져 있다) 자신의 권위와 통치권의 상징인 "왕위"를 떠받친다. 여호와께서는 이런 덕목을 통해[참조. 2:7, 11] 그분의 왕을 지지하고 지키신다.[참조. 삼하 7:15, 시 2:6 이하; 18:35; 20:2; 41:3, 사 9:6] 이 잠언과 이 단락 전체에서 말하는 바는 예수 그리스도 안에서 최종적으로 성취되었다.[참조. 시 72:1, 2, 4, 사 16:4b-5, 살전 1:10]

공의와 정의를 행함 20:29-21:31

20:29 젊은 자의 영화는 그의 힘이요 늙은 자의 아름다움은 백발이니라. **30**상하게 때리는 것이 악을 없이하나니 매는 사람 속에 깊이 들어가느니라.

21:1 왕의 마음이 여호와의 손에 있음이 마치 봇물과 같아서 그가 임의로 인도하시느니라. **2**사람의 행위가 자기 보기에는 모두 정직하여도 여호와는 마음을 감찰하시느니라. **3**공의와 정의를 행하는 것은 제사 드리는 것보다 여호와께서 기쁘게 여기시느니라. **4**눈이 높은 것과 마음이 교만한 것과 악인이 형통한 것은 다 죄니라. **5**부지런한 자의 경영은 풍부함에 이를 것이나 조급한 자는 궁핍함에 이를 따름이니라. **6**속이는 말로 재물을 모으는 것은 죽음을 구하는 것이라. 곧 불려다니는 안개니라. **7**악인의 강포는 자기를 소멸하나니 이는 정의를 행하기 싫어함이니라. **8**죄를 크게 범한 자의 길은 심히 구부러지고 깨끗한 자의 길은 곧으니라. **9**다투는 여인과 함께 큰 집에서 사는 것보다 움막에서 사는 것이 나으니라. **10**악인의 마음은 남의 재앙을 원하나니 그 이웃도 그

앞에서 은혜를 입지 못하느니라. **11** 거만한 자가 벌을 받으면 어리석은 자도 지혜를 얻겠고 지혜로운 자가 교훈을 받으면 지식이 더하리라. **12** 의로우신 자는 악인의 집을 감찰하시고 악인을 환난에 던지시느니라. **13** 귀를 막고 가난한 자가 부르짖는 소리를 듣지 아니하면 자기가 부르짖을 때에도 들을 자가 없으리라. **14** 은밀한 선물은 노를 쉬게 하고 품ᵃ 안의 뇌물은 맹렬한 분을 그치게 하느니라. **15** 정의를 행하는 것이 의인에게는 즐거움이요 죄인에게는 패망이니라. **16** 명철의 길을 떠난 사람은 사망의 회중에 거하리라. **17** 연락을 좋아하는 자는 가난하게 되고 술과 기름을 좋아하는 자는 부하게 되지 못하느니라. **18** 악인은 의인의 속전이 되고 사악한 자는 정직한 자의 대신이 되느니라. **19** 다투며 성내는 여인과 함께 사는 것보다 광야에서 사는 것이 나으니라. **20** 지혜 있는 자의 집에는 귀한 보배와 기름이 있으나 미련한 자는 이것을 다 삼켜 버리느니라. **21** 공의와 인자를 따라 구하는 자는 생명과 공의와 영광을 얻느니라. **22** 지혜로운 자는 용사의 성에 올라가서 그 성이 의지하는 방벽을 허느니라. **23** 입과 혀를 지키는 자는 자기의 영혼을 환난에서 보전하느니라. **24** 무례하고 교만한 자를 이름하여 망령된 자라 하나니 이는 넘치는 교만으로 행함이니라. **25** 게으른 자의 욕망이 자기를 죽이나니 이는 자기의 손으로 일하기를 싫어함이니라. **26** 어떤 자는 종일토록 탐하기만 하나 의인은 아끼지 아니하고 베푸느니라. **27** 악인의 제물은 본래 가증하거든 하물며 악한 뜻으로 드리는 것이랴. **28** 거짓 증인은 패망하려니와 확실히ᵇ 들은 사람의 말은 힘이 있느니라. **29** 악인은 자기의 얼굴을 굳게 하나 정직한 자는 자기의 행위를 삼가느니라. **30** 지혜로도 못하고, 명철로도 못하고 모략으로도 여호와를 당하지 못하느니라. **31** 싸울 날을 위하여 마병을 예비하거니와 이김은 여호와께 있느니라.

> ᵃ 점층 접속사 "그리고"(and)는 번역하지 않은 채로 두었다.
>
> ᵇ "확실히"(well)는 문장 구조가 아니라 의미에 따라(constructio ad sensum) 추가되었다.

앞 단락²⁰:²⁰⁻²⁸에서는 여호와께서 악행에 대해 복수하실 것을 신뢰하는 주제를 다루었고, 왕이 가난한 이들을 보호할 것이라는 결론으로 마무리 되었다. 이제 공의와 정의를 행하는 문제를 다루는 단락이 앞 단락을 인증한다. 이 단락은 서론20:29-21:2과 본론, 21:3-29 결론21:30-31으로 이루어져 있다.

서론: 여호와와 그분의 왕에게 승인받은 젊은 자 교육 20:29-21:2

서론은 의미상 짝을 이루는 두 쌍으로 이루어져 있다. 각 쌍은 (1) 더 나이든 세대(지혜로운 이들)가 매질이 필요할 수도 있는20:30 더 젊은 세대"젊은 자", 20:29를 가르쳐야 할 암묵적 책임과 (2) 그분의 "왕"을 통해 이런 교육을 승인하는 분이신 여호와21:1-2에 관해 논한다.

20:29 "젊은 자"와 "그의 힘"(그의 활력)참조. 5:10을 "늙은 자"와 지혜의 환유인 "백발"참조. 16:31과 나란히 둔다. 젊은이의 힘은 그들의 "영화"이며,참조. 4:9; 19:11 나이든 사람은 지혜의 길을 입증하는 "아름다"운 백발을 가지고 있다.참조. 14:28 이런 장식은 그들이 상호 의존하고 있음을 의미한다. 지혜로운 이들은 비록 나이가 들어 신체적으로 약하지만, 미숙하되 힘이 센 젊은이들이 신실한 공동체를 풍성한 삶으로 이끄는 길을 마련해 놓는다.

20:30 교정을 목적으로 하는 처벌은 도덕 교육의 일부다. "매"참조. 사 1:6로 "상하게 때리는 것"이 사람 속 깊은 곳으로부터참조. 18:8; 20:27 더러워지게 하는 "악"참조. 1:16을 제거하며, 인격의 중심이 환하게 빛을 내어 선을 행하게 한다.

21:1 여호와께서 그분이 기름부으신 왕을 통해 지혜로운 이들에게 내리시는 복 역시 도덕 교육의 일부다. 각 사람의 마음이 모든 행동을 이끌듯이(66쪽 "마음"을 보라),4:23 "왕의 마음"이 나라가 좋은 방향으로 나아갈지, 나쁜 방향으로 나아길지를 결정한다. 그것이 "여호와의 손에 있음"은 하나님의 주권적 통제 아래에 있음을 의미한다.참조. 16:14-15; 19:12; 20:2 백성을 이끄는 왕은 정의로우신 하나님의 이끄심을 받는다. "마치 봇물과 같아서"는 그분이 백성에게 복을 주심을 뜻하는 은유다. "모든 사람에게"(개역개정에는 번역되지 않았다—옮긴이)는 그의 영토 안에 있는 모든

가난한 사람을 가리킨다.^{참조. 20:28} "그분(여호와)을 기쁘시게 하는 자"(저자의 사역—옮긴이)는 여호와의 복을 지혜로운 이들에게로 제한한다. "그분(여호와)이 그것(왕의 마음)을 돌리신다"(개역개정에는 "그가 임의로 인도하시느니라"로 번역되었다—옮긴이). 여호와는 농부이시며, 왕의 마음은 마음대로 바꿀 수 있는 수로다. 그리고 물이 잘 공급되는 여호와의 정원은 거룩하고 가난한 이들이다. 요약하자면, 이 잠언에서는 젊은이에게 여호와께서 왕을 통해 베푸시는 그분의 호의를 받기 위해 그분이 기뻐하시는 사람이 되라고 가르친다.^{참조. 창 20:6; 41:37-45, 스 1:1; 6:22; 7:27; 9:9, 시 106:46, 단 2:48; 3:30}

21:2 2절은 16:2의 변이형으로서 "행위(들)"^{ways, 복수형}를 "행위"^{way}로, "깨끗하여도"를 "정직하여도"로(73쪽을 보라), "심령"^{motives}을 "마음"^{hearts}으로 바꾼다. 여기서 마지막 변형 항목인 "마음"이라는 단어로 인해 1절과 연결된다. 거룩하신 하나님과 부패한 인간 사이에는 도덕적 평가라는 갈등이 발생하겠지만, 전능하신 하나님만이 인간의 "마음"을 바르게 평가하시며, 따라서 누가 그분의 복을 받을 자격이 있는지를 바르게 결정하신다.^{참조. 15:11; 17:3; 24:12} [149] 하나님은 미련한 자에게는 생명의 생수를 주시지 않을 것이다. 자신에 대한 불신은 여호와를 향한 견고한 신뢰로 극복해야 한다. 그분은 정직한 이들에게 복을 주겠다는 약속을 지키시는 분이기 때문이다.^{참조. 3:5; 16:3}

본론: 공의와 정의를 행함에 관하여 21:3-29

본론 부분은 이 단락의 주제를 진술하는 야누스 절^{3절}로 시작되며, 이어서 세 하위 단락^{4-8; 10-18; 20-29절}이 나온다. 이 세 하위 단락은 "다투는 아내"^{참조. 9, 19절; 19:13-14}에 관한 반복구로 구분된다. 첫 하위 단락에서는 악인

---

[149] 리지유의 데레사^{Therese of Lisieux}는 "우리 주께서는 우리 행동의 위대함, 심지어 그것의 어려움을 보지 않으시고, 우리가 그것을 행할 때의 사랑을 보신다"라고 말했다.

들의 패배에, 가운데 하위 단락에서는 그들에 대한 의인들의 승리에, 마지막 하위 단락에서는 의인의 영속적인 만족과 성공, 악인의 멸망에 초점을 맞춘다. "악인"이라는 표제어가 인클루지오를 이룬다.[4b, 29a절]

야누스: 공의와 정의에 대한 여호와의 열망 21:3

21:3 표제어 "여호와"가 2절과 3절을 연결한다. "공의와 정의를 행하는 것"[참조. 1:3]은 "그분을 기쁘시게 하는 자"(1절, 저자의 사역―옮긴이)라는 표현을 돌아보며 인증하고, 하나님이 마음을 평가하시는 기준을 분명하게 밝힌다. 이 구절은 본론의 세 하위 단락을 미리 내다본다.[7b, 15a, 21절을 보라.] [참조. 25절] 이 잠언에서는 하나님께 중요한 것이 무엇인지 명확하게 비교하며 제시한다. 즉, 「잠언」의 목표인 "공의와 정의를 행하는 것"이다.[참조. 1:3] "제사 드리는 것보다 여호와께서 기쁘게 여기시느니라"라는 비교 구문은 제사를 경시하는 것이 아니라 다른 많은 성경 구절과 마찬가지로 하나님이 의례보다 윤리를 더 중요하게 여기신다고 가르치는 것이다.[참조. 15:8; 20:25, 삼상 15:22, 시 51:7 이하, 사 1:11-14, 마 23:23, 막 12:33-34] 신약성경에서는 의식법 중 일부를 폐기했지만[참조. 마 12:7, 막 7:19, 행 10:9-16, 34-35; 15:19-20] 도덕법은 심화시켰다.[마 5-6장; 22:37-39]

악인과 그들의 몰락에 대한 분석 21:4-8

본론의 첫 하위 단락에서는 악인들의 죄와 그들에 대한 심판의 강도가 점차 높아진다. 그들의 죄는 교만[4절]에서 탐욕[5절]으로,―거짓말을 통해 부자가 됨[6a절]으로 확장됨―"강포"[7a절]로, 뉘우치지 않음[7b절]으로 점차 확대된다. 그들은 발각을 피하기 위해 뒤틀린 길을 감으로써 자신을 정죄한다.[8a절] 그들의 몰락은 그들이 하나님의 심판을 받을 죄인이라는 평가[4b절]로부터 그들의 "궁핍함"으로, 죽음으로 가는 길에 모든 것을 잃어버림[6b절]으로,―또한 그곳으로 끌려가게 됨[7절]으로 확장됨―"죄를 크게 범한 자"

라는 하나님의 판결^{8a절}로 점차 확대된다.

21:4 먼저 공의와 정의를 거부하는 과대망상증을 가진 이들이 나온다. "눈이 높은(오만한, 문자적으로 "상승하는") 것"은 다른 이들을 깔보는 태도로서 불경건하고 비윤리적인 교만함을 상징한다. 하나님과 지혜 여인은 그런 자들을 몹시 싫어한다.^{6:16-17; 8:13} "그리고"(개역개정에는 "과"로 번역되었다—옮긴이)는 오만한 눈 기저에 무언가가 있음을 밝힌다. 오만한 눈은 "교만한(문자적으로 "…로부터 동떨어진")^{참조. 18:16} 마음"으로부터 외부를 보는 것이다. 이 히브리어 관용구는 통제되지 않는 생각과 야심찬 계획을 뜻한다. 후반절에서는 "쟁기로 갈지 않은 밭"(an unplowed field, 개역개정에는 "형통한 것"으로 번역되었다—옮긴이)이라는 은유를 통해 이런 교만한 마음의 원인과 결과를 설명한다. 비슷하게 "악인"(84쪽을 보라)의 마음은 좋은 교육을 받지 못했기 때문에 "죄"를 생산한다. 그들은 불경건과 악행 때문에 하나님 앞에서 죄인이며 죽어 마땅하다.^{참조. 16:5, 18; 18:12; 29:23; 30:13-14}

21:5 다음 죄인은 부자가 되려고 서두르는 사람들이다. "부지런한 자^{참조. 10:4}의 경영"^{참조. 6:18}이란 지혜로운 계획 수립을 가리키며, 제대로 계획을 세우지 않고 행하는 그릇된 행동과 대조를 이룬다.^{참조. 11:24-28} 부지런한 이들은 「잠언」의 가르침이라는 범위 내에서 창의적으로 계획을 세운다. (예상치 못하게) "풍부함에 이를 것이나." 악인의 예상과 달리 부지런한 이들은 투자한 것보다 많은 이익을 얻는다.^{참조. 롬 2:7, 히 6:12} 대조적으로 "조급한 자(하나님의 도덕적 질서를 미리 고려하지 않고 급하게 부자가 되려 하는 자)는 예외 없이 궁핍함에 이를 따름이니라(삶에 필수적인 것을 잃어버리느니라)."

21:6 5b절에서 다룬 서둘러 부자가 되려고 하는 사람들은 "속이는 말로 재물을 모으는 것"과 연관이 있으며, 그들의 "궁핍함"은 죽음을 구하는 이들의 사라져가는 숨으로 한 단계 고조된다. 당장은 거짓말쟁이들이 무고한 이들로부터 획득한 재물을 소유하지만, 결국 그것은 "불려다니는

안개"일 뿐이다. 이 은유는 부당하게 얻은 재물이 덧없으며 곧 사라질 것임을 뜻한다. 아이러니컬하게도 속임수를 통해 입수한 재물은 그 자체로 기만적이다. 숨처럼 실체가 없다. "죽음을 구하는 것"은 두 가지로 해석할 수 있다. 첫째, "죽음"은 그들의 더러운 재물에 대한 환유다. 즉, 그토록 원하여 부당한 방식으로 얻은 재물은 그 자체로 하나님이 내리시는 사형 선고가 담겨 있다. 둘째, 속이는 이들은 바라던 부를 얻는 대신 자신도 모르는 사이에 죽음을 구하고 있으며, 결국 모든 것을 잃어버리게 됨을 깨닫게 된다. 참조. 13:11; 20:17

21:7 동일한 운명이 강포한 이들을 기다리고 있다. 전반절에서는 "악인"의 죄와 그 결과를, 후반절에서는 그 원인을 단언한다. 그들이 사기로 재물을 확보할 때 "강포"한 행동을 할 수도 있다. 참조. 1:10-15 "그들을 끌고 나간다"(개역개정에는 "자기를 소멸하나니"로 번역했다—옮긴이)라는 은유적 표현은 그들을 그물에 걸린 물고기에 비유한다. 참조. 1:17, 19; 11:3, 5, 6, 8, 18; 12:13, 26; 13:21; 14:14; 15:6 이는 그들이 "정의(72쪽을 보라)를 행하기 싫어"하기 때문이다. 분명히 악인에게는 회개할 기회가 있었다. 참조. 1:20-33 "정의"라는 표제어와 21:3b절은 여호와께서 어부이심을 암시한다.

21:8 교만한 자,4절 조급한 자,5절 속이는 자,6절 강포한 자7절에 대한 결정적인 판결은 "죄를 크게 범한 자"라는 것이며, 이로써 그들은 심판을 받는다. "죄를 크게 범한 자(히브리어 성경에서 한 번만 사용된 용어)의 길(행위) 참조. 1:15은 심히 구부러"진다(역시 히브리어 성경에서 한 번만 사용된 용어). "심히 구부러지고"는 "곧으니라"의 반대말이다(다른 곳에서는 "정직하다"로 번역되었다). 참조. 1:3; 3:6; 11:3; 14:12 곧음은 「잠언」의 가르침에 따라 사는 것에 대한 은유이므로, 구부러짐은 다양한 방식으로 그 가르침으로부터 이탈하는 것을 의미한다. 실제로 악인은 곧은/정직한 사람을 몹시 싫어한다. 참조. 29:27 "죄를 크게 범한"과 "깨끗한"(불순함으로부터 자유로움) 참조. 16:2 사이의 모호한 평행구조는 전자의 동기가 도덕적 더러움으로부터 자

유롭지 않지만, 후자는 이기심으로부터 자유롭고 하나님 사랑과 이웃 사랑에 전적으로 헌신하고 있음을 말해 준다. 깨끗한 이들은 진실하고 정직하므로 믿을 수 있다. 8:7-9, 롬 6:10-11, 빌 2:19-22, 딛 1:15

반복구: 다투는 아내 21:9

악인에서 다투는 아내로 주제를 급격하게 전환시킴으로써 본론의 하위 단락을 정교하게 나눈다. 25:24에서 다시 나오는 이 비교급(35쪽 "평행법"을 보라) 12:9; 15:16, 17; 16:8 잠언은 "움막에서 살면서" 외로움과 불편함을 겪는 것이 "다투는 여인과 함께 큰 집에서 사는 것"보다 더 낫다고 평가한다. 참조 19:13; 26:21 팔레스타인 가옥의 평평하고 견고한 지붕은 사람들을 지켜 줄 수 있었고, 신 22:8, 참조 수 2:6, 삿 16:27, 삼하 11:2; 16:22; 18:24 더운 여름밤에는 사람들이 지붕 위에서 잠을 자기도 했다. 삼상 9:25-26 그러나 이 잠언에서는 선선한 밤에 지붕 위에서 잠을 자는 모습을 그리지 않는다. 평행구절인 21:19에서는 지붕을 광야로 대체했으며, 극한 날씨에 노출되는 위험성을 그리고 있다. 역설적으로 그의 남편 참조 창 18:12, 벧전 3:6은 지붕 위에서 노출된 채 보호를 받지 못하고 홀로 사는 동안, 그의 돕는 배필이 되어야 할 사람은 안전하게 집안에 머물며 주인 행세를 한다. 참조 창 2:18 이 잠언은 아들을 향해서는 그가 여호와의 은총을 입은 자가 되기를, 그리고 그 아내를 향해서는 서로 간의 사랑 속에서 남편에게 순종하고 가정을 세우도록 가르치고 있다. 12:4; 14:1; 31:12을 보라. 또한 참조 신 24:1, 마 5:31-32; 19:1-12, 고전 7:10-16, 엡 5:21-33 남편에게 자신의 아내를 통제하라고 가르치는 성경 구절은 없다. 다만 이 잠언에서는 아내에게 교만하지 말라고 가르친다. 다툼이 발생하는 이유는 오직 교만이기 때문이다. 13:10

정의 그리고 의인 대 악인 21:10-18

본론의 두 번째 하위 단락에서는 계속해서 정의 주제를 다루긴 하지만,

더 구체적으로는 의인과 악인을 대조하고 있다. 여기서 "악인"은 앞의 하위 단락과 연결하는 표제어 역할을 할 수도 있다.[4, 7절] 이 단어는 이 하위 단락에서 인클루지오를 이루고 있다.[10a, 18a절]

21:10 악인의 행동을 악하게 만드는 것은 악을 원하는 그들의 태도다. "악인의 마음(65쪽 "네페쉬"를 보라)은 남의 재앙라(ra'), 참조. 1:16을 원하나니."참조. 10:3 사실 그들은 악을 행할 때까지는 잠을 잘 수도 없다.[4:16a] 그리고 "사람을 넘어뜨리지 못하면 잠이 오지" 않는다면,[4:16b] "그 이웃도 그 앞에서 은혜—친절한 행동을 뜻하는 환유참조. 14:21 —를 입지 못"할 것이다. 참조. 14:21 델리취Delitzsch는 "그 이웃도 그 앞에서 은혜를 입지 못하느니라"를 가난한 이들에게 전혀 긍휼을 베풀지 않는 냉혹한 모습을 가리킨다고 생각한다. 그들은 이웃을 돕는 대신 그들을 야만적으로 대한다.참조. 1:11-14; 4:16-17 지혜는 이런 매정한 모습을 바꾸어 놓는다.전 8:1 다음 잠언에서는 이런 정죄를 어떻게 피할 수 있을지 말해 준다.21:12을 보라. 참조. 마 12:33-35

21:11 어리석은 자는 연이어 두 단계로 이루어지는 교육 과정을 통해 탐욕으로부터 구원을 받는다. 첫 번째, "거만한 자(89쪽을 보라)가 벌을 받으면참조. 17:26 어리석은 자(87쪽을 보라)도 지혜를 얻는다"(69쪽을 보라). 둘째, "지혜로운 자"에게 귀를 기울임으로써1:3 "교훈을 받으면 지식(59쪽을 보라)이 더하"고 지혜로운 자의 일원이 될 수 있다(개역개정에는 "지혜로운 자가 교훈을 받으면 지식이 더하리라"로 옮긴 부분을 저자는 "[그들이] 지혜로운 자에게 귀를 기울이면 그들이 지식을 얻는다"로 번역했다—옮긴이).참조. 15:31 거만한 자들은 책망하거나 심지어 매질을 하여도 별 소용이 없겠지만,9:7-8; 15:12 어리석어도 가르침을 받아들이는 사람에게는 금전적으로 처벌하는 것이 교육적 효과를 가질 것이다.참조. 19:25

21:12 여기서는 인간의 권위로 거만한 자에게 금전적 처벌을 내린 것에서 단계를 높여 모든 악인을 무너뜨리시는 여호와께서 내리시는 처벌에 관해 이야기한다. 더 나아가 어리석은 자는 지혜로운 자에게 귀를 기

울임으로 풍성한 삶을 얻지만, 여호와께서는 악인을 주목하시고 그들을 "환난"라(ra'), 물리적 "악", 참조. 1:16에 던지신다. "의로우신 자[150]는 악인의 집을 감찰하시고" 그 사람을 모든 "악인"(히브리어 복수형) 참조. 21:4, 7과 함께 던지신다. "환난에"는 강조를 위해 추가되었다. 참조. 13:6; 19:3

21:13 13절에서는 회개하지 않는 악인은 구원을 받지 못할 것12절이라고 가르치며, 이때 "귀를 막고 가난한 자가 부르짖는 소리를 듣지" 않는 이들 참조. 21:10에 주목한다. 압제를 당하는 이는 급박하게 부르짖을 것이며, 그 부르짖음은 억압하는 이들에 대한 고발이나 호소로서 기능한다. 렘 20:8 따라서 13a절에서는 마음이 완악한 이들이 잔인하며 정의에 대해 무감각함을 암시한다. 참조. 욥 31:13-40, 느 5:1-11 "마음이 완악하면 귀가 닫힌다." 18:23; 24:11-12 13b절에서는 이런 완악함이 동해보복법에 따르는 결과로 이어진다고 말한다. "실로"(개정개역에는 번역되지 않았다―옮긴이)는 결과를 원인과 연결한다. "자기(무정한 악인)가" 도움을 구하며 "부르짖을 때에도 들을 자가 없으리라."21:7, 12 즉, 심판 때에 여호와께서 대답하시지 않을 것이다. 참조. 1:28-29 자비로운 사람은 자비를 얻지만, 냉담한 사람은 동정을 받지 못할 것이다. 참조. 시 109:6-20, 마 18:23-35; 25:31-46, 약 2:13

21:14 앞서 가난한 이들에 대한 악인들의 냉담한 태도를 다뤘다면, 이제는 그들이 자기 잇속만 챙기는 "선물"(곧 뇌물) 15:27; 17:8, 23; 18:16; 19:6을 보라. 참조. 출 23:8을 받는 것을 다룬다. 그들은 가난한 이들이 정의를 구하며 부르짖는 것은 거부할 수 있지만, 뇌물은 이겨 내지 못한다. "품 안"에 숨겼다가 꺼내는 "은밀한 선물"이라는 표현은 뇌물이 정의를 왜곡함을 상징한다. 참조. 17:23 여기서는 뇌물을 주거나 받는 이유가 그것이 "노를 쉬게 하"기 때문이라고 설명한다. "노"는 목격된 부정행위에 대한 내면의 "맹렬한

---

150 「잠언」의 다른 곳에서는 '차디크'saddiq가 항상 인간을 가리키지만, 여기서는 하나님을 가리킨다. 이 단어는 "악을 환난에 던지시는 분"과 동격이며, 이는 여호와만 그렇게 하실 수 있기 때문이다. 이사야 24:16에서도 동일한 명사적 형용사substantive adjective가 여호와를 지칭한다.

분"을 외적으로 표현하는 것을 의미한다.^{참조, 6:35} 덕으로 분을 누그러뜨리는 것은 긍정적이지만,^{참조, 15:1; 29:8} 뇌물로 그것을 달래는 것은 정의를 왜곡하므로 악덕이다.

21:15 정의를 옹호하시는 여호와에 관한 잠언^{12절}과 불의에 관한 두 부정적 잠언^{13-14절} 이후에 15절에서는 의인과 악인이 정의에 대해 대조적인 반응을 보인다고 지적한다. "정의를 행하는 것이 의인(72쪽을 보라)에게는 즐거움이요^{참조, 10:28} 죄인^{참조, 10:29b}에게는" 두려움과 "패망이니라"^{참조, 10:32}는 이유를 제시하지 않은 채 의인과 악인의 대조적인 심리에 관한 진리를 진술한다.^{참조, 18절}

21:16 전반절에서는 "길" 은유를 사용해 "명철^{참조, 71쪽, 1:3; 21:12}의 길^{참조, 1:15}을 떠난^{참조, 7:25; 10:17; 14:22} 사람"의 어리석은 여정을 제시한다. 모든 여정에는 종착지가 있다. 변절자들은 평화와 번영 속에 평안히 지내기를 바라며 반란을 일으키지만, "사망^{르파임(rəpā'îm), 참조, 2:18}의" 불행한 "회중에 거하"게 될 뿐이다. 그들이 반드시 때 이른 죽음을 맞이하지는 않겠지만, 결국 최종 종착지는 죽음이다.^{참조, 11:19; 14:12} 이사야는 살아 있는 동안 폭군이었던 '르파임'의 죽음과 여호와의 성도의 죽음을 날카롭게 대조한다. 전자에 관해 그는 이 '르파임'은 "일어나지 못할 것이니 이는 주께서 벌하여 그들을 멸하사 그들의 모든 기억을 없이하셨음이니이다"라고 예언한다.^{사 26:14} 하지만 후자에 관해서는 "그들의 시체들은 일어나리이다.……땅이 죽은 자들^{르파임}을 내놓으리로다"라고 노래한다.^{사 26:19}

21:17 명철의 길에서 벗어나는 방법은 바로 쾌락을 사랑하는 것이다. "연락을 좋아하"여 그것을 추구하는 자^{참조, 18:21}를 평행구에서는 마시는 "술"과 몸에 바르는 "기름을 좋아하는 자"로 구체화한다.^{참조, 27:9, 암 6:6} 여기서 술과 기름은 둘 다 쾌락의 상징이다.^{참조, 눅 6:24; 12:20; 16:25} 같은 뜻을 담고 있는 전후반절은 결과에 관해서도 짝을 이룬다. "가난하게 되고"는 (예를 들면, "방 안으로 걸어 들어오자마자 그는 죽은 사람이었다"처럼) 미래를 현재

로 표현하는 선취prolepsis 표현이다. "부하게 되지 못하느니라"는 가난해진다는 뜻의 완서법이다. 덕으로부터 얻는 즐거움은 하나님이 베푸신 복의 증거이자 기뻐할 이유다.참조. 10:28; 12:20; 15:23 하지만 쾌락 자체를 목적으로 추구할 때 사람들은 하나님을 왕좌에서 몰아내고참조. 딤후 3:4 도저히 감당할 수 없는 슬픔을 자초한다.참조. 눅 16:25

21:18 이제 정의가 의인에게는 기쁨을, 악인에게는 두려움을 가져다주는 이유를 설명한다.참조. 15절 "악인은 의인의 속전참조. 6:35이 된다."참조. 21:12, 15 이 상거래 이미지는 쾌락을 추구하는 사람의 몰락을 "속전"(누군가를 어려움으로부터 구해 내기 위해 지불하는 보상금)참조. 출 21:29-30, 잠 13:8, 사 43:3이 되는 것에 비유한다. 이 은유에서는 악인이 그 어려움을 획책하여 의인이 어려움을 겪게 되었다고 말한다. 하지만 희생시켜도 되는 사회의 구성원은 의인이 아니라 악인이므로 의로우신 분께서는 상황을 역전시켜 의인을 풀어 주시고 악인이 그들의 자리에 들어가게 하신다. "심지어"(개역개정에는 번역되지 않았다—옮긴이)는 후반절이 전반절을 강조하고 명료하게 함을 알 수 있게 해준다. "사악한 자는 정직한 자의 대신이 되느니라." 모르드개 대신 교수대에 오르게 된 하만의 사례를 생각해 보라.에 7:10

반복구: 다투는 아내 21:19

19절은 세 가지 측면에서 9절과 짝을 이룬다. 이는 곧 (1) 가장 친밀한 사회적 관계를 파괴하는 다투기 좋아하는 아내라는 개념, (2) 비교급 잠언 구조, (3) 단락을 나누는 기능이다. 이 구절에서는 두 가지 방식으로, 곧 (1) 두 악 중에서 더 약한 "움막"(지붕 한 모퉁이)을 "광야"—집으로부터 멀리 떨어져 있으며, 척박하여 남편이 살아남기도 어려운 장소참조. 욥 24:5 —로 대체하고 (2) "성내는"참조. 12:16이라는 형용사를 다투는 아내에게 덧붙임으로써 9절을 한층 더 강화한다.

의인의 지속성과 악인의 죽음 21:20-29

세 번째 하위 단락에서는 의인의 영속성과 악인의 죽음을 대조한다. 이 단락은 두 개의 부분적 하위 단락으로 이루어져 있다. 20-23절에서는 지혜로운 사람들의 이점을 다루며, 24-29절에서는 악인의 유형—즉, 무례한 자, 게으른 자, 위선자, 거짓말쟁이, 파렴치하게 악한 자—을 열거한다.

21:20 "기름"은 17절과 연결하는 표제어 역할을 한다. "지혜 있는 자의 집에는(문자적으로 "목초지에는") 귀한 보배와 기름이 있으나." "목초지"라는 목축 은유는 식량, 안전, 평화라는 의미를 담고 있다. 봄에 수확한 "음식"(개정개역에는 "귀한 보배"로 번역되었다—옮긴이) 혹은 곡식과 가을에 짜는 "기름"은 연중 지속적으로 공급되는 식량에 대한 환유다. 그러나 "미련한 자는" 개처럼 "이것(그들이 확보한 음식)을 다 삼켜 버리느니라"는 다른 사람들이 먹기 전에 탐욕스럽게 먹는 것과 절제하지 못함—즉각적 만족 추구—이라는 의미를 담고 있을 것이다. 참조. 고전 11:20-22

21:21 이 구절에서는 "지혜로운" 자가 마치 추격전을 벌이는 것처럼 "공의"(72쪽을 보라)와 인자(74쪽을 보라)를 따라 구하는 자"로 정의함으로써 20절에서 진술한 내용을 설명한다. "얻느니라"는 그들이 음식²⁰ᵃ절에 더해 "생명(78쪽을 보라)과 공의와 영광"을 보상으로 받을 것이라고 말한다. 참조. 마 5:6; 6:32-33, 눅 6:38, 히 6:10

21:22 "지혜로운 자"참조. 20-21절는 악을 상대로 승리를 거두는 용사에 비유된다. 지혜로운 자는 홀로 공격을 개시하여 "용사의 성에 올라"간다. 정의와 인자를 행하는 지혜로운 자가 공격한다는 것은 이에 맞서는 용사가 완악한 마음으로 악을 행하는 미련한 자임을 뜻한다. 이 은유는 악인이 지혜로운 자를 수적으로 압도하며, 맹렬하게 싸우고, 강력한 방어를 갖추고 있음을 의미한다. 그럼에도 불구하고 홀로 공의를 추구하는 자가 승리한다. 지혜로운 자는 성벽과 그것을 지키는 이들의 패배를 뜻하는 이중적

환유인 "의지하는 방벽"을 허문다("올라감"의 반대말임을 주목하라). 그리스도는 기근이나 적신, 칼,^{롬 8:35} 하늘에 있는 악한 영적 세력^{엡 6:12} 등 엄청난 역경에도 불구하고, 하나님의 전신갑주를 입은 성도를 통해 그분의 교회를 세우신다.^{사 59:17, 엡 6:10-18}

21:23 22절과 23절은 군사 모티프로 연결되며, 악에 대한 지혜로운 자들의 공격에서 악에 대항한 방어로 주제가 전환된다. "입과 혀를 지키는쇼메르(šōmēr) 자"는 평행구절에서 통상적으로 이뤄지는 발화^{참조. 10:31; 15:2; 31:26}에 대한 환유다. 그런 사람은 "자기의 영혼을 환난(경솔한 말로 인해 발생하는 수많은 불행)^{참조. 1:27}에서 보전"^{쇼메르}한다. '쇼메르'는 전후반절에서 언어유희로 사용되는데, 전반절에서는 "주의를 기울여 무언가를 행하다"라는 뜻으로 사용하고, 후반절에서는 "주의를 기울여 보호하다"라는 뜻으로 사용한다. 이로써 전후반절을 원인과 결과 구문으로 연결한다.^{참조.} ^{11:12; 12:23; 13:3; 15:28; 29:20, 약 3:5-8}

21:24 24절에서 주제가 급전환된다. 앞서 지혜로운 자가 어려움을 극복하는 내용을 다뤘다면,^{20-23절} 이어서 망령된 자를 비롯한 지혜로운 자의 대적자를 다룬다. 망령된 자란 다른 본문에서 경건한 이들을 무자비하게 공격하는 것으로 묘사되는 이들로,^{시 86:14; 119:51} 여기서는 "무례하고 교만한 자"다. "교만한 자"(히브리어 단수형)에 해당하는 히브리어는 '야히르'^{yāhîr}인데, 다른 곳에서는 폭군^{참조. 합 2:5}을 지칭하는 말로만 드물게 사용된다. "이름하여 망령된 자^{참조. 88-89쪽, 1:22; 21:11}라 하나니"는 그의 성품을 보여주며, 망령된 자가 버림받은 자라는 뜻을 담고 있다.^{참조. 24:8} "이는 넘치는 교만─문자적으로 "교만의 맹렬함", 자신의 중요성에 관한 부풀려진 견해^{참조. 11:2; 13:6}이자 지혜로운 이들에 대해 그들이 가지는 적대감의 영적 근원─으로 행함이니라."

21:25-26 25-26절은 짝을 이루고 있다. 두 절은 "게으른 자"를 선행사로 삼는 "그들"(26절, 히브리어 단수형, 개역개정에는 "어떤 자"로 번역되었

다—옮긴이)과 "욕망/탐하다"라는 표제어로 연결된다.

　25a절에서는 원인을 진술한다. "게으른 자(90쪽을 보라)의 욕망이 자기를 죽이나니." 여기서 "욕망"은 생명을 유지시키는 영양분에 대한 환유다. 25b절에서는 게으른 자의 음식에 대한 욕망이 그를 죽인다는 모순적인 진술을 설명하면서 "이는 자기의 손으로 일하기를 싫어"하기 때문이라고 말한다. 하나님이 식욕을 주신 목적은 손을 자극하여 식욕을 만족시키고 생명을 유지하는, 하나님이 주신 음식을 생산하게 하고자 함이다. 하지만 게으른 자의 손을 일하기를 거부하므로 좌절된 그의 식욕은 그를 무덤으로 이끈다.

　26절에서는 "탐욕스럽게"(개역개정에는 번역되지 않았다—옮긴이)와 "종일토록"(즉, 항상)이라는 부사로 "탐하기만 하나"를 수식함으로써 게으른 사람의 욕망을 강조한다.^{25a절, 26a절} 이와 대조적으로 "의인"^{참조, 10:3; 21:3, 12, 15, 18}은 아끼지 아니하고 베푼"다. 이 모호한 반의적 평행구조로 알 수 있는 것은, 의인이 게으른 자에게는 베풀지 않는다는 사실과 더불어 절제하지 않고 탐닉하는 게으른 사람들에게는 진정으로 도움이 필요한 사람들과 나눌 것이 아무것도 남아 있지 않다는 사실이다. 하지만 의인은 도움받을 자격이 있는 가난한 이들에게 풍성한 생명을 나눠 준다.

　21:27 악인의 유형을 나열한 목록 가운데에는 "악인"으로 지칭되는 위선적 예배자가 있으며, 이 용어는 나머지 유형 전부에 적용할 수 있다. 27a절은 사실상 15:8a의 반복이다. 27b절에서는 가중 논증인 "하물며"^{참조, 11:31; 19:7}가 사용되어 악인들이 "악한 뜻(또는 계획)^{브짐마(bǝzimma)}으로 드리는"(제물을 바친다는 의미의 관용구)^{참조, 창 4:3, 민 15:25, 말 1:13} 제물을 여호와께서 거부하실 것임이 확실함을 한층 더 강조한다. 여기서 '브짐마'는 제의를 조작함으로써 공동체에 해를 가하고자 하는 부정한 계획을 의미한다. 경건한 척하는 위선자가 다른 이들을 탈선하게 하고 그들을 손쉬운 먹이로 만드는 모습을 상상할 수 있다.^{참조, 7:14, 삼하 15:7-13, 왕상 21:9-12, 잠 7:14-15, 마 23:14}

이 과정에서 악인들은 하나님이 죄의 집행자라도 되는 것처럼 보이게 만들 것이다.

21:28 증인은 사건을 목격했거나 아는 바를 근거로 증언할 수 있는 사람이다.[레5:1] "거짓 증인"은 숨겨진 이기적 목적을 이루기 위해 고의로 남을 속인다. 위선자가 한동안은 발언권을 가질 수 있지만, 결국에는 "패망하"고 만다. 이는 그들의 숨겨진 의도가 드러나고 그들의 증언이 무가치하게 될 것임을 암시한다.[10:28; 특히 19:9] 이와 대조적으로 "확실히(주의를 기울여 객관적으로) 들은 사람"은 믿을 만한 증언을 하고, 따라서 그의 "말은 힘이 있"으며, 무고한 사람의 혐의를 벗기고 유죄인 사람에게 유죄를 선고한다. 하나님은 그렇게 들으신다.[15:29] 법정이 제대로 작동하지 않을 때 참된 증인을 신원하고 거짓 증인을 침묵하게 하시는[신 19:19] 궁극의 대리인[Ultimate Agent]은 진리의 하나님이시다.

21:29 결론부에서 악인 유형 목록에 나타나는 악인의 파렴치함은 최고조에 이른다. "악인(84쪽을 보라)은 자기의 얼굴을 굳게" 한다. 이는 뻔뻔하고 부끄러운 줄 모른다는 뜻이다. 「피르케이 애봇」[Pirkei Avot] 5:20에서 무례한 자는 '게헨나'[Gehenna]를 향해 가게 된다고 말한다. "정직한 자(73쪽을 보라)는 자기의 행위(자기 삶의 모든 결정과 전체 방향과 운명)[151]를 삼가느니라(도덕적 분별에 따라 선택한다)."[참조. 14:8]

결론: 사람들과 왕국들을 다스리시는 여호와의 주권 21:30-31

분명 악인은 뻔뻔스럽게 하나님과 그분의 지혜를 거부하지만,[29절] 어떠한 인간 권력도 여호와 앞에 설 수 없다.[30-31절] 표제어 "여호와"는 이 잠언 쌍을 연결하는데, 이 쌍은 서론[1-2절]과 더불어 이 단락[3-29절]의 중심부 주위를 둘러싸는 틀을 형성한다. 이 잠언은 일반적으로는 인간 전반을,[2, 30절]

---

151 McKane, *Proverbs*, 562.

구체적으로는 왕들과 그 군대들[1, 31절]을 다스리시는 여호와의 주권을 천명한다. 악인/미련한 자에 대한 지혜로운 자/의인의 승리 배후에는 그 누구도 이길 수 없는 여호와가 계신다.

21:30 인간은—심지어는 정직한 이들조차도—여호와께 의존하지 않고서는 자신의 여정을 완수할 수 없다. 왜냐하면 그분만이 그들의 목표 실현에 대한 최종 결정권을 가지고 계시기 때문이다. 첫 세 절[clause]을 시작하는 삼중적 행두 반복[anaphora]과 히브리어 본문에서 유사음[assonance]으로 마지막에 '아'[a] 발음이 오는 단어들('호크마'[ḥokmâ]=지혜, 1:2 참조, '테부나'[təbûnâ]=명철, 2:2 참조, '에차'['ēṣâ]=모략, 1:25 참조)을 사용해 이 진리를 분명하게 전달한다. 가장 뛰어난 인간의 지혜조차도 "여호와를 당하지 못하느니라." 이 잠언 안의 모든 것이 하나님의 이름에서 멈추며, 이로써 여호와께 그분의 이름에 합당한 온전한 위엄과 무게를 드린다. 이는 명백히 지혜자의 지혜를 염두에 둔 것이 아니다. 여호와께서 지혜를 생겨나게 하셨으며,[8:22-31] 지혜는 여호와께 맞서지 않기 때문이다. 30-31절의 짝을 이루는 잠언은 인간의 지혜와 모략을 무효화하지 않고,[참조 24:6] 그것을 올바른 관점에서 바라볼 수 있게 한다.[참조. 16:1, 9; 19:21, 시 33:10-11, 사 8:10; 14:27, 행 2:23; 4:27-28; 5:34-39, 고전 1:18-25; 3:19]

21:31 전반절에서 군마는 30절에서 언급한 인간의 지혜와 모략을 구체화한다. 여호와의 승리를 확신하는 후반절은 이 인간의 지혜와 모략이 여호와께 맞서 승리를 거둘 수 없다는 30절의 결론을 보완한다. 이 한 쌍의 잠언에서 마지막 발언권을 가지신 분은 여호와시다. 이 잠언에서는 특히 "싸울 날을 위하여" 인간의 지혜를 통해 모든 전쟁 기구에 대한 제유인 "마병을 예비"한다고 전제한다. 하지만 후반절에서는 왕과 그의 참모들에게 말이나 전차를 신뢰하지 말라고 경고한다.[시 20:7] "이김[참조. 2:7]은 여호와께 있느니라."[21:1, 30] 솔로몬은 말을 늘렸지만,[왕상 10:26-28] 그런 세속적 능력이 여호와에 대한 이스라엘의 믿음을 위협했으며, 그 때문에

솔로몬은 모세와 예언자들과 지혜자들로부터 혹독한 비판을 받게 되었다. 참조. 신 17:16, 시 33:16-17, 사 31:1, 호 1:7, 슥 9:10 미가 5:10-15에서는 군사력을 신뢰하는 것을 우상숭배, 복술과 동일시한다. 이 잠언은 전투를 앞둔 왕이 따라야 할 핵심 지침이었다. 20:18; 24:6을 보라. 참조. 대하 32:2-8

재물과 도덕 교육 22:1-16

¹많은 재물보다 명예를 택할 것이요 은이나 금보다 은총을 더욱 택할 것이니라. ²가난한 자와 부한 자가 함께 살거니와 그 모두를 지으신 이는 여호와시니라. ³슬기로운 자는 재앙을 보면 숨어 피하여도 어리석은 자는 나가다가 해를 받느니라. ⁴겸손과 여호와를 경외함의 보상은 재물과 영광과 생명이니라. ⁵패역한 자의 길에는 가시와 올무가 있거니와 영혼을 지키는 자는 이를 멀리 하느니라. ⁶마땅히 행할 길을 아이에게 가르치라. 그리하면 늙어도 그것을 떠나지 아니하리라. ⁷부자는 가난한 자를 주관하고 빚진 자는 채주의 종이 되느니라. ⁸악을 뿌리는 자는 재앙을 거두리니 그 분노의 기세가 쇠하리라. ⁹선한 눈을 가진 자는 복을 받으리니 이는 양식을 가난한 자에게 줌이니라. ¹⁰거만한 자를 쫓아내면 다툼이 쉬고 싸움과 수욕이 그치느니라. ¹¹마음의 정결을 사모하는 자의 입술에는 덕이 있으므로 임금이 그의 친구가 되느니라. ¹²여호와의 눈은 지식 있는 사람을 지키시나 사악한 사람의 말은 패하게 하시느니라. ¹³게으른 자는 말하기를 사자가 밖에 있은즉 내가 나가면 거리에서 찢기겠다 하느니라. ¹⁴음녀의 입은 깊은 함정이라. 여호와의 노를 당한 자는 거기 빠지리라. ¹⁵아이의 마음에는 미련한 것이 얽혔으나 징계하는 채찍이 이를 멀리 쫓아내리라. ¹⁶이익을 얻으려고 가난한 자를 학대하는 자와 부자에게 주는 자는 가난하여질 뿐이니라.

모음집 II의 마지막 단락은 두 하위 단락, 곧 재물과 도덕 교육에 관한 부분¹⁻⁹절과 사악한 말과 도덕 교육에 관한 부분¹⁰⁻¹⁶절으로 이루어져 있다. "재물/부자"라는 표제어로 연결되는 서론¹⁻²절과 결론¹⁵⁻¹⁶절이 단락의 틀

을 이룬다. 다른 표제어는 여러 차례 반복되는 "여호와"다.[2, 4, 12, 14절]

재물과 도덕 교육 22:1-9

22:1 서론에서는 재물을 명예와 비교하며 그 가치를 상대화한다. 하나님과 사람들에게 은혜를 입는 것이 물질적인 부보다 더 낫다. "명예"와 "은총"은 지혜의 효과에 대한 환유다. "명예"는 내면의 지혜로부터 발산되는 외면의 아름다움과 유익을 표현하는 말이다. 그것은 "많은 재물보다" 더 바람직하다.[참조. 3:16] 은이나 금(거대한 부)보다 은총을 더욱 택할 것이니라 (35쪽 "평행법"을 보라). 물질적 부는 좋은 것이겠지만, 좋은 평판이 더 낫다.[참조. 전 7:1] 덕 없이도 부를 얻을 수 있지만,[참조. 11:16] 명예는 얻을 수 없다. 지혜는 둘 다를 준다.[참조. 3:14]

　22:2 두 번째 잠언은 야누스로서 재물이라는 주제를 돌아보며 여호와의 주권이라는 주제를 내다본다. 부자와 가난한 이 모두 창조주[Maker]에게 생명이 달려 있다. 전반절에서는 이 공통점을 설명한다. 「잠언」에서 잔인하며 경건하지 않다고 묘사하는 "부한 자"[참조. 10:15; 28:11]와 「잠언」에서 자신의 잘못을 통해서가 아니라 다른 이유로 가난하다고 묘사하는 "가난한 자[참조. 10:4; 13:23]가 함께" 산다. 후반절에서는 이들이 얼굴을 마주하고 만나는 공통된 요인을 설명한다. "그 모두를 지으신 이는 여호와시니라." 여호와께서는 어떤 사람도 경제적 지위 때문에 배제하지는 않으신다는 뜻이다.[참조. 14:31; 17:5; 29:13; 욥 34:19] 부자는 자신이 가난한 이들을 대하는 방식이 곧 자신의 조물주를 대하는 방식임을 기억해야 하며,[14:31; 17:5] 가난한 이들은 부자를 멸시하거나 시기하거나 그들에 맞서 반역해서는 안 되고,[3:31] 그들의 환심을 사기 위해 아첨하거나 그들의 호의를 얻기 위해 양심을 팔아서는 안 된다는 것을 기억해야 한다.

　22:3-4 이 한 쌍의 잠언은 2절에 대한 잘못된 해석을 방지한다. 부자와 가난한 사람 모두에게 같은 창조자가 계시지만,[2절] "궁극적으로는" 인간

의 어리석음이 자신[3절]이나 다른 이들[4절]을 빈곤으로 이끈다.

3절의 반의적 평행구에서는 다음을 대칭으로 배치한다. (1) "슬기로운 자"(70쪽을 보라) 대 "어리석은 자"(히브리어 복수형으로서 이런 사람들이 훨씬 더 많음을 암시함, 86쪽을 보라), (2) 술어인 "재앙(과 그것이 초래하는 불행)을 (도덕적 분별력을 가지고) 보면" 대 "나가다가"(혹은 "계속해서 가다가"), (3) 사람들이 여호와의 정의로운 회초리로부터 "피하"는 것 대 "해를 받"는 것의 결과다. 어리석은 자들이 위험을 감지하고 피하는 도덕적 통찰력을 기르지 않는다면, 거만한 자가 벌을 받을 때[21:11] 그들 역시 벌을 받을 것이다. 슬기로운 자는 너그러움과 풍족함, 폭정과 가난함 사이의 관계를 분별하며, 따라서 재앙을 피함으로써 자신을 보호한다. 어리석은 자는 이 관계를 이해하지 못하며, 할 수 있을 때 구원받을 길을 마련하려고 애쓰지 않는다.[1:32, 참조. 26:11]

4a절에서는 어리석은 자가 조금이라도 슬기로워질 수 있는 해결책을 제시한다. 이는 인간에게 충족감을 주는 것을 포기하는 것, 곧 "겸손"[참조. 15:33]이다. 이것은 구체적으로 "여호와를 경외함"(74쪽 "여호와 경외"를 보라)과 연관된 겸손이다. 이 잠언에서는 "보상", 곧 "재물"과 "영광",[3:16; 18:12] 가장 중요하게는 "생명"(78쪽을 보라)이라는 은유를 활용해 젊은이에게 이런 종류의 겸손을 받아들일 동기를 부여한다. 이런 다른 유익이 없다면 재물은 사회적으로 무가치하며 안개처럼 사라질 뿐이다.

22:5 이 잠언에서는 자신이 걷고 있는 곳을 살피지 않는 어리석은 자로부터 "가시"와 사냥꾼이 사용하는 "올무"가 가득한 길을 걷는 패역한 사람들[참조. 7:23]로 단계를 높인다. 이 은유는 가벼운 성관계[2:16-20]나 쉽게 버는 돈[1:10-19]과 같은 유혹을 가리킨다. 이런 올무는 "패역한 자"[참조. 2:15]의 "길"[참조. 1:15]에 놓여 있다. 후반절에서는 피할 수 있는 길을 제시한다. "영혼(78쪽을 보라)을 지키는(혹은 "보존하는")[참조. 2:8] 자는 이(사냥꾼의 올무)를 멀리 하느니라."[19:7]

22:6 이 잠언에서는 지혜로운 교육자, 특히 부모에게 젊은이들로 하여금 처음부터 바른 길을 걷게 하여 어리석음을 멀리하도록 인도하라고 권고한다. 여기서 "바치라"[dedicate](저자의 사역, 개역개정에는 "가르치라"로 번역되었다―옮긴이)는 젊은이로 하여금 종교적, 도덕적 방향에 대해 깊이 헌신하도록 하는 것을 의미한다. "젊은이" 혹은 "아이"는 히브리어 단수형 '나아르'[na'ar]를 번역한 것이다.[참조: 1:4; 20:11] "(그들의) 길"[참조: 1:15]은 젊은이들이 헌신하는 방향을 결정하는 누군가 혹은 무언가를 지칭한다. 잠언 9장에 따르면 젊은이가 자연스럽게 걷게 되는 길은 어리석음이다.[참조: 48쪽.] [22:15] 이 유명한 잠언에서는 젊은이에 대한 종교적, 도덕적 교육은 처음부터 그들의 어리석음을 상쇄하는 방향으로 이루어져야 한다고 가르친다. 그렇게 한다면 "늙어도 그것(즉, 전반절의 "길")을 떠나지 아니"할 것이다. 이 격언의 잠언을 지나치게 밀어 붙여 부모나 권위 있는 사람들이 젊은이의 도덕적 지향성 전체에 대해 궁극적으로 책임져야 한다는 의미로 해석해서는 안 된다. 다른 잠언에서는 젊은이가 자유롭게 악당[1:11-15]이나 매춘부[5:11-14]와 어울림으로써 죄를 선택하고 배교할 수 있음을 인정한다.

22:7 현실은 냉혹하여 부자가 가난한 자(극빈자)를 노예로 삼는다. "부자"[참조: 22:2; 10:15]는 빚으로 "가난한 자"[참조: 22:2; 10:4]를 노예로 만듦으로써 그들을 "주관"한다(혹은 "다스린다").[참조: 12:24] "빚진 자는 채주의 종이 되느니라." 노예제 은유는 부자가 빚을 내지 않고는 생활을 이어갈 수 없을 정도로 가난한 채무자에게 이자를 부과함을 암시한다. 성경의 세계에서 이자율은 낮게는 돈으로 20퍼센트 정도였고, 높게는 곡물로 50퍼센트 정도였다. 이처럼 높은 이자율 때문에 채무자는 채무 상태에서 영원히 벗어나지 못했으며, 결국 자유를 박탈당했다. 가난한 이들에게 이자를 부과하는 것을 율법에서 금지했고,[출 22:25, 레 25:36-37, 신 23:19] 예언자들이 이를 신랄하게 비판했으며,[겔 18:8, 13, 17; 22:12] 지혜자가 금지했다.[잠 28:8] 그럼에도 불구하고 이스라엘이 열방에 돈을 빌려줄 수 있는 능력을 하나님이 주

신 번역의 상징으로,^{신 18:2} 이스라엘이 열방에서 돈을 빌려야만 하는 상황을 하나님이 복을 철회하신 것으로 간주했다.^{28:44}

22:8 미래에는 여호와께서 부자들의 폭정을 종식시키실 것이며,^{7절} 현재에는 여호와께 보상을 받는 자비로운 이들이 부자들의 폭정을 해결한다. "뿌리는 자는……거두리니"는 「잠언」의 주제 의식을 이루는 행위-운명 연계성을 은유적으로 묘사한다. ^{참조, 욥 4:8, 호 8:7; 10:12-13, 갈 6:7} 악(불의)은 지속적으로 "사회적 혹은 금전적, 상업적 범죄"와 연관된다.¹⁵² 역설적으로 불의한 이들은 불의의 씨를 뿌리지만, 그들이 수확하는 부는 "공허한 기만"(한글 개정개역에서는 "재앙"으로 번역되었다—옮긴이)일 뿐이다. 그들은 아무것도 얻지 못하기 때문이다. 전반절에서는 불의한 이들이 자신의 재산을 상실한다고 말하고, 후반절에서는 권력을 상실한다고 말한다. "막대기"(개역개정에는 "기세"로 번역되었다—옮긴이)는 다른 이들을 예속시키고 억압하는 폭군의 권력과 권위를 상징한다. 그것은 "쇠하리라." 왜냐하면 의로우신 여호와께서 동해보복법의 원칙을 지지하시기 때문이다. ^{참조,} ^{10:28; 11:18; 12:3; 13:9, 25; 21:12; 24:19-20; 28:22}

22:9 "선한 눈을 가진 자"(너그러운 자)는 폭정으로 부를 축적한 이들과 날카롭게 대조된다.^{8절} 너그러운 자는 풍성한 양식을 받고 안전하게 보호받음으로써 "복을 받"을 것이다. ^{참조, 10:6-7; 11:24-26} 복을 주시는 분은 여호와시다. 모든 복은 그분으로부터 흘러나오기 때문이다. 후반절에서는 그들이 복을 받는 이유를 설명한다. "이는" 제한적인 자신의 "양식을" 돌려받을 것을 기대하지 않고 "가난한 자에게 줌이니라." 와이브레이^{Whybray}는 이것이 "참으로 가난한 이들을 위해 무언가를 나눌 수 있지만 큰 재산을 가지고 있어서가 아니라 제한된 예산 안에서 그렇게 할 수 있는 사람들의 경제적 상황을 명확히 반영한다"라고 해석한다.¹⁵³

---

152 R. Knierim, *TLOT*, 2:849-50, s. v. *ʿawel*.

153 Whybray, *Proverbs*, 320.

사악한 말과 부, 도덕적 훈계 10-16

두 번째 하위 단락은 세 쌍의 잠언[10-11, 13-14, 15-16절]과 하나의 야누스 잠언[12절]으로 이루어져 있다.

22:10-11 서론에 해당하는 이 잠언 쌍에서는, 거만한 자에게는 친구가 전혀 없지만 지혜로운 이들은 임금을 친구로 둔다는 현실을 지적함으로써 젊은이에게 부모의 가르침을 받아들이라고 암묵적으로 훈계한다.

"거만한 자(가장 미련한 자, 89쪽을 보라)를 쫓아내면"은 거만한 자를 공동체에서 강제로 내쫓으라는 명령이다. 이 명령은 특정 개인을 향한 것이 아니라 공동체 내에서 권위가 있고 책임을 맡은 지혜로운 이들 모두를 향한 것이다. 그렇게 하면 의인화시켜 거만한 자와 짝을 이루는 "다툼" 역시 추방당한 거만한 자와 함께 떠날 것이다.[참조. 12:13] 10b절에서는 10a절을 명확하게 밝힌다. 즉, "싸움과 수욕[참조. 3:35]이 그칠" 것이다. 반 레이우엔[Van Leeuwen]은 "포용과 배제라는 경계 설정의 문제는……핵심적으로 중요하다. 그것 없이는 어떤 집단도, 심지어는 하나님께 속한 가정이라도 온전한 정체성을 지닐 수 없기 때문이다"라고 논평한다.[154] 또한 키드너[Kidner]는 "조직에는 개혁이 아니라 구성원의 추방이 필요할 때도 있다"라고 말한다.[155]

"…에 관해"(개역개정에는 번역되지 않았다—옮긴이)는 거만한 자의 반대인 지혜로운 이들에게 초점을 맞춘다. "마음(66쪽 "마음"을 보라)의 정결[참조. 15:26]을 사모하"고 따라서 추구하는[참조. 1:22] 자는 지혜로운 이들에 대한 환유다. 11a절에서는 그들의 내면적인 마음의 정결함을 다루며, 11b절에서는 정결한 마음으로부터 흘러나오는 그들의 외면적이며 온화한 말을 다룬다.[참조. 4:23-24] 그들의 "입술(10:8; 16:21; 24:2에서도 "마음"과 평행 구절을 이룬다. 욥 33:3, 시 21:2 참조)에는 덕이 있"다. 여기서 먼저 정결한

154　Van Leeuwen, "Proverbs," in *NIB* 5, 198.

155　Kidner, *Proverbs*, 148.

마음을 언급하여 우아한 말이 단순히 겉치례에 그치지 않도록 한다.^{참조,} ^{26:25} "임금이 그의 친구가 되느니라." 말에 있어서 정직한 태도와 고귀한 도덕적 능력은 궁정에서 경력을 쌓기 위한 전제조건이지만,^{참조, 25:5} 이 잠언은 모든 도덕적 지도자에게 적용된다.

22:12 이 야누스 잠언은 왕에 관한 경구에 이어 여호와에 관한 경구를 배치하며^{참조, 11b절; 14:27-28} 이어서 젊은이에게 신실한 가르침에 순종하고 거짓 교리를 신뢰하지 말 것을 다그친다. "여호와의 눈"^{참조, 5:21; 15:3}이라는 신인동형론적 표현은 여호와에 대한 제유이기도 하다. 따라서 그분의 눈은 「잠언」에 근거한 "지식"을 "지키"며, 따라서 보존한다(59-60쪽을 보라). "따라서"(개역개정에는 번역되지 않았다—옮긴이)는 인과관계를 논리적으로 연결하는데, 원인은 도덕에 관한 여호와의 인식^{12절}이고 결과는 그분이 "사악한 사람의 말은 패하게 하시"고 그들을 죽음으로 이끌어 그분의 진리만 영원히 남게 하신다는 것이다.

22:13-14 이 한 쌍의 잠언은 사악한 자들, 곧 게으른 자^{13절}와 음녀^{14절}가 하는 두 가지 말을 예로 든다. 게으른 자는 쉽게 돈을 벌고자 하고, 음녀는 가벼운 성관계를 제안한다.

"게으른 자(90쪽을 보라)는 말하기를 사자가 밖에 있은즉 내가 나가면 거리에서 찢기겠다(저자는 "살해당하다"[murder]로 번역했다—옮긴이) 하느니라." "살해하다"^{라차(rāṣaḥ)}는 성경 다른 본문에서 의도적으로,^{murder, 살해하다} 혹은 실수로^{manslaughter, "과실치사", 참조, 출 20:13, 민 35:6, 11, 16, 30} 무고한 인간의 생명을 취하는 것을 의미한다. 여기서 망상에 사로잡힌 게으른 자는, 짐승을 들먹이며 자신을 무고한 희생자로 묘사한다. 다시 말해서, 게으른 자로 하여금 억지로 거리에서 일을 하게 만드는 사람은 누구든지 그를 살해하는 죄를 범하게 된다는 것이다. 이 주장은 터무니없다. 고대 이스라엘에는 사자가 있기는 했지만^{시 104:20-21} 도시에는 많지 않았고, 백주대낮에 병사와 상인, 군중으로 북적이는 요새화된 도시의 거리에는 당연히 사자가 없었다. 게으른 자에게는 자신이 일을 하지 않도록 해주는 그 어떤 생각도 비상식적이거나 환상적이지 않다. 역설적으로 실제로 그를 "죽이는" 것은 사자가 아니라 그의 게으름이다.

모음집 I에서 그토록 큰 비중을 차지했던 음녀2:16-19; 5장; 6:20-35; 7장; 9:13-18를 모음집 II의 마지막 부분에서 다시 만나게 된다. 하지만 이제는 단일한 음녀 대신 여러 "음녀들"에 관해 이야기한다. 한 음녀가 여러 사람에게 피해를 입힐 수 있다면,참조. 7:26 여러 음녀들은 수없이 많은 사람들에게 피해를 입힐 것이다. "깊은 함정"참조. 23:27은 위험과 죽음을 의미하는 은유다. 여기서 이 은유의 대상은 "입"인데, 이는 말에 대한 환유참조. 5:3; 9:17; 23:27; 30:20로 위험과 파멸을 초래하는 숨겨진 덫을 뜻한다. 유혹하는 말은 부정한 성관계의 핵심이다.5:3 "음녀"참조. 2:16란 길거리를 배회하며 젊은 남자를 유혹하는 정숙하지 못한 아내를 지칭한다. "여호와의 노를 당한 자"는 "거기"(음녀의 "입" 곧 "함정")에 "빠짐"으로써 저주를 받는다. 이 이미지는 음녀에게 빠져서 자신이 가진 모든 것, 심지어는 생명까지도 약탈당하는 남자를 묘사한다. 참조. 23:28; 또한 5:10-11; 6:32-35; 7:23

22:15-16 6절과 짝을 이루는 15절에서는 젊은이가 처음부터 바른 길을 걸을 수 있도록 하라는 훈계에서 한 단계 높여, 채찍을 이용해 그들이 바른 길에 머물게 하라고 말한다. 그를 음녀의 함정에 빠뜨리는 여호와의 저주14절로부터 젊은이를 보호하기 위해서는 강력한 징계가 필수적이다. "아이의 마음(즉, 성향 자체)에는" 순수함이 아니라 "미련한 것"이 단단하게 "얽혀" 있다. 와이브레이는 이를 "'본원적 어리석음'original folly 교리"로 묘사한다.[156] "징계하는 채찍참조. 13:24이 이를 멀리 쫓아내리라." 미련한 것은 여호와의 저주를 초래하므로,14절, 참조. 엡 2:3 이 잠언에서는 상대적으로 가벼운 부모의 징계를 통해 젊은이를 영원한 죽음으로부터 보호하려 한

156 Whybray, *Proverbs*, 125.

다. 외면적인 신체적 해가 내면적인 도덕적 부패를 치유한다.

6절과 7절처럼 15절과 16절에서도 젊은이에 대한 도덕적 교정을 가난한 이를 돌보는 것과 연결한다. 모음집 II의 마지막 잠언에서는 적절하게도 부와 연관된 사회 정의를 다룬다. 평행구절인 "가난한 자를 학대하는 자"와 "(부자에게) 주는 자"는 모든 방법을 동원해 더 많은 부를 쌓으려고 하는 두 부류의 사람을 묘사한다. 토이 ᵀᵒʸ는 "부자에게 주는 선물은 사랑에서 우러난 것이 아니라 그의 호의를 얻으려는 노력일 뿐이다"라고 말한다.[157] 이 연결된 두 절에서 "이익을 얻으려고"에 대응하는 구절은 16b절에서 빠져 있다. "가난하여질 뿐이니라"는 가난한 이들을 짓밟고 부자의 환심을 사려는 행동을 호되게 꾸짖는 표현이다. 돈이 필요한 가난한 이들한테서 돈을 빼앗는 사람과 부자에게 선물을 주는 사람을 나란히 배치함으로써 어리석음을 드러낸다. 이 단락에서는 그런 악을 행하는 사람이 역설적인 결과를 맞는 것은 그분의 도덕적 지배권을 보호하시는 여호와의 눈 때문이라고 분명히 말한다(92쪽 "악인의 징계", 14:31; 15:25; 17:5; 22:12, 23을 보라).

---

[157] Toy, *Proverbs*, 420.

지혜자의 서른 가지 금언
22:17-24:22

모음집 III을 "지혜자의 서른 가지 금언"으로 구분하는 방식과 그 구조에 대한 분석은 26쪽 "구조"를 보라.

많은 학자들은 지혜자의 서른 가지 금언이 이집트의 「아메네모페의 교훈」^{주전 1186-1069년경}과 연관이 있다고 본다. 모음집 III의 구조를 나타내는 구절인 "내가 너를 위해 서른 가지 모략과 지식을 기록하지 않았느냐"^{22:20a, 저자 사역}는 「아메네모페의 교훈」의 마지막 장인 "이 서른 장에 주목하라"와 비슷하다. 이집트 문헌에서 30이라는 숫자는 완전하고 완벽한 가르침을 상징하며, 「잠언」에서도 동일하다고 볼 수 있다.

금언 1: 서언 ^{22:17-21}

17 너는 귀를 기울여 지혜 있는 자의 말씀을 들으며 내 지식에 마음을 둘지어다. **18** 이것을 네 속에 보존하며 네 입술 위에 함께 있게 함이 아름다우니라. **19** 내가 네게 여호와를 의뢰하게 하려 하여 이것을 오늘 특별히 네게 알게 하였노니 **20** 내가 모략과 지식의 아름다운 것 ^a을 너를 위해 기록하여 **21** 네가 진리의 확실한 말씀을 깨닫게 하며 또 너를 보내는 자에게 진리의 말씀으로 회답하게 하려 함이 아니냐.

---

^a 마소라 본문의 '쉴숌'('이전에?')과 구두 전승 마소라 본문의 '살리쉼'('관리' 〉 '고귀한')은 모두 의미가 확실하지 않다. 그에 비추어 많은 본문 비평가들은 서른 개의 금언이 있고 그중 첫 열한 개가 아메네모페의 서른 가지 금언 첫 부분과 비슷하기 때문에 자음은 바꾸지 않고 모음만 '쉘로쉼'('서른')으로 수정한다.

서문은 가운데 행 19절의 앞뒤에 배치된 두 쌍의 구절 17-18, 20-21절로 이루어져 있다. 17-18절은 아들에 관한 내용으로서 "지혜 있는 자의 말씀"을 받아들이라고 훈계하며 17절 동기를 부여 18절한다. 아버지에 관해 이야기하는 20-21절은 금언의 기록 목적을 밝힌다. 가운데 행은 야누스 구절로서, 19a절은 뒤돌아보며 아들에 관해 이야기하고 19b절은 아버지에 관한 내용을 내다본다. 더 중요한 점은, 이 구절이 서른 가지 금언의 진리를 옹호하시는 여호와를 신뢰함으로써 그것들을 받아들이는 기초를 다지고 있다는 것이다. 참조 3:5-6

22:17-18 "지혜 있는 자의 말씀" 참조 1:6을 받아들이라는 훈계는 "귀를 기울여 참조 4:20 ……들으라" 참조 1:8는 권고에서 단계를 높여 "마음에 둘지어다"라는 명령으로 이어진다. 배우는 과정은 지혜를 얻은 외부의 귀 17a절에서 시작하여 얻은 것에 초점을 맞추는 내면의 마음 17b절으로, 그것을 보존하는 배 속 18a절으로, 그것을 다른 이들에게 전하는 외부의 입 18b절, 참조 4:20-27으로 넘어간다. 평행구절인 "지혜 있는 자의 말씀"과 "내 지식"은, "내"의 유일한 선행사인 솔로몬이 자기 친구들의 금언을 채택하여 수정하고 있음을 암시한다(52쪽 「잠언」과 주변 문화의 지혜문학의 관계」를 보라).

"이것을……보존……함(조심스럽게 지키고 암기함)이 아름다우니라(지극히 아름답고 매력적이다)." "네 속에"는 "네 마음의 상자 안에"라는 이집트어의 표현을 축약한 형태일 수도 있다. 참조 18:8; 20:30 "있게 함"은 이 말씀이 지속되고 적용될 준비가 되어 있음을 의미한다. "네 입술 위에 함께"는 서른 가지 금언을 하나로 묶는 동시에 각각 개별화함으로 올바르게 활용되게 한다는 의미다.

22:19 솔로몬은 지혜자의 금언을 각색하여 언약을 지키시는 이스라엘의 하나님이 주시는 말씀으로 제시한다. "내가 네게 여호와를 의뢰하게 하려 하여"는 이 금언들이 일반 은총으로부터 기원했지만 이스라엘의 거룩하신 하나님이 그것에 영감을 불어넣으셔서 특별 은총의 일부가 되게

하셨음을 암시한다. 그분이 구원사 가운데 이 금언들을 확증하실 것이라는 논리다.^{참조.3:5-6} 대명사 "나"와 "너"의 선행사는 각각 솔로몬과 「잠언」 서문^{1:8-9:18}에 등장하는 가상의 아들이다. 아들은 금언 자체가 아니라 금언의 하나님을 믿는다. "내가", 곧 솔로몬이 "네게 알게 하였노니"는 하나님이 영감을 불어넣으신 왕의 지혜를 내면화하는 데 아들이 적극적으로 참여함을 상징한다. "오늘"은 아들이 살아가는 모든 날을 가리킨다. 왜냐하면 그는 이 금언을 언제나 갖추고 있어야 하기 때문이다(히 3:13; 4:7와 시 95:7을 비교하라). "특별히 네게"는 금언이 아들에게 적용됨을 강조한다. 정경의 맥락 안에서는 교회의 모든 구성원이 아들로 간주된다.^{참조.히12:5}

22:20-21 히브리어에서 "기록하여……하려 함이 아니냐" 같은 형식의 질문은 강한 긍정을 요구한다. 이는 먼저 구두 전승으로 제시된 금언이 기록으로 전달되고 정확히 보존되고 있음을 의미한다. "너를 위해"는 아들에 대한 아버지의 다정한 관심을 강조한다. "서른 가지"는 위의 성경 본문 주를 보라(개역개정에는 번역되지 않았다—옮긴이). "모략과 지식"은 이 금언들의 권위를 인증한다.

이 지식의 목적은 아들로 하여금 신뢰할 만한 연사가 되게 하려는 것이다. 이 금언들을 통해 지도자는 명령 체계 전체를 신뢰할 만한 것으로 만든다. "너를 가르치려"(개역개정에는 "네가……깨닫게 하며"로 번역되었다—옮긴이)는 이런 윤리적 행위의 근거를 여호와에 대한 신뢰에서 찾는다. "정직한"^{코쉬트(qôšṭ)}(저자의 사역, 개역개정에는 "확실한"으로 번역되었다—옮긴이)은 여기서만 사용되는 독특한 용어로서 "현실에 부합하도록 말하고 행동하는 이가 갖추고 있는 자질"을 뜻한다.[1] '코쉬트'가 인간의 성품을 가리킨다면 "믿을 수 있는 말을 함"은 그 성품의 표현이다. 코디^{Cody}에 따르면 "너를 보내는 자"^{10:26을 보라.참조.13:17; 15:23; 26:6}는 "자신의 고문, 외교

1　　A. Cody, "Notes on Proverbs 22,21 and 22,23b," *Bib* 61 (1980): 424.

관, 사절에게 다양한 상황을 살펴보고 신뢰할 만한 보고를 하라고 명령하는……중요한 인물"을 지칭한다.[2]

금언 2-11: 재물에 관한 열 가지 금언[22:22-23:11]

22:22 약한 자를 그가 약하다고 탈취하지 말며 곤고한 자를 성문에서 압제하지 말라. **23** 대저 여호와께서 신원하여 주시고 또 그를 노략하는 자의 생명을 빼앗으시리라. **24** 노를 품는 자와 사귀지 말며 울분한 자와 동행하지 말지니 **25** 그의 행위를 본받아 네 영혼을 올무에 빠뜨릴까 두려움이니라. **26** 너는 사람과 더불어 손을 잡지 말며 남의 빚에 보증을 서지 말라. **27** 만일 갚을 것이 네게 없으면 네 누운 침상도 빼앗길 것이라. 네가 어찌 그리하겠느냐. **28** 네 선조가 세운 옛 지계석을 옮기지 말지니라. **29** 네가 자기의 일에 능숙한 사람을 보았느냐. 이러한 사람은 왕 앞에 설 것이요 천한 자 앞에 서지 아니하리라.

23:1 네가 관원과 함께 앉아 음식을 먹게 되거든 삼가 네 앞에 있는 자가 누구인지를 생각하며 **2** 네가 만일 음식을 탐하는 자이거든 네 목에 칼을 둘 것이니라. **3** 그의 맛있는 음식을 탐하지 말라. 그것은 속이는 음식이니라. **4** 부자 되기에 애쓰지 말고 네 사사로운 지혜를 버릴지어다. **5** 네가 어찌 허무한 것에 주목하겠느냐. 정녕히 재물은 스스로 날개를 내어 하늘을 나는 독수리처럼 날아가리라. **6** 악한 눈이 있는 자의 음식을 먹지 말며 그의 맛있는 음식을 탐하지 말지어다. **7** 대저 그 마음의 생각이 어떠하면 그 위인도 그러한즉 그가 네게 먹고 마시라 할지라도 그의 마음은 너와 함께 하지 아니함이라. **8** 네가 조금 먹은 것도 토하겠고 네 아름다운 말도 헛된 데로 돌아가리라. **9** 미련한 자의 귀에 말하지 말지니 이는 그가 네 지혜로운 말을 업신여길 것임이니라. **10** 옛 지계석을 옮기지 말며 고아들의 밭을 침범하지 말지어다. **11** 대저 그들의 구속자는 강하시니 그가

2   Cody, "Notes," 423.

너를 대적하여 그들의 원한을 풀어 주시리라.

이 열 개의 금언은 교차 대구 구조를 이룬다.

A   가난한 이들을 착취하지 말라. 여호와께서 그들을 보호하시기 때문이다.   22:22-23

  B   노를 품는 자와 사귀지 말라.   22:24-25

    C   보증을 서지 말라. 모든 것을 잃어버릴지도 모르기 때문이다.   22:26-27

      D   지계석을 옮기지 말라.   22:28

        X   유능한 사람은 왕 앞에 선다.   22:29

      D′   속이는 음식이나 돈을 탐하지 말라.   23:1-3, 4-5

    C′   인색한 주인과 함께 먹지 말라. 네가 조금 먹은 것도 토할 것이다.   23:6-8

  B′   미련한 자와 함께 말하지 말라.   23:9

A′   고아들을 착취하지 말라. 여호와께서 그들을 보호하시기 때문이다.   23:10-11

금언 2와 11(22:22-23=A; 23:10-11=A')은 모두 약한 이들에 대한 착취를 금하며, 열 금언을 둘러싸고 인클루지오를 이룬다. 이 열 금언 안에 독특하게 나타나는, 여호와께서 약한 이들을 보호하신다는 경고는 "여호와 경외"와 더불어 단락 전체를 특징짓는다. 정확히 23:11에서 「아메네모페의 교훈」과 비슷한 금언이 사라진다. 여기서 솔로몬은 이 단락의 중심축 (22:29=X), 곧 아홉 가지 금지 명령 중앙에 성공하는 방법에 관한 긍정적이면서도 교훈적인 금언을 배치함으로써 이 열 금언 중 가장 중요한 금언으로 만든다.

금언 2 22:22-23

22:22 "약한 자를……탈취하지 말며"는 가난한 이들이 가지고 있는 재산

은 무엇이든지 폭력적, 영구적으로 빼앗지 말라는 뜻이다. "그가 약하다
고"는 가난한 이들이 부유하고 권력을 가진 이들에게 착취하고 싶은 유
혹의 대상이 되는 이유를 설명한다. 즉, 그들에게는 권력자의 공격에 저
항할 만한 재정적 힘이 없다. "부수다"(곧, "가루로 만들다", 개역개정에는 "압
제하지"로 번역되었다—옮긴이)라는 은유는 가난한 사람의 권리와 자유를
빼앗는 것을 뜻한다. 그들은 파산에 이르게 되어 남에게 의존할 수밖에
없다.[3] "약한 자"와 평행구로 사용될 때가 많은 "곤고한 자"는 피해를 입
은 사람을 지칭한다. 욥 34:28, 시 82:3, 사 10:2; 11:4, 암 2:7 "성문"은 공동체의 경제적,
사회적, 정치적 삶을 주도하는 통치자, 장로, 상인에 대한 환유다. 금언에
서는 부패한 행정관과 결탁하여 경제를 조작하는 부유한 상인을 묘사한
다. 참조, 출 23:1-9, 레 19:13, 신 27:25, 겔 18:7 이하, 미 2:1-11; 3:1-12; 6:9-16; 7:1-6

22:23 아들은 부패한 자들이 가난한 이들을 수탈하면서 어떤 처벌도
받지 않을 수 있다고 스스로를 속여서는 안 된다. 왜냐하면 여호와께서
친히 그들의 보호자가 되시기 때문이다. 곤고한 이들은 그분이 그들을
"신원하여 주시"는—그들을 위해 불의를 논박하시는—천상 법정으로
자신의 고발장을 가져갈 수 있다. "또"는 그들이 자신들의 고발자에게 소
송을 위임한 것에서 그 고발자가 직접 재판관이 되어 사형 선고를 내리
고 생명에 대해 생명을 요구하시는 것으로 전환이 이루어짐을 보여준다.
"그(가난한 사람)를 노략하는 자(곧 부유하고 권력이 있는 이들)의 생명을
빼앗으시리라(곧 "약탈하시리라")." 다시 말해서, 그분은 사형 선고를 내리
실 것이다. 인간의 정의가 가난한 이들을 실망시킬 때 분노하시는 그들
의 창조주께서 14:21; 17:5 소송을 맡으셔서 그들을 위해 복수하실 것이다. 출
22:22-24, 신 10:17-18, 시 72편, 사 1:23 등

3   Meinhold, *Sprüche*, 381.

금언 3 22:24-25

22:24 노를 품는 자와 사귀는 것은 강도질을 하는 것만큼 자기 파괴적이다. 여호와께서 곤고한 이들을 약탈하는 자에게는 사형을 선고하시지만, 노를 품는 자는 자기 파괴의 길로 이끄신다.^{참조. 1:16; 29:6} "노를 품는 자와 사귀지 말며(특히, 그와 "동행하지 말지니")." 노를 품는 자는 미련한 자다. 비합리적인 사고로 의해 그들의 판단력이 흐려져 있다. 그들은 충동적으로—많은 경우 무시무시한 방식으로—행동하며, 자제할 줄 모른다. 눈에 띄게 제정신이 아니다 싶을 정도로 화를 내는 이는 내적으로 "울분한 자"—곧 분노로 가득 차 있는 사람—이기 때문이다.

    22:25 여기서 위험한 점은 "네가 그의 행위를 본받"을 수도 있다는 것이다. "행위"는 자신을 화나게 하는 모든 사람을 "어리석다"고 말하는 것처럼 노를 품는 자의 행동 성향을 의미하는 은유다. 노를 품는 자와 사귀는 것만으로도 깨닫지 못한 채 치명적인 오류에 빠질 수 있다. 노를 품는 자의 습관은 전염성이 있으며 치명적이다. "네 목숨을 위해 올무(숨겨진 치명적 위험)를 가져올까(개역개정에는 "네 영혼을 올무에 빠뜨릴까"로 번역되었다—옮긴이)." 이 은유는 모순적이다. 사람이라면 위험한 덫은 회피하기 마련이지, 자살하려고 일부러 덫에 걸려들지는 않는다.

금언 4 22:26-27

22:26 "너는 사람과 더불어 손을 잡지 말며"는 보증을 확증하는 행위로서, "남의 빚에 보증을 서지 말라"라는 구절이 이를 설명한다. 보증은 채무자가 채무를 상환하지 않으면 그 빚을 대신 갚겠다는 약속이다.^{참조. 6:1-5; 11:15; 17:18; 20:16; 27:13}

    22:27 아들을 일깨우기 위해 아버지는 모든 재산을 잃을 수 있다고 경

고한다. "만일 갚을 것이 네게 없으면."참조 6:31 채무에 대해 보증을 서는 사람은 보증인이 될 당시에는 재정적 자원을 가지고 있었을 것이다. 하지만 미래에 보증인이 통제할 수 없을 정도로 재정 상황이 악화된다면 재정적 재앙을 맞게 될 수도 있다. "네 누운 침상도 빼앗길 것이라. 네가 어찌 그리하겠느냐"라는 가정적 질문은 보증인이 되는 것을 비판하고 책망하는 말이며, 채무 상환을 불이행했을 때 맞이하게 될 결과를 극적으로 묘사한다. "침상"은 아들이 재력가임을 전제한다. 일반 백성은 바닥에서 잠을 자야 했기 때문이다.삿 4:18 "도"는 침상이 그에게 마지막 값비싼 재산임을 의미할 것이다.

금언 5 22:28

"옛 지계석을 옮기지 말라"는 여호수아가 제기뽑기로 땅을 분배하던 때를 가리킨다.참조 수 14-19장; 신 19:14; 27:17 "네 선조가 세운"은 이스라엘 지파들이 처음 땅에 정착할 때 경계를 표시하던 행동을 가리킨다. 지계석을 옮기는 범죄는 행하기는 쉽지만, 입증하기는 어렵다. 불법을 행하는 자들은 매번 알아차릴 수 없을 만큼만 지계석을 옮길 테지만, 여러 해가 지나면 상당한 규모의 땅을 차지하게 될 것이다.

금언 6 22:29

중심축에 해당하는 이 금언의 목적은 아들로 하여금 자신의 직업을 뛰어나게 잘하게 되고, 그리하여 왕을 섬김에 있어 자신의 사회적, 경제적 잠재력을 최고 수준으로 끌어올릴 수 있도록 그에게 동기를 부여하는 것이다. "네가……보았느냐"는 노를 품는 자나 미련한 자를 피하는 것과 대조적으로 "자기"가 맡은 "일"이나 직업에 "능숙한 사람"을 본받기 위해 그들을 눈여겨보라고 권고한다. 그런 사람은 "왕 앞에 설 것"(자신의 자리를 굳건하게 차지할 것)이다. 참조. 16:10, 12-15; 19:12; 20:2; 21:1 복수형 "왕"kings은 지혜자가 국제적 명성을 누리고 있음을 암시한다. 신분 상승을 강조하기 위해 이를 부정적으로 표현하여 유능한 사람은 "천한 자 앞에 서지 아니하리라"라고 말한다. 가난한 이들은 고용하거나 일을 맡기지 않기 때문에 "천한 자"는 왕정 체계에서 하급 관리에 해당하는 사람을 가리킨다. 주 예수께서는 비유를 통해 이 세상의 작은 일을 믿고 맡길 만한 사람에게는 장차 임할 그분의 나라에서 많은 일이 맡겨질 것이라고 가르치신다. 마 25:14-30, 눅 19:11-27, 참조. 요 12:26

금언 7 23:1-3

이 금언은 두 조건적 상황에 대한 훈계,1, 2절 금지 명령,3a절 그에 대한 이유3b절로 이루어져 있다.

23:1 첫째 조건적 상황은 "네가 관원과 함께 앉아 음식을 먹게" 될 때다. 여기서 관원이란 통치자 또는 상급자를 말한다. "네 앞에 무엇이 있는지 잘 분별하라"(저자의 사역, 개역개정에는 "삼가 네 앞에 있는 자가 누구인지를 생각하며"로 번역되었다—옮긴이)에서 "네 앞에 있는 것"은 3절에서 말하는 "속이는 음식"이다.

23:2 "그리고"(개역개정에는 번역되지 않았다—옮긴이)는 두 번째 조건적 상황을 추가한다. "네가 만일 음식을 탐하는 자이거든"은, 더 정확히 말해서 "너의 식탐을 제어할 수 없다면"이라는 뜻이다. 관원과 함께 식사하는 상황은 자기 수양과 자제력을 보여줄 수 있는 시간이다. 많은 것이 걸려 있으므로 식욕을 제어할 수 없음을 알고 있다면 아예 먹지 않는 것이 최선이다. "네 목에 칼을 둘 것이니라"는 과장된 표현은 "혀를 문 채 하고 싶은 말을 참으라"는 영어 표현이나 "네 눈을 뽑으라"는 예수의 명령참조

마5:29과 비슷하다. 이 과장법을 통해 식욕을 억제할 수 없다면 음식을 아예 삼가야 하다고 강조한다. 이 금언은 자신이 대식가임을 인정하고 유혹을 완전히 피하라고 가르친다.

23:3 "그의 맛있는 음식 마트암모타브(maṭʿammôtāyw)을 탐하지 말라."참조. 10:24; 13:4 '마트암밈'maṭʿammîm은 창세기 27장의 핵심어로서 맛있는 음식을 탐하는 이삭의 성품적 결함을 뜻한다. 여기서 이 음식을 금지하는 이유는 이 상황 자체가 거짓이기 때문이다. "그것은 속이는 음식(문자적으로 '거짓말의 음식')이니라." 관원은 청자를 호화로운 저녁 식사에 초대한 것으로 보인다. 그렇다면 초대받은 사람으로서는 훌륭한 요리를 맛보고 싶은 것이 당연할 것이다. 하지만 사실 관원은 청자의 성품을 시험하고 있다. 즉, 그가 유혹을 받았을 때 과연 식욕을 억제할 수 있을지 시험하는 것이다.

금언 8 23:4-5

이 금언은 두 가지 훈계4절와 이유5절로 이루어져 있다.

23:4 "부자 되기에" 육체적으로 "애쓰지 말고"참조. 10:4라는 첫째 훈계는 둘째 교훈후반절에 의해 명료해진다. "버릴지어다"하달(ḥāḏal)는 무언가를 시작조차 하지 않는다는 의미에서 "삼가다"라는 뜻이다. 참조. 민 9:13, 신 23:22, 암 7:5 시의 간결성을 위해 "신뢰하기를"이라는 단어가 생략되었다. "네 사사로운 지혜"(혹은 "영리함")는 하나님과 분리된 인간을 도덕적 행위의 권위자로 삼는 것을 의미한다. 참조. 3:5 후반절은 자신의 이해력을 신뢰하지 말라는 보편적 금지로 이해해야 하는 반면, 전반절은 그것이 특히 돈을 통해 안전함을 추구하는 인간의 타고난 특성에 적용된다는 것을 보여준다. 지혜롭고 의롭게 부를 얻으면 그것은 복이다. 참조. 3:16; 8:18; 10:22; 12:27; 14:23-24; 22:4; 28:20 경건하지 못한 방식으로 얻으면 그것은 저주다. 10:2; 11:4, 18; 20:17; 22:4; 28:20

23:5 "네가 어찌 허무한 것에 주목^{타우프(ṭā'ûp)}하겠느냐"(문자적으로 "날게 하다")^{참조. 3:7}라는 수사 의문문에서는 재물을 좇는 행동을 아버지가 아니라 아들에게 받아들여질 수 있는 것으로 묘사한다. "네가 그렇게 한다면"은 히브리어 본문의 깨어진 문장 구조를 부드럽게 하기 위해 추가되었다(저자의 사역이다―옮긴이). 재물은 "존재하지 않는다"^{에넨누('ênennû)}는 구절은 히브리어 본문에서 한 단어로 된 간결한 구절로서, 재물이 갑작스럽게 사라져 버린 상황과 잘 어울린다. 후반절에서는 이 진리를 세 가지 방식으로 강조한다. 즉, (1) "정녕히"^{surely와 without question}라는 강한 의미를 담은 부사를 사용, (2) "재물은 스스로 날개를 내어"라는 은유를 통해, (3) 빠르고 강한 "독수리"가 하늘 속으로 사라져간다는 한 단계 더 높아진 은유 사용, "하늘을 나는 독수리처럼 날아가리라"는 재빠른 독수리라는 은유 사용. 빠져나간다는 이미지를 더하는 것이다. 부자들도 그렇게 한다.

금언 9 23:6-8

23:6 "악한 눈이 있는 자의 음식을 먹지 말며"는 사실상 동의어로 이루어진 평행구절인 "그의 맛있는 음식을 탐하지 말지어다"로 격상된다.^{참조. 3a절} "인색한 주인"(문자적으로는 "악한 눈")은 너그러운 사람(문자적으로 "선한 눈")^{22:9을 보라. 참조. 신 15:9, 집회서 14:10}의 반대말이다. 28:22에 따르면, 인색한 사람들은 부자가 되기를 갈망한다.

23:7 6절에서 금지 명령이 나온 이유는 그것이 거짓 상황이기 때문이다. "대저 그 마음의 생각이 어떠하면 그 위인도 그러한즉." 겉으로는 "먹고 마시라"고 다정하게 말하더라도 주인의 속생각이 그의 참된 정체성, 곧 적대 의식을 드러낸다. 하지만 왜 인색한 주인은 다정한 척하려고 하는가? 이집트 문헌인 「아니 교훈집」^{Instruction of Any}의 비슷한 금언^{8:10-13}에서 그 답을 제시한다. "네가 처한 입장을 잘 헤아려라.⋯⋯앞으로 나아가

려고 애쓰는 것은 좋지 않다.……함부로 남의 집에 들어가지 말고, 초대를 받으면 들어가라. 그가 '어서 오세요'라고 말할 수는 있겠지만……그의 속셈이 무엇인지는 알아채지 못할 수도 있다. 사람들은 미움받는 이에게 음식을 대접하고, 초대받지 못한 이에게 식사를 제공하기도 한다."[4] 주인은 초대받지 않은 손님을 정중하게 대접하는 동양적 관습을 지켜야만 한다. 따라서 인색한 주인만큼이나 주제넘게 행동하는 손님에게도 거짓 상황은 너무도 큰 부담이 된다. 더 자유롭게 번역하면, "아까워하는 주인의 음식을 먹겠다고 고집 피우지 말라"라고 표현할 수 있겠다.

23:8 8절은 이런 거짓 상황의 부정적 결과를 분명히 밝힌다. "네가 조금 먹은 것"은 식사 후의 상황을 전제한다. "토하겠고"는 위선적인 음식이 역겹고 소화할 수 없는 것임을 극적으로 드러낸다.참조. 레 18:25-28; 20:22, 욘 2:10 다시 말해서, 탐욕으로 인해 네가 만들어 낸 거짓 상황이 역효과를 낳아 너를 아프게 한다. "그리고"(개역개정에는 번역되지 않았다—옮긴이) 이에 더해 주인에게서 호의와 재물을 얻기 위해 네가 세심하게 만들어 낸 말이 아무런 효과도 거두지 못할 것이다. 너는 아무것도 얻지 못할 것이고, "네 아름다운 말도 헛된 데로 돌아가리라." 요컨대 너는 거짓 식사가 역겹고 헛된 것임을 깨닫게 될 것이다. 이 금언은 한 사람이 너그러운지, 인색한지 평가할 필요가 있음을 암시한다.

금언 10 23:9

미련한 자에게 말하는 것 역시 헛되고 어리석은 일이다. "귀"는 마음의 환유다. 귀는 결정을 내리는 마음으로 들어가는 관문이기 때문이다.2:2; 15:31 이 구절은 "미련한 자"(89쪽을 보라)에게 하는 좋은 말이 명료하고 직

---

4 *AEL*, 2:142.

접적이며 절박함을 의미한다. "말하지"는 말을 완전히 마치는 과정을 지칭한다. 금지 명령("말지니")이 타당한 까닭은 "그가 네 지혜로운(69쪽을 보라) 말을 업신여길 것"참조. 9:8; 17:10; 27:22이기 때문이며, 이는 그 말에 도덕적 통찰이 포함되어 있음을 보여준다. 지혜 여인은 미련한 자들에게 들으라고 호소하지만 그들에게 자신의 지혜를 말하지는 않는다.참조. 1:22, 32; 9:7-8 그러나 어리석음에 대해서는 그에 따라 이성적으로 대응해야 한다고 말하는 26:5과의 긴장 관계 속에서 이 금언을 이해해야 한다. 이 금언은 한 사람의 말이 사람들에게 미치는 영향력을 예측하기 위해 먼저 그들이 그 말을 받아들일 준비가 되어 있는지 영적으로 분별해야 한다고 가르친다.[5]

금언 11 23:10-11

23:10 "옛 지계석을 옮기지 말며"는 22:28a의 반복이다. 여기서는 "고아들의 밭을 침범하지 말지어다"라는 경고를 덧붙여 금언을 강화한다. "고아"는 아버지의 보호를 상실한 아이들을 가리킨다.욥 29:12, 시 10:14 그들은 첫 부분의 가난한 이들처럼 취약하며, 따라서 부유하고 권력을 지닌 이들은 그들을 착취하고 싶은 유혹을 느낀다. 그런 죄를 범한 이들은 성공하지 못할 것이다. 이스라엘의 모든 땅을 소유하신 여호와께서 이스라엘의 모든 가정이 언약을 지키는 한 거룩한 땅 안에서 그들의 생명권을 보장하기 위해 그들에게 밭에 대한 항구적 소유권(자유롭지만 책임감 있게 사용할 수 있는 재산)을 부여하셨다.참조. 22:28 지계석이 이 소유권을 상징했고, 그 가정의 항구적 유산으로서 소유권을 조심스럽게 지켜 내야 했다.참조. 레 25:23-28, 왕상 21:3 불행히도 불법적인 토지 점유자들은 부패한 법정의 허가

---

5 「앙크쉐숑키의 교훈」*Instruction of Ankhsheshonq* 7:4은 "미련한 자가 너를 미워하지 않도록 그를 가르치려고 하지 말라"로 권고한다(*AEL*, 3:165).

를 확보함으로써 힘없는 이들의 밭을 빼앗을 수 있었다. 참조. 왕상 21:1-16

23:11 여호와께서 가난한 이들을 보호하기 위해 세우신 인간 법정이 실패한다면, 여호와께서 친히 그들의 압제자를 벌하심으로써 그들을 보호하실 것이다. 참조. 신 16:18-17:13 여호와의 환유인 "그들의 구속자고알람(gō'ālām)는 강하시"다. 즉, 그들의 구속자로서 행동하실 수 있으며, 기꺼이 그렇게 하고자 하신다. '고엘' (go'ēl)은 가난한 사람의 가장 가까운 친척으로서 가난한 친척들레 25:47-54과 그들의 재산레 25:25-35을 보호할 책임이 있다. 만약 그들이 살해를 당한다면 그것에 대해 복수할 책임까지 있다. 민 35:12, 19-27, 신 19:6, 12, 수 20:2-3, 5, 9 여호와께서 압제자를 정죄하고 무고한 자를 신원하실 때 "그가 너를 대적하여 그들의 원한을 풀어 주실 것이다. 잠 14:31; 15:25 등

금언 12-20: 순종하는 아들23:12-24:2

23:12 훈계에 착심하며 지식의 말씀에 귀를 기울이라. **13** 아이를 훈계하지 아니하려고 하지 말라. 채찍으로 그를 때릴지라도 그가 죽지 아니하리라. **14** 네가 그를 채찍으로 때리면 그의 영혼을 스올에서 구원하리라. **15** 내 아들아, 만일 네 마음이 지혜로우면 나 곧 내 마음이 즐겁겠고 **16** 만일 네 입술이 정직을 말하면 내 속이 유쾌하리라. **17** 네 마음으로 죄인의 형통을 부러워하지 말고 항상 여호와를 경외하라. **18** 정녕히 네 장래가 있겠고 네 소망이 끊어지지 아니하리라. **19** 내 아들아, 너는 듣고 지혜를 얻어 네 마음을 바른 길로 인도할지니라. **20** 술을 즐겨 하는 자들과 고기를 탐하는 자들과도 더불어 사귀지 말라. **21** 술 취하고 음식을 탐하는 자는 가난하여질 것이요 잠 자기를 즐겨 하는 자는 해어진 옷을 입을 것임이니라. **22** 너를 낳은 아비에게 청종하고 네 늙은 어미를 경히 여기지 말지니라. **23** 진리를 사되 팔지는 말며 지혜와 훈계와 명철도 그리할지니라. **24** 의인의 아비는 크게 즐거울 것이요 지혜로운 자식을 낳은 자는 그로 말미암아 즐거울 것이니라. **25** 네 부모를 즐겁게 하며 너를 낳은 어미를 기쁘게 하라. **26** 내 아들아, 네

마음을 내게 주며 네 눈으로 내 길을 즐거워할지어다. **27** 대저 음녀는 깊은 구덩이요 이방 여인은 좁은 함정이라. **28** 참으로 그는 강도 같이 매복하며 사람들 중에 사악한 자가 많아지게 하느니라. **29** 재앙이 뉘게 있느뇨. 근심이 뉘게 있느뇨. 분쟁이 뉘게 있느뇨. 원망이 뉘게 있느뇨. 까닭 없는 상처가 뉘게 있느뇨. 붉은 눈이 뉘게 있느뇨. **30** 술에 잠긴 자에게 있고 혼합한 술을 구하러 다니는 자에게 있느니라. **31** 포도주는 붉고 잔에서 번쩍이며 순하게 내려가나니 너는 그것을 보지도 말지어다. **32** 그것이 마침내 뱀 같이 물 것이요 독사 같이 쏠 것이며 **33** 또 네 눈에는 괴이한 것이 보일 것이요 네 마음은 구부러진 말을 할 것이며 **34** 너는 바다 가운데에 누운 자 같을 것이요 돛대 위에 누운 자 같을 것이며 **35** 네가 스스로 말하기를 사람이 나를 때려도 나는 아프지 아니하고 나를 상하게 하여도 내게 감각이 없도다. 내가 언제나 깰까. 다시 술을 찾겠다 하리라.

24:1 너는 악인의 형통함을 부러워하지 말며 그와 함께 있으려고 하지도 말지어다. **2** 그들의 마음은 강포를 품고 그들의 입술은 재앙을 말함이니라.

이 단락의 첫 일곱 금언 금언 12-18: 23:12, 13-14, 15-16, 17-18, 19-21, 22-25, 26-28 은「잠언」전체에 대한 서언 1:8-9:18 및 지혜자의 서른 가지 금언에 대한 서언 22:17-21 과 동일한 교육적 주제를 다루며, 매우 비슷하게 들리기도 한다. 여기에 금언 16에서 다루는 술 취한 사람에 대한 경고 23:19-21 와 금언 15에서 다루는 죄인을 시기하지 말라는 금지 명령 23:17-18 을 더 상세히 설명하는 두 금언이 부록처럼 덧붙여져 있다.

금언 12 23:12

이 구절은 새 단락의 시작을 알린다. 아들이 부모를 통해 전해진 솔로몬의 권위 있는 가르침에 마음과 귀를 가까이 가져가는 모습이 그려진다. "훈계 무사르(*mûsār*), 참조. 1:2 에 착심하며"(66쪽 "마음"을 보라)와 "지식의 말씀 참조. 19:27 에 귀 참조. 2:2 를 기울이라"(문자적으로 "가져가다")는 서로를 보완한다.

마음과 귀는 합력하여 작동한다. 내면의 마음이 외면의 귀를 열어 귀가 마음을 다시 빚을 수 있게 해야 한다.^{참조. 2:2; 15:31; 18:15; 19:27} 2:2은 귀가 우선한다고 보지만, 여기서는 마음이 우선한다고 본다. 솔로몬은 이 둘을 함께 묶어 "듣는 마음"을 달라고 기도한다.^{참조. 왕상 3:9, 잠 20:12}

금언 13 ^{23:13-14}

23:13 열세 번째 금언은 열두 번째 금언을 발전시켜 훈계^{무사르, 12a절}에 순종했던 아들에게 그 자신도 젊은이를 훈육하는 사람이 되라고 권고한다. "아이 ^{히브리어 단수형 나아르(na'ar), 참조. 1:4; 22:6}를 훈계('무사르', ^{discipline} 여기서는 "채찍"이라는 평행구 때문에 12a절처럼 "가르침"^{instruction} 으로으로 번역하지 않았다)하지 아니하려고 하지 말라"고 하는 이유를 젊은이의 등에 매질을 하게 된다는 후반절에서 설명한다. 왜냐하면 그런 종류의 훈육이 생명을 살리기 때문이다. "왜냐하면"(개역개정에는 번역되지 않았다—옮긴이)이라는 말을 통해 이유로 전환된다. "채찍으로 그를 때릴지라도"는 젊은이를 깨끗하게 하고 반복되는 어리석음을 막기 위기 위해 심하지만 치명적이 않을 정도로 매질함을 뜻한다.^{19:25; 20:30} 바로잡기 위한 매질을 당해도 "그가 죽지 아니하리라." 14b절의 평행구절은 여기서 죽음이 임상적 죽음이 아니라 영원한 죽음을 가리킴을 암시한다.^{참조. 5:23; 10:21; 15:10; 19:16, 18} 훈육을 받은 젊은이도 임상적 죽음을 맞을 테지만 무덤이 그를 가두어 놓지는 못할 것이다. 가혹한 훈육은 잔인하지 않다. 오히려 어리석은 젊은이에게 매질을 아끼는 것이 잔인한 일이다. 하지만 이러한 매질은 사랑과 존중의 마음으로 이루어져야 한다.^{참조. 4:3} 자녀를 야만적으로 대하는 부모는 매에 관한 「잠언」의 가르침 뒤에 숨을 수 없다.

　　23:14 "네가 그를 채찍으로 때리면"은 13b절을 반복하지만 "만약"이라는 조건으로부터 "때려야만 한다"는 의무로 단계를 격상시킨다. ("그렇게

한다면") "그의 영혼을 스올에서 구원하리라." 브릿지스^{Bridges}는 "'영혼이
죽는 것'보다 육신이 아픈 것이 더 낫지 않은가?"라고 묻는다.[6]

금언 14 23:15-16

한 쌍^{15-16절}으로 이루어진 금언 14는 동일한 주제를 계속해서 다루면서
아들에게 부모의 가르침에 주의를 기울이라고 훈계한다. 15절은 아들의
지혜가 부모의 기쁨이라고 말함으로써 그에게 부모의 지혜를 받아들이
라고 설득한다. 16절은 기쁨을 유쾌함으로 격상시킴으로써 설득의 단계
를 높인다. 10:1; 15:20; 17:21, 25; 23:24-25; 27:11

23:15 15a절은 훈계가 암시된 조건을 제시하고, 15b절은 결과를 제
시한다. "내 아들아, 참조 1:8 만일 참조 2:1 네 마음(65쪽 "마음"을 보라)이 지혜
로우면(69쪽 "지혜로운 자와 의로운 자를 가리키는 지적 용어들"을 보라) 나
곧 내(두 부모를 대표하는 아버지) 참조 1:8 마음이 즐겁겠고." 참조 5:18 "나 곧
내"(문자적으로 "나")는 강조를 위해 덧붙여진 대명사^{pleonastic pronoun}로 아버
지를 지칭하며, 아버지가 심리적으로 황홀한 상태에 있음에 주목한다.
이로써 아들의 지혜로운 마음과 아버지의 기쁜 마음(곧 그의 심리적 건강)
을 연결한다.

23:16 금언 13 13-14절이 아버지의 가르침을 받아들이는 아들 금언 12: 12절로
부터 다음 단계로 나아갔듯이, 금언 14에서도 아버지는 지혜로운 마음
을 가지라고 아들에게 권면하는 것 15절으로부터 정직한 입술을 가지라
고—곧 그 자신도 교육자가 되라고—아들에게 동기를 부여하는 단계로
나아간다. 마음으로부터 입으로 나아감에 관한 조건절이 이 금언 쌍의
틀을 이룬다. 15a, 16b절 아버지의 환희와 관련된 결과가 이 금언 쌍의 내핵

6　Bridges, *Proverbs*, 429.

안에 동심원적으로 배치되어 있다.^{15b, 16a절} 첫째 결과로 "내 마음"이 아버지의 감정을 지칭하는 제유인 "내 속"^{킬요타이(kilyôtāy), 문자적으로 "내 신장"}으로 전환된다. 마음과 신장 모두 내면적 인간 전체를 지칭한다. 둘째 결과로 "즐겁겠고"가 "유쾌하리라"로 격상된다. 이는 노래와 춤, 외침과 같은 행동을 통해 극도의 행복감을 표현함을 뜻한다. "만일 네 입술이 정직을 말하면"은 아들의 말이 여호와의 확정된 도덕 질서와 일치할 때를 의미한다.

금언 15 ^{23:17-18}

23:17 금언 15는 금언 14에서 말하는 아들의 "지혜로운 마음"을 두 가지 방식으로 보완한다. 첫째는 "네" 지혜로운 "마음^{참조. 15절}으로 죄인의 형통함(훔친 재물)을 부러워하지(잘못된 열망을 품기) 말"라^{참조. 1:10-19}는 금지 명령을 통해서다. 둘째, 반대로 네 마음이 "항상" 열정적으로 "여호와를 경외"하게 하라(74쪽 "여호와 경외"를 보라)는 것이다.

23:18 한 사람이 여호와 경외를 유일한 목표로 삼아 그것을 추구하면,^{17절} 그 결과로 영원히 복된 미래를 얻게 된다.^{참조. 13-14} 이는 24:14에서 다시 나오는데, 믿음이 있어야 깨달을 수 있다.^{참조. 14b절} 이 하위 단락에서 복된 미래는 "죽지 아니하리라"^{13b절}에서 "스올에서 구원하리라"^{14b절}로, "네 소망이 끊어지지 아니하리라"^{18절}로 단계가 고조된다. 이런 전망을 근거로 삼고 살아가는 이들은 하나님을 기쁘시게 한다. "장래"는 항상 여호와를 경외함으로부터 기인하는 확실한 마지막을 지칭한다. "그리고"(개역개정에는 번역되지 않았다―옮긴이)는 두 번째 상황을 추가한다. "네 소망(현재 죄인들이 부당하게 얻은 재산을 몰수하여 그들을 벌하시고 의인에게 번영으로 보상하실 미래)^{참조. 10:2-3}이 끊어지지 아니하리라." 그들이 소망하는 풍성한 삶은 좌절되지 않을 것이다.^{마 6:33}

금언 16 23:19-21

23:19 "내 아들아, 너는 듣고"는 아들의 주의를 환기하여 방탕한 이들을 가까이 하지 말라는 가르침에 집중하게 한다.²⁰ᵉᵉ "네 마음을 바른 길로 인도할지니라"는 들으라는 명령을 더 정교하게 다듬는다. 20-21절에서는 "바른 길로"의 내용을 밝힌다. 이 구절을 "그런 다음 네 마음의 길로 걸어가라"라고 번역하는 것도 가능하기는 하지만,[7] 금언의 나머지 부분과 잘 어울리지 않는다. 아들의 마음이 바른 방향으로 가고 있다면, 그가 방탕한 이들 사이에 있지 않을 것이라는 약속이 그에게 그들 사이에 있지 말라고 명령하는 것보다 더 적합해 보인다.

23:20 키드너는 20절의 금지 명령과 21절에 제시된 논거를 가리켜 "흥청거리는 주연에서 누더기 옷으로"라는 제목을 붙였다.[8] "더불어 사귀지"는 한 집단과 교류하거나 동일시함을 의미한다. "술을 즐겨 하는 자들"(대주가 혹은 술에 중독된 사람)과 "고기를 탐하는 자들"(혹은 "귀한 고기를 가벼이 여기고 마음껏 즐기는 이들", 곧 대식가)은 방종과 방탕을 의미한다. 후자는 이 대식가가 동물이나 다른 이들의 필요는 고려하지 않고 동물의 살을 게걸스럽게 먹는다는 것을 암시한다. 참조. 눅 21:34, 롬 13:11-14, 고전 5:11-13, 딤전 3:3, 딛 1:7

23:21 "왜냐하면"(개역개정에는 번역되지 않았다—옮긴이)은 금지 명령에 대한 논거를 제시하고 있음을 말해 준다. 방종하여 "술 취하고 음식을 탐하는" 이들은 술 취함과 폭식에 동반되는 졸음으로 인해 ᵘᵇⁿᵉᵉ 궁핍해질 것이다. ᵉⁿᵇⁿᵉᵉ 게으른 자처럼 그들은 "가난하여질 것"이다. 참조. 20:13 즉, 사회적으로 따돌림을 받게 될 것이다. 참조. 6:9-11; 19:15; 20:13 가난한 이들은 자신의 삶을 유지할 수 없다. "그리고"(개역개정에는 번역되지 않았다—옮긴이)는

7   Fox, *Proverbs 10-31*, 736.

8   Kidner, *Proverbs*, 152.

또 다른 근거로 연결한다. "졸음"(개역개정에서 "잠 자기를 즐겨 하는 자"로 번역된 부분을 저자는 이 한 단어[drowsiness]로 번역했다―옮긴이)은 재산을 보호하기 위해 경계하거나 용기를 낼 수 없음을 암시한다. 의인화된 "졸음"이 "해어진 옷(보호도 사회적 승인도 제공하지 못하는 찢어진 천조각)을 입을 것"이다.

금언 17 23:22-25

이 금언은 금언 14¹⁵⁻¹⁶절를 두드러지게 고조시키며, 그것과 비슷한 논리로 전반부에서 부모의 가르침을 받아들이라는 훈계를 제시하고,²²⁻²³절 후반부에서는 그것이 부모에게 환희를 안겨 준다는 동기부여를 제시한다.²⁴⁻²⁵절 두 쌍은 "너를 낳은 아비"²²ᵃ절와 "너를 낳은 어미"²⁵ᵇ절라는 구절에 의해 둘러싸여 있다. 이 개념은 두 번째 쌍을 통일시키기도 한다.²⁴ᵇ, ²⁵ᵇ절 이 금언은 아들을 낳아 기르는 어머니의 역할을 독특하게 강조하며,참조. 1:8 지혜자의 서른 금언을 전수하는 장소로 학교가 아닌 집을 제시한다.

　　23:22 부모를 지칭하는 전형적인 표현을 "네 아비"와 "네 어미"로 나눈 것에 관해서는 1:8과 10:1을 보라. 따라서 "청종하고"와 "경히 여기지 말라"―가르침을 늘 지키라는 뜻의 완서법―는 훈계는 두 부모 모두에게 적용된다. 비슷하게 "너를 낳은"과 "네 늙은"이라는 대조제유법은 아들과의 관계에서 두 부모의 생애 전체를, 곧 그가 태어나서 나이가 들 때까지를 가리킨다.³⁰:¹¹, ¹⁷ 부모를 존경하지 않는 것은 장차 괴로운 시간이 찾아올 것임을 말해 주는 징조 중 하나다.딤후 3:1-4

　　23:23 "진리를 사되 팔지는 말며"는 아들이 부모의 지혜를 너무도 귀하게 여겨서 아무리 큰 대가를 치른다고 해도 그가 그것을 획득하는 것을 막지 못할 것이며, 아무리 높은 값을 제안해도 그가 그 지혜를 버리도록

유혹할 수 없음을 뜻한다. 참조. 2:4; 3:14-15; 4:7 "지혜를 팔다"라는 은유는 죄인의 세계관, 인생관이 물려받은 지혜와 훈계와 명철보다 더 낫다고 여기는 영적 태도를 지닌 사람을 묘사한다. 이 셋은 이 책의 서문 첫 부분에서 바른 삶을 위해 필요한 세 가지 가치로 나온다.[1,2]

23:24 이 교훈은 22-23절의 훈계와 논리적으로 연결되지는 않지만, 첫 쌍의 훈계에 대한 동기부여를 암묵적으로 제공한다. 드물게 같은 뜻의 평행구조를 사용해 의미를 강조한다. 후반절은 전반절을 풀어서 쓴다. "아비"를 "자식을 낳은 자"참조. 22절로, "의인"을 연관된 용어인 "지혜로운 자"로, "크게 즐거울 것이요"를 "그로 말미암아 즐거울 것이니라"로 바꾸어 적는다.

23:25 둘째 쌍은 "즐겁다"라는 표제어에 의해 첫째 쌍과 연결된다.24b, 25a절 24절의 교훈적 금언이 "네 부모를 즐겁게 하"라는 간청으로 바뀌는 것은 24절이 22-23절의 훈계에 귀를 기울이게 하는 동기부여로서 기능하고 있음을 확증한다. 같은 뜻의 평행구절인 24b절이 24a절을 강화하듯이, 다시 한번 같은 뜻의 평행구절인 25b절이 25a절을 보강하고 강화하여 "네 부모"를 "너를 낳은 어미"로 대체하고 "즐겁게 하며"를 "기쁘게 하라"로 대체한다. 명백히 아들은 첫째 쌍의 훈계에 귀를 기울임으로써 부모에게 기쁨을 가져다준다. 이 평행구조에서 아버지가 아닌 어머니를 등장시켜 이 금언의 틀을 이루고 있다는 점은 「잠언」에서 대단히 예외적인 경우다.

금언 18 23:26-28

서문에서 여러 차례 다루어졌으며 참조. 2:15-19; 5:1-23; 6:20-35; 7:1-27; 9:13-18 모음집 II에서는 한 차례 언급된22:14 음녀가 순종하는 아들에 관한 하위 단락의 절정으로서 서른 가지 금언에 다시 등장한다. 그녀는 치명적인 위험을 가지고 있으면서 동시에 27절 상당히 유능하기까지 하다. 28절 아들의 유일한 보호 장치는 자신의 마음과 눈을 미리 아버지에게 맡기는 것이다. 아들에게는 아버지가 하나님을 대표하기 때문이다. 2:6; 3:5-6

23:26 "네 마음을 내게 주며 네 눈으로 내 길을" 참조. 23:19 은 아들에게 몸에서 가장 중요한 이 기관을 음녀의 길이 아니라 아버지의 길에 맡기라고 명령한다. 참조. 1:15 "즐거워할지어다"는 아들이 여인의 유혹이라는 함정에 빠지지 않도록 아버지의 가르침을 기쁘게 받아들여야 한다는 뜻이다. 누군가를 기쁘게 하는 것이 무엇인지는 그가 가진 영적 기질에 따라 달라진다. 따라서 마음을 맡기는 것 전반절이 눈의 즐거움 후반절을 결정한다. 아들의 마음이 마땅히 하나님께만 속해야 한다고 요구하는 것은, 아버지가 영감을 받은 솔로몬의 지혜를 자신의 입으로 말할 때 하나님을 대신해 말하고 있음을 암시한다.

23:27 "대저"라는 표현부터 이 중요한 지체들을 아버지에게 맡겨야 할 이유를 설명하기 시작한다. 그 이유는 곧 "이방 여인"(97쪽을 보라)인 음녀로부터 아들을 보호하기 위함이다. "깊은 구덩이"라는 사냥 은유는 그녀의 집을 의미할 수도 있고, 또는 더 구체적으로 그의 입과 음부를 뜻할 수도 있다. 참조. 22:14 그녀는 지속적인 관계를 만들기 위해서가 아니라 음욕이나 돈 때문에 성행위를 한다. 이제는 그녀를 "깊은 구덩이"와 동일한 언어 외적 지시 대상을 갖는 "좁은 함정"a narrow well에 비유한다. 시에서 우물well은 성행위에 대한 은유로 자주 사용된다. "좁은"은 이 정부가 만들어 내는 좌절감을 의미한다. 간음하는 남자는 자신의 성적 욕망이 채워지기를 기대하면서 찾아온다. 하지만 오히려 그는 좌절하고 만다. 친밀한 관계를 맺을 수 없는 간통의 상대자가 그의 욕정을 채울 수 없기 때문이다. 그뿐만 아니라 만남 이후 그는 자신이 함정에 빠졌음을 깨닫는다. 참조. 렘 38:6

23:28 이제 구덩이와 함정이라는 수동적 은유 대신 더 적극적인 은유가

사용된다. "그는 강도 같이 매복하며"라는 직유에 관해서는 1:10-14에서
설명하고 있다. 하지만 여기서는 폭력으로 그를 약탈하는 대신 그녀의 유
혹하는 말로 그를 함정에 빠뜨린다. "사람들 중에 사악한 자가 많아지게
하느니라"는 그녀가 많은 남자를 유혹하여 그들이 하나님과 언약 공동체
에 대한 충성을 저버리게 만들었음을 암시한다. 그러나 그녀의 완악한 마
음에 이런 행동은 맛있는 음식을 먹는 것만큼 흔한 일이다. 참조. 9:17

부록: 금언 19와 20 23:29-24:2

금언 19에서 다루는 포도주에 관한 흥미진진한 경고는 술 취한 사람들과
사귀는 위험으로부터 포도주 자체의 위험으로 전환함으로써 금언 16에
서 다룬 술 취한 사람들에 대한 경고를 더 자세히 설명한다. 금언 20 24:1-
2은 죄인을 시기하지 말라는 금언 15의 명령을 상세히 설명한다. 23:17-18

금언 19 23:29-35

앞의 금언에서 유혹하는 음녀가 뛰어난 덫사냥꾼임을 폭로했다면, 이 금
언은 포도주가 독사와 같은 것임을 폭로한다. 둘 다 은폐된 치명적인 덫
이다. 르무엘 왕의 어머니31:3-4와 집회서도 여인들의 위험성과 포도주를
연결한다. "술과 여자는 현명한 사람을 망치고."집회서 19:2, 참조. 호 4:10-11 앤드
루M. E. Andrew는 「잠언」의 이 풍자적인 노래를 다음과 같이 분석한다. 수수
께끼29절와 답,30절 명령31절과 결과,31절 직접 건네는 말로 표현된 추가적인
결과("듣는 사람으로 하여금 마치 자신이 이미 취한 것처럼 느끼게 만듦", 33-
34절), 술 취한 자가 직접 하는 말로 표현된 결론이다.35절 9

  23:29 "뉘게"를 여섯 차례 행두 반복anaphora하면서(우리말에서는 의문사인

9   M. E. Andrews, "Variety of Expression in Proverbs XXIII 29 – 35," *VT* 28 (1978): 102 – 3.

"뉘게"가 문장 중간에 들어가지만, 영어에서는 "who has"가 문두에 위치한다—옮긴이) 이 물음들을 하나로 묶어 술 취함의 사회적 문제를 점차 고조시킨다. 첫째, "재앙"과 "근심"이라고 탄식하는 소리가 들린다. 만약 이것이 술 취한 자에게 하는 말이라면 위협과 비난의 표현이다. 참조. 민 21:29, 렘 13:27 다음으로 술꾼의 문제가 "분쟁"과 "원망"으로 고조되며, 이는 한 사람의 원한을 의미한다. 그다음에는 이런 원한에서 "상처"로 고조된다. 상처는 아마도 매질이나 싸움에서 기인할 것이다. 참조. 20:30 "까닭 없는"은 술꾼이 일으키는 말썽이 모두 그가 쓸데없이 취했기 때문임을 보여준다. "붉은 눈"은 그의 호전성을 묘사하는 표현일 수 있지만, 그 의미가 불확실하다.

23:30 여섯 물음에 대한 답은 "술에 잠긴 자"에서 "혼합한 술을 구하러 다니는(곧 운명에 영향을 미치는 행동을 하는) 자"로 정도가 심해진다. 술꾼은 포도주를 더 달고, 더 유쾌하고, 더 오래 지속되도록 만들기 위해 향신료나 허브, 꿀을 섞는다. 9:2을 보라. 참조. 사 5:11

23:31 이제 빈정대는 물음들은 젊은이에게 중독을 미연에 방지하라는 명령으로 전환된다. 20:1에서 지적했듯이 성경과 「잠언」은 취하게 하는 술에 관해 때로는 호의적으로, 때로는 적대적으로 말하기도 한다. 이 명령은 포도주가 그 마력을 발휘해 아들이 중독에 빠지도록 유혹할 기회를 주지 않고자 한다. 그 빛깔과 거품, 술잔, 유쾌한 맛이 매혹적으로 다가오면 그것을 단호하게 거부해야 한다. 이 명령은 포도주가 눈과 미각을 어떻게 유혹하는지 자세히 묘사한다. "포도주는 붉고"가 "잔에서 번쩍이며"(곧 "반짝 빛나며")로 확장된다. 포도주의 매혹적인 모습에 탁월한 맛까지 더해진다. "순하게 내려가나니." 그리고 명령이 나온다. "너는 그것을 보지도 말지어다." 이 명령은 과장된 표현이다. 이제 포도주를 그만 바라본다는 것은 지금까지 그것을 바라보고 있었음을 암시하며, "순하게 내려가나니"는 이미 그것을 마시기 시작했음을 의미한다. 이 과장된 표현은 "그만 마시라"는 뜻이다.

23:32 포도주를 마시기 시작하면 그것의 정체가 드러나 치명적인 결과로 이어진다. 즉, 포도주를 금지하는 명령의 근거가 드러나는 것이다. "그것이 마침내 뱀 같이 물 것이요(고통을 가할 것이요) 독사 같이 쏠 것"이다(죽일 것이다). 독사처럼 포도주의 치명적인 위험은 예상치 못한 순간에 닥쳐올 것이다.

23:33 이제 아버지는 포도주의 기만과 왜곡에 관해 아들에게 직접 이야기한다. 그는 아들로 하여금 포도주의 악몽 같은 효과를 직접 경험하게 만든다. "네 눈에는……보일 것이요"는 환각을 비유적으로 표현한다. "괴이한 것"으로 번역된 히브리어 단어는 "역겨운 것"을 의미할 수도 있다. 포도주의 환각 효과는 제대로 보지 못하는 것으로부터 제대로 말하지 못하는 것으로 정도가 심해진다. "네 마음은 구부러진 말을 할 것이며." 술 취한 자는 사물을 있는 그대로 보는 대신 거꾸로 뒤집힌 세상을 보며, 그의 왜곡된 말은 뒤죽박죽된 도덕 질서를 표현한다.

23:34 이 구절은 구부러진 말에서 불안정한 잠으로 전환하며 생생하고 극적인 직유로 포도주의 재앙적인 영향력을 강조한다. "너는……(현실 세계를 전혀 의식하지 못한 채 잠을 자는) 누운 자 같을 것"이다. "바다 가운데에"는 큰 파도가 쉴 새 없이 치는 지평선 너머의 바다를 가리킨다. 이 직유는 술 취한 자가 구역질을 하고 비틀거리며 생존을 위해 판단력이 가장 필요한 때 위험을 감지하지 못하는 모습을 묘사한다. 위험은 "돛대 위" 까마귀 둥지, 곧 배가 가장 심하게 흔들리는 곳에 "누운 자 같을 것이며"로 정도가 심해진다.

23:35 조롱하는 노래는 자포자기한 술꾼이 일인칭으로 고백하는 말로 마무리된다. "사람이 나를 때려도 나는 아프지 아니하고." 이 어리석은 자랑은 그가 제정신이 아님을 드러낸다. 취하지 않고 깨어 있는 사람은 자신을 보호할 수 있다. "나를 상하게 하여도 내게 감각이 없도다"는 술 취한 자가 고통에 대해 무감각한 상태에서 한 단계 더 나아가 자신의

곤경을 전혀 알아차리지 못하는 상태에 이르렀다고 말하는 것이다. "상하게 하여도"에 해당하는 히브리어는 장막 말뚝으로 시스라를 죽인 야엘을 묘사할 때 사용되었다. 참조.삿5:26,시141:5 "내게 감각이 없도다"는 알코올 중독자가 감각이 깨어 있는 지혜로운 사람과 정반대임을 보여준다. 후반절에서는 곤경이 고조된다. 술꾼은 매질을 당해도 아무것도 배우지 못한다. 오히려 중독이 너무도 심한 나머지 깨기도 전에 어떤 대가를 치르더라도 감각을 마비시키는 독을 더 많이 마시고 싶어 한다. "내가 언제나 깰까 다시 술을 찾겠다"는 독과 같은 포도주를 손에 넣겠다는 술꾼의 결심을 표현한다. "언제나"는 그가 이렇게 술을 찾는 것이 일회적인 것이 아님을 강조한다. 에이트킨Aitken은 "이 단락은 밤의 술 취함과 아침의 숙취 그 이상을 묘사한다. 습관적으로 술에 취하는 사람과 알코올 중독자가 신체적, 정신적으로 점점 더 퇴행하는 모습을 묘사한다"라고 설명한다. 참조.요8:34-36,고전6:10-11 [10]

금언 20 24:1-2

이 금언의 금지 명령1절과 논거2절는 모두 이중적double-sided이다.

24:1 이 구절의 이중 금지 명령은 타락한 죄인을 부러워하지 말라전반절는 명령에서 그들과 사귀지 말라는 명령후반절으로 단계가 높아진다. "너는 악인의 형통함을 부러워하지 말며"라는 금지 명령은 악한 사람들에게 부러워할 만한 특징이나 속성이 있음을 전제한다. "그와 함께 있으려고 하지도 말지어다"는 그들이 성공한 사람들임을 전제한다. 악인들이 쉽게 돈을 버는 데 성공하지 않았다면 아무도 그들과 함께하려는 유혹을 느끼지 않을 것이다.

24:2 "왜냐하면"(개역개정에는 번역되지 않았다―옮긴이)에 이어 금지 명

령의 이중적 논거가 제시된다. 이중적 논거는 악을 행하는 이들의 부당한 폭력을 묘사하는 것으로부터[전반절] 정직하지 못한 그들의 말[후반절]로 전환되며, 이는 아들이 그들의 악한 세계관과 그릇된 행동을 받아들이지 못하게 하기 위함이다. "그들의 마음(66쪽 "마음"을 보라)은 강포를 품고." 그들의 내면적 마음이 "재앙을 말"하는 "그들의 입술"을 통해 드러난다. 파괴를 위해 미리 꾸민 그들의 폭력 행위와 기만적이며 배신적인 말로 자신의 끔찍한 행태를 은폐하려는 모습은 너무도 혐오스러워서 사람들은 그들을 흉내 내거나 그들과 함께하려는 생각을 직관적으로 거부하게 된다.[참조. 1:11-14] 죄인들이 약탈하고 속이는 자들이 번성하는 사이에 의인은 믿음으로 살아간다.[잠 3:5, 고후 5:7, 히 11:1]

금언 21-25: 고난 중의 강함[24:3-12]

3 집은 지혜로 말미암아 건축되고 명철로 말미암아 견고하게 되며 4 또 방들은 지식으로
말미암아 각종 귀하고 아름다운 보배로 채우게 되느니라. 5 지혜 있는 자는 강하고 지식
있는 자는 힘을 더하나니 6 너는 전략으로 싸우라. 승리는 지략이 많음에 있느니라. 7 지
혜는 너무 높아서 미련한 자가 미치지 못할 것이므로 그는 성문에서 입을 열지 못하느
니라.[11] 8 악행하기를 꾀하는 자를 일컬어 사악한 자라 하느니라. 9 미련한 자의 생각은
죄요 거만한 자는 사람에게 미움을 받느니라. 10 네가 만일 환난 날에 낙담하면 네 힘이
미약함을 보임이니라. 11 너는 사망으로 끌려가는 자를 건져 주며 살륙을 당하게 된 자
를 구원하지 아니하려고 하지 말라. 12 네가 말하기를 나는 그것을 알지 못하였노라 할
지라도 마음을 저울질 하시는 이가 어찌 통찰하지 못하시겠으며 네 영혼을 지키시는
이가 어찌 알지 못하시겠느냐. 그가 각 사람의 행위대로 보응하시리라.

11 익톨형*yiqtōl*은 의무로 해석된다("열지 말아야 한다", *IBHS* §31.4g을 보라).

서른 가지 금언 중 이 단락의 다섯 금언은 갈등 상황에 힘과 전략을 제공할 지혜를 붙잡으라고 아들에게 권면한다.

금언 21 24:3-4

서론에 해당하는 이 금언은 아들에게 집을 세우고, 약탈 대신 지혜를 통해 부를 축적하라고 훈계한다.참조. 1-2절 이 두 구절은 "지혜"와 "명철", "지식"으로 연결되어 있는데, 이 셋은 여호와께서 세상을 "세우실" 때 사용하신 수단과 동일하며 같은 순서로 제시된다.3:19 이는 「잠언」에서 젊은 이에게 심어 주고자 하는 덕목이다.1:2 더 나아가 이 셋의 근본은 "여호와 경외"다.1:7

24:3 3절의 종합적 평행구조는 "집"참조. 11:29을 "건축"하는 것14:1, 참조. 삼하 7:13에서 "견고"하게 하는 것3:19; 8:21으로 단계를 고조시킨다. 이 구절의 각 절clause 앞부분에 나오는 "지혜로"와 "명철로"는 집을 건축하는 데 활용하는 재료를 강조한다. 여호와께서 계시하신 지혜 위에 집을 짓지 않는다면 그것은 종이로 만든 집만큼이나 견고하지 못하다.

24:4 이 구절은 "집"에서 "방들"로 범위를 좁히고, "건축되고"와 "견고하게 되며"로부터 "각종 귀하고 아름다운 보배로 채우게 되느니라"로 단계를 고조시킨다.

금언 22 24:5-6

이 금언은 한 사람을 힘5절과 전략6절으로 무장시켜 주는 지혜를 암묵적으로 촉구한다. 무슨 일을 맡든지 이 두 요소가 필수적이지만, 특히나 전쟁을 위해서 필수적이다. 지혜는 지혜로운 사람의 집을 공격하는 모든 적에 대해 승리하기 위해 반드시 필요한 모든 것을 제공한다.참조. 11:14;

15:22; 20:18; 21:5, 22

24:5 "지혜 있는 자 게베르-하캄(geber-ḥākām)는 강하고"는 지혜로운 사람이 확고하고 침범할 수 없는 보호 장치를 소유하고 있음을 밝힌다. "지식 있는 자는 힘을 더하나니"는 그 사람에게 힘을 주는 내적인 활력을 가지고 있다는 주장이다. 히브리어 본문 어순은 지혜와 지식의 효과가 아니라 지혜와 지식 자체에 초점을 맞춘다. 무엇이든 제대로 만들어 내려면 "힘"을 내는 것이 당연하겠지만참조. 31:17 "강하고"라는 표현은 주로 전쟁6절 및 언설7절과 관련해 사용된다.

24:6 성공을 위해서는 조언과 전략이 필수적이다. "너는" 승리를 위해 "전략으로 참조. 1:5 싸우라."참조. 20:18 11:14의 반복인 후반절은 이 전쟁이 승리로 마무리됨을 공언한다. "승리는 지략이 많음에 있느니라"(많은 지략을 통해 승리를 거둘 수 있었다). 겸손한 마음으로 서로에게서 배우는 조언자들은 심사숙고 끝에 도출한 최종 전략으로 승리를 보장한다.

금언 23 24:7

이 금언은 공공 정책 문제에 관해 말할 수 없는 미련한 자의 무능함을 지적함으로써 바로 앞의 금언5-6절에 대해 신중한 접근을 하라고 경고하는 기능을 한다. 따라서 유능하고 지혜로운 사람이 될 것을 암묵적으로 권고한다. 전반절에서는 경고의 내용을 진술한다. "지혜는 너무 높아서 미련한 자가 미치지 못할 것이므로"는 공적인 일을 맡기 위해 필요한 하늘의 지혜를 얻을 수 있을 정도로 높이 날아오를 수 있게 해주는, 경건과 겸손이라는 날개가 미련한 자에게는 없다는 뜻이다. 참조. 8:15-16 후반절은 결과를 진술한다. "그는" 공공 정책이 형성되는 "성문 참조. 1:21에서 입을 열지 못하느니라." 미련한 자에게는 공공 정책을 수립하거나 분쟁을 판결할 권한을 부여하지 말아야 한다. 그런 사람은 계시된 지혜를 거부했으므로 권위를 가지고 건설적인 발언을 할 수 없다. 그들이 신중하다면—하지만 그들은 신중하지 않다—입을 닫고 있을 것이다.[17:28]

금언 24 [24:8-9]

8-9절은 "꾀/생각"이라는 표제어로 연결되어 있다. 또한 이 금언은 금언 22에 대한 경고 기능을 하며, 23절에서 미련한 자가 침묵을 지켜야 한다고 했던 지혜자의 평가[7절]를 한 단계 더 높여 어리석음에 뿌리를 둔 꾀하는 자가 공적으로 비판을 받는다고 묘사한다. 이런 계략이 죄라는 하나님의 평가[9절]는 공적인 합의를 정당화한다.

24:8 "악행하기를 꾀하는 자"는 다른 이들을 희생시켜서 자신의 이익을 추구하기 위해 냉혹한 계략을 꾸미는 사람을 묘사한다. 공동체를 속이고자 하는 그의 철저한 계산은 그가 지적으로 아둔하지도 않고 감정적으로 충동적이지도 않음을 보여준다. 후반절은 그 결과를 진술한다. "일컬어 사악한 자라 하느니라." 이는 공동체가 그를 경멸하여 부르는 이름이다.[참조. 21:24] 나쁜 이름이 붙여졌다는 것은 따돌림을 받는 사람이 되었음을 의미한다.

24:9 지혜에서 파생되는 것은 힘과 전략이지만 "미련한 자(89쪽을 보라)의 생각"에서 파생되는 것은 "죄"다. 이런 꾀는 그가 "거만한 자"(89쪽을 보라)라는 사실에 뿌리를 내리고 있다. 이 구절은 미련한 자에 대한 대중의 비난을 그런 사람을 "사악한 자"라고 부르는 것[8절]으로부터 그를 "미움"을 받아 마땅한 대상으로 간주하는 것으로 고조시킨다.[참조. 3:32] 건강한 사회에서는 그를 그런 대상으로 간주하는 것이, "죄"가 바른 질서를 갖춘 사회를 세우시는 여호와께 맞서는 범죄임을 나타내기 때문이다.

금언 25 24:10-12

"힘"이라는 표제어가 이 금언을 금언 22 5-6절와 연결시켜 준다. 하나님의 영감으로 주어지는 지혜로부터 유래하는 힘은 특히 환난 날에 꼭 필요하다. 강한 힘이 한 사람의 지혜를 의미한다면,5절 환난 날에 힘이 약하다는 것은 지혜가 결핍되었거나 상실되었음을 의미한다.10-12절 이 금언은 반사회적 행동에 관해 이야기하면서 젊은이에게 수동적으로 그런 행동에 휘말리지 말라고 경고하는 금언 23,7절 24 8-9절와 연결된다. 이 금언은 "환난 날"10절을 사람들이 "사망으로 끌려"가는 때로 명시함으로써 통일성을 이룬다. 또한 "네가 만일······낙담하면"10절을 스스로 변명하면서 환난 날에 도움을 베풀지 않는 태도12절로 명시한다.

24:10 지혜자는 수치심을 이용해 아들에게 지혜의 힘을 얻고 그것을 드러내라고 권고한다. "낙담하"는 것은 "네 힘이"—따라서 네 지혜가참조 5절—질적으로나 양적으로 "미약함"을 드러내는 증상이다. 힘의 부족은 비겁함, 두려움, 게으름, 부주의함 때문이다. "환난 날"참조 11:8은 다른 이들의 고난을 가리킨다.참조 11-12 환난이 찾아왔을 때 반응하는 방식을 통해 한 사람의 힘 혹은 힘의 결핍이 드러난다. "[한 사람이] 인내하는 능력이 확장되고, 그의 강인함과 지구력을 가늠할 수 있는 것은 그가 역경을 만났을 때다."12 요약하자면, 10절은 아들에게 용기를 내어 도움이 필요한 이들을 멸망으로부터 구원하라고 격려한다.11-12절

24:11 11-12절에서 지혜자는 무고한 이들에게 목숨을 위협하며 고통을 가하는 이들에 맞서 용기를 보여주라고 아들에게 권고한다. "너는 사망으로 끌려가는 자를 건져 주며"는 죽음의 위협을 받고 있는 이들에 대한 도덕적 의무를 다하라는 명령이다. "심지어"(개역개정에는 번역되지 않

---

12   McKane, *Proverbs*, 400.

았다—옮긴이)는 11b절이 부연 설명 epexegetical 임을 의미한다. "살육을 당하게 된(비틀거리면서 곧 쓰러지게 된) 자를 구원하지 아니하려고 하지 말라"(구하라, 혹은 살려 주라). 적으로 인식된 자를 살해하는 행위인 "살육"은 윤리적으로 가치중립적이다. 그러나 12절에서는 살육이 하나님이 벌하실 범죄이며, 따라서 암묵적으로 살인이라고 말하고 있음을 알 수 있다. 이 훈계는 어떻게 무고한 이들이 살육을 당하는지를 명시하지 않고, 아들에게 적합한 구원의 수단(예를 들어, 법이나 무력, 몸값의 지불)을 결정하라고 요구한다. 이 금언은 지혜자에게 무고한 이들을 범죄자로부터 구해 내야 할 의무가 있는 모든 상황을 예로 든다.

24:12 이 구절은 무력한 이들을 도와주어야 할 책임을 피하기 위해 거짓말을 하는 불의를 추가한다. "네가 말하기를"이라는 구절은, 훈계를 무시하는 것에 대한 변명으로 알지 못했다고 거짓말을 하는 가정적인 상황을 제시한다. "[우리는] 그것을 알지 못하였노라"는 복수형을 사용하여 피고가 집단의 일원임을 나타낸다. 또한 '아들이 도울 수 없다고 느꼈다면 왜 다른 사람들에게 도움을 요청하지 않았을까?'라는 잠재적인 질문을 미리 차단한다. "그것"이 가리키는 선행사는 무고한 희생자들이 "사망으로 끌려가"고 있다는 사실이다. 후반절에서는 거짓말을 무너뜨린다. "못하시겠느냐"는 강한 긍정의 답을 예상하는 수사 의문문이다. 참조 14:22 "마음을 저울질 하시는 이 여호와, 참조 16:2가 어찌 [진리를] 통찰하지 못하시겠으며." 참조 1:2; 2:5 ["진리를"]은 진술되지 않은 "통찰"의 대상을 표시하기 위해 추가되었다(저자의 사역에 추가되었다—옮긴이). 즉, 그것이 비겁함인지, 무지인지를 분별하는 것을 의미한다. 여호와를 "네 영혼을 지키시는 이"로 묘사함으로써 그분의 정의로운 보복으로 향하는 길을 예비한다. "그가" 동기를 분별하신 다음 "각 사람의 행위대로 보응하시리라." 요약하자면, 전능하신 주권자께서는 수동적인 겁쟁이와 달리 정의롭게 행동하실 것이다. 아들이 희생자 돕기를 외면한다면, 그들의 생명을 지키시

는 여호와께서 그를 외면하고 도와주지 않으실 것이다. 폭스는 "너를 지키시는 하나님은 네가 다른 이들을 보호하는지를 주의 깊게 살피신다"라고 설명한다.[13]

금언 26-30: 악인과 사귀지 말라[24:13-22]

13 내 아들아, 꿀을 먹으라. 이것이 좋으니라. 송이꿀을 먹으라. 이것이 네 입에 다니라. **14** 지혜가 네 영혼에게 이와 같은 줄을 알라. 이것을 얻으면 정녕히 네 장래가 있겠고 네 소망이 끊어지지 아니하리라. **15** 악한 자여, 의인의 집을 엿보지 말며 그가 쉬는 처소를 헐지 말지니라. **16** 대저 의인은 일곱 번 넘어질지라도 다시 일어나려니와 악인은 재앙으로 말미암아 엎드러지느니라. **17** 네 원수가 넘어질 때에 즐거워하지 말며 그가 엎드러질 때에 마음에 기뻐하지 말라. **18** 여호와께서 이것을 보시고 기뻐하지 아니하사 그의 진노를 그에게서 옮기실까 두려우니라. **19** 너는 행악자들로 말미암아 분을 품지 말며 악인의 형통함을 부러워하지 말라. **20** 대저 행악자는 장래가 없겠고 악인의 등불은 꺼지리라. **21** 내 아들아, 여호와와 왕을 경외하고 반역자와 더불어 사귀지 말라. **22** 대저 그들의 재앙은 속히 임하리니 그 둘의 멸망을 누가 알랴.

서른 가지 금언의 마지막 하위 단락 역시 다섯 금언으로 이루어져 있다. 그중에서 첫째 금언은 다수의 금언이 그렇듯이 암묵적으로 아들에게 지혜를 얻으라고 권고한다. 다섯 금언 모두 이중적 훈계나 금지 명령이 담긴 홀수 절[13, 15, 17, 19, 21절]과 이유를 제시하는 짝수 절[14, 16, 18, 20, 22절]로 구성된 금언 쌍이다. 사랑이 담긴 "내 아들아"라는 표현이 이 하위 단락의 처음과 마지막에 배치되어 있다.[13a, 21a절] 이 하위 단락은 지혜를 얻으라고

13   Fox, *Proverbs 10-31*, 747.

암묵적으로 권고한 다음 악한 자들과 사귀지 말라고 명령한다. 이는 매우 심각한 문제다. 지혜로운 이들에게는 영원한 생명이 기다리고 있으며,[14a, 16a절] 악한 자들에게는 영원한 죽음이 기다리고 있다.[16b, 20, 22절] 가운데 세 금언은 '라'[*ra'*, '악', '재앙']라는 단어로 연결되어 있다.

금언 26 [24:13-14]

서론에 해당하는 금언은 두 개의 긍정적인 권고와 이를 뒷받침하는 이유로 이루어져 있다. 꿀은 유익하고 좋으니 그것을 먹고,[13절] 지혜가 영원한 생명을 약속하니 그것을 얻으라는 것이다.[14절] "따라서"(개역개정에는 번역되지 않았다—옮긴이)는 첫 번째 명령이 두 번째 명령에 관한 비유 기능을 하고 있음을 보여준다. 지혜에 대한 은유로서의 꿀은 세 가지 양상을 지닌다. (1) 신체적으로 먹는 것은 영적으로 "아는 것"(내재화)과 대응한다. (2) 지혜는 꿀과 마찬가지로 치료 효과를 가지고 있지만, 놀랍게도 맛이 달다.[참조. 16:24] (3) 맛을 느끼는 "입"[13b절]은 생명력을 담당하는 "영혼"[life, 14b절]과 짝을 이룬다. 요약하자면, 꿀과 지혜를 내재화하는 것은 즐거우며 활력을 준다.[14] 하지만 이 유비는 14b절에서 무너진다. 왜냐하면 꿀과 달리 지혜의 즐거움은 영원하기 때문이다.[15]

24:13 "먹으라"는 하나님과 바른 관계를 맺으라는 명령을 의미한다.[참조. 창 2:16] 음식은 하나님이 주시는 좋은 선물이며, 음식을 먹을 때 기쁨이 있다.[신 28:17-18, 31, 33, 여러 곳, 잠 13:25] 이 명령은 은유로 기능하지만, 아버지는 아들에게 문자적으로도 "꿀"을 먹으라고 말한다. "이것이 좋"기 때문이다. 치료 효과도 있고 맛있기도 하다. 후반절에서는 꿀의 기쁨을 고조시키고 강조한다. "송이꿀[참조. 16:24]을 먹으라. 이것이" 맛을 느끼는 "네 입에

---

14 시 19:10; 119:103, 겔 3:3, 계 10:9-10도 하나님의 말씀을 꿀에 비유한다.
15 참조. Malbim, *Proverbs*, 248.

다니라."

24:14 계시된 "지혜"참조. 1:2를 "알라"(경험하고 내재화하라). "이꿀와 같은 줄을"은 암묵적으로 생략된 부분에 대한 해석이다. "네 영혼 네페쉬(nepeš) (65쪽 "네페쉬"를 보라)에게." 이 구절에서 제시하는 이유14b절는 사실상 23:18의 반복이지만, 이를 조건절로 바꾸어 "이것지혜을 얻으면"으로 표현했다. 지혜를 내재화한 결과는 끝없는 기쁨이다.

금언 27 24:15-16

이 하위 단락의 첫 이중 금지 명령15절에서는 악인과 협력하여 의인을 약탈하는 행위를 금지한다.참조. 1:10-19 그 이유16절는 의인이 약탈당한 상황에서 회복되는 마지막에 이르러서야 악인이 정의로운 처벌을 받을 수도 있기 때문이다. 다시 말해서, 지혜로운 사람/의인은 영원한 생명을 얻기 전에 먼저 완전한 파멸을 경험할 수도 있다(80쪽 「잠언」은 너무 많은 것을 약속하는가"를 보라). 이는 많은 성도가 경험하는 바고,참조. 히 11장 예수 그리스도의 죽음과 부활을 통해 가장 잘 예증되었다. 위협과 약속 모두 하나님이 그분의 도덕적 질서를 떠받치신다는 믿음을 요구한다.참조. 3:5-6; 22:23; 23:11; 24:18, 21

24:15 "엿보지 말며"참조. 3:5-6; 22:23; 23:11; 24:18, 21가 "헐지 말지니라"참조. 11:3로 격상되며, 따라서 의인의 재산까지 포함하게 된다. "악한 자여"는 아들이 배교자가 된 상황을 가정한다. "의인의 집"은 식량 공급을 위한 공간이다. "그가 쉬는 처소"는 휴식과 회복의 공간이다.

24:16 "대저"를 통해 근거로 전환되는 동시에 조건이 제시된다. 반의적 평행구조에서는 "의인"(히브리어 단수, 72쪽 "지혜로운 자와 의로운 자를 가리키는 윤리적 용어들"을 보라)과 복수의 "악인", 넘어졌다가 다시 일어나는 의인과 다시 일어나지 못하는 악인을 나란히 배치한다. 여기서 "넘어

질지라도"는 아마도 약탈하는 악인의 매복 공격으로 인해 폭력적인 멸
망을 당하는 상황을 지칭할 것이다. 상징적 숫자인 "일곱"은 특별한 거룩
함[출 23:15; 25:37; 29:30]이나 완전함—한 주기의 총체성[6:31; 9:1; 26:16, 25]—을 의
미한다. 이런 극단적 상황은 의인이 부당한 고통을 당하고 있음을 보여
준다. 하지만 그들의 삶이 최종적 파멸로 귀결되는 것처럼 보일지라도
상황은 뒤집힌다. 그들은 "다시 일어나려니와." 의인이 폭력적이며 최종
적인 몰락 이후에 다시 일어나므로 그들의 회복은 그들이 죽음으로부터
부활함을 의미한다. 이와 대조적으로, 악은 "재앙으로 말미암아 엎드러
지"고 쓰러지며[1:33] 결코 다시 일어나지 못할 것이다.

금언 28 [24:17-18]

앞의 금언은 악인이 쓰러질 것이라고 약속했다.[16b절] 이 금언은 아들에게
그들의 처벌을 기쁘게 여기지 말라고 명령한다. 이를 기쁘게 여기는 것
은 모든 복의 근원이신 분을 찬양하는 태도와 정반대이며, 패배한 이들
을 헐뜯음으로써 자신을 높이는 태도다. 하나님은 남의 불행을 기쁘게
여기는 것을 용인하지 않고 그분의 보복적 정의를 유예하실 것이다. 악
인을 제거하심으로써 정의를 세우시는 하나님을 지혜로운 사람이 찬양
할 때는 기뻐하는 것이 마땅하다.[참조. 1:20-33]

24:17 "네 원수가 넘어질 때에 즐거워하지 말며"라는 구절은 더 강조되
기는 하지만, 같은 뜻의 평행구절인 "그가 엎드러질 때에 마음에 기뻐하
지 말라"로 사실상 반복된다. 악인에 대한 의인의 승리로 인해 기뻐하는
것은 선한 행동이지만,[1:20-33] 다른 사람의 불행에 대해 냉혹하고 무정한
태도로 기뻐하는 것은 악한 행동이다.

24:18 "두려우니라"는 18절이 17절의 이중 금지 명령에 대한 근거를
제공하고 있음을 보여준다. 아들이 남의 불행을 기쁘게 여기는 태도를

거부해야 하는 이유는, 불순종할 경우 악인이 처벌을 면하는—적어도 일시적으로는—결과를 피하기 위함이다. 이 구절의 각 요소는 하나님의 속성을 전제한다. 즉, 그분의 전지하심,[18a절] 그분의 도덕적 감수성,[18aα절] 그분의 공의롭고 정의로운 대응[18b절]에 관해 이야기한다. 첫째, "여호와께서 이것을 보시고", "기뻐하지 아니하"신다. 하나님의 도덕적 성품은 사람에 대한 모든 잔인함, 교만, 냉소주의를 기피하신다.[참조. 욥 10-12, 슥 1:15] 그런 다음 그분은 "그의 진노를 그(원수)에게서 옮기실" 것이다. 어떤 이들은 이 금언의 목적이 원수가 반드시 보복을 당하도록 하는 방법을 설명하는 것이라고 보며, 이를 냉혹하고 불쾌한 생각으로 여기기도 한다.[16]

사실 이 금언은 남의 불행을 기쁘게 여기는 것이, 정의를 오염시키고 또 다른 죄를 유발함으로써 정의를 훼손하기 때문에 그런 행위를 금지한다. 긍정적으로 표현하면, 아들은 하나님의 형상이 비극적으로 훼손되고 파괴되는 것에 대해 기뻐할 것이 아니라 슬피 울어야 한다.[참조. 욥 19:8-9] 다른 본문에서는 가난한 원수를 적극적으로 도우라고 명령한다.[출 23:4-5, 잠 25:21, 마 5:38-48, 롬 12:20-21] 하나님은 학대를 당한 이들에 대한 자비로 정의를 세우신다. 하지만 악인의 죽음에 대해서는 전혀 기뻐하지 않으신다.

금언 29 24:19-20

이 금언은 바로 앞의 금언에 대한 오해를 막고자 한다. 아들이 악인의 패망을 보며 만족스럽게 여김으로 인해 악인의 심판이 일시적으로 연기될지라도, 결국 악인은 멸절될 것이다. 여호와의 집행 유예는 악인의 불행을 바라보며 흐뭇해하는 이들의 즐거움을 박탈하기에 충분할 정도만 지속된다. 이는 그들의 일시적 번영을 시기하지 말라는 금지 명령으로 이

---

16 예를 들어, McKane, *Proverbs*, 404.

어진다. 이 금언은 악인의 몰락[16b-17절]을 그들에게 닥칠 영원한 어둠으로 고조시킨다.

24:19 "분을 품지 말며"는 감정적으로 분을 터트리지 말라는 뜻이다. 시편 37:1, 7, 8에서도 같은 동사 형태가 사용되며, 여기서처럼 "악인"[참조. 시 37:1]을 "부러워하지 말라"[참조. 23:17]는 구절과 짝을 이룬다. 이런 평행구절은 시기가 한 사람의 내적 분노를 촉발한다고 암시한다. "행악자들로 말미암아"[참조. 17:4]는 행악자가 번영함을 암시한다. 가난한 사람에 대해서는 질투하지 않는다. 하지만 악인이 부당하게 얻은 이익을 시기하는 것은 어리석은 일이다. 다음 구절에서 분명히 말하듯이 하나님이 악인을 멸망시키실 것이기 때문이다.

24:20 "대저"를 통해 이유로 전환된다. "행악자는 장래가 없겠고[참조. 23:18a] 악인의 등불은 꺼지리라"는 신적 수동태 divine passive 다. 표현되지 않은 행위 주체는 의로운 보복자이신 여호와다.[참조. 21절] 때 이른 죽음에 대한 이 은유는 13:9의 반복이다.[참조. 20:20] 여호와께서 악인의 등불을 끄실 때, 그가 부당하게 얻은 이익은 의롭게 재분배될 것이다. 지각이 있는 사람이라면 아무도 자기 파괴적인 재물을 부러워하지 않는다. 요약하자면, 그의 등불이 꺼질 것임을 기억할 때 불타오르는 시기심을 잠재울 수 있다.

금언 30 [24:21-22]

마지막 금언은 바로 앞의 금언에 기초해 여호와와 그분의 왕들이 보복을 집행하는 주체라고 말한다. 여호와와 왕들 모두 반역한 왕족에게 너무도 확실하고 갑작스러우며 철저한 재앙을 내려서 아무도 그 한계를 알 수 없을 것이다. 21절의 이중적 권고는 22절에 제시된 이중적 이유와 짝을 이룬다.

24:21 아버지는 아들을 사랑하기 때문에 "내 아들아,[참조. 1:8] 여호와"를 "경외하라"(74쪽 "여호와 경외"를 보라)고 훈계한다. 또한 이 땅에서 하나님의 통치를 집행하여 생명과 죽음을 분배하는[참조. 16:10-16] 그분의 대리자인 "왕"을 경외하라고 한다. 하나님을 경외하듯이 왕을 경외하라는 훈계는 드물며,[참조. 벧전 2:17] 이는 지혜자가 왕의 지상적 보좌를 하나님의 천상적 보좌에 대한 정당한 표상으로 간주했음을 보여준다.[참조. 마 17:24-27, 롬 13:1-5, 딛 3:1] 이 금언은 왕들의 왕이신 예수 그리스도를 통해 성취되었다. 여호와와 그분의 왕을 경외함이란 "반역자—곧 음모를 통해 권력과 지위를 얻고자 하는 역도—와 더불어 사귀지 말"아야 함을 의미한다.[참조. 30:32-33] 이 훈계는 성공하는 방법이 정당한 권위를 존중하고, 그것을 약화시켜 권력을 강탈하고자 하는 음모에 연루되는 것을 피하는 것이라고 넌지시 가르친다.

24:22 "그들의 재앙[참조. 1:26]은 속히 임하리니." 여호와와 그분의 왕이 내리는 형벌은 예상치 못한 때에 임할 것이다. 22b절은 그것이 한계를 알 수 없는 형벌임을 의미한다. 여기서 "누가 알랴"는 아무도 알지 못한다는 뜻이다. "그 둘"(여호와와 그분의 왕)이 어떤 "멸망"을 내릴지는 아무도 알 수 없다.

지혜자의 추가적인 금언

24:23-34

이 모음집의 구조에 관해서는 26쪽 "구조"를 보라.

표제 24:23a

24:23a 이것도 지혜로운 자들의 말씀이라.

이 산문 표제는 히브리어로 세 단어밖에 되지 않으므로 마소라 전승에서 독립 구절로 인정되지 않는다. "도"라는 말을 통해 지혜자^{참조. 22:17} 가 저술한 이 두 번째 금언집이 솔로몬의 허락하에 솔로몬^{10:1}의 잠언에 추가되었다고 유추할 수 있다.

법정에서의 판결 24:23b-25

23b 재판에 낯을 보아 주는 것이 옳지 못하니라. **24** 악인에게 네가 옳다 하는 자는 백성에게 저주를 받을 것이요 국민에게 미움을 받으려니와 **25** 오직 그를 견책하는 자는 기쁨을 얻을 것이요 또 좋은 복을 받으리라.

첫 번째 금언은 정의로운 판결을 내리는 것에 관해, 그리고 불공정한 판결 및 공정한 판결에 대한 공동체의 대조적인 반응에 관해 이야기한다. 전자는 저주를 받고, 후자는 복을 받는다. 이런 대조적인 반응을 법정에서 편파적인 태도를 보이는 것이 좋지 못한 이유로 제시한다.

24:23b 드물게 한 행으로 이루어진 이 금언은 재판할 때 편파적인 태도를 취하는 것이 훌륭하지도 않고 이롭지도 못함을 강력하게 주장하는 완서법을 사용하고 있다. "낯을 보아 주는 것"이라고 번역된 히브리어 구절 참조. 신 1:17; 16:19, 잠 28:21 은 문자적으로 "얼굴을 주목하여 봄"을 의미한다. 눈가리개를 하고 있는 정의의 여신상은 한 사람의 행위보다 그 사람에게 주목함으로써 정의를 집행할 때 편파적인 태도를 취하는 것의 위험을 상징한다. "재판에"는 법정의 상황을 가리키며 처음에 이 잠언을 들었던 사람들이 이제 막 관리와 법관이 된 이들이었음을 암시한다(46쪽 "작성 배경"을 보라). "옳지 못하니라"라는 완서법은 강조를 위해 의도적으로 약하게 표현한 말이다. 즉, 그런 판결을 내리는 것은 옳지 않다. 참조. 16:29; 17:26; 18:5; 20:23

24:24 불의한 재판관의 무죄 판결을 인용함으로써 불의한 재판관의 편파적 태도를 극적으로 표현한다. "악인"과 "옳다"에 해당되는 원어는 사법적 맥락 외부에서는 보통 "악한"과 "의로운"으로 번역된다("악한"에 관해서는 85쪽을, "의로운"에 관해서는 72쪽을 보라). "백성에게 저주를 받을 것이요"는 사람들로 하여금 옳고 그름을 분별할 수 있게 하는 하나님의 일반 은총을 전제한다. 참조. 11:26 "백성"에 상응하는 평행구로 자주 사용되는 "국민에게 미움을 받으려니와"는 그들이 경건하지 않은 인간 권력이 처벌하지 않는 불의한 재판관을 하나님이 벌하기를 기대할 것이라는 의미다.

24:25 반대로 일반 은총을 통해 공동체는 "견책하는 자"(옳은 것을 바로 세우는 사람)를 위해 복을 빈다. "기쁨을 얻을 것이요"참조. 3:17 는 후반절에서 하나님이 주시는 "좋은참조. 2:20 복참조. 10:6; 11:26을 받으리라"로 정의된다. 하나님의 법에 따라 다스리는 이들에게 하나님이 복을 주시기를 기도함으로써 사람들은 공동체의 정직성과 질서를 촉진한다.

올바른 말^{24:26}

26 적당한 말로 대답함은 입맞춤과 같으니라.

이제 정직한 판결에 이어서 정직한 말에 관해 이야기하며,^{26a절} 이를 사랑의 상징적 표현인 입맞춤에 비유한다.^{26b절} "적당한 말로 대답"하는 사람은 정직하며 진실한 사람을 지칭한다. "입맞춤"은 두 사람 사이의 강한 애정과 연대를 표현한다. 성경에서는 이 구절이 한 차례밖에 사용되지 않지만,^{참조. 아 4:11; 5:13} 마인홀트^{Meinhold}는 "입맞춤"이라는 표현이 수메르어와 우가릿어에서, 그리고 이집트의 신왕국 시기에도 사용되었음을 입증한 바 있다.[1] 폭스^{Fox}는 이 구절이 "입맞춤"^{창 41:40}과 동의어라고 생각한다. 여기서 바로는 요셉에게 "내 백성이 다 너에게 입맞추리니"(개역개정에는 "내 백성이 다 네 명령에 복종하리니"로 번역되었다―옮긴이)라고 말한다.[2] 이 잠언은 제자에게 솔직한 대답을 함으로써 동료에 대한 자신의 진심을 표현하라고 가르친다.

일할 때의 긍정적인 태도^{24:27}

27 네 일을 밖에서 다스리며 너를 위하여 밭에서 준비하고 그 후에 네 집을 세울지니라.

집을 세우기 전에 수입원을 확보하라는 훈계는 그에 대한 이유를 제시하지 않는다. 이는 상식으로 입증되기 때문이다. "네 일을 밖에서 다스리

---

1   Meinhold, *Sprüche*, 411, O. Keel, Das Hohelied, *Zürcher Bibelkommentare* (Zürich: 1986), 48-50에서 재인용.

2   Fox, *Proverbs 10-31*, 773.

며"(준비하고 고치다) ^{참조.} 16:9는 "너를 위하여 밭에서 준비하고"^{참조. 욥 15:24}로
범위가 좁아진다. 이는 밭과 과수원을 일구어 열매를 맺게 하는 활동을
가리킨다. 이것은 그에게 최선의 이익이 되는 활동이므로 "너를 위하여"
하는 일이다. "그 후에"야 "네 집을 세울지니라."^{참조. 3:33; 11:29} 집을 세우기
위해서는 재물이 필요하며, 이를 위해서는 제때에 일을 해야만 한다. ^{참조.}
^{10:4-5} 농업은 노동의 본보기로서 모든 직업을 대표한다.

잘못된 말 ^{24:28-29}

28 너는 까닭 없이 네 이웃을 쳐서 증인이 되지 말며 네 입술로 속이지 말지니라. **29** 너
는 그가 내게 행함 같이 나도 그에게 행하여 그가 행한 대로 그 사람에게 갚겠다 말하
지 말지니라.

28절과 29절은 단일한 금언을 구성하고 있지만, 각 구절은 별개의 훈계
를 각각 담고 있다. 28절은 쓸데없이 이웃에 맞서는 적대적인 증인이 되
지 말 것을, 29절은 이웃에게 복수하지 말 것을 권고한다.

　24:28 같은 뜻을 지닌 이 한 쌍의 평행구절에서 후반절은 전반절을 구
체화한다. "너는 까닭 없이(증언해야 할 법적 의무도 없는 상황에서) 네 이
웃^{참조. 3:28}을 쳐서 증인^{참조. 12:17}이 되지 말며."^{참조. 22:26; 23:31} 증인에게는 증
언해야 할 법적 의무가 있지만, 승인을 받지도 못한 이 증인은 법적 절차
를 남용하여 복수의 수단으로서 다른 사람에게 죄를 뒤집어씌우려고 한
다. ^{참조. 29절} "너는 네 입술로(곧 너의 말만으로) (아마도 사실을 심판하는 사람
들을) 설득할 수 없을 것이다. 그럴 수 있겠는가"(저자의 사역, 개역개정에
는 "네 입술로 속이지 말지니라"로 번역되었다—옮긴이)라는 수사 의문문은
부정적인 답을 내포한다. 26:17에 따르면, 다른 사람의 분쟁에 끼어드는

것은 어리석은 일이다.

　　24:29 이 구절은 앞 구절에서 언급한 승인받지 못한 증인이 복수를 위해 거짓 증언을 한다고 말한다. "너는 그가 내게 행함 같이 나도 그에게 행하"겠다고 "말하지 말지니라"는 과거에 해를 당한 것에 대해 이제 와서 복수하려는 모습을 그린다. 후반절에서는 복수 행위를 구체적으로 묘사한다. "그가 행한 대로 그 사람에게 갚겠다." 법은 사적 보복이 아니라 공동체의 정의를 위해 동해보복법 lex talionis, "눈에는 눈"의 원칙을 허용한다. 출 23-25장, 레 24:19-20, 신 19:19 해를 입은 사람은 여전히 이웃을 사랑해야 하며, 레 19:18 하나님과 백성의 지도자가 그것에 대해 정의로운 판결을 내릴 것이라고 믿고 맡겨야 한다. 참조. 16:4-7, 10-15

일할 때의 나쁜 행동 24:30-34

30 내가 게으른 자의 밭과 지혜 없는 자의 포도원을 지나며 본즉 31 가시덤불이 그 전부에 퍼졌으며 그 지면이 거친 풀로 덮였고 돌담이 무너져 있기로 32 내가 보고 생각이 깊었고 내가 보고 훈계를 받았노라. 33 네가 좀더 자자, 좀더 졸자, 손을 모으고 좀더 누워있자 하니 34 네 빈궁이 강도 같이 오며 네 곤핍이 군사 같이 이르리라.

익명의 지혜자 참조. 24:23가 코를 골며 자고 있는 게으른 사람의 포도원을 지나다가 거친 식물이 그 게으른 사람을 공격하려고 다가가는 것을 관찰한다. 한때는 푸르렀던 포도원이 이제는 잡초투성이가 되었고, 외부의 침입을 막아 내던 벽은 쓸모없는 돌무더기가 되고 말았다. 30-31절 인격이 없는 식물이 이처럼 게으른 사람들을 공격한다면, 그들의 영적 대적자는 얼마나 더 큰 위협이 되겠는가? 이 시의 중앙에 자리 잡고 있는 32절에서, 지혜자는 자신이 30-31절에서 목격한 바를 이해하려고 노력한다. 그는 자신이 관찰한 것으로부터 33-34절에서 진술하는 교훈을 추론해 낸다. 때에 맞지 않게 낮잠을 잔다면, 절대로 잠들지 않는 의인화된 가난이 당신이 물려받은 모든 것을 약탈하고 말 것이다. 버려진 과수원은 게으름으로 인해 상실한 모든 유산의 본보기다. 이 교훈은 6:10-11의 교훈과 비슷하다.

24:30 지혜자가 직접 목격한 바임을 말해 주는("내가……지나며") 같은 의미의 평행구절을 통해 "게으른 자의 밭"임을 명시하고, "지혜 없는 자의 포도원"이라고 더 자세히 설명한다.참조. 6:32 포도원은 그토록 귀한 밭을 만들어 유지하고 주의를 기울여 지키기 위해 특히 부지런히 일해야 하기 때문에 근면함이 필요함을 예증하기 위해 선택되었다.참조. 사 5:1-6

24:31 "본즉"(개역개정에는 30절에 포함되었다―옮긴이)은 독자에게 밭에 대한 새롭고도 현대적인 관점을 제시한다. "가시덤불이 그 전부에" 예외 없이 "퍼졌"다. 히브리어 "가시덤불"킴므소님(qimmǝśōnîm)은 파멸적인 심판에 관해 말하는 다른 두 맥락에 등장한다.참조. 사 34:13, 호 9:6 같은 뜻의 평행구절인 "그 지면이 거친 풀로 덮였고"는 잡초가 포도나무를 밀어내고 그 자리를 차지해 버렸음을 강조한다. 히브리어 "풀"하룰림(ḥărullîm)은 욥기 30:7과 스바냐 2:9에서 여호와께서 내리시는 파멸과 관련해 등장한다. 봄에 밭의 잡초를 제거하지 않으면 잡초가 밭을 전부 차지하고 말 것이다.참조. 창 3:17-19 상속자는 아버지가 물려주신 것을 유지하기만 하면 된다. 하지만 게으른 사람들은 어리석게도 이를 이해하지 못해 자기 생명을 지켜 낼 수 없다. 약탈자의 무리로 의인화된 엔트로피의 법칙에 따라 "돌담이 무너져 있"다.[3]

---

3 랠프 왈도 에머슨(Ralph Waldo Emerson, "Man the Reformer," in *Harvard Classics*, vol. 5 [New York: Grolier, 1937], 48-49)은 "우리의 모든 소유는 어떤 종류든 그 적에게 공격당한다. 쇠는 녹에, 목재는 썩어짐에, 천은 좀에, 식량은 곰팡이나 해충, 부패에 공격당한다. 따라서 우리는 이 적의 무리로부터 우리의 소유물을 지켜야 할 책임이 있다"고 말한다.

24:32 중앙에 자리 잡은 이 구절을 통해 관찰[30-31절]로부터 교훈[33-34절]으로 전환된다. 전반절 "내가 보고 생각이 깊었고"는 같은 의미를 지닌 후반절 "내가 보고 훈계를 받았노라"와 짝을 이룬다.

24:33-34 이 두 구절은 사실상 6:10-11의 반복이다. 해당 주석을 보라.

히스기야의 신하들이 편집한 솔로몬의 잠언

25:1-29:27

이 모음집의 구조에 관해서는 26쪽 "구조"를 보라.[1]

표제 [25:1]

1 이것도 솔로몬의 잠언이요 유다 왕 히스기야의 신하들이 편집한 것이니라.

"이것도 솔로몬의 잠언이요"[참조. 1:1; 10:1]는 최종 편집자(32쪽 "최종 편집자"
를 보라)가 이 모음집[25-27장]을 솔로몬이 직접 편찬한 모음집[10:1-22:16; 22:17-
24:22]에 덧붙이는 부록으로 간주했음을 암시한다. "유다 왕 히스기야[주전
715-686년]의 신하들이 편집한—곧 전달하고 통합된 부록으로 배치한—것
이니라." 25:2-25의 잠언들은 본래 이제 막 궁정 관원이 된 이들을 대상
으로 했던 것으로 보이며, 표제가 이런 배경을 확증해 준다(46쪽 "작성 배
경"을 보라). 주 예수께서는 혼인 잔치에 초대받은 손님 비유[눅 14:7-11]를 말
씀하실 때 잠언 25:6-7을 염두에 두셨을 수도 있다. 또한 유다서[12절]는
25:14의 이미지를 열매 맺지 못하는 사람들에게 적용했다.

1 　잠언 25-27장에 대한 우리의 주해는 Van Leeuwen, "Context and Meaning"에 크게 의존
하고 있다.

궁정의 위계질서와 의인과 악인 간의 충돌 25:2-27

²일을 숨기는 것은 하나님의 영화요 일을 살피는 것은 왕의 영화니라. ³하늘의 높음과 땅의 깊음 같이 왕의 마음은 헤아릴 수 없느니라. ⁴은에서 찌꺼기를 제하라. 그리하면 장색의 쓸 만한 그릇이 나올 것이요 ⁵왕 앞에서 악한 자를 제하라. 그리하면 그의 왕위 가 의로 말미암아 견고히 서리라. ⁶왕 앞에서 스스로 높은 체하지 말며 대인들의 자리 에 서지 말라. ⁷이는 사람이 네게 이리로 올라오라고 말하는 것이 네 눈에 보이는 귀인 앞에서 저리로 내려가라고 말하는 것보다 나음이니라. ⁸너는 서둘러 나가서 다투지 말 라. 마침내 네가 이웃에게서 욕을 보게 될 때에 네가 어찌할 줄을 알지 못할까 두려우 니라. ⁹너는 이웃과 다투거든 변론만 하고 남의 은밀한 일은 누설하지 말라. ¹⁰듣는 자 가 너를 꾸짖을 터이요 또 네게 대한 악평이 네게서 떠나지 아니할까 두려우니라. ¹¹경 우에 합당한 말은 아로새긴 은 쟁반에 금 사과니라. ¹²슬기로운 자의 책망은 청종하는 귀에 금 고리와 정금 장식이니라. ¹³충성된 사자는 그를 보낸 이에게 마치 추수하는 날 에 얼음 냉수 같아서 능히 그 주인의 마음을 시원하게 하느니라. ¹⁴선물한다고 거짓 자 랑하는 자는 비 없는 구름과 바람 같으니라. ¹⁵오래 참으면 관원도 설득할 수 있나니 부드러운 혀는 뼈를 꺾느니라. ¹⁶너는 꿀을 보거든 족하리만큼 먹으라. 과식함으로 토 할까 두려우니라. ¹⁷너는 이웃집에 자주 다니지 말라. 그가 너를 싫어하며 미워할까 두 려우니라. ¹⁸자기의 이웃을 쳐서 거짓 증거하는 사람은 방망이요 칼이요 뾰족한 화살 이니라. ¹⁹환난 날에 진실하지 못한 자를 의뢰하는 것은 부러진 이와 위골된 발 같으니 라. ²⁰마음이 상한 자에게 노래하는 것은 추운 날에 옷을 벗음 같고 소다 위에 식초를 부음 같으니라. ²¹네 원수가 배고파하거든 음식을 먹이고 목말라하거든 물을 마시게 하 라. ²²그리 하는 것은 핀 숯을 그의 머리에 놓는 것과 일반이요 여호와께서 네게 갚아 주시리라. ²³북풍이 비를 일으킴 같이 참소하는 혀는 사람의 얼굴에 분을 일으키느니 라. ²⁴다투는 여인과 함께 큰 집에서 사는 것보다 움막에서 혼자 사는 것이 나으니라. ²⁵먼 땅에서 오는 좋은 기별은 목마른 사람에게 냉수와 같으니라. ²⁶의인이 악인 앞에 굴복하는 것은 우물이 흐려짐과 샘이 더러워짐과 같으니라. ²⁷꿀을 많이 먹는 것이 좋

지 못하고 자기의 영예를 구하는 것이 헛되니라.

표제 이하 25장은 운율에 따라 두 단락으로 나눌 수 있다.[2-15, 16-27절] 첫 하위 단락에서는 "왕"과 "관원"[2, 15절]이 수미상관을 이루며, 두 번째 하위 단락에서는 "꿀"과 "먹다"[16, 27절]가 수미상관을 이룬다. 주제 면에서 첫 하위 단락에서는 왕의 궁정에서 일어난 일을 다루며, 두 번째 하위 단락에서는 인간 사이의 갈등 전반을 다룬다. '카보드'(kābôd), '영광' 혹은 '영예'가 이 단락 전체의 수미상관을 이룬다.[2, 27절]

서론 25:2-5

이 단락은 짝으로 이루어진 주제를 다루는 두 쌍의 잠언으로 시작된다. 2-3절은 하나님-왕-백성의 위계질서를 세우며, 4-5절은 의인과 악인 사이의 근본적이면서도 끊임없이 모든 것을 아우르는 갈등을 제시한다.

하나님-왕-백성의 위계질서 25:2-3

첫 잠언 쌍에서는 왕들을 하나님보다 아래에 두면서도 하나님과 왕들의 영광을 매우 가까운 것으로 묘사한다. 하나님과 왕들 모두 그들의 불가해함inscrutability 때문에 영광을 얻는다. 하나님은 창조와 역사 가운데 이루어지는 그분의 행위 속에 그분의 지혜를 감추심으로써,[2a절] 왕들은 국가의 일을 철저히 살핌으로써[2b절] 영광을 얻는다. 하지만 왕조차도 하나님을 이해할 수 없기 때문에 그분은 왕보다 더 높으시며, 왕의 불가해한 지식과 꿰뚫어 볼 수 없는 동기 때문에 그는 자신의 백성보다 더 높다.[3절] 요약하자면, 2, 3절은 하나님, 왕, 백성 순으로 지혜와 능력의 서열을 제시한다.

25:2 "하나님의 영화"는 그분께 부여되는 사회적 무게를 의미한다.

"일을 숨기는 것"은 그것을 볼 수 없도록 감추는 것을 의미한다. 여호와YHWH 대신 "하나님"엘로힘('ĕlōhîm)이라는 단어를 사용하고 3절에서 하늘과 땅을 언급하는 점은, "일"이 그분의 창조 행위를 지칭함을 암시하는 것일 수도 있다. 왕은 군사적, 행정적, 사법적 사무를 살피므로, 역사 안에서 하나님이 하시는 활동까지 염두에 두고 있을 것이다. "일을 살피는 것은 왕의 영화참조. 16:10-15니라"는 왕이 사법적 맥락에서 인간의 동기와 행위를 조사하고 꿰뚫어 봄으로써 사회적 무게를 획득함을 의미한다. 지혜로운 재판관의 역할을 수행하는 것이 왕의 영광을 이루는 본질적 요소이며,참조. 8:15 여기에는 갈등의 핵심을 살피는 능력이 포함된다.

25:3 다른 이들을 철저하게 조사하는 왕은 너무도 고귀하여 그의 백성은 그를 다 이해할 수 없다. "하늘"은 반구형의 하늘을 가리킨다. "높음"은 고귀함을 강조한다.참조. 30:4 땅은 "하늘"과 함께 광대하고 복잡한 우주를 가리키는 대조제유법merism이다. "깊음"은 지하세계를 가리키지 않고, 인간의 발 아래 있는 땅의 무한한 크기를 강조한다. "그리고"(개역개정에는 번역되지 않았다—옮긴이)는 "왕의 마음"과 도무지 이해할 수 없는 우주를 연결한다. "헤아릴 수 없느니라."참조. 2b절 광대한 우주와 왕의 마음 사이의 평행구조는 숨막힐 정도로 놀랍다. 16:10-15처럼 이상적인 왕을 염두에 두고 있다. 또한 성령을 지닌 사람은 모든 것을 판단한다.고전 2:15-16

궁정에서의 의인과 악인의 충돌 25:4-5

이 잠언 쌍에서는 왕이 국가의 일을 살피는 활동2절으로부터 부패한 관리를 척결하는 활동으로 넘어간다. 은 제련에 관한 언급4절은 5절에 다루는 실질적 주제, 곧 왕의 관리를 정화하는 일에 대한 예시다. 은세공 장인이 불순물을 제거한 은으로만 그릇을 만들 수 있듯이, 사악한 관리를 제거한 후에만 왕의 보좌(그의 왕조)가 영속할 수 있다.참조. 20:8, 26 손상된 자재로는 견고한 건물을 지을 수 없다.

25:4 "은에서 찌꺼기를 제하라(혹은 "제하면"). 그리하면 장색의(에게 이로운) 쓸 만한 그릇이 나올 것이요." 이 잠언은 제련 작업이 근본적으로 필요함을 강조하기 위해 원인(은에서 불순물을 제거함)과 결과(이로운 그릇)를 직접적으로 연결한다.

25:5 "왕 앞에서 악한 자를 제하라.[참조. 4a절] 그리하면 그의 왕위(그의 통치를 상징하는 의자)[참조. 삼하 3:10; 7:13, 16; 14:9]가 의로 말미암아 견고히 서리라."[참조. 16:3, 12] 마찬가지로 이 잠언도 영속하는 왕조를 세우려면 모든 부패한 관리를 제거해야 한다는 사실을 강조하기 위해 원인과 결과를 직접적으로 연결한다.[참조. 삼하 7:14, 왕상 2:24, 33, 46; 8:25; 9:5-7]

관원을 위한 열 가지 잠언 25:6-15

다음 열 가지 잠언은 관원(courtier의 번역어로, 궁정에서 일하는 하급 관리를 가리킨다—옮긴이)의 교육에 관해 다루며 같은 분량의 두 부분, 곧 훈계[6-10절]와 격언[11-15절]으로 나눌 수 있다. 15절을 제외하면 잠언 쌍으로 이루어져 있다.

관원을 위한 훈계 25:6-10

25:6-7a 이 잠언 쌍에서는 관원에게 자신보다 계급이 높은 왕과 귀족들의 사회적 영역에 끼어들지 말라고 경고한다. 스스로 한계를 넘어섬으로써 출세를 가로막을 수도 있는 견책과 수치를 감수하기보다는 상관이 재능을 근거로 자신을 승진시켜 주는 편이 더 낫다.[참조. 눅 14:8-11] "왕 앞에서 스스로 높은 체하지 말며"는 자신이 아직 도달하지 못한 지위나 권위로 스스로 높이지 말라는 것이다. "대인들의 자리"는 높은 신분과 영향력을 지닌 사람들이 모이는 곳이다. "서지 말라"는 관원에게 스스로 나서서 높은 신분과 영향력을 지닌 사람들의 활동에 참여하지 말라는 경고다. "이

는"7a절은 그 금지에 대한 근거를 제시한다. "사람(상관)이 네게 이리로
(상급자들의 더 높은 지위로) 올라오라고 말하는 것이" 더 낮은 직위로 좌
천되어 "귀인 앞에서 저리로 내려가라고 말하는 것보다 나음이니라."참
조. 16:19 상급자가 자신을 승진시킬 때 더 높은 지위를 얻을 자격이 있다는
자신감을 얻게 된다. 자신을 스스로 높이면 자격이 부족하다는 사실이
증명되어 좌천을 당할 수도 있다는 두려움 때문에 불안에 떨 수밖에 없
다. 이 잠언은 관원에게 올바른 방법으로 승진을 위해 노력하라고 권고
한다. 참조. 삼상 15:17; 18:18, 왕상 1:5, 30, 마 18:1-4, 요 13:1-15, 요삼 9-10

25:7b-8 이 잠언은 겸손한 태도에 철저한 준비를 더하라고 권고한다.
또한 부분적인 증거에 기초해 충동적으로 서둘러 소송을 제기하지 말라
고 경고한다. "네(관원의) 눈에 보이는" 것으로 인해 "너는 서둘러 나가서
다투지 말라." 관원이 범죄의 목격자라고 할지라도 그 상황을 부분적으
로만 보고 잘못 해석할 수 있기 때문이다. 관원이 소송에서 피해자인지
소송 당사자인지는 불분명하다. "마침내"는 관원이 패소할 때 자신의 경
력에 해를 입을 수도 있음을 지적한다. "네가 어찌할 줄을 알지 못할까"
라는 수사 의문문은 관원이 패소하여 "아무것도 할 수 없다!"라고 탄식하
는 상황을 가정한다. 관원에 맞서는 누군가가 그 관원이 목격한 바를 온
전히 조사하지 않고 성급하게 결론을 내렸음을 입증하면, 그는 자신의
경력을 망치고 말 것이다. "네가 이웃(반대편 소송 당사자)에게서 욕을 보
게 될 때에" 소송에서 패할 것이다. "욕"은 위험을 감수했지만 실패했기
때문에 공적으로 불명예나 치욕을 당하는 것을 의미한다. 우리 주께서는
형제가 잘못을 범할 때 먼저 개인적으로 그를 바로잡고, 그가 듣지 않으
면 두세 증인과 함께 그에게 찾아갈 것이며, 그래도 듣지 않으면 그때 교
회에 이를 알리라고 가르치셨다. 마 18:15-17

25:9-10 이 잠언 쌍에서는 철저한 준비에 비밀 유지를 추가한다. 비밀
을 지키는 것이 소송에서 승리하는 것보다 더 중요하다. "너는 이웃과 다

투거든"은 이기기 위해 변론을 맡는 것을 의미한다. "그러나"(개역개정에는 번역되지 않았다―옮긴이)는 변론을 맡지 말아야 하는 상황, 곧 "남의 은밀한 일을 누설하지 말"아야 하는 상황을 제시한다.^{참조. 11:13} 자신이나 다른 누군가의 이름을 깨끗하게 만들기 위해 다른 사람의 이름을 더럽혀서는 안 된다. "우리 자신의 정직성을 희생시키거나 다른 누군가가 상처를 받는 대가로 얻어 낼 수 있는 성공이란 존재하지 않는다."[2] "듣는 자"는 판결을 내리는 재판관을 가리킨다. 비밀이 누설된 것을 파악하자마자 그는 신의를 저버린 것에 관해 "너를 꾸짖을" 것이다. "또 네게 대한 악평(신의를 지키지 못했다는 좋지 못한 평가)이 네게서 떠나지 아니할" 것이다. 비밀 누설은 한 사람의 경력을 망칠 것이다.

관원을 위한 잠언 25:11-15

25:11-12 관원은 남의 은밀한 일은 누설하지 않아야 할 뿐만 아니라,^{9-10절} 경우에 합당한 말과 책망을 해야 할 것이다. 키드너^{Kidner}는 이 쌍의 주제적 관련성을 이렇게 묘사한다. "섬세하게 말하고,^{11절} 훌륭하게 받아들인다."^{12절}[3] 상황에 맞는 말이 섬세하게 다듬어져 발화되면 아름답고 가치가 있으며,^{11절} 책망과 수용은 그 아름다움과 가치를 더욱 강화한다.^{12절} 합당한 말^{11a절}은 금 사과에, 합당한 경우는 아로새긴 은 쟁반에 비유된다. "아로새긴 은 쟁반에 금 사과"라는 말은 공예가가 쟁반에 사과 모양을 새겨 넣었거나, 쟁반 위에 사과를 놓아두었음을 의미한다. "경우에 합당한 말"은 적절한 시기에 적절한 방식으로 내린 결정이다.^{참조. 15:23} 사과에 비유한 것은 적절한 결정의 아름다움을 뜻하고, 금에 비유한 것은 그것이 지닌 큰 가치를 뜻한다.

짝을 이루는 잠언^{12절}에서는 잘못한 사람을 꾸짖는 지혜자를 금 귀걸

---

2   Plaut, *Proverbs*, 258

3   Kidner, *Proverbs*, 158.

이에, 책망을 듣는 사람을 그것을 착용하는 귀에 암묵적으로 비유한다. "금 고리"는 아마도 여자의 코걸이가 아니라 남자의 귀걸이를 지칭할 것이다. "정금 장식"은 귀걸이가 예술가의 작품이라고 설명한다. "슬기로운 자의 책망"은 "청종하는 귀에" 걸린 귀걸이와 같다.

25:13-14 이 잠언 쌍에서는 합당한 말과 책망에 책임감을 추가하며, 긍정적으로는 이를 믿을 만한 사자[13절]로, 부정적으로는 믿을 수 없는 바람[14절]으로 표현한다. 믿을 만한 사자는 "얼음 냉수"에 비유된다. 뜨거운 여름 동안 노동자들은 높은 산에서 눈과 얼음을 가져와 식수를 시원하게 만들기 위해 눈 창고나 동굴에 그것을 저장했다. 성경은 "추수하는 날에" 치명적인 더위가 찾아오는 경우에 관해 이야기한다.참조. 왕하 4:18-20 "충성된 사자"는 사실을 조사하고 보고하는 임무를 위해 파견된다. 그는 "주인의 마음을 시원하게 하느니라." 냉수가 일하는 추수꾼들에게 활력을 주듯이, 사자가 임무를 충실하게 수행할 것임을 알 때 이는 "그를 보낸 이"에게 활력을 준다.

이를 보완하는 잠언[14절]에서는 선물을 주겠다는 약속을 어긴 사람을 충성된 사자와 대조한다. 평행구조를 통해 "선물한다고 거짓 자랑하는 자"와 비의 전조인 "구름과 바람"을 비교하며, 그가 선물을 주지 않는 것과 비가 없는 것을 비교한다. 이런 비교를 통해 그가 선물을 주겠다고 떠들썩하게 약속하여 큰 기대를 만들어 낸 다음 그 기대를 저버려 실망을 안겨 주었다고 암시한다. 비는 생명을 위해 필수적이므로 이 비교는 그 선물이 속임당한 사람의 생존을 위해 필수적임을 의미할 수도 있다. 아마도 거짓 자랑을 하는 사람은 피해자를 속여 그에게 생명을 주는 대신 생명을 빼앗을 것이다.참조. 벧후 2:19, 유 12

25:15 일곱 쌍의 잠언 이후에 등장하는 이 잠언은 "관원"(여기서 "관원"은 ruler의 번역어로, 고위 관료를 가리킨다―옮긴이)에 관한 언급으로 열 개의 잠언을 마무리하며, 왕과 관련된 주제를 다루는 2-3절과 의미론적 연

결고리를 형성한다. 이 구절에서는 합당한 말과 책망에 인내와 온유함을 추가한다. "오래 참으면 관원도 설득할 수 있나니"는 하급 관리가 오래 인내하면서 개방적이며 따뜻한 성품으로 고위 관료를 자신이 생각하는 방식으로 이끌 수 있다고 단언한다. "그리고"(개역개정에는 번역되지 않았다—옮긴이)는 거슬리거나 상처를 입히지 않는 말을 뜻하는, "부드러운 (혹은 "온유한") 참조. 15:1 혀"를 추가한다. "뼈를 꺾느니라"는 "설득됨"을 뜻하는 은유다. 참조. 14:17; 15:1; 16:14, 고전 9:20-22, 갈 5:22-24, 딤후 2:24-26 개릿 Garret은 "여기서 뼈를 부러뜨림이란 어떤 생각에 대한 [한 사람의] 가장 심층적이며 가장 완고한 저항을 무너뜨린다는 뜻"이라고 해석한다.[4]

일반적인 인간 갈등 25:16-27

두 번째 하위 단락은 일반적인 인간 사이의 갈등을 다루지만, 18절은 엄격한 의미에서의 법정으로 되돌아간다.[5]

갈등 해소 25:16-22

인간 사이의 갈등 해소에 관한 21-22절의 긍정적인 훈계를 제외하면 16-22절은 인간 사이의 갈등에 관해 해법을 제시하지 않은 채 부정적으로 다룬다.

25:16-17 이 잠언 쌍에서는 중용과 절제의 덕을 장려한다. 무엇이든 과하면 꿀16절과 이웃17절처럼 좋은 것조차 지겨워질 수 있다. 16a절은 지나치게 탐닉하지 말라고 훈계하며, 16b절은 그 이유를 제시한다. "너는 꿀을 보거든"은 양봉으로 얻은 것이 아닌 야생꿀을 가리킨다. 이는 우연히 발견한 것이기에 훨씬 더 기쁠 것이다. 참조. 삿 14:8-9, 14, 18, 삼상 14:26-27 여호와

---

4   Garrett, *Proverbs*, 207.

5   527쪽 주 1을 보라.

께서 인간에게 동산 안의 좋은 음식을 먹으라고 명하셨듯이,^{창 2:16} 지혜자는 아들에게 좋은 꿀을 "먹으라"고 명하지만 "족하리만큼"이라는 말로 양을 제한한다. 이유는 만족스러운 시점을 넘기고도 계속 먹어 "과식함으로 토할까 두렵기" 때문이다. "무엇이든 너무 많은 것은 아무런 유익이 없다."^{집회서 37:29}

17절에서는 요리의 영역에서 경험을 통해 배운 중용과 절제의 원칙을 사회적 영역에서 좋은 이웃됨에 관한 경고에 적용한다. 이 훈계는 이웃을 자주 방문하지 말고, 이로써 이웃으로 하여금 사귐을 싫어하기보다 오히려 고대하도록 만들라고 가르친다. 여기서는 이웃됨이 꿀처럼 두 당사자 모두에게 좋고 이롭다고 전제한다. "너는 이웃집에 자주 다니지 말라." 그 이유는 "그가 너를 싫어하며 미워할까 두려우니라." 비슷한 의미의 영어 격언으로 "친밀함이 경멸을 낳는다", "손님도 물고기처럼 사흘이 지나면 냄새가 난다"가 있다.

25:18-20 다음 세 잠언은 동일한 문장구조(전반절에서는 주제를 제시하고 후반절에서는 하나 이상의 특징을 나타내는 비유적 표현을 제시한다)와 더불어 이웃 사이의 갈등이라는 주제에 의해 연결되어 있다. 주제는 그 하는 사람^{18절}으로부터 믿을 수 없는 사람,^{19절} 재치 없는 사람^{20절}으로 하강하는 구조로 제시되며, 이들 모두 피해야 하는 사람이라고 가르친다.

18절에서는 제자로 하여금 위증에 관해 생각하기만 해도 두렵도록 거짓 증인을 세 가지 치명적인 무기^{18b절}에 비유함으로써 그의 기만을 비판한다.^{6:19; 14:5; 19:5, 9, 28; 24:18을 보라. 참조. 출 20:16, 신 5:20} "자기의 이웃을 쳐서 거짓 증거하는 사람"을 이웃의 뇌를 "방망이"로 때리고 이웃의 창자를 "칼"로 찌르고 이웃을 "뾰족한 화살"로 살해하는 자로 묘사한다.

19절에서는 배신하는 사람으로부터 상황이 좋을 때는 다정하지만 위기가 왔을 때는 기대에 부합하지 못하는 이웃으로 화제를 전환한다. 신실함이 가장 필요한 "환난 날에 진실하지 못한 자"(약속을 저버리는 사람)

를 씹을 수 없는 "부러진 이"와 걸을 수 없는 "위골된(저는) 발"에 비유한
다. 이런 "친구"는 무가치한 사람보다 더 나쁘다. 그런 사람은 좌절과 고
통을 안긴다.

20절에서는 상심한 이에게 즐거운 노래를 불러 주는 이의 어색함과
추운 날씨에 따뜻한 옷을 벗고 상처에 식초를 붓는 부조화를 비교함으
로써 다른 사람에 대해 둔감하고 부적절하게 말하는 자가 어떠한지 보
여준다. 이 셋 모두는 아무런 치료 효과도 없이 어리석게도 고통을 가할
뿐이다. "추운 날에 옷을 벗음 같고 소다 위에 식초를 부음 같으니라"는
비유적 상황은 무분별하게 신체를 다치게 하는 행동과 연관이 있다. 적
절한 때에 부르는 노래는 치료 효과를 발휘할 수도 있지만, 참조 삼상 16:15-23;
19:9, 욥 30:31 적절하지 않은 때에 부르는 노래는 영혼에 해를 입힌다. 참조 시
137:1-4, 집회서 22:6a 지각이 있는 사람은 언제 어떻게 슬퍼하고, 언제 어떻게
기뻐해야 하는지 안다. 전 3:4, 롬 12:15, 고전 12:26, 히 13:3

25:21-22 이 잠언 쌍에서는 아마도 자신의 어리석음으로 이웃과 반목
하게 되었을 때 "네 원수"와의 갈등을 해소하는 방법에 관해 가르친다.
반 레이우엔Van Leeuwen은 "16-17절에서는 너무 많이 '먹는 것'이 갈등의
원인이라고 말하는 반면, 21-22절에서는 음식을 나누는 것을 갈등을 해
소하는 방법으로 본다"라고 지적한다.[6] 이 잠언은 지혜자에게 연민과 긍
휼의 마음으로 이웃의 급박한 필요를 구체적인 방식으로, 즉각적으로 채
워 줌으로써 이웃의 곤경에 대한 연민과 긍휼의 태도를 보여주라고 가
르친다. 이 잠언은 먹을 것과 마실 것이 급히 필요한 상황을 이웃이 처한
곤경의 예로 들고, 그들을 먹임으로써 매우 실제적인 방식으로 이웃을
사랑하라고 명령한다. 참조 출 23:4-5, 레 19:17-18, 욥 31:29-32, 잠 24:17-18 "네 원수참조
25:17가 배고파하거든 음식을 먹이고 목말라하거든 물을 마시게 하라." 포

---

6   Van Leeuwen, "Context and Meaning," 85.

도주 대신 "물"을 언급함으로써 제자가 원수의 기본적인 필요를 채워 주어야 함을 암시한다. 참조 9:5; 25:25

"왜냐하면"(개역개정에는 번역되지 않았다—옮긴이)은 원수의 필요를 채워 주어야 하는 이유를 가리킨다. 첫째, 이를 통해 그 사람이 당신을 미워하는 것에 대해 회개하게 될 것이며,[22a절] 둘째, "여호와께서 네게 갚아 주실" 것이기 때문이다.[22b절] 21절의 음식과 물을 이제는 "핀 숯"과 암묵적으로 비교한다. "그의 머리에 놓는 것"이라는 구절의 의미에 대해서는 논쟁이 있다. 어떤 학자들은 사람의 머리 위에 불타는 숯을 쌓는 것은 형벌의 한 형태로서 복수하고자 하는 마음을 누그러뜨린다고 본다. 하지만 "여호와께서 네게 갚아 주시리라"는 평행구는 이런 해석을 무효화한다. 「잠언」은 개인적인 복수 행위를 무조건적으로 거부한다.[17:13; 20:22; 24:17-18] 대다수의 해석자들에 따르면, "핀 숯"은 여호와를 기쁘시게 하는 도덕적으로 선한 행위다. 칠십인역은 이 구절을 이렇게 이해하여, 22b절 마지막에 "선행"이라는 단어를 추가한다. "여호와께서 네 선행에 대해 네게 갚아 주시리라." 사도 바울은 칠십인역 본문을 사용하여 복수를 금하면서 이 구절로부터 선으로 악을 이기라는 원칙을 이끌어 낸다.[롬 12:17-21]

대다수의 학자들은 이 구절이 한 사람의 악을 선으로 갚을 때 느끼는 "수치라는 불타는 듯한 고통"을 가리킨다고 보는 아우구스티누스와 히에로니무스의 해석에 동의한다. 모렌츠[Morenz]는 이집트의 참회 의례가 이 견해를 확증한다고 지적한다. 차-암-웨세[Cha-em-wese] 서사에 따르면, 도둑인 차-암-웨세는 자기 머리 위에 불타는 숯이 든 대접을 이고 훔친 책을 돌려주었다. 불을 이고 가는 것은 그의 뉘우침과 수치, 교정을 상징했다. 아마도 이스라엘은 이런 의례를 행하지 않았을 테지만, 이 의례를 통해 이스라엘에 통용되던 이 은유를 이해할 수 있다.[7] 여호와께서 주시는 보상은 아마도 두 당사자 사이의 화해를 이룰 수 있다는 뜻일 것이다.[8] 우리 주께서는 자신의 원수를 위해 생명을 내어 주시고, 이로써 그들을 하나님과 화목하게 하심으로써 이 가르침의 본을 보이고 동시에 이를 입증하셨다. 롬 5:8, 고후 5:17-21

예상하지 못한 갈등 25:23-27

이 부분적 하위 단락의 첫 네 잠언은 전반절에서 은유를 제시하고 후반절에서 주제를 다루는 방식으로 보편적 진리를 제시한다. 한 쌍의 잠언은 날씨 이미지를 사용하고, 다른 한 쌍의 잠언은 물 이미지를 사용한다. 첫째 잠언 쌍은 나쁜 말로 인한 예상치 못한 갈등을 다루며, 둘째 쌍은 회복과 파멸을 대조하고 다시 한번 갈등을 해소하기 위해 선을 행하라고 가르친다. 하나의 잠언으로 이루어진 27절로 이 단락이 마무리된다.

25:23 첫째 잠언에서는 비방하는 혀가 야기하는 예상치 못한 피해^{후반}^절를, 예상치 못하게 비를 몰고 오는 차가운 북풍^{전반절}에 비유한다. 이스라엘 사람들은 서풍이 불면 비가 올 것이라고 예상했다. 북풍은 하늘을 맑게 하고 남쪽으로 항해하는 선박에 도움을 주기 때문에 환영을 받았다. "북풍이 비를 일으킴 같이"라는 비유에는 북풍으로 인해 내리는 비가 숨겨져 있으며, 따라서 예상치 못한 것이 피해를 입힌다는 뜻이다. 이와 비슷하게, 은밀한 비방은 예상치 못한 피해를 초래한다. "참소하는 혀는 사람의 얼굴(내적 영혼의 외적 표현) 참조 7:13; 15:13에 분 참조 22:14; 24:24을 일으키느니라." 은밀한 말은 그 속성상 악의에 차 있다. 그렇지 않다면 왜 숨기겠는가? 전혀 의심하지 않는 피해자가 비방이라는 바람을 맞을 때, 피해자의 얼굴에 그 고통이 뚜렷이 새겨질 것이다.

25:24 다투는 아내에 관한 이 잠언은 21:9을 그대로 되풀이한다. 해당 주석을 보라.

25:25 이 잠언은 먼 곳에서 전해진 좋은 소식을 듣는 것을 지친 사람이

---

7   S. Morenz, "Feurige Kohlen auf dem Kaput," *TLZ* 78 (1953): 187-92.

8   Whybray, *Proverbs*, 368.

냉수를 마시고 다시 기운을 내는 것에 비유한다. "목마른 사람에게 냉수" 를 줌으로써 그 사람이 계속해서 길을 갈 수 있도록 활력을 회복시킬 수 있다. 창 16:7, 출 17:1-6, 민 20:11, 삿 15:18-19 "목마른"아예파('āyēpā)은 배고픔이나 목마름 때문에 에너지가 거의 완전히 고갈된 상태이며, 따라서 더 이상 생존할 수 없음을 뜻한다. 그런 사람에게는 회복이 절실하며, 최선의 치료책을 상징하는 "냉수"가 문제를 해결해 줄 것이다. 이러한 물리적 치료가 영적 치료책, 곧 "먼 땅에서 오는 좋은 기별"에 대한 은유로서 기능한다. 자신 이 통제할 수 없는 멀리 떨어진 곳의 상황에 대한 불확실성이나 불안으 로 인해 지친 사람이 좋은 소식을 듣는다면 불안이 사라질 것이며 앞으 로 나아갈 수 있는 활력을 얻게 될 것이다.

25:26 이제 지친 사람의 인내를 흔들리는 의인의 인내 부족과 대조한 다. 의인의 동요를 우물을 흐리게 하는 발에 비유하며, 악인에게 굴복하 는 그들의 임박한 몰락을 더러워진 샘에 비유한다. "우물이 흐려짐"은 더 럽혀지고 만 중요한 식수원을 묘사하며, 샘이 더러워짐은 또 다른 중요 한 수자원의 파괴를 가리킨다. 이 둘은 "의인이 악인 앞에 굴복"함(도덕적 으로 흔들림)으로써 다른 이들과 자신에게 치명적인 결과를 초래하는 것 을 묘사한다. 둘 다 멸망할 것이다. 「잠언」에서 의인은 악인을 이기고 승 리한다. 악인은 절대로 의인이 억지로 굴복하게 만들지 못한다. 11:8; 12:21; 14:19; 16:7; 21:12; 24:15-16 여기서 의인은 자신의 잘못으로 쓰러진다.[9] 솔로몬 자신이 비극적으로 예증하듯이 의인이 지금 복된 상태에 있다고 해서 미래에도 계속 그런 상태에 머물 것이라는 보증은 없다. 참조. 19:27, 왕상 11:1-8, 왕하 23:13 전쟁으로 인한 피해나 두려움, 다른 이들을 기쁘게 만들려는 욕 망으로 인해 타협하고 말 수도 있다. 이는 의인의 영적 삶에 의지했던 이 들을 실망시키고 위험에 빠지게 할 것이다. 자신과 자신의 공동체를 구

하기 위해 모두가 끝까지 믿음을 지켜야 한다.^{11:19, 참조. 11:31, 마 24:13, 42-51}

25:27 마무리 잠언에서는 무거운 문제를 궁리하는 것^{후반절}을 꿀을 지나치게 많이 먹는 것^{전반절}에 비유한다. 이로운 "꿀을 많이 먹는 것이 좋지 못하고 자기의 영예를 구하는 것이 헛되니라"(저자는 "무거운 문제를 살피는 것은 명예롭지 못하다"로 사역했다—옮긴이). 이는 사람들이 이해할 수 없는 하나님과 왕의 일^{참조. 2-3}을 가리키는 것으로서 "무거운"(곧 이해할 수 없는) 문제를 인지적, 분석적 과정을 통해 조사하는 것을 말한다. 서론부의 잠언^{25:2}은 하나님과 인간이 조사하기에 적합한 문제를 살피는 것을 말하지만, 결론부의 잠언은 인간이 그 범위를 넘어서는 문제를 조사하는 것을 금한다.^{참조. 신 29:29} 우주에 대한 하나님의 통치와 영감을 입은 왕의 마음의 복잡성과 같은 초월적이고 난해한 문제를 조사하는 것은 명예로운 일이 아니다. 이에 대한 적절한 반응은 여호와를 경외하며 악으로부터 떠나고^{욥 28:28} 여호와께서 계시하신 지혜를 받아들이는 것이다.^{참조. 욥 28:12-28, 시 131, 잠 30:1-6}

일곱 유형의 타락한 인간^{25:28-26:28}

25:28 자기의 마음을 제어하지 아니하는 자는 성읍이 무너지고 성벽이 없는 것과 같으니라.

26:1 미련한 자에게는 영예가 적당하지 아니하니 마치 여름에 눈 오는 것과 추수 때에 비 오는 것 같으니라. **2** 까닭 없는 저주는 참새가 떠도는 것과 제비가 날아가는 것 같이 이루어지지 아니하느니라. **3** 말에게는 채찍이요 나귀에게는 재갈이요 미련한 자의 등에는 막대기니라. **4** 미련한 자의 어리석은 것을 따라 대답하지 말라. 두렵건대 너도 그와 같을까 하노라. **5** 미련한 자에게는 그의 어리석음을 따라 대답하라. 두렵건대 그가 스스로 지혜롭게 여길까 하노라. **6** 미련한 자 편에 기별하는 것은 자기의 발을 베어 버림과

해를 받음과 같으니라. **7**저는 자의 다리는 힘 없이 달렸나니 미련한 자의 입의 잠언도 그러하니라. **8**미련한 자에게 영예를 주는 것은 돌을 물매에 매는 것과 같으니라. **9**미련한 자의 입의 잠언은 술 취한 자가 손에 **ᵃ** 든 가시나무 같으니라. **10**장인이 온갖 것을 만들지라도 미련한 자를 고용하는 것은 지나가는 행인을 고용함과 같으니라. **11**개가 그 토한 것을 도로 먹는 것 같이 미련한 자는 그 미련한 것을 거듭 행하느니라. **12**네가 스스로 지혜롭게 여기는 자를 보느냐. 그보다 미련한 자에게 오히려 희망이 있느니라. **13**게으른 자는 길에 사자가 있다 거리에 사자가 있다 하느니라. **14**문짝이 돌쩌귀를 따라서 도는 것 같이 게으른 자는 침상에서 도느니라. **15**게으른 자는 그 손을 그릇에 넣고도 입으로 올리기를 괴로워하느니라. **16**게으른 자는 사리에 맞게 대답하는 사람 일곱보다 자기를 지혜롭게 여기느니라. **17**길로 지나가다가 자기와 상관 없는 다툼을 간섭하는 자는 개의 귀를 잡는 자와 같으니라. **18**횃불을 던지며 화살을 쏘아서 사람을 죽이는 미친 사람이 있나니 **19**자기의 이웃을 속이고 말하기를 내가 희롱하였노라 하는 자도 그러하니라. **20**나무가 다하면 불이 꺼지고 말쟁이가 없어지면 다툼이 쉬느니라. **21**숯불 위에 숯을 더하는 것과 타는 불에 나무를 더하는 것 같이 다툼을 좋아하는 자는 시비를 일으키느니라. **22**남의 말 하기를 좋아하는 자의 말은 별식과 같아서 뱃속 깊은 데로 내려가느니라. **23**온유한 **ᵇ** 입술에 악한 마음은 낮은 은을 입힌 토기니라. **24**원수는 입술로는 꾸미고 속으로는 속임을 품나니 **25**그 말이 좋을지라도 믿지 말 것은 그 마음에 일곱 가지 가증한 것이 있음이니라. **26**속임으로 그 미움을 감출지라도 그의 악이 회중 앞에 드러나리라. **27**함정을 파는 자는 그것에 빠질 것이요 돌을 굴리는 자는 도리어 그것에 치이리라. **28**거짓말 하는 자는 자기가 해한 자를 미워하고 아첨하는 입은 패망을 일으키느니라.

ᵃ "자라나서 술 취한 자의 손 안으로 들어가는 가시."

ᵇ "온유한"은 마소라 본문의 '돌킴'(*dōleqîm*, '불타는')이 아니라 칠십인역의 '레이아'(*leia*)로부터 되짚어 간 '할라킴'(*hlqym*)을 번역한 말이다.

이 단락에서는 일곱 유형의 타락한 사람들, 곧 자제하지 못하는 자,²⁵:²⁸ 미련한 자,²⁶:¹⁻¹² 게으른 자,²⁶:¹³⁻¹⁶ 참견하는 자,²⁶:¹⁷ 못된 장난을 일삼는 자,²⁶:¹⁸⁻¹⁹ 비방하는 자,²⁶:²⁰⁻²² 지혜로운 자의 원수²⁶:²³⁻²⁸에 대해 경고한다.

자제하지 못하는 자 25:28

25:23-27의 잠언들과 마찬가지로 28a절에서도 28b절에서 다루는 주제의 예시가 되는 은유를 제시한다. "성읍이 무너지고 성벽이 없는 것과 같으니라"는 외적에 의해 주요 방어 수단이 파괴되어 무방비가 된 상태를 묘사한다. 그런 성읍은 이제 온갖 문제에 노출된다. 자기의 마음(67쪽 "영"을 보라)을 제어하지 못하는 자 역시 그러하다. 그런 사람에게는 성벽이 성읍을 보호하듯이 그를 보호해 줄 자제력이 전혀 없다.참조 2:11 따라서 역설적으로 자신의 제어되지 않는 동물적 충동이 외부의 원수처럼 그를 약탈한다. 이는 (1) 자제하지 못하는 자가 악인과 외부로부터의 유혹에 취약하며,참조 7:21-22 (2) 죄가 내부로부터 그를 압도하고,참조 창 4:6-7 (3) 그의 제어되지 않은 열정이 다른 이들에게 초래한 모든 피해에 대해 공동체가 그를 처벌할 것이기 때문이다.10:6; 14:17, 29; 15:18; 19:11, 19; 29:22 역설적으로 제어되지 않은 열정을 지닌 사람은 여호와께 저항할 영적 힘을 가지고 있다. 그러나 저항하지 않는다면 그분의 지혜가 그의 내적 자아를 강화하여 그를 죽음으로부터 지킬 것이다.2장; 14:29; 17:27 성령의 열매에는 절제가 포함된다.갈 5:22-23

미련한 자 26:1-12

2절을 제외하고 이 단락의 모든 구절에 "미련한 자"케실(kəsil), 복수형 케실림(kəsilim)라는 핵심어가 등장한다. '카보드'kābôd, '영광' 혹은 '영예'라는 표제어가 이 단락을 앞 단락과 연결한다. 앞 단락에서는 이 단어가 인클루지오를 형성한다.[25:2, 27] 백성은 하나님과 왕들의 소유인 영예를 얻으려고 해서는 안 되며,[25:2-7] 미련한 자에게 영예가 주어져서도 안 된다.[26:1-12] 이 단락에서는 미련한 자에게 어울리는 것과 어울리지 않는 것에 관해 논한다.

서론 26:1-3

이 단락의 서론은 구조와 주제에 의해 통일되어 있다. 창조 질서 안에 드러난 진리[1a, 2a, 3a절]는 사회 질서 안의 진리[1b, 2b, 3b절]를 예증한다(한국어 번역의 어순이 히브리어의 어순과 달라 1a절과 1b절은 반대로 되어 있다—옮긴이). 공통되는 주제는 어울리지 않는 것과 어울리는 것이다. "미련한 자에게는 영예가 적당하지 아니하"며[1절] "미련한 자의 등에는 막대기니라."[3절] 2절은 1절과 비교 및 대조하는 기능을 한다. 먼저 비교 측면에서는, 무고한 사람에게 저주의 말을 하는 것은 미련한 자에게 영예를 주는 것처럼 부적절하다고 말한다. 대조 측면에서는, 미련한 자에게 영예를 주는 것은 큰 피해를—여름에 눈이 내리는 것처럼—초래하겠지만, 무고한 사람은 누군가 그를 저주해도 그에게 저주가 내리지 않을 것이며, 아무런 해도 입히지 못할 것이다. 반 레이우엔[Van Leeuwen]은 "1절에서는 좋은 것(영예)이 나쁜 사람(미련한 자)에게 잘못 주어지며, 2절에서는 나쁜 것(저주)이 좋은 사람(무고한 사람)에게 잘못 주어진다. 3절에서는 나쁜 것(막대기)이 나쁜 사람(미련한 자)에게 바르게 주어진다"라고 지적한다.[10]

26:1 미련한 자를 영화롭게 함으로 인해 초래되는 사회적 피해를 "여름에 눈 오"고 "추수 때에 비 오는" 비정상적이고 재앙적인 상황에 비유한다. 여름에 내리는 눈과 비는 자연의 질서가 정상 궤도에서 이탈했음을 의미한다.[참조 삼상 12:17] 여름에 내리는 눈과 비는 곡식의 수확에 피해를

---

10   Van Leeuwen, "Proverbs," in *NIB* 5, 224.

입힌다. (이와 비슷하게) "미련한 자에게는 영예가 적당하지" 않다. 적당함이라는 개념은 기준—곧 「잠언」에 계시된 기준—을 암시한다. 그 가르침은 풍성한 삶을 만들어 낸다. 미련한 자는 이 지혜를 무시하며, 그런 자에게 영예를 주는 것은 그들로 하여금 치명적인 어리석음을 고집하도록 부추기는 것과 같다. 그런 자를 영예롭게 하는 것은 질서가 무너지고 망가진 사회에서 일어나는 일이다. 참조. 삼하 15:1-12, 왕상 12:1-20

26:2 인간이라면 미련한 자에게 영예를 주는 우를 범할 수도 있다. 그러나 지혜로운 자를 저주한다면, 도덕적 통치자Moral Governor께서 그 저주를 거부하신다. 이 구절은 사회 질서 안에서 합당하지 않으므로 성취되지 않은 저주를, (암묵적으로) 내려앉을 땅 없이 펄럭거리며 날아다니는 새에 비유한다. 그처럼 "까닭 없는 저주는……이루어지지 아니하느니라." 왜냐하면 그 저주는 내려앉을 곳(곧 죄가 있어서 저주를 받을 사람)이 없기 때문이다. 이 이유는 저주가 합당하다면 이루어질 것이라고 가르치는 다른 본문에 의해 확증된다. 참조. 신 28:15, 수 6:26, 왕상 16:34, 왕하 2:24, 잠 30:10, 고전 16:22, 갈 1:8-9 복과 저주의 원천은 여호와이시므로 합당하지 않고 받을 만하지 않은 저주는 아무런 효과가 없다. "그들은 내게 저주하여도 주는 내게 복을 주소서." 시 109:28, 참조. 민 22:6; 23:11

26:3 "채찍"은 "말"을 자극하기 위해 사용되며, 참조. 21:31 "재갈"은 말과 "나귀"를 제어하고 통제하기 위해 사용된다. 두 동물 모두 길들이기 위해서는 엄청난 에너지가 필요하며, 길들인 후에도 제대로 일하도록 하려면 큰 노력이 필요하다. "그리고"(개역개정에는 번역되지 않았다—옮긴이)는 주제를 소개한다. "미련한 자의 등에는 막대기니라." "합당하다"라는 술어가 전반절 모두에서 생략되어 있다. 요약하자면, 짐승과 미련한 자를 자극하고 통제하기 위한 적절한 수단은 말이 아니라 야만적인 힘이다. 그것이 짐승과 미련한 자 모두가 이해하는 언어다. 참조. 10:13; 19:29, 고전 5:5; 11:29-30

본론 26:4-10

이 단락의 본론은 두 하위 단락, 곧 미련한 자에게 합당한 교정 수단을
처방하는 두 훈계⁴⁻⁵절와 미련한 자에게 영예를 주는 것이 적절하지 않으
므로 이를 금하는 다섯 격언⁶⁻¹⁰절으로 이루어져 있다.

미련한 자를 바로잡으라 26:4-5

미련한 자를 제어하기 위해 막대기로 때리는 것에 더해 지혜로운 자는
미련한 자에게 말로 적합한 답을 준다.⁴⁻⁵절 "대답하지 말라"와 "대답하라"
라는 두 훈계 사이의 명백한 모순은 이런 훈계를 하는 상이한 이유에 의
해 해소된다. 미련한 자가 말하는 것과 같은 방식으로, 곧 충동적으로, 복
수심에 차서, 가혹하게, 거짓된 태도로 그에게 대답하는 것은 적절하지
않다. 참조. 벧후 3:9 따라서 가르치는 자는 미련한 자가 저지르는 잘못에 빠지
지 않을 것이다. 지혜로운 자는 선으로 악을 이긴다.²⁵:²¹⁻²² 그럼에도 지
혜로운 자는 자신의 지식과 분별력으로 미련한 자가 하는 말의 내용을
폭로하고 반박한다. 그는 미련한 자를 위해 그렇게 한다. 그렇게 하지 않
는다면 미련한 자가 죽음의 길을 계속 가도록 부추기는 것과 마찬가지
일 것이다. 두 잠언 모두 절대적인 동시에 적용 가능하다. 우리는 미련한
자가 하는 말을 논박해야 하지만 절대로 미련한 자가 말하는 방식으로
해서는 안 된다.

26:4 "미련한 자의 어리석은 것(89쪽을 보라)을 따라(그와 비슷한 방식으
로) 대답하지 말라. 참조. 1절 두렵건대 너도 그와 같을까 하노라." 지혜로운
자 역시 미련한 자의 교만하고 사랑이 없는 말투를 받아들인다면 그와
함께 정죄를 받을 것임을 암시한다. 하나님은 편애하지 않으신다. 참조. 18:5,
롬 2:1-11

26:5 미련한 자에게 그의 어리석음을 따라 대답하는 이유전반절는 미련
한 자가 여호와의 지혜를 자신의 지혜로 바꾸지 않게 하려 함이다. 후반절

"미련한 자에게는 그의 어리석음^{참조. 4a절}을 따라(그것을 드러내는 대답으로) 대답하라. 그가 스스로 지혜롭게 여길까 하노라." 이는 미련한 자가 여호와의 지혜를 자신의 지혜로 바꾸고, 이로써 생명을 죽음으로 바꾸도록 부추기는 결과를 낳을까 두렵다는 뜻이다.

미련한 자에게 영예를 주지 말라 26:6-10

다음 다섯 잠언은 서론의 형식으로 돌아가 창조 질서에서 가져온 부정적인 이미지를 사용해, 사회 질서 안에서 미련한 자에게 잘못 주어진 것들에 대해 비판한다. 두에인 개럿 [Duane Garrett]은 히스기야의 신하들이 이 격언을 교차 대구 구조로 편집했다고 탁월하게 설명한다.[11]

A	미련한 자에게 중요한 업무를 맡김	6절
B	미련한 자의 입 안에 있는 잠언	7절
X	미련한 자에게 영예를 줌	8절
B′	미련한 자의 입 안에 있는 잠언	9절
A′	미련한 자에게 중요한 업무를 맡김	10절

중심축이 되는 잠언에서는 이 단락의 중심 사상, 곧 미련한 자에게 영예를 주는 것이 적절하지 않음을 지적한다.^{참조. 1절} 중심축을 둘러싼 6b, 7b, 9b, 10b절에서는 어떻게 미련한 자에게 영예가 주어지는지 예를 들어 설명한다. 즉, 잠언으로 그들을 교육하거나^{7b, 9b절} 그들을 고용함으로써 그렇게 한다.^{6b, 10b절} 6a, 7a, 9a절에서는 이런 방식으로 미련한 자에게 영예를 주는 것이 부적절한 이유를 예를 들어 설명한다. 그들을 고용하거나 잠언으로 그들을 교육하는 것은 부조리하고 무가치할 뿐만 아

니라[6a, 7a절] 더 나아가 그들에게 영예를 주는 이들과 사회 전체에 위험을 초래한다.[9a, 10a절]

26:6 "미련한 자 편에 기별하는 것"은 자기의 발을 베어 버리는 것처럼 이해 불가하고 부조리하며, 심각한 피해, 더 나아가서 죽음에 대한 환유인 "폭력을 마시는"(독약의 불완전한 은유) 사람(저자의 사역, 개역개정에는 "해를 받음"으로 번역되었다—옮긴이)처럼 위험하다. 발신자는 전령이 자신의 두 발이 되어 수신자에게 메시지를 전달해 주기를 바랄 것이다. 그러나 미련한 자를 전령으로 삼으면 제멋대로 굴어 메시지를 제대로 전달하지 못할 뿐만 아니라 수신자의 기분을 상하게 하기에, 발신자는 스스로 다리를 저는 셈이며, 심지어 수신자가 물리적으로 보복을 가하도록 부추기게 된다. 이 잠언은 다소 과장되게 비꼬면서 지혜로운 자에게 미련한 자를 전령으로 삼지 말라고 경고한다.

26:7 "저는 자의 다리는 힘 없이 달렸나니"는 다리가 그 사람의 무게를 지탱할 수 없거나 걷는 데 사용될 수 없음을 가리킨다. "미련한 자의 입의 잠언도 그러하니라." 왜냐하면 그것은 아무런 무게(권위)도 담을 수 없고 미련한 자를 어느 곳에도 데려다주지 못하기 때문이다. 미련한 자의 입에 잠언을 집어넣어 그들을 교육하려는 것은 어리석은 일이다.[참조. 17:16] 그들은 비록 잠언을 배우더라도 지혜를 거부하므로 자신의 교만을 위해 잘못된 방식으로 그것을 활용한다.[14:3] 그런 잠언은 미련한 자를 위선자처럼 보이게 하며, 따라서 아무런 권위도 지니지 못한다.[참조. 마 7:3-5, 눅 4:23, 롬 2:21]

26:8 중심축인 이 구절에서는 "미련한 자에게 영예(사회적 무게)를 주는" 사람에게 야유를 보낸다. 미련한 자에게 영예를 주는 것은 "돌을 물매에 매는" 것과 같다. 돌의 목적은 물매를 날려 표적을 맞히는 것이므로 돌을 물매에 묶어서는 안 된다. 묶인 돌은 물매를 날리는 사람의 머리 주위를 위험하게 돌아갈 뿐이다. 이 잠언은 1절의 메시지를 강화한다. 미련

한 자에게 영예를 주는 것은 부적절할 뿐만 아니라 부조리하고 위험하다. 전사는 자신을 보호하기 위해 물매로 돌을 날리며, 이처럼 자기 자신과 자신의 공동체를 보호하기 위해서는 미련한 자를 사회 밖으로 내던져야 한다.

26:9 이 잠언은 미련한 자의 입 안에 잠언을 넣는 어리석음이라는 주제로 돌아와, 그것이 미련한 자에게 가치가 없다는 것7절에서 한 걸음 더 나아가 다른 이들에게 해를 입힌다고 지적한다. 9절에서는 술 취한 자가 손에 들고 있는 위험한 가시나무를 미련한 자의 입 안에 있는 잠언과 나란히 배치한다. 전후반절을 연결하는 평행구는 "가시나무"와 "잠언", "술 취한 자"의 "손"과 "미련한 자의 입"을 동일시한다. 술에 취해 비틀거리는 사람의 손에 들린 가시나무는 다른 이들을 다치게 하고 상처를 입힌다. 이와 비슷하게 미련한 자가 말하는 잠언은 무분별하고도 심각하게 다른 이들의 마음(혹은 정신)과 영혼에 상처를 입힌다. 욥과 무분별하며 교만한 그의 세 '친구'를 예로 들 수 있다. 욥 16:1-4; 19:2, 참조. 잠 10:32; 11:9, 11; 12:18; 14:3

26:10 이 잠언은 미련한 자를 고용하는 어리석음이라는 주제로 돌아가서, 그의 무가치함과 스스로 위험을 초래한다는 비판6절에서 한 걸음 더 나아가 그가 공동체에 극도의 위험이 된다고 지적한다. 미련한 자도 어리석기는 하지만 여기서 가장 중요한 어리석음은 미련한 자를 고용한 사람의 어리석음이다. 이 잠언에서는 "미련한 자를 고용하는" 사람에 우연히 "지나가는 행인을 고용"하는 사람을 추가한다. 두 고용주 모두 "모든 행인에게 활을 쏘는 궁수"(개역개정에는 번역되지 않았다―옮긴이)처럼 무모하고 위험하다. 다시 말해서, 이런 고용주는 사실상 마구잡이로 활을 쏘는 사람과 같다!

결론 26:11-12

결론에서는 말이 아니라 상처가 미련한 자에게 어울린다는 주제를 암묵적으로 설명한다. 11절은 미련한 자가 자신을 더 나은 사람으로 만들 수 없다고 조롱하지만, 12절은 그들이 구원받을 수 있다는 희망의 문을 연다.

26:11 이 잠언에서는 의도적으로 역겨운 직유를 사용해 미련한 자의 고집스러움을 강조한다. "미련한 자"를 멸시받는 개와 나란히 언급하고, "그 미련한 것을 거듭 행하"는 것을 개가 "그 토한 것을 도로 먹는 것"과 비교한다. 다시 말해서, 미련한 자는 구제 불능이라는 속성 때문에 기이하고 역겨우며 위험한 행동을 반복한다.^{참조. 6-10절} 성경에 서른 두 차례 등장하는 "개"는 불결하고^{참조. 출 22:31} 가증스러운 것^{참조. 삼상 17:43}으로 간주된다. 개는 쓰레기와 시체를 먹고 죽은 사람의 피를 핥는다.^{예를 들어, 왕상 14:11;} ^{21:23-24} 구토는 입을 통해 들어온 무언가를 위장이 거부하는 현상이다. 그러므로 토한 것을 다시 먹는 행동은 부조리하고 가증스러우며 위험하다. 이미지와 주제 모두 몸이 구토를 유발하는 것(토한 것과 어리석음)을 거부하지만, 비천하고 미련한 자는 다시 그것을 갈망한다.^{참조. 4:16-17} 신약성경은 "세상의 더러움을 피한 후에 다시 그중에 얽매이고 지"는 사람들과 관련해 이 잠언을 적용한다.^{벧후 2:20-22}

26:12 이 구절에서는 미련한 자를 평가하지 않고 "스스로 지혜롭게 여기는 자"와 비교하기 위한 기준으로 삼는다.^{참조. 3:7; 26:5} "그보다 미련한 자에게 오히려 희망이 있느니라"는 아마도 매질^{3절}을 통해서나 그가 "스스로 지혜롭게 여기"기 전에 그를 논박함으로써^{5절} 미련한 자를 구원할 수 있다는 희망의 문을 연다. 미련한 자보다 더 나쁜 것은 확신을 갖게 된 미련한 자다. 미련한 자는 자신의 실수를 통해 배우지 못하지만,^{11절} 신체적, 언어적 교정 수단을 시의 적절하게 활용한다면 그가 자만에 빠지지 않도록 막을 수 있다.^{참조. 사 50:11, 마 21:31, 요 9:40~41, 고전 3:18; 8:2}

게으른 자 26:13-16

이 단락에서는 불량한 자들의 유형이 한층 더 해로운 단계로 나아가면서 어리석음에다 자만심까지 더해진다.참조. 5, 16절 이 단락은 게으른 자와 게으름을 다루는 세 모음집 중 하나다.참조. 6:6-11; 24:30-34 모든 구절에 등장하는 "게으른 자"라는 핵심어가 이 단락을 하나로 묶는다. 집을 떠나지 못하는 것13절으로부터 침상을 떠나지 못하는 것14절으로, 마지막으로는 손을 그릇에서 입까지 움직이지도 못하는 것15절으로 게으른 자의 도덕적 하강을 묘사한다. 게으른 자는 다소 우습게 묘사되고 있지만, 마지막 구절에서는 게으른 자가 자신을 지혜로운 사람보다 더 지혜롭다고 생각한다고 지적한다.16절, 참조. 12절 이 시의 처음과 마지막에서는 게으른 자들의 문제를 심리적, 영적인 것으로 설명한다. 그들은 비이성적인 두려움 때문에 스스로를 집 안에 가두며,13절 비이성적인 교만 때문에 스스로 잘못을 바로잡지 못한다.16절 이 시는 그들에게 어떠한 해결책도 제시하지 않는다. 익살스러운 이미지는 게으른 자를 부끄럽게 만들어 행동하게 하려는 것일 수 있으며,참조. 6:6-11 다른 모든 사람에게도 게으름이 재능과 신분, 부, 권력에 방해가 된다고 분명히 경고한다.[12]

26:13 이 잠언은 22:13의 변형으로(해당 주석을 보라),[13] 거기서는 게으른 자가 "내가 나가면 거리에서 찢기겠다"[14]라고 말하면서 더 명시적으로 게으름을 정당화한다.

26:14 이 잠언에서도 이미지("문짝이 돌쩌귀를 따라서 도는 것 같이")를 사용하는데, 이번에는 "침상"을 떠나지 않는 "게으른 자"를 풍자하기 위함

---

12   Van Leeuwen, "Context and Meaning," 108.
13   이 두 구절은 형태는 다르지만 '사자'라는 같은 뜻을 지닌 단어, 곧 '아리'ʾarî, 22:13와 '사할'šaḥal, 26:13을 사용한다.
14   Fox, *Proverbs 10-31*, 798을 보라.

이다. 문짝과 게으른 자 모두 협소한 범위 안에서만 움직이고 다른 곳으로 가지 않는다. 이 풍자는 둘 다 한곳에 고정되어 있음을 묘사한다. 문짝은 축에, 게으른 자는 자신의 안락한 공간에 고정되어 있다. 하지만 축에 고정된 문짝은 그 기능이 축을 따라 회전하는 것이기 때문에 유익하지만, 침상에서 도는 게으른 자는 아무것도 이루지 못한다.

26:15 15a절은 19:24a를 그대로 되풀이한다. "입으로 올리기를 괴로워하느니라"라는 변형된 구절에서는 "그것을 입으로 올리지 않는다"(19:24b, 개역개정에는 "입으로 올리기를 괴로워하느니라"로 번역되었다—옮긴이)를 명확히 설명한다. "괴로워하느니라"는 정신적, 영적 피로 상태를 의미한다. 게으른 자는 노동을 병적으로 거부하므로 그것을 생각하는 것만으로도 기진맥진한다.

26:16 마지막 금언에서는 "사리에 맞게 대답하는 사람 일곱"을 기준으로 삼아 스스로 그들보다 더 지혜롭다고 생각하는 게으른 자의 망상과 비교한다. "일곱"은 그들의 대답이 완전함을 상징한다. 아마도 그런 이유로 아닥사스다와 아하수에로는 일곱 자문관을 두었을 것이다.^{스 7:14, 에 1:14} 12절에 따르면 미련한 자는 잘못된 확신에 빠지는 위험에서 벗어날 희망이 있지만, 게으른 자를 그의 망상으로부터 구할 수 있는 해법은 주어지지 않는다.

문제를 일으키는 네 유형의 사람들 26:17-28

일곱 유형의 불량한 자들을 다루는 단원은 마지막 네 부류의 사악하고 반사회적인 자들을 언급하는 단락으로 마무리된다. 이들은 주로 말로 불화를 야기한다.^{참조. 6:12-15, 16-19; 16:27-30} 이 단락에서는 참견하는 자^{17절}로부터 못된 장난을 일삼는 자,^{18-19절} 비방하는 자,^{20-22절} 지혜로운 자의 원수^{23-28절}로 악의를 고조시킨다.

참견하는 자 26:17

26:17 "개의 귀를 잡는 자"라는 매우 독특한 이미지는 "자기와 상관없는 다툼을 간섭하는 자"의 어리석음을 예시한다. 그 자체로 누군가를 다치게 하는 다툼^{참조. 17:14}은 반쯤은 야생인 개에 비유된다.^{참조. 11절} 승냥이^{jackal}정도가 그 개에 해당할 것이다. 개의 예민한 귀를 잡으면 반드시 다치게 마련이다. 위험한 개가 "지나가"고 있다는 것은 다툼에 개입하는 것이 불필요함을 의미한다. 지혜로운 사람은 자신의 이익과 관계가 없는, 다른 사람들 사이의 다툼에 끼어들지 않는다. 이는 외교에 관한 소중한 교훈이다.

못된 장난을 일삼는 자 26:18-19

"…처럼^{18절}……도 마찬가지로"^{19절}(개역개정에는 번역되지 않았다—옮긴이)라는 비교 구문은 일반적으로 단일한 구절 안에서 사용되지만,^{참조. 26:1, 2, 8} 여기서는 두 구절에 걸쳐서 나쁜 장난을 치는 사람을 속임수로 치명적인 위험성을 가리는 자로 묘사한다. "횃불을 던지며 화살을 쏘아서 사람을 죽이는 미친 사람"이라는 부정적인 이미지는, "내가 그저 농담하고 있을 뿐일까"(저자의 사역, 개역개정에는 "내가 희롱하였노라"로 번역되었다—옮긴이)라는 수사 의문문으로 "자기의 이웃을 속이"는 사람(장난을 치는 사람)의 위험성을 예시한다. 하지만 '속이다'라는 동사는 장난치는 사람이 말이나 행동으로 이웃에게 해를 입히려 했음을 보여준다. 자신의 악행이나 해로운 말을 농담으로 은폐하면서 장난을 치는 사람은 단순히 장난꾼이 아니라 살인자와 같다. 그들의 물음은 그들이 거짓말쟁이이자 위선자이며 비열하고 냉소적인 자임을 드러낸다.^{참조. 6:10; 24:12} 광인의 악은 의도적이지 않을 수도 있지만, 장난치는 사람은 교활하고 의도적이다. 아무튼 두 부류 모두 끔찍한 비극을 초래한다. 장난치는 사람의 문제는 영적인 것으로서, 그런 사람에게는 애정과 선의란 존재하지 않는다.

비방하는 자 26:20-22

히스기야의 편집자들²⁵ː¹ᵃ은 비방하는 자를 묘사하면서 그가 분쟁을 부추김으로써 공동체를 파괴한다고 지적한다.참조 6:12-15, 16-19 비방하는 자는 다툼을 지속시키고,²⁰절 다툼을 불러일으키며,²¹절 사회를 자신의 생각대로 바꾸어 간다.²²절 "말쟁이/남의 말 하기를 좋아하는 자"²⁰ᵇ, ²²ᵃ절로 이뤄진 교차 대구 형식의 틀은 "다툼을 좋아하는 자"²¹ᵇ절 역시 비방하는 자를 지칭하는 용어임을 보여준다. 20-21절에서는 동전의 양면을 제시한다. 즉, 비방하는 자의 불 붙이는 듯한 자극적인 언사는 공동체를 파괴하며,²¹절 그들이 사라질 때 공동체의 샬롬이 회복된다.²⁰절 비방하는 자의 말은 너무도 파괴적이다. 사람들이 그의 중상모략을 별미처럼 먹어 치우고²²ᵃ절 심대한 영향을 받기 때문이다.²²ᵇ절 비방하는 자를 용인하는 공동체 역시 스스로를 무너뜨리는 갈등을 용인하는 잘못을 저지른 셈이다.

26:20 연료가 없어 꺼져 가는 불의 이미지전반절는 비방하는 자가 없을 때 쓰라린 갈등이 멈추는 것을 상징한다.후반절 정확한 평행구조로 "나무가 다하면"을 "말쟁이가 없어지면"과, "불이 꺼지고"를 "다툼이 쉬느니라"와 짝짓는다. 반 레이우엔은 "말쟁이"를 "비방하는 악담으로 다른 사람의 권리나 평판, 권위를 부당하게 공격하여 자신의 뜻을 관철하려고" 하는 미련한 자로 정의한다.참조 16:28, 신 1:27 ¹⁵ 비방하는 자는 암시, 일부만 진실인 말, 과장된 사실을 퍼트린다참조 10:18 그들의 거짓말은 너무도 심하게 다툼을 부추겨서 가장 친한 친구조차 갈라놓는다.16:28 이런 사람들이 다른 이들을 중상함으로써 노골적으로 자신의 뜻을 관철시키려고 하지 않는다면 오래되고 쓰디쓴 갈등은 마침내 사라지게 될 것이다.²²:¹⁰

26:21 이 잠언에서는 앞의 이미지를 뒤집어 다툼을 계속하는 것으로부

15   Van Leeuwen, "Context and Meaning," 111 n. 2.

터 새로운 다툼을 시작하는 것으로 비방하는 자의 위험을 한 단계 더 높인다. "숯불 위에 숯을 더하는 것과 타는 불에 나무를 더하는 것"은 연료가 타오를 때까지 열을 가한다는 뜻이다. "그리고"(개역개정에는 번역되지 않았다―옮긴이)는 이미지와 주제―곧 "다툼을 좋아하는 자는 시비를 일으키느니라"(불타오르게 하느니라)―를 결합한다. 평화를 누리기 위해 공동체가 비방하는 자를 제거해야 함을 암시한다.

26:22 공동체가 비방하는 자를 제거하지 않는다면, 비방하는 자의 누룩이 반죽 전체를 부풀게 할 것이다.고전 5:6, 갈5:9 이 잠언은 18:8을 그대로 반복하지만 열등한 부류에 관한, 3행 연구聯句로 이루어진 둘째, 셋째 단락 사이에서 야누스 역할을 한다. 뒤를 돌아보면서 비방하는 자의 이미지에 관한 결론을 맺지만, "남의 말 하기를 좋아하는 자의 말"이 "별식과 같다고 말"함으로써 이 시점까지 사용된 이미지/주제를 뒤집는다. 이것은 앞을 내다보면서는 갈등의 숨겨진 내면적 차원에 초점을 맞추는 다음 3행 연구를 기대하게 한다.

지혜로운 자의 원수 26:23-28

마지막으로 편집자들은 증오에 차 있는 지혜로운 자의 원수에 관해 이야기한다. 그들을 "믿지 말"라는 명령25절은 지혜로운 자가 원수들의 표적임을 보여주며, 이 단락의 목표를 진술한다. 구성 면에서는 두 개의 3행 연구로 이루어져 있다. 첫 3행 연구는 원수들의 기만을 묘사하며,23-25절 두 번째 3행 연구는 그들의 멸망을 묘사한다.26-28절

원수들의 기만 26:23-25

26:23 이 잠언은 지혜로운 자에게 원수의 매력적인 겉모습 배후에 악한 마음이 숨어 있다고 경고한다. 후반절은 물리적 영역에서 가져온 은유를 통해 전반절에서 다루는 사회적 영역 안의 진실을 예시한다. "낮은 은"이

란 정련 과정을 통해 은을 추출하고 남은 찌꺼기다. 은빛으로 반짝이기 때문에 도자기의 광택을 내는 데 사용된다. 여기서는 아첨이 은처럼 보이지만 사실은 값싼 찌꺼기에 불과하므로 기만적이라는 의미에서 그것을 "온유한 입술"참조. 5:3; 7:21에 비유한다. 타락한 사람은 깨진 도자기 조각처럼 가치가 없다는 의미로 "악한 마음"을 "은을 입힌 토기"에 비유한다. 이런 이미지를 결합해 외적으로 부드러운(아첨하는) 말이 악한 의도를 은폐하고 있다고 암시한다.

26:24 이 구절은 25절과 짝을 이룬다. 이 두 구절에서는 원수가 의사소통 방식을 통해 마음속에 속임수를 숨기고 있다고 묘사한다. 종합적 평행구조를 사용해 원수의 기만적인 말24a절과 그의 숨겨진 사악한 의도24b절를 결합한다. "원수참조. 25:21는 입술(그의 말)로는 꾸미고(거짓된 겉모습 아래에 사실이나 자신의 의도를 감춘다) 속("마음"에 대한 환유)으로는 속임을 품나니." 여기서 말은 원수의 위장술이다. 그가 하는 말은 그의 실제 의도가 아니며, 실제 의도는 피해자를 호도하거나 해를 입히고자 하는 데 있다. 예를 들어, 창 3:1-5; 4:8; 34:15-25

26:25 절정에 해당하는 이 구절에서는 이 세 구절의 도덕관을 드러낸다. 즉, 원수의 위선을 간파하고 그를 믿지 말라는 훈계다.전반절 왜냐하면 그는 경건한 이들이 미워하는 치명적인 속임수에 몰두하기 때문이다.후반절 다시 한번, 원수의 기만을 강조하는 다음 훈계를 제시한다. "그원수, 24절 말이 좋을지라도(그들이 하는 속이는 말에 대한 환유)참조. 5:3; 8:4 믿지 말 것"(그들이 장차 지지해 줄 것이라고 생각하지 말라)이다. "왜냐하면"(개역개정에는 번역되지 않았다―옮긴이)은 설명을 의미한다. "그 마음에 일곱 가지 가증한 것이 있음이니라." 상징적인 "일곱"이라는 숫자는 의인이 개탄하는 사악한 생각과 행동으로 그들이 완전무장하고 있음을 뜻한다. 이 훈계는 사람의 성품이 신뢰할 가치가 있는지 여부에 관해, 그리고 그 사람이 하는 말의 진실성에 관해 거룩한 사람들이 판단을 내려야만 한다

고 가르친다.

원수들의 멸망 26:26-28

마지막 세 구절은 거짓말하는 원수의 혀가 원수를 무너뜨릴 것이라고 예언함으로써 일곱 부류의 불량한 자들 목록을 마무리한다. 26a절은 원수의 증오와 기만을 묘사하고, 27a절은 기만으로 인해 그가 고통을 자초할 것이라고 말하며, 28a절은 그들의 증오가 다른 이들에게 고통을 초래한다고 설명한다. 이 세 절의 후반절에서는 거짓말쟁이가 벌을 받을 것이라고 되풀이하여 강조한다.

　26:26 이 구절은 반의적 평행구조를 통해 지혜자에게 그의 원수가 자신의 기만을 은폐할지라도 결국에는 드러날 것이라고 가르친다. "속임으로 그 미움을 감"춘다는 것은 앞선 세 구절의 주제이며, 지혜로운 사람들의 영적 원수가 그들을 파괴하기 위해 기만으로 그들의 신뢰를 얻으려고 할 것임을 강조한다. 그러나 "그의 악(지혜로운 사람들을 파멸시키기 위한 그의 기만)이" 원수의 악한 행동을 심판하고 처벌할 사법적 집회를 뜻하는 "회중 앞에 드러나리라(공개적으로 폭로되리라, "처벌 받음"에 대한 환유)."참조 5:14

　26:27 함정을 파는 자의 불운과 돌을 굴리는 자의 파멸을 묘사하는 종합적 평행구는 동해보복법이라는 하나님의 원칙으로 26절을 보강한다. 동물을 잡아 죽이려는 사람처럼 "함정을 파는 자"는 원수의 교활한 기만과 치명적인 의도를 묘사하며 26a절을 보강한다. "그것에 빠질 것이요"는 26b절을 보강한다. "돌을 굴리는 자"는 언덕 위를 향해 돌—너무 무거워서 들어서 옮길 수 없는 돌—을 굴리는 사람을 묘사한다. 이는 거룩한 사람을 해하려고 엄청난 노력을 기울인다는 뜻이다. "도리어 그것에 치이리라"도 역시 26b절을 보강한다. 원수들의 기만과 의로운 사람들을 무너뜨리려는 엄청난 노력이 이제 방향을 바꾸어 그들 자신을 멸망시킨

다. 참조. 민 23:10, 에 7:10, 단 6:24, 딤후 4:14 이러한 '시적 정의'는 주권자의 손에 달려 있다. 참조. 10:3, 29: 16:4, 고전 3:19, 딤후 4:14

26:28 절정부에 해당하는 이 구절의 평행구조에서는 거짓말하는 혀가 다른 이들에게 가하는 고통과 그것이 그 자체에 가하는 결정적인 타격을 대조한다. "거짓말하는 혀"(저자의 사역, 개역개정에는 "거짓말하는 자"로 번역되었다―옮긴이)는 "아첨하는 입"과 짝을 이루며, 둘 다 속이기 위해 하는23a절 매력적인 원수의 말24a절에 대한 환유다. "미워하고"는 거짓말쟁이의 내적 동기로서 그것의 외적 결과인 "일으키느니라"와 짝을 이룬다. 절정에 해당하는 마지막 전후반절에서는 그것에 의해 억압을 당한 사람(상처를 입지만 치명적으로 짓밟히지는 않은 의인, 개역개정에는 "자기를 해한 자"로 번역되었다―옮긴이)과 "패망"(혹은 "재앙")을 대조한다. 후자는 이중적인 의미를 갖는다. 처음에는 미움을 받는 사람에 관해 말하는 것처럼 보이지만, 더 깊이 생각해 보면 미워하는 사람의 파멸을 가리키기 때문이다. 이런 해석이 이 세 구절에서 병행하는 후반절의 문맥과 가장 잘 어울리고, 상처 입은 사람(하지만 치명적으로 짓밟히지는 않은 사람)과 멸망한 사람 사이의 차이를 가장 잘 설명하며, 또한 이 책의 낙관적 신학과 가장 잘 어울린다. 요약하자면, 악인은 스스로를 다치게 한다.

친구와 이웃27:1-22

1너는 내일 일을 자랑하지 말라. 하루 동안에 무슨 일이 일어날는지 네가 알 수 없음이니라. 2타인이 너를 칭찬하게 하고 네 입으로는 하지 말며 외인이 너를 칭찬하게 하고 네 입술로는 하지 말지니라. 3돌은 무겁고 모래도 가볍지 아니하거니와 미련한 자의 분노는 이 둘보다 무거우니라. 4분은 잔인하고 노는 창수 같거니와 투기 앞에야 누가 서리요. 5면책은 숨은 사랑보다 나으니라. 6친구의 아픈 책망은 충직으로 말미암는 것이나 원수의 잦은 입맞춤은 거짓에서 난 것이니라. **7**배부른 자는 꿀이라도 싫어하고 주린 자에게는 쓴 것이라도 다니라. **8**고향을 떠나 유리하는 사람은 보금자리를 떠나 떠도는 새와 같으니라. **9**기름과 향이 사람의 마음을 즐겁게 하나니 친구의 충성된 권고가 이와 같이 아름다우니라. **10**네 친구와 네 아비의 친구를 버리지 말며 네 환난 날에 형제의 집에 들어가지 말지어다. 가까운 이웃이 먼 형제보다 나으니라. **11**내 아들아, 지혜를 얻고 내 마음을 기쁘게 하라. 그리하면 나를 비방하는 자에게 내가 대답할 수 있으리라. **12**슬기로운 자는 재앙을 보면 숨어 피하여도 어리석은 자들은 나가다가 해를 받느니라. **13**타인을 위하여 보증 선 자의 옷을 취하라. 외인들을 위하여 보증 선 자는 그의 몸을 볼모 잡을지니라. **14**이른 아침에 큰 소리로 자기 이웃을 축복하면 도리어 저주 같이 여기게 되리라. **15**다투는 여자는 비 오는 날에 이어 떨어지는 물방울이라. **16**그를 제어하기가 바람을 제어하는 것 같고 오른손으로 기름을 움키는 것 같으니라. **17**철이 철을 날카롭게 하는 것 같이 사람이 그의 친구의 얼굴을 빛나게 하느니라. **18**무화과나무를 지키는 자는 그 과실을 먹고 자기 주인에게 시중드는 자는 영화를 얻느니라. **19**물에 비치면 얼굴이 서로 같은 것 같이 사람의 마음도 서로 비치느니라. **20**스올과 아바돈은 만족함이 없고 사람의 눈도 만족함이 없느니라. **21**도가니로 은을, 풀무로 금을, 칭찬으로 사람을 단련하느니라. **22**미련한 자를 곡물과 함께 절구에 넣고 공이로 찧을지라도 그의 미련은 벗겨지지 아니하느니라.

이 단원은 모음집 V의 일곱 개 단원 중 다섯째에 해당한다(26쪽을 보라). 1절의 첫 단어이자 21절의 마지막 단어인 동사 '할렐'*hallēl,* '자랑하다' 혹은 '칭찬하다'이 이 단원의 틀을 이룬다. 22절은 야누스일 수도 있다. '친구'를 뜻하는 동의어('오헤브',*ʾōhēb* 6절; '이웃', '레아',*rēaʿ* 9, 10a, 14, 17절; '옆집 이웃', '카로브',*qārôb* 10b, 14절)가 친구와 이웃에 관한 이 지침서의 주제를 나타낸다.

　자녀 양육에 관한 잠언*rearing proverb,* 10절이 이 단원을 두 단락으로 나눈다.1-10, 11-22절 두 단락은 삼중 콜론*tricolon*으로 마무리된다.10, 22절, 참조. 27절 주제가 차례대로 반복되는 구조 역시 두 단락에 통일성을 부여한다.

A　누구에게 칭찬을 받아야 하는가: 타인 　　　　　　　　　1−2절

　B　피해야 할 관계: 미련한 자, 분노하는 자, 시기하는 자 　　　　3−4절

　　C　우정에 관한 가르침 　　　　　　　　　　　　　　5−10절 16

A′ 양육을 위해 누구에게 귀를 기울여야 하는가: 부모 　　　　　11−12절

　B′ 피해야 할 관계: 사악한 사람, 위선자, 잔소리가 심한 아내 　　13−16절

　　C′ 우정에 관한 가르침 　　　　　　　　　　　　　17−22절 17

친구와 이웃에 관해 가르치는 첫 단락 27:1-10

첫 단락은 다섯 쌍의 2행 연구로 이루어져 있으며, 각각은 자신이 아니라 타인에게서 칭찬을 받음,[1-2절] 미련한 자와 조급한 자, 시기하는 자의 성가심,[3-4절] 사랑하는 친구의 아픈 책망,[5-6절] 가정에서 가장 친밀한 관계의 원인과 상실,[7-8절] 참된 친구의 유익[9-10절]이라는 주제를 다룬다.

누구에게 칭찬을 받아야 하는가: 타인 27:1-2

'할렐'*hallēl*, '자랑하다' 혹은 '칭찬하다'이라는 표제어가 내일[1절]과 자신[2절]에 관해 자랑하는 것을 꾸짖으며 외부인에게 칭찬받기 위해 노력하라고 가르치는 이 2행 연구를 연결한다. 이 두 구절은 하나님 앞에서 겸손하고 타인 앞에서 삼가야 한다고 암묵적으로 가르친다.

　　27:1 "너는 내일 일을 자랑하지 말라"(스스로를 칭찬하지 말라).[참조. 2절] "내일"은 즉각적인 미래를 지칭하며, 성공에 대한 기대를 의미하는 환유다. 내일 일을 자랑하지 말아야 할 이유는 이렇다. "하루 동안에 무슨 일

16　틀을 이루는 잠언[5절과 10절]은 비교급 잠언이다.
17　17−21절은 창조 질서와 관련된 상반절의 유비를 통해 구속 질서에 관한 하반절의 진리를 가르친다. 22절도 창조 질서를 통해 도덕적 진리를 가르치지만 반복되는 경향을 그대로 따르지는 않는다.

이 일어날는지 네가 알 수 없음이니라." 가장 가까운 미래조차 인간의 통제 범위를 넘어서고 불확실하다면, 하물며 먼 미래는 어떠하겠는가? 하나님만이 죽을 수밖에 없는 인간의 운명을 통제하신다. 그럼에도 「잠언」은 미래를 위해 계획하라고 권한다.11:14; 15:22; 20:18; 21:5; 24:6, 27

27:2 "칭찬"힐렐(hillel)은 다른 사람의 덕을 호의적으로 받아들이고 다른 이들 앞에서 그것을 격찬함으로써 감탄을 표현하는 것을 의미한다. "타인", "네 입으로는 하지 말며"와 "외인", "네 입술로는 하지 말지니라"는 정확하게 같은 의미를 지닌 평행구절이며, 최고로 강조하는 표현이다. 타인에게는 아무런 이익도 없으며, 따라서 그의 평가는 믿을 만하다.참조, 21절 자기를 칭찬하는 태도는 그 사람이 하나님 및 다른 사람들과 맺은 관계를 파괴한다. 여호와는 교만한 자를 미워하시며, 사람들은 자랑하는 자를 싫어한다. 자기 자신을 칭찬하는 것은 실제 능력보다 자기를 더 높이는 것이며, 그 결과 낮아지는 것을 두려워하게 되거나 실제로 낮아져 수치를 당하게 된다.

피해야 할 관계: 미련한 자, 분노하는 자, 시기하는 자27:3-4

비합리적이며 파괴적인 방식으로 분노하는 자는 주변 사람들이 견디지 못하며3절 그와 친밀한 관계를 맺을 수 없다.4절 널리 친구를 사귈 수 있는 영적 환경을 만들기 위해서는 그런 사람을 피해야 한다.

27:3 한 사람의 힘을 소진시키고 극도의 불편함을 야기하는 물리적 짐이, 미련한 자의 분노라는 정서적 짐보다 더 가볍고 감당하기 쉽다. "돌은 무겁고"는 돌이 너무 무거워서 들 수도 없음을 의미하며, "모래도 가볍지 아니하거니와"는 헤아릴 수 없이 많은 바닷가의 모래와 그 무게를 지칭한다.욥 6:3 하지만 "미련한 자(89쪽을 보라)의 분노참조, 21:19는 이 둘보다 무거우니라(훨씬 더 감당하기 어렵다)."

27:4 "분"참조, 6:34과 "노"참조, 15:1 역시 피해야만 한다. "분"과 "노"라는 두

"동료"는 무자비한 "잔인"함과 압도적으로 파괴적인 "창수"(곧 재앙을 초래하는 홍수)와 같다. 하지만 분노는—투기와 달리—견딜 수 있다. 수사적인 "누가"라는 말은 "투기" 앞에서는 아무도 버틸 수 없음을 강하게 주장한다. 다윗은 형 엘리압이 화를 낼 때는 버틸 수 있었지만,삼상 17:28 질투하는 사울로부터는 도망칠 수밖에 없었다. 삼상 18:9

우정에 관한 가르침 27:5-10

27:5-6 미련한 자의 잘못을 대하는 방식은 친구의 잘못을 대하는 방식과 다르다. 미련한 자와의 우정은 불가능하지만, 참된 친구는 오류를 바로잡기를 회피하지 않는다. 비교급으로 표현된 역설이 우정에 관한 이 두 구절을 연결한다. "면책"이 "숨은 사랑"보다 더 낫고, "충직"한 "아픈 책망"이 위선적인 "입맞춤"보다 더 낫다.

"면책참조. 1:25은 숨은 사랑보다 나으니라"(삶에 더 유익하다)는 잘못을 범한 사람을 바로잡기 위해 공개적으로, 직접적으로, 심지어는 가혹하게 비판하기도 하지만,참조. 6a절 여전히 아끼는 마음으로 그의 최선의 이익을 위해 행동하는 것을 뜻한다. 사실 "숨은 사랑"은 이기적이다. "사랑하는 사람"이 비겁함이나 게으름 때문에 스스로 위험을 감수하면서 사랑받는 사람에게 가장 이로운 방식으로 행동하기를 거부하기 때문이다. 공개적으로 사랑의 마음을 담아서 하는 책망은 강력하다. 숨은 사랑은 어둠 속 윙크처럼 아무런 쓸모가 없다. 주목을 받지 못할 때가 많기는 하지만, "네 이웃 사랑하기를 네 자신과 같이 사랑하라"는 유명한 명령레 19:18, 참조. 마 22:39 앞에는 "네 이웃을 반드시 견책하라"는 명령이 나온다. 레 19:17

반의적 잠언인 6절은 형용 모순인 두 가지 표현, 곧 "충직한 상처"(저자의 사역, 개역개정에는 "아픈 책망"으로 번역되었다—옮긴이)와 "아프게 하는 입맞춤"이 나온다. "상처"는 고통스럽지만 꼭 필요한 말에 대한 은유다. 참조. 9절 "상처"는 일반적으로 원수가 가하는 것이지만, "친구"오헤브('ōhēb),

참조. 14:26가 입히는 상처는 "충직"한 것이다. 이는 잘못을 범한 사람에 대한 사랑과 성실함을 보여준다. "입맞춤"은 일반적으로 친구와 관계가 있지만, 원수가 하는 입맞춤은 위선적이며 입맞춤을 받는 사람에 대한 멸시와 불성실을 상징한다. 참조. 5:3-4; 7:13, 마 26:49 모호한 반의적 평형구절인 "충직"과 "잦은"은 과다한 입맞춤이 불성실하거나 기만적이거나 아첨하기 위한 것임을 암시한다.

27:7-8 이 2행 연구에서는 아들에게 좋은 아내로 자신의 욕구를 충족시키라고―잔소리가 심한 여자가 아니라 좋은 여자와 결혼하라고―은유적으로 경고한다. 7절 잘못된 여자에게서 만족을 얻으려고 할 때 좋은 아내를 멸시하게 되며, 7a절 좋은 아내에게서 만족을 얻지 못할 때 나쁜 여자를 즐기게 된다. 7b절 반 레이우엔은 7b절과 8절을 연결한다. "만족한 남편은 행복하며 둥지를 떠난 새처럼 방황하지 않는다.……정욕과 굶주림에 지배당하는 사람은 분별력을 잃는다."[18]

"배부른 자는 꿀"처럼 달콤하고 건강에 좋은 것도 "싫어"한다. 참조. 16:24 이 잠언은 그 사람, 예를 들면 남편이 정부情婦처럼 역겹고 해로운 무언가로 자신의 욕망을 채웠음을 암시한다. 충동과 욕구가 충족되지 않은 "주린 자"에게는 건강한 식욕이라면 거부할 만한 "쓴 것"도 달콤하다. 나쁜 것으로 욕구를 충족하여 좋은 것을 멸시하는 사람과 너무나 굶주려서 해로운 모든 것을 달콤하다고 여기는 사람 모두 병들어 있는 것이다. 마찬가지로 참된 종교 안에서 영적 만족을 찾지 않는 사람은 우상숭배를 추구하며, 그것으로 욕구를 충족할 때 참된 종교를 멸시할 것이다.

"보금자리를 떠나 떠도는 새"는 괴로운 상황 때문에[19] 피난처를 떠난 새를 가리킨다. 참조. 사 16:2, 렘 4:25; 9:10b "고향을 떠나 유리하는 사람"은 잔소리가 심한 아내처럼 위기를 암시한다. 가정이라는 안전함으로부터 단절되

---

18 Van Leeuwen, "Proverbs," in *NIB* 5, 230.

19 Fox, *Proverbs 10-31*, 806 참조.

어 있는 그는 취약하고 위험에 노출되어 있는 상태다. 참조. 19:13; 21:9, 19; 27:15 잠언은 그가 쓸모없이 돌아다니는 사람이라고 책망하는 것이 아니라, 그의 욕구를 충족해 줄 좋은 아내와 결혼하라고 권고하고 있다. 5:15-19 말빔Malbim은 이를 영적으로 해석하여 영혼이 하나님과 가까운 곳으로부터 도망치는 모습을 묘사한다고 설명한다.[20]

27:9-10 친구(이 두 구절의 표제어)는 조언을 제공하고9절 어려울 때에 도움을 주기 때문에10절 매우 귀하다.

한 사람의 몸에 바른 "기름"의 아름다움참조. 21:17과 그의 옷에서 나는 "향"은 그 사람의 "마음을 즐겁게" 한다. 행복하다고 느끼게 해주기 때문이다. 이와 비슷하게, 유쾌하고 기분 좋은 것에 대한 환유인 "달콤함"(개역개정에는 "아름다우니라"로 번역되었다―옮긴이)은 "충직한 친구레아(rēaʿ), 참조. 10절의 권고"로부터 나오며, 이 역시 행복함을 느끼게 한다.

재앙이 닥치게 되면, 먼 친척이 아니라 믿을 수 있는 가까운 친구에게 찾아가야 한다. 참조. 18:24 "네 친구"는 어려운 상황에 처했을 때 도움을 주는 사회적으로 가까운 이웃을 의미한다. "네 아비의 친구"는 성실함이 두 세대에 걸쳐 지속되고 있는 사람을 가족의 친구로 정의한다. "네 환난 날에 버리지 말"라(곧 무시하지 말라). "그리고"(개역개정에는 번역되지 않았다―옮긴이)는 동전의 반대 면을 이야기한다. "네 환난 날에 형제의 집에 들어가지 말지어다." 후반절은 근거를 제시한다. "가까운 이웃"은 물리적으로도 가까이에 사는 사람으로서 가깝고 영적으로도 공감하는 사이임을 의미한다. 참조. 레 21:3, 룻 2:20, 시 148:14 그런 이웃은 공간이나 공감이라는 측면에서 "먼 형제보다" 낫다. 이 잠언은 17:17과 긴장을 이룬다.

20   잠언 27:8에 대한 말빔의 해석.

친구와 우정에 관한 추가적 가르침 27:11-22

11절의 자녀 양육 잠언은 동의어인 첫 단어 "지혜"와 "슬기로운"에 의해 짝을 이룬다. 이 두 단어는 반대말인 "미련한 자"22절와 함께 수미상관을 이룬다. 이 틀 안에서 13-16절에는 보증을 서는 행위,13절 위선적인 친구,14절 잔소리가 심한 아내15-16절에 대해 경고하는 부정적인 잠언이 포함되어 있다. 1-21절은 창조 질서에서 취한 유비로 참된 우정의 가치를 가르치는 긍정적인 내용을 다룬다.

양육을 위해 누구에게 귀를 기울여야 하는가 27:11-12

27:11 "내 아들아, 지혜참조. 1:8를 얻고 내 마음을 기쁘게 하라"참조. 27:9는 두 가지 명령과 그에 따른 결과인 "그리하면 나를 비방하는 자에게 내가 대답할(문자적으로 "말을 돌려주다")참조. 16:1 수 있으리라"는 구절은, 비방을 당하여 그의 능력과 존엄성이 땅에 떨어진 아버지의 명예를 회복시키고자 열망하는 아들의 마음에 와닿는다.참조. 14:31 아버지는 자신의 성취를 자랑할 수 없으므로27:1-2 아들에게 그가 가르친 지혜를 드러냄으로써 자신을 신원해 달라고 호소한다.참조. 시 127:4-5, 고후 3:1-3, 살전 2:19-20; 3:8 아버지 하나님을 모욕하는 자는 그분의 지혜이신 주 예수 그리스도를 바라보기만 하면 된다.

27:12 이 잠언은 사소한 문제의 차이를 제외하면 22:3을 반복한다(해당 주석을 보라). 피해야 할 악을 다루는 잠언으로 이어지는 가교 역할을 한다.

피해야 할 관계: 사악한 사람, 위선자, 잔소리가 심한 아내 27:13-16

27:13 이 구절은 사실상 20:16을 되풀이하지만, "외인"노크리얌(nokriyyām)을 "이방 여인"노크리야(nokriyyâ)(99쪽 "부정한 아내"를 보라. 개역개정에는 "외인들"로 번

역되었다―옮긴이)으로 바꾼다. 여기서 보증을 서는 사람은 정숙하지 못한 여인에게 빚을 진 어리석은 자의 빚을 갚겠다고 동의한 것이다. 보증을 선 사람과 빚을 진 사람 모두 그녀의 손아귀 안에 있다. 이 잠언은 제자에게 이런 미련한 자들과 절대 관계를 맺지 말라고 가르친다.

27:14 위선적인 친구는 과시적이며, 때 이른 인사에 의해 정체가 드러난다. 회중 앞에 선 제사장처럼 "큰 소리로 자기 이웃(혹은 "친구") 레에후(reʿēhû), 참조. 27:9-10 을 축복하"는 것은 모두가 들을 수 있게 하기 위함이다. "이른 아침에"는 "기상 시간"을 의미하며 이웃을 축복하고자 하는 열심과 열정을 의미한다. 하지만 그의 부자연스러운 목소리와 시점은 그가 믿을 만한 이웃인 척하면서 복을 주시는 분인 하나님을 이용하는 위선자임을 폭로한다. 하지만 하나님은 이를 용납하지 않으실 것이다. 그러므로 위선자의 터무니없는 말을 하나님은 "저주 같이" 여기실 것이다. "하나님은 업신여김을 받지 아니하시나니 사람이 무엇으로 심든지 그대로 거두리라." 갈 6:7

27:15-16 "그" 16절 의 선행사는 "다투는 여자" 15절 로서 이 두 구절을 한 쌍으로 연결한다. 그는 물이 새는 지붕, 폭풍, 미끄러운 기름과 같다.

"다투는 여자" 참조. 21:9 와 "비오는 날에 이어 떨어지는 물방울"―둘 다 예상할 수 없고 기만적이며 견딜 수 없다―은 비슷하다. 불행이 폭우처럼 쏟아질 때 남자는 비를 피하기 위해 집으로 뛰어가지만, 물이 새는 지붕은 그에게 피난처가 될 수 없다. 마찬가지로 그는 좋은 것을 발견할 것이라고 기대하면서 결혼했지만, 그의 아내는 불행이라는 물맷돌과 화살로부터 그를 보호하기는커녕 심한 잔소리로 그의 집을 견딜 수 없는 곳으로 만들고 그의 삶을 불행하게 만든다. 참조. 7-8절

폭우라는 날씨 이미지가 이제 폭풍으로 한 단계 고조된다. "그를 제어하기가 바람―이 맥락에서는 태풍처럼 제어할 수 없는 폭풍―을 제어하는 것 같"다. 세 번째 이미지―그가 (아마도 남편의) "오른손"을 만난

"기름"과 같다—는 그가 제어할 수 없음을 한층 더 강조한다. 기름을 움켜쥐는 것은 불가능하기 때문이다. 기름은 기쁨을 주는 기름^{참조, 9절}을 뜻하며, 오른손은 위엄과 특권의 자리를 가리킨다. 남편의 강력한 오른손이 그를 보호했어야 하며, 그는 향기로운 기름처럼 남편을 기쁘게 했어야 한다. 다투기 좋아하는 아내의 태도 때문에 둘 다 불가능하다.

창조 질서에서 배우는 우정에 관한 가르침 27:17-22

27:17 극도로 단단한 원재료인 "철이 철을 날카롭게 하는 것"은 대장장이가 튼튼하고 강한 철을 날카로운 도구(예를 들어, 칼)나 무기(예를 들어, 검)로 만들기 위해 사용하는 망치에 대한 환유다. 만약 이 원재료에게 감각이 있다면 자신을 날카롭게 만드는 작업이 고통스럽게 느껴질 것이다. "친구(혹은 "이웃")의 얼굴"은 언어유희다. 검이나 칼의 날을 그것의 "얼굴"이라고 부르기 때문이다.^{참조, 전 10:10} 여기서 "얼굴"은 문자적인 의미로 사용되었을 수도 있다. 얼굴은 영혼의 거울로서 아픔이나 분노와 같은 감정을 나타내기 때문이다. 이것은 한 사람 전체를 의미하는—한 사람의 가장 중요한 부분으로서—제유일 수도 있다.[21] 이 잠언은 한 사람이 어떻게 다른 사람을 "빛나게 하는지" 설명하지 않는다. 하지만 다른 곳에서는 입과 혀와 관련해 "빛나게 함"이 은유적으로 사용된다.^{시 57:4, 사 49:2} 이는 "사람이……빛나게" 함이 대화에 대한 은유임을 암시한다. 로널드 기즈^{Ronald L. Giese Jr.}는 피해자가 이웃에게 폭력을 당했으므로, "얼굴을 빛나게 함"이란 피해자를 분노하게 하는 부정적인 이미지라고 주장한다.[22] 기즈의 논문은 빛나게 함이 고통과 폭력을 수반한다는 개념에 유익한 기여를 했지만, 철이 철을 날카롭게 한다는 유비의 긍정적인 의도를 적절

21 A. S. van der Woude, *TLOT*, 2:1000-1001, s. v. *pānîm*.
22 R. L. Giese Jr., "'Iron Sharpens Iron' as a Negative Image: Challenging the Common Interpretation of Proverbs 27:17," *JBL* 135 (2016): 61-76.

하게 설명하지는 못한다. 날카로워진 도구가 무딘 도구보다 더 낫다. 격렬하게 내리치는 망치는 결국 유용한 도구를 만들어 낸다.[23] 여호와께서는 그의 종에게 가해진 고통을 통해 "학자의 혀"를 주셨다.사 50:4

27:18 귀한 "무화과나무를 지키는 자"는 그 나무의 달콤하고 생명을 유지하게 하는 "과실을 먹고" "자기 주인참조. 25:13에게 시중드는 자"참조. 2:8 에 대한 유비다. 그런 사람은 부와 사회적 존귀함이라는 "영화를 얻"을 것이다.참조. 3:9 창조 질서에서 취한 투자와 보상 사이의 변하지 않는 연관 관계라는 유비는 구속 질서 안에서 주인과 하인 사이에 주권적으로 확립된 관계를 지키는 사람이 정당하고 적합하게 보상을 받을 것임을 예시한다. 참조. 마 25:21, 23, 요 12:26

27:19 "물에 비치면 얼굴이 서로 같은 것 같이"는 물에 비친 자신의 얼굴을 바라보는 것을 의미한다. 그처럼 "사람의 마음(66쪽 "마음"을 보라)도 서로 비치느니라." 다른 이들이 해주는 정직한 찬사,참조. 27:2 건설적인 비판,6, 17절 진지한 충고9절를 통해 자신의 참된 성품을 확인할 수 있다.

27:20 "스올과 아바돈은 만족함이 없고"라는 인격화를 통해 죽음이 아무리 많은 희생자를 집어삼키더라도 결코 성취감을 경험할 수 없음을 묘사한다. 마찬가지로 "사람의 눈도 만족함이 없"는 욕망을 지닌다.전 6:7-9 만족함이 없는 눈은 탐욕과 욕심을 자극하는 영혼의 부분에 대한 환유다. 참조. 전 2:10; 4:8, 요일 2:16 인간의 탐욕을 무자비하며 만족을 모르는 무덤에 비유하는 것은 인간의 갈망 역시 무자비하며 만족을 모른다는 것을 암시한다. 눈의 정욕 때문에 하와와 아담은 사회적 범주를 벗어났다. 이 잠언은 아들에게 만족을 모르는 욕망에 따라서 살지 말고, 경계 안에 살라

23   기즈(Giese, "Iron Sharpens Iron," 76)는 이 잠언 외부의 내용을 근거로 "얼굴을 날카롭게 함 (빛나게 함)"이 이웃을 공격함으로써 그 이웃을 날카롭게 만든다는 부정적 이미지를 담고 있다고 주장한다. 그러나 이 잠언의 평행구조는 가공되지 않은 철을 효과적인 도구로 더 낫게 만드는 것을 암시하며, 따라서 평행구절인 "친구/이웃의 얼굴"도 같은 의미로 해석해야 한다.

고 가르친다. 그리스도 안에서 그리스도인은 안식을 누리며, 참조. 4:13-17, 마
11:28, 요 6:35; 7:37, 빌 4:11-13 그분의 성령 안에서 절제할 수 있다. 갈 5:22-23

27:21 사람들이 무엇을 칭찬하고, 누가 그들을 칭찬하는지(곧 그들의
평판)를, 이제 "은"의 순도를 높이는 "도가니"와 "금"의 순도를 높이기 위
해 금을 녹이는 "풀무"라는 두 이미지와 비교한다. 17:3에서도 단련을 의
미하는 동일한 두 이미지가 사용되지만, 거기서는 여호와께서 단련하시
는 반면, 여기서는 "칭찬으로"—곧 사람들이 누구 혹은 무엇을 칭찬하는
지, 참조. 28:4 또는 그들이 누구에게 칭찬을 받는지 참조. 29:27에 의해—사람을
단련한다. 연주자는 작곡가를 칭찬하고, 독자는 저자를 칭찬하며, 경건
한 사람은 여호와를 찬양한다. 마찬가지로 부도덕한 사람은 간음하는 사
람에게 아첨하고, 탐욕스러운 사람은 부자를 동경한다. 시 49:18 죄인의 저
주는 성도의 영광이다. 참조. 눅 6:26

27:22 이 단락의 마지막 잠언은 창조 질서에서 취한 곡식 빻기 유비
를 활용하여 미련한 자를 바로잡기가 어렵다는 구속 질서 안의 진리를
예증한다. 하지만 두 질서는 비슷하지 않으며 서로 다르다. "미련한 자
(89쪽을 보라)를……절구에 넣고 공이로 찧을지라도"는 매질과 같은 혹
독한 징계를 의미한다. "곡물과 함께"는 징계의 혹독함을 곡식 가루를
얻기 위해 그 껍질을 제거하는 과정에 비교하고 있음을 암시한다. 그러
나 대조적으로 미련한 자의 "미련"은 곡식의 껍질과 달리 혹독한 징계에
도 불구하고 "벗겨지지 아니"한다. 말은 미련한 자의 행동을 바꾸지 못한
다. 25:3 매질로 한 사람이 옳은 일을 하도록 강요할 수는 있지만, 10:13 마음
을 변화시키지는 못한다. 27:22 마음을 거듭나게 하는 하나님의 은총은 미
련한 자의 구원을 위한 유일한 소망이다. 참조. 26:11

"양 떼와 소 떼" 돌보기 27:23-27

²³네 양 떼의 형편을 부지런히 살피며 네 소 떼에게 마음을 두라. ²⁴대저 재물은 영원히 있지 못하나니 면류관이 어찌 대대에 있으랴. ²⁵풀을 벤 후에는 새로 움이 돋나니 산에서 꼴을 거둘 것이니라. ²⁶어린 양의 털은 네 옷이 되며 염소는 밭을 사는 값이 되며 ²⁷염소의 젖은 넉넉하여 너와 네 집의 음식이 되며 네 여종의 먹을 것이 되느니라.

모음집 V의 두 묶음 사이에서 야누스 기능을 하는 이 긴 시(26쪽 "구조"를 보라)는 양 떼와 소 떼를 잘 돌보라는 훈계²³절와 이에 대한 부정적,²⁴절 긍정적²⁵⁻²⁷절 논거로 이루어져 있다. 시간이 흐름에 따라 가치가 감소하며 자기 재생이 불가능한 자원인 돈이나 신분과 달리,²⁴절, 참조. 23:4-5 가축은 자기 재생이 가능하며 불어나는 부의 원천이다. 먹을 것이 풍부한 목초지에서²⁵절 가축은 옷과 밭을 살 수 있는 돈²⁶절과 집안의 모든 사람, 젖을 짜는 여종까지도 충분히 먹일 수 있을 만큼 젖을 낸다.²⁷절

면류관을 언급²⁴절한 것은 창조 질서 안에서 양 떼와 소 떼를 돌보는 일이 구속 질서 안에서 지혜로운 왕이 경계를 늦추지 않고 부지런히 자신의 백성을 돌보는 일에 대한 유비임을 보여준다.삼하 12:2, 4; 22:22; 23:1-6, 겔 34장 왕은 백성을 돌봄으로써 자신의 왕권을 든든히 세운다. 하지만 민주화된 오늘날의 문학적 관점에서 면류관은 높은 신분이나 부를 상징할 것이다. 어떤 잠언이든 그 속성상 구체적으로 가리키는 대상 이상으로 적용점이 있게 마련이다.

27:23 이 훈계는 양 떼를 소유한 아들(곧 백성의 통치자)에게 자신이 보호해야 할 사람들의 행복에 친밀하고 개인적인 관심을 기울이라고 명령한다. "부지런히 살피며"와 강조하는 평행구인 "마음을 두라"는 아들에게 백성과 단순히 피상적인 관계가 아닌 끈끈하고 친밀한 관계를 맺으라고 가르친다. "형편"(혹은 '행복')은 문자적으로 '얼굴' 파님(pānîm), 참조. 17절을 뜻한

다. "네 양 떼"와 "네 소 떼"는 네 발 달린 가축 전체를 지칭한다. 아들이 자신의 양 떼를 돌보는 일에 전적으로, 그리고 개인적으로 전념하기 위해서는 부지런함과 친절함, 지혜의 다른 덕목들이 필요할 것이다.

27:24 "왜냐하면"(개역개정에는 "대저"로 번역되었다―옮긴이)이라는 말로 훈계에 대한 부정적,²⁴절 긍정적²⁵⁻²⁷절 근거를 제시한다. 먼저 부정적 논거는, "재물은 영원히 있지 못"한다는 것이다. 재물은 항구적으로 소유할 수 없다. 왕권의 상징인 면류관도 항구적이지 않다. 재물과 면류관 모두 덧없으며, 부패하기 쉽고, 점차 가치가 떨어질 뿐이다.

27:25 그러나 재물과 면류관을 계속해서 가질 수는 있다. 먹을 것이 풍부한 목초지로 양 떼를 인도하는 것처럼, 부지런하게 일하고 항상 조심해서 주위를 살피면 된다. 25a절에서는 가축의 먹이를 마련하기 위해 풀을 벤다는 조건과 풀을 베면 새로 움이 돋아날 것이라는 약속을 제시한다. 조건절에서 "풀"은 이스라엘의 우기에 자라 가축의 먹이가 되는 들풀을 가리킨다. (먹이를 마련하기 위해) "벤 후에는"은 그것을 수확하기 위한 근면하고 시의적절한 노동을 의미한다. "새로 움이 돋나니"는 가축이 먹을 수 있는 새로운 풀을 가리킨다. 이렇게 풀을 다시 자라게 하겠다는 약속은 창조주께서 피조물을 새롭게 하심으로써 그들의 생존을 보장하신다는 의미를 담고 있다. "산에서 꼴을"은 팔레스타인의 산악 지대에서 자라며 양 떼가 먹을 수 있는 야생 식물을 가리킨다. "거둘 것이니라"는 산과 식물, 우기를 포함해 피조물을 유지하시는 분의 선한 창조 질서와 알맞은 때에 부지런히 수확하는 인간의 지혜를 결합한다.

27:26 이 구절에서는 양 떼의 수컷이 제공하는 부를, 27절에서는 암컷으로부터 얻을 수 있는 재물에 관해 이야기한다. "어린 양의 털은 네 옷"이 된다. 염소는 "값"―그것을 팔아 "밭"을 구입하는 데 사용할 수 있는 돈―을 제공할 것이다. 가축은 생활에 필요한 물품과 토지를 매입할 수 있는 돈을 벌게 해준다. 이런 방식으로 늘어난 재물을 통해 여러 세대에

걸쳐 집안의 재산을 크게 늘릴 수 있으며, 그로써 가난한 이들을 돌볼 수 있다.

27:27 "그리고"(개역개정에는 번역되지 않았다―옮긴이)는 양 떼를 잘 돌봄으로써 얻을 수 있는 또 다른 유익을 연결한다. 그것은 바로 풍부한 젖이다. "젖은 넉넉하여"에서 젖은 필수 불가결한 영양원의 총칭이다. 여기서는 "염소의 젖"으로 한정한다. 고대 근동에서 염소젖은 우유보다 단백질이 더 풍부하고 소화가 잘 되어 가장 좋은 영양원이었다. "너"(의 음식[곧 개인적 음식]이 되며)는 "네 집의 음식이 되며"로 확장된다. 여종은 젖을 짜는 여종을 뜻한다. 이는 곧 젖을 짜는 일을 하는 여종까지도 먹일 만큼 젖이 넉넉하여 무한히 공급할 수 있다는 의미다. 젖은 그 젖을 짜는 사람에게 삶의 수단을 제공하며, 염소는 염소를 돌보는 가족을 먹여 살린다. 자신의 가축을 지혜롭게 돌본다면 가축이 풍부한 보상을 제공할 것이다. 그리고 사회적 질서 안에서 왕이 백성을 돌본다면, 그의 왕위가 계속될 것이다.

자녀 양육, 통치, 하나님과의 관계에 관하여 28:1-29:27

28:1 악인은 쫓아오는 자가 없어도 도망하나 의인은 사자 같이 담대하니라. ² 나라는 죄가 있으면 주관자가 많아져도 명철과 지식 있는 사람으로 말미암아 장구하게 되느니라. ³ 가난한 자ª를 학대하는 가난한 자는 곡식을 남기지 아니하는 폭우 같으니라. ⁴ 율법ᵇ을 버린 자는 악인을 칭찬하나 율법을 지키는 자는 악인을 대적하느니라. ⁵ 악인은 정의를 깨닫지 못하나 여호와를 찾는 자는 모든 것을 깨닫느니라. ⁶ 가난하여도 성실하게 행하는 자는 부유하면서 굽게 행하는 자보다 나으니라. ⁷ 율법을 지키는 자는 지혜로운 아들이요 음식을 탐하는 자와 사귀는 자는 아비를 욕되게 하는 자니라. ⁸ 중한 변리로 자기 재산을 늘리는 것은 가난한 사람을 불쌍히 여기는 자를 위해 그 재산을 저축하

는 것이니라. ⁹사람이 귀를 돌려 율법을 듣지 아니하면 그의 기도도 가증하니라. ¹⁰정직한 자를 악한 길로 유인하는 자는 스스로 자기 함정에 빠져도 성실한 자는 복을 받느니라. ¹¹부자는 자기를 지혜롭게 여기나 가난해도 명철한 자는 자기를 살펴 아느니라. ¹²의인이 득의하면 큰 영화가 있고 악인이 일어나면 사람이 숨느니라. ¹³자기의 죄를 숨기는 자는 형통하지 못하나 죄를 자복하고 버리는 자는 불쌍히 여김을 받으리라. ¹⁴항상 경외하는 자는 복되거니와 마음을 완악하게 하는 자는 재앙에 빠지리라. ¹⁵가난한 백성을 압제하는 악한 관원은 부르짖는 사자와 주린 곰 같으니라. ¹⁶무지한 치리자는 포학을 크게 행하거니와 탐욕을 미워하는 자^c는 장수하리라. ¹⁷사람의 피를 흘린 자는 함정으로 달려갈 것이니 그를 막지 말지니라. ¹⁸성실하게 행하는 자는 구원을 받을 것이나 굽은 길로 행하는 자는 곧 넘어지리라. ¹⁹자기의 토지를 경작하는 자는 먹을 것이 많으려니와 방탕을 따르는 자는 궁핍함이 많으리라. ²⁰충성된 자는 복이 많아도 속히 부하고자 하는 자는 형벌을 면하지 못하리라. ²¹사람의 낯을 보아 주는 것이 좋지 못하고 한 조각 떡으로 말미암아 사람^d이 범법하는 것도 그러하니라. ²²악한 눈이 있는 자는 재물을 얻기에만 급하고 빈궁이 자기에게로 임할 줄은 알지 못하느니라. ²³사람을 경책하는 자는 혀로 아첨하는 자보다 나중에 더욱 사랑을 받느니라. ²⁴부모의 물건을 도둑질하고서도 죄가 아니라 하는 자는 멸망 받게 하는 자의 동류니라. ²⁵욕심이 많은 자는 다툼을 일으키나 여호와를 의지하는 자는 풍족하게 되느니라. ²⁶자기의 마음을 믿는 자는 미련한 자요 지혜롭게 행하는 자는 구원을 얻을 자니라. ²⁷가난한 자를 구제하는 자는 궁핍하지 아니하려니와 못 본 체하는 자에게는 저주가 크리라. ²⁸악인이 일어나면 사람이 숨고 그가 멸망하면 의인이 많아지느니라.

^{29:1}자주 책망을 받으면서도 목이 곧은 사람은 갑자기 패망을 당하고 피하지 못하리라. ²의인이 많아지면 백성이 즐거워하고 악인이 권세를 잡으면 백성이 탄식하느니라. ³지혜를 사모하는 자는 아비를 즐겁게 하여도 창기와 사귀는 자는 재물을 잃느니라. ⁴왕은 정의로 나라를 견고하게 하나 뇌물을 억지로 내게 하는 자는 나라를 멸망시키느니라. ⁵이웃에게 아첨하는 것은^e 그의 발 앞에 그물을 치는 것이니라. ⁶악인이 범죄하는 것은 스스로 올무가 되게 하는 것이나 의인은 노래하고 기뻐하느니라. ⁷의인은 가난한 자의

사정을 알아 주나 악인은 알아 줄 지식이 없느니라. **8**거만한 자는 성읍을 요란하게 하여도 슬기로운 자는 노를 그치게 하느니라. **9**지혜로운 자와 미련한 자가 다투면 지혜로운 자가 노하든지 웃든지 그 다툼은 그침이 없느니라. **10**피 흘리기를 좋아하는 자는 온전한 자를 미워하고 정직한 자의 생명을 찾느니라. **11**어리석은 자는 자기의 노를 다 드러내어도 지혜로운 자는 그것을 억제하느니라. **12**관원이 거짓말을 들으면 그의 하인들은 다 악하게 되느니라. **13**가난한 자와 포학한 자가 섞여 살거니와 여호와께서는 그 모두의 눈에 빛을 주시느니라. **14**왕이 가난한 자를 성실히 신원하면 그의 왕위가 영원히 견고하리라. **15**채찍과 꾸지람이 지혜를 주거늘 임의로 행하게 버려 둔 자식은 어미를 욕되게 하느니라. **16**악인이 많아지면 죄도 많아지나니 의인은 그들의 망함을 보리라. **17**네 자식을 징계하라. 그리하면 그가 너를 평안하게 하겠고 또 네 마음에 기쁨을 주리라. **18**묵시가 없으면 백성이 방자히 행하거니와 율법을 지키는 자는 복이 있느니라. **19**종은 말로만 하면 고치지 아니하나니 이는 그가 알고도 따르지 아니함이니라. **20**네가 말이 조급한 사람을 보느냐. 그보다 미련한 자에게 오히려 희망이 있느니라. **21**종을 어렸을 때부터 곱게 양육하면 그가 나중에는 자식인 체하리라. **22**노하는 자는 다툼을 일으키고 성내는 자는 범죄함이 많으니라. **23**사람이 교만하면 낮아지게 되겠고 마음이 겸손하면 영예를 얻으리라. **24**도둑과 짝하는 자는 자기의 영혼을 미워하는 자라. 그는 저주를 들어도 진술하지 아니하느니라. **25**사람을 두려워하면 올무에 걸리게 되거니와 여호와를 의지하는 자는 안전하리라. **26**주권자에게 은혜를 구하는 자가 많으나 사람의 일의 작정은 여호와께로 말미암느니라. **27**불의한 자는 의인에게 미움을 받고 바르게 행하는 자는 악인에게 미움을 받느니라.

a 히브리어 '게베르'(geber, '강한 남자'. 64쪽 "「잠언」에서 '인간'을 가리키는 말들"을 보라).

b "율법"(28:4, 7, 9; 29:18)은 히브리어 '토라'(tôra)의 번역어다(1:8을 보라).

c 케레는 단수형, 케티브는 복수형.

d 히브리어 '게베르'(geber, '강한 남자').

e 히브리어 단수형 '게베르'(geber, '강한 남자')(히브리어 원문에서 5절의 주어는 '게베르'다—옮긴이).

브루스 말초우Bruce Malchow는 히스기야의 신하들이 "의인"과 "악인"을 대조하는 잠언을 전략적으로 배치함으로써 모음집 V의 두 번째 단원을 네 부분으로 구분했다고 주장한다.[24] 이 단원은 이 두 표제어를 사용하는 잠언으로 시작하고 마무리된다.[28:1; 29:27] 이 틀 안에 이러한 대조를 사용하는 네 개의 다른 잠언이 들어 있다.[28:12, 28; 29:2, 16] 따라서 틀을 이루는 이 잠언들이 이 단원을 네 개의 하위 단원으로 구분한다.[28:1-12; 28:13-28; 29:2-15; 29:16-27][25] 악인이 궁극적으로 멸망할 것이라고 가르치는 1행 잠언[29:1]은 틀을 이루는 잠언 28:28과 29:2 사이 가운데에 위치함으로써 한층 더 부각된다.

그와 별개로 네 하위 단원을 구분하는 마인홀트는 "각각 특별한 일차적 강조점을 갖는 네 하위 단원이 하나님과의 관계, 자녀 양육, 통치 사이의 연결 구조를 밝혀 준다"고 해석한다.[26] 우리는 가운데 행과 하위 단원에 대해 다음과 같은 소제목을 제안한다.

I   통치와 재물 획득 수단으로서 율법과의 관계[28:1-12]

II   통치와 재물 획득에 있어서 하나님과의 관계의 중요성[28:13-27]

III   가운데 행: 냉담한 자의 갑작스러운 죽음[29:1]

IV   가난한 이들을 대함에 있어서 가치 있다고 입증된 자녀 양육과 통치[29:2-15]

V   자녀 양육 및 하나님과의 관계[29:16-27]

이 단원에서는 특히 틀을 이루는 잠언들에서 명시적으로나 암시적으로

---

24   Malchow, "A Manual for Future Monarchs," 238-45.

25   윌슨(Wilson, *Proverbs*, 291)은 "의인"과 "악인" 사이의 대조가 28장의 단원 마지막 부분과 29장의 단원 첫 부분에 등장한다고 지적한다. 리유(S. Liew, "Social and Literary Context of Proverbs 28-29" [PhD diss., Westminster Theological Seminary, 1991], 105 이하)는 여기서 바늘땀 양식을 발견한다. "악인"/"의인";[28:1] 의인/악인;[28:12] 악인/의인;[28:28] 의인/악인;[29:2] 악인/의인;[29:16] 의인/악인.[29:27]

26   Meinhold, *Sprüche*, 464.

열두 차례 통치자나 궁정을 언급하므로 28:2, 3, 15, 16, 28; 29:2, 4, 7, 9, 12, 14, 26 이 구절은 왕과 관련된 것처럼 보이며, 따라서 말초우는 "미래의 군주를 위한 지침서"라는 제목을 붙였다.[27] 이 지침서처럼 성공적인 삶을 위한 지침을 보편적인 용어로 진술하는 경우가 많기는 하지만, 이집트의 교훈집은 신임 관리를 본래의 대상 독자로 삼았다(46쪽 "작성 배경"을 보라). (예를 들어, "악행은 결코 그것을 행한 사람을 피난처로 데려다주지 못한다.")[28] 이집트의 교훈집과 달리 이 지침서는 「잠언」에서 대상이 확장되어 이스라엘의 모든 젊은이에게 적용된다(48쪽 "유포 배경"을 보라). 또한 이 단원의 수사적 구조는 왕과 관련된 본래의 배경에 의존하지 않는다. 주 예수 그리스도의 생애는 「잠언」의 진리를 확증한다.

통치와 재물 획득 수단으로서 율법과의 관계 28:1-12

이 하위 단락에서는 특히 재물과 관련해 "율법"토라(tôrâ)에 순종하라는 주제를 다룬다. 재물은 정의롭게 다스리면 모두를 부유하게 한다. 반면 불의는 그 피해자들을 궁핍하게 만들고, 압제자들을 최종적으로 멸망시킨다.

서론부의 틀을 이루는 잠언 28:1

악인(84쪽 "악인과 미련한 자를 가리키는 윤리적 용어"를 보라)의 심리적 불안은 의인의 심리적 대담함과 대조된다. 참조. 72쪽, 29:27 "악인은 쫓아오는 자가 없어도 도망하나"는 악인의 편집증을 적이 쫓아오지 않을 때도 도망치는 전사나 먹잇감에 암묵적으로 비유한다. 참조. 레 26:17, 36 대조적으로, "의인은" 흔히 말하듯 두려움 없는 야수의 왕인 "사자 같이 담대"하다. 참조. 30:30 역설적으로, 하나님을 두려워하지 않는 악인은 사람을 두려워하며

---

27 Malchow, "A Manual for Future Monarchs."

28 *The Instruction of the Vizier Ptah-Hotep* (*ANET*, 412).

살고, 하나님을 두려워하는 의인[1:7]은 사람을 두려워하지 않는다. 두 심리 모두 여호와께서 의인을 보호하시고 악인을 벌하신다는 현실[참조. 엡 2:1-3]에 기초하고 있다.

율법과 의로운 정부 28:2-6

28:2 "나라(그 나라의 백성에 대한 환유)는 죄(곧 범죄)가 있으면 주관자(권력을 위임받은 관리)가 많아져도." 한 나라가 여호와의 도덕 질서를 포기하면 그 주민을 감시하기 위해 거대한 관료 조직이 필요하다. 이와 달리, "명철과 지식 있는 사람으로 말미암아 (옳은 것[도덕적 질서]이) 장구하게 되느니라." 모호한 반의적 평행구조는 그 많은 관료들이 지혜를 알지 못하며, 따라서 정의도, 자신의 직위도 유지하지 못함을 암시한다. 그러나 명철이 있는 통치자는 정의와 자신의 직위를 모두 유지한다. 간단히 말해, 부패한 통치자는 절대적으로 수가 많기도 하고 자주 교체되기도 한다.

28:3 가난한 사람의 생산물을 착취하는 폭군이 야기하는 사회적 대재앙을, 밭의 곡식을 없애 버리는 폭우라는 자연재해와 비교한다. 평행구절은 열심히 일하는 사람을 가난 및 폭군과, 그리고 통치자를 파괴적인 비와 짝짓는다. "가난한 자"[게베르(geber)](위 성경 본문 주를 보라)는 어쩔 수 없이 가난해지고 만 "강한 남자"를 가리킨다. "가난한 자를 학대하는" 자는 열심히 일하는 사람의 생산물을 빼앗는 폭군을 가리킨다. 이러한 사회적 혼돈은 상징적 평행구절에서 우주적 혼돈에 비유된다. "곡식을 남기지 아니하는 폭우 같으니라." "가난한 [강한] 자"와 "곡식을 남기지 아니하는"이라는 모호한 평행구조는 압제자가 가난한 자의 수확물을 수탈했기 때문에 그에게 먹을 것이 남아 있지 않음을 암시한다.

28:4 이 잠언의 반의적 평행구조는 영감을 입은 지혜자의 "율법(위 성경 본문 주를 보라)을 버린(거부하는) 자"와 "율법을 지키는 자"를 대조한

다. 또한 그들의 태도와 행동을 대조한다. 전자는 "악인을 칭찬"한다. ^{참조.} 27:21 사람은 자신이 동경하는 것을 칭찬한다. 하나님께 맞서 반역하는 이들은 악인을 칭송한다. 대조적으로, 하나님을 경외하는 이들은 자신의 영적 속성에 따라 "악인을 대적"한다. 한 사람이 누구를 칭찬하고 누구를 대적하는지에 따라 그의 영적 기질을 가늠할 수 있다.

28:5 한 사람의 지적 명석함과 도덕적 예민함은 하나님과의 올바른 관계에 달려 있다. 하나님께 맞서 반역한 결과 도덕적 나침반이 망가진 "악인"은 무엇이 "정의"이며 옳은 것인지를[29] "깨닫지 못하"고 하나님의 정의가 그들을 기다리고 있음을 알지 못한다. 대조적으로, "여호와"의 지혜와 뜻을 "찾는 자"는 "모든 것을 깨닫"는다. 평행구에 따르면, 정의롭고 옳은 모든 것을 깨닫는다(예를 들어, 가난한 이들을 돌보고, 악을 행하는 자를 처벌하며, 무고한 자를 신원함으로써 공동체의 조화를 회복한다). 또한 그는 여호와께서 적절한 때에 보상하실 것임을 알고 있다. 모호한 평행구조는 제자가 하나님의 도덕적 의지를 구함으로써 무엇이 옳은지를 분별한다고 암시한다.

28:6 이 비교급 잠언은 가난해도 정직하게 행동하는 것이 부유하더라도 기만적으로 행동하는 것보다 자신과 다른 이들에게 더 유익함을 강조한다. "가난하여도 성실하게 행하는 자"가 더 낫다는 구절은 19:1의 반복이다. "부유하면서 굽게(문자적으로 "구불구불하게") 행하는(복수의 방식으로 거짓된 무언가를 행하는) 자보다." 부자^{참조. 28:11}는 두 가지 잘못을 저지른다. 가난한 사람들을 속여 빼앗고 스스로 의로운 것처럼 보이게 한다. 파머 ^{Farmer}는 비교급 잠언이 "선택에 동반되는 숨겨진 비용과 관해 이야기한다. 바람직한 어떤 것들은 바람직하지 않은 조건과 함께 찾아오곤

---

29 '미쉬파트'^{mišpāṭ}가 이처럼 드문 의미로 사용되는 사례로는 출 28:30, 삿 13:12, 욥 32:9을 보라.

한다"라고 지적한다.[30] 이 잠언은 제자에게 그 비용을 계산하고 믿음에 따라 살 것을 촉구한다.

추가적인 율법과 의로운 정부 28:7-11

28:7 이 잠언의 반의적 평행구조는 "지혜로운 참조. 2절 아들"과 "음식을 탐하는 자와 사귀는 자"를 대조한다. 전자는 언약을 지키는 지혜자가 영감을 불어넣고 신실한 부모가 전해 준 "율법"을 지키는 사람으로 정의된다. 후자의 경우 그 지혜를 버리는 사람이라고 암묵적으로 말한다. 어리석은 아들은 탐하는 자들과 어울림으로써 "아비"를 공개적으로 "욕되게" 한다. 10:1을 보라. 참조. 27:11 모세 율법은 방탕하며 고집스럽게 잘못을 고치지 않는 아들을 공동체가 돌로 쳐 죽여야 한다고 규정한다. 신 21:18-21

28:8 섭리에 의해 채권자의 이윤이 가난한 이들을 불쌍히 여기는 이들에게 옮겨질 것이다. [가난한 이들에 부과한] "중한 변리로 자기 재산을 늘리는 것"은 부자들이 가난한 이들에게 빌려준 돈에 대해 이자―그 당시 경제에서 약 30퍼센트―를 부과하여 더 부유해지는 것을 의미한다. 참조. 22:7 이자로 인해 가난한 이들은 끝없는 빈곤에 처했다. 모세 율법은 돈을 빌리는 사람이 가난하다고 전제하면서 동료 이스라엘 사람에게 이자를 부과하는 것을 금한다. 참조. 출 22:25. 신 23:30 "가난한 사람을 불쌍히 여기는 자를 위해 그 재산을 저축하는 것이니라"는 이러한 남용의 악순환을 깨뜨린다. 이 잠언은 가난한 이들의 보호자이신 여호와께서 그런 부의 이전을 실행하시는 분이라고 전제한다. 참조. 9절 이 신적 경제의 중재자는 하나님이 부를 맡기시는 의인이다.

28:9 8절처럼 이 잠언은 상호주의의 원칙을 주장한다. "한 사람이…… 율법에 대해 귀를 막는다면, 하나님도……기도에 대해 귀를 막으신다."[31]

---

30 Farmer, *Proverbs and Ecclesiastes*, 72.
31 Toy, *Proverbs*, 499.

"사람이 귀를 돌려" 영감을 입은 "율법토라(tôrā), 참조. 1:8을 듣지 아니하면 그의 기도도 가증하니라." 이것이 그의 반역이 초래한 결과가 될 것이다.참조. 15:8, 29 율법을 듣지 않는다는 것은 그것에 대한 불순종을 암시한다. 반역자의 탄원 기도를 하나님이 가증하게 여기신다면참조. 3:32 그의 범죄 행위는 얼마나 더 가증스럽겠는가?

28:10 반의적 평행구조를 통해 "정직한 자를 악한 길로 유인하는 자"참조. 마 18:6와 성실한 자(74쪽을 보라)를 대조한다. 시적 정의에 의해 유혹한 사람은 "스스로 자기 함정(의인을 잡기 위해 파 놓은 함정)에 빠"질 것이며, 유혹에 저항한 "성실한 자"는 "복(기쁘고 바람직한 것)을 받"을 것이다. 정직한 자도 부패할 수 있지만,참조. 9:15 하나님의 진리를 마음속에 간직함으로써 자신을 방어할 수 있다.1:8-9; 2:1-22, 시 119:10

28:11 이 잠언의 반의적 평행구조는 이제 "자기를 지혜롭게 여기"는(자기 자신에게 의지하는)참조. 3:7; 26:12 사람이라고 명확히 정의되는 "부자"10:15; 18:11와 "자기를 살"피는, "가난해도 명철한 자"를 대조한다. 가난해도 명철한 사람은 재물이 없지만 하나님의 지혜를 풍성히 가지고 있으며, 도덕적 명석함이라는 순수성을 통해 부자의 기만적 동기와 이기적인 행위를 파헤치고 폭로할 수 있다. 사도 바울에 따르면, 그리스도인들 안에 내주하시는 성령께서 그들로 하여금 모든 것을 판단할 수 있게 하신다.고전 2:15

결론으로서 틀을 이루는 잠언 28:12

틀을 이루는 이 잠언(위를 보라)은 사람의 행복이 의인과 악인 중에 누가 권력을 잡는지에 달려 있다고 주장한다.참조. 11:10-11; 14:34; 28:28; 29:2, 16 반의적 평행구조를 통해 그들의 행복의 원인, 곧 "의인이 득의하면"과 그들의 결핍의 원인, 곧 "악인(84쪽을 보라)이 일어나면"우브룸(ûbəqûm)(아마도 군사 행동에 의해 '넘겨받다' 혹은 '집권하다.' 이런 해석은 전반절에 사용된 "득의"[승리]라는 군사 용어에 의해 지지를 받는다)을 대조한다. 평행구에서는 공적으로

드러나는 "큰 영화"(아마도 사람들이 다시 나타남을 의미하는 환유일 것이다)
와 "사람이 숨느니라"삼상 13:6-7, 왕상 17:2-3; 18:4; 19:1-4는 표현으로 다른 결과를
대조하기도 한다. 하지만 의인이 승리할 때 사람들이 나타나 이를 축하
한다. 삼상 14:22, 에 8:17

통치와 재물 획득에 있어서 하나님과의 관계의 중요성 28:13-27

여호와와 통치자 28:13-18

말초우는 이 하위 단락의 각 구절이 한 가지 유형의 악인, 곧 죄를 숨기
는 자, 마음이 완악한 자, 악한 관원, 급히 부자가 되려고 하는 압제자, 편
파적으로 다스리는 자, 탐욕스러운 자, 아첨하는 자, 부모의 것을 도둑질
하는 자, 자신을 과신하는 자, 가난한 사람의 필요를 보지 않으려고 눈을
드는 자를 구체적으로 언급하고 있음을 관찰한다.[32]

　이 단락은 틀참조, 28절; 12절을 제외하면, 한 사람이 여호와와 맺은 관계에
관한 잠언으로 시작되고 마무리되며,13-14, 25-27절 이는 내부의 신학적 틀
을 형성한다. 이 신학적 틀 안에서 이 단락은 17-18절을 제외하면 재물
을 얻는 적절한 방법과 부적절한 방법, 곧 한편으로는 근면한 노동과 너
그러움, 다른 한편으로는 급히 부자가 되려는 계책과 인색함을 다룬다.
신학적 틀은 이 가르침이 단순한 도덕적 교훈이 되는 것을 막아 준다. 이
가르침은 도덕적 질서를 떠받치며 계시하시는 하나님에 대한 믿음에 기
초하고 있다.

　28:13 이 한 쌍의 잠언13-14절은 13절의 회개하지 않는 죄인으로부터
14절에서 마음이 완악한 죄인으로 단계를 고조시킨다. 13절은 하나님
의 자비를 천명하고 참된 회개를 정의한다. "자기의 죄를 숨기는 자"참

32　Malchow, "A Manual for Future Monarchs," 241.

조.10:12라는 구절은 하나님께 맞서 반역하고 다른 이들에 대한 범죄 행위를 은폐하는 사람을 묘사한다. 하나님이 그로 하여금 그의 목표에 도달하도록 허락하시지 않기 때문에 그런 사람은 "형통하지 못"한다. 이와 대조적으로, "죄를 자복하고 버리는 자는 불쌍히 여김을 받으리라." "자복"은 하나님의 위대하심(아무도 그분 앞에 죄를 숨길 수 없다)과 그분의 정의(그분께는 죄인을 벌할 권리가 있다), 그분의 은총(그분은 용서하고 구원하신다) 참조.수1:9을 찬양하는 것을 내포한다. 올바른 회개에는 이중적 행동, 곧 죄를 인정하고 버리는 행동이 따라야 한다. 그런 사람은 "불쌍히 여김(언제나 더 높은 존재가 더 낮은 존재에게 베푸는 자비라는 뜻)을 받으리라." 자비는 자발적이지만, 자비를 얻을 수 있다는 사실이 죄인을 회개로 이끈다.시51:13 사람들은 스스로 겸손하려고 하지 않을 수도 있지만, 하나님이 죄를 알고 벌하시는 것을 피할 수는 없다. 이를 인정하고 그분의 자비를 경험함으로써 그분께 영광을 돌리는 것이 얼마나 더 낫겠는가.참조.시32:3-5, 사 1:16-18, 호 14:1-3, 요일 1:8-9을 보라. 욥 31:33-34

28:14 이 잠언은 젊은이에게 마음을 완악하게 하지 말라고 경고한다. 마음이 완악한 사람은 패배하여 파멸할 것이기 때문이다. "항상 두려움에 떠는(저자의 사역, 개역개정에는 "경외하는"으로 번역되었다—옮긴이) 자참조.3:13는 복되거니와"라는 형용모순은 아마도 "여호와 경외"와 같은 표현일 것이다. 여기서 두려움에 떤다는 것은 속박에 대한 두려움이 아니라 경건한 두려움을 뜻한다. 불신이 아니라 신중함이다. 이처럼 하나님을 경외하는 이들은 하나님이 의도하신 대로 삶을 최대화한다. 그들과 반대되는 사람은 "마음을 완악하게 하는 자"다. 마음을 완악하게 한 결과, 새로운 방향으로 움직일 수 없는 고정된 마음을 갖게 된다. 마음이 완악한 사람은 경직되어 하나님을 불신하고 그분께 저항하는 태도를 취하며,출7:3, 시95:8 비참하게 전락할(개역개정에는 "빠지리라"로 번역되었다—옮긴이) 것이다. 이는 패배/파괴에 대한 은유다.11:5, 14, 28; 13:17, 또한 여러 곳 "재앙에"는

사악한 행동으로 인해 반드시 맞게 될 파멸을 의미한다. 참조. 10:27; 14:2, 27; 15:33, 고전 10:12, 빌 2:12, 벧전 4:8

28:15 이 상징적인 잠언은 "가난한 백성을 압제하는 악한 관원"을 부르짖는 사자와 굶주린 곰에 비유한다. "부르짖는 사자"는 폭군의 거대한 탐욕과 잔인성을 상징한다. 여기서 나타나는 복합적 이미지는 폭군의 위험과 피해를 강화하고 확증한다. "주린 곰"은 굶주림을 해소하기 위해 야만적으로, 갑자기 공격하는 모습을 묘사한다. 참조. 17:12 이 통치자는 가난하고 힘없는 사람들에 대한 잔인함과 야만성, 폭력을 드러낸다. 정의를 수호하고 가난한 이들을 보호해야 하는 자가 오히려 그들을 공격하며, 그들을 야만적으로 학대한다. 폭스Fox는 "사악하지 않은 왕도 위협적일 수 있는데,19:12; 20:2 사악한 왕은 얼마나 더 두렵겠는가?"[33]라고 지적한다. 참조. 단 7:1-8, 눅 22:25

28:16 반의적 평행구조를 통해 착취를 일삼는 도덕적으로 무감각한 지도자와 모든 불의한 이득을 미워하는 이들을 비교한다. 렘 22:13-19 "무지한(지혜가 부족하여 무능한) 치리자는 포학을 크게 행하거니와(부패한 계략에 의지하거니와)." 대조적으로 "탐욕("도둑질") 참조. 1:19을 미워하는 자는 장수하리라." 그는 스스로도 장수하고 다른 이들도 장수하게 한다. 모호한 평행구조를 통해 착취를 일삼는 이들이 자신과 다른 이들의 생명을 단축시킴을 암시한다. 이는 여호와께서 도덕적 질서를 떠받치시기 때문이다.

28:17 15절과 16절이 압제하는 통치자라는 주제로 연결되어 있듯이, 이 잠언은 "압제"아샤크('šq), 17a절와 "굽은 길로 행함"아카쉬('qš) 18b절의 결과라는 주제에 의해 18절과 짝을 이룬다. 무고한 "사람의 피를 흘린 자"는 아마도 죄에 대한 양심의 가책 때문에 이제 삶으로부터 도망치는 사람이 될 것이다. 그 결과 그런 사람은 내면의 괴로움을 피할 수 있을 것이라고 기

대하면서 "함정(무덤 입구)으로 달려갈 것"이다. 참조. 28:1 "그를 막지 말지니라"는 다른 이들에게 하나님이 정하신 그들의 운명을 피하도록 돕지 말라고 경고한다. 동해보복법에 따라 이제 압제자가 압제를 당하는 사람이 되고, 무고한 사람의 피를 흘리게 한 대가로 자신의 생명도 잃게 될 것이다. 주 예수께서는 그분의 피를 흘리게 할 유다가 그의 파멸적인 운명을 향해 달려가는 것을 말리지 않으셨다. 마 27:3-5 [34]

28:18 반의적 평행구조로 "성실하게 행하는 자"와 "굽은 길로 행하는 자"를 대조한다. 이 대조적인 주체는 대조적인 결과와 짝지어진다. 여호와와 공동체를 섬기는 사람은 여호와께 "구원을 받을 것"이다. 하나님이 무고한 사람의 부르짖음에 귀를 기울이는 이들에게 은혜를 베푸신다면, 압제당하는 이들은 얼마나 더 신실하게 도우시겠는가? 18:10을 보라. 참조. 눅 11:11-13 하지만 굽은 길로 행하는 자는 "곧 넘어"져 최종적 파멸을 맞을 것이다.

근면한 노동을 통해 얻은 재물과 급히 얻은 재물 28:19-24

28:19 이 구절과 20절은 짝을 이루어 정당한 수단과 불의한 수단을 통한 재물 획득을 대조한다. 19절은 사실상 12:11의 반복이지만, 19b절에서 "지혜가 없느니라"12:11b 대신 "궁핍함이 많으리라"는 표현이 나온다. 이 잠언은 하나님의 도덕 질서 안에서 정직한 수고를 통해 꾸준히 생활비를 마련하는 사람과 그 질서 밖에서 "방탕한 것을 따르는("정직하게 수고하지 않고"라는 의미가 내포됨) 자"를 대조한다. 여호와께서는 미덕에 대해 보상하시는 분이므로, 우리는 "방탕한 것"이 하나님의 율법에 어긋나는 일이라고 가정할 수 있다. 정직하지 않은 일에는 뇌물 수수,21절 인색함,22절 사기,23절 부모의 것을 도둑질함,24절 탐욕25절이 포함된다. 여호와

---

34 도스토옙스키는 『죄와 벌』에서 살인자의 양심이 그를 절망과 소외, 죄책이라는 구덩이로 몰아넣는 내면적 과정을 탁월한 방식으로 묘사한 바 있다.

께서는 공동체의 부에 기여하는 사람에게는 식량이 넘치게 하시겠지만, 불의하게 재물을 취하는 사람에게는 오히려 생활에 꼭 필요한 것이 부족하게 만드실 것이다. 「잠언」이 이 도덕적 질서가 이뤄지기 전의 예외가 아니라 그 질서의 최종적 성취를 바라보고 있음을 기억하라(80쪽 "「잠언」은 너무 많은 것을 약속하는가"를 보라).

28:20 이 잠언의 반의적 평행구조는 내면의 안정성으로 인해 정직하고 믿을 수 있는 "충성된 자"와 "속히 부하고자 하는 자"를 대조한다.참조 10:4: 13:11 맥케인은 전자가 "부로 인해 타락하지 않고 부를 소유할 수 있을 만한 정직성과 인간성을 지니고 있다"고 말한다.[35] 주체에 대한 모호한 평행구는 급히 부자가 되려고 하는 사람에게는 내면의 안정성으로부터 나오는 풍부한 정직성이 결여되어 있음을 암시한다. 또한 전후반절에서는 다른 결과를 대조한다. 하나님은 양심적인 사람이 많은 "복"(다산, 평화, 번영)을 누리게 하신다. 대조적으로, 빨리 돈을 벌기 위해 지름길을 택하고 다른 이들을 속이는 정직하지 않은 사람은 "형벌(불임, 가난, 패배)을 면하지 못"할 것이다.

28:21 뇌물을 받는 것은 위험한 비탈길에 서는 것과 같다. 아주 작은 뇌물을 받고서 결국에는 큰 범죄를 저지르고 말 것이다. "사람의 낯을 보아 주는 것이 좋지 못하고"라는 완서법을 사용해 뇌물을 받고 편파적인 태도를 취하는 것을 강하게 책망한다. 이 구절에서는 "재판할 때에"라는 표현을 추가하지 않은 채 24:23을 반복한다. 역설적으로 "한 조각 떡(평범한 식사) 참조 창 18:5, 삿 19:5, 삼상 2:36; 28:22, 왕상 17:11으로 말미암아 ('노동하여 생계를 꾸릴 수 있는', 위 성경 본문 주를 보라) 사람이 범법하"게 될 것이다. "뇌물"이라는 단어가 사용되지는 않았지만, 평행구조를 통해 선물을 받고 편파적인 태도를 취한다는 사실을 암시하고 있다. 고작 한 끼 식사 때문

35 McKane, *Proverbs*, 626.

에 기꺼이 타락하려고 한다고 지적함으로써 뇌물에서 기인하는 탐욕과
타락을 강조한다.

28:22 인색함은 부자가 되기 위해 취하는 또 하나의 잘못된 태도다. 뇌
물을 받는 사람은 정의를 무시함으로써 부자가 되려고 하며,[21절] 구두쇠
는 긍휼을 무시함으로써 부자가 되려고 한다.[참조. 28:27] 전반절에서는 인
색함을 원인으로, 후반절에서는 결핍을 결과로 제시한다. "악한 눈이 있
는 자[23:6을 보라. 참조. 22:9]는 재물을 얻기에만 급하"다.[참조. 3:9] "알지 못하느니
라"는 미련한 자와 악인의 근본적인 도덕적 문제를 표현한다. 그런 사람
은 행위와 운명의 결합이라는 고정된 도덕적 질서를 내재화하지 못한다.
"빈궁(식량 부족의 의인화)이 자기에게로 임할" 것이다. 여호와께서는 자
기 자신이 아니라 타인을 섬기는 의인들이 결국 그분의 나라에서 부를
누리게 하실 것이다.

28:23 아첨을 통해 남을 기만하는 것 역시 부자가 되고자 하는 잘못된
방식 중 하나다. 반의적 평행구조를 통해 "사람을 경책하는 자"[27:6을 보라. 참
조. 15:12]와 "혀로 아첨하는 자"(문자적으로 "자신의 혀가 부드러워지게 하는 사
람")[참조. 2:16; 5:3]를 대조한다. 아첨하는 사람은 피해자를 기만하기 위해 그
를 속이고 덫에 빠뜨리려고 한다. 평행구조는 각각의 결과도 대조한다.
경책하는 사람은 "더욱 사랑을—아마도 여호와와 경책을 받은 사람을
포함한 공동체로부터[3:4, 참조. 갈 6:1-2]—받느니라." 아첨하는 자는 그렇지 못
하다.

28:24 급히 부자가 되고자 하는 계략의 목록은 모든 악 가운데 가장 패
씸한 악, 곧 부모의 물건을 도둑질하는 행동으로 마무리된다. 그 주체는
"부모의 물건을 도둑질하고서도[참조. 19:26] 죄가 아니라 하는 자"다. 그런 사
람은 "결국 그것은 다 내 것이 될 것이다"[참조. 19:14] 혹은 "부모님은 더 이상
재정을 관리할 수 없다"라는 식의 변명으로 자신의 악행을 합리화한다.
18:9b의 변형인 후반절에서는 결과를 추가한다. 그런 사람은 가족은커

녕 "멸망 받게 하는 자의 동류니라." 클리퍼드 Clifford는 "가족의 일원이 아
닌 강도는 부모의 재산에 대한 권리를 전혀 갖지 못하는 것과 마찬가지
로 부모가 살아 있는 동안 자녀에게는 부모의 재산에 대한 권리가 전혀
없다"라고 해석한다.[36]

여호와를 의지함과 너그러움으로 얻은 재물과 인색함으로 얻은 재물 28:25-27

28:25 이 잠언은 「잠언」의 신학적 토대인 여호와와의 바른 관계라는 주
제 참조. 13-14절로 되돌아간다. 25절은 여호와 안에서 안전함을 찾는 이
들 25b절과 자신의 이해력 안에서 안전하다고 느끼는 이들 26a절을 대조하
는 25절과 짝을 이룬다. 반의적 평행구조는 그 주어부들, 곧 "욕심이 많
은 자"와 "여호와를 의지하는 자" 참조. 3:5; 16:20; 18:10; 28:5; 29:25를 서로 대조한
다. 또한 술어부인 "다툼을 일으키나" 참조. 15:18와 "풍족하게 되느니라" 참조.
11:25를 대조한다. 만족할 줄 모르는 탐욕스러운 사람들의 식욕으로 인해
그들은 갈등에 빠지고 만다. 그들은 사회적 경계를 위반하기 때문이다.
탐욕스러운 자들에게 침해를 당한 이들은 그에 맞서 싸운다. 따라서 전
쟁이 시작된다. 참조. 약 4:1-2 그러나 의인들은 경계를 위반하지 않는다. 그들
은 "풍족함"의 궁극적 원인이신 여호와를 의지하기 때문이다.

28:26 이제 "자기의 마음을 믿는(혹은 안전하다고 느끼는) 자"와 (지혜자
의 계시된 지혜를 따르는) "지혜롭게 행하는 자"를 대조한다. 자신을 신뢰
하는 자는 미련한 자의 낙원에서 살아가며, 아무도 그들에게 그렇지 않
다고 말할 수 없다. 이 대조는 인간 마음의 부패와 지혜자가 가르치는 하
늘의 지혜에 의해 마음이 재정향될 redirected 필요가 있음을 암시한다. 대조
되는 결과인 "미련한 자요"와 "구원을 얻을 자니라"는 정확한 대응을 이
루지는 않는다. 이로써 마음이 완악한 미련한 자들이 받아 마땅한 처벌

을 피하지 못할 것이며,[11:29; 14:14] 지혜로운 자들은 여호와가 미련한 자들을 벌하실 때 피할 수 있을 것임을 암시한다.[1:32-33; 2:20-22]

28:27 재물을 획득하는 적절한 방식과 부적절한 방식에 관한 이 결론적 잠언에서는 하나님의 호혜성이라는 역설적 원칙을 천명한다. 너그러움은 풍부함으로, 인색함은 궁핍함으로 귀결된다. 후히 베푸는 사람은 여호와께서 보상하실 것임을 신뢰하지만,[19:17; 22:9] 인색한 사람은 자신의 지혜를 믿으며[참조. 26a절] 이기적으로 자신의 재물을 쌓아 둔다.[마 25:40과 25:41-46 비교] 모호한 반의적 주제, 곧 "가난한 자를 구제하는 자"와 "못 본 체하는 자"는 후자가 가난한 이들의 간청을 무시하고 그들을 돕지 않음을 암시한다. 또한 모호한 술어부 "궁핍하지 아니하려니와"와 "저주가 크리라"는 너그러운 사람에게는 삶의 필수품이나 사치품이 부족하지 않을 것임을 암시한다. "저주가 크리라"("저주"가 복수형이라는 점에 주목하라)는 삶의 모든 영역을 망가뜨리는 저주를 뜻한다.[참조. 신 27:15-26; 28:15-45] 자연적 이성을 거스르는 하나님의 경제에서 후히 베푸는 사람에게는 부족함이 없고, 구두쇠는 처벌을 피할 수 없을 것이다.

결론으로서 틀을 이루는 잠언 28:28

28:12과 29:2처럼 틀을 이루는 이 잠언은 공동체를 위해 올바른 종류의 통치가 이루어지는 것이 중요하다고 주장한다. "악인이 일어나" 지배하게 되면[참조. 28:12b] 폭군이 가하는 해를 피하기 위해 "사람이 숨"는다. 대조적으로, "그가 멸망하면 의인이 많아지느니라(늘어나고 강력해진다)." 이 구절은 모호한 평행구조를 통해 의인이 늘어날 때 사람들이 숨어 있던 곳에서 밖으로 나온다고 암시한다.[참조. 28:12a; 29:2a] 신하들로 하여금 이 잠언들을 편찬하게 했던 히스기야가 다스리는 동안 이런 일이 일어났다[25:1, 참조. 대하 29-30, 특히 30:13-27, 에 8:17, 행 12:23-24] 이 잠언은 악인을 파멸로 이끌

어 의인이 일어나게 하시는 분이 여호와이심을 암시한다. 이것이 폭정 아래에서 고통을 당하는 사람들의 소망이다.

가운데 행: 냉담한 자의 갑작스러운 죽음 29:1

가운데 행에서는 도덕적 교정에 관한 가르침에 귀를 기울이지 않을 때 당하게 될 위험을 강조한다. "자주 책망을 받으면서도 목이 곧은 사람" 은 동물이 멍에를 쓰지 않으려고 목을 곧게 하는 것처럼 자신의 삶을 지혜와 일치시키기 위한 교정 수단을 반복적, 의도적으로 거부하는 사람을 묘사한다. 참조. 1:24-31 곧은 목은 이스라엘을 비판하는 데 반복해서 사용되는 표현이다. 참조. 출 32:9, 대하 36:13-16, 느 9:29, 사 48:8, 렘 17:23, 슥 7:11-12, 행 7:51 후반절에서는 6:15을 반복하면서 파괴적인 결과를 제시한다. (예상하지 못했던 때에) "갑자기 패망을 당하고 피하지 못하리라." 죄인의 갑작스러우며 최종적인 파멸이 여호와로부터 오는 것임을 암시한다. 회개할 기회가 마침내 끝날 때, 잘못을 고치지 않는 미련한 자에게는 구원의 소망이 전혀 없을 것이다. 참조. 1:22-32; 28:14, 18, 히 10:26-27

가난한 이들을 대함에 있어서 가치 있다고 입증된 자녀 양육과 통치 29:2-15

틀을 이루는 2절의 잠언으로 세 번째 단락이 시작되며, 이 단락의 본론3-15절은 "아비"3a절와 "어미"15b절에 의해 형성되는 수미상관에 의해 구획된다. 여기에는 「잠언」에서 유일하게 어머니만 언급되며, 이는 "아비"와 "어미" 라는 복합어 참조. 1:8; 10:1를 의도적으로 분리했음을 방증한다.

틀 안쪽에 배치된 4절과 14절에서는 왕을 언급한다. 7절은 두 하위 단락3-6, 8-15절 사이에서 야누스 역할을 한다. "의인"이라는 표제어가 야누스와 6절을, "가난한 자"라는 표제어가 야누스와 14절을 연결한다.

틀을 이루는 잠언 29:2

단일한 잠언으로서 틀을 이루는 이 구절은 대중의 사기를 위해 악인보다 의인이 지도자가 되는 것이 중요하다고 다시 한번 주장한다. "의인이 많아지면"과 "악인이 권세를 잡으면"이라는 원인의 모호한 대조는 아마도 "통치자를 위한 지침서"인 이 글에서 관원이 자신의 이익을 따르지 않고 백성을 섬김으로써 의인이 번성하게 됨을 암시할 것이다. 의인이 번성하면 "백성이 즐거워"한다. 그들은 자신들의 번영을 기뻐하며 외친다. 하지만 악인이 권세를 잡으면 "백성이 탄식"하게 된다. 좋은 정치인은 자신의 지위를 활용하여 사람들을 섬긴다. 반면 정치꾼에 불과한 이들은 자신의 지위를 자신이 회득한 상이자 재물 획득의 수단으로 여긴다.

의를 통한 기쁨과 안정 29:3-6

"사람"이쉬('îš)과 "즐겁다/기쁘다"사마흐(śmḥ)라는 표제어가 이 하위 단락의 틀을 이룬다.3a, 6b절 이 단락에서 긍정적으로는 재물,3절 나라,4절 한 사람 자신5-6절의 안정에 관해 이야기한다. 부정적으로는 재물을 허비하는 세 가지 방식, 곧 창기,3절 부패한 왕,4절 아첨하며 편취하는 이웃5-6절을 제시한다. 그러나 이런 사기꾼에게 피해를 입은 사람도 창기와 사귀고, 뇌물 수수에 참여하며, 아첨에 속어 넘어갔으므로 죄가 있다.

29:3 "지혜를 사모하는 자는 아비를 즐겁게 하여도"는 사실상 10:1과 15:20의 반복이다.참조. 27:11 모호한 반의적 평행구절인 "창기와 사귀는 자는 재물을 잃느니라"는 지혜를 사랑하는 사람이 돈을 벌고자 성을 파는 여자를 멀리하며,참조. 7:6-10 그렇게 함으로서 지혜의 길에 머물 뿐만 아니라 가족의 재산을 보존한다고 말한다.참조. 5:7-10 대조적으로, 창기와 사귀며 가족의 재산을 허비하는 아들은 부모에게 수치를 안겨 준다.참조. 31:3, 눅 15:30

29:4 반의적 평행구조를 통해 "정의로" 영토를 다스리는 "왕"과 "뇌물"을 수수하는 사람을 대조한다. 후자는 아마도 "뇌물을 억지로 내게 하"

거나 뇌물을 주는 사람이라는 두 가지 의미를 모두 포함할 것이다. "뇌
물"(저자는 "contributions"기부금라는 단어를 사용했다—옮긴이)은 성전에 바
치는 헌물을 뜻하는 예전적 용어로서, 아마도 뇌물이나 협박, 하나님의
보좌를 찬탈한 자가 요구하는 다른 유형의 부당 이득에 대한 풍자적 은
유일 것이다. 참조. 살후 2:4 정의를 유지하기 위해 왕은 이러한 부패한 관행을
알아차리고 금지할 수 있는 날카로운 눈을 지녀야 한다. 결과는 정확한
대조를 이룬다. 전자는 "나라(그 나라의 백성에 대한 환유) 참조. 25:25를 견고
하게 하"지만(문자적으로 "서게/지속하게 함") 후자는 "나라를 멸망시키느
니라." 참조. 11:11 이는 그 대상을 파괴하는 공격을 의미하는 강력한 용어다.
정의롭게 다스리는 왕은 자신의 왕국을 내부적으로 안정시키고 외부로
부터는 난공불락으로 만들 것이다. 하지만 "뇌물"을 통해 다스리는 왕은
백성을 분열시키고 왕국이 원수의 공격에 대해 취약해지게 한다.

29:5-6 5-6절은 잠언 쌍을 이룬다. 두 구절 모두 사냥에 관한 은유("그
물"과 "올무")로 기만적인 사람을 묘사하며, 이는 그가 피해자를 약탈함을
의미한다. 아첨하는 사람은 피해자들을 유혹하여 거짓 안정감에 빠지
게 하고 약탈한다. 열심히 일하고 공동체의 경제에 이바지하는 대신 기
만적으로 "이웃에게 아첨하는 사람"(위 성경 본문 주를 보라)은 그 이웃을
안심시키고 그의 재물을 훔치기 위해 그렇게 한다. "아첨은 격려와 다르
다. 후자는 진실에 기초해 있기 때문이다"라고 롱맨Longman은 말한다.[37]
"그의 발 앞에 그물을 치는 것이니라"는 결과는 이웃의 발참조. 5절과 그 자
신의 발참조. 1:16의 "악" 모두에 적용된다. 다음 구절에서는 그물이 이웃을 잡
기 위한 것이지만, 실제로는 악한 사람이 그물에 걸린다고 분명히 설명
한다. 참조. 욥 18:7-10

"악인이 범죄하는 것은 스스로 올무가 되게 하는 것이나"라는 은유는

---

37 Tremper Longman III, *Proverbs* (Grand Rapids: Baker Academic, 2006), 502.

반역한 사람이 하나님에 맞서 행동하며 이웃에게 입힌 해에 5절의 아첨이 포함됨을 암시한다. 참조. 12:13 하지만 악인이 먹이로 삼았던 "의인은 노래하고 기뻐하느니라." 이는 의인이 올무를 피했고, 더 나아가 올무가 그 악인을 멸망시키는 것을 암시한다. 이로써 이 하위 단락과 삶에서 의인이 최종 승리를 차지한다.

야누스 29:7

이 야누스 잠언의 반의적 평행구조에서는 "의인"과 "악인"이라는 주어부를 정확히 대조하며, 그들의 본질적 차이를 설명하는 술어부를 모호하게 대조한다. "의인은 가난"하고 압제당하는 "자의 사정을 알아 주나." 참조. 27:23 이는 의인이 가난한 이들의 권리에 영향을 미치는 판결에 개입한다는 뜻이다. 대조적으로, 악인은 자신의 이익에만 관심하므로 압제당하는 이들의 사정을 "알아 줄 지식이 없"다. 참조. 28:5, 눅 18:1-5, 행 24:26-27 악인이 압제당하는 사람의 역경을 알지 못하는 것은 지적 결핍이 아니라 냉담할 때문이다. 의인과 악인을 구별하는 리트머스 시험지는 무고하고 가난한 자의 삶을 살피는지 여부다. 참조. 4:18-19; 10:32; 21:10; 24:11; 29:10, 창 4:8, 욥 29:12-17

의를 통한 평화 29:8-15

두 번째 하위 단락은 '하캄' ḥkm이라는 표제어에 의해 이뤄진 수미상관과 의로운 법정을 통한 평화와 안전의 회복이라는 주제에 의해 구분된다.

도덕적으로 열등한 세 사람 29:8-11

8-10절에서는 도덕적으로 열등한 세 부류의 사람, 곧 거만한 자,8절 분노하는 미련한 자,9절 살인자10절에 관해 이야기한다. 미련한 자라는 주제로 돌아가는 11절에서는 분노하는 미련한 자에게 꼭 필요한 교정책을 제시한다. 지혜로운 자가 미련한 자를 침묵하게 하며, 최종적 발언권을

갖는다.

29:8 이 잠언은 침착한 "슬기로운 자"와 고집스럽고 거만한 자를 대조한다. 전자는 "성읍(곧 그 성읍의 주민)을 요란하게" 한다. 그는 도덕 질서를 비웃고, 진리를 왜곡하며, 격렬한 수사를 통해 사람들을 선동함으로써 공동체 안에 잠재된 원한을 불타오르게 만들기 때문이다. "그는 나쁜 상황을 취하여 그것을 강화함으로써 폭동으로 이끄는 사람이다."13:10: 22:10 38 대조적으로, 지혜로운 사람은 현실적인 해법으로 현실 문제에 대처함으로써 "노를 그치게" 한다. 그는 공동체를 향해 악행에 대해 회개하고,28:13 하나님을 신뢰하며,16:1-3 자신이 아니라 다른 이들을 돌보고,7절 서로를 향해 평화롭게, 진실되게, 상냥하게 말하라고12:18, 참조. 사 28:17 촉구한다. 또한 미련한 자를 법정으로 데려감으로써 평화를 회복할 것이다.9절

29:9 "지혜로운 자와 미련한 자가 다투면",39 후자가 "노하든지 웃든지 (흥분하여 소송을 법정 밖으로 끌고 나가기 위해 고함을 치든지) 그 다툼은 그침이 없느니라(곧 미련한 자는 멈추지 않을 것이다)." 하지만 지혜로운 자는 결국 증거에 기초한 주장이 승리할 것임을 확신하고 침착하게 소송에 대한 판결을 기다린다. 이 잠언에서는 제자에게 미련한 자들이 자신에 대한 소송을 제기하더라도 그들의 비이성적인 행동을 무시하라고 충고한다.

29:10 "온전한 자를 미워하"는 "피 흘리기를 좋아하는 자"가 경험하는 내면적 혐오감이 후반절에서는 살해 시도로 격화된다. 피 흘리기 좋아하

---

38 Longman, Proverbs, 503.

39 '교란된 (법적) 공동체의 질서를 회복하는 행동'을 뜻하는 '샤파트'*špt*의 니팔 형태인 '니쉬파트'*nišpat*에 의해 법정 상황이 암시된다(G. Liedke, *TLOT*, 3:1393, *špt*). 그러나 폭스(Fox, *Proverbs 10-31*, 837)와 윌슨(Wilson, *Proverbs*, 299) 등은 지혜로운 자와 미련한 자가 개인적 논쟁을 벌이는 비법률적 상황을 가정한다. 그렇다면 이 잠언은 지혜로운 자에게 미련한 자와 논쟁을 벌이는 것이 무익하다고 경고하는 셈이다.

는 자는 "정직한 자의 생명을 찾느니라." 이 잠언을 미련한 자를 법정으로 데려가는 것9절과 마침내 그들을 침묵하게 하는 것11절에 관한 잠언 사이에 배치함으로써 문맥상 지혜로운 자가 정당한 법적 절차를 통해 살인자에게 판결을 내릴 것임을 암시한다.

29:11 이 잠언에서는 지혜로운 자와 미련한 자라는 주제로 돌아가지만 9절을 넘어 그들 사이에 일어나는 갈등의 최종 단계로 나아간다. 미련한 자가 격분하면 지혜로운 사람의 능력이 이를 잠잠하게 만든다. "어리석은 자는" 아마도 많은 말을 쏟아 냄으로써 "자기의 노루호(rûḥô), 문자적으로 '그의 바람'를 다 드러"낼 것이다. 하지만 "지혜로운" 사람이 마지막 발언권을 가지며 결국 그것을 억제할 것이다. 예샵브헨나(yašabbaḥennâ), 어근 샤바(šbḥ)에서 파생함 다른 곳에서 '샤바'šbḥ는 폭풍이 몰아치는 바다를 잠잠하게 하는 여호와의 능력과 관련해서만 등장한다.시 65:7; 89:9 그런 의미가 이 문맥과 어울린다. 지혜로운 자가 미련한 자의 '바람'을 잠잠하게 하기 때문이다. 냉정한 정신과 온화한 혀로 전달하는 합리적인 논증을 통해—그리고 다른 모든 수단이 실패한다면 처벌을 통해26:2-5; 29:15—지혜로운 자가 미련한 자의 격분과 그것이 공동체에 입히는 피해를 마침내 종식시킨다.

통치자와 궁정 29:12-15

이 부분적 하위 단락에서는 통치자라는 주제로 돌아가, 궁정 안의 지혜로운 절차에 관한 더 구체적인 지침을 제시한다.

29:12 전반절은 주제를 제시하며, 이는 그 자체로 원인이기도 하다. "관원이 거짓말을 들으면"은 통치자가 하나님과 인간에 관한 진리에 무관심하거나 그 진리에 대해 냉소적인 태도를 가지고 있어서 약한 이들을 다치게 하는 거짓말에 설득당하는 경우를 가리킨다. 후반절은 이에 대한 논평을 제시하며, 이는 결과이기도 하다. "그의 하인들(그의 하급 관리들)은 다 악하게 되느니라"(85쪽을 보라). 왕이 그러니 백성도 그러하다.Qualis rex, talis grex 린지 윌슨Lindsay Wilson은 "본보기의 힘은 거대하다.……왕의 행동이 부정적인 본보기가 될 때……모든 하급 관리들이 사악해지는 결과를 초래한다. 그들은 권위를 지닌 이들이 하는 행동을 보고 그대로 실천에 옮긴다"라고 지적한다.[40]

29:13 왕에 관한 격언 사이에 배치된 이 신학적 잠언은 22:2의 변형인데, 여기서는 "가난한 자와 부한 자" 대신 "가난한 자와 포학한 자"라고 말한다. 전반절은 억압당하는 이들과 그들을 억압하는 이들의 사회적 불평등에 관해 이야기하지만, 후반절은 그들이 존재론적으로 평등하다고 분명히 말한다. "가난한 자와 부한 자"는 사회적 연속체의 양극단을 상징한다. "섞여 살거니와."참조. 22:2 후반절은 그들의 공통점에 관해 이야기한다. "여호와께서는 그 모두의 눈에 빛을 주시느니라." 즉, 그들 모두 그분의 피조물이며, 따라서 서로를 존중해야 한다.

29:14 "왕이 가난한 자를 성실히 신원하면"은 통치자가 압제자에게 사법 정의를 신중하게 적용해 피해자를 구해 냄으로써 그의 나라 안에 무너진 평화를 재수립하는 것을 뜻한다. 기만적인 증언에 귀를 기울이는 통치자12절와 달리 그는 범죄를 면밀하게 조사하고, 문제의 진실에 접근하기 위해 증언을 자세히 살핀다. 그의 통치는 영원하신 분의 본성과 조화를 이루기 때문에 "그의 왕위가 영원히 견고"할 것이다.참조. 20:28; 25:5; 29:4 이처럼 그리스도의 왕국은 결코 무너지지 않을 것이다.

29:15 자녀 양육에 관한 잠언이 "아비"3a절와 "어미"15b절라는 분리된 전형적 어구에 의해 형성된 수미상관을 완결하며, 이로써 자녀 양육과 통치에 관한 단락을 마무리한다. 채찍과 꾸지람은 "바로잡는 매"를 뜻하는 중언법hendiadys일 수도 있지만, 26:3-5에 비추어 판단할 때 체벌과 말로 하는 견책을 의미한다고 해석하는 편이 더 낫다. 평행구에 비추어 볼 때

"임의로 행하게 버려 둔 자식"은 매와 꾸짖음으로 징계를 받지 않는다.^참 조. 13:24: 19:18: 20:30: 22:6, 15: 23:14 이런 징계 수단은 "젊은이에게 지혜를" 준다. 하지만 징계를 받지 않은 자녀는 "어미를 욕되게 하느니라." 징계를 받지 않은 젊은이에게는 지혜가 없으며, 따라서 그런 사람은 엄하지 않은 부 모에게 수치를 안겨 준다는 의미가 내포되어 있다. ^{참조. 3:11-13}

자녀 양육과 하나님과의 관계 29:16-27

네 번째 단락은 틀을 이루는 잠언 16, 27절 안에 배치된, 동일한 분량의 두 부분17-21, 22-26절으로 나눌 수 있는 열 개의 격언으로 이루어져 있다. 전반 부의 격언은 가정과 사회라는 맥락을 번갈아 가며 다룬다. 이 격언은 젊 은이에게 가정과 나라 안에서의 징계의 필요성에 관해 가르치고자 한 다. 후반부는 젊은이에게 노하는 자,22절 교만한 자,23절 도둑과 짝하는 자24절와 같은 불량한 사람들에 관해 경고한다. 25-26절은 여호와를 신 뢰하라고 가르치는 한 쌍의 잠언을 이룬다. 이 단락 전체는 여호와에 관 한 격언으로 마무리되며, 여호와에 대한 경외와 신뢰를 촉구한다.25-26절, 참조. 28:25: 29:13

서론부의 틀을 이루는 잠언 29:16

"악인이 많아지면 르보트(rabôr), 어근 라바(rbh) 죄도 많아지나니"이르베(yirbeh), 어근 라바(rbh) 는 경건하지 못한 이들과 그들의 죄가 한동안은 많아질 수 있지만참조. 10:2 영원하지는 못할 것임을 암시한다. "의인은 그들의 망함을 보리라." 의인 이 악인보다 더 오래 살아 영원하신 분의 정의로운 질서가 확립되는 것 을 볼 것이다. 10:2-3, 24, 28을 보라. 또한 참조 창7:23: 19:28, 출 14:30, 시 54:7, 계 11:15 예수 그리 스도의 부활이 이 진리를 증명한다.

징계의 필요성 29:17-21

29:17 28:7, 29:3과 마찬가지로 다시 한번 자녀 양육에 관한 잠언이 이 하위 단락의 서론을 이룬다. 전반절은 훈계와 동기를 진술한다. 명시적으로 진술되지 않을 때조차도 「잠언」의 모든 훈계에는 동기가 포함되어 있다.[41] "네 자식을 징계하라"참조 19:18는 부모인 제자에게 주는 가르침이며, 가정이 지혜를 가르치는 공간이 되어야 한다고 암시한다. "그가 너를 평안하게 하겠고"라는 구절이 동기로 제시되며, 이는 신체적 고통이나 정서적 불안으로부터 자유로운 즐겁고 평온한 상태를 의미한다. 후반절은 "또 네 마음에 기쁨을 주리라"는 표현으로 동기를 격상시킨다. 이는 지혜로운 아들이 노년의 부모에게 제공하는 신체적 휴식뿐만 아니라 평안,17절 기쁨,2, 6절 영광15절과 같은 정서적 차원까지 표상하는 환유다. 이 잠언은 경구 형식을 취하므로 진리를 표현하지만 이야기 전체를 들려줄 수는 없다(34쪽 "간결성", 22:6을 보라). 이 단락에 포함된 자녀 양육에 관한 세 잠언28:7; 29:3; 29:17에서 제시하는 동기는 부모의 유익과 관계가 있다. 15a절에서만 자녀가 얻을 유익에 관해 이야기한다.

29:18 자녀 양육에 관한 두 번째 잠언은 가정으로부터 공동체로 초점을 이동시킨다. 잰슨J. G. Janzen에 따르면, 이 잠언은 "먼저 참된 지혜를 이를 수 있는 수단이 전혀 없는 사람들의 (절망적인) 상황을 묘사하고…… 그런 다음 그런 수단을 소유한 사람들의 핵심 과제를 지적한다."[42] "묵시 하촌(ḥāzôn), 하자(ḥāzā)의 주격가 없으면"은 영감을 입은 지혜자의 지혜가 부재함을 의미할 것이다. 평행구인 "율법"이 지혜자의 가르침을 뜻하기 때문이다. 참조 2:5 24:22에서 지혜자는 그의 통찰이라는 뜻으로 '하자' ḥāzā라는 단어를 사용한다. "율법 토라(tôrā), 참조 1:8; 28:4을 지키는 자"라는 평행구절은 영

---

41 P. J. Nel, *The Structure and Ethos of the Wisdom Admonitions in Proverbs* (Berlin: de Gruyter, 1982), 64.
42 Janzen, "The Root pr'," 397.

감을 입은 지혜가 존재하는 곳에서는 핵심 과제가 사람들이 율법에 순
종하고자 하는지 여부임을 암시한다. 젊은이를 양육하는 데 실패하고 본
보기가 될 만한 지도자가 없을 때, 한 사회를 이끌어 줄 지혜자의 지혜가
없을 때 "백성이 방자히 행"한다. 하지만 사람들이 지혜자의 계시를 전달
하고 순종할 때 그들은 "복이 있느니라"고 선언하기에 합당한 이들이 된
다.참조 3:13 델리취Delitzsch는 "하나님의 말씀에 열성적으로, 기꺼이 순종할
때만 사람들은 참으로 행복할 수 있다"라고 지적한다.[43]

29:19 이 잠언에서는 다시 가정과 효과적인 자녀 양육이라는 주제
로 돌아가고, 그것을 확장하여 미련한 종을 포함시킨다. 영감을 입은 지
혜자는 인간이 도덕적 능력을 지니고 있음에도 부패했으며 이를 바로
잡기 위해 징계가 필요하다고 전제한다.참조 22:6; 26:3 말만으로는 충분하
지 않다. "종은 말로만 하면 고치지 아니하나니"는 계약 관계로 고용된
노동자의 마음속에 어리석음이 자리 잡고 있다고 전제하며, 말만으로
는 그들의 마음속에서 이 어리석음을 몰아내기에 충분하지 않다고 주
장한다. "그가" 무엇이 옳은지 "알고도" 본성에 따라 적절하게, 곧 악행
을 회개하고 버림으로써 반응하지 않는다.28:13을 보라. 참조 사 66:3b-4 와이브
레이Whybray는 「파피루스 인싱거」Papyrus Insinger 14:11을 인용한다. "매가 주
인에게서 멀리 있다면, 종은 그에게 순종하지 않을 것이다."[44] 성경의 율
법이 "무슨 일에든" 매질을 허용하는 것은 아니다.참조 출 21:20-21, 26-27, 신 25:3
종은 신중한 징계를 통해 지혜로워질 수 있고, 수치스러운 아들을 변화
시킬 수도 있다.17:2

29:20 이 구절은 19절이 말의 힘을 최소화하는 방식으로 해석되지 않
도록 막고자 한다. "말이 조급한 사람"은 도덕 질서를 고려하지 않고 말
하는 사람을 묘사한다. "그보다 미련한 자에게 오히려 희망이 있느니라"

43   Delitzsch, *Proverbs*, 432.
44   Whybray, *Proverbs*, 403.

는 26:12을 그대로 반복한다. 미련한 자의 말은 무분별하고 성급하지
만,[12:23: 14:16: 15:2] 도덕관념이 없는 이들은 자신을 저주한다.[약 1:19] 그들은
자신의 어리석음을 드러내지 않을지도 모르지만, 자신의 이익을 도모하
려는 목적으로 다른 사람들을 속이기 위해 무슨 말을 해야 할지 냉정하
고 침착하게 계산한다.

29:21 이 잠언은 종들에 대한 징계라는 주제[19절]로 다시 돌아가 그들의
청년기로부터 운명에 이르기까지 그들의 삶을 추적한다. "종을 어렸을
때부터 곱게 양육하면"(문자적으로, "한 사람이 자신의 종을 젊었을 때부터 애
지중지하면")은 조건이나 원인을 제시한다. 즉, "종이 훈련 기간 동안 편안
하고 징계받지 않고 살도록 허락한다면." "나중에는"이라는 말을 통해 애
지중지하며 키웠을 때의 논리적 귀결로 전환된다. "그가……자식인 체하
리라."[마논(mānôn)] '마논' mānôn 은 여기서만 등장하며, 부정적인 문맥으로부터
그 의미를 유추할 수 있다. 종의 응석을 받아 주는 것은 친절이 아니다.
그들의 응석을 받아 준다면, 주인에 대한 고마움과 노동의 근면함, 다른
이들에 대한 존경을 자극하기는커녕, 그들은 제어할 수 없는 사람이 될
것이고 주인에게 수치와 상실을 안겨 줄 것이다.

영적으로 열등한 부류와 여호와를 신뢰하는 사람들 29:22-26

29:22 피해야 할 타락한 사람의 목록에서 첫 번째는 "노하는 자"(문자적으
로 "분노한 사람"), 곧 "다툼을 일으키"는 "성내는 자"다.[참조. 15:28: 22:24] "노"는
신체적 외관을 묘사하며, "성"은 내적, 정서적 상태를 묘사한다. "노하는
자"는 사회를 다스리는 하나님의 도덕 질서에 맞서 "범죄함이 많"다. 그
들은 다른 이들에 대한 원한 때문에 매우 사소한 이유로 싸움을 건다. 그
들은 자신의 격정에 의해 지배를 받고, 그들의 호전성은 그들이 악을 사
랑함을 보여준다.

29:23 다음으로 교만한 자를 부각시킨다. "사람"들의 "교만"과 "마음이

겸손"한 사람들을 대조한다. "교만"은 "높다"라는 뜻의 어근에서 파생되었다. "교만할 때 사람은 하나님이나 그분의 율법에 대한 의존의 필요성을 거부하며, 다른 이들을 위한 최고의 선에 따라 행동을 규제하는 도덕적 혹은 사회적 한계를 무시한다."[45] 대조적으로 겸손한 이들^{욥 5:11, 잠 16:19}은 하나님을 의존하며 사회를 다스리시는 그분의 도덕적 질서에 순종한다. 겸손한 이들은 자신의 권리를 요구하는 대신 다른 이들을 위한 최고의 선을 추구한다. 모호한 평행구조를 이루며 대조적 결과를 뜻하는 "낮아지게 되겠고"와 "영예를 얻으리라"는 겸손한 이들이 높임을 받고 교만한 이들은 사회적 존경, 재산, 다른 이들의 권리를 침해함으로써 획득한 다른 모든 것을 잃을 것임을 암시한다.^{참조. 마 19:30; 23:12} 비인격적인 법이 아닌 여호와께서 이런 결과를 보증하신다.

29:24 "도둑과 짝하는 자"는 도둑을 돕고 장물을 나눠 갖기로 약속한 사람을 가리킨다.^{참조. 1:10-19, 시 50:18, 사 1:23-24} 그런 사람은 "자기의 영혼을 미워하는 자"다. 즉, 그는 자기 생명의 가치를 평가 절하하여 일을 위험에 빠뜨린다. 후반절은 "그는 저주를 들어도 진술하지 아니하느니라"고 부연 설명한다. 레위기 5:1에 의하면, 다른 수단에 의해 소송을 해결할 수 없을 때 공적 저주[46]를 선언했다. 그런 다음 사건에 관해 알고 있는 모든 사람은 앞으로 나와 증언을 해야 하고, 그렇게 하지 않으면 그들에게 저주가 내릴 것이다. 모순적이게도 공범은 침묵으로 거짓말을 한다. 사람들은 더 잘 살기 위해 도둑과 한 패가 되지만, 오히려 자신의 생명을 잃어버리고 만다. 죄인과 어울리지 않는 사람이 복되다.^{시 1:1}

29:25 도둑의 공범은 하나님보다 사람을 더 많이 두려워하기 때문에

---

45   Gary V. Smith and Victor P. Hamilton, *NIDOTTE*, 1:788, s. v. *g'h*.

46   켈러(C. A. Keller, *TLOT*, 1:113, *'ālâ*)에 따르면, 히브리어 '알라'^{('ālâ), '공적 고발'}는 저주가 선서를 보증하기 위한 법적 보조 장치임을 뜻한다. 제이콥 밀그롬(Jacob Milgrom, *Leviticus 1-16*, AB [New York: Doubleday, 1991], 293-96)도 이에 동의하면서 '알라'를 '공적 저주'로 해석한다.

증언하기를 거부할지도 모른다. 이 잠언은 그런 사람이 재판에서 살아남지 못할 것이라고 가르치면서 해법을 제시한다. "여호와를 의지하고 그분의 보호하심을 경험하라."[시 56:11] "사람을 두려워하면" 치명적으로 옭아매는 "올무에 걸리게 된"다. 공포에 사로잡힌 사람은 합리적으로 행동하지 못한다. 다른 이들이 무슨 일을 저지를지 모른다고 두려워하여 타락한 명령을 따른다면 하나님의 진노를 초래한다.[참조. 삼상 13:8-14; 15:10-29] 대조적으로, "여호와를 의지하는 자[참조. 3:5]는 안전하리라."[참조. 18:10-11]

29:26 이 잠언의 반의적 평행구조에서는 아마도 정의를 무너뜨리기 위해 다양한 편의를 제공함으로써 통치자와 만나기를 원하는 사람과 여호와께로부터 말미암는 정의를 구하는 사람을 대조한다. 여기서는 암묵적으로 "많은" 사람, 특히 부자[참조. 19:6]들이 여호와께 정의를 호소하는 이들을 배척한다. "주권자에게 은혜를 구하는"이라는 표현—이곳 외에는 왕상 10:24에서만 사용됨—은 "편의를 제공하겠다고 약속함으로써"[47] 통치자와의 만남을 구하는 것을 의미한다.[참조. 28:5] 아마도 여기에는 뇌물이 포함될 것이다. 이런 "많은" 사람들과 대조적으로 한 "사람"이라는 표현은 그와 반대되는 사람이 소수에 불과함을 암시한다. 이처럼 소수에 속하는 이들은 정의가 "여호와께로 말미암"는다는 것을 알고 그분께서 자신을 호의적으로 만나 주시기를 구한다. 그런 사람은 여호와를 경외하며, 따라서 하나님의 율법에 순종한다. 이 잠언은 통치자를 통해 정의를 추구하는 것을 배제하지 않지만, 여호와에 대한 경외 없이 통치자의 사법적 개입을 추구하는 것을 금한다.[참조. 1:7]

결론부의 틀을 이루는 잠언 29:27

결론부의 틀을 이루는 잠언에서는 의인과 악인이 서로의 방식에 대해

47　G. Gerleman, *TLOT*, 2:252, s. v. *bqš*.

느끼는 적대감을 대조한다. 다른 이들의 사회적, 경제적 권리와 재산권에 맞서는 행동을 하는 "불의한 자"와 하나님이 세우신 경계를 넘어서지 않고 "바르게 행하는 자"가 대조를 이룬다. 전자의 행동은 자신이 아니라 공동체를 섬기는 "의인에게 미움을 받고",^{참조. 3:32} 후자의 생활방식은 다른 이들이 아니라 자신을 섬기는 "악인에게 미움을 받"는다. 폭스는 사디아^{Saadia}를 인용하면서 "당신이 의롭다면 모두가 당신을 사랑하지는 않을 것이다. 어떤 이들은 당신을 미워할 것이다. 하지만 그렇다고 해서 낙심해서는 안 된다"라고 지적한다.[48] 반 레이우엔은 "관용은 악에 대한 적절한 반응이 아니다"라고 지적한다.[49]

48 Fox, *Proverbs 10-31*, 848.
49 Van Leeuwen, "Proverbs," in *NIB* 5, 247.

야게의 아들 아굴의 금언

30:1-33

마소라 본문[1]에서 모음집 VI "아굴의 금언"(개역개정에는 "아굴의 잠언"으로 번역되었으나, 이번 장에는 저자의 번역을 따라 "아굴의 금언"으로 표기한다—옮긴이) 수사적, rhetorical 주제적 측면에서 통일성을 지니고 있으며, 세 부분으로 나눌 수 있다.

I   서론: 아굴의 고백과 기도   1-9절
II 본론: 숫자를 언급하는 일곱 금언   10-31절
III 결론: 자신을 높이지 말라는 경고   32-33절

서론과 결론에서는 여호와의 백성에게 하나님 말씀의 권위[1-9절]와 왕의 권위[32-33절]에 순종하라고 가르치며, 본론의 금언에서는 탐욕과 교만을 버리고 하나님이 세우신 도덕적, 사회적 경계 안에서 살라고 가르친다.

서론 30:1-9

1 이 말씀[a]은 야게의 아들 아굴의 잠언이니 그가[b] 이디엘 곧 이디엘과 우갈에게 이른

---

1   칠십인역은 「잠언」 전체가 솔로몬의 저작임을 주장하기 위해 30장과 31장의 표제에서 아굴과 르무엘의 이름을 제거하고 24:22과 23장 사이에 30:1-14을, 24장과 25장 사이에 30:15-31:9을 삽입했으며, 31:10-31을 29장 끝에 배치한다.

것이니라.ᶜ ²나는 다른 사람에게 비하면 짐승이라. 내게는 사람의 총명이 있지 아니하니라. ³나는 지혜를 배우지 못하였고 또 거룩하신 자를 아는 지식이 없거니와 ⁴하늘에 올라갔다가 내려온 자가 누구인지, 바람을 그 장중에 모은 자가 누구인지, 물을 옷에 싼 자가 누구인지, 땅의 모든 끝을 정한 자가 누구인지, 그의 이름이 무엇인지, 그의 아들의 이름이 무엇인지 너는 아느냐. ⁵하나님의 말씀은 다 순전하며 하나님은 그를 의지하는 자의 방패시니라. ⁶너는 그의 말씀에 더하지 말라. 그가 너를 책망하시겠고 너는 거짓말하는 자가 될까 두려우니라. ⁷내가 두 가지 일을 주께 구하였사오니 내가 죽기 전에 내게 거절하지 마시옵소서. ⁸곧 헛된 것과 거짓말을 내게서 멀리 하옵시며 나를 가난하게도 마옵시고 부하게도 마옵시고 오직 필요한 양식으로 나를 먹이시옵소서. ⁹혹 내가 배불러서 하나님을 모른다 여호와가 누구냐 할까 하오며 혹 내가 가난하여 도둑질하고 내 하나님의 이름을 욕되게 할까 두려워함이니이다.

ᵃ 히브리어 '맛싸'(maśśâ)는 보통 '예언자의 부담'을 의미한다(참조. 렘 23:33-39).

ᵇ 전통적으로 히브리어 '느움 학게베르'(neʾum haggeber)는 "그 사람이 말했다"로 번역되지만, 민 24:3, 삼하 23:1의 용례를 통해 이것이 예언 공식구임을 알 수 있다.

ᶜ 전통적으로 이 행은 "이디엘과 우갈에게"로 번역된다. 하지만 수신자의 이름을 반복해서 표기하는 것은 이곳이 유일할 것이다. 우갈은 셈족 이름이 아니고 예상과 달리 "…에게"가 반복되지 않는다. 마소라 본문의 '르이티엘'(leʾîṯîʾēl)의 발음을 '라이티 엘'(lāʾîṯî ʾēl, "나는 지쳤습니다. 하나님")로 고치고 '우갈'('ūkal)을 동사로("나는 잘 할 수 있습니다") 해석하는 쪽이 더 낫다(저자는 1절을 이렇게 번역한다. "이 말씀은 야게의 아들 아굴의 잠언이니 그가 영감을 입어 이디엘에게 이른 것이니라. '나는 지쳤습니다. 하나님. 그러나 나는 잘할 수 있습니다.'"─옮긴이).

서론은 문학 장르와 저자, 수신자를 밝히는 표제¹ᵃ절와 아굴의 인식론—곧 계시와 별개로 지혜를 찾을 수 없다—을 요약하는 진술¹ᵇ⁻⁶절로 이루어져 있다. 그런 다음 아굴은 진실하게 말하고 적절한 재산을 유지하기를 기도한다.⁷⁻⁹절

표제 30:1a

이디엘이 견습 관리라면,^{참조, 32절} 달리 알려진 바 없는 "야게의 아들 아굴"
은 지혜자이자 아마도 이집트의 교훈 문학에서 흔히 볼 수 있는 궁정의
고위 관리일 것이고(46쪽 "작성 배경"을 보라), 이는 다른 여섯 모음집이
왕에 의해 집필되거나 편찬되었다는 점과도 잘 어울릴 것이다. 그의 "말
씀"은 영감을 입은 "신탁"(개역개정에는 "잠언"으로 번역되었다—옮긴이)이
다. 이 단어는 "그가 영감을 입어 한 말"(저자의 사역에 추가된 표현이다—
옮긴이)이라는 구절에 의해 강조된다. 직접적 수신자인 "이디엘"은 암묵
적 청중인 하나님의 백성을 대표한다.

정통적 인식론에 대한 요약적 진술 30:1b

"나는 지쳤습니다, 하나님"(저자의 사역—옮긴이)은 아굴이 인간의 이성
을 통해 지혜를 알 수 없음을 암시한다.^{참조, 2-4절} "그러나 나는 잘 할 수 있
습니다"(저자의 사역—옮긴이)는 이스라엘의 성경을 통해 진리를 발견할
수 있다는 그의 소망을 암시한다.^{참조, 5-6절} 그는 다섯 가지 고백을 통해 자
신의 인식론을 전개한다.

정통적 인식론: 다섯 가지 고백 30:2-6

고백 1: 인간 인성으로는 지혜를 발견할 수 없음 30:2-3

역설적이지만, 아굴은 영감을 입지 않은 지혜자들을 통해서는 지혜를 얻
을 수 없다고 고백함으로써, 하나님의 지혜를 드러내는 참으로 지혜롭고
온전히 인간적인 존재가 되고자 첫걸음을 내딛는다. 따라서 지혜의 이
첫걸음—자신에게 지혜가 없음을 인정함—은 하나님이 주시는 선물일

수밖에 없다.

30:2 아굴의 자기 비하—"분명히 나는 사람이라고 하기에는 너무도 어리석다"(저자의 사역, 개역개정에는 "나는 다른 사람에게 비하면 짐승이라"로 번역되었다—옮긴이)—는 과장된 표현일지도 모르지만,시 22:6을 보라. 참조. 욥 25:4-6, 시 73:21-22 영감을 입은 지혜가 없다면 한 사람이 인간 이하임을 그대로 인정하는 말이다. 그의 고백은 깊은 경외심을 표현한다.[2]

30:3 계속해서 그는 자신을 낮춘다. "나는" 영감을 입지 못한 지혜자들로부터 "지혜를 배우지 못하였고."참조. 사 5:21; 19:11-12; 29:14, 렘 8:8-9 평행구절인 "또 거룩하신 자를 아는 지식이 없거니와"에서는, 지혜를 존재론적으로는 죽을 수밖에 없는 인간을 초월하시며 도덕적으로는 인간과 떨어져 계시는 분과의 개인적 관계와 동일시한다.참조. 2:5; 9:10 타락하고 유한한 인간은 자신이 처한 상황의 수수께끼를 다 이해할 수 없으며,참조. 욥 28:12-22 따라서 하나님의 마음과 뜻에 공감하지 않고서는 하나님이 세우신 도덕 질서를 따르는 삶을 살 수 없다.

고백 2: 지혜는 포괄적 지식에 기초한다 30:4a

지혜로운 사람이 되기 위해서 우리는 순전히 인간적인 인식론의 상대성과 부패함을 초월해야 한다. 하늘에 계신 거룩하신 분만이 전체를 바라보시며, 따라서 명료하게 보신다. 블로쉐H. Blocher는 "만약 실재가 한 덩어리의 전체라면……아무것도 하나님으로부터 독립적으로 존재하지 않으며, 하나님과 독립적으로는 아무것도 참되게 해석될 수 없다"라고 주장한다.[3] 인간은 포괄적으로 알아야만 확실히 알 수 있다. 한때는 댐을 건설해 물을 가두는 것은 언제나 좋은 일이고, 산불은 언제나 나쁜 일이라고 생각했다. 더 포괄적인 지식을 갖게 된 지금 우리는 댐으로 물을 가두

---

2   Clifford, *Proverbs*, 26.

3   H. Blocher, "The Fear of the LORD as the 'Principle' of Wisdom," *TynBul* 28 (1977): 21.

는 것이 환경을 파괴할 수도 있으며 산불이 환경을 보호하는 데 도움이 될 수도 있음을 알게 되었다. 후기근대주의자들은 이러한 상대성의 딜레마를 알아차렸다. 하지만 하나님과의 관계 안에서 그 해법을 찾는 아굴⁴⁻⁶절과 달리 그들은 인간이 절대적인 것을 가질 수 없다는—이런 생각을 제외하면—모순을 고안해 냈다.

아굴의 두 번째 고백은 도움을 받지 못한 인간이 어떻게 행동할지 알 수 없음을 보여주는 네 가지 "누구인지" 질문을 근거로 삼는다. 첫째 질문("하늘에 올라갔다가 내려온 자가 누구인지")에서는 인간과 하늘 사이의 메울 수 없는 간극을 입증하며, 따라서 죽을 수밖에 없는 인간이 지혜의 기초가 되는 포괄적 지식에 이를 수 없다고 분명히 말한다(246-249쪽 "창조 질서를 기뻐하는 지혜"를 보라). "바람을 그 장중에 모은 자가 누구인지"와 "물을 옷에 싼 자가 누구인지"는 우주를 지탱하시는 분을 가리킨다. 마지막 질문("땅의 모든 끝을 정한 자가 누구인지")에서는 창조주를 가리키며 그분의 전지하심을 암시한다.참조.잠 8:22-33 주권자께서 지구의 시간과 공간 모두를 다스리신다는 사실은 그분이 완전한 지식을 갖고 계시며, 따라서 그분의 능력과 지혜가 충만함을 예증한다.참조. 8:22-31, 욥 28:12-28

고백 3: 여호와만이 전지하심을 소유하신다 30:4b

세 번째 고백에서는 제자에게 4절의 두 가지 "무엇인지" 질문 중 이 주권자의 "이름"이 "무엇인지"라는 첫 번째 질문에 답하라고 요구하고, 두 번째 고백을 대답으로 유도한다. 구약성경의 나머지 부분을 근거로 삼으면 그에 대한 답은 "여호와"여야만 한다.참조. 욥 39장, 출 3:13 온 땅을 창조하고 유지하시는 분으로서 언약을 지키시는 이스라엘의 하나님만이 완전한 지식을 가지고 계신다.

고백 4: 이스라엘은 여호와의 아들이다 30:4b

두 번째 "무엇인지" 질문으로 제자에게 그 자신이 하나님의 "아들"이라고 고백할 것을 요청한다. 이로써 거룩하신 하나님이 메울 수 없는 간극에 의해 인류와 분리되어 있다는 인식론적 딜레마(아굴의 두 번째 고백을 보라)가 해소된다. 좋으신 아버지로서 여호와께서는 그분의 아들에게 그분의 지혜를 가르치신다. "그의 아들의 이름이 무엇인지"라는 물음은 "아들" 됨의 의미를 이해하고 아들의 이름을 아는 것 모두를 의미한다. 「잠언」에서 "아들"은 언제나 지혜로운 아버지가 가르치는 아들을 가리킨다. 참조 4:3 다른 구약 본문을 근거로 이 아들의 이름이 "이스라엘"임을 추론할 수 있다. 참조 출 4:22, 신 14:1; 32:5-6, 사 43:6, 렘 3:4, 호 11:1 [4] 신약성경에서는 예수 그리스도께서 하나님의 참된 아들이시며, 그분 안에서 세례를 받고 그분과 연합한 모든 사람이 하나님 자녀로서 삼위일체 하나님의 말씀을 따른다.

　　"너는 분명하게 알고 있다!"는 아굴의 감탄(저자의 사역, 개역개정에는 "너는 아느냐"로 번역되었다―옮긴이)은 "그렇지 않느냐"라는 질문을 암시한다. 이 물음은 비슷한 맥락에서 하나님이 욥에게 하신 말씀을 떠올리게 한다. 38:3 감탄의 어조를 담은 이 수사 의문문을 통해 말로 표현되지 않은 두 번째와 세 번째 고백을 끌어낸다. 리젠트 칼리지 Regent College에 제출한 탁월한 석사 논문에서 브루스의 학생이었던 폴스 J. Pauls는 아굴이 "사람이 어떻게 아는가?"라는 전통적인 인식론적 질문 대신에 "누구인지"와 "그의 이름이 무엇인지"라는 질문을 함으로써 "앎의 위기를……관계의 위기로……근원적으로 재편한다.……인식론적 위기에 대한 해법을 지적 범주보다는 관계적 범주로 정의한다. 지혜의 유일한 소유자이신 여호와의 반응적이며 수용적인 관계 안에서 참된 지혜를 찾을 수 있다"라고 해석한다. [5]

4　바룩서 3:36의 놀라운 평행구절이 이 해석을 확증해 준다.

5　J. Pauls, "Proverbs 30:1-6: 'The Words of Agur' as Epistemological Statement" (ThM

고백 5: 여호와께서 성경 안에 지혜를 계시하셨다 30:5-6

마침내 아굴은 영감으로 쓰인 성경을 통해 다른 방법으로는 알 수 없고 접근할 수 없는²⁻⁴절 거룩하신 분과 그분의 지혜를 알 수 있다고 고백한다. 차일즈B. S. Childs는 "지혜와 하나님에 대한 지식을 찾고자 했으나 실패한 탐구자의 절망에 대한 해답으로서 하나님이 기록된 그분의 말씀 안에 이미 그분 자신을 알려 주셨다는 답을 제시한다"라고 지적한다.[6]

30:5 아굴은 하나님의 말씀을 믿을 수 있다는 다윗의 고백을 인용한다. 참조. 삼하 22:31(=시 18:30) "하나님의 말씀은 다 순전하며"는 귀금속을 만들기 위해 제련하는 사람의 이미지를 사용해 성경의 진실성을 천명한다. 하나님이 "그를 의지하는 자의 방패"라는 이미지는 하나님을 전사로 묘사한다. 하나님 말씀의 순수성과 하나님의 보호라는 모호한 평행구조는 신실한 제자가 성경을 통해 하나님을 알고 영감을 통해 주어진 그분의 계시에 따라 그분을 신뢰한다고 전제한다. 참조. 3:5-6 이는 죽음을 맞을 때에도 그대로 적용된다. 참조. 14:32

30:6 전반절에서 아굴은 신명기 4:2과 12:32을 인용하여 하나님의 말씀을 성경의 정경으로 제한한다. 참조. 1절. 계 22:18-19 구약성경의 정경은 주전 165년경에 확립되었다. 이른바 정경 양식canonical formula에 해당하는 "너는 그의 말씀에 더하지 말라"는 이스라엘을 향해 하나님의 말씀 중 어느 부분에도 더하거나 빼지 말라고 경고하며, 아굴의 잠언이 갖는 권위와 불가침성을 암시한다. 참조. 1절 6b절은 그 이유를 이렇게 진술한다. "그가 너를 책망하시겠고 너는 거짓말하는 자가" 되어 영원한 생명의 길로부터 배제될까 "두려우니라." 아굴은 성경의 신빙성과 권위에 대한 절대적 주장을 인간의 이성으로 확증하려는 시도를 전혀 하지 않는다. 그런 시도는 유한한 인간의 이성을 진리의 최종적 매개자로 삼으려는 것과 마찬가

thesis, Regent College, 1998), 124.

6　　Childs, *Introduction*, 556.

지일 것이다. 유한한 정신은 무한한 진리를 추론할 수도 없고 확증할 수도 없다. 오직 성령만이 순종하는 자녀에게 성경의 진리를 확증해 주실 수 있다. 참조. 마 11:25-27; 16:13-17, 요 5:45-47; 8:47; 10:2-6, 고전 2:11-16, 고후 3:14-4:6, 살전 1:5 간단히 요약하자면, 정통적 인식론은 "여호와 경외"를 기초로 삼는다. 참조. 1:7

진실됨과 적당한 재산을 간구함 30:7-9

7-9절에 기록된 아굴의 기도는 숫자를 언급하는 금언으로 이어주는 야누스 역할을 한다. "두 가지 일"은 10-31절에 기록된 숫자를 언급하는 잠언을 미리 내다보며, "헛된 것과 거짓말"은 하나님의 말씀에 더하지 말고 거짓말하는 자가 되지 말라는 경고 6절를 뒤돌아본다. 이 기도는 그의 잠언이 참되며 그가 거짓말하는 자가 되지 않을 것임을 암시한다. 참조. 1절

30:7 이디엘에게 말하던 아굴이 이제는 하나님을 향해 말하기 시작한다. "내가……주께 구하였사오니." 살아 계신 하나님, 이스라엘의 거룩하신 분만이 "두 가지"로 표현된 그의 영적, 육체적 필요를 채워 주실 수 있다. "내가 죽기 전에 내게 거절하지 마시옵소서"라는 말을 덧붙임으로써 그의 간구를 더 절박한 것으로 만들며, 이는 그가 "죽어가는 죄인처럼 간절하게" 기도하고 있음을 암시할 수도 있다.[7]

30:8 "헛된 것과 거짓말을 내게서 멀리 하옵시며"라는 그의 첫 간구는 철저하게 진실한 사람이 되게 해달라는 탄원이다. 두 번째 간구인 "나를 가난하게도 마옵시고 부하게도 마옵시고"는 탐욕을 금하고 중용을 명하는, 숫자를 언급하는 금언을 내다본다. 후반절에서는 이 두 번째 간구를 다시 한번 긍정적으로 표현한다. "오직 필요한 양식으로 나를 먹이시옵소서." "양식"은 한 사람에게 필요한 모든 것을 의미하는 제유적 표현이

---

7   Bridges, *Proverbs*, 596.

며, "오직 필요한"은 삶 속에서 한 사람의 상황에 따라 달라진다(예를 들어, 그 사람이 독신인지 기혼인지에 따라, 통치자인지 피지배자인지에 따라).참조. 출 16:18, 느 5:17-18, 마 6:11, 딤전 6:8 [8] 아굴의 이상은 아리스토텔레스가 말한 도덕적 행동에 관한 중용이 아니라 소유에 관한 중용이다.

30:9 이런 중용의 이유에 관해 그는 여호와를 버리지도 않고 그분의 이름을 부끄럽게 하지도 않기 위함이라고 말한다. 한편으로, 너무 많이 가진다면("혹 내가 배불러서") 아굴조차도 자신이 알고 있는 바에 반하여 행동하며 교만하게 "여호와가 누구냐?"라고 물을 것이다. 즉, "나는 여호와께 의지할 필요도 없고, 그분께 순종할 필요도 없다"라고 말할 것이다.참조. 신 8:12-14 다른 한편으로, 궁핍해진다면("내가 가난하여") 아굴은 살아남기 위해 "도둑질"을 해야만 하고 이로써 "하나님의 이름을 욕되게 할" 것이다. 그가 도둑질을 한다면, 이는 하나님이 그의 필요를 채워 주실 것이라고 믿지 않으며 그가 위선자임을 암시할 것이다. 요약하자면, 아굴이 이 두 간구를 하게 하는 까닭은 자신의 필요가 아니라 하나님의 영광을 위해서다.

본론: 숫자를 언급하는 일곱 금언 30:10-31

10 너는 종a을 그의 상전에게 비방하지 말라. 그가 너를 저주하겠고 너는 죄책을 당할까 두려우니라. **11** 아비를 저주하며 어미를 축복하지 아니하는 무리가 있느니라. **12** 스스로 깨끗한 자로 여기면서도 자기의 더러운 것을 씻지 아니하는 무리가 있느니라. **13** 눈이 심히 높으며 눈꺼풀이 높이 들린 무리가 있느니라. **14** 앞니는 장검 같고 어금니는 군도 같아서 가난한 자를 땅에서 삼키며 궁핍한 자를 사람 중에서 삼키는 무리가 있느니라.

8　　바이어전(R. W. Byargeon, "Echoes of Wisdom in I AM's Prayer," *JETS* 41 [1998]: 353-65)은 주의 기도마 6:9-13가 아굴의 기도의 구조와 신학을 따르고 있음을 보여준다.

¹⁵거머리에게는 두 딸이 있어 다오 다오 하느니라. 족한 줄을 알지 못하여 족하다 하지 아니하는 것 서넛이 있나니 ¹⁶곧 스올과 아이 배지 못하는 태와 물로 채울 수 없는 땅과 족하다 하지 아니하는 불이니라. ¹⁷아비를 조롱하며 어미 순종하기를 싫어하는 자의 눈은 골짜기의 까마귀에게 쪼이고 독수리 새끼에게 먹히리라. ¹⁸내가 심히 기이히 여기고도 깨닫지 못하는 것 서넛이 있나니 ¹⁹곧 공중에 날아다니는 독수리의 자취와 반석 위로 기어 다니는 뱀의 자취와 바다로 지나다니는 배의 자취와 남자가 여자와 함께 한 자취며 ²⁰음녀의 자취도 그러하니라. 그가 먹고 그의 입을 씻음 같이 말하기를 내가 악을 행하지 아니하였다 하느니라. ²¹세상을 진동시키며 세상이 견딜 수 없게 하는 것 서넛이 있나니. ²²곧 종이 임금된 것과 미련한.자가 음식으로 배부른 것과 ²³미움 받는 여자가 시집 간 것과 여종이 주모를 이은 것이니라. ²⁴땅에 작고도 가장 지혜로운 것 넷이 있나니 ²⁵곧 힘이 없는 종류로되 먹을 것을 여름에 준비하는 개미와 ²⁶약한 종류로되 집을 바위 사이에 짓는 사반과 ²⁷임금이 없으되 다 떼를 지어 나아가는 메뚜기와 ²⁸손에 잡힐 만하여도 왕궁에 있는 도마뱀이니라. ²⁹잘 걸으며 위풍 있게 다니는 것 서넛이 있나니 ³⁰곧 짐승 중에 가장 강하여 아무 짐승 앞에서도 물러가지 아니하는 사자와 ³¹ 사냥개와 숫염소와 및 당할 수 없는 왕이니라.

> ª 혹은 '관원.'

숫자를 언급하는 일곱 금언은 수사적, 주제적으로 통일되어 있다.

수사적으로, 숫자를 언급하는 일곱⁹ 금언은 두 묶음으로 배열되어 있으며, 이는 숫자가 포함된 첫 제목 행을 지닌 두 번째 묶음에 의해 구별된다.¹⁰ 세 금언¹¹, ¹⁵ᵃ, ¹⁵ᵇ절과 네 금언¹⁸, ²¹, ²⁴, ²⁹절으로 이루어진 두 묶음의 거시구조macrostructure는 제목 행¹⁸, ²¹, ²⁹절의 수적 사다리꼴 구조numerical echelon, "셋…넷"를 반영한다. 각 묶음은 두 절 이상의 금언과 대조되는 한 절 금언

---

9   성경에서 일곱이라는 숫자는 신적 완전성을 의미한다.
10   세 번째 금언의 숫자가 포함된 제목 행은 처음이 아니라 뒤로 밀려서 평행구절인 15b절에 배치되어 있음에 주목하라.

으로 시작된다. 구조는 다음과 같다.

첫째 묶음: 탐욕을 버림	**10-16절**
서론에 해당하는 한 절 금언	10절
금언 1	11-14절
금언 2	15a절
금언 3	15b-16절
둘째 묶음: 경계 안에서 살아감	**17-31절**
서론에 해당하는 한 절 금언	17절
금언 4	18-20절
금언 5	21-23절
금언 6	24-28절
금언 7	29-31절

서론에 해당하는 금언 다음에 각 묶음의 첫 금언은 '도르'*dôr*, '무리', 11-14절와 '데레크'*derek*, '자취', 19절의 행두 반복으로 시작된다.[11]

　주제적으로, 숫자를 언급하는 이 금언들은 "교훈을 결코 강요하지 않고 독자가 곰곰이 생각하고 스스로 교훈을 끌어내도록 내버려둔다"라고 에이트킨*Aitken*은 말한다.[12] 우리는 숫자를 언급하는 이 금언들이 집합적으로 하나님이 세우신 도덕적, 사회적 질서를 보존하고자 하는 목표를 가지고 있다고 추론한다. 두 묶음의 서론에 해당하는 금언에서는 정부10절와 부모17절에 맞서는 교만을 금지하고, 두 서론 모두 이를 거스르는 이들에게 죽음으로 위협하며, 따라서 탐욕을 버리고11-16절 경계 안에

11　서론부의 이 두 행두 반복은 결론부에서 '미츠'*miş*, '저으면', '엉긴', '비틀면,' 33절의 삼중적 행두 반복에 의해 보충된다.

12　Aitken, *Proverbs*, 232.

서 살아가라고 [18-31절] 권면한다. 이런 행동이 권위를 받아들이고 [17절] 또한 그 권위를 남용하지 않는 것을 [10절]을 바탕으로 하나님이 세우신 사회 질서를 유지한다.

첫째 묶음: 탐욕을 버림 30:10-16

서론적 금언: 정부 내 권한 남용 30:10

서론에서는 정부 내에서 권한을 남용하는 것을 금지한다. "너는 '에베드' ['ebed, '종' 혹은 '관원', 참조. 16:28; 18:8; 25:23; 26:20, 28]를 그의 상전에게 비방하지 말라." 이 금언에서는 부당하게 비방을 당한 '에베드'에 대해 상관이 문제가 있다고 판단했고, 다른 사법적 수단이 없는 '에베드'가 하나님께 자신을 비방한 사람을 벌해 달라고 탄원하는 상황을 가정한다. "그가 너를 저주"할까 "두려우니라." 아굴의 위협("너는 죄책을 당할까")은 하나님의 처벌을 가리키며, 그 저주가 죄가 있는 사람에게 내리므로 받아서 마땅하다는 뜻이다. [참조. 26:2]

금언 1: 탐욕스러운 세대 30:11-14

상이한 대상을 가리키는 다른 숫자 금언과 달리, 이 금언에서는 한 세대(우리 시대의 베이비붐 세대나 밀레니엄 세대처럼 구별되는 연령 집단)의 네 가지 특징을 열거한다. 묘사된 세대의 악은 부모를 모욕함 [11절]으로부터 가난한 이들을 집어삼킴 [14절]으로 단계가 고조된다. "스스로……여기면서 도/눈"("그들의 눈")이라는 표제어가 12절과 13절을 연결한다.

30:11 이 "무리"는 연로한 "아비"와 "어미" [참조. 출 20:12, 신 5:16, 레 19:3]를 모욕할 뿐만 아니라 "저주"하기까지 한다. [참조. 10절] 이는 사형에 처할 만한 중죄다. [출 21:17, 신 27:16] 그리고 이 무리는 자신의 생명 자체를 빚진 부모를 "축복하지 아니"한다. [참조. 10:6] 이들은 유산을 더 빨리 상속받고 [참조. 20:21] 부모는

돌보지 않기를 바라면서[마 15:3-6] 부모를 모욕하지만, 그 대신 때 이른 치욕적인 죽음을 맞게 될 것이다.[20:20; 30:17]

30:12 뿐만 아니라 이 "무리"는 "스스로 깨끗한(윤리적으로 오염되지 않은) 자로 여"긴다. 즉, 실제로는 깨끗하지 않다. 그들은 망상에 사로잡혀 있다.[잠 16:2] 사실 그들은 "자기의 더러운 것을 씻지 아니하는" 사람들이다. 여기서 더러운 것이란 그들의 도덕적 불결과 악취를 뜻하는 역겨운 은유다.

30:13 더러운 것으로 덮여 있지만 그들은 자신이 다른 사람들보다 훨씬 더 낫다고 생각하며, 이는 "얼마나"(개역개정에는 "심히"로 번역되었다—옮긴이)라는 단어를 사용해 수사적으로 표현된다.[13] "눈이 심히 높으며"[참조 6:17]는 그들이 극도로 교만함을 상징하며, 이는 "눈꺼풀이 높이 들린"이라는 같은 뜻의 평행구에 의해 강조된다. 높이 들린 눈은 그들의 교만한 마음을 드러낸다.[시 131:1, 잠 21:4]

30:14 그들의 "앞니"와 "어금니"는 "장검"과 "군도"로 흉측하게 묘사된다. 말을 지칭하는 환유로서 유일하게 이곳에서만 사용된 두 단어는 그들의 말이 잔인하고 둔감하며 치명적임을 의미한다. 후반절에서 설명하듯이 그들의 말은 "가난한 자"와 "궁핍한 자"를 베고 잘라서 삼키며(곧 잡아먹으며) "땅에서", "사람 중에서" 없애버린다.[참조. 미 2:2-3] "마땅히 받을 자에게 [선을] 베풀기를 아끼"며[3:27] 법정에서 거짓말로 무방비 상태인 가난한 이들을 짓밟는다.[참조. 잠 22:2, 또한 시 10:8-9, 전 4:1, 사 3:15, 암 2:6-7; 4:1, 미 2:1-3; 3:1, 9]

금언 2: 만족할 줄 모르는 거머리 [30:15a]

악한 세대의 탐욕이 탐욕에 관한 두 번째 금언으로 전환된다. 기생하는 "거머리"에게는 "두" 기관, 곧 피를 빨아먹는 기관과 숙주에 자신을 붙이

---

13   *HALOT*, 2:551, s. v. *māh*.

는 기관이 있다. 그것은 "다오, 다오" 하며 요구하는 "두 딸"을 둔 어머니로 의인화된다. 이 잠언에서는 기생하는 사람을 내버려두는 위험에 대해 경고한다. 이중으로 빨아먹는 거머리는 정욕이 과도한 개인 혹은 사악한 사람(예를 들어, 도둑이나 사회보장급여 부정수급자)을 상징한다. 두 부류 모두 한 사회로부터 생명과 부를 훔쳐 낸다. 기생하는 사람의 만족할 줄 모르는 탐욕은 신속하게 제거되어야 한다. 그렇게 하지 않으면 그런 탐욕이 배가되어 더 많은 피해를 입힐 것이다.

금언 3: 만족할 줄 모르는 네 가지 30:15b-16

이 금언은 첫 행에 제목을 표시하지는 않지만 처음으로 숫자를 명시하는 금언이다. "셋이 있고……넷이 있다"는 식의 수적 사다리꼴 구조를 지닌 금언에서는 더 높은 숫자가 실질적인 숫자이며, 각 항목이 공통으로 가지고 있는 바를 진술한다. 여기서 이 항목들은 "족한 줄을 알지 못"한다는 공통된 특성을 지니며, 결코 "족하다"고 말하지 않는다고 의인화된다. 이 항목들은 두 부분으로 나뉜다. 늘 생명을 종식시키기를 열망하는 "스올"과 늘 생명을 생산하기를 열망하는 "아이 배지 못하는 태", ^{참조. 창 30:1,} ^{삼상 1장, 눅 1:5-25} 작물을 길러 낼 만큼 충분히 "물"을 "채울 수 없는" 경작지("땅")와 늘 작물을 파괴하는 "불"이다. 창조 질서 안에서 생명과 죽음 사이의 끊임없는 싸움에 벌어지고 있듯이, 마찬가지로 도덕 질서 안에서도 지혜로운 사람들은 계속해서 악에 맞서 싸우지만 결코 유토피아에 이르지 못한다.

둘째 묶음: 경계 안에서 살아가는 지혜 30:17-31

숫자를 언급하는 둘째 묶음에서는 주제가 가정 안의 질서로부터 사회 안의 질서, 국가 안의 질서로 전환된다.

서론적 금언 30:17

전반절에서는 부모의 권위에 대한 반역이라는 원인을 제시한다. "아비를 조롱하며 어미 순종하기를 싫어하는("조롱"에 대한 뜻을 명확히 설명함) 자의 눈이다(12, 13절을 보라. 눈은 자녀의 교만한 내적 성향을 드러낸다). 후반절에서는 썩은 고기를 먹는 부정한참조. 레 11:15 새 참조. 사 34:11, 렘 16:3-4를 활용한 두 은유로 치명적인 결과를 설명한다. 여호와께서는 이런 새들을 먹이시므로,욥 38:41 이 새들은 그분의 심판을 상징한다. "골짜기의 까마귀에게 쪼이고." 다수의 까마귀가 척박한 환경에서 먹이를 먹는다는 것은 반항하는 자녀가 철저히 제거됨을 의미한다. "독수리 새끼에게 먹히리라"는 시체가 매장되지 않았음을 암시하며, 비극적이며 수치스러운 종말을 상징한다. 이중적 은유의 사용은 처벌의 확실성을 의미한다.

금언 4: 네 가지 기이한 길과 한 가지 끔찍한 길 30:18-20

네 피조물이 아굴을 깜짝 놀라게 하며, 이는 인간의 성애적 사랑에서 절정에 이른다.18-19절 남자와 여자 사이의 인간적 성애에 대한 그의 경탄은 많은 남자들과의 성행위를 식사하기와 다름없는 행동으로 취급하는 음녀에 대한 그의 경멸20절과 극단적 대조를 이룬다.

30:18 19절에 열거된 네 "자취"를 아굴은 "심히 기이히 여"긴다. 네 자취가 일반적인 기대를 넘어서고, 따라서 그의 칭송과 감탄을 자아내기 때문이다. "내가……깨닫지 못하는 것"은 이런 경이를 그가 온전히 이해할 수 없음을 표현한다.참조. 욥 42:2-3

30:19 네 경이는 모두 배우지 않고도 쉽고 흥미롭고 우아한 방식으로 적합하지만 어려운 환경 안에서 움직이며, 흔적을 남기지 않은 채 목표한 곳에 도달한다. 처음 둘은 동물이며, 마지막 둘은 인간이 만든 것과 인간이 하는 행동이다. "독수리의 자취"에 관해 아굴이 놀라워하는 바는 그것이 자연스럽지만 너무도 교묘하게 중력을 거부하며 "공중" 높은 곳

에서 끊임없이 원을 그리며 날아다니는 모습이다. "반석 위로 기어 다니
는 뱀"은 다리도 없고 붙잡을 것이 없음에도 불구하고 바위 위로 미끄러
지듯이 움직이는 것처럼 보이기 때문에 놀랍다. 아굴이 물고기가 아니라
"배"를 선택한 것은 아마도 동물의 기술에서 인간의 기술로 주제를 전환
하는 동시에 다른 셋과 공통된 미끄러지는 듯한 움직임을 묘사하기 위
함일 것이다. "바다로"(먼 대양)는 배가 헤아릴 수 없이 깊은 바다를 가로
질러 항해하는 모습을 떠올리게 한다. "남자가 여자와 함께 한"(혹은 "여
자 안에 있는 남자의")은 낭만적 사랑의 목표인 성행위의 첫 경험을 의미
하며, 이 경우에 한 남자와 여자로 제한된다. 네 자취 모두 경계 안에서
의 자유라는 역설을 예증한다.

　　30:20 다른 남자들과 성적 관계를 맺는 기혼 여성^{참조. 2:16}을 뜻하는 "음
녀의 자취도 그러하니라." "그가 먹고(그의 성행위를 지칭하는 은유) 그의
입을 씻"는다(그는 자신이 한 부도덕한 행위의 흔적을 전혀 남기지 않는다).
"내가 악을 행하지 아니하였다"라는 자신을 정죄하는 말은 질서가 세워
진 사회의 경계를 무너뜨린 것에 대해 양심의 가책을 느끼지 않는 모습
을 생생하게 극적으로 묘사한다. 남자와 여자의 자취는 삶을 강화하지
만, 음녀의 자취는 삶을 약화시킨다.

금언 5: 거꾸로 뒤집힌 네 가지 사회적 상황 30:21-33

하나님의 도덕 질서를 전복하는 음녀로부터 인간의 교만에 의해 거꾸로
뒤집힌 세상에 대해 냉정하게 논평하는 금언으로 전환된다. 22절에서는
사회 안에서 권력을 찬탈하려고 하는 남자들에 관해, 23절에서는 가정
안에서 권위를 찬탈하려고 하는 여자들에 관해 이야기한다. 이 잠언에서
는 문화를 소생시키고자 하는 지혜로운 사람들에게 갑자기 나타난 사람
들이 권력을 장악하고 그것을 피로 붉게 물들이지 못하게 막으라고 권
고한다.

30:21 제목 행에서는 그 무게 "아래로(이 금언의 표제어, 개역개정에는 번역되지 않았다―옮긴이) 세상(그 사회적 질서)참조. 29:4을 진동시키"고(해체하고) "견딜 수 없게 하는", 갑자기 나타난 네 부류의 사람들을 소개한다.

30:22 "종"에베드('ebed), 참조. 10절이 "임금"이 될 때 그의 리더십 "아래"에서 사회는 무너지고 만다. 종의 일차적 책임은 임금에게 충성하는 것이다. 이 잠언에서는 불충한 신하가 하나님이 정하신 왕권을 찬탈할 것을 암시한다.참조. 왕상 16:9-20, 왕하 8:7-14 교만한 왕위 찬탈자는 폭군으로 드러날 것이다. 또한 "음식으로 배부른", 반사회적이며 "미련한 자(하나님을 두려워하지 않는 어리석은 자) 아래"에서 사회가 무너진다.참조. 9:5; 30:9, 15, 16 미련한 자의 식단은 아사에 이르게 한다. 그를 먹이는 것은 악덕에 대해 보상하는 것과 다름없고, 그를 더 교만하고 위험한 사람으로 만든다.

30:23 한 가정이 "미움 받는 여자"의 통제 "아래"에 들어갈 때 그 집은 위협을 받는다. 그가 미움을 받는다는 사실을 통해 그가 어진 아내의 정반대임을 알 수 있다.12:4; 18:22; 31:10 "시집 간 것"은 자신의 혀를 다스리지 못하는, 다투기 좋아하는 여자가 이제 하나님이 세우신 사회적 질서에 반하여 가정을 다스리게 되었음을 의미한다. 또한 22절의 '에베드'에 해당하는 여자인 교만한 "여종"에 의해 가정이 망가질 수도 있다. "여종이 주모를 이은 것이니라"는 하갈이 그렇게 하려고 했듯이 그가 가정의 재산을 차지하는 것을 의미한다.창 16:4 성공하기 위해 반항적인 여종은 먼저 여주인 남편의 애정을 훔쳐야만 한다. 가정의 안정을 유지하기 위해 남자는 지혜롭게 결혼해야 하며, 그런 다음 아브라함에 그랬듯이 자신의 아내에게 충실해야 한다.

금언 6: 작지만 지혜로운 네 동물 30:24-28

이 잠언에서는 갑자기 나타나 사회 질서를 뒤엎는 네 사람22-23절과 대조되는 본받을 만한 작은 동물 넷을 열거한다. 완력보다 두뇌가 중요하다고 말하는 이 우화에서 동물 넷은 하나님의 지혜를 지니고 있으며 그 덕분에 생존할 뿐만 아니라 번성할 수 있다. 아굴이 동물학자가 아니라 지혜자이므로 이 잠언은 우화다.

30:24 "땅에 작고도(즉, 약하고 공격이나 방어를 위한 힘이 없는) 가장 지혜로운 것 넷이 있나니"(69쪽을 보라).

30:25 개미가 "사람이다"(저자의 사역, 개역개정에는 "종류"로 번역되었다—옮긴이)는 개미를 의인화한 표현이다. 개미는 적을 이기거나 자신을 지킬 "힘이 없는" 사람들을 상징한다. 대신 개미에게는 지혜가 있어서 "먹을 것을 여름에 준비"한다. 마찬가지로 지혜로운 사람들은 신중한 예측과 규율, 근면함을 시의적절하게 활용한다.^{6:6-8} 예를 들어, 제자는 지금 지혜자의 지혜를 저장해야 하며, 그 결과로 교활한 음녀나 사악한 악당에게 시험을 받을 때 굴복하지 않을 수 있을 것이다.^{참조. 1:10-14; 6:22} 그리스도인은 지금이 구원의 때임을 알고 있다.^{고후 6:2} 죽은 후에는 너무 늦다.^{참조. 1:28, 또한 히 9:27}

30:26 "사반"(바위너구리)은 "약한 종류"라고 한정된다. 대신 지혜가 있어서 "집을 바위 사이에" 지으며, 그 덕분에 천적이 사반에게 접근할 수 없다.^{시 104:18} 도덕적 교훈은 이렇다. 지혜로운 사람은 영감을 입은 지혜자의 가르침에서 묘사하듯이 자신의 외부이자 하나님 안에서 안전을 확보한다.^{참조. 3:5; 22:19} 그리스도인은 반석이신 그리스도 예수 안에서 안전을 확보한다.

30:27 "메뚜기"의 약점은 그들을 이끌고 보호할 "임금이 없다"는 것이다. 대신 지혜가 있어서 "다 떼를 지어 나아"간다. 메뚜기는 모든 것을 파괴할 만큼 거대한 규모로 떼를 이룰 수 있는 놀라운 능력으로 잘 알려져 있다. 하물며 하나님의 백성이 하나님의 왕권 아래에서 하나가 되어 서로가 아니라 원수에 맞서 싸운다면 하나님의 나라를 얼마나 더 전진시킬 수 있겠는가!

30:28 "도마뱀"¹⁴의 약점은 "손에 잡힐 만하"다는 것이다. 이 금언에서는 약점을 보충하는 지혜를 제시하는 대신 지혜의 보상에 관해 말한다. 그것은 호화로우며 보호를 받는 "왕궁"에서 산다. 약하지만 지혜로운 사람들은 영토 안에서 가장 고귀한 집에서 살 것이다. 그리스도인은 하나님의 아들이 그를 위해 준비하신 집에서 영원히 살 것이다. 요 14:1-3

금언 7: 네 가지 당당한 행진 30:29-31

왕궁에서 사는 도마뱀으로부터 영향력을 미치는 영역 안에서 위풍당당하게 걸어가는 당당한 네 피조물로 주제가 전환된다. 자신의 약점을 어떻게 보충해야 하는지 알고 있는 지혜로운 사람은 하나님 외에는 그 누구도 두려워하지 않으므로 머리를 높이 들고 당당히 걸어간다. 자연 세계 최고의 지도자인 첫 세 동물에 이어서 인간 영역을 다스리는 당당한 왕을 묘사한다. 세 동물을 왕과 연결하고 사자를 "영웅"(개역개정에는 "가장 강하여"로 번역되었다—옮긴이)으로 의인화하는 것은 세 동물이 인간 통치자를 지칭하는 우화로 기능하고 있음을 암시한다. 지혜로운 아들은 지혜를 통해 다스릴 수 있는 권력과 능력을 지니고 있으며 참조. 8:14-15 여호와께서 그의 발걸음을 인도하고 지혜로운 사람을 지키신다는 것을 알기에 그 누구 앞에서도 위축되지 말고 당당히 걸어야 한다.

　제목 행에서는 이 잠언 속 "네" 항목을 통일시키는 특징을 소개한다. 이들은 "잘 걸으며 위풍 있게 다"닌다. "사자"는 영웅으로 의인화되며, 따라서 앞에서 언급한 약한 동물과 극명한 대조를 이루는 강한 동물로 묘사된다. "짐승 중에"라는 구절을 추가해 사자가 힘과 능력에 있어서 다른 피조물을 능가한다는 점을 강조한다. "아무 짐승 앞에서도 물러가지 아니하는"은 사자의 영웅적 태도를 의미한다.

14　혹은 '거미.' 히브리어 단어의 의미에 관한 논쟁이 있다.

위풍당당하게 걷는 다른 피조물은 "사냥개"와 "숫염소", 아무도 "당할 수 없는 왕"이다.

결론: 자기를 높이는 태도에 대한 경고 30:32-33

32만일 네가 미련하여 스스로 높은 체하였거나 혹 악한 일을 도모하였거든 네 손으로 입을 막으라. **33**대저 젖을 저으면 엉긴 젖이 되고 코를 비틀면 피가 나는 것 같이 노를 격동하면 다툼이 남이니라.

결론에 해당하는 금언에서는 하나님이 왕위를 수여하지 않으신 참조 1절 이 디엘에게 영웅적인 왕의 자리처럼 더 높은 지위를 가지려고 하지 말라고 경고한다. 그렇지 않으면 그는 코피를 흘리며 공동체 안에서 다툼을 일으킬 것이다.

30:32 "만일 네가 미련하여"(89쪽을 보라)를 "스스로 높은 체하였거나" 라고 더 자세히 설명한다. 참조. 25:6, 민 16:3; 23:24 이런 어리석음은 하나님이 세우신 사회적 질서를 무너뜨린다. "혹 악한 일을 도모하였거든"은 왕위 찬탈 시도가 계획된 것임을 더 구체적으로 명시한다. 참조. 24:9 "네 손으로 입을 막으라"는 자기를 높이는 태도에 자랑이 포함됨을 암시한다. 이는 "즉시 입을 다문다"라는 뜻이다. 참조. 욥 40:3-5

30:33 "대저"라는 말로 자신을 높이기를 멈춰야 하는 이유를 설명한다. 세 비교 대상을 통해 자기를 높이는 태도가 필연적으로 무언가의 본성 자체를 변화시키는 지속적인 압력과 같다고 설명한다. "젖을 저으면 엉긴 젖이 되고"라는 직유는 자기를 높이는 태도가 필연적인 결과를 초래할 것이라는 뜻이다. 자기를 높이는 태도와 그 필연적인 결과에 관한 둘째 직유("코를 비틀면 피가 나는 것 같이")를 통해 첫째 비교 대상을 유익한

것으로 잘못 해석하지 않도록 막는다. 셋째 은유("노를 격동하면 다툼이 남이니라")는 사회에 미칠 필연적인 피해를 명확히 설명한다. 자신의 야심으로 왕위 찬탈자가 오만하게 공동체를 짓누를 때 사람들의 분노가 한계치를 넘어서게 되고, 결국 폭발하여 충돌이 발생하고 만다.[참조. 30:22] 개혁자들은 자신을 하나님의 말씀보다 더 높였던 교황들에 맞서 종교개혁을 일으켰다.

르무엘의 금언

31:1-31

르무엘의 금언(개역개정에는 "잠언"으로 번역되었으나, 이번 장에는 저자의 번역을 따라 "금언"으로 표기한다―옮긴이) 표제와 구별되는 두 시, 곧 고귀한 왕에 관한 시²⁻⁹절와 고귀한 아내에 관한 이합체 시 acrostic, 10-31절로 이루어져 있다.

표제 | 31:1

1 르무엘 왕이 말씀한 바 곧 그의 어머니가 그를 훈계한 잠언이라.

많은 주석가들은 이 표제가 고귀한 왕에 관한 시¹⁻⁹절에만 적용되는 제목이라고 주장하지만, 키친Kitchen은 이집트의 비슷한 문헌을 근거로 이 표제가 현숙한 아내에 관한 시¹⁰⁻³¹절에도 적용된다고 해석한다. "10-31절을 제외한다면 결과적으로 아홉 구절에 불과한 첫 '작품'은 터무니없을 정도로 짧고, 10-31절에 기록된 두 번째 '작품'은 제목[혹은 서문]도 없는 고립된 시가 될 것이며……「잠언」안에서 이례적으로 이질적인 글이 되고 만다."¹

1a절에서 두 작품의 장르는 금언 참조. 1:6이며, 저자는 "르무엘"("하나님께

---

1   K. Kitchen, "Proverbs and Wisdom Books of the Ancient Near East: The Factual History of a Literary Form," *TynBul* 28 (1977): 100-101.

바쳐짐") 왕이라고 밝힌다. 이 왕은 이스라엘 역사에서 관련 증거를 확인할 수 없으며, 따라서 아마도 개종한 사람일 것이다. "왕"이라는 말을 통해 이 금언이 "왕을 위한 가르침,"royal instruction 곧 통치자가 그의 의무를 지혜롭고 정의롭게 수행할 수 있도록 훈련시키기 위한 목적의 문학 형식이라고 밝힌다. 1b절에서는 이 금언을 예언자적 "신탁"oracle, 참조. 30:1 으로 규정하고 저자에 관해 설명한다. "그의 어머니가" 저자로서 혹은 아마도 기원을 알 수 없는 전승을 전달하는 사람으로서참조. 4:1-4 "그를 훈계한"이라고 말한다.참조. 1:8 왕비였던 어머니는 왕에게 영향을 미쳤지만, 고대 근동 문헌에는 이와 비슷한 어머니의 지혜로운 금언이 없다.참조. 1:8; 4:3; 6:20 신실한 이들은 성령을 통해 이 전승 안에서 하나님의 목소리를 들었고, 영감을 입은 편집자가 이를 「잠언」에 추가했으며, 그 결과 성경의 일부가 되었다.

고귀한 왕31:2-9

²내 아들아, 내가 무엇을 말하랴.ᵃ 내 태에서 난 아들아, 내가 무엇을 말하랴. 서원대로 얻은 아들아, 내가 무엇을 말하랴. ³네 힘을 여자들에게 쓰지 말며 왕들을 멸망시키는 일을 행하지 말지어다. ⁴르무엘아, 포도주를 마시는 것이 왕들에게 마땅하지 아니하고 왕들에게 마땅하지 아니하며 독주를 찾는 것이 주권자들에게 마땅하지 않도다. ⁵술을 마시다가 법을 잊어버리고 모든 곤고한 자들의 송사를 굽게 할까 두려우니라. ⁶독주는 죽게 된 자에게, 포도주는 마음에 근심하는 자에게 줄지어다.² ⁷그는 마시고 자기의 빈궁한 것을 잊어버리겠고 다시 자기의 고통을 기억하지 아니하리라. ⁸너는 말 못하는 자와 모든 고독한 자의 송사를 위하여 입을 열지니라. ⁹너는 입을 열어 공의로 재판하여

2   비한정 복수형.

곤고한 자와 궁핍한 자를 신원할지니라.

^a 히브리어 '마'(māh)의 의미에 관해서는 Waltke, *Proverbs 15–31*, 503–4, 주 14을 보라.

고귀한 왕에 관한 금언은 다음과 같은 구조로 이루어져 있다.

I   서론을 이루는 들으라는 훈계   2절

II   자제하라는 훈계   3–7절

   A 여자에 관해   3절

   B 술에 관해   4–7절

      1 술 취하여 가난한 이들을 보호하는 칙령을 잊지 말라.   4–5절

      2 가난한 이들에게 술을 주어 그들의 불행을 잊게 하라.   6–7절

III 가난한 이들을 위해 새로운 칙령을 내리라는 훈계   8–9절

지혜자의 서른 가지 금언과 마찬가지로 부도덕한 여자에 대한 경고^{참조.} ^{3절; 23:26-28}가 술에 대한 경고^{4절; 23:29-35}와 연결되어 있다. 고귀한 왕에 관한 여덟 구절 중 여섯 구절에서는 가난한 이들을 돌봄에 관해 이야기하며,^{4-9절} 네 구절에서는 술에 관해 이야기한다.^{4-7절} 뒤의 네 구절은 부정적인 교훈을 담은 한 쌍^{4-5절}과 두 가지 긍정적 훈계^{6-7절}로 이루어져 있다.

31:2 "들으라"(개역개정에는 "무엇을 말하랴"로 번역되었다—옮긴이)라는 말을 세 차례 반복함으로써 르무엘의 어머니는 자신의 금언에 "주의를 기울이라고" 강하게 훈계한다. 그는 "들으라, 내 아들아"라는 전형적인 구절을 부드러운 용어("내 태에서 난 아들아……서원대로 얻은 아들아") 사이에 배치한다. 이를 통해 그는 그들의 친밀한 관계가 현재로부터 아들이 자신의 태 안에서 자랄 때와 임신하기 전에 서원을 하던 때까지 거슬러 올라간다고 말한다. 그의 서원은 아마도 하나님이 자신에게 아들을 주시면 아들을 바쳐 하나님의 지혜에 따라 살아가게 하겠다는 약속이었

을 것이다. 참조. 삼상 1:11

31:3 첫째 명령에서 어머니는 제어되지 않는 성적 만족의 추구에 대해 경고한다. "네 힘"과 "왕의 권력"(개역개정에는 번역되지 않았다―옮긴이)은 강한 왕조를 만드는 데 기여하는 모든 것에 대한 환유다. "왕들을 멸망시키는" 이들은 가정을 세우지 않고²:16-19: 5:1-23: 6:20-35: 7:1-27: 14:1 왕조를 무너뜨리며, 왕의 권력을 타락하게 하고, 그의 관심을 분산하여 백성을 섬기지 못하게 하며, 그의 좋은 판단력을 약화시키고, 나라의 부를 낭비하게 하는참조. 13:22 사람들인 "여자들"에 대한 환유다. 다윗이 밧세바에게 집착할 때 이는 정의의 파괴로 귀결되었다.

31:4-5 첫 쌍의 금언에서 왕의 어머니는 여자에 대한 집착처럼 술은 가난한 이들을 보호하기 위해 확립된 정의로운 법령을 약화시키기 때문에 왕들에게 포도주를 마시지 말라고 경고한다.5절, 참조. 20:1: 21:17: 22:22: 23:20-21, 29-35 "술을 마시다가" 정의에 관한 "법을 잊어버리고" 이미 "모든 곤고한 자들"에게 유리한 판결이 내려진 "송사를 굽게 할까 두려우니라."

31:6-7 둘째 쌍은 (4절과 대조적으로) 원래 백성 전체에게 주어진 오래된 금언을 인용하여 르무엘에게 구체적으로 적용하는 것일 수도 있다. "독주는 죽게 된 자에게, 포도주는 마음에 근심하는 자에게 줄지어다"는 순전히 비꼬는 말로서 백성들에게 이 "마취제"를 공급하는 정책을 실시하라는 뜻이 아니다. 문자적으로 받아들인다면 이 명령은 지혜와 모순을 이룰 것이다.참조. 19:27 술을 마셔 고통을 잊어버리려고 하는 방식으로는 아무것도 해결할 수 없다. 이 비꼬는 명령의 목적은 술의 무용함을 폭로하고자 함이다. 다음 쌍에서 말하듯이 가난한 이들의 불행은 그들을 보호하는 왕에 의해 경감되어야 한다.

31:8-9 그는 다시 르무엘을 향해 말한다. 왕은 소외된 이들을 대변해야 한다.참조. 20절 8절과 9절의 서두에서 반복되는 "입을 열지니라"는 "큰 소리로 말하다"는 뜻으로서 8b절과 9절에서 "송사를 위하여"(사법적 판결)

와 "공의로 재판하여"(압제받는 이들을 구원함)라고 자세히 설명한다. "말 못하는 자"라는 환유는 법정에서 자신을 변론할 목소리를 갖지 못한 가난한 이들을 암시한다. 참조. 시 72:1-4, 12-14, 렘 22:15-19 아마도 그들은 글을 읽지 못하여 힘 있는 악인의 사법적 궤변에 맞설 수 없고, 언변이 약하여 자신의 주장을 설득력 있게 펼칠 수 없으며, 너무 가난해서 적절한 증거를 확보할 수 없고, 너무 비천해서 존중을 받지 못하며, 너무 약해서 뇌물을 써서 재판에 영향을 미칠 수가 없을 것이다. 그러므로 왕은 경건하지 못한 이들에 맞서 그들을 보호할 수 있는 유일한 사람이다. "고독한 자"는 "곤고한 자와 궁핍한 자"를 지칭하는 또 다른 환유다.

현숙한 아내 31:10-31

10 알레프　누가 현숙한 여인을 찾아 얻겠느냐. 그의 값은 진주보다 더 하니라.

11 베트　그런 자의 남편의 마음은 그를 믿나니 산업이 핍절하지 아니하겠으며

12 김멜　그런 자는 살아 있는 동안에 그의 남편에게 선을 행하고 악을 행하지 아니하느니라.

13 달레트　그는 양털과 삼을 구하여 부지런히 손으로 일하며

14 헤　상인의 배와 같아서 먼 데서 양식을 가져 오며

15 와우　밤이 새기 전에 일어나서 자기 집안 사람들에게 음식을 나누어 주며 여종들에게 일을 정하여 맡기며

16 자인　밭을 살펴 보고 사며 자기의 손으로 번 것을 가지고 포도원을 일구며

17 헤트　힘 있게 허리를 묶으며 자기의 팔을 강하게 하며

18 테트　자기의 장사가 잘 되는 줄을 깨닫고 밤에 등불을 끄지 아니하며

19 요드　손으로 솜뭉치를 들고 손가락으로 가락을 잡으며

20 카프　그는 곤고한 자에게 손을 펴며 궁핍한 자를 위하여 손을 내밀며

21 라메드 자기 집 사람들은 다 홍색 옷을 입었으므로 눈이 와도 그는 자기 집 사람들을 위하여 염려하지 아니하며

22 멤 그는 자기를 위하여 아름다운 이불을 지으며 세마포와 자색 옷을 입으며

23 눈 그의 남편은 그 땅의 장로들과 함께 성문에 앉으며 사람들의 인정을 받으며

24 사메크 그는 베로 옷을 지어 팔며 띠를 만들어 상인들에게 맡기며

25 아인 능력과 존귀로 옷을 삼고 후일을 웃으며

26 페 입을 열어 지혜를 베풀며 그의 혀로 인애의 법을 말하며

27 차데 자기의 집안 일을 보살피고 게을리 얻은 양식을 먹지 아니하나니

28 코프 그의 자식들은 일어나 감사하며 그의 남편은 칭찬하기를

29 레쉬 덕행 있는 여자가 많으나 그대는 모든 여자보다 뛰어나다 하느니라.

30 쉰 고운 것도 거짓되고 아름다운 것도 헛되나 오직 여호와를 경외하는 여자는 칭찬을 받을 것이라.

31 타우 그 손의 열매가 그에게로 돌아갈 것이요 그 행한 일로 말미암아 성문에서 칭찬을 받으리라.

현숙한 아내를 칭송하는 찬가로 「잠언」이 마무리된다. 이 찬가는 각 절의 첫 글자가 히브리어 알파벳을 순서대로 따르는 이합체 시^{acrostic}를 이루고 있다. 이를 통해 총체성과 연결성을 확보한다("A부터 Z까지 모든 주제에 관한 모든 것"). 또한 이 이합체 시는 논리적인 구조를 갖고 있기도 하다.

I	서론: 그의 가치	10–12절
	A 그의 희소성으로부터 유추한 일반적인 가치	10절
	B 남편을 위한 그의 구체적인 가치	11–12절
II	본론: 그의 활동	13–27절
	A 그의 가내 수공업	13–18절

    B 야누스   19절

    C 그의 사회적 성취   20-27절

III   결론: 그에 대한 칭찬   28-31절

    A 가족으로부터   28-29절

    B 모든 사람으로부터   30-31절

이 찬가의 세 연은 그에 대한 남편의 신뢰,[11절] 남편이 정치적 권력을 갖게 하는 그의 활동,[23절] 그에 대한 남편의 칭찬[28절]에 관해 차례로 이야기한다. 또한 본론에서는 옷감을 짜는 기술로 수입을 얻고 장사를 통해 수입을 늘리는 활동[13-19절]을 묘사한 다음, 그런 경제적 토대 위에서 이뤄낸 그의 성취[20-27절]에 관해 이야기하는 논리적인 전개를 확인할 수 있다.

장르에 관해 앨 월터스[Al Wolters]는 이 시를 (영웅의 행적―통상적으로 군사적 무훈―을 서술하는) 영웅시로 분류한다.[3] 에리카 무어[Erika Moore]도 이에 동의한다. "전장에서의 영웅적 행적이……한 여성이 가정과 공동체 안에서 펼치는 활동적인 삶[vita activa]으로 치환된다." 무어는 씩씩한 아내가 "이스라엘 고대 영웅의 영적 계승자"이며 "지혜를 부지런히 적용함으로써 주변에 있는 사람들을 지키는 수호자"라고 덧붙인다. 따라서 씩씩한 아내는 "고대의 사사와 왕이 군사적 무훈으로 하나님의 백성을 위해 선을 행했듯이, 하나님이 그분의 백성을 위해 선을 행하기 위해 사용하시는 영웅적 인물"이다.[4]

하지만 이 찬가에서는 현실의 여성을 칭찬하는가? 아니면 서문[1:20-33; 8:1-36; 9:1-6]에서처럼 지혜를 의인화한 여성을 칭찬하는가? 그가 지혜의 의인화라면 이 시는 아들에게 지혜를 아내로 맞아 그가 가정을 부양하도

---

3   Al Wolters, "Proverbs XXI 10-31 as Heroic Hymn," *VT* 38 (1988): 446-57.

4   Erika Moore, "The Domestic Warrior" (unpubl. paper submitted to Bruce Waltke for OT 813: Proverbs, Westminster Theological Seminary, 1994), 18.

록 도우라고 가르치는 셈이다.^{참조. 4:4-9} 하지만 그가 성문에서 "현숙한 여
자"^{에셰트-하일('ēšet-ḥayil), 룻 3:11}라는 칭찬을 받았던 룻처럼 현실의 여성이라면,
그는 가정과 공동체의 경제에 중요한 기여를 하는 인물로 부각된다. 아
래의 주석에서는 그가 현실의 여성임을 입증한다. 사실 「잠언」에서 사용
된 "여인"^{잇샤('iššā)}이라는 단어는 언제나 현실의 여성을 가리킨다.^{참조. 12:4;}
^{14:1; 18:22; 31:3}

하지만 그는 얼마나 현실적인가? "그가 이 구절들에서 성취한 것을
아무리 여러 생을 산다고 하더라도 과연 누가 성취할 수 있겠는가?"라
는 머피^{Murphy}의 수사적 물음은 아무도 그럴 수 없음을 암시한다.⁵ 그러
나 폭스^{Fox}가 지적하듯이, "잠언 30:10-31에서 묘사하는 여인에 필적하
는 수많은 여성들이 존재한다." 19세기 "미국에 사는 농부의 아내에게
는……집안 살림과 육아뿐만 아니라 수공예, 농업, 가금류 사육, 상업과
같은 다양한 기술이 필요했을 것이고, 그들은 새벽부터 어두워질 때까지
노동했을 것이며……그러면서도 부드러운 태도를 유지하며 하나님을
경외했을 것이다"라고 그는 덧붙인다.⁶

물론 현숙한 아내가 가족의 유일한 부양자인 것은 아니다. 지금까지
「잠언」에서는 아들의 성품과 일에 배타적으로 초점을 맞췄다. 현숙한 아
내에 대한 이 찬가에서는 남편이 가정을 튼튼한 경제적 토대 위에 세워
놓았음을 전제한다.^{24:27} 이런 견고한 토대 위에서 그의 아내는 안정을 누
리며 자신의 능력을 최대한으로 발휘한다.⁷ 이 현숙한 아내는 모든 시대
모든 이스라엘을 위한 본보기로 인정받아 왔다. 지혜로운 딸은 그를 닮

5　Murphy, *Proverbs*, 245.

6　Fox, *Proverbs 10-31*, 910.

7　재미있는 이야기를 하자면, 아이번이 아는 유능한 독신 여성은 평생의 동반자를 찾기 위
해 평판이 좋은 결혼정보회사를 이용한 적이 있다. 매칭된 상대 남성들은 그녀에게 "당신은 잠
언 31장이 묘사하는 그런 여성입니까?"라고 질문했다. 몇 차례 그 질문을 받은 후 그녀는 "그렇
습니다. 그런데 당신은 잠언 1:11-31:9에서 묘사하는 그런 남성입니까?"라고 되묻기 시작했다.

기를 열망하고, 지혜로운 아들은 그런 사람과 결혼하려고 노력하며,^{10절}
모든 지혜로운 사람은 그의 덕을 실천하고자 한다.

서론: 그의 가치 31:10-12

31:10 첫 구절인 "현숙한 여인"^{에세트-하일('éšet-ḥayil)}은 지혜자가 다루는 주제에
즉시 초점을 맞춘다. '하일'은 "적합한 능력"^{잠 12:4, 참조. 3:11, 시 84:7}과 전사 계
급처럼 선택된 집단의 일원임^{왕하 24:14, 16}을 의미한다. 이 시의 본론에서는
그의 행동을 열거함으로써 '하일'이 무엇을 의미하는지 구체적으로 규
정한다. "누가……찾아 얻겠느냐"가 실제 질문이라면, "거의 아무도 그럴
수 없다" 혹은 "아무도 그럴 수 없다"라는 답이 예상될 것이다. 왜냐하면
그는 기혼자이며, 따라서 그의 남편이 이미 "찾았기" 때문이다. 하지만
이 질문은 암시된 청중 안에 그런 아내를 찾고, 그를 닮고자 하는 열망을
불러일으키고자 하는 수사적 물음이다. 또한 "그의 값은 진주보다 더 하
니라"라는 주장이 보여주듯이 그가 희귀하고 매력적임을 암시한다.^{참조.}
^{3:14} 이 주장은 값을 치르고 아내를 얻는 고대 근동의 관행에 기초한다.^참
^{조. 4:5-7 8} 현숙한 아내는 하나님이 주시는 선물^{19:14}이며, 부분적으로는 기
도를 통해 그런 아내를 구해야 한다.^{15:29; 16:3, 약 1:6}

　　31:11 "그런 자의 남편의 마음은 그를 믿나니"라는 진술은 예외적이다.
이 본문과 사사기 20:36을 제외하면 성경은 여호와 외에 다른 누군가 혹
은 무언가를 신뢰하는 것을 정죄한다.^{참조. 왕하 18:21, 시 118:8-9, 사 36:5, 렘 5:17; 18:10;}
^{48:7, 겔 33:13, 미 7:5} 이 특별한 예외를 통해 현숙한 아내가 영적, 육신적 능력
에 관해 최고의 수준에 올랐다고 말하는 셈이다. 이 주장은 이 부부가 건
강한 관계를 누리고 있음을 암시한다. 그의 신뢰는 확고한 토대를 지니

8　요더(C. R. Yoder, "A Socioeconomic Reading of Proverbs 31:10-31," *JBL* 122 [2003]: 432)는 아내
를 얻기 위해 치르는 값은 상당한 금액이었을 것이라고 주장한다.^{참조. 잠 24:10; 29:18}

고 있다. "산업 ^{샬랄(šalal)}이 핍절하지 아니하겠으며." "산업"(전리품)은 이 여성이 전략과 시의적절한 능력을 활용하고 타락한 세상 안에서 위험을 감수함으로써 생필품을 획득함을 암시한다. 요더 ^{C. Yoder}는 '샬랄'이 이곳을 제외하면 악한 자들이 그들 패거리의 일원이 되어 전리품을 얻으라고 아들을 유혹하는 1:13에서만 사용된다고 지적한다. 따라서 이 단어는 이 책 전체에서 인클루지오를 이룬다. 불법적인 전리품은 피해야 하는 반면,^{1:10-19} 여기서 아들이 현숙한 아내로부터 받는 "전리품"은 합법적이며 대단히 바람직하다.[9]

31:12 이 구절에서는 그가 지닌 가치의 범위와 지속성을 정의한다. 그는 의도적으로, 심사숙고하여 "그의 남편에게 선(72쪽 "지혜로운 자와 의로운 자를 가리키는 윤리적 용어들"을 보라)을 행"한다. 선이라는 환유를 한 단계 더 높여 "악을 행하지" 않는다는 완서법으로 표현한다. 이 시의 본론에서는 일차적으로 그가 만들어 내는 경제적 유익이라는 관점에서 "선"을 정의할 것이다. "살아 있는 동안에"는 그가 절대로 남편을 실망시키지 않을 것임을 의미한다.

본론: 그의 활동 31:13-27

이 시의 본론은 전후반부^{13-18, 20-27절}와 이 둘을 꿰는 이음매 역할을 하는 19절로 이루어져 있다.

그의 가내 수공업 31:13-18

이 시 본론의 전반부에서는 현숙한 아내가 가정 경제에 기여하는 방식을 열거한다. 먼저 그는 원재료를 가지고 옷을 만드는 "가내 수공업"을

---

9   Yoder, "Proverbs 31:10-31," 434, n. 25.

일군다. 그는 직물을 만들어 번 돈을 사용해 밭을 매입하고, 이를 값지고 생산성이 높은 포도원으로 가꾼다. 참조 24:30

31:13 "그는 양털과 삼을 구하여"는 긍정적인 태도 덕분에 그가 가축과 식물에서 얻은 원료를 가지고 실을 만드는 일을 시작하였음을 암시한다. "부지런히 손으로 일하며"는 그가 손으로 하는 일을 탁월하게 잘 한다는 뜻이다. 그의 목표는 원료를 가지고 옷을 만드는 것이다.

31:14 옷감을 짜는 산업에서 성공을 거둔 덕분에 그는 먼 곳에서 온 진귀한 음식을 살 수 있을 만큼 충분한 수입을 얻었다. "상인의 배와 같아서"라는 직유는 그가 지역에서 농사를 지어 생산한 음식뿐만 아니라 먼 곳의 밭에서 생산한 진미까지도 가족에게 제공할 수 있음을 의미한다.

31:15 시인은 상선 비유에 (아마도) 암사자 비유를 추가한다. "[암사자처럼] 밤이 새기 전에 일어나서"는 사냥 이미지에 속하며, 문자적으로 해석해서는 안 된다. 암사자는 밤에 먹이를 사냥하지만, 귀부인은 그렇게 하지 않는다. 이 비유는 그가 자신의 안락함보다 가족의 행복을 더 우선시함을 암시한다. "자기 집안 사람들에게 음식 테레프(terep)을 나누어 주며"는 하나님을 경외하는 아내를 자기 새끼에게 먹이를 제공하는 포식 동물에 빗대어 은유적으로 묘사한다. 이 충격적인 이미지는 큰 노력과 뛰어난 능력, 창의력을 통해 식량을 획득했음을 의미하며, 가족을 부양하는 현숙한 아내의 능력을 칭찬한다.[10] 평행구절인 "여종들에게 일을 정하여 맡기며"는 그의 성공을 강조한다. 그는 자신의 직계 가족을 부양할 뿐만 아니라 살림을 더 풍성하게 해주는 확대된 가족까지도 부양한다.

31:16 더 나아가 그는 "밭을 살펴 보고"(밭을 얻기 위해 실행 가능한 계획을 세우고) 모든 각도에서 검토한 다음 계획을 실천에 옮겨서 그 밭을 매입한다. "자기의 손으로 번 것"은 그가 "부지런히 손으로 일하며" 만든 직물

---

10   T. T. McCreesh, "Wisdom as Wife: Proverbs 31:10-31," *RB* 92 (1985): 41.

을 가리킨다.[13절] "포도원을 일구며"는 그가 이 행위의 주체임을 의미하며, 좋은 포도나무를 심기 전에 밭을 파고 돌을 제거했음을 전제한다. 그런 다음 망루를 세우고 큰 바위를 깎아서 술틀을 만들었을 것이다.[참조. 사 5:2]

31:17 의심할 나위 없이 그는 고용한 일꾼이나 계약 관계로 고용된 노동자와 함께 이런 성취를 이뤘다.[15절] 그럼에도 불구하고 "힘 있게 허리를 묶으며"(허리부터 허벅지 가운데까지 내려가는 천을 입으며)는 보통 노동자나 병사[11]가 입는 옷을 입고 "영웅적이거나 힘든 행위"[12] 하는 것을 의미한다.[참조. 출 12:11, 왕상 18:46, 왕하 4:29] 이는 직물, 요리, 농업에서 그가 거둔 성취를 위해 필수적인 신체적, 영적 힘을 묘사하기에 적절한 은유다. 이렇게 허리를 묶고서 그는 "자기의 팔을 강하게" 한다. 이는 맡은 책무를 완수하는 그의 능력과 끈질김을 의미한다.

31:18 그가 열심히 일해서 얻은 보상이 계속해서 일하게 하도록 동기를 부여해 준다. "자기의 장사가 잘 되는 줄을 깨닫고." "밤에 등불을 끄지 아니하며"는 아마도 그가 밤늦게까지 일한다는 뜻은 아닐 것이다. 일에 중독되어 밤낮으로 일하는 것은 지혜롭지 못하다. 사람에게는 적절한 수면이 필요하기 때문이다.[참조. 시 127:2] 아마도 이 상징은 그에게 충분한 돈이 있으므로 등불을 꺼 기름을 아낄 필요가 없음을 의미할 것이다. "그가 어둠 속에서 잠을 잔다"라는 중동 속담은 "그의 집에는 한 푼도 남아 있지 않다"라는 뜻이다.[13] 토이[Toy]는 "질서가 잘 잡힌 집에서는……생명의 상징인 등불이 밤새도록 타오른다. 등불이 꺼지는 것은 재앙을 의미한다"[렘 25:10, 욥 18:6]라고 언급한다.[14] 요약하자면, 이 상징은 그가 지속적인 번영을 누린다는 뜻이다.[참조. 잠 13:9; 20:20; 24:20]

11   Waltke and Houston, *Psalms as Christian Praise*, 137.
12   Van Leeuwen, "Proverbs," in *NIB* 5, 261.
13   Gemser, *Sprüche*, 110.
14   Toy, *Proverbs*, 545.

야누스 31:19

19절은 본론의 두 부분을 결합하는 솔기 역할을 한다. 한편으로, 이 구절의 주제는 13절과 수미상관을 이루며, 아내의 직물 제조에 관한 단락[13-18절]을 마무리한다. 그가 직물을 만들기 위해 원재료인 양털과 삼을 모으는 과정[13절]에서 시작해 물렛가락에 관한 언급을 통해 알 수 있듯이 실제로 실을 만들기[19절]에 이르렀다고 설명한다. 다른 한편으로, 이 구절은 20절과의 동심원 구조를 통해 본론의 후반부와 연결된다.

A	손으로 솜뭉치를 들고	19절
B	손가락으로 가락을 잡으며	
B′	그는 곤고한 자에게 손을 펴며	20절
A′	궁핍한 자를 위하여 손을 내밀며	

월터스에 따르면, "솜뭉치"를 잡는다는 것은 "전에 뽑아둔 실에서 두 겹이나 세 겹 실을 만든다"는 뜻이다.[15] "손가락으로 가락을 잡으며"는 그의 기술과 근면함에 대한 묘사를 강화한다. 반 레이우엔Van Leeuwen은 "생산하기 위해서 움켜쥐는 손을 베풀기 위해서는 활짝 펼친다"[20절]라고 해석한다.[16]

그의 사회적 성취 31:20-27

이 시 본론의 후반부에서는 현숙한 아내가 가정과 공동체에 어떤 기여를 하는지를 열거한다. 이 부분은 교차 대구 구조로 이루어져 있다.

A	가난한 이들을 향해 손을 폄	20절

---

15 Wolters, "The Meaning of *Kîšôr*," *HUCA* 65 (1994): 103.

16 Van Leeuwen, "Proverbs," in *NIB* 5, 262, 엡 4:28 참조.

B 눈을 염려하지 않음   21a절

   C 식구들이 홍색 옷을 입음   21b절

      D 자신을 위해 이불과 옷을 지음   22절

         X 남편이 성문에서 존경을 받음   23절

      D′ 상인을 위해 옷과 띠를 만듦   24절

   C′ 아내가 능력과 존귀로 옷을 삼음   25a절

B′ 미래를 바라보며 웃음   25b절

A′ 입을 열어 지혜를 말하고 가정을 보살핌   26-27절

신체 기관을 언급하는 A/A′에서는 그의 입에서 나오는 지혜로운 말(A′)
이 그의 손으로 하는 행동(A)에 영향을 특징지음을 암시하며, 필요한 수
정을 가한다면*mutatis mutandis* 그의 손으로 행하는 지혜로운 행동이 그의 입
에서 나오는 지혜로운 가르침에 신빙성을 부여한다고 말할 수 있을 것이
다. B/B′에서는 같은 뜻의 부정적 표현과 긍정적 표현인 "염려하지 않음"
과 "웃음"[17]을 사용하여 그가 미래에 대한 확신을 가지고 있다고 묘사한
다. C/C′에서는 그의 확신을 구체적으로 설명한다. 그는 밖으로는 눈으로
부터 가정을 보호하고,[21a절] 안으로는 능력으로 자신을 강화한다.[25a절] D/
D′에서는 그가 만든 직물, 자신을 위한 두 직물과 상인을 위한 두 직물
을 소개한다. 중심축에 배치된 X에서는 현숙한 아내의 성취 덕분에 그의
남편이 공의와 정의로 나라를 이끈다는 이 시의 핵심 메시지를 강조한
다. 아내가 기여하는 대상을 가난한 이들[20절]로부터 가정[21절]과 자신,[22절]
남편[23절]으로 상승시키는 방식으로 서열의 높아짐을 보여줌으로써 이 메
시지를 강조한다.

   31:20 가장 중요한 자리를 가난한 이들에게 베푸는 그의 친절에 할애

---

17 "웃음"과 "염려하지 않음"에 관해서는 Waltke, *Proverbs 1-15*, 528-29, 주 169를 보라.

한다. 왕은 법정에서 그들의 이익을 지키기 위해 입을 여는 반면,[31:8-9] 현숙한 아내는 손을 열어 그들의 물질적 필요를 채워 준다. "그는 곤고한 자에게 손을 펴며"는 그가 그들에게 손짓함으로써 그들을 집으로 초대한다는 뜻일 수도 있고 그들에게 물질적인 도움을 베푼다는 뜻일 수도 있다.[22:9] 근근이 생계를 연명하는 "궁핍한 자를 위하여 손을 내밀며"는 의미상 첫 행과 평행을 이룬다.

31:21 그는 이제 수입을 늘리기 위해 하던 일을 중단하고, 가족을 추위에서 보호하는 수단인 옷감 짜는 일로 되돌아간다. 생명을 위협하는 "눈이 와도 그는……염려하지 아니"한다(예상된 눈의 위험 때문에 불안해하지 않는다). 그의 직계 가족으로부터 종과 하인을 포함하는 "자기 집 사람들"로 한 단계 더 나아간다. 실의 색깔인 "홍색"은 값비싼 양털에 대한 환유다.[22절을 보라. 참조. 삼하 1:24, 렘 4:30] 아마는 쉽게 염색할 수 없기 때문이다.

31:22 "그는 자기를 위하여 아름다운 이불을 지으며." 폭스[Fox]는 유일하게 이 구절에서 유능한 아내가 자신을 돌보는 모습을 묘사하며, 그가 다른 이들을 돕는 사이에도 자신에 대해 소홀하지 않음을 보여주기 때문에 이 구절이 중요하다고 지적한다.[18] "이불"[참조. 7:16]은 침대를 부드럽고 안락하며 우아하게 만드는 침대보를 지칭한다. "옷"은 식물성과 동물성 재료로 짠 최고급 직물로 만들어진다. 이집트에서 온 "세마포"와 페니키아 조개껍데기에서 얻은 "자색 옷"은 값비싼 수입품이었으며, 따라서 부와 사치를 의미한다.[참조. 삿 8:26, 아 3:10, 겔 27:7, 16, 행 16:14]

31:23 "그의 남편"은 몇 가지 이유 때문에 "인정을 받"는다. 그는 가정에 대한 염려로부터 자유로우며, 번성하는 그의 살림 덕분에 명성을 얻는다.[19] 성문에서 칭찬을 받는[참조. 31:31] 아내의 성품과 재능뿐만 아니라 아내가 마련해 준 옷[참조. 21b절] 역시 그의 명예를 강화한다. 아내의 성품과 명

---

18   Fox, *Proverbs 10-31*, 896.

19   McKane, *Proverbs*, 669.

성이 그의 머리에 면류관이 된다.참조. 12:4 "성문"1:21을 보라. 참조. 욥 29장은 도시
의 집단적 권위와 권력을 상징한다. "그의 남편은……앉으며"는 권위 있
는 조언과 가르침을 선포하는 모습을 의미하는 비유다.참조. 창 19:1, 삼하 18:24;
19:8, 왕상 22:10 "장로들과 함께"는 그의 남편이 성의 최고 권력자 중 한 사람
임을 의미한다. 군주제 이전에는 장로들이 공동체 안의 질서를 유지했
다.룻 4:1-12 군주제가 시행되는 동안에는 장로들이 나라의 귀족이 되었다.
그들의 주된 의무는 지혜로운 조언을 제공하는 것이었다.겔 7:26; 렘 18:18과 비
교하라. 참조. 욥 12:20, 겔 27:9 "그 땅의"는 그들의 권위가 지역 성읍의 경계를 넘어
섬을 암시한다. 권력을 갖게 된 남편은 한가롭게 빈둥거리지 않고 나라
의 유익을 위해 열심히 일한다.

31:24 "그는 베로 옷을 지어 팔며"는 가정에 대한 그의 경제적 기여를
계속해서 열거한다. "맡기며"는 "팔며"의 동의어다. 이사야 3:24에서 "띠"
는 유행하는 여성 드레스의 부속물을 가리킨다. 아마도 "[속]옷"과 밖에
착용하는 "띠"는 모든 종류의 고급 의류를 일컫는 대조제유법merism일 것
이다.

31:25 현숙한 아내는 "염려하지 않을" 뿐만 아니라21a절 심지어 미래에
찾아올 모든 위험에 대한 전망을 비웃는다.25b절 "능력"은 강한 에너지를
의미하고, 존귀는 그를 그의 동료보다 더 높여 주는 위엄을 뜻한다. 구
약성경에서 "옷"을 입음은 한 사람의 참된 성품을 보여줌을 상징한다.20
이 찬사는 그가 젊은이와 노인이 가질 수 있는 최고의 덕목"능력과 존귀", 참조.
20:29을 지니고 있다고 말한다. 전사처럼 그는 "후일"—모든 잠재적인 충
격적 전망을 포함하는 막연한 미래—이라는 은유적 원수를 비웃는다.
그리스도인은 하나님의 전신갑주를 입으며, 따라서 악한 날이 찾아와도
이겨낼 수 있다.엡 6:10-11

20 Whybray, *Proverbs*, 429.

31:26 최고조에 해당하는 이 구절에서는 그가 "입을 열어" 자신이 배웠고 이제는 자신이 말하는 내용과 말하는 방식을 규정하는 "지혜를 베"푼다고 말한다(69쪽 "지혜로운 자와 의로운 자를 가리키는 지적 용어들"을 보라). 구체적으로 그는 "혀로 인애의 법(혹은 친절의 가르침)을 말"하며, 이는 다른 이들을 섬기는 그의 인애의 행동과 조화를 이룬다. 그는 자신이 가르치는 바를 실천한다. 그의 가르침이 「잠언」의 내용에 의해 규정되듯이, 그리스도인의 가르침은 솔로몬보다 더 위대하신 분인 예수 그리스도에 의해 추가적으로 규정된다.[마 28:18-20]

31:27 가정을 성공적으로 보살피기 위해 그는 자신의 가르침에 경계를 추가한다. "보살피고"는 그가 문제를 빠르게 해결하고 질서를 유지하기 위해 "집안 일"을 주의 깊게 살핀다는 뜻이다. "게을리 얻은 양식을 먹지 아니하나니"라는 은유는 딱한 게으름뱅이와 선명한 대조를 이룬다.

결론: 그에 대한 칭찬 31:28-31

르무엘 왕의 어머니는 현숙한 어머니이자 아내에 대한 가족의 칭찬[28-29절]을 인용한 다음 공동체를 향해 그를 칭찬하라고 말함으로써[30-31절] 현숙한 아내에 대한 찬가를 마무리한다. 다른 사람들에게 너무도 관심을 쏟는 이 여성이 이제는 다른 이들의 핵심적 관심사이자 칭찬의 대상이 된다. 다른 것에 관해서는 "염려하지 않는"[21a절] 이 여성은 "오직 여호와를 경외"한다.[30b절] 지혜로운 그리스도인은 "잘하였도다. 착하고 충성된 종아"라고 말씀하시는 주의 칭찬으로 보상을 받을 것이다.[마 25:23]

가족의 칭찬 31:28-29

31:28 그는 가족을 부양하기 위해 일찍 일어났지만,[15절] 이제 "그의 자식들이 일어나" 그의 앞으로 와서 존경심을 표할 것이다.[참조. 욥 29:8, 사 49:7] "감

사하며"는 그들이 그를 존경하며 그가 창조주께서 의도하신 대로 최선의 삶을 살고 있다고 선언한다는 것을 의미한다. "그의 남편은" [일어나] 그를 "칭찬"한다. 그가 하는 칭찬의 내용은 29절에 기록되어 있다.

31:29 시인은 남편이 아내에게 보내는 최고의 찬사를 그대로 인용한다. "덕행 있는하일(*hayil*) 딸(시에서는 "여자"의 동의어다. 개역개정에는 "여자"로 번역되었다—옮긴이)참조. 창 30:13, 아 6:9이 많으나." 이것은 시인이 여자들 사이에서 가장 드물다고 말했던 바로 그 덕목이다.10절 하지만 아내의 덕행이 너무도 예외적이어서 그와 비교하면 현숙한 여인이 많다고 말할 수 있을 정도다. 그렇다고 하더라도 "그대는 모든 여자보다 뛰어나다." 남편이 과장된 표현을 사용하는 의도는 그가 모든 이스라엘의 딸이 본받아야 할 탁월한 모범임을 부인하고자 함이 아니다.

모두 사람의 칭찬 31:30-31

31:30 "그대"로부터 "그"로 전환되는 것을 통해 남편이 아니라 다시 시인이 말하기 시작했음을 알 수 있다. 이 구절에서는 "고운 것"과 "아름다운 것"을 가지고 있는 여자와 "여호와를 경외하는 여자"를 대조한다. 고운 것과 아름다운 것을 가지고 있지만 여호와를 경외하지 않는 여자는 칭찬할 가치가 없다. 그의 아름다움은 "거짓되"기 때문이다. 즉, 그것은 "헛되"다. "고운 것"은 그것이 줄 수 없는 평생의 행복을 약속하기 때문에 거짓되다. 지혜자의 이상적인 여자는 아름다움과 경건함을 모두 가지고 있다.참조. 5:19 반의적 평행구인 "오직 여호와를 경외하는 여자참조. 1:7는 칭찬을 받을 것이라"는 내적인 영적 아름다움이 결코 사라지지 않기 때문에 거짓되지 않음을 암시한다.

31:31 찬가는 같은 뜻이지만 강도가 심화되는 평행구조에서 절정에 이른다. "성문"참조. 23절에 있는 사람들을 향해 처음에는 직접적으로("그 손의 열매가 그에게로 돌아갈 것이요"—그가 한 수많은 훌륭한 일을 가리키는 비유),

그다음에는 간접적으로("그 행한 일로 말미암아 성문에서 칭찬을 받으리라")
그의 훌륭한 성취를 칭찬하라고 명령한다. 그가 한 일을 공개적으로 인
정하고 칭송할 정도로 그는 칭찬을 받는다. 루이스[C. S. Lewis]는 "[칭찬할 만
한 일에 대해] 감탄하지 않는다면 우리는 어리석고 아둔한 엄청난 패배자
일 것이다"라고 썼다.[21]

21 C. S. Lewis, *Reflections on the Psalms* (New York: Harcourt, Brace & World, 1958), 92.

참고 문헌

Aitken, Kenneth T. *Proverbs*. Philadelphia: Westminster John Knox, 1986.

Albright, William Foxwell. "Some Canaanite-Phoenician Sources of Hebrew Wisdom." Pages 1-15 in *WIANE*.

Andrews, M. E. "Variety of Expression in Proverbs XXIII 29-35." *VT* 28 (1978): 102-3.

Atkinson, David. *The Message of Proverbs*. Downers Grove, IL: InterVarsity, 1997.

Barr, James. "Prov. XI.31, 1 Pet IV.18." *JSS* 20 (1975): 149-64.

Barrett, J. Edward. "Can Scholars Take the Virgin Birth Seriously?" *BR* 4 (1988): 10-15.

Bartholomew, Craig G., and Ryan O'Dowd. *Old Testament Wisdom Literature: A Theological Introduction*. Downers Grove, IL: IVP Academic, 2011.

Bauckham, Richard. *Jesus and the God of Israel: God Crucified and Other Studies on the New Testament's Christology of Divine Identity*. Grand Rapids: Eerdmans, 2008.

Berlin, Adele. "Introduction to Hebrew Poetry." Pages 167-81 in *The New Interpreter's Bible: Old Testament Survey*. Edited by Leander E. Keck. Nashville: Abingdon, 2005.

————. *Poetics and Interpretation of Biblical Narrative*. JSOTSup 9. Sheffield: Almond, 1983.

Blocher, Henri. "The Fear of the LORD as the 'Principle' of Wisdom." *TynBul* 28 (1977): 3-28.

Bodenheimer, F. S. "Fauna and Flora of the Bible." Page 1 in *Helps for Translators*. Vol. 11. London: United Bible Societies, 1972, 1980.

Boström, G. *Proverbiastudien: Die Weisheit und das fremde Weib in Spr. 1-9*. LUÅ. Lund: Gleerup, 1935.

Boström, Lennart. *The God of the Sages: The Portrayal of God in the Book of Proverbs*. ConBOT 29. Stockholm: Almqvist Wiksell, 1990.

Bratcher, Robert G. "Biblical Words Describing Man: Breath, Life, Spirit." *BT* 34 (1983): 201-13.

Brenner, Athaliah, and Fokkelien van Dijk-Hemmes. *On Gendering Texts: Female and Male Voices in the Hebrew Bible*. Leiden: Brill, 1993.

Brettler, M. Z. *God Is King: Understanding an Israelite Metaphor*. JSOTSup 76. Sheffield: JSOT Press, 1989.

Bridges, Charles. *An Exposition of Proverbs*. Evansville: Sovereign Grace Book Club, 1959; preface 1846.

Brongers, H. A. "Die Partikel lm'n in der biblisch-hebraischen Sprache." *OtSt* 18 (1973): 84-96.

Brown, Raymond E. *The Gospel According to John: A New Translation with Commentary*. AB 29. Garden City, NY: Doubleday, 1966. (『앵커바이블 요한복음 I, II』 기독교문서선교회)

Brown, William P. *Character in Crisis: A Fresh Approach to the Wisdom Literature*. Grand Rapids: Eerdmans, 1996.

Brueggemann, Walter. "A Neglected Sapiential Word Pair." *ZAW* 89 (1977): 234-58.

Budge, E. A. W. *Second Series of Facsimiles of Egyptian Hieratic Papyri in the British Museum*. London: British Museum, 1923.

Camp, Claudia V. "Woman Wisdom as Root Metaphor: A Theological Consideration." Pages 45-76 in *The Listening Heart: Essays in Wisdom and the Psalms in Honor of Roland E. Murphy, O. Carm*. Edited by K. G. Hoglund et al. JSOTSup 58. Sheffield: JSOT Press, 1987.

Cansdale, G. S. *Animals of Biblical Lands*. Exeter: Paternoster, 1970.

Carr, David M. *Formation of the Hebrew Bible*. New York: Oxford University Press, 2011.

————. *Writing on the Tablet of the Heart: Origins of Scripture and Literature*. New York: Oxford University Press, 2005.

Childs, Brevard S. *Introduction to the Old Testament as Scripture*. Philadelphia: Fortress, 1979.

Clayton, Allen Lee. "The Orthodox Recovery of a Heretical Proof-Text: Athanasius of Alexandria's Interpretation of Proverbs 8:22-30 in Conflict with the Arians." PhD diss., Southern Methodist University, 1988.

Clifford, Richard J. *Proverbs*. OTL. Louisville: Westminster John Knox, 1999.

Cody, A. "Notes on Proverbs 22,21 and 22,23b." *Bib* 61 (1980): 418-26.

Cohen, Abraham. *Proverbs*. London: Soncino, 1967.

Conybeare, F. C., J. Redel Harris, and Agnes Smith Lewis, eds. "The Story of Ahikar." Pages 715-84 in *The Apocrypha and Pseudepigrapha of the Old Testament*. Edited by R. H. Charles. Oxford: Clarendon, 1976.

Cosser, William. "The Meaning of 'Life' (*Hayyim*) in Proverbs, Job, and Ecclesiastes." *GUOST* 15 (1955): 48-53.

Crown, A. D. "Messengers and Scribes: The *Sopher* and *Mazkir* in the Old Testament." *VT* 24 (1974): 366-70.

Dahood, Mitchell. *Proverbs and Northwest Semitic Philology*. Rome: Biblical Institute, 1963.

Delitzsch, Franz. *Biblical Commentary on the Proverbs of Solomon*. Translated by M. G. Easton. Edinburgh: T & T Clark, 1874; repr., Grand Rapids: Eerdmans, 1983.

Donald, Trevor. "The Semantic Field of 'Folly' in Proverbs, Job, Psalms, and Ecclesiastes." *VT* 13 (1963): 285-92.

Dorsey, David A. *The Roads and Highways of Ancient Israel*. Baltimore: John's Hopkins University Press, 1991.

Emerton, John A. "Note on Proverbs 12:26." *ZAW* 101 (1989): 190-98.

Farmer, K. *Who Knows What Is Good? A Commentary on the Books of Proverbs and Ecclesiastes*. Grand Rapids: Eerdmans, 1991.

Fee, Gordon D. "Wisdom Christology in Paul: A Dissenting View." Pages 251–79 in *WWis.*

Finkelstein, J. "The Middle Assyrian Shulmanu-Texts," *JAOS* 72 (1952): 77–80.

Follis, E. *Directions in Biblical Hebrew Poetry.* JSOTSup 40. Sheffield: Sheffield Academic, 1987.

Fox, Michael V. "Pedagogy of Proverbs 2." *JBL* 113 (1994): 233–43.

_____. *Proverbs 1–9: A New Translation with Introduction and Commentary.* AB 18A. New York: Doubleday, 2000.

_____. *Proverbs 10–31: A New Translation with Introduction and Commentary.* AB 18B. New Haven, CT: Yale University Press, 2009.

_____. "The Social Location of the Book of Proverbs." Pages 227–39 in *Texts, Temples, and Traditions: A Tribute to Menahem Haran.* Edited by Michael V. Fox, Victor Avigdor Hurowitz, Avi M. Hurvitz, Michael L. Klein, Baruch J. Schwartz, and Nili Shupak. Winona Lake, IN: Eisenbrauns, 1996.

_____. "Words for Wisdom." *ZAH* 6 (1993): 158–59.

Freedman, H., trans. "*Kiddushin.*" In *The Babylonian Talmud.* Edited by I. Epstein. Vol. 4. London: Soncino, 1948.

Gadamer, Hans-Georg. *Truth and Method.* Edited and translated by J. Weinsheimer and D. Marshall. 2nd ed. New York: Continuum, 1989. (『진리와 방법 I, II』 문학동네)

Garrett, Duane A. *Proverbs, Ecclesiastes, Song of Songs.* NAC 14. Nashville: Broadman, 1993.

_____. "Votive Prostitution Again: A Comparison of Proverbs 7:13–14 and 21:28–29." *JBL* 190 (1990): 681–82.

Gasper, J. *Social Ideas in the Wisdom Literature of the Old Testament.* Washington, DC: The Catholic University of America, 1947.

Gemser, Bernard. *Sprüche Salomos.* HAT 16. Tübingen: J. C. B. Mohr, 1963; preface, 1937.

Gevirtz, Stanley. *Patterns in Early Hebrew Poetry.* Chicago: University of Chicago Press, 1964.

Giese, Ronald L., Jr. "'Iron Sharpens Iron' as a Negative Image: Challenging the Common Interpretation of Proverbs 27:17." *JBL* 135 (2016): 61–76.

Gladson, J. A. "Retributive Paradoxes in Proverbs 10–29." PhD diss., Vanderbilt University, 1978.

Goldingay, John. "The Arrangement of Sayings in Proverbs 1–15." *JSOT* 61 (1994): 75–83.

_____. "The 'Salvation History' Perspective and the 'Wisdom' Perspective within the Context of Biblical Theology." *EvQ* 51 (1979): 194–207.

Greenstone, Julius H. *Proverbs with Commentary.* Philadelphia: The Jewish Publication Society of America, 1950.

Grollenberg, R. P. L. "A propos de Prov. VIII,6 et XVII,27." *RB* 59 (1962): 40–43.

Habel, Norman C. "Wisdom, Wealth and Poverty: Paradigms in the Book of Proverbs." *BiBh* 14 (1988): 26–49.

Heaton, E. W. *The Hebrew Kingdoms.* Oxford: Oxford University Press, 1986.

Heim, Knut Martin. "A Closer Look at the Pig in Proverbs xi 22." *VT* 58 (2008): 13–27.

_____. *Poetic Imagination in Proverbs: Variant Repetitions and the Nature of Poetry.*

BBRSup 4. Winona Lake, IN: Eisenbrauns, 2013.

————. "Structure and Context in Proverbs 10:1 – 22:16." PhD diss., University of Liverpool, 1996.

Herbert, A. S. "The 'Parable' (*MĀŠĀL*) in the Old Testament." *SJT* 7 (1954): 180 – 96.

Hillers, D. *Covenant: The History of a Biblical Idea*. Baltimore: Johns Hopkins University Press, 1969.

Hubbard, D. A. *Proverbs*. Dallas: Word, 1989.

Irwin, William H. "The Metaphor in Prov. 11,30." *Bib* 65 (1984): 97 – 100.

Janzen, J. Gerald. "The Root *pr'* in Judges v 2 and Deuteronomy xxxii 42." *VT* 39 (1989): 393 – 406.

Janzen, Walsemar. "'*AŠRÊ* in the Old Testament." *HTR* 58 (1965): 215 – 26.

Jobes, Karen H. "Sophia Christology: The Way of Wisdom?" Pages 226 – 50 in *WWis*. Kayatz, Christa B. *Studien zu Proverbien 1 – 9: Eine form- und motivgeschichtliche Untersuchung unter Einbeziehung ägyptischen Vergleichsmaterials*. WMANT 11. Neukirchen–Vluyn: Neukirchener, 1966.

Keel, Othmar. *The Symbolism of the Biblical World*. New York: Seabury, 1978.

Kidner, Derek. *The Proverbs*. TOTC. Downers Grove, IL: InterVarsity, 1964.

Kitchen, K. A. "Proverbs 2: Ancient Near Eastern Background." Pages 552 – 53 in *DOTWPW*.

————. "Proverbs and Wisdom Books of the Ancient Near East: The Factual History of a Literary Form." *TynBul* 28 (1977): 69 – 114.

Koch, Klaus. "Is There a Doctrine of Retribution in the Old Testament?" Pages 57 – 87 in *Issues in Religion and Theology 4: Theodicy in the Old Testament*. Edited by J. L. Crenshaw. Philadelphia: Fortress; London: SPCK, 1983. Orig. "Gibt es ein Vergeltungsdogma im Alten Testament?" *ZTK* 52 (1955): 1 – 42.

Kruger, Paul A. "Promiscuity or Marriage Fidelity? A Note on Prov 5:15 – 18." *JNSL* 13 (1987): 61 – 68.

Liew, Sow–Phen. "Social and Literary Context of Proverbs 28 – 29." PhD diss., Westminster Theological Seminary, 1991.

Longman, Tremper, III. *Proverbs*. Grand Rapids: Baker Academic, 2006. (『잠언 주석』 기독교문서선교회)

————. "Woman Wisdom and Woman Folly." Pages 912 – 16 in *DOTWPW*.

Lucas, Ernest C. *Exploring the Old Testament: A Guide to the Psalms and Wisdom Literature*. Downers Grove, IL: InterVarsity, 2003.

————. *Proverbs*. The Two Horizons Old Testament Commentary. Grand Rapids: Eerdmans, 2015.

Lyons, Maurice. "Rashi's Commentary on the Book Proverbs." Paper submitted in partial fulfillment of the requirements for the degree of rabbi, 1936.

Malbim, Meir Leibush. *The Book of Proverbs*. Edited by Charles Wengrov and Avival Gottlieb Zornberg. Jerusalem: Feldheim, 1973.

Malchow, Bruce V. "A Manual for Future Monarchs." *CBQ* 47 (1985): 238 – 45.

Martens, Elmer A. "The Way of Wisdom." Pages 75 – 90 in *WWis*.

McCreesh, T. T. "Wisdom as Wife: Proverbs 31:10 – 31." *RB* 92 (1985): 25 – 46.

McKane, William. *Prophets and Wise Men*. London: SCM, 1965.

————. *Proverbs: A New Approach*. OTL. Philadelphia: Westminster, 1970.

Meinhold, Arndt. *Die Sprüche*. 2 vols. ZBK. Zurich: Theologischer, 1991.

Morenz, S. "Feurige Kohlen auf dem Kaput." *TLZ* 78 (1953): 187 – 92.

Moss, A. "Wisdom as Parental Teaching in Proverbs 1 – 9." *HeyJ* 38 (1997): 426 – 39.

Murphy, Ronald E. *Proverbs*. WBC 22. Nashville: Thomas Nelson, 1998.

————. "Wisdom and Eros in Proverbs 1 – 9." *CBQ* 50 (1998): 600 – 603.

Nel, Philip. *The Structure and Ethos of the Wisdom Admonitions in Proverbs*. Berlin: de Gruyter, 1982.

Newsom, Carol A. "Woman and the Discourse of Patriarchal Wisdom: A Study of Proverbs 1 – 9." Pages 142 – 60 in *Gender and Difference in Ancient Israel*. Edited Peggy L. Day. Minneapolis: Fortress, 1989.

Overland, Paul B. "Literary Structure in Proverbs 1 – 9." PhD diss., Brandeis University, 1988.

Pan, Chou-Wee. "A Study of the Vocabulary of Education in Proverbs." PhD diss., University of Newcastle upon Tyne, 1987.

Pauls, Jerry V. "Proverbs 30:1 – 6: 'The Words of Agur' as Epistemological Statement." ThM thesis, Regent College, 1998.

Peels, Hendrik G. L. "Passion or Justice? The Interpretation of *beyôm nāqām* in Proverbs VI 34." *VT* 44 (1994): 270 – 72.

Perdue, Leo G. *Wisdom and Cult: A Critical Analysis of the Views of Cult in the Wisdom Literature of Israel and the Ancient Near East*. Missoula, MT: Scholars Press, 1977.

Plaut, Gunther W. *Book of Proverbs: A Commentary*. New York: Union of American Hebrew Congregations, 1941.

Plöger, Otto. *Sprüche Salomos (Proverbia)*. BKAT 17.2 – 4. Neukirchen-Vluyn: Neukirchener, 1984.

Rad, Gerhard von. *Wisdom in Israel*. London: SCM, 1972.

Ross, Allen P. *Proverbs*. EBC. Grand Rapids: Zondervan, 1991.

Roth, Wolfgang M. W. "NBL." *VT* 10 (1960): 394 – 409.

Saggs, H. W. F. *The Greatness That Was Babylon*. New York: New American Library, 1962.

Sawyer, J. F. A. "The Role of Jewish Studies in Biblical Semantics." Pages 201 – 8 in *Scripta Signa Vocis: Studies about Scripts, Scriptures, Scribes and Languages in the Near East Presented to J. H. Hospers by His Pupils, Colleagues, and Friends*. Edited by H. Vanstiphout and Johannes Hendrik Hospers. Groningen: E. Forsten, 1986.

Shupak, Nili. "The Instruction of Amenemope and Proverbs 22:17 – 24:22 from the Perspective of Contemporary Research." Pages 117 – 33 in *Seeking Out the Wisdom of the Ancients: Essays Offered to Honor Michael V. Fox on the Occasion of His 65th Birthday*. Edited by Ronald L. Troxel, Kelvin G. Friebel, and Dennis R. Magary. Winona Lake, IN: Eisenbrauns, 2005.

Snijders, L. A. "The Meaning of Zār in the Old Testament." *OtSt* 10 (1954): 1–54.

Surls, Austin. *Making Sense of the Divine Name in Exodus: From Etymology to Literary Onomastics*. BBRSup 17. Winona Lake, IN: Eisenbrauns, 2017.

Thomson, James G. "Sleep: An Aspect of Jewish Anthropology." *VT* (1955): 421–33.

Toy, C. H. *The Book of Proverbs*. ICC. Edinburgh: T&T Clark, 1899.

Van Leeuwen, Raymond C. "The Book of Proverbs." Pages 239–48 in *The New Interpreter's Bible: Old Testament Survey*. Edited by Leander E. Keck. Nashville: Abingdon, 2005.

————. "The Book of Proverbs." Pages 17–264 in *NIB* 5. Nashville: Abingdon, 1997.

————. "Context and Meaning in Proverbs 25–27." PhD diss., University of St. Michael's College, 1984.

————. "Wisdom Literature." Pages 847–50 in *Dictionary for Theological Interpretation of the Bible*. Edited by Kevin J. Vanhoozer, Craig G. Bartholomew, Daniel J. Treier, and N. T. Wright. Grand Rapids: Baker Academic, 2005.

Vuilleumier, Rene. "*Michée*." CAT 11b. Neuchatel: Delachaux & Niestle, 1971.

Wakeman, Mary K. *God's Battle with the Monster: A Study in Biblical Imagery*. Leiden: E. J. Brill, 1973.

Waltke, Bruce K. "Abomination." Page 13 in *ISBE*, vol. 1.

————. *The Book of Proverbs: Chapters 1–15*. NICOT. Grand Rapids: Eerdmans, 2004. (『NICOT 잠언I』 부흥과개혁사)

————. *The Book of Proverbs: Chapters 15–31*. NICOT. Grand Rapids: Eerdmans, 2005.

————. "The Book of Proverbs and Old Testament Theology." *BSac* 136 (1979): 302–17.

————. "The Fear of the Lord." Pages 17–33 in *Alive to God: Essays in Honour of James D. Houston*. Edited by J. I. Packer and Loren Wilkinson. Downers Grove, IL: InterVarsity, 1992.

————. *Finding the Will of God: A Pagan Notion?* 2nd ed. Grand Rapids: Eerdmans, 2016. (『하나님의 뜻 발견하기』 누가)

————. "Righteousness in Proverbs." *WTJ* 70 (2008): 225–37.

Waltke, Bruce K., and James M. Houston. *The Psalms as Christian Praise*. Grand Rapids: Eerdmans, 2019.

Waltke, Bruce K., with Cathi Fredricks. *Genesis: A Commentary*. Grand Rapids: Zondervan, 2001. (『창세기 주석』 새물결플러스)

Waltke, Bruce K., with Charles Yu. *An Old Testament Theology*. Grand Rapids: Zondervan, 2007.

Washington, Harold C. "Wealth and Poverty in the Instruction of Amenemope and the Hebrew Proverbs: A Comparative Case Study in the Social Location and Function of Ancient Near Eastern Wisdom Literature." PhD diss., Princeton Theological Seminary, 1992.

Whybray, R. N. *Proverbs*. NCBC. London: Marshall Pickering; Grand Rapids: Eerdmans, 1999.

————. *Wealth and Poverty in the Book of Proverbs*. JSOTSup 99. Sheffield: Sheffield Academic, 1990.

————. *Wisdom in Proverbs: The Concept of Wisdom in Proverbs 1–9*. London: SCM,

1965.

Wiles, John Keating. "The 'Enemy' in Israelite Wisdom Literature." PhD diss., Southern Baptist
     Theological Seminary, 1982.

Wilson, Lindsay. *Proverbs*. TOTC. Downers Grove, IL: InterVarsity, 2017.

Wolters, Al. "The Meaning of *Kišor*." HUCA 65 (1994): 91–104.

———. "Proverbs XXI 10–31 as Heroic Hymn." *VT* 38 (1988): 446–57.

Yee, Gale A. "'I Have Perfumed My Bed with Myrrh': The Foreign Woman (*Iššâ Zārâ*) in
     Proverbs 1–9." JSOT 43 (1989): 53–68.

Yoder, Christine Roy. "The Woman of Substance (אשת־חיל): A Socioeconomic Reading of
     Proverbs 31: 10–31." *JBL* (2003): 427–47.

인명 색인

ㄱ

가다머, H.-G.(Gadamer, H.-G.) 76
감베로니, J.(Gamberoni, J.) 337
개럿, D.(Garrett, D.) 41, 222, 292, 295, 535, 547
개스퍼, J.(Gasper, J.) 97
걸러맨, G.(Gerleman, G.) 602
게르슈텐베르거, E.(Gerstenberger, E.) 159
게버츠, S.(Gevirtz, S.) 239
골딩게이, J.(Goldingay, J.) 51, 57
골먼, D.(Goleman, D.) 86
그롤렌베르크, R. P. I.(Grollenberg, R. P. I.) 408
그리산티, M. A.(Grisanti, M. A.) 172
그린스톤, J. H.(Greenstone, J. H.) 144, 177, 178, 299
글래슨, J. A.(Gladson, J. A.) 84
기즈, R. L.(Giese, R. L.) 568

ㄴ

넬, P. J.(Nel, P. J.) 598
뉴섬, C. A.(Newsom, C. A.) 146, 179, 185, 230

ㄷ

다후드, M. J.(Dahood, M. J.) 30, 384
던바, R.(Dunbar, R.) 76
델 주디시, M.(Del Giudice, M.) 95

델리취, F.(Delitzsch, F.) 149, 307, 321, 392, 401, 437, 459, 599
도널드, T.(Donald, T.) 87
도메리스, W. R.(Domeris, W. R.) 354
도스토예프스키, F.(Dostoevsky, F.) 585
도시, D. A.(Dorsey, D. A.) 386
드 영, C.(De Young, C.) 95

ㄹ

라쉬(Rashi) 73, 104, 224 122, 163, 335
라이온스, M.(Lyons, M.) 445
랜더스, G. M.(Landers, G. M.) 44
로버츠, D. P.(Roberts, D. P.) 90
로스, A. P.(Ross, A. P.) 261, 317, 347
로스, W. M. W.(Roth, W. M. W.) 398
로치포드, K.(Rochford, K.) 71
롱맨 3세, T.(Longman III, T.) 62, 592
루이스, C. S.(Lewis, C. S.) 153, 645
루카스, E. C.(Lucas, E. C.) 24, 47, 62, 69, 72, 191, 321
루터, M.(Luther, M.) 340
리드케, G.(Liedke, G.) 594
리앤더, E. K.(Leander, E. K.) 34, 45
리유, S.(Liew, S.) 575
리지유의 데레사(Therese of Lisieux) 455
리처즈, K. H.(Richards, K. H.) 85
링그렌, H.(Ringgren, H.) 164, 239, 438

ㅁ

마인홀트, A.(Meinhold, A.) 170, 171, 190, 198, 200, 207, 243, 286, 288, 290, 296, 333, 337, 353, 369, 377, 415, 422, 433, 484, 521, 540, 576

마튼즈, E. A.(Martens, E. A.) 381

마틴-아카드, R.(Martin-Achard, R.) 98

말빔, M. L.(Malbim, M. L.) 291, 438, 439, 512, 564

말초우, B. V.(Malchow, B. V.) 26, 575, 576, 582

맥케인, W.(McKane, W.) 44, 57, 70, 90, 164, 184, 185, 186, 206, 238, 254, 255, 388, 418, 419, 467, 509, 515, 586, 642

맥크리시, T. T.(McCreesh, T. T.) 637

머피, R. E.(Murphy, R. E.) 97, 226, 634

메리카레(Merikare) 30

메이스, J. L.(Mayes, J. L.) 144

모렌츠, S.(Morenz, S.) 538-539

모스 A.(Moss, A.) 94

모시스, R.(Mosis, R.) 159

몬테피오레(Montefiore) 153

밀그롬, J.(Milgrom, J.) 601

밀턴, J.(Milton, J.) 141, 163

ㅂ

바, 제임스(Barr, James) 22

바르톨로뮤, C. G.(Bartholomew, C. G.) 59, 74, 105, 106

바이스버그, Y.(Weisberg, Y.) 95

바이어전, R. W.(Byargeon, R. W.) 613

바인펠트, M.(Weinfeld, M.) 100

반 다이크-헴스, F.(van Dijk-Hemmes, F.) 222

반 데르 바이덴, W. A.(van der Weiden, W. A.) 30

반 데르 부데, A. S.(van der Woude, A. S.) 568

반 레이우엔, R. C.(Van Leeuwen, R. C.) 26, 44, 45, 57, 59, 73, 85, 168, 175, 184, 232, 234, 296, 343, 355 451, 474, 527, 537, 544, 545, 551, 554, 555, 563, 603, 638, 639

배럿, J. E.(Barrett, J. E.) 169

버지 E. A. W.(Budge, E. A. W.) 29

벌린, A.(Berlin, A.) 34, 38

베너컨, S.(Vanauken, S.) 152

베른하르트, K. H.(Bernhardt, K. H.) 204

보덴하이머, F. S.(Bodenheimer, F. S.) 201

보스트룀, G.(Boström, G.) 99

보스트룀, L.(Boström, L.) 56, 57

보야치스, R.(Boyatzis R.) 71

보컴, R.(Bauckham, R.) 105

보터베크, G. J.(Botterweck, G. J.) 149

부스, T.(Booth, T.) 95

뷜레미에, R.(Vuilleumier, R.) 144

브라운, R. E.(Brown, R. E.) 107

브라운, W.(Brown, W.) 112

브라치오티스, N. P.(Bratsiotis, N. P.) 343

브래처, R. G.(Bratcher, R. G.) 68

브레너, A.(Brenner, A.) 222

브레틀러, M. Z.(Brettler, M. Z.) 239

브롱어스, H. A.(Brongers, H. A.) 143

브루그만, W.(Brueggemann, W.) 85, 141

브릿지스, C.(Bridges, C.) 75, 130, 309, 312, 316, 324, 333, 352, 400, 495, 612

블로쉐, H.(Blocher, H.) 608

빌드버거, H.(Wildberger, H.) 131

ㅅ

사디아(Saadia) 178, 603

새그즈, H. W. F.(Saggs, H. W. F.) 97

샤르버트, J.(Scharbert, J.) 166

설스, A.(Surls, A.) 237

세네카(Seneca) 284

세이볼드, K.(Seybold, K.) 308

셰익스피어(Shakespeare) 382

소여, J. F.(Sawyer, J. F.) 293, 320

슈미트, D.(Schmitt, D.) 95

슈베르트너, S.(Schwertner, S.) 391

슈톨츠, F.(Stolz, F.) 136

슈파크, N.(Shupak, N.) 33

스니더스, L. A.(Snijders, L. A.) 98

스미스, A. S.(Smith, A. S.) 97

스미스, G. V.(Smith, G. V.) 601

시나트라, F.(Sinatra, F.) 150

ㅇ

아리스토텔레스(Aristotle) 120, 182, 416, 613

아우구스티누스(Augustine) 538

아타나시우스(Athanasius) 104

아히카르(Ahiqar) 30, 399

알론소-쇠켈, L.(Alonso-Schökel, L.) 149

앤드류스, M. E.(Andrews, M. E.) 501

앳킨슨 D.(Atkinson, D.) 116, 168

어윈, W. H.(Irwin, W. H.) 302

어윙, P.(Irwing, P.) 95

에릭슨, E.(Erikson, E.) 116

에머슨, R. W.(Emerson, R. W.) 524

에머튼, J. A.(Emerton, J. A.) 318

에반스, J. F.(Evans, J. F.) 149

에이트킨, K. T.(Aitken, K. T.) 81, 125, 141, 163, 165, 298, 421, 504, 615

엠슬리, W. A. L.(Elmslie, W. A. L.) 391

오다우드, R.(O'Dowd, R.) 59, 74, 105, 106

오버랜드, P. B.(Overland, P. B.) 155

올브라이트, W. F.(Albright, W. F.) 30, 417

와그너, S.(Wagner, S.) 157, 415

와이브레이, R. N.(Whybray, R. N.) 46, 53, 189, 282, 350, 399, 473, 476, 539, 599, 642

와일스, J. K.(Wiles, J. K.) 98

요더, C. R.(Yoder, C. R.) 635, 636

워싱턴, H. C.(Washington, H. C.) 22

월리스, E. A.(Wallis, E. A.) 29

월키, B. K.(Waltke, B. K.) 24, 31, 40, 41, 50, 51, 52, 55, 68, 72, 73, 75, 113, 159, 165, 249, 330, 379, 446, 629, 633, 638, 640

월터스, A.(Wolters, A.) 633, 639

웨이크먼, M. K.(Wakeman, M. K.) 159

웬그로우, C.(Wengrov, C.) 291

윌슨, J. R.(Wilson, J. R.) 416

윌슨, L.(Wilson. L.) 35, 63, 575, 594, 595, 596

유스티누스(Justin Martyr) 104

이, G. A.(Yee, G. A.) 97

이레나이우스(Irenaeus) 104

ㅈ

잭, A. I.(Jack, A. I.) 71

잰슨, J. G.(Janzen, J. G.) 127, 176, 598

잰슨, W.(Janzen, W.) 156

제니, E.(Jenni, E.) 244

제바스, H.(Seebass, H.) 164

젠슨, M.(Jensen, M.) 340

젬서, B.(Gemser, B.) 165, 181, 188, 207, 638

젭슨, A.(Jepsen, A.) 74

존버그, A. G.(Zornberg, A. G.) 291

존슨, E.(Johnson, E.) 346

좁스, K.(Jobes, K.) 105

ㅊ

차일즈, B. S.(Childs, B. S.) 24, 50, 611

찰스, R. H.(Charles, R. H.) 97

체바트, M.(Tsevat, M.) 395, 417

체스터턴, G. K.(Chesterton, G. K.) 168

추위, 반.(Chou-Wee, P.) 70, 305

침멀리, W.(Zimmerli, W.) 24

토이, C. H.(Toy, C. H.) 240, 476, 580, 638, 639

톰슨, J. G.(Thomson, J. G.) 428

ㅋ

카, D. M.(Carr, D. M.) 30, 31, 47, 48

카야츠, C.(Kayatz, C.) 29, 67, 118, 157

캄, O.(Carm, O.) 97, 226

캔스데일, G. S.(Cansdale, G. S.) 400

캠프, C. V.(Camp, C. V.) 225

컬버, R. D.(Culver, R. D.) 352

켈러, C.-A.(Keller, C.-A.) 144, 601

코디, A.(Cody, A.) 481

코서, W.(Cosser, W.) 79

코헨, A.(Cohen, A.) 157, 163, 284, 391

코흐, K.(Koch, K.) 73, 165

콜린스, F.(Collins, F.) 159

콥스, L. J.(Copps, L. J.) 356

쿠걸, J.(Kugel, J.) 36

쿡, G.(Cook, G.) 53

퀼레바인(Kühlewein) 99

크니림, R.(Knierim, R.) 472

크라운, A. D.(Crown, A. D.) 281

크루거, P. A.(Kruger, P. A.) 192

클레이턴, A. L.(Clayton, A. L.) 104

클로펜슈타인, M. A.(Klopfenstein, M. A.) 206

클리퍼드, R. J.(Clifford, R. J.) 339, 442, 587, 608

키드너, D.(Kidner, D.) 50, 51, 55, 76, 171, 181, 198, 202, 203, 319, 332, 335, 396, 410, 470, 497, 533

키친, K. A.(Kitchen, K. A.) 27-29, 627

킬, O.(Keel, O.) 157, 521

ㅌ

테오프라스토스(Theophrastus) 153

ㅍ

파머 K. A.(Farmer, K. A.) 84, 445, 446, 579

파브리, J.(Fabry, J.) 148

패커, J. I.(Packer, J. I.) 75

퍼듀, L. G.(Perdue, L. G.) 223

퍼미지, E.(Firmage, E.) 200

폭스, M. V.(Fox, M. V.) 24, 33, 46, 47, 48, 63, 70, 71, 89, 97, 100, 127, 136, 138, 141, 148, 163, 172, 185, 191, 194, 204, 208, 243, 279, 282, 296, 302, 320, 326, 339, 340, 363, 396, 400, 403, 432, 497, 511, 521, 552, 564, 584, 594, 603, 634, 641

폰 라트, G.(von Rad, G.) 81, 189

폴리스, E.(Follis, E.) 95

폴스, J.(Pauls, J.) 610

프라이스, J. D.(Price, J. D.) 229

프레드릭스, C. J.(Fredricks, C. J.) 73

프레타임, T.(Fretheim, T.) 149

프리드먼, H.(Freedman, H.) 48

프타호텝(Ptah-Hotep) 88, 170, 576

플라우트, G. W.(Plaut, G. W.) 153, 205, 207, 314, 362, 533,

플뢰거, O.(Plöger, O.) 121, 181, 213, 221, 239, 328, 435

피, G.(Fee, G.) 106

피터슨, J. B.(Peterson, J. B.) 335

핀켈슈타인, J.(Finkelstein, J.) 216

필립, A.(Phillip, A.) 213

필스, H. G. I.(Peels, H. G. I.) 215

핏츠시몬스, F. S.(Fitzsimmonds, F. S.) 152, 437

ㅎ

하그, H.(Haag, H.) 164
하벨, N. C.(Habel, N. C.) 157
하임, K.(Heim, K.) 68, 145, 160, 297, 329, 362
해리스, J. R.(Harris, J. R.) 97
해리슨, B. G.(Harrison, B. G.) 168
해밀턴, V. P.(Hamilton, V. P.) 410, 601

허버드, D. A.(Hubbard, D. A.) 76, 147, 159, 169, 179
허버트, A. S.(Herbert, A. S.) 44
허쉬, J.(Hirsh, J.) 95
휴스턴, J. M.(Houston, J. M.) 55, 75, 249, 638
히에로니무스(Jerome) 21, 538
히튼, E. W.(Heaton, E. W.) 59
힐러스, D.(Hillers, D.) 171

주제 색인

ㄱ

가난, 빈곤 263, 274, 325-327, 606, 613-614
가난한 자
  가난이 더 좋은 점 419-420, 423, 431-432
  가난한 사람의 빈궁함 90, 196, 203, 419
  가난해도 명철한 사람 574, 580
  가난한 자 돕기 299, 336, 348, 354-355, 420,
  428-430, 474-475, 574, 588-589, 631-632,
  640-642
  여호와와 가난한 자의 관계 55, 166-167,
  468-470, 595
  사회적으로 힘이 없는 사람들 79, 419, 422-
  423
  무시되고 억압당하는 사람들 323, 334, 337,
  394-396, 419-420, 424, 461, 468-470, 472-
  477, 577-579, 615-617
  가난한 자와 게으른 자 263, 442-444
가족
  가족을 슬프게 하는 일 90, 220, 369, 405,
  427, 433-435, 588, 591
  가문을 지킴 169, 188, 404
  「잠언」의 유포 배경 48
  가정에서 아들의 위치 94, 219
  가정에서 아내의 중요성 95, 336, 337, 635-
  645
간음
  간음의 어리석음 183-196, 209
  간음에 따르는 벌 210-216
간음한 자, 상간남(adulterer) 101, 188, 211,
212, 214, 215, 261, 326, 500, 569
  어리석은 자 항목도 보라.
거만한 자
  거만한 자의 행실과 특성 394-396, 432, 435-
  437, 453, 464, 505, 507-509, 594-595
  거만한 자를 징계하고 대응함 251-253, 255-
  259, 432, 435-437, 452, 459-461, 468, 472
  거만한 자의 정의 89-90
  거만한 자에 대한 여호와의 응답 154-155,
  164-167, 394
  지혜를 거부함 320-323, 340, 359, 363
  포도주를 의인화한 거만한 자 432, 437
  지혜가 거만한 자를 부름 123, 125-132
거짓말
  음녀의 거짓말 222-226
  거짓 증언 197, 207-208, 419-420, 423-426,
  602
  미련한 자의 거짓말 278
  거짓말을 미워함 324-325, 371, 606
  신실한 증인 336, 339-340
  악인의 거짓말 304, 311, 314, 396, 432, 437,
  445, 554, 595
게으른 자
  게으른 자에 대한 책망 202-204
  게으른 자의 정의 90-92
  일하기를 거부함 432-438, 453, 464, 469,

475, 524-525

게으른 자의 말 469-470, 475, 542

게으른 자에 관한 경고 274, 280-281, 322, 324, 360-361, 367, 542, 550-552

게으른 자에게 경고함 196-197, 201-202

게으름, 나태함 90, 201, 299, 332, 409, 412-413, 420, 427-430, 475, 550, 562

견고함

　가정의 안정 622

　내면의 안정 74, 586

　악인이 견고함을 잃음 355

　정직한 자의 견고함 283

　의로움으로 세우는 견고함 591

결혼

　신실한 결혼 95-98

　미움 받는 여자의 결혼 614-615, 622

　결혼 은유 142, 562-564

　신실하지 못한 결혼 95, 98-102, 141-142, 212-215, 226, 258-259, 566

　지혜를 신부로 맞음 62-63, 249-251

　결혼의 지혜 190-194, 219

겸손(humility) 74, 146, 375-376, 409, 413-415, 468, 471

계시 42-44, 52, 59-62, 74, 178, 244, 297, 344, 480, 575, 599, 606, 611

계획, 마음의 경영 55, 66, 70, 154, 164, 196-197, 206-207, 238, 303-304, 307-308, 314-316, 337, 348, 367-368, 370-372, 376-382, 392, 420, 431, 433, 438-440, 442-443, 445, 505, 507

고난 55

　미련한 자가 겪는 고난 69, 275, 293, 322, 333, 423

　가려진 고통 342-344

　의로운 자의 고난 59, 80-82, 85, 102, 156, 265, 283, 289, 514, 589

고난받는 종 323, 569

고통(bitterness)

　미련한 아들로 인한 고통 396

　미련함으로 인한 고통 182, 188

　마음의 고통 336, 342

공정한 무게와 치수 55, 275, 284, 376, 384, 427, 433, 445

공평, 공정

　공평의 정의 73

　타고난 공평 의식 53, 138

　도덕적인 공평 의식 59, 112-115, 119, 132-134, 139

　공정한 무게(추)와 양 55

교만, 오만

　여호와께서 미워하시는 교만 197, 204-206, 376, 381

　미련한 자의 교만 89, 322, 326-327, 336, 339, 464

　지혜가 미워하는 교만 230, 238

　의인화된 교만 275, 284-286

　교만은 패망의 선봉 384-387, 575, 600-602

　교만에 대한 벌 376, 381, 409, 413-416

　악인의 교만 451, 455

교육 89, 134-139, 168-169, 459, 532

교육적 잠언 264-265, 278, 304, 311-313, 320-323, 355-356, 360-368, 375, 398, 401-408, 416, 420, 430, 433, 443, 492, 505

구원 79-80, 178, 278, 283, 286, 286, 344, 370, 471, 549-550, 569-570, 589-590, 622

구원사 51, 112, 379, 480-481

군사, 군대(military) 55, 185, 238, 356, 377-378, 387, 463, 497, 530, 582, 632-635

권고 69, 182, 228, 304, 341-345, 421-423, 471

　어른의 권고 275, 312, 439-440, 442, 445, 507

　친구의 권고 564

　지혜 여인의 권고 132, 231, 234, 237-241

귀(ear) 132, 136, 415, 435, 442-443, 452, 460, 479-480, 482, 490, 492, 494

근동 지역의 관습과 지혜와 문화 30-31, 33, 49, 52-53, 62, 97, 157-159, 171, 216, 243, 281, 572, 635

근면, 성실(diligence) 251, 317, 328, 571
　게으른 자 항목도 보라.

근심, 불안(anxiety) 317, 540, 598

금 153, 230-231, 236, 241, 275, 295-296, 385-386, 392, 396, 442-444, 468-470, 528, 534, 560, 569-570

길(way)
　'행위-운명 연계성'을 가리키는 은유 122
　악인의 생활 방식을 가리키는 은유 336-339, 359, 362, 385, 392, 419, 423, 452, 457, 462, 468, 573, 579
　지혜로운 자의 생활 방식을 가리키는 은유 172-176, 304, 318, 336, 337-339, 334-335, 385-386, 573, 579
　사람의 길 446, 450, 468, 471-472

꿀 182, 185-187, 385, 387-389, 511-514, 528-529, 535-537, 541, 543, 564

ㄴ

나발 66, 357

낙심(depression) 364, 405, 416
　근심, 불안 항목도 보라.

남편
　부정한 아내의 남편 98-101, 140-142, 187-189, 215, 217, 220-230, 384
　남편의 특성 94-95
　다투기 좋아하는 아내의 남편 452, 459-462, 560, 567
　'이쉬'('iš)의 의미로 살펴본 남편 65
　현숙한 아내의 남편 51, 301, 307, 631-633,

634-645

노예, 노예 상태 189, 214-215, 232, 276, 301-303, 309-310, 317, 392, 396, 420, 426, 444, 468, 472, 575, 599-601, 637, 642

뇌물 216, 373, 397-399, 406, 413, 416, 461, 586, 591-592, 602

눈(eye) 55, 67, 77, 95, 122, 148, 150, 154, 160, 178, 179-180, 182, 195-196, 199, 204, 206, 216, 218, 228, 267, 281, 342, 351, 355, 374, 391-392, 441-443, 487, 493, 502, 523, 574, 596, 619

능력
　상황과 사람을 파악하는 능력 389, 439
　옳음과 그름을 분간하는 능력 70
　계획을 세우는 능력 238
　다스리는 능력 239, 623

ㄷ

다윗 30, 32, 42, 50, 70, 95, 111, 330, 342, 357, 400, 562, 611, 630

도스토예프스키 585

독주(beer) 433, 437, 628, 630

동물 이미지
　개미 201-202, 614, 623
　곰 89, 397, 400-401, 573, 583-584
　새 122-123, 150, 196, 200, 217, 228, 541, 545, 564, 619
　소 217, 336, 339
　개 89, 272, 463, 542, 550, 553
　독수리 25, 37, 489, 614, 619-620
　염소 161, 357, 570, 572, 614
　사자, 암사자 420, 427, 433, 437, 469, 475 542, 573, 577, 583, 614, 623, 637
　도마뱀 60, 614, 623
　메뚜기 60, 614, 622
　돼지 37, 276, 296-297, 398

사반 60, 614, 622

사냥개 614, 624

뱀 260, 493, 503, 614, 620

두려움, 공포 123, 132, 153, 161, 274, 281, 642-643

ㄹ

르무엘 22, 27-32, 46, 48, 64, 501, 605, 627-630, 643

ㅁ

마더 테레사 269

마리아, 예수의 어머니 167

마음(heart)

지혜를 구하는 마음, 지혜를 지키는 마음 132, 134-139, 145-146, 166, 170, 178, 181, 208-209, 216, 218, 492, 494-501

근심하고 낙심한 마음 304, 317, 322, 328, 336, 343-344, 528-529, 537-538

즐겁고 평온하고 기쁜 마음 337, 354, 359, 364-365, 373-375, 398, 405, 559, 564

마음의 정의 66

명철하고 지혜로운 마음 359, 364, 413, 468, 569

부러워하는 마음 492, 495

악하고 미련하고 패역한 마음 85, 276, 278, 397, 543, 555-558

마음을 지키기 178-181

왕의 마음 53, 67, 451, 453-455, 527, 530, 541

의롭고 지혜로운 자의 마음 369, 373, 385, 387-389

아들의 마음 497, 501

여호와께서 아시고 시험하시는 마음 359, 363, 392-396, 451

악인의 마음 182, 189-190, 196, 203-207, 230, 235, 274, 304, 314-316, 359, 409, 413, 433, 438, 483, 493, 574, 582-588

말(speech)

좋은 말과 나쁜 말 269-274, 278-279, 283-284, 289-293, 313-316, 323-325, 339-340, 357-359, 373-374, 387-392, 409-419

구부러진 말, 비뚤어진 말 181-182, 394-397, 404, 446, 474-475, 505, 528, 537, 540, 542-543, 554-555, 586-588

미련한 자의 말 87, 320-322, 336, 339, 39-392, 411-412, 575

유순하고 은혜로운 말 355, 357-359, 468, 474, 535

꿀송이 같은 말 385, 388-389

왕의 말 376, 382-384

말의 힘 417-419

악한 말 230, 235, 275, 290-293, 303, 308-309, 311, 391, 475, 537-538, 617, 623-624

지혜로운 자의 말 75-77, 290-293, 303, 311, 336, 355, 357, 387-388, 408-410, 463-464, 586-588

우매 여인의 말 251, 260

지혜 여인의 말 123-132, 230-232, 254-255

매춘, 매춘부(prostitute) 97-99, 208, 211-215, 401, 574, 591

먹다 124, 131, 173-176, 301, 323, 336, 364, 410, 419, 445, 481-483, 488-490, 511-512, 529-530, 537-538, 541, 549, 569, 643

메시아 239, 383, 450

명철한, 분별력 있는(discerning) 89, 236, 336, 340, 344, 355-356, 359, 364, 397-399, 405-409, 413-415, 572-574, 577-580

모세 42, 48, 50-52, 58, 111, 115, 197, 209, 216, 223, 265, 307, 314, 341, 372, 395, 468, 580

모세의 율법

　간음에 관한 법 142

　뇌물에 관한 법 216

　솔로몬이 베낀 율법 111

　가정에서 가르치는 율법 48

　이혼에 관한 법 307

　율법과 여호와 경외 74, 602

　부모 공경에 관한 법 264-265, 446-449

　상속 관습에 관한 법 396

　동해보복법 167, 314, 412, 460, 473, 523, 558, 584

　위증에 관한 법 315, 340

　신체적 처벌에 관한 법 601

　가난한 자에 관한 법 197, 472, 580

　매춘에 관한 법 97

　「잠언」과 비교해 본 율법의 목적 50-52, 209

　희생 제사에 관한 법 340-343

　절도에 관한 법 213, 585

　율법에 어긋나게 행하는 음녀 98

물

　원수에게 주는 물 529, 538

　홍수 130

　그리스도를 가리키는 이미지 389

　조언(모략)을 가리키는 이미지 433, 438-440

　우정을 가리키는 이미지 560, 569

　악인에게 굴복한 의인을 가리키는 이미지 541

　말을 가리키는 이미지 409, 411

　다툼을 가리키는 이미지 401

　좋은 기별을 가리키는 은유 529, 540

　왕의 마음을 가리키는 은유 55, 451, 454

　생명을 가리키는 은유 299, 389, 614, 619

　성관계를 가리키는 은유 183, 190-191, 252, 254-261, 501

　원시 바다 53, 159, 231, 244-248, 606

미련한 자(fool)

미련한 자의 정의 89-90

　교육받지 못한 미련한 자 397-401, 483, 491, 596

　미련한 자의 어리석은 짓 263-264, 281, 303-304, 322, 330-332, 336-340, 345, 350, 367-369, 389, 405, 409, 420, 427-430, 432, 452, 463, 559, 561-562, 574, 588, 594

　지혜를 미워함/거부함 71, 95, 112, 116, 123, 313-314, 359-361, 405-408

　영예를 얻지 못함 41-42, 541, 545-550

　미련한 자의 운명/벌 124-131, 154, 166, 264-274, 276, 301-302, 333, 399-401, 432-444, 468, 474, 542, 545-550

　미련한 자의 말 76-77, 274-279, 304, 313-314, 316, 336, 339-340, 355, 357-361, 364-365, 385, 391-392, 397-309, 409-412, 419, 505, 574-585, 595, 600

　미련한 자를 향한 지혜의 연설 230, 233-235, 254, 355-356

미워함, 증오(hate)

　책망과 지식과 지혜를 미워함 123-126, 130, 183, 190, 232, 251-252, 257, 303, 305, 323, 334-335, 359, 362

　원수들에게 미움 받음 555-559, 574

　우매함과 악을 미워함 252-253, 275, 292, 322, 324-325, 336, 345-347, 369, 371-374, 574, 583, 614, 622

　여호와로부터 미움 받음 196, 202, 207

　이웃에게 미움 받음 528-529, 537-538

　가난한 사람을 미워함 337, 346-348, 420, 424

　악인에게 미움 받음 543, 575, 594, 602

　지혜에게 미움 받음 230, 238

믿음, 신실함(faith, faithfulness)

　신실함과 인자함의 연관성 74, 145, 148

　잠언 8:30의 '아몬'('āmôn)에 대한 설명 248

하나님을 믿음 76, 95, 135-136, 148, 161, 342-344, 348, 514, 582

결혼의 신실함 190, 209

「잠언」의 지혜자들의 믿음 42, 59

지혜로운 자의 믿음 84, 157, 275, 292, 301, 322, 329-332, 356, 377, 381, 417, 423, 534, 559, 562, 644

ㅂ

바울 106-107, 194, 198, 211, 271, 294, 330, 346, 421, 538, 581

발(feet)

간음한 자의 발 208, 213

음녀의 발 183, 185, 217, 222-223

악인의 발 118, 122, 196-197, 203-207, 419, 423, 542, 547, 574, 592

밭(field) 42, 231, 245, 323, 335, 412-413, 417, 451, 455, 483, 491-492, 523-525, 569-572, 631-632, 637-638

배상금, 속전(ransom) 216, 322, 325-327, 381, 452, 462, 509

벌(punishment)

간음한 남자에 대한 벌 208, 211-216

거만한 자를 벌하는 일은 헛됨 90

교정 수단인 벌 301-303, 323, 334, 451, 454

악인의 유형에 따르는 벌 89, 127, 164-167, 264, 278-280, 296, 337, 344, 381, 399-401, 419-420, 432-433, 558, 574, 586

복(blessing)

정직한 자의 축복 275-276, 290, 298-299, 559, 565

복된 미래 223, 346, 347, 350 333, 511-512, 517

복 있는 사람 153-154, 231-232, 251, 337, 348, 385, 388, 573, 575, 581, 583, 599

하나님이 의로운 자에게 주시는 상급 155-167, 264, 269, 273, 276, 278-280, 283, 290, 301, 336, 440, 473, 520, 573

복의 정의 156

은총을 가리키는 환유인 복 301

성적 만족을 가리키는 복 183, 193-195

복의 상징으로서 포도주와 독주 433

보응, 갚음(repay, repayment) 59, 102, 208, 213-214, 397, 401, 420, 446-449, 506, 511, 538-540

상급, 보상 항목도 보라.

보증, 보증금 91, 196-200, 275, 290, 293, 397, 402-403, 443-445, 483, 485-486, 541, 559, 565-566

복수(vengeance)

바람난 아내의 남편 100, 215

복수 대신 하나님을 신뢰함 354, 381, 401, 446-451, 484, 517, 537

부자

부자의 친구들 336, 347-348

부자의 정의 77-79

가난한 자를 억압하는 부자 176-177, 387, 416, 419, 422-423, 468-472, 482, 484, 490, 573, 579-582, 586

부자인 체함 303, 309-310, 322, 325

재물을 신뢰함 264-266, 273-274, 409, 413

분노, 화, 진노(anger, fury, wrath)

화를 잘 내는 사람을 피하기 482-486, 559-565, 600

분노를 상징하는 곰 400

미련한 자의 분노 298, 360, 367-368, 402, 423, 465, 483-485, 575

하나님의 진노 212, 265, 275-276, 286-287, 511, 516, 602

화를 돋움 365-367, 623-625

왕의 진노 365-367, 376-377, 384, 420, 425-427, 433

부정적 감정인 분노 215, 345-347, 567, 482, 516, 562, 600

분노를 다스림 365, 452, 461

빛 이미지 105, 140, 173, 176-178, 208-210, 322, 326, 373-375, 377-378, 384, 446, 451, 574, 595

ㅅ

사랑

미움보다 나은 사랑 359-361, 366-367

허물을 가리는/용서하는 사랑 264, 271, 376, 381, 397, 399

사랑의 징계 102, 145-153, 251-252, 257, 323, 334-335, 431

친구의 사랑 397, 401-404

지혜롭지 못한 사랑 397, 404, 442-444, 462, 559, 562

지혜의 사랑 168, 170-171, 232, 236-241, 249-251, 303, 305, 574, 591

사자(messenger)

고대 근동의 사신 47, 280-282

어리석고 악한 사자 322, 332, 542, 547

사신의 은유 376, 384, 397, 399-401

충성된 사신 322, 332, 528, 534-535

지혜 여인의 사신, 우매 여인의 사신 252, 528

사탄 59-60, 139-140, 156-157, 182, 226-227, 260, 329-330

살인(murder) 51, 119, 176-177, 189, 207, 308, 392, 469-470, 475, 509, 550, 585, 594-595

상급, 보상(reward)

지혜가 주는 상급 232-241

동정을 베푸는 사람에게 상을 주심 55-57, 429, 463, 468, 528

미뤄진 보상 85, 376, 382, 415

관대한 사람에게 베푸는 상 297, 429, 468, 472-473, 574, 588-590

의인/지혜로운 자의 상급 79-80, 151, 154, 157, 164-167, 241, 260, 265, 269-272, 274, 278-280, 294, 328-329, 337, 364-367, 370, 429, 452, 472, 495-497, 579, 585

악인에게 돌아가는 보응 198-99 297-299

지혜롭게 말하는 자가 받는 보상 40, 202, 208 77, 303, 311

생명, 삶

영생, 영원한 삶 59, 63, 79, 84, 102, 134, 138, 147, 157, 164, 251, 274, 301, 328, 359, 370, 512-514, 611-613

여호와를 경외함으로 얻는 삶 131, 146-147, 274, 282, 337, 352, 432-433, 468, 471

생명을 좌우하는 왕 377-378, 384-385, 432, 438

보상으로 받는 생명 79-83, 274-275, 301, 370, 428-430

생명과 말 270-272, 320-322, 337, 349-352, 355, 357-359, 410, 419

생명 나무 36, 75, 79, 153, 157, 181, 251, 276, 301, 322, 328-329, 355, 359

생명과 지혜 116, 153, 154-156, 232, 251-255, 322, 426, 463

성, 성관계

성적인 욕구, 충동 66, 116

부정한 성의 위험 77, 97, 99, 178, 189, 212-215, 222-230, 254, 260, 175, 501, 591, 619, 631

결혼에서 누리는 성적 기쁨 94-95, 185, 190-195, 614, 621

부정한 성적 유혹 98, 139-142, 185, 209-211, 216-228, 471

소피아(sophia) 104-105

손(hand) 217, 226-227, 614

손바닥을 치다(보증을 서다) 275-276, 293

손의 행실 303, 311

부지런한 자의 손 304, 316, 631-633, 640-645

미련하고 악한 자의 손 197, 203-207, 336-338, 397, 401, 432-433, 442-444, 542, 547-550, 560, 567

여호와의 손 55, 67-68, 336, 376, 384, 451, 453-455

힘의 상징 196, 198-501, 419

게으른 자를 가리키는 제유 표현 263, 265, 453, 464

지혜 여인의 손 123, 127, 153, 157

솔로몬

솔로몬의 또 다른 자아 62-63, 118, 480

잠언의 저자 솔로몬 22, 28-31, 44-47, 51-52, 62, 92, 112, 263, 605

죄에 빠진 솔로몬 101-102, 142, 317, 435, 468, 541

솔로몬이 받은 영감 62, 135, 138

솔로몬보다 우월한 예수 그리스도 102-107, 642-643

왕 솔로몬 50, 112

솔로몬과 지혜 전승의 관계 62-64

솔로몬 성전 135-136

술 취한 자 44, 81, 428, 433, 494, 497, 501-504, 542, 549

숫자 금언 207, 605, 613-622

스올(Sheol), 무덤 80, 92-93, 117, 120, 142, 183, 186, 217, 229, 230, 252, 261, 359, 363, 368, 492, 495-496, 559, 569, 614, 618

슬기로움, 슬기로운 자 70, 87, 112-115, 132, 139, 230, 235-236, 304, 316, 322, 336-337, 340-345, 359-361, 471, 559, 566

슬픔, 근심(grief) 263-264, 337, 344, 369, 397, 404-408

시기, 질투 154, 163-164, 209, 215, 493, 505, 511, 516-517, 559, 561-562

시락의 아들 예수 47

신약성경 28, 42, 65, 98, 102, 104-105, 194, 204, 335, 348, 363, 375, 455, 550, 610

신원(vindication) 381, 466, 492, 566

심판자, 재판장(judge) 56, 105, 118, 198, 231, 240, 313-315, 339, 401, 405, 484, 520-521, 530-532, 634

심판, 판단(judgment)

최후의 심판 102, 105, 124-131, 280, 283, 524, 602

하나님의 심판 308, 381, 427, 437, 619

선한 판결 153, 161, 297, 322, 329

왕의 재판 376, 433, 438-440, 628-631

무자비한 재판 215, 337, 343-344, 385, 409-410

십계명 51, 147, 180

ㅇ

아굴(Agur)

저자 아굴 32, 46, 605

아굴의 고백 607-612

아굴의 숫자 금언 613-624

아굴의 간구 612-613

아굴의 금언 22-23, 27, 32, 39, 605

아굴의 가르침 43, 52, 56, 67, 77, 133, 214, 426

교만에 대한 아굴의 경고 624-625

아내

다투기를 좋아하며 까다로운 아내 92, 420, 427, 452, 454, 462-463, 529, 540, 560, 562-564

남편과 가정을 이루는 동반자 92-95

미련한 아내 303, 307, 336, 337

하나님께서 주신 선물 419, 420-422, 427-430

미움 받는 아내 614-615, 622

남편의 친구 98-100

남편의 성적 반려자 190-195

부정하고 음란하며 변절한 아내 41, 97-102, 140-142, 182-190, 208-230, 258-261, 475, 493, 501, 566

현숙한 아내 26, 94, 303, 307, 627, 631-645

지혜롭고 어진 아내 336-337, 419-420

아메네모페의 교훈(Instruction of Amenemope) 25, 29, 52-54, 207, 285, 317, 378, 479

아버지

아버지가 아들에게 주는 충고 151-153, 179, 321, 323, 355, 501, 506, 517

아버지의 권위 137-138, 145-146, 152, 185

아버지의 기쁨인 지혜로운 아들 264-265, 367-369, 493, 496, 498, 566

아버지의 강화 22, 83, 102, 135-137, 166, 178, 185, 209, 218, 249

솔로몬의 또 다른 자아 60-61

아들의 교사인 아버지 39, 48, 91, 98, 190, 360

아름다움

음녀의 아름다움 208, 211-212

명예의 아름다움 469

지혜의 아름다움 139, 480

지혜로운 여인의 아름다움 632, 644

아첨

음녀의 아첨 185, 220-221, 224-225

속임수인 아첨 555, 573-574, 582, 586-588, 591-592

아히카르(Ahiqar) 30, 97, 399

악, 불법(iniquity) 57, 85, 275, 283, 381, 432, 437, 452, 461-462, 617, 621

죄, 허물 항목도 보라

악, 악행

악을 멀리함 145, 149-151, 172-177, 179-182, 322, 331-333, 377, 381, 493, 505

악을 행함 118, 122, 197, 203-208, 274-281, 294-296, 303-304, 310-315, 336, 345-347, 369, 373, 505, 507, 573, 592

악을 미워함, 악을 심판함 230, 238, 433, 440, 451, 455

악한 자 132, 139-141, 355, 357, 394-397, 399-401, 452-453, 459, 464, 512, 517, 572, 579-580

악인, 패역한 자

여호와께서 미워하시는 패역한 자 154, 164, 206-207, 230, 235, 276, 295, 359, 362, 367, 376, 381, 453, 464

악인의 특성 139-140, 170-178, 274, 281, 303, 310-311, 573, 577

의인과 악인의 대조 263-274, 286-288, 304-318, 577-579, 592, 603

악인의 정의 69-74, 84-90

가난한 자를 압제하는 악인 276, 294, 452, 459, 573, 574, 577-579, 589

악인의 계획 119-121, 176, 303, 307

악인의 벌 56, 90, 164-167, 274, 280, 286-288, 297-300, 302-303, 446, 450, 512-514, 603

악인의 말 119-121, 264, 270-272, 275, 284, 289-291, 307, 369, 374

압제자 310, 334, 482, 484, 492, 573, 577-578, 582-585, 593, 596

어리석은 자

「잠언」의 청중인 어리석은 자 22-24, 63, 112, 113-115

우매 여인의 청중인 어리석은 자 22-24, 92, 258-261

지혜 여인의 청중인 어리석은 자 22-24, 62-

63, 123-132, 230-251, 251-259

어리석은 자가 지혜를 얻을 수 있다 432, 435, 452, 459-461

어리석은 자와 슬기로운 자 336, 347, 468, 471-472, 559

어리석은 자의 정의 69, 85-90

어리석은 자와 순진한 사람 336, 344-345

음녀의 희생자 92, 216-230

어머니

아버지와 어머니 92, 166, 168

르무엘 왕의 어머니 26, 65, 502, 627, 631, 642

지혜의 교사인 어머니 24, 48, 92-94, 116-118, 208-209

어머니를 섬기는 지혜로운 아들 492-496, 497-498

미련한 아들 때문에 고통당하는 어머니 263-265, 367-369, 405, 406, 432, 435, 446-449, 574, 588-597, 614, 617-619

여호와 경외(fear of I AM)

재물보다 나은 여호와 경외 359, 366

여호와 경외의 정의 74-76

지혜의 인식론적 토대인 여호와 경외 24, 57, 112, 115, 253-257, 613

여호와 경외와 "하나님 경외"의 관계 53-54

여호와 경외와 악을 미워함 230, 238, 376, 381

여호와 경외와 왕을 두려워함 512, 517

여호와 경외와 두려워하는 것의 차이 280

여호와 경외하기를 거부함 124, 130

여호와 경외와 지혜의 관계 42, 83, 132-136, 145-146, 375-377, 492, 495

여호와께서 미워하시는 것

불의 398, 404

패역한 자 165

속이는 저울추 285, 383, 384, 449

거짓 입술 304, 316

굽은 마음 206, 276

악인과 그의 행실 178, 197, 360-382, 371, 376-377, 380, 452-453, 543, 557

영예, 영화(honor)

지혜가 주는 영예 153, 157, 168, 172, 231, 236-241

겸손과 존귀 375-376, 409, 412-413, 468, 471, 575, 601

여호와를 공경함 79, 145-146, 150, 337, 354-355

지혜로운 자가 얻는 영예 154-155, 166, 276, 294, 322, 331, 452, 463, 560, 569

부모를 공경함 446

자기를 높이지 말라는 경고 528-530, 541

예수 그리스도

죽음과 부활 101, 103, 513, 597

예수 그리스도가 정의한 이웃 163

예수 그리스도의 전지하심 363

예수 그리스도의 비유 265, 367, 488, 527

예수 그리스도의 재림 130, 161

예수 그리스도와 「잠언」의 관계 101-107, 451, 517, 576

예수 그리스도와 아버지 하나님의 관계 70-71 117-118

예수 그리스도의 슬기로움 329

예수 그리스도와 고난받는 종 323

하나님의 지혜이신 예수 그리스도 239, 566, 642

예수 그리스도와 간음죄로 고발된 여인 215

오만 89, 338-389, 401, 456

온전함, 완전함

온전함의 정의 73

온전함에 따르는 상급 132-134, 138, 144, 276, 296, 433, 440, 594, 598

완전한 자의 공의 265, 275, 287-288, 325

바른길로 행하는 자의 안전 264, 270, 275, 283

왕

심판과 정의의 시행자 433, 440-441, 446, 512, 517, 528, 530, 574, 595

왕의 분노 379-385, 419, 426, 432-433

고결한 왕 22, 26, 627-632

타락한 왕 591, 595

왕을 통해 다스리는 하나님 39, 55, 67, 376-385, 441, 446, 450-451, 453-455

왕의 영광 336, 352, 527, 529-530, 614, 623

지혜로 다스림 231, 236-238

왕과 지혜의 관계 468, 474, 482-488, 535

왕정(monarchy) 26, 46, 575-576, 582, 641-642

욕구(appetite)

눈의 욕구 182, 569

식욕 208, 212, 385, 391, 465

생명에의 열망 331-332

본능적인 충동(영혼이라고 번역됨) 65-66, 133, 140-141

의인의 바람 263-266, 322-324, 335, 364-365

성적 욕구 95, 562-564

게으른 자의 욕구 321, 324

악인의 욕구 321, 323-324, 365, 452, 459, 573-574, 617

욥 32, 42-45, 83, 203, 265

우매 여인(Woman Folly) 24, 62-63, 87, 92, 101, 251, 258-261

위선, 위선자(hypocrite) 438, 463-466, 547, 554-558, 560, 566-568, 613-614

은혜

은혜의 정의 146

하나님과 사람들에게 입는 은혜 336-337, 342, 348

악인을 두둔함 275, 276 409-410

여호와의 은혜 154, 166, 232, 251, 275-276,

284-286, 295-301, 303-305, 316, 322, 330, 359, 362, 419, 422, 573, 586-589

왕과 존귀한 자의 은총 355-356, 378, 384-385, 420, 424-426

은혜를 베풀 줄 모르는 악인 452, 459

음녀(adulteress)

음녀의 결과 186-188, 211-212, 228-229

음녀의 은유 192

서론에서 설명하는 음녀 97-101

음녀에게서 보호 138, 184, 210-211, 219

음녀의 말 187, 210, 218, 223, 235

음녀의 유혹 방법 211, 219, 232, 500

음녀의 길 614, 619-622

음녀와 우매 여인 258

아내 항목도 보라.

음식, 음식 이미지

먹이를 모으는 개미의 모범 127, 131

지혜로운 아들, 근면한 일군이 거두는 식량 174, 177, 202, 207

우매 여인이 베푸는 음식 166-67, 172

지혜 여인이 베푸는 음식 165-69

욕구를 가리키는 상징인 음식 32, 123

불의로 빼앗기는 음식 216, 224

음식을 탐하는 자, 식탐(glutton) 65, 428, 481, 488, 497

의로움, 의인, 공의(righteousness)

의인과 악인의 대조 76-77, 83-85, 90-92, 144, 263-276, 280-283, 289, 294, 297, 303, 305-337, 354-356, 376, 452, 462

의인의 행실 451-468, 574, 592, 603

공의의 의미 72-73

의로운 사람의 특성 251-252, 257, 573, 577

공의에 대한 상급인 생명 92, 143, 274-276, 280, 283, 294-296, 303, 305-321

의인의 길 133, 135, 144, 173, 176-178, 231, 241, 303, 318, 359, 362, 392-394, 433, 440

의인의 안전 409, 412-416, 573, 577-579

의인의 말 230, 235, 264, 270-272, 274-276, 278, 283-284, 301, 311, 322, 324-325, 369, 373-374, 376

의인의 환난 275, 288-289, 511-512

의인의 승리 511-512, 574-575, 589-592

의인의 넘어짐 529, 541

이디엘 32, 606, 607, 612

이스라엘

이스라엘의 젊은이 33, 112, 118, 128, 576

왕의 의무 440

이스라엘의 율법 349, 399, 580

화목제 217, 223

이스라엘과 외국인과 관계 98, 140, 215, 396, 472

이스라엘과 여호와의 관계 50-52, 101, 142, 449, 468, 610-613

이스라엘의 지혜자들 24-28, 81-82

이스라엘의 학교 교육 47-48, 168

이웃

이웃에게 악을 행함 92, 119-121, 275, 284-300, 452, 459, 542, 552-555, 559-560, 566-568, 574, 591-592

이웃을 위해 보증을 섬 196-201, 397, 404

이웃을 돌봄 51, 74, 154-155, 523, 528, 535-538

가난한 자의 이웃 336, 347-348

이웃의 아내 208, 210-212

이자를 받음 197, 430, 472, 573, 580

이집트

이집트의 신앙과 문학, 이미지, 지혜 33, 46-49, 52, 67, 80, 118, 123, 152, 172, 181, 202, 219, 242, 285, 317, 407, 451, 479, 489, 521, 538, 576, 607, 627

「잠언」 속의 이집트 개념들 451, 479

이집트 산물들 217, 225, 641

이집트와 솔로몬 저작의 관계 25-30

인내 67, 79, 328, 336-337, 394, 420, 426-428, 528, 535

인도, 인도자, 지략(guide, guidance) 48, 62-64, 72, 112-115, 146, 275, 292, 303, 307, 442-443, 446, 505, 507, 598

인색함 79, 582-588

인자함(헤세드) 74, 79, 145, 147, 157, 276, 294, 337, 355, 420, 427-432, 439, 446, 451-452, 459, 463, 642

일(work)

근면의 모범인 개미 200-202

근면한 일과 일확천금의 대조 303, 310, 574, 585

여호와께서 정하신 일 376, 379

일의 보상 278-280, 311, 348-349, 482, 486-488

시간을 아껴 일함 266, 523, 571

현숙한 아내의 일 634, 637

근면, 성실 항목도 보라.

입(mouth)

굶주림을 가리키는 환유 385, 391

말을 가리키는 환유 181, 266, 281-282, 364-365, 398, 475

신체 기관으로서 입 432, 437, 442, 445, 542, 552, 614, 621

말 항목도 보라.

ㅈ

자비 95, 153, 303, 310, 441-443, 461, 574, 582-583

자랑 95, 433, 439, 444, 534, 559

자연신학(natural theology) 43

잠(sleep) 153, 161, 173, 176, 196, 198, 202-203, 263-264, 266, 420, 429, 442-444, 459, 524, 623

「잠언」(book of Proverbs)

저자 27-33

저작 연대 29-31

「잠언」의 정의 21, 29-31

최종 편집자 32, 48, 527

「잠언」의 인본주의적 특성 42, 57, 76

지혜 여인으로 의인화된 잠언 62-63, 104-105, 244, 251, 253

「잠언」의 목적 21-23, 113, 138-139, 381

「잠언」 형성의 배경 29-31, 41, 45-48

「잠언」의 구조 22-26

재물, 부

부유하게 되지 않기를 구하는 아굴의 기도 606, 613-614

부의 위험 419, 423-424

덧없는 재물 481-483, 488-489, 569-571

우매하여 재물을 잃음 187-189, 208, 213-215, 574, 591

부를 약속하는 잠언들 80-85

재물의 상급 153, 156-157, 231, 236-241, 274, 278-280, 336, 349, 468, 471, 560, 569

의인의 재물, 의로움으로 얻는 재물 263-274, 322-323, 325, 326-329, 420, 427-430, 489, 506, 585-588

악인의 재물, 악으로 얻는 재물 118, 139, 164, 263-274, 276, 294, 322-323, 333-336, 573-574, 580, 585-588

죽음에서 구원하지 못하는 재물 275-276, 286-288, 301, 386, 409, 413

재물과 지혜 77-79, 468, 476

재앙, 해, 손해 124, 132, 163-164, 275-276, 292-294, 301, 304, 316, 322, 333, 391, 432-433

저자(authorship)

「잠언」의 저자 27-33

저주(curse)

자녀가 부모를 저주함 447-448, 613, 616

하나님의 저주 154, 161, 283, 476, 574, 589, 600-601

사람들의 저주 276, 299, 520-521, 541, 559, 566, 613, 616

까닭 없는 저주 541, 544-545

전쟁 239, 443, 446, 468, 507, 541, 589

정결함, 깨끗함(purity)

마음과 행실의 깨끗함 278-279, 376, 379, 433, 441-443, 452, 453-455, 468, 474, 614, 617

말의 정결함 367-369, 371-372

정의(justice)

성문에서 이루어지는 정의 346

정의와 지혜의 관계 114, 307

정의의 의미 73

정의를 행함 451-452, 453-462

하나님의 정의 56-59, 83-85, 575, 601

정의를 유지하는 왕의 책임 239, 382-385, 440-441, 574, 591-592, 595

정의의 여신 마아트 118, 157

정의가 뒤집힌 불의 295, 323, 334, 376, 382, 398-406, 409, 435-437, 452, 468, 472, 520

정의의 길로 행함 132, 138, 231, 241

정직한, 신뢰할 수 있는, 신실한

정직함의 정의 73

정직한 사람, 정직한 증인 304, 313, 336-337, 339, 349, 440

신실한 사자 528, 534-535

정직을 통한 안전 284-289

정직한 말 77, 304, 314, 479, 482, 521

조언, 충고 61, 95, 129, 210, 238, 242, 292, 370, 439, 443, 507, 564, 642

죄인 86, 119-123, 139, 337, 348, 492-493, 495-497, 505

죄, 죄책(guilt) 84, 251, 258-259, 301, 314, 336, 340-342, 355, 397, 401-402, 409, 411, 452, 455-

457, 520-522, 528, 532, 585, 615

죄, 허물

　속죄 376, 381, 397, 399

　죄의 고백 95, 433, 441-443, 574, 582-583

　죄의 결과 81, 150, 183-185, 195, 258, 423, 505, 507-509

　죄의 벌인 죽음 150, 178, 258-261, 264, 274, 423, 451, 455-457, 589-590

　죄의 정의 120

　죄의 용서 426

　원죄 305, 429

죽음

　악인이 일으키는 죽음 120, 140-141, 350, 510-512

　예수의 죽음 101, 513

　간음에 대한 벌 183-190, 214-216

　우매함에 대한 벌 23, 62, 87, 89, 93, 101, 122, 126, 131

　지혜를 거절한 벌 229, 249-251, 254, 259-260, 352

　죽음과 공의의 연관성 72, 79-81, 263, 265-266, 275, 286, 319

　죽음과 말의 연관성 75, 337, 410-412, 417-417

　악인의 죽음 75, 79-83, 90-91, 195, 203-206, 264, 274, 276, 288-289, 294-295, 301, 343, 363, 382-384, 400, 438, 449, 457, 463-466, 517, 590

중상모략, 비방하는 자 275, 278, 291-293, 311, 385, 391-392, 409, 444-446, 540, 542, 554-555, 614

지계, 지계석 368, 371, 482, 486, 491

지식

　지식의 유익 275, 289-291, 322, 329-332, 505-507

　지식의 정의 59, 70

하나님 지식 132, 134-139, 153, 159, 251, 257, 605, 608

　지식을 현명하게 이용하는 법 304-305, 316

　지식을 거부하는 미련한 자 123-126, 130, 336, 340, 347

　지식과 말의 관계 355, 357-362, 398, 408, 442-444

　지식과 지혜 112, 114-116, 243, 246-248, 303, 305, 608-610

지혜(wisdom)

　지혜를 얻음 123-132, 133-139, 153-167, 170-172

　고대 근동의 지혜 27-34, 52-53

　지혜의 정의 59-60

　지혜와 여호와 경외 57-59, 62, 74, 112, 116, 124, 116, 124, 130-132, 136, 146, 251, 257, 375-376

　하나님만이 주시는 지혜 132, 136-138, 605-614

　꿀 같은 지혜 511-514

　악에서 보호하는 지혜 136-141, 168, 170, 208-216, 219, 230, 238, 329-331, 336, 506, 591

　지혜와 창조의 관계 157-159, 243-249

지혜로운 자

　지혜로운 자와 미련한 자의 대조 69-85, 251-252, 255-257, 322, 329-332, 574, 594

　지혜로운 자의 정의 69-73

　지혜로운 자의 힘 505-511, 573, 577, 623

　지혜로운 자의 상급 79-80, 257-259, 303, 308, 452, 463

　지혜로운 자의 말 75-77, 275, 290-292, 355, 357-359, 369, 398, 408, 415-419

지혜 여인(Woman Wisdom)

　지혜 여인과 현숙한 아내의 비교 634

　지혜 여인의 정체 59, 62-63

지혜 여인의 강화 24, 123-132, 230-259

그리스도의 예표 101-107, 172

지혜의 가치 153-167

지혜 항목도 보라.

지혜자의 서른 가지 금언 23, 25, 31, 46, 52,
479-481, 493, 498, 500, 506, 511, 629

징계(discipline)

미련한 자의 징계 274, 359, 569

자녀의 징계 114, 323, 335, 420, 431, 470,
475, 492, 494, 575, 597-599

징계를 거부하는 미련한 자 89-90, 195-196,
360-362, 386

종의 징계 600

징계를 거부하지 말라는 경고 145-153

징벌, 징계, 인과응보(retribution) 59, 79, 92,
334-336, 401, 511, 514-517

ㅊ

창조, 창조 세계(creation) 42-43, 52-56, 59, 61,
242-243, 334, 349, 529-530, 544, 567-573

지혜와 창조의 관계 104-107, 158-159, 240-
251

친구/동료

거짓 친구의 위험 385, 392, 419, 490, 537,
566-568, 574, 588

도움을 주는 친구 154-155, 163

여호와의 친구 57

친구의 중요성 333, 370, 397, 401-404, 419,
422-423, 440, 559, 562-566

왕의 친구 468, 474, 560

친구를 지켜 줌 292, 304, 317-318, 366-367,
397, 568-569

가난한 자와 부요한 자의 친구 337, 347-348,
419-426

친구 대우하기 252, 257, 385, 392, 559

동료(짝)인 아내 97-100, 140-142

칠십인역 성경(LXX) 21-22, 71, 169, 230, 268,
328, 409, 421, 538, 543, 605

ㅋ

코헬렛(Qoheleth) 42, 81, 83

ㅌ

탐욕

악하고 난폭한 사람의 특성 84-86, 164, 265,
288, 392

탐욕을 포기함 605, 613-616

게으른 자의 탐욕 453, 464

재물과 부와 음식에 대한 욕심 116-118, 119,
123, 334-335, 369, 371-374, 423, 483, 488,
490-491, 569, 582, 585, 588, 615-619

ㅍ

파라오(pharaoh) 385, 400, 521

패역함, 패역한 자 86, 140-141, 230, 235-238,
273, 275-276, 283-284, 295-296, 336, 337-339,
344, 359, 385, 389-392, 411-412, 468, 471, 493,
504

포도밭

게으른 자의 포도밭 42, 524-525

현숙한 아내의 포도밭 631, 637-639

포도주 145, 150-153, 173, 177, 251-254, 432,
437, 452, 462, 492-493, 497, 501-504, 628-631,
639

ㅎ

하나님

행위 주체이신 하나님 143, 165-166, 230, 245, 279, 283-284, 316, 325-330, 363, 378-379, 401, 404, 415-416, 424, 466, 472, 517, 566-568, 580-582, 585-586

복수자 하나님 52, 449

창조주 하나님 51-55, 99-100, 156, 247-251, 310, 365, 391, 440, 571, 610, 645

신실하신(미쁘신) 하나님, 하나님의 신실하심 81-82, 147-148

아버지 하나님 51, 75-76, 118, 146, 152, 566, 610

하나님의 정의 51, 57, 73, 84-85, 138, 363, 378, 382-384, 440-441, 449, 451, 455, 461, 484, 514-516, 558, 575, 583, 601-602, 616

하나님의 이름들 54

가난한 사람들의 보호자 484, 580

역사의 주관자 하나님, 하나님의 주권 39, 53-55, 65, 147-148, 297, 301, 344, 378-379, 392, 416-417, 449, 451, 453-455, 466-470, 511, 558, 569, 610

하나님을 신뢰함 52, 56, 74, 77, 84-85, 95, 145-151, 161, 288, 354-355, 381, 385, 387, 413, 446-451, 480-481, 564-575, 597, 601-602

증인이신 하나님 100, 142

함정, 구덩이(pit) 404, 469, 475, 493, 501, 543, 558, 580, 585

행위-운명 연계성(deed-destiny nexus) 57, 60, 78, 89, 115, 122, 128, 135, 178, 225, 261, 274, 276, 312, 330, 341, 344, 365, 366, 401, 431, 436, 587

험담(gossip) 76, 392, 398, 399, 412-413, 442

화해 271-272, 314-315, 415-419, 538-540

환난 275, 288, 460, 464, 509, 565

희생 제물, 자기희생 151, 216, 222-223, 318, 343, 359, 362, 392, 396, 451, 453, 455, 464

히스기야의 신하들 22, 26, 27, 30-31, 46, 64, 547, 554, 575, 589

성구 색인

구약성경

창세기

1:1 105
1:1-3 245
1:2 243
1:9-10 247
1:27 93
1:29 336
1:31 246
2:5 243
2:9 79, 157
2:16 513, 537
2:17 79
2:18 459
2:18-25 98
3:1 60
3:1-3 260
3:1-5 556
3:4 261
3:5-6 401
3:6 95
3:16 189
3:17-19 524
3:22 157
3:24 79
4장 164
4:1 244

4:3 466
4:3-5 151
4:6-7 543
4:8 556, 593
4:15 214
5:24 80, 355
6장 363
6:5 205
7:1 352
7:23 597
8:21 335, 442
11:5-8 286
12:15 309
13:5-7 410
13:9 392
13:11 392
13:14 392
14:8 378
16:2 95, 142
16:4 621
16:5 195
16:6 419
16:7 540
18:5 586
18:7 254
18:12 306, 459
18:16-33 384
18:17 166

18:19 72, 140, 352
18:26 291
19:1 642
19:15 334
19:17 334
19:21 308
19:25 308
19:28 597
19:29 308
20:6 213, 454
22:9 378
22:17 166
24:3-4 428
24:10 635
24:35 301
25:6 373
26:12-32 381
26:20 423
26:22 416
27장 488
27:28 437
27:34 342
29:3 379
29:8 379
29:10 379
29:18 635
30:1 618
30:13 644

31:9 333

31:16 333

31:49 358

32:10 381

33:19 170

34장 353

34:5 291

34:13-29 164

34:15-25 556

37:2 115

38:6 428

38:15 215

39:5 291

39:6 227

39:8-9 185, 339

39-41장 330

41:37-45 454

41:40 521

41:55 214

42:6 347

43:16 254

44:4 401

44:15 379

45:27 68, 318

47:20 170

48:14 157

49:4 225

49:5-7 353

49:19 186

49:26 268

49:27 387

50:20 316

─────────────

출애굽기

1:11 317

2:6 115

2:22 98

3:13 609

3:13-15 14

3:15 269

4:22 610

4:22-23 449

4:25 186

5:13 423

7:3 583

7:5 127

9:22 127

9:34 400

9:35 400

10:22 178

11:2 214

11:8 347

12:11 638

12:12 176

12:31-32 347

12:36 333

14:5 67

14:30 597

15:9 387

15:12 127

15:13 209

16:5 201

16:18 613

17:1-6 540

18:13 440

19:6 50

20:3 51

20:5-6 352

20:6 334

20:10 310

20:12 147, 265, 335, 616

20:13 51, 475

20:15 214

20:16 207, 340, 536

21:17 448, 616

21:20-21 599

21:26-27 599

21:29-30 462

22:1 214, 254

22:3 214

22:7 214

22:9 214

22:22-24 300, 484

22:25 197, 472, 580

22:25-27 445

22:26-27 198

22:31 550

23:1-3 314

23:1-9 484

23:4 162

23:4-5 515, 538

23:5 163

23:8 216, 287, 373, 461

23:10-11 334

23:11-13 310

23:15 514

23-25장 523

25:37 514

27:3 213

28:3 59, 310

28:30 579

29:30 514

29:40 437

30:13 442

31:6 59

32:1-6 224

32:9 590

32:9-14 384

32:27 132

32:34 209

34:6 381

34:6-7 353

35:21 67

36:1 310

레위기

1:4 381

3:4 161

3:10 161

3:15 161

4:4 381

5:1 466, 601

5:4 314

6:1-7 341

7:11-21 223

10:1 213

10:9 437

11:15 619

13-14장 214

16:21 381

18:25-28 490

19:3 616

19:13 484

19:15 314

19:17 257, 399, 563

19:17-18 96, 538

19:18 51, 348, 523, 563

19:29 98, 215

19:32 394

19:35 442

19:35-36 285, 383

20:9 448

20:10 215

20:22 490

21:3 565

21:7 215

21:9 215

24:19-20 523

25:1-7 310, 334

25:14 170

25:23-28 492

25:35-36 197

25:36-37 472

25:47 395

25:47-54 492

26:17 577

26:28 214

27:10 450

27:33 450

민수기

1:3 115

5:14-15 215

5:18 215

5:25 215

5:29-30 215

6:3 437

6:25 384

9:13 488

11:25 356

12:2 286

12:10 286

14:29 115

15:25 466

16:3 624

16:26 334

16:32 166

18:12-13 151

18:17 450

20:11 540

21:29 502

22:6 545

22:7 383

23:10 558

23:19 54, 343

23:23 383

23:24 624

24:3 606

25:1 224

25:5 132

25:6-13 384

30장 94

30:1-16 450

31:49 419

32:9 67

35:6 475

35:11 475

35:12 492

35:16 475

35:30 475

신명기

1:16 72

1:17 72, 520

1:27 555

2:7 279

4:2 611

4:19 52

4:29-31 52

5:16 147, 265, 448, 616

5:19 214

5:20 536

5:29 75, 182

6:4 118

6:5 50, 51, 75, 171

6:6-9 209

6:7 209

6:7-9 48

8:3 255

8:5 52

8:12-14 613

8:14 380

10:14 52

10:17 216, 399

10:17-18 484

11:8 209

11:15 310

11:18-20 209

12:6-7 395

13:7 406

13:9 132

13:11 434

13:13 204

14:1 610

14:21 98

14:26 437

15:7-11 197

15:9 204, 489

16:18 492

16:19 216, 373, 520

17:8 214

17:11 182

17:13 434, 492

17:16 468

17:18-20 111, 384

17:20 182

18:10 383

19:6 492

19:12 492

19:14 372, 486

19:15 351

19:16-18 289, 417

19:16-19 314

19:18 340

19:19 523

20:3 351

21:5 214

21:18 400

21:18-21 118, 170, 435, 580

22:8 458

22:22 215

23:17-18 215

23:18 98

23:19 472

23:21-23 450

23:22 488

23:24 65

24:1 421

24:1-4 307

24:10-13 198

24:17 198

25:1 402

25:1-3 400, 407

25:3 599

25:4 310

25:13 285, 383

25:13-16 285, 442

26:1-15 362

27:15-26 589

27:16 448, 616

27:17 372, 486

27:25 216, 484

28:1-14 356

28:8 151

28:15 545

28:15-45 589

28:15-68 356

28:17-18 513

28:18 589

28:20 140

28:28-29 178

28:29 178

28:31 254, 513

28:33 513

28:48 336

28:49 406

28:50 222

28:56 186

28:57 336

28:63 145

28:64 406

28:66 128

29:1 52

29:15-21 207

29:24 140

29:29 541

30:11-13 406

31:16 140

31:20 299

32:5 235

32:5-6 610

32:6 244

32:10 218

32:12 209

32:19-20 170

32:21 80

32:29 431

32:35 52, 401, 449

32:40-41 52

32:43 449

33:15 244

여호수아

1:7 182

1:9 583

1:18 400

6:26 545

7:14-18 418

7:24-25 166

8:18 127

8:19 127

10:13 423

11:14 334

14-19장 486

20:2-3 492

20:5 492

20:9 492

23:6 182

24:14 50, 75

사사기

1:28-30 317

1:33-35 317

2:11 313

3:7 313

3:24 186

4:18 486

4:19 34

5:25 34

5:26 504

5:30 387

6:19 254

8:1-3 357

8:26 641

9:3 136

9:46-53 413

11장 450

11:30 450

13:12 579

14:2 428

14:8-9 536

14:14 536

14:18 536

14:20 423

15:2 423

15:6 423

15:18-19 540

15:19 68

16:1-22 142

16:3 418

16:23 395

16:27 458

17:6 313

19:5 586

19:11 386

19:12 98, 386

19:15 386

19:22 204

20:36 635

21:5 313

룻기

2:19 193

2:20 565

3:11 306, 634

4:1-12 642

사무엘상

1장 618

1:3-7 395

1:10 342

1:11 450

1:16 204

1:22 115

1:24 115

2:3-10 382

2:7 279

2:11 406

2:12 204

2:24 318

2:26 330

2:36 586

6:12 150

8:13 310

9:11-13 223

9:25-26 458

10:27 204, 291

11:15 395

12:17 545

12:25 334

13:6-7 581

13:8-14 602

14:22 581

14:26-27 536

14:40 418

14:42 418

15:10-29 602

15:17 532

15:22 381, 455

15:23 383

15:29 81

16:7 363

16:15-23 537

17:28 562

17:43 550

18:5 70

18:6 249

18:9 562

18:14 70

18:14-16 330

18:15 70

18:17-18 164

18:18 532

18:20 342

19:9 537

22:9-10 314

24:16-21 347

25:1-9 424

25:3 211, 296

25:10-13 357

25:11 254

25:23-31 357

25:32-35 95

25:33 297

25:37-38 66

26:21 347

27:1 334

28:22 586

30:6 415

30:12 68

30:17 115

30:22 204

30:22-24 387

사무엘하

1:24 641

1:26 418

1-7장 400

3:8 423

3:10 531

3:13 438

3:27 164

3:39 449

6:5 249

6:16 342

6:19 65

6:21 249

6:21-22 95

7:4-6 342

7:7 238

7:9 416

7:13 440, 531

7:14 214, 531

7:15 451

7:16 440, 531

8:15 72

11:2 458

11:14-15 164

12:1 274

12:2 571

12:4 571

12:7-14 384

12:13 326

13:20 291

14:9 531

14:17 383

14:20 59, 383

14:25 309

14:26 442

15:1-12 545

15:2-4 440

15:7-13 466

15:20 186

15:34 244

16:22 458

17:8 401

18:24 458, 642

19:8 642

19:14 136

19:18-19 347

20:1 204

20:9-10 164

21:17 327

22:5 204

22:6 92

22:22 571

22:31 611

23:1-6 571

23:4 177

24:13 400

24:14 400

24:23 381

열왕기상

1:5 532

1:12 238

1:13 440

1:17 440

1:30 532

2:1-4 112

2:22-23 311

2:24 440, 531

2:33 531

2:46 531

3:1 30

3:5-12 28

3:7 115

3:9 157, 494

3:12-13 241

3:13 350

3:16-28 383

3:28 59

4:13 418

4:29-34 59

5:7 59

5:13-16 317

7:7 440

8:22-63 362

8:25 531

8:27 358

8:32 402

8:38 342

8:39 363

8:41 98

8:46 441

8:56 318

8:66 366

9:5-7 531

9:21 317

10:7 102

10:9 72, 193

10:24 602

10:26-28 468

11:1-8 541

11:3 136

11:9-10 103

12:1-16 357

12:1-20 545

12:6 406

12:27 67

13:24 427

14:5-11 383

14:11 550

15:4 308

16:9-20 621

16:34 545

17:2-3 581

17:11 586

18:4 581

18:21 62

18:37 67

18:46 638

19:1-4 581

20:36 427

21:1-14 308, 314

21:1-16 492

21:3 492

21:9-12 466

21:10 204

21:23-24 550

22:10 642

열왕기하

2:1 80

2:15 356

2:24 545

4:1 198

4:10 259

4:18-20 534

4:27 342

4:29 638

8:7-14 621

9:13 405

10:15 198

17:25-26 427

18:20 349

18:21 635

18:36 291

21:13 85

22:2 182

23:13 541

24:14 635

24:16 635

역대상

12:28 115

21:12 334

28:9 363

역대하

1:7-12 28

1:11-12 301

7:10 366

7:14 327

9:1-9 28

13:7 204

15:7 274

21:3 373

26:16-21 286

26:19 423

28:22 400

29:27-28 362

30:13-27 589

31:5-10 151

32:2-8 468

36:13-16 590

36:22 68, 379

에스라

1:1 454

6:22 454

7:14 552

7:27 454

9:1 215

9:9 454

느헤미야

3:3 418

5:1-11 460

5:3 198

5:8 170

5:10 418

5:17-18 613

9:29 590

11:14 416

13:23-27 215

에스더

1:10 406

1:14 552

2:7 296

5:9 366

5:11 286

7:1-2 424

7:7 347

7:9-10 404

7:10 286, 289, 300, 308, 558

8:1 166

8:1-2 334

8:17 581, 589

9:22 373

욥기

1:10 279

1:12 294, 419

1:21 415

2:4 326

2:4-6 294

2:9-10 95, 398

2:10 290

3:16 375, 384

3:18-19 92

4:6 362

4:7-8 81

4:8 472

4:17 441

4:18 345

5:2 313

5:10 246

5:11 601

5:17 156

5:23-24 178

6:3 562

6:30 396

7:9 92

7:11 68, 342, 379

7:13-15 161

8:3 73

8:31-41 43

9:22-23 81

9:28 270

9:32 343

11:4 378

11:19 424

11:20 283

12:13 239

12:19 287

12:20 297, 642

12:24-25 178

13:5 291

14:4 441

15:2 301

15:3 278

15:14-16 441

15:15 345

15:16 177

15:22 358

15:24 522

15:27 161

15:34 398

16:1-4 549

16:3 301

16:5 436

16:7 378

17:2 400

17:12 384

17:13 92

17:16 92

18:5 44

18:5-6 210, 327

18:6 639

18:7-10 592

19:9 306

19:25-27 79, 158

19:27 445

20:12-15 436

21:17 327

21:22 206

22:6 445

22:14 247

22:22 138

22:28 177, 327

23:10 395

24:2 372

24:3 445

24:5 463

24:9 445

25:4 441

25:4-6 608

26:5 142

26:6 363

26:10 247

27:17 334

27:19 274

28:12-22 541

28:12-28 137, 541, 609

28:28 541

29장 642

29:2-3 177

29:4 384

29:8 644

29:12 491

29:12-17 593

29:13 300

29:14 72

29:16 416

30:31 537

31:6 383

31:13-40 460

31:29-32 538

31:33-34 583

31:40b 32

32장 138

32:3 357

32:6 317

32:9 579

32:18 317

32:19 317

33:3 474

33:9 378

33:15 202

33:18 176

33:28 375, 384

34:19 470

34:28 484

36:28 159

38:1-2 246

38:4-5 149

38:7 249

38:8-11 247

38:15 206

38:41 619

38-41장 42

40:3-5 624

40:16 288

42:11-12 301

42:15 296

시편

1:1 601

1:1-2 234

1:2 373

1:3 342

1:4 281, 450

1:6 206

2:1-3 139

2:4 62, 127

2:6 244, 440, 451

3:5 161

4:1 416

4:8 161

5:5 440

5:8 209

5:9 359, 396

10:8-9 617

10:14 491

12:1-4 359

14편 441

14:1 398

15:5 283, 373, 406

16편 372

16:4 270

16:9-11 80

17:3 395

17:7 337

18:26 235

18:30 52, 611

19:7-9 74

19:10 139, 512

19:11 295

19:12 379, 441

19:32 441

21:2 474

22:6 608

22:8 379

23:1 209

23:3 209

23:6 333

25:3 86, 448

26:2 395

26:9-10 398

27:1 177

27:14 401

28:2 422

30:6 283

31:18 291

32:3-5 583

32:9 273, 305

33:1 398

33:5 73

33:10-11 468

33:16-17 468

34:11 74

35:5 354

35:5-6 400

36:6 73, 310

36:12 354

37:1 516

37:3-6 295

37:4 280

37:5 379

37:7 516

37:8 516

37:9 144

37:11 144

37:13 127

37:16 83

37:16-17 382

37:22 144

37:28 144

37:29 144

37:34 144

38:7 161

38:20 401

39:7 282

39:8 398

41:1-3 430

41:6 439

41:8 204

42:1 324

44:2 244

44:3 381

44:21 363

44:25 318

49편 44, 158

49:5-12 288

49:6 77

49:7 444

49:8 92

49:9 92

49:14-15 355

49:15 80, 92

49:18 569

50:18 601

51:5-6 441

51:6 235

51:7 455

51:8 151

51:13 583

52편 444

52:2 396

52:7 396

54:7 597

55:12-14 164

55:22 379

56:11 602

56:13 384

57:4 568

57:6 300

59:8 62, 127

61:2 406

61:34 413

62:3 354

62:5 448

63:1 324

63:5-6 373

65:7 595

66:7 358

66:10 395

68:12 387

68:13 202

68:21 341

68:34 244

69:8 445

69:21 281

72편 484

72:1 451

72:1-4 631

72:1-12 72

72:2 451

72:4 451

72:12-14 631

72:15-17 385

73:8-9 359

73:21-22 608

73:22 305

73:23-26 80

73:24 355

74:2 244

74:22 398

77:6 68, 379

77:11-12 373

77:17 159

77:20 209

78:8 68, 379

78:14 209

78:18 65

78:49 400

78:53 209

82:3 484

83:3 292

84:7 635

86:14 465

88:10 142

88:11-19 92

89:9 595

89:14 73, 384

89:48 92

90:1-2 245

91:1 316

91:5 161

91:10 316

91:12 161

92:12-14 342

93편 54, 245

94:2 371

95:7 481

95:8 583

97:2 384

97:12 269

101:3 204

101:5 206

102:12 269

103:17 352

104:6-8 245

104:8-13 159

104:14-15 201

104:18 622

104:20-21 475

104:24 27 59

104:27-28 336

104:29 206

105:44 334

106:15 333

106:32-33 314

106:46 454

109:2 207

109:6-20 461

109:10 186

109:28 545

112:3 350

112:5 430

112:6 283

118:8-9 635

119:10 581

119:13 384

119:29-30 314

119:36 136

119:51 465

119:66 297

119:92 318

119:103 512

119:105 209

119:152 244

122:5 440

123:4 291

125:3 356

127:1 280

127:2 638

127:4-5 566

128:2 324

128:4 448

130:3-4 327

131편 541

131:1 617

136:25 201

137:1-4 537

139:2-23 363

139:7-10 358

139:13 245

139:23-24 379

140:5 371

141:5 152, 504

141:7 92

143:2 441

146:7 201

147:3 270

147:9 201

147:15 207

148:14 565

잠언

1-9장 24, 29, 238

1:1 50

1:3 72

1:7 52

1:9 158

1:10 423

1:15 423

2장 38

2:1-5 74

2:3 72

2:5-8 79, 137

2:18 142, 186, 261

2:21-22 86, 281, 303

3:1-10 103

3:2 130

3:5 288, 505

3:10 295 437

3:11-12 52, 102, 156

3:16 294

3:19-20 52, 54, 59, 104

3:27 102, 617

3:27-28 197

3:34 102, 103

4:3 45, 610

4:5 242

4:7 242

4:10-19 392

4:16 161

4:18 375

4:23 211

4:26 102

5:21-22 52

6:6 28 61

6:22 161

6:23 375

7장 226

7:13-14 223

7:14-15 466

7:18 193

8장 104, 105

8:6 73

8:8 85

8:9 126

8:18 294

8:20 72

8:22 105

8:22-24 137

8:22-29 248

8:22-30 52

8:22-31 61, 104, 105, 106, 158, 609

8:22-33 609

8:35 79, 103, 305

9장 471

9:1-3 103

9:5 437

9:12 89

9:18 142

10:1 28, 30, 46, 93, 103, 362

10:2 92

10:12 75

10:13 546

10:16 102

10:20 72

10:32 549

10-29장 74

10-31장 236

11:7 290

11:9 549

11:11 549

11:30 76, 157

12:1 320

12:4 635

12:18 549

12:24 266

12:27 266

12:28 79

13:1 89

13:6 73, 287

13:8 294, 421

13:9 210, 375, 516, 639

13:12 157

13:25 513

14:1 306

14:3 549

14:20 424

14:20-21 45

14:23 294

14:31 429, 477, 492

14:32 79, 337

15:4 35, 76, 157, 287

15:8 53

15:11 93

15:13 66

15:15a 366

15:15b 366

15:18 215

15:23 318

15:24 80

15:25 477, 492

15:29 52, 362

15:31 333

16:1-9 39, 52

16:2 65, 617

16:8 72

16:10-15 39

16:11 54, 285

16:15 375

16:18 380, 414

16:19 142, 601

16:21 318

16:24 318

16:32 69, 379

17:5 54

17:8 216

17:13 538

18:5 547

18:12 456

18:21 436

18:23 421

19:1 85

19:3 287

19:7 423

19:11 353

19:13 103

19:15 266

19:21 52

19:23 161

19:25 152

19:28 204

20:1 89

20:12 54, 55, 67, 494

20:18 238

20:20 639

20:22 401, 538

21:3 72, 362

21:4 89, 617

21:12 287

21:13 362

21:14 216

21:16 142

21:23 324

21:27 362

21:30-31 431

21:31 545

22:2 54, 596, 617

22:4 294

22:12 325

22:15 335

22:16 362

22:17 23, 46

22:18 185

22:20 25

22:28 372

23:4-5 37

23:14 92

23:18 79

23:22-25 103

24:12 102

24:17-18 538

24:20 639

24:21 102

24:22 21, 128, 598

25-27장 26, 527

25:5 357

25:12 318

25:14 102

25:17 163

25:21 103, 163, 515

25:21-22 102, 401, 546

25:25 318, 538, 592

25:26 103

26:6-10 41

26:11 102, 103

27:4 215

27:8 564

27:11 103

27:17 568

27:20 92

27:21 395

28-29장 26, 575

28:6 85

28:8 472

28:11 77

28:13 327

28:21 520

29:3 103

29:13 54

29:23 456

30:1-6 43, 61, 149, 541, 610

30:4 103

30:5-6 52

30:8 102

30:8-9 214

30:10 545

30:10-31 634

30:13-14 456

30:15 163

30:16 92

30:17 617

30:18-20 39

30:24-28 60

30:25 201

31장 634

31:1 30

31:10-29 306

31:10-31 306, 421, 605, 635, 636

전도서

1:14 301

2:10 332, 569

2:11 332

3:4 537

3:5 172

3:7 317

3:16 72, 314

4:1 617

4:5 202

4:6 83

4:8 569

5:1-6 450

5:12 161, 202

6:7-9 569

7:1 469

7:7 373

7:8-9 68, 379

7:9 356

7:20-29 441

8:1 222, 459

8:2a 222

9:2 372

9:2-3 81

9:13-18 446

9:15 309

10:2 157

10:3 91

10:4 357

10:10 567

10:12 278

12:1-8 394

아가

2:6 172

2:9 194

3:4 222

3:10 641

4:5 194

4:9 219

4:10 219

4:11 521

4:12 219

4:14 225

5:1 191, 219, 225

5:2 219

5:13 521

6:9 644

7:2 151

8:1 222

8:3 172

8:6 92

8:8-10 251

이사야

1:4-6 52

1:5 400

1:6 453

1:11-14 455

1:16-18 583

1:20 186

1:23 373, 484

1:23-24 601

2:6 98

2:11-17 206

3:5 394

3:15 617

3:21 296

3:24 642

5:1-6 524

5:2 638

5:7 72

5:11 502

5:14 65, 92

5:21 150, 608

5:23 373

5:25 127

6:10 67

7:7 431

7:20 186

8:10 468

8:21 214

9:2 177

9:6 451

9:7 72

9:13 400

9:14-15 394

9:15 172

9:20 214

10:2 484

10:12-14 206

10:24 161

10:33 206

11:1 339

11:1-5 383, 440

11:4 484

14:9 142

14:13-15 80

14:24 431

14:27 468

14:32 337

15:9 427

16:2 564

16:4 451

16:5 384, 440

19:11-12 608

22:15-19 404

24:16 460

24:19 422

26:14 142, 462

26:18 301

26:19 92, 142, 462

28:1-5 437

28:6 440

28:17 594

28:24 438

28:26 138

28:27 450

28:29 138

29:13 50

29:14 609

29:20 90

30:2 337

30:3 423

30:14 213

31:1 468

31:8 317

32:4 278

32:6 278

32:8 240

32:17-18 295

33:9 325

33:14 128

34:2 215

34:11 619

34:13 524

35:3-4 318

36:5 635

38:10 92

40:3 149

40:22 247

40:28 52

40:29 288

41:1 292

42:1 381

42:14 292

42:16 177

43:3 462

43:6 610

44:8 244

45:1 52

45:2 418

45:21 244

46:6 383

46:10 431

48:8 590

48:9 353

49:2 568

49:4 349

49:7 644

50:4 359, 568

50:5 323

50:11 550

53:7 407

53:9 274

53:10 341

53:11 332

53:12 387

54:4 325

55:1-3 255

56:7 52

57:7-8 225

57:16 367

57:20 85

58:2 72

58:11 305, 405

59:4 314

59:7 207

59:17 464

62:1 177

63:10 400

66:1-2 358

66:3 599

예레미야

1:16 140

2:24 65

3:3 222

3:4 99, 610

4:14 62

4:19 291

4:25 564

4:30 641

5:1-2 614

5:3 400

5:5 416

5:13 301

5:15 341

5:17 635

6:11 215

6:28 292

7:21 223

8:8-9 608

9:3 292, 314

9:10 564

9:12 140

9:23-24 444

12:5-6 425

13-19장 404

13:16 178

13:21 99

13:27 502

14:10 187

14:14 383

15:9 325, 384

16:3-4 619

17:9 307, 378, 439, 441

17:10 363

17:23 590

18:7-10 344

18:10 635

18:18 642

20:8 460

22:13-19 584

22:15-19 631

23:12 178

23:23-24 358

23:33-39 606

24:7 139

25:10 639

27:1 444

31:12 290

31:16 274

31:31-34 139, 219

32:37-41 139

36장 235

38:6 501

38:19 318

41:12 164

44:18 336

48:7 635

48:10 266

49:4 444

49:23 318

예레미야애가

3:2 327

3:10-11 120

3:16 445

3:20 318

3:21-24 318

4:7 153

4:15 186

에스겔

3:3 512
3:7-9 222
4:17 336
7:26 642
11:5 363
11:19 68, 379
13:3 68, 379
13:6 383
14:21 436
16:4 151
16:8 100
16:12 296
16:25 186
18:7 484
18:8 472
18:13 472
18:17 472
18:20 258, 440
18:31 68, 379, 441
20:41 381
21:18-23 383
22:9 292
22:12 472
23:3 194
23:8 194
23:21 194
23:45-47 215
26:17 309
27:7 641
27:9 642
27:16 641
33:1-9 189
33:7-8 127
33:13 635

34장 571
36:26 68, 139, 379
38:11 418
45:10 383, 442
45:10-11 285
46:16-17 373
47:12 157
48:14 151

다니엘

1:9 330
1:19-20 330
2:5-24 384
2:48 454
3:30 454
5장 286
6:1-3 330
6:7-8 311
6:24 289, 311, 558
6:28 330
7:1-8 584
11:12 206
12:2 80

호세아

1:2-11 100
1:7 468
1:9 170
2:13 296
3:2-3 99
4:1-3 147
4:10-11 501
5:10 372
5:13 405

7:8 85
7:11 228
8:5 62
8:7 472
8:9 193
9:6 524
10:12-13 472
11:1 610
11:9 343
12:4 288
12:5 269
12:7 285
13:8 401
13:14 92
14:1-3 583
14:5 427

아모스

1-2장 356
1:11 357
2:7 484
2:8 445
3:2 257
3:9 366
4:8 187
5:13 317
5:18 327
5:20 327
6:6 437, 462
7:5 488
8:4-8 300
8:5 285

오바댜

10-12 515
11 445

요나

1:7 418
2:6 245
2:10 490
3:4 127
3:7 416
4:2 353
4:11 310

미가

2:1 379
2:1-3 617
2:1-11 484
2:2 214
2:2-3 617
2:9 164
2:11 301
3:1 617
3:1-12 484
3:2-3 177
3:7 325
3:9 617
3:11 398
5:7-8 427
5:10-15 468
6:9-16 484
6:10-11 285
6:11 383
7:1-6 484

7:1-7 142
7:3 416
7:5 99, 635

나훔

1:2 52
1:11 204
1:15 204
3:10 416

하박국

1:13 292
2:5 465
2:6 115
3:16 307

스바냐

2:9 524

스가랴

1:15 515
6:8 356
7:11-12 590
9:10 468

말라기

1:13 466
2:7 185
2:14 193
3:2 450
3:10 151

3:16 372

신약성경

마태복음

3:10 144
3:12 450
4:16 375
5-6장 456
5:1 440
5:3-12 103
5:5 144
5:6 280, 464
5:7 422
5:11-12 309
5:14-16 375
5:23-24 381
5:28-29 188
5:29 488
5:31-32 459
5:38-48 401, 515
5:45 103
6:9-13 613
6:11 102, 613
6:12 381
6:14-15 381
6:22 182
6:22-23 375
6:32-33 464
6:33 236, 300, 497
7:3-5 549
7:6 317
7:7 300
7:14 132
7:17 389

7:17-18 340

7:21 103

7:24-27 281, 308

7:28 309

7:29 309

9:4 363

10:32 103

10:41 333

10:42 333

11:25-27 612

11:28 569

12:7 456

12:25 439

12:29 121

12:33-35 340, 459

12:42 102

13:1-9 260

13:12 257

13:15 67

13:45-46 137

15:3-6 448, 617

15:19 307

16:13-17 612

16:20 317

17:9 317

17:24-27 517

18:1-4 532

18:6 581

18:15-17 602

18:21-22 214

18:23-35 461

19:1-12 459

19:3-12 307

19:28-29 312

19:29 295

19:30 601

21:31 551

22:1-14 254, 384

22:4 254

22:16 283

22:32 79

22:37-39 456

22:37-40 349

22:39 563

23:2 440

23:12 601

23:14 466

23:23 455

24:13 541

24:36 130

24:42-51 541

25장 357

25:1-13 103, 130, 251

25:14-30 487

25:21 569

25:23 569

25:26 368

25:28 334

25:29 257, 416

25:31-40 430

25:31-46 161, 461

25:33 157

25:35-36 300

25:40 588

25:46 92, 103

26:15 373

26:47-49 307

26:49 563

26:52 123

26:60-61 314

27:3-5 585

27:5 350, 373

27:14 408

27:25 311

27:35 121

28:18-20 643

마가복음

2:8 363

3:31-35 103

3:35 170

7:19 456

10:18 305

10:21-25 301

12:15 439

12:33-34 455

누가복음

1:5-25 618

1:46-55 167

1:51-53 382

2:52 103, 148, 330

4:5-6 157

4:22 389

4:23 549

5:22 439

6:8 439

6:24 462

6:26 569

6:38 430, 464

6:45 181

7:11-17 372

7:47 381

9:60 103

10:29-36 163

11:4 426

11:8 199

11:11-13 585

11:17 439

11:31 28

12:13-21 266

12:20 462

12:27 28

12:42-44 309

13:6-8 384

14:7-11 527

14:8-11 531

14:15-24 254, 255

14:31-33 446

15:11-14 435

15:18-19 170

15:23 254, 367

15:30 591

16:25 462

18:1-5 199, 593

18:2-3 163

18:7-8 448

18:14 286

19:8 214

19:11-27 487

19:48 389

21:34 497

22:25 584

24:44 101

요한복음

1:1-18 105

1:3 104

1:4-5 375

1:12 317

2:19-21 314

2:23-24 330

2:24 345

2:24-25 439

3:1-16 219

3:7 139

3:20 364

4:14 389

5:19-20 383

5:23-24 106

5:27 106

5:45-47 612

6장 255

6:27 349

6:33 103

6:35 255, 569

6:53 103

7:37 389, 569

7:46 309, 389

8:3-11 215

8:31-32 236

8:34-36 504

8:37 126

8:42 126

8:47 126, 612

9:40-41 551

10:2-6 612

11:25-26 103

12:26 357, 487, 569

12:35-36 375

13:1-15 532

13:2 164

13:11 439

14:1-3 623

14:1-4 80

14:2 254

14:6 343

14:16-17 342

15:1-17 342

15:12-15 422

18:37 126

사도행전

2:22-23 289

2:23 468

4:27-28 468

5:34-39 468

7:47 28

7:51 550

9:2 283

10:9-16 456

10:34-35 456

10:38-40 300

12:22-23 286

12:23-24 589

15:19-20 456

16:14 641

16:25 405

16:28-34 318

16:31 352

16:39 347

17:28 358

18:25-26 283

18:26 257

24:10 417

24:14 283

24:26-27 593

27:43 330

28:2 330

로마서

1:18-32 401
1:21 66
2:1-11 547
2:6-8 102
2:7 457
2:14-15 140
2:21 549
3:9-19 441
4:5-25 84
5:8 103
6:1-4 103
6:10-11 504
6:21 295
6:23 102
7:22 315
8:13 211
8:18 84
8:28 316
8:35 464
8:36-37 415
8:37-39 283
10:6-13 84
10:10 181
12:15 537
12:16 150
12:17 148
12:17-21 449, 450, 401, 538
12:20 102
12:20-21 515
13:1-5 517
13:4 427
13:9-10 348
13:11-14 497
14:18 330

고린도전서

1:11-16 126
1:18-25 468
1:23-30 239
2:11 342
2:11-12 383
2:11-16 612
2:14 136
2:15-16 530
3:6-7 378
3:18 551
3:19 468
4:3-5 395
4:4-5 363
4:5-6 379
5:5 546
5:6 555
5:11-13 497
6:7 394
6:9-20 98
6:10-11 504
6:13-20 212
7:1 213
7:1-5 194
7:2 98
7:4-5 191
7:9 191
7:10-16 459
7:25-35 421
8:2 551
8:6 104
9:20-22 535
10:12 346, 583
11:3 118
11:17-34 395

11:20-22 463
11:23-27 103
11:29-30 546
11:32 303
12:26 537
14:33 81
15:2 260
15:33 341
16:22 545

고린도후서

1:4 318
2:11 330
3:1-3 566
3:3 139
3:7-18 211
3:14 612
4:6 612
4:8 366
4:17 84
5:7 505
5:17-21 539
6:2 622
6:9-10 366
6:15 204
6:17 341
8:12 102, 163
10:17 444
10:18 309
12:1-6 317
12:10 415
12:14 403

갈라디아서

1:8-9 545

4:16 364

5:9 555

5:19-21 212

5:22 305

5:22-23 317, 543, 569

5:22-24 535

6:1 292

6:1-2 587

6:4-5 258

6:7 195, 300, 419, 472, 566

6:10 163

에베소서

2:1-3 577

2:1-10 103

2:3 476

4:9-10 103

4:25 359

4:28 214, 639

5:5 212

5:8 375

5:14 201

5:21-33 459

5:22-24 118

6:1 118

6:1-3 448

6:2 147

6:4 335

6:10-11 643

6:10-18 464

6:12 464

빌립보서

2:5 143

2:5-11 300

2:10 347

2:12 583

2:19-22 458

3:10-16 416

4:4 318

4:10-19 151

4:11-13 569

골로새서

1:15-16 104

1:15-17 106

1:22-23 260

2:3-4 107

3:1-3 103

3:18 118

3:20 118

데살로니가전서

1:5 612

1:10 451

2:4 363

2:19-20 566

4:1-8 212

5:3 161

5:15 449

데살로니가후서

1:8 102

1:10 352

2:4 592

2:10-11 300

3:10 163

3:12 163

디모데전서

1:12-17 103

2:11-12 118

3:3 497

4:8 382

5:4 118

5:8 403

5:13 446

5:20 434

5:21 411

6:4-5 341

6:8 613

6:9-10 236, 280

6:18 326

디모데후서

1:10 103

2:12 260

2:13 82

2:22 188

2:24-26 535

3:1-4 498

3:4 462

3:16 81, 138

3:16-17 102

4:14 102

4:18 80

디도서

1:2-3 80
1:7 497
1:15 458
3:1 517

히브리서

1:1-3 105
1:3 104
2:8 347
2:11 422
2:14-18 422
3:13 481
3:14 260
4:7 481
4:12-13 379
4:13 440
4:15 103
4:15-16 342
4:16 441
5:8 323
6:10 333, 349, 464
6:12 457
9:27 622
10:26-27 590
10:30 401
10:34 366
11:1 505
11:6 84
11:25 261
11:35-38 81
12:2 80, 283, 370
12:3-12 153
12:5 481

12:5-6 102
12:5-11 335
12:13 102
12:17 189
12:22-24 107
13:3 537
13:17 118

야고보서

1:5 403, 406
1:6 635
1:14-15 122
1:14-16 211
1:17 305, 421
1:19 600
1:19-20 394
1:26-27 381
1:27 300, 430
2:1-4 411
2:8 381
2:12-18 381
2:13 461
3:1-16 280
3:5-8 464
3:14-16 150
4:1-2 588
4:5 102
5:4 300

베드로전서

1:7 395
1:17 102
2:17 102
2:23 448

3:1-6 222
3:6 306
3:7 307
3:9 401
4:8 583
4:15 392
4:19 448
5:5 102
5:7 379

베드로후서

2:2 102
2:5-9 161
2:19 534
2:20-22 550
2:22 102
3:9 546

요한1서

1:8-9 583
2:16 569
2:19 260
3:20 363

요한3서

9-10 532

유다서

12 102, 534

요한계시록

2:7 157
2:23 102, 363

3:19 102
7:9-10 352
10:9-10 512
11:15 597

20:12-13 102
21:7-8 145
22:12 102, 295
22:18-19 611